<ruby>馬<rt>ば</rt></ruby><ruby>力<rt>りき</rt></ruby>を<ruby>掛<rt>か</rt></ruby>ける

馬力を掛ける

총력을 다하다

苦あれば楽あり

고생 끝에 낙이 온다

백퍼일본어
관용어사전

저자 오쿠무라 유지 | 임단비

신체관용어 생활관용어 속담 격언 고사 사자성어

▆◣ How to learn ◢▆

백퍼일본어 관용어사전은 신체 관용어, 생활 관용어, 속담·격언, 고사성어,사자성어로 순으로 분류한 후, 그와 연관된 동의어, 반의어, 유의어, 자동사, 타동사마저 포함시켜 약 2,500개의 관용어를 담았습니다.

관용어마다 살아있는 예문을 소개한 초대형 관용어사전입니다.

1단계 책과 함께

소설책 읽듯이 책을 정독해 보세요.
일단 처음부터 끝까지 한 번은 읽어보기를 권합니다.

2단계 원어민 음성과 함께

홈페이지에서 원어민 음성파일을 무료 다운로드 하세요.
www.raspberrybooks.co.kr

3단계 유튜브와 함께

공부하다가 궁금한 내용은 유튜브에 댓글로 물어보세요.
질문이 쌓이면 강의를 통해 궁금증을 해결해 드리겠습니다.

유튜브 검색창에 '백퍼일본어 관용어사전'을 검색하세요!

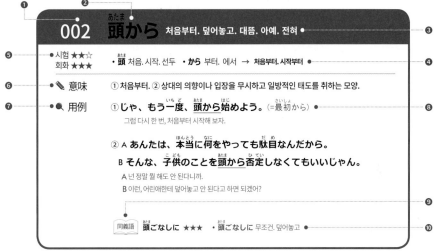

① 일련번호

② 관용어 : 신체 관용어, 생활 관용어, 속담·격언, 고사성어,
　사자성어로 순으로 분류하여 가능한 아이우에오
　순으로 소개

③ 뜻 : 해석 가능한 말을 모두 소개

④ 관용어 단어 : 활용 형태와 원형 표시

⑤ 시험, 회화, 문장에서의 사용 빈도를 ★로 표시

　시험 : JPT/JLPT 시험출제 빈도

　회화 : 실생활 속 사용 빈도

　문장 : 문장 속 사용 빈도

⑥ 의미 : 관용어의 유래와 자세한 의미 설명

⑦ 예문 : 실생활에서 어떻게 쓰이는지 예문으로 소개

⑧ 바꿔 말하기 : 의미의 이해를 도울 수 있는 다른 말

⑨ 동의어, 반의어, 유의어, 자동사, 타동사 :
　같이 알아 두면 좋을 연관 표현

⑩ 단어 : 예문이나 동의어 등에서 나온 어려운 단어 설명

▣ Contents ▣

신체관용어

생활관용어

속담·격언

고사성어

사자성어

신체 관용어 >> 頭 머리

1. 머리 **頭をかく** 머리를 긁적이다
2. 두발. 머리털 **頭を刈る** 머리를 깎다
3. 두뇌. 지능. 사고력 **頭がいい** 머리가 좋다 **頭が切れる** 머리가 좋다(영민하다)
4. 머리. 마음. 머릿속 **頭を悩ます** 머리(골치)를 썩이다
5. 생각. 사고방식 **頭が古い** 구식이다. 완고하다
6. 정신 상태 **頭がおかしい**(＝変だ) 머리가 이상하다(돌았다)
7. 머릿수. 인원수 **頭数をそろえる** 머릿수를 맞추다(채우다)
8. 당. 평균 **一人頭** 한 사람당
9. 꼭대기(부분) **鼻の頭** 코끝
10. (이익금이나 건네주는 돈 등의) 몫. 일부 **頭をはねる** 일부를 떼다(가로채다)
11. 처음. 시초 **頭から** 처음부터 **来週の頭に出す課題** 다음 주 초에 내는 과제

---

001 頭打ちになる 한계점에 다다르다. 한계에 부딪치다

시험 ★☆☆
회화 ★★☆

・**頭打ち** 시세가 더 이상 오를 가망이 없는 상태 ・**になる** ~이(가) 되다 → **한계점이 되다**

✎ 意味 월급이나 지위가 한계에 달해서 더 이상 오를 가망성이 보이지 않는 것.

🔍 用例 **去年まで営業成績が上がり続けていたのに、今年になって頭打ちになった。**

작년까지 영업 성적이 계속 올라갔었는데 올해가 되어 한계점에 다다랐다.

日本語を勉強する学生の数が頭打ちになった。

일본어를 공부하는 학생 수가 한계점에 다다랐다.

---

002 頭から 처음부터. 덮어놓고. 대뜸. 아예. 전혀

시험 ★★☆
회화 ★★★

・**頭** 처음. 시작. 선두 ・**から** 부터. 에서 → **처음부터. 시작부터**

✎ 意味 ① 처음부터. ② 상대의 의향이나 입장을 무시하고 일방적인 태도를 취하는 모양.

🔍 用例 ① **じゃ、もう一度、頭から始めよう。**(＝最初から)

그럼 다시 한 번, 처음부터 시작해 보자.

② A **あんたは、本当に何をやっても駄目なんだから。**
   B **そんな、子供のことを頭から否定しなくてもいいじゃん。**

A 넌 정말 뭘 해도 안 된다니까.
B 그런 심한 말을, 어린애한테 덮어놓고 안 된다고 꼭 해야겠어요?

同義語 **頭ごなしに** ★★★ ・**頭ごなしに** 무조건. 덮어놓고

003 頭から湯気を立てる　열을 내다. 크게 화를 내다

시험 ★★☆ 회화 ★☆☆	• 頭 머리. 선두　• 湯気 김. 수증기　• 立てる ① 세우다 ② 공중으로 오르게 하다 • から 부터. 에서　→ 머리에서 김을 뿜다

✎ 意味　표정이 변하면서 몹시 노한 모양.

🔍 用例

父は、頭から湯気を立てて私をしかった。

아버지께서는 크게 화를 내시며 나를 꾸짖었다.

子どもに車に傷を付けられて、頭から湯気を立てて怒った。

아이가 차에 흠집을 내서 열을 내며 화를 냈다.

---

004 頭が上がらない　큰소리를 치치 못하다. 꼼짝 못하다

시험 ★★★ 회화 ★★★	• 頭 머리　• 上がらない 올라가지 않는다　• 上がる (위로) 오르다. 올라가다　→ 머리를 들지 못하다

✎ 意味　자신보다 뛰어나거나 열등감이 느껴지는 상대에 대해 고개를 들지 못하는 것.

🔍 用例

A **部長ってなんだか、怖いよね。**
B **会社ではああだけど、家に帰れば奥さんに頭が上がらないらしいよ。**

A 부장님 왠지 무섭지.
B 회사에서는 저래도 집에서는 부인에게 꼼짝 못하는 것 같아.

いくら芸能界で活躍しても、当時の先輩にはいまだに頭が上がらない。

아무리 연예계에서 활약해도 당시의 선배에게는 아직까지도 꼼짝 못한다.

---

005 頭が下がる　(존경하여) 머리가 숙여지다

시험 ★★★ 회화 ★★★	• 頭 머리　• 下がる (아래로) 내려가다　→ 머리가 아래로 내려가다

✎ 意味　보통 사람이 하기 어려운 헌신적인 행동을 보고 마음속으로부터 존경심이 우러나 머리가 숙여지는 것.

🔍 用例

彼のまじめな勤務態度には、頭が下がるよ。

그의 성실한 근무 태도를 보면 머리가 숙여져.

誰に対しても丁寧に接する彼の態度には頭が下がる。

누구에게나 친절하게 대하는 그의 태도에는 머리가 숙여진다.

• 接する 접하다. 접촉하다

006 頭が痛い 머리가 아프다. 골치가 아프다

あたま いた

시험 ★★★
회화 ★★★

• 頭 머리. 머릿속 • 痛い 아프다 → 머리가 아프다

✎ 意味
① 지끈지끈 머리가 아픈 모양.
② 좋은 해결책이나 처리 방법이 떠오르지 않아 골머리를 썩이는 모양.

🔍 用例
① 昨日お酒を飲みすぎて、頭が痛い。
어제 과음해서 머리가 아프다.

② 明日までに出さなければならないレポートのせいで頭が痛い。
내일까지 내야 하는 과제 때문에 골치가 아프다.

007 頭が重い 머리가 무겁다. 머리가 띵하다

あたま おも

시험 ★★☆
회화 ★★☆

• 頭 머리. 두뇌 • 重い ① 무겁다 ② 후련하지(개운하지) 않다 → 머리가 무겁다

✎ 意味
① 머리가 개운하지 않은 것. ② 걱정 등이 있어서 마음이 무거운 모양.

🔍 用例
① 今朝は寝不足で頭が重い。
오늘 아침은 잠이 부족해서 머리가 무겁다.

② 考えなければならないことが山ほどあって、頭が重い。
생각해야만 하는 일이 잔뜩 쌓여 있어 머리가 무겁다.

008 頭が固い 앞뒤가 꽉 막히다. 융통성이 없다

あたま かた

시험 ★★★
회화 ★★★

• 頭 마음. 머릿속 • 固い ① 견고하다 ② 완고하다. 융통성이 없다 → 머리가 딱딱하다

✎ 意味
상황에 대한 대처 방법에 융통성이 없는 것.

🔍 用例
A うちの上司って本当に頭が固いよね。
B ホント、融通が利かないから大変よね。
A 우리 상사는 정말 꽉 막혔어.
B 정말, 융통성이 없으니까 힘들어.

同義語 融通が利かない ★★★ • 融通が利かない 융통성이 없다

009 頭が切れる (あたま き) 예리하다. 센스가 있다

시험 ★★★
회화 ★★★

• 頭(あたま) 머리. 두뇌 • 切れる(き) ① 베이다. 상처가 나다 ② (머리가) 예민하다. 수완이 좋다
→ 머리가 예민하다

✎ 意味 두뇌 회전이 빠르고 명석한 것.

🔍 用例
A やっぱり、頭(あたま)が切(き)れる人(ひと)って仕事(しごと)もできるよね。
B そうだよね。私(わたし)なんかぜんぜん駄目(だめ)だもん。

A 역시 센스 있는 사람이 일도 잘하는 것 같아.
B 그렇지. 나 같은 건 정말 구제불능이야.

同義語 頭(あたま)がいい ★★★

010 頭が低い (あたま ひく) 겸손하다

시험 ★★☆
회화 ★★☆

• 頭(あたま) 머리 • 低い(ひく) 낮다 → 머리가 낮다

✎ 意味 누구에게나 친절하고 낮은 자세로 임하는 사람을 가리키는 말.

🔍 用例
隣(となり)の家(いえ)のおじさんは、頭(あたま)が低(ひく)く、誰(だれ)にでも挨拶(あいさつ)をしてくれる。

옆집 아저씨는 겸손하여 누구에게나 인사를 잘 해 준다.

同義語 腰(こし)が低い ★★★

011 頭が古い (あたま ふる) 구식이다

시험 ★☆☆
회화 ★★☆

• 頭(あたま) 머리 • 古い(ふる) 늙다. 오래되다 → 머리가 오래되다

✎ 意味 생각하는 방법이 구식인 것.

🔍 用例
うちのお父(とう)さんったら、頭(あたま)が古(ふる)くて話(はなし)にならない。

우리 아빠는 정말 구식이라 이야기가 안 통한다.

012 頭に来る (あたま く) 화가 나다. 열받다

시험 ★★★
회화 ★★★

• 頭(あたま) 머리 • 来る(く) ① 오다 ② (생리적, 심리적 현상으로) 느껴지다 → 머리에 느껴지다

✎ 意味 아주 불쾌하여 화가 난 모양.

🔍 用例
真夜中(まよなか)のいたずら電話(でんわ)は、本当(ほんとう)に頭(あたま)に来(く)る。

한밤중의 장난전화는 정말 열받는다.

隣(となり)の人(ひと)に無視(むし)されて、本当(ほんとう)に頭(あたま)に来(き)た。

옆집 사람에게 무시당해서 정말 화가 났다.

同義語 青筋(あおすじ)を立(た)てる ★★ 腹(はら)を立(た)てる ★★★
腹(はら)が立(た)つ ★★★ むかつく ★★★
カチンと来る ★★ カッとなる ★★

• 青筋(あおすじ)を立(た)てる 핏대를 세우다
• 腹(はら)を立(た)てる 화를 내다
• 腹(はら)が立(た)つ 화가 나다 • むかつく 화가 치밀다
• カチンと来る 화가 울컥 치밀다
• カッとなる 열이 뻗치다

013　頭を痛める　골머리를 썩이다

<small>あたま　いた</small>

| 시험 ★★☆ 회화 ★★★ | • 頭 머리. 머릿속　• 痛める (정신적으로) 고통을 주다　→　머리를 썩이다 |

✎ 意味　일이 순조롭게 진행되지 않아 괴로워하고 있는 모양.

🔍 用例　**今月の生活費が苦しいと、母は頭を痛めている。**
<small>こんげつ　せいかつひ　くる　　　　　　はは　あたま　いた</small>
이번 달 생활비가 쪼들린다고 엄마는 골치 아파 하신다.

息子の登校拒否に頭を痛めています。
<small>むすこ　とうこうきょひ　あたま　いた</small>
아들의 등교 거부에 골머리를 썩이고 있어요.

同義語　頭を抱える ★★★
<small>あたま　かか</small>

014　頭を抱える　머리를 싸매다

<small>あたま　かか</small>

| 시험 ★★★ 회화 ★★★ | • 頭 머리　• 抱える 안다. 껴안다. 감싸 쥐다　→　머리를 감싸 쥐다 |

✎ 意味　머리를 싸매고 생각할 정도로 고민거리가 심한 모양.

🔍 用例　**予想外の問題が起きて、みんな頭を抱えてしまった。**
<small>よそうがい　もんだい　お　　　　　　あたま　かか</small>
예상 외의 문제가 생겨서 모두 머리를 싸매고 말았다.

同義語　頭を痛める ★★★
<small>あたま　いた</small>

015　頭をかく　머리를 긁적이다

<small>あたま</small>

| 시험 ★★☆ 회화 ★★☆ | • 頭 머리　• 掻く 긁다　→　머리를 긁다 |

✎ 意味　수줍거나 난처하거나 하여 머리를 긁적이는 모양.

🔍 用例　**A 最近、ご結婚なさったらしいじゃないですか。**
<small>さいきん　けっこん</small>

B あ。いや…。

A 頭をかいてないで、奥さんどんな人なのか教えてくださいよ。
<small>あたま　　　　　　おく　　　　　ひと　　　　　おし</small>
A 최근에 결혼하셨다면서요.
B 아, 그게….
A 머리만 긁적이지 말고 부인이 어떤 분인지 알려 주세요.

016 頭を切り替える 생각을 전환하다. 사고방식을 바꾸다

시험 ★★☆
회화 ★★★

• 頭 생각. 사고방식 • 切り替える 바꾸다. 전환하다 → **생각을 바꾸다**

✎ 意味
① 지금까지 하던 일을 접어 두고 다른 생각을 하는 것.
② 고정관념에 빠지지 않고 상황에 맞는 사고를 하는 것.

🔍 用例
① A どうしてもいい案が出てこなくて、行き詰まっちゃったよ。
　 B そんな時は、飲みに行ったりして、一旦頭を切り替えるのが
　　 一番だよ。
　 A 아무리 해도 좋은 안이 떠오르지 않아 더 이상 진행이 안 돼.
　 B 그럴 땐 술 마시러 간다거나 해서 일단 기분 전환 하는 게 제일 좋아.

② A 最近若者たちもなかなか良いアイデアを持っていますよね。
　 B そうですよね。私たちも頭を切り替えて、若い人たちに負けない
　　 ようにがんばりましょう。
　 A 요즘(은) 젊은 사람들도 꽤 좋은 아이디어를 가지고 있죠?
　 B 그래요. 우리도 사고방식을 바꿔서 젊은 사람들에게 지지 않도록 노력하자구요.

• 行き詰まる＝行き詰まる ① 길이 막히다 ② 일이 순조롭게 진행되지 않고 정체에 빠지다
• 負ける 지다

017 頭を下げる 사과하다. 항복하다. 머리를 숙이다

시험 ★★★
회화 ★★★

• 頭 머리 • 下げる (위치를) 낮추다 → **머리를 낮추다**

✎ 意味
① 사과하는 것. ② 상대의 실력에 굴복하는 모양.
③ 부탁 같은 것을 하고 싶을 때 상대에 대해 자기의 태도를 낮추는 모양.

🔍 用例
① 今回はあんたが間違えたんだから、頭下げて謝ってきなさい。
　 이번에는 네가 잘못했으니까 머리를 숙이고 사과해.

② あいつが頭を下げるまでは、絶対に会わない。
　 그 녀석이 굴복하기 전까지는 절대 만나지 않겠다.

③ どうしても留学がしたくて、親に頭を下げて「留学させてくれ」
　 と頼んだ。
　 어떻게든 유학을 가고 싶어서 부모님께 머리를 숙이고 "유학 보내 주세요."라고 부탁했다.

018 頭を絞る 머리를 쥐어짜다

시험 ★★★
회화 ★★★

· 頭 머리 · 絞る 쥐어짜다 → 머리를 쥐어짜다

✎ 意味 어떻게 해야 좋을지 열심히 생각하는 모양.

🔍 用例
A いい案が何か浮かびました？
B どんなに頭を絞っても一つも出てこないんですよ。(＝考えても)

A 뭔가 좋은 안이 떠올랐나요?
B 아무리 머리를 쥐어짜도 하나도 떠오르지 않네요.

019 頭をはねる 가로채다. 삥땅하다

시험 ★☆☆
회화 ★☆☆

· 頭 (이익금이나 건네주는 돈 등의) 몫. 일부
· はねる ① 튀기다 ② (일부를) 떼어먹다. 삥땅하다 → 일부를 삥땅하다

✎ 意味 남에게 전해 줄 대금 등을 가로채는 것. 회화에서는 동의어인 「ピンはねをする (일부를) 떼먹다」를 주로 사용.

🔍 用例
アルバイト生の日当の頭をはねて、パチンコにつぎ込んでいたそうだ。

알바생의 일당 일부를 가로채서 파칭코에 밀어 넣고 있었다고 한다.

A あれ？ 今日の売り上げの計算が合わないんだけど…。
　あなたがピンハネしたでしょ？
B してねえ～よ!!

A 어라? 오늘 매상 계산이 안 맞는데…. 당신이 슬쩍했지?
B 안 했어～～!!

同義語 上前をはねる ★★　ピンはねをする ★★★

· つぎ込む ① 따라 넣다. 부어 넣다 ② (어떤 일을 위해 많은 비용이나 사람을) 투입하다. 들이다

020 頭を捻る 머리를 굴리다. 의아해하다

시험 ★★★
회화 ★★★

· 頭 머리 · 捻る ① 비틀다. 꼬다 ② (머리를) 짜다. 궁리하다 → 머리를 짜다

✎ 意味 여러모로 머리를 굴리거나 의아하게 생각하는 모양.

🔍 用例
A この前、内緒で母に花を贈ったんだ。
B わぁ。いい事したね。それで、お母さんの反応は？
A 誰から届いたのかって、頭を捻っていた。

A 저번에 비밀리에 엄마에게 꽃을 보냈어.
B 와~ 좋은 일 했네. 그래서 어머니 반응은?
A 누구한테서 왔을까 하고 의아해하셨어.

同義語 首を傾げる ★★★

021 　頭を冷やす　머리를 식히다. 마음을 가라앉히다

시험 ★★★
회화 ★★★

• 頭 머리. 마음　• 冷やす 기분을 가라앉히다. 진정시키다 → 머리를 진정시키다

✎ 意味　화나 흥분을 진정시키고 냉정한 태도를 취하는 것.

🔍 用例
A なんだかむかついてしょうがない。
B それじゃ、一度外に出て頭を冷やすのがいいよ。

A 아… 생각하면 생각할수록 화가 나 죽겠다.
B 그럼 밖에 한 번 나가서 머리를 식히는 것이 좋아.

022 　頭を丸める　머리를 빡빡 깎다. 출가하다

시험 ★☆☆
회화 ★★★

• 頭 머리　• 丸める 빡빡 깎다 → 머리를 빡빡 깎다

✎ 意味　① 반성이나 사죄의 의미로 머리를 미는 것. ② 머리를 깎고 집을 나갈 각오로 임하는 모양.

🔍 用例
① A 反省する気があるなら、態度で見せてみろ。
B はい。明日、頭を丸めてきます。

A 반성할 마음이 있다면 행동으로 보여 봐.
B 네. 내일 머리를 빡빡 밀고 오겠습니다.

② A このプロジェクトは我が社の名誉に関わるからしっかりやるように。
B 分かりました。失敗したら頭を丸める気持ちでやりたいと思います。

A 이 프로젝트는 우리 회사의 명예가 걸려 있으니까 확실하게 하도록.
B 알겠습니다. 실패하면 머리를 밀고 출가할 각오로 임하겠습니다.

023 　頭をもたげる　고개를 들다. 세력을 갖게 되다. 대두하다

시험 ★☆☆
회화 ★☆☆

• 頭 머리　• もたげる 들다. 쳐들다 → 머리를 들다

✎ 意味　지금까지 눈에 띄지 않던 것이 점차 사람들 사이에 알려지기 시작하는 것.
또는 지금까지 의식하지 못했던 생각이나 의구심 등이 확실하게 드러나는 것.

🔍 用例
今まで注目もされていなかった政治家がひょんな事から頭をもたげてきた。(=台頭して)
지금까지 주목받지 못했던 정치인이 의외의 일로 힘을 얻기 시작했다.

同義語 台頭する ★★★　• ひょんな 뜻하지 않은. 의외의　• 台頭する 대두하다. 세력을 뻗다

024　頭を突っ込む　깊이 관여하다

시험 ★☆☆
회화 ★☆☆

• 頭 머리　• 突っ込む 돌입하다. 깊이 파고들다　→　머리를 넣다

✎ 意味　어떤 일에 필요 이상으로 관여하는 것.

🔍 用例　**厄介な問題に頭を突っ込んでしまった。**
복잡한 문제에 손대고 말았다.

息子は好奇心が旺盛で、何にでも頭を突っ込む。
아들은 호기심이 왕성해서 뭐든지 깊이 빠진다.

同義語　首を突っ込む ★★★

025　頭隠して尻隠さず　눈 가리고 아웅

시험 ★☆☆
회화 ★☆☆

• 頭 머리　• 隠して 감추고　• 隠す 감추다. 숨기다　• 尻 엉덩이　• 隠さず 감추지 않다
→　머리를 감추고 엉덩이는 감추지 않다

✎ 意味　부정과 단점의 일부를 숨기고는 모두를 숨겼다고 생각하는 어리석음을 조롱한 말.

🔍 用例　**ケーキの箱は隠したのに、口の周りに生クリームがついてる**
なんて、頭隠して尻隠さずだね。
케이크 상자는 숨겼는데 입 주변에 생크림이 묻어 있다니, 눈 가리고 아웅이네.

026　頭を悩ます　골머리를 앓다

시험 ★☆☆
회화 ★★☆

• 頭 머리　• 悩ます 괴롭히다. 성가시게 굴다. 시달리게 하다　→　머리를 시달리게 하다

✎ 意味　이런저런 생각으로 괴로워하는 것.

🔍 用例　**最近、就職の問題で、頭を悩ましている。**
최근 취업 문제로 골머리를 앓고 있다.

027　頭が割れるよう　머리가 깨질 듯이. 머리가 깨질 것 같이

시험 ★☆☆
회화 ★★☆

• 頭 머리　• 割れる ① 깨지다. 부서지다 ② 두통이 심한 모양　• よう 듯　→　머리가 깨질 듯

✎ 意味　견딜 수 없을 정도로 두통이 심한 모양.

🔍 用例　**風邪と睡眠不足が重なって、朝から頭が割れるように痛い。**
감기와 수면 부족이 겹쳐 아침부터 머리가 깨질 것 같이 아프다.

• 重なる 겹치다

028 頭が高い 고개가 뻣뻣하다. 무례하고 건방지다. 거만하다

시험 ★☆☆
회화 ★☆☆

• 頭(ず·あたま) 머리 • 高い 높다 → 머리가 높다

✎ 意味 　높은 사람 앞에서 머리를 숙일 줄 모르는 모양. 시대극 등에서 주로 사용.

🔍 用例 　**新入りのくせに頭が高いとお叱りを受けた。**

신입 사원인 주제에 거만하다고 꾸중을 들었다.

• 新入り 새롭게 들어온 사람. 신참. 신입 사원

029 頭痛の種 근심거리. 두통거리. 걱정거리

시험 ★☆☆
회화 ★★☆

• 頭痛 ① 두통 ② 근심. 걱정 • 種 씨 → 두통의 씨

✎ 意味 　근심의 원인이 되는 것.

🔍 用例 　A **最近息子が言う事をぜんぜん聞いてくれなくて。**
　今それが、頭痛の種なんですよ。
B **思春期の子はみんな同じですよ。**

A 요즘 아들이 말을(하는 말을) 전혀 듣지 않아서…. 지금 그게 골치거리라니까요.
B 사춘기 애들은 다 그래요.

030 頭を振る 고개를 가로젓다. 승낙하지 않다. 거부하다

시험 ★☆☆
회화 ★★☆

• 頭 머리. 고개 • 振る 흔든다 → 고개를 흔들다

✎ 意味 　머리를 좌우로 흔들어 상대의 말을 부정하거나 거부하는 것.

🔍 用例 　**彼女は私の言葉にただ頭を振るばかりであった。**

그녀는 나의 말에 고개를 가로저을 뿐이었다.

いくら頼んでも頭を振るばかりで、なかなかうんと言ってくれない。

아무리 부탁해도 고개를 가로저을 뿐, 좀처럼 응이라고 말하지 않는다.

同義語 **頭を振る** ★★★

031 後ろ髪を引かれる　미련이 남다

시험 ★★☆
회화 ★★☆

• **後ろ髪** 뒷머리 • **後ろ** 뒤 • **髪** 머리카락 • **引かれる** 끌리다. 당겨지다
• **引く** 끌다. 당기다. 잡아당기다. 끌어당기다 → 뒷머리채가 당겨지다

✏️ 意味　마치 뒷머리채가 당겨지는 것처럼 미련(아쉬움)이 남는 것.

🔍 用例
A デパートで素敵なバッグを見つけたんだけど、買わずに帰って来たの。
B なんで? 高かったの?
A そうなのよ。後ろ髪を引かれる思いだったよ。

A 백화점에서 멋진 가방을 발견했는데, 안 사고 왔어.
B 왜? 비쌌어?　　　　　　　　　　　　　（= 未練が残る・気持ちが残る）
A 어. 아쉬움이 남아.　　• **未練が残る** 미련이 남다 • **気持ちが残る** 마음이 남다

032 雁首が揃う　머리가 모이다

시험 ★☆☆
회화 ★★☆

• **雁首** ① 담배통. 대통 ② 머리의 속어. 대갈통 • **揃う** 모이다 → 머리가 모이다

✏️ 意味　머리가 모였다는 것에서, 인원이 모인 것. 특히 무능한 사람만 모였다고 비난할 때 쓰는 말.

🔍 用例　これだけの雁首が揃っていても正解も出せないのか!

이 정도의 인원이 모였으면서 정답도 못 맞추는 건가!

033 雁首を揃える　머리를 모으다

시험 ★☆☆
회화 ★★☆

• **雁首** ① 담배통. 대통 ② 머리의 속어. 대갈통 • **揃える** 모두 갖추다 → 머리를 모두 모으다

✏️ 意味　비속어로 그 자리에 있었던 사람이나 관계자가 줄지어 서는 것.
주로 회사 책임자나 물의를 일으켰던 사람들이 모두 나와 줄서서 사과할 때 사용.

🔍 用例　不祥事を起こした関係者が謝罪会見で雁首を揃えて頭を垂れていた。

불상사를 일으킨 관계자가 모여 사과 기자회견에서 머리를 숙였다.

自動詞 雁首が揃う★★ • **頭を垂れる** 머리를 숙이다

034 間髪を容れず　재빨리. 즉시. 지체 없이. 신속하게

시험 ★☆☆
회화 ★★☆

• **間髪** 간발 • **間** 간. 사이 • **髪** 머리카락 • **容れず** (문어) = **容れない** 넣지 않다
• **容れる = 入れる** 넣다. 들어가게 하다 → 머리카락 한 가닥 넣지 않다

✏️ 意味　머리카락 한 가닥 넣을 만한 틈도 없다는 것에서, 무슨 일이 일어났을 때 빈틈없이 그 상황에 걸맞은 대처를 하는 모양.

🔍 用例　彼は間髪容れずに難しい質問に答えた。 (= すかさず・ほぼ同時に)

그는 신속하게 어려운 질문에 답했다.

• **すかさず** 곧. 즉시. 사이를 두지 않고 • **ほぼ同時に** 거의 동시에

035 つむじを曲げる　빈정상하다. 토라지다

시험 ★★☆
회화 ★★☆

・**つむじ** 머리의 가마　・**曲げる** 구부리다. 심사가 비뚤어지다　→　**머리의 가마를 비뚤게 하다**

✎ **意味**　기분이 틀어져 일부러 거스르며 심술궂게 구는 것.

🔍 **用例**　娘は一旦つむじを曲げると、なかなか機嫌を直してくれない。
딸은 일단 빈정상하면 좀처럼 기분을 풀지 않는다.

同義語　へそを曲げる ★★★

신체 관용어 >> 顔 얼굴

1. 얼굴. 낯 **顔を背ける** 얼굴을 돌리다(외면하다) **顔を洗う** 얼굴을 씻다
2. (얼굴의) 표정. 기색 **浮かぬ顔** 우울한 표정(얼굴) **いやな顔をする** 언짢은 표정을 짓다(얼굴을 하다)
   大きな顔をする 젠체하다
3. (표상으로서의) 얼굴 **富士山は日本の顔だ** 후지산은 일본의 얼굴이다
4. 안면. 잘 알려진 이름. 명성 **顔をきかす** 얼굴(안면)을 팔다
5. (구성원으로서의) 사람 수. 얼굴. 사람. 일동 **顔がそろう** 구성원이 다 모이다
6. 면목. 체면. 낯 **顔が立つ** 낯(체면)이 서다
7. (접미어적으로) ~한 얼굴. ~하는 듯한 표정. ~체함 **知らん顔をする** 모르는 체하다

---

036 合わせる顔がない　대할 낯이 없다. 볼 낯이 없다. 면목이 없다

시험 ★★★
회화 ★★★

・**合わせる** 맞추어 보다. 맞추다　・**顔** 면목. 체면. 낯　・**ない** 없다　→　**맞추어 볼 얼굴이 없다**

✎ **意味**　상대의 기대를 저버리는 일을 해서 볼 낯이 없는 모양. 会わせる로 쓰지 않도록 주의.

🔍 **用例**　二股かけていたので、彼には合わせる顔がない。
양다리 걸쳐서 그를 볼 낯이 없다.

試験に落ちてしまって、親に合わせる顔がない。
시험에 떨어져서, 부모님 뵐 면목이 없다.

・**二股(を)かける** 양다리 걸치다

---

037 いい顔をしない　호의적인 태도를 보이지 않다

시험 ★☆☆
회화 ★★☆

・**いい顔** 좋은 얼굴. 밝은 얼굴. 호의적인 태도　・**しない** 하지 않다　→　**좋은 얼굴을 하지 않다**

✎ **意味**　협력적인, 호의적인 모습이나 태도를 보이지 않는 모양.

🔍 **用例**　A なんか悩み事でもあるの?
B 彼氏の話をすると、母がいい顔をしないのよ。

A 무슨 고민이라도 있어?
B 남자친구 얘기를 하면, 엄마가 좋은 얼굴을 안 하는 거야.

038 いい顔(かお)をする　호의적인 태도를 보이다. 예쁜 표정을 짓다

시험 ★☆☆ 회화 ★★★	・いい顔(かお) 좋은 얼굴. 밝은 얼굴. 호의적인 태도　・する 하다　→　좋은 얼굴을 하다

✎ 意味　① 협력적인, 호의적인 모습이나 태도를 보이는 모양. ② 예쁜 표정을 지으라고 말할 때.

🔍 用例

① 誰(だれ)にでもいい顔(かお)をする人(ひと)って、何(なん)か信(しん)じられないよね。

누구에게나 호의적인 사람은 왠지 믿기 힘들지.

② 写真(しゃしん)を撮(と)るから、皆(みんな)、いい顔(かお)してね。

사진을 찍을 테니까 모두 예쁜 표정을 지어 봐.

039 浮(う)かぬ顔(かお)をする　시무룩한 얼굴을 하다. 근심 어린 얼굴을 하다

시험 ★★★ 회화 ★★★	・浮(う)かぬ(문어)＝浮(う)かない 들뜨지 않은　・浮(う)く ① 뜨다 ② 마음이 들뜨다. 싱숭생숭해지다 ・顔(かお) (얼굴의) 표정. 기색　・する 하다　→　들뜨지 않은 얼굴을 하다

✎ 意味　뭔가 걸리는 일이 있거나 불만스러운 일이 있어서 즐겁지 않은 얼굴 표정을 짓는 것.

🔍 用例

A どうしたの？ 浮(う)かない顔(かお)して。

B 実(じつ)は彼女(かのじょ)にふられちゃってさ。

A 왜 그래? 시무룩한 얼굴을 하고.

B 실은 여자친구에게 차였어.

040 大(おお)きな顔(かお)をする　젠체하다. 태평한 얼굴을 하다

시험 ★★☆ 회화 ★★★	・大(おお)きな 잘난 체하는　・大(おお)きい ① 크다 ② 허세부리다. 잘난 체하다. 과장하다 ・顔(かお) (얼굴의) 표정. 기색　・する 하다　→　잘난 체하는 얼굴을 하다

✎ 意味　① 잘난 체 건방진 얼굴을 하는 것. ② 나쁜 일을 하고도 태평한 얼굴을 하고 있는 모양.

🔍 用例

① A 実力(じつりょく)もないくせに、いつも大(おお)きな顔(かお)をしているよね。

B そうね、本当(ほんとう)に生意気(なまいき)よね。

A 실력도 없으면서 항상 젠체하지.

B 그러게. 정말, 건방져.

② あなたのせいで失敗(しっぱい)したのに、よくそんな大(おお)きな顔(かお)していられ

るわね。

너 때문에 실패했는데 어떻게 그런 태평한 얼굴을 하고 있을 수 있어.

041 顔から火が出る　낯이 화끈거리다. 얼굴이 새빨개지다

시험 ★★★
회화 ★★★

・顔 얼굴　・火 불　・出る 나오다　→ 얼굴에서 불이 나오다

✎ 意味　실수를 하거나 하여 몹시 부끄러워 얼굴이 빨개지는 것.

🔍 用例　**彼の目の前で転んじゃって、顔から火が出るかと思った。**
그의 눈앞에서 넘어져서 얼굴에서 불이 다 나는 줄 알았어.　(＝恥ずかしかった)

ズボンのチャックが開いていて、顔から火が出たよ。
바지 지퍼가 열려 있어서 얼굴에서 불이 났어.

042 顔が売れる　얼굴이 팔리다. 유명해지다

시험 ★★★
회화 ★★★

・顔 안면. 잘 알려진 이름. 명성　・売れる ① 팔리다 ② 널리 알려지다. 인기가 있다　→ 이름이 나다

✎ 意味　세상에 널리 알려져 그 사회에서 힘을 발휘할 수 있는 존재가 되는 모양.

🔍 用例　**顔が売れて外を自由に歩けない。**(＝有名になって)
얼굴이 알려져서 밖을 자유롭게 다닐 수 없다.

彼はこの業界では非常に顔が売れている。
그는 이 업계에서는 상당히 얼굴이 알려져 있다.

他動詞　顔を売る★★★

043 顔を売る　얼굴을 알리다

시험 ★★★
회화 ★★★

・顔 얼굴　・売る ① 팔다 ② 세상에 널리 알리게 하다　→ 얼굴을 널리 알리게 하다

✎ 意味　세상에 널리 알리려는 노력을 하는 것.

🔍 用例　**政治家は自分の顔を売るために、いろんな集会に顔を出す。**
정치인은 자신의 얼굴을 알리기 위해서 다양한 모임에 얼굴을 내민다.

自動詞　顔が売れる★★★

044 顔が利く　얼굴이 먹히다. 얼굴이 통하다

시험 ★★★
회화 ★★★

・顔 얼굴　・利く ① 효력이 있다 ② 가능하다. 통하다　→ 얼굴이 통하다

✎ 意味　사회적 신용이나 권력(힘)이 있어 편의를 봐주는 정도까지 된 모양.

🔍 用例　**毎回同じ飲み屋に行くので、そこでは顔が利くようになった。**
매번 같은 술집에 갔더니 그곳에서는 어지간한 일은 통하게 되었다.

彼はあらゆる方面に顔が利くから本当に頼もしい。
그는 모든 방면에서 얼굴이 통하니까 정말로 믿음직하다.

045 顔が揃う （かお そろ）　모두 모이다

시험 ★★☆ 회화 ★★★	• 顔 (かお) (구성원으로서의) 사람 수. 얼굴. 사람. 일동 • 揃う (そろ) ① 갖추어지다 ② 빠짐없이 모이다 → 일동이 빠짐없이 모이다

✎ 意味　가족, 집단, 멤버 등 그 장소에 와 있어야 할 사람이 모두 모이는 것.

🔍 用例　**正月には、毎回親戚一同の顔が揃う。**（しょうがつ／まいかいしんせきいちどう／かお／そろ）

설날에는 매번 친척이 모두 모인다.

みんなの顔が揃ったところで、会議を始めることにします。（かお／そろ／かいぎ／はじ）

모두 모이고 나서 회의를 시작하기로 하겠습니다.

[同義語] **首が揃う** ★★★ （くび／そろ）　　[他動詞] **顔を揃える** ★★★ （かお／そろ）

---

046 顔が立つ （かお た）　체면이 서다

시험 ★★★ 회화 ★★☆	• 顔 (かお) 면목. 체면. 낯 • 立つ (た) 서다　→ 면목이 서다

✎ 意味　그 사람의 명예(평가)가 올라갈 만한 일이 생겨 남에게 체면이 서는 모양.

🔍 用例　**お見合いを断るときは、仲人の顔が立つように穏便に断るのが常だ。**（みあ／ことわ／なこうど／かお／た／おんびん／ことわ／つね）

맞선을 거절할 때는 소개해 준 사람의 체면을 생각해서 원만하게 거절하는 것이 예의다.

たくさんの人が参加してくれて、なんとか主催者の顔が立ちました。（ひと／さんか／しゅさいしゃ／かお／た）

많은 사람이 참가해서 간신히 주최자의 체면이 섰습니다.

[同義語] **面目が立つ** ★★★ （めんぼく／た）

• 仲人 (なこうど) 중매인. 중매쟁이　• 穏便 (おんびん) 조용하고 원만하게 다루는 모양

---

047 顔が潰れる （かお つぶ）　깎이다

시험 ★★★ 회화 ★★★	• 顔 (かお) 체면. 면목. 낯 • 潰れる (つぶ) ① 찌부러지다 ② (체면이) 손상되다　→ 체면이 손상되다

✎ 意味　그 사람의 명예(평가)가 떨어질 만한 일이 생겨 남에게 체면이 깎이는 모양.

🔍 用例　A **君がしくじってくれたせいで、私の顔が潰れたじゃないか。**（きみ／わたし／かお／つぶ）

B **まことに、申し訳ありませんでした。**（もう／わけ）

A 자네가 일을 그르친 탓에 내 체면이 깎였잖나.

B 정말 죄송합니다.

[同義語] **面目が潰れる** ★★★ （めんぼく／つぶ）　　• しくじる 실수하다. 그르치다

048 顔が広い 발이 넓다

시험 ★★★
회화 ★★★

• 顔 안면. 잘 알려진 이름. 명성　• 広い 넓다　→　**안면이 넓다**

✎ 意味 교제 범위가 넓고 다방면으로 아는 사람이 많은 모양.

🔍 用例
A 本当に顔が広いんだね。いろんな人が挨拶に来て。
B そうかもね。仕事上、いろんな人に会うからね。

A 정말로 발이 넓네. 다양한 사람이 인사하러 오고.
B 그럴지도. 직업상 다양한 사람을 만나니까.

同義語 顔が通る ★★

---

049 顔に泥を塗る 얼굴에 먹칠(똥칠)을 하다

시험 ★★☆
회화 ★★★

• 顔 면목　• 泥 진흙　• 塗る 바르다　→　**얼굴에 진흙을 바르다**

✎ 意味 사람에게 창피를 주거나 그 사람의 입장이나 명예를 손상(실추)시키는 것.

🔍 用例
A 先生に呼び出されるなんて、親の顔に泥を塗る気か!
B ごめんなさい、二度としないから。

A 너, 선생님에게 불려 가다니, 부모 얼굴에 먹칠을 할 작정이야!
B 죄송해요. 두 번 다시 안 그럴게요.

同義語 顔を潰す ★★　顔を汚す ★★

---

050 顔を合わせる 만나다

시험 ★★★
회화 ★★☆

• 顔 얼굴　• 合わせる ① 합치다. 모으다 ② 싸우다. 대전하다　→　**얼굴을 모으다**

✎ 意味
① 얼굴을 서로 맞대는 것.
② (경기 등에서) 대전하는 것. 씨름이나 운동 경기 등에서 처음으로 대전하는 것은 初顔合わせ라고 함.

🔍 用例
① A なんか嬉しそうだね。
　 B 実は久しぶりに、同窓会で皆と顔を合わせることになってるんだ。

　 A 뭔가 좋은 일이 있지?
　 B 실은, 오랜만에 동창회에서 모두와 만나기로 되어 있어.

② 予選の初戦から強豪チームと顔を合わせることになってしまった。

　 예선 첫 경기부터 강호 팀과 붙게 돼 버렸다.　(＝対戦する)

051 顔を貸す (かお か) 참석하다. 나 좀 보자

시험 ★★☆
회화 ★★☆

• 顔(かお) 얼굴　• 貸す(か) ① 빌려주다 ② 도와주다. 조력하다　→　얼굴을 빌리다

✎ 意味
① 간곡한 부탁으로 사람을 만나거나 모임에 참석하거나 하는 것.
② 야쿠자나 양키 등이 '좀 보자'는 식으로 불량하게 쓰는 말.

🔍 用例
① A 来週の集会にぜひとも顔を貸してもらいたいんだが。
　B 申し訳ありません。来週は出張で東京にいないんですよ。

A 다음 주 모임에 꼭 좀 참석해 줬으면 싶은데.
B 어쩌죠, 다음 주는 출장이라서 도쿄에 없어요.

② A ちょっと、なんなんですか?
　B おまえ、ちょっとむかつくんだよ。顔を貸しな。

A 대체 왜 그러세요?
B 너 좀 열받게 한다. 잠깐 따라와 봐.

052 顔を利かす (かお き) 얼굴을 이용하여 도움을 받다. 힘을 써 주다

시험 ★★☆
회화 ★★☆

• 顔(かお) 안면. 잘 알려진 이름. 명성　• 利かす(き) 특성을 살리다. 발휘시키다　→　명성을 발휘시키다

✎ 意味
사람이나 회사의 유명세를 이용하여 부탁을 하거나 일을 유리하게 처리하는 것.

🔍 用例
知り合いが顔を利かしてくれて、私を就職させてくれた。
지인이 힘을 써서 나를 취직시켜 주었다.

📖 同義語 顔を利かせる(かお き) ★★

053 顔を立てる (かお た) 얼굴을 세우다. 체면을 생각하다

시험 ★★☆
회화 ★★☆

• 顔(かお) 면목. 체면. 낯　• 立てる(た) 세우다　→　면목을 세우다

✎ 意味
제삼자에 대한 상대편의 체면이 상하지 않게 하는 것.

🔍 用例
お見合いは気が進まないが、とりあえず父の顔を立てて受けること
にした。
맞선은 보고 싶지 않지만 일단 아버지 체면을 생각해서 받아들이기로 했다.

先輩の顔を立てて、会議に参加することにした。
선배의 체면을 생각해서 회의에 참가하기로 했다.

054 顔を出す (かお だ)　출석하다. 참석하다. 방문하다

| 시험 ★★★
회화 ★★☆ | • 顔(かお) 얼굴　• 出す(だ) 내밀다　→ **얼굴을 내밀다** |

✎ 意味　인사치레로 남의 집을 방문하거나, 의례적으로 모임에 참석하거나 하는 것. 비슷한 말로 顔を見せる(かお み)가 있지만, 여기에는 '참석하다'라는 의미는 포함되어 있지 않음.

🔍 用例　A 今度(こんど)の飲(の)み会(かい)、やっぱりちょっと行(い)けないかも。

B そうなの? ちょっとでも顔(かお)を出(だ)してくれたら嬉(うれ)しいんだけどな。

A 이번 술자리 말인데, 역시 못 갈지도 모르겠어.

B 그래? 잠깐만이라도 얼굴 보여 주면 좋겠는데.

055 顔を作る (かお つく)　화장하다. 일부러 표정을 짓다

| 시험 ★★☆
회화 ★★☆ | • 顔(かお) (얼굴의) 표정. 기색　• 作る(つく) ① 만들다 ② 단장하다. 화장하다 ③ 일부러 짓다. 거짓으로 꾸미다
→ **얼굴을 꾸미다** |

✎ 意味　① (여성이) 화장하는 것. ② 무리해서 그러한 표정을 짓는 것.

🔍 用例　① 今日(きょう)は、そんなに顔(かお)を作(つく)って、デートでもあるの?

오늘은 그렇게 화장을 하고, 데이트라도 있어?

② 楽(たの)しくもないのに、無理(むり)に顔(かお)を作(つく)るって本当(ほんとう)に大変(たいへん)ね。

즐겁지도 않은데 재미있는 듯한 표정을 짓는 건 참 힘들어.

056 顔を潰す (かお つぶ)　체면을 깎다. 얼굴에 먹칠을 하다

| 시험 ★★☆
회화 ★★☆ | • 顔(かお) 면목. 체면. 낯　• 潰す(つぶ) ① 찌부러트리다 ② 손상시키다. 망치다　→ **체면을 손상시키다** |

✎ 意味　면목을 잃게 하는 것. 명예를 실추시키는 것.

🔍 用例　A 会社(かいしゃ)辞(や)めたいんだけどさ、辞(や)められないのよね。

B なんで辞(や)められないの?

A 親(おや)のコネで入(はい)った会社(かいしゃ)だから、私(わたし)がやめたら親(おや)の顔(かお)を潰(つぶ)すことになるじゃない。

B あぁ。なるほどね。

A 회사를 그만두고 싶지만 그럴 수가 없어.

B 왜 못 그만두는데?

A 부모 빽으로 들어온 회사라 내가 그만두면 부모님 얼굴에 먹칠을 한 격이 되잖아.

B 아, 그렇구나.

📖 同義語　顔に泥を塗る(かお どろ ぬ) ★★★　顔を汚す(かお よご) ★★

• コネ 연줄. 연고. 관계

057 　顔をほころばす　얼굴에 화색이 돌다. 얼굴에 미소를 띠다

시험 ★★☆
회화 ★★☆

• **顔** 얼굴　• **ほころばす** ① (꽃망울 등이) 터지다 ② 웃다. 기뻐하는 표정을 짓다
→ 얼굴에 웃음을 짓다

✎ 意味　너무도 기뻐서 자기도 모르게 얼굴에 웃음이 번지는 모양.

🔍 用例　**孫からの思わぬプレゼントに祖母は顔をほころばせた。**
생각지도 못한 손자의 선물에 할머니는 얼굴에 화색이 돌았다.

子どものかわいい仕草に、親は思わず顔をほころばす。
아이의 재롱에 부모는 자기도 모르게 얼굴에 미소를 짓는다.

058 　顔を見せる　얼굴을 보이다. 모습을 모이다

시험 ★★☆
회화 ★★☆

• **顔** 얼굴　• **見せる** ① 보이다 ② (겉으로) 나타내다. 드러내다　→ 얼굴을 보이다

✎ 意味　그 장소에 가는 것.

🔍 用例　A **おばあちゃん、元気? 忙しくてなかなか家に行けなくてごめんね。**

B **そうよ。たまには顔を見せに来なさい。**

A 할머니, 건강하시죠? 바빠서 좀처럼 찾아뵙지 못해 죄송해요.

B 그래. 가끔씩은 얼굴 좀 보여 줘.

059 　顔色を変える　안색이 변하다. 깜짝 놀라다

시험 ★★☆
회화 ★★☆

• **顔色** (얼굴의) 표정. 기색　• **変える** 바꾸다. (상태 등을) 변화시키다　→ 안색을 바꾸다

✎ 意味　놀라거나 당황하여 얼굴의 표정이 변하는 것.

🔍 用例　**娘が事故にあったと聞いて、父は顔色を変えて出て行った。**
딸이 사고를 당했다고 듣고, 아버지는 안색이 변해서 나갔다.　(＝血相を変えて)

• **血相を変える** 안색을 바꾸다. 표정이 변하다

060 　顔色を見る　눈치를 보다. 눈치를 살피다

시험 ★★☆
회화 ★★☆

• **顔色** 안색 ① 얼굴색. 혈색 ② 표정. 눈치　• **見る** 보다　→ 안색을 보다

✎ 意味　상대의 기분이 어떤지 안색을 보면서 살피는 모양.

🔍 用例　A **ゴールデンウィークに旅行に行かない?**

B **う～ん、親の顔色を見て、聞いてみるよ。**

A 골든 위크에 여행 안 갈래?

B 어, 엄마 아빠 눈치 봐서 물어볼게.

同義語　**顔色を伺う** ★★

061 　顔触れ メンバー
かお ぶ

시험 ★★★　•顔 얼굴　•触れる 닿다. 스치다. 접촉하다　→　접촉한 얼굴
회화 ★★☆　　　かお　　　　　ふ

✎ 意味　회합, 사업, 경기 등에 참가한 멤버.

🔍 用例　今春のドラマ、出演者の顔触れが非常に豪華だね。
　　　　　こんしゅん　　　　しゅつえんしゃ　　かお ぶ　　　ひ じょう　　ごう か
　　　　올봄 드라마, 출연진이 대단히 화려하네.

　　　　あの店に居るのは、いつも同じ顔触れだ。
　　　　　　みせ　い　　　　　　　　おな　　かお ぶ
　　　　저 가게에 있는 사람은 항상 같은 멤버다.

062 　顔向けができない　대할 낯이 없다
かお む

시험 ★★☆　•顔向け 얼굴을 대함　•できない 할 수 없다　•できる 할 수 있다　→　얼굴을 대할 수 없다
회화 ★★☆　　かお む

✎ 意味　면목이 없어 사람들 앞에 서길 매우 부끄러워하는 모양.

🔍 用例　こんな事件を起こしてしまって、世間に顔向けができない。
　　　　　　　　じ けん　お　　　　　　　　　せ けん　かお む
　　　　이런 사건을 일으켜서 세상 사람들 대할 낯이 없다.

　　　　同義語 顔が向けられない ★　顔が合わせられない ★★
　　　　　　　かお　む　　　　　　　かお　あ

　　　　•世間 세상. 세상 사람들
　　　　　せ けん

063 　涼しい顔　태연한 얼굴. 시치미 떼는 얼굴
すず　　かお

시험 ★★☆　•涼しい ① 시원하다 ② 태연하게 모른 척하다　•顔 표정. 기색　→　태연한 표정
회화 ★★☆　　すず　　　　　　　　　　　　　　　　　　　かお

✎ 意味　자신이 관계 있는데도 불구하고 남의 일처럼 태연하게 모른 척하는 모양.
　　　　죄책감을 느끼지 못하는 모양을 나타낼 때 사용.

🔍 用例　事件を起こしておきながら、何事もなかったように涼しい顔
　　　　　じ けん　お　　　　　　　　　　なにごと　　　　　　　　　すず　かお
　　　　をしてテレビに出ている。
　　　　　　　　　　　で
　　　　사건을 저질러 놓고는 아무 일도 없다는 것처럼 태연한 얼굴을 하고 텔레비전에 나온다.

　　　　A 美香ったら、皆に迷惑をかけているのに、涼しい顔してるのよ。
　　　　　み か　　　　　みんな　めいわく　　　　　　　　　すず　かお
　　　　B ホント、図々しいよね。
　　　　　　　　ずうずう
　　　　A 미카는 모두에게 폐를 끼치고 있으면서 태연한 얼굴을 하고 있는 거야.
　　　　B 정말로 뻔뻔하네.

신체 관용어

생활 관용어

속담·격언

고사성어

사자성어

064 澄(す)ました顔(かお) 도도한 얼굴. 새침한 얼굴. 태연한 척하는 얼굴

시험 ★★☆
회화 ★★☆

・澄(す)ます 얌전한 체하다. 새침해하다 ・顔(かお) 표정. 기색 → 얌전한 체하는 표정

✎ 意味
① 여자가 남자 앞에서 도도한 척하며 시선을 의식해 새침한 얼굴을 하고 있는 모양.
② 아무 일 없다는 듯한 얼굴을 하고 있는 모양.

🔍 用例
① 彼女(かのじょ)は今日(きょう)もお洒落(しゃれ)して澄(す)ました顔(かお)で歩(ある)いている。

그녀는 오늘도 멋을 부리고 도도한 얼굴로 걷고 있다. （＝気取(きど)って）

② 彼(かれ)の前(まえ)では澄(す)ました顔(かお)をしているが、実(じつ)は他(ほか)の男(おとこ)と浮気(うわき)して
いる。（＝平然(へいぜん)として・涼(すず)しい顔(かお)）

그의 앞에서는 태연한 척하고 있지만 실은 다른 남자와 바람피우고 있다.

・お洒落(しゃれ)する 멋을 부리다. 모양을 내다 ・気取(きど)って 젠체하고 ・平然(へいぜん)として 태연하게

065 何食(なにく)わぬ顔(かお) 아무것도 모른다는 순진한 얼굴. 시치미 떼는 얼굴

시험 ★★★
회화 ★★★

・何食(なにく)わぬ(문어)＝何食(なにく)わない 아무것도 먹지 않다 ・顔(かお) 표정. 기색 → 아무것도 먹지 않은 표정

✎ 意味
자신은 아무것도 모른다는 순진한 얼굴을 하는 모양.

🔍 用例
彼(かれ)は事件(じけん)を起(お)こしておきながら、何食(なにく)わぬ顔(かお)をしている。

그는 사건을 일으켜 놓고는 아무렇지도 않은 얼굴을 하고 있다.

📖 同義語 素知(そし)らぬ顔(かお) ★★ 白(しら)を切(き)る ★★★ しらばくれる ★★ ほおかぶりをする ★
知(し)らないふりをする ★★

・素知(そし)らぬ顔(かお) 알면서도 모르는 척 시치미 떼는 얼굴 ・白(しら)を切(き)る 시치미를 떼다
・しらばくれる 알고도 모르는 체하다 ・ほおかぶりをする 모르는 체하다
・知(し)らないふりをする 모르는 체하다

신체 관용어 >> 面(つら)・面(めん) 얼굴. 낯. 낯짝

066 いい面(つら)の皮(かわ)だ 꼴이 우습게 되다. 꼴이 말이 아니다

시험 ★☆☆
회화 ★★☆

・いい 좋다 ・面(つら)の皮(かわ) 낯가죽. 낯짝 ・面(つら) 낯. 낯짝 ・皮(かわ) 가죽(껍질) → 좋은 낯짝이다

✎ 意味
자신이나 타인이 뜻밖의 일로 남의 웃음거리가 되었을 때 조롱하여 쓰는 말.

🔍 用例
あいつ、大企業(だいきぎょう)に就職(しゅうしょく)したと自慢(じまん)していたのに、首(くび)になるとは、
いい面(つら)の皮(かわ)だ。（＝とんだ恥(はじ)さらし）

저 녀석, 대기업에 취직했다고 자랑하더니만 잘리다니 꼴이 참 우습게 됐다.

・とんだ恥(はじ)さらし 생각지도 않은 망신살

067 外面がいい　밖에서만 상냥하다
そとづら

시험 ★☆☆
회화 ★☆☆

• 外面 외양. 겉모습. 남을 대하는 태도　• いい 좋다　→ 남을 대하는 태도가 좋다
そとづら

✎ 意味　사람을 대할 때 가족이나 자기 사람(친척 등)보다 외부 사람에게 더 상냥하게 대하는 것.

🔍 用例　A 私のお姉ちゃん、家ではすごく怖いのよ。
わたし　　ねえ　　　　　いえ　　　　　　　こわ

B ええ？ 学校ではやさしい先輩だよ。
がっこう　　　　　　　せんぱい

A お姉ちゃんは、外面がいいだけなのよ。
ねえ　　　　　そとづら

A 우리 언니는 집에서는 엄청 무서워!
B 정말? 학교에서는 자상한 선배잖아.
A 언니는 밖에서만 친절할 뿐이야.

068 面の皮が厚い　낯가죽이 두껍다. 뻔뻔스럽다
つら　かわ　あつ

시험 ★★☆
회화 ★★☆

• 面の皮 낯가죽. 낯짝　• 厚い 두껍다　→ 낯가죽이 두껍다
つら　かわ　　　　　　あつ

✎ 意味　부끄러운 줄도 모르는 뻔뻔한 사람을 일컫는 말.

🔍 用例　先輩をだますなんて、面の皮が厚いにも程があるわ！
せんぱい　　　　　　　　　　つら　かわ　あつ　　　　　ほど

선배를 속이다니, 뻔뻔한 것도 정도가 있지!

またお金の無心とは、本当に面の皮の厚い奴だ。
かね　むしん　　　　ほんとう　つら　かわ　あつ　やつ

또 돈을 요구하다니 정말 낯가죽이 두꺼운 놈이네.

• 無心 ① 무심. 아무 생각이 없음 ② 염치없이 금품을 요구함
むしん

069 面の皮を剥ぐ　망신을 주다. 정체를 폭로하다
つら　かわ　は

시험 ★☆☆
회화 ★★☆

• 面の皮 낯가죽. 낯짝　• 剥ぐ 벗기다　→ 낯가죽을 벗기다
つら　かわ　　　　　　は

✎ 意味　뻔뻔스러운 사람을 끽소리 못하게 창피를 주는 것.

🔍 用例　絶対にあいつの面の皮を剥いで見せるから！
ぜったい　　　　　　つら　かわ　は　　　　み

기필코 그 놈의 정체를 밝혀내 보이겠어!

A あの政治家、またリップサービスしてるね。
せいじか

B ホント、面の皮を剥いでやりたいね。
つら　かわ　は

A 저 정치인, 또 립서비스를 하고 있네.
B 정말이지 정체를 까발리고 싶어져.

同義語　面の皮をひんむく ★★　• ひんむく 홀랑 벗기다
つら　かわ

신체 관용어

생활 관용어

속담·격언

고사성어

사자성어

070 どの面下げて (つらさ) 무슨 낯짝으로

시험 ★☆☆
회화 ★★☆

• どの 어떤. 무슨   • 面 낯. 낯짝   • 下げて 달고   • 下げる 달다. 매달다   → 무슨 낯짝을 달고

✎ 意味   염치없는 사람을 욕하는 말.

🔍 用例   A うちの両親にもう一度会ってよ。

B この前、あんなに喧嘩したのに、今さらどの面下げて会えって言うんだよ。(=どんな顔をして)

A 우리 부모님 다시 한 번 만나 봐.

B 지난번에 그렇게 싸웠는데, 무슨 낯으로 만나 뵈라는 거야.

071 泣きっ面に蜂 (な つら はち) 우는 얼굴에 침 뱉기. 엎친 데 덮치기. 설상가상

시험 ★★★
회화 ★★★

• 泣き面=泣きっ面 우는 얼굴   • 面 낯. 낯짝   • 蜂 벌   → 우는 얼굴에 벌침

✎ 意味   우는 얼굴에 벌침을 놓는다는 뜻으로, 불행이나 불운이 겹치는 것.

🔍 用例   A ボーナスが少なくなったかと思ったら、今度は給料カットだってさ。

B 本当に泣きっ面に蜂もいいところだよな。

A (저번에는) 보너스가 줄더니 이번에는 월급까지 삭감된대.

B 정말 엎친 데 덮친 격이다.

📖 同義語   弱り目に祟り目 ★★
踏んだり蹴ったり ★★

• ~かと思うと=~かと思ったら ~(인)가했더니   • 弱り目に祟り目 엎친데덮친 격

• 踏んだり蹴ったり 엎친데 덮치기로 공격을 겪는 모양

072 面子に賭けても (めんつ か) 얼굴을 걸고

시험 ★☆☆
회화 ★★☆

• 面子 체면. 면목. 중국에서 온 말   • 賭けても 걸어서라도   • 賭ける 걸다. 내걸다
→ 체면을 걸어서라도

✎ 意味   실패하면 체면을 잃을 정도의 각오로 어떻게든 그것을 해나가겠다고 결심하는 모양.

🔍 用例   元卓球部の面子に賭けても、たとえ遊びのゲームでも絶対に負けられない。

전 탁구부 얼굴을 걸고, 설사 장난 게임이라고 하더라도 절대로 질 수가 없다.

073 面子を立てる (めんつ た) 체면을 세워 주다

시험 ★★☆
회화 ★★☆

• 面子 체면. 면목   • 立てる 세우다   → 체면을 세우다

✎ 意味   그 사람의 명예나 체면이 손상되지 않게 조처하는 모양.

🔍 用例   ここは先輩の面子を立てて、我慢することにしよう。

이번에는 선배의 체면을 봐서 참겠어.

074　面と向かって　얼굴에 대놓고

| 시험 ★☆☆ | ・面 얼굴　・向かって 향하고　・向かう 향하다. 마주대하다　→ 얼굴을 마주대하고 |
| 회화 ★★★ | |

✎ 意味　　거리낌 없이 상대에게 대놓고 말하는 모양.

🔍 用例　　A 何か文句があるなら、陰でこそこそ言わないで、面と向かって言っ

てきなさいよ。(=正々堂々と)

B それじゃ、言わせてもらうけど…。

A 뭔가 불만이 있으면 뒤에서 쉬쉬 얘기하지 말고, 대놓고 말해 봐.

B 그렇담, 한 번 말해 보겠는데 말야….

075　面を取る　① (검도에서) 머리를 쳐서 득점하다 ② 둥글게 하다

| 시험 ★★☆ | ・面 ① 면. 얼굴 ② (물건의) 표면. 외면 ③ (건축) 목재의 모서리를 후려서 생기는 부분 |
| 회화 ★★☆ | ・取る 따다. 얻다　→ 면을 따다 |

✎ 意味　　① 검도에서 상대편의 면을 쳐서 득점하는 것. (변하여) 화려한 승리를 얻는 것.

② 사각형으로 자른 야채의 모서리 부분을 깎아서 둥글게 하는 것.
또는 목재의 모서리를 깎아 평면으로 하거나 곡면으로 하는 것.

🔍 用例　　① 上段の相手から、面を取り、勝つことができた。

고단자를 상대로 머리를 쳐서 득점할 수 있었다.

② 煮物を作るときは、面を取ると煮崩れしなくなる。(=面取りする)

조림을 할 때는 야채의 모서리를 둥글게 하면 뭉글해지지 않는다.

・上段 단위가 위임　・煮崩れ 너무 익혀서 모양이 뭉글해짐

076　面目が立つ　면목이 서다

| 시험 ★★★ | ・面目(めんぼく・めんもく) 면목. 체면　・立つ 서다　→ 체면이 서다 |
| 회화 ★★★ | |

✎ 意味　　명예가 손상되지 않고 유지되는 모양.

🔍 用例　　A 指導教授の面目が立つような発表をしないとね。

B はい、頑張ります。

A 지도교수 면목이 설 만한 발표를 해야지.

B 네, 열심히 하겠습니다.

同義語　顔が立つ ★★

077 面目が潰れる 체면이 손상되다

시험 ★★☆ 회화 ★★★	• **面目(めんぼく・めんもく)** 면목. 체면 • **潰れる** ① 찌부러지다. 부서지다 ② 손상되다 → 면목이 손상되다

✎ 意味　세간의 비웃음을 살 만한 결과가 되어 명예나 체면을 손상시키는 것.

🔍 用例　**後輩に負けてしまって、面目が潰れてしまった。**

후배한테 져서 체면이 말이 아니게 됐다.

[同義語] **顔が潰れる ★★★**

078 面目が無い 면목이 없다

시험 ★★☆ 회화 ★★★	• **面目(めんぼく・めんもく)** 면목. 체면 • **無い** 없다 → 면목이 없다

✎ 意味　자신이 한 일이 염치가 없어 고개를 들 수가 없는 모양.
보통 조사를 빼고 面目無い의 형태로 자주 사용.

🔍 用例　**私の失言により、会社のイメージを落としてしまったようで、**
大変面目が無い。

내 실언 때문에 회사의 이미지를 떨어뜨린 것 같아서 아주 면목이 없다.

[同義語] **面目無い ★★★**

079 面目丸潰れ 체면을 완전히 구김

시험 ★★☆ 회화 ★★★	• **面目(めんぼく・めんもく)** 면목. 체면 • **丸潰れ** 완전히 찌부러짐 → 체면이 완전히 찌부러짐

✎ 意味　체면을 완전히 구겨 창피를 당하는 것.

🔍 用例　**質問に一つも答えられなくて、面目丸潰れだった。**

질문에 하나도 답하지 못해서 체면을 완전히 구겼다.

080 面目を失う 면목(체면)을 잃다

시험 ★★★ 회화 ★★★	• **面目(めんぼく・めんもく)** 면목. 체면 • **失う** 잃다. 잃어버리다 → 체면을 잃다

✎ 意味　생각지도 않은 실패 등으로 명예가 손상되는 경험을 하는 것.

🔍 用例　**仕事で面目を失わないように、常に気を使っている。**

일하면서 체면을 잃지 않으려고 항상 신경 쓰고 있다.

[同義語] **体面をそこなう ★★**

081 額に皺を寄せる 이마에 주름살을 짓다

시험 ★★☆ 회화 ★★☆	• 額 이마 • 皺を寄せる 주름살을 짓다. 찌푸리다 → **이마에 주름살을 짓다**

✏️ 意味　심각하게 생각에 잠긴 모양.

🔍 用例　**何か変だというように、彼女は額に皺を寄せた。**（=顔をしかめた）

무언가 이상하다는 듯이 그녀는 심각하게 생각에 잠겼다.

• 顔をしかめる 얼굴을 찌푸리다 • しかめる 찌푸리다. 찡그리다

082 額を集める 머리를 맞대다. 모여서 상담하다

시험 ★☆☆ 회화 ★☆☆	• 額 이마 • 集める 모으다. 집합(집중)시키다 → **이마를 모으다**

✏️ 意味　관계자가 모두 모여 이마를 맞대고 대책을 의논하는 것.

🔍 用例　**額を集めて、打開策を探した。**

머리를 맞대고 타개책을 찾았다.

083 頬被りをする 수건 등으로 얼굴을 싸매다. 외면하다

시험 ★☆☆ 회화 ★☆☆	• 頬被り = ほっかぶり ① 옷이나 수건으로 머리에서 볼까지 얼굴이 가려지게 싸맴 ② 모르는 체함 • 頬 뺨. 볼 • 被り 머리에 씀 • する 하다

✏️ 意味　① 수건 등으로 얼굴을 가려 둘러쓰는 것. ② 상황이 좋지 않아 알면서도 모른 체하는 것.

🔍 用例　① **おばあちゃんは、頬被りをして畑仕事をするのが日課だ。**

할머니는 머리에 수건을 두르고 밭일을 하시는 것이 일과다.

② **試合に負けた原因が自分にあることがわかっていながら、頬被りをして済ました。**

시합에 진 원인이 내 실수 때문이었다는 것을 알면서도 외면하고 넘겨 버렸다.

084 頬を染める 얼굴을 붉히다

시험 ★★☆ 회화 ★★★	• 頬 뺨. 볼 • 染める 물들이다. 염색하다 → **볼을 물들이다**

✏️ 意味　부끄러움으로 얼굴이 빨개지는 모양.

🔍 用例　**僕が彼女の手を取ったとき、彼女は頬を赤く染めて恥ずかしそうにしていた。**

내가 그녀의 손을 잡았을 때, 그녀는 얼굴을 붉히며 부끄러워했다.

085 ほっぺたが落ちそう

입에서 살살 녹는. 둘이 먹다가 하나 죽어도 모를 만큼

시험 ★★★
회화 ★★★

• ほっぺた 볼. 뺨 • 落ちそう 빠질 것 같이 • 落ちる ① 떨어지다 ② 빠지다 • そう 같이
→ 볼이 빠질 것 같이

✎ 意味 아주 맛있게 느끼는 것.

🔍 用例 A このプリンさっき作ったんだけど、味見てくれる?

B わぁ。ほっぺたが落ちそうなくらいおいしいよ。

A 이 푸딩 좀 전에 만들었는데 맛봐 줄래?

B 우와~! 둘이 먹다 하나 죽어도 모를 만큼 맛있어!

同義語 顎が落ちる ★

신체 관용어 >> 耳 귀

086 聞き耳を立てる

귀를 기울이다

시험 ★★★
회화 ★★★

• 聞き耳 (잘 들으려고) 주의를 바싹 기울임. 또 그럴 때의 귀 • 立てる 세우다
→ (잘 들으려고) 귀를 세우다

✎ 意味 주의를 집중해서 잘 듣기 위해 귀를 기울이는 것.

🔍 用例 A 先生たちがひそひそ話をしているから、聞き耳を立てて聞いちゃった。

B へ〜、それでどんな話だったの?

A 別にたいした話じゃなかったよ。

A 선생님들이 귓속말을 하길래 바싹 귀를 기울여서 들었어.

B 무슨 이야기였어?

A 별 얘기 아니었어.

同義語 耳をそばだてる ★★ • 耳をそばだてる 귀를 쫑긋 세우다
• そばだてる ① (한쪽 끝을) 한층 높게 세우다. 치올리다 ② 주의를 기울이다

087 地獄耳

귀가 밝다. 한 번 들으면 잊지 않다

시험 ★★★
회화 ★★★

• 地獄 지옥 • 耳 귀 → 지옥귀

✎ 意味 ① 남의 비밀 등을 재빨리 들어 알아차리는 것.
② 한 번 들으면 절대 잊어버리지 않는 것.

🔍 用例 ① A あんまり大きな声で言わないほうがいいよ。彼女は地獄耳なんだから。

B そうね、気をつけなくっちゃ。

A 너무 큰 소리로 말하지 않는 것이 좋아. 그녀는 귀가 밝아서 잘 듣거든.

B 그러네. 조심해야겠다.

② 彼女は地獄耳なので、なんでも知っている。

그녀는 한 번 들으면 잊어버리질 않아서 뭐든 알고 있다.

088 　空耳(を使う)　① 헛들음　② 못 들은 체하다
そらみみ　つか

| 시험 ★★☆
회화 ★★☆ | ・空耳 ① 헛들음 ② 듣고도 못 들은 체함　・使う 사용하다　→ 헛들은 체하다
そらみみ　つか |

✎ 意味　① 空耳는 실제 들리지 않는 소리를 들은 것처럼 착각하는 것. ② 空耳を使う는 空耳에서
파생된 말로 듣고서도 못 들은 체하는 것. 회화에서 사용 빈도 낮음.

🔍 用例　① A なんか、変な声が聞こえた。
　　　　　　　　へん　こえ　き
　　　　B 空耳じゃない?
　　　　　　そらみみ
　　　　A 뭐, 이상한 소리가 들렸어.
　　　　B 헛들은 거 아냐?

　　② A ちょっと! ちゃんと私の言ってること聞いてるの?
　　　　　　　　　　　　　わたし　い　　　　き
　　　　B え? なんか言ったの?
　　　　　　　　　　い
　　　　A 都合の悪いことには、すべて空耳を使うんだから!
　　　　　つごう　わる　　　　　　　　　そらみみ　つか
　　　　A 저기! 내가 한 말 제대로 듣고 있는 거야?
　　　　B 어? 무슨 말 했어?
　　　　A (자기가) 불리한 일은 전부 못 들은 체한다니깐!

089 　初耳　금시초문
はつみみ

| 시험 ★★☆
회화 ★★★ | ・初~ 처음의. 최초의　・耳 귀　→ 귀에 처음 들어오는 이야기
はつ　　　　　　　　みみ |

✎ 意味　처음 듣는 이야기.

🔍 用例　A タクミさんと、ユキさんって、付き合ってるらしいよ。
　　　　　　　　　　　　　　　　つ　あ
　　　　B 本当? それ、初耳だよ。
　　　　　ほんとう　　　　はつみみ
　　　　A 타쿠미 씨와 유키 씨 사귄대.
　　　　B 정말? 그건 처음 듣는데.

090 　耳が痛い　듣기 괴롭다. 듣기 거북하다
みみ　いた

| 시험 ★★☆
회화 ★★☆ | ・耳 귀　・痛い 아프다　→ 귀가 아프다
みみ　　いた |

✎ 意味　자신의 약점이나 결점을 건드려서 듣기 괴로운 모양.

🔍 用例　お兄ちゃんがお母さんにしかられるのを聞いて、私も耳が痛かった。
　　　　にい　　　　　かあ　　　　　　　　　　　　き　　　わたし　みみ　いた
　　　　오빠가 엄마에게 야단맞는 것을 듣고, 나도 듣기 괴로웠다.

　　　　親から結婚話を聞くのは耳が痛い。
　　　　おや　けっこんばなし　き　　　みみ　いた
　　　　부모님이 결혼 이야기를 꺼내시면 듣기 괴롭다.

091 耳が汚れる 귀를 버리다

시험 ★★☆
회화 ★★☆
・耳 귀 ・汚れる 더러워지다. 더럽혀지다 → 귀가 더럽혀지다

✎ 意味 지저분한 소리를 듣게 되어 불쾌한 생각이 드는 것.

🔍 用例 **おい、お前ら。あいつの話は聞くなよ。耳が汚れるぞ!!**
이봐, 너희들. 그 녀석 얘기는 듣지 마. 귀 버린다!!

他動詞 **耳を汚す**★★

092 耳が遠い 귀가 멀다. 귀가 어둡다

시험 ★★☆
회화 ★★★
・耳 귀 ・遠い ① 멀다 ② 잘 들리지 않다 → 귀가 잘 들리지 않다

✎ 意味 청력이 나빠지는 모양.

🔍 用例 **年を取ったせいか、耳が遠くなってしまった。**
나이가 들어서인지 귀가 잘 안 들리게 되었다.

お婆ちゃんは耳が遠いので、大きい声で話してあげてね。
할머니는 귀가 어두우시니까 큰 소리로 말씀드려.

093 耳が早い 귀가 밝다

시험 ★★☆
회화 ★★★
・耳 귀 ・早い (동작이나 과정이) 빠르다 → 귀가 빠르다

✎ 意味 소문 따위를 듣는 것이 빠른 것.

🔍 用例 A **今度結婚するんだって? おめでとう。**
B **えっ、どこで聞いたの? 耳が早いね。**
A 이번에 결혼한다면서? 축하해.
B 어디서 들었어? 참 소식도 빠르네.

094 耳に入れる 남에게 알리다. 귀띔하다

시험 ★★★
회화 ★★★
・耳 귀 ・入れる 넣다. 들어가게 하다 → 귀에 들어가게 하다

✎ 意味 소문이나 정보 등을 알려 주는 것.

🔍 用例 A **ちょっと、奥さんの耳に入れておきたいことがあるんですが…。**
B **どんなことですか?**
A **お宅の旦那さん、リストラの対象なんだそうです。**
A 저기, 부인에게 귀띔하고 싶은 것이 있는데요.
B 무슨 말씀이신지?
A 댁의 남편분이 정리 해고 대상이라고 하네요.

095 耳に障る　귀에 거슬리다

시험 ★★★
회화 ★★★

・耳 귀　・障る 지장을 초래하다. 방해가 되다. 해가 되다 → 귀에 방해가 되다

✎ 意味　남이 하는 말 등이 듣기 싫고 불쾌한 모양.

🔍 用例　独りよがりの自慢話がひどく耳に障り、途中で席を立ってしまった。

독선적인 자기 자랑이 심하게 귀에 거슬려, 도중에 자리를 박차고 나오고 말았다.

同義語 耳障り ★★★　・独りよがり 독선. 독선적. 자기 혼자서만 좋다고 믿고, 남의 말에 귀를 기울이지 않음
・自慢話 자기 자랑

096 耳にする　우연히 듣다

시험 ★★★
회화 ★★★

・耳 귀　・する 하다 → 귀에 하다

✎ 意味　어떤 일을 우연히 듣는 것.

🔍 用例　A あの〜、お引っ越しされるって耳にしたんですけど、本当なんですか?

B そうなんです。急に決まって…。(＝聞いた)

A 저, 이사한다고 들었는데 정말인가요?
B 맞아요. 갑자기 정해져서요.

同義語 耳に入る ★★★ 耳に挟む ★★★
小耳に挟む ★★★

097 耳にたこができる　귀에 딱지가 생길 지경이다. 귀가 따갑다

시험 ★★★
회화 ★★★

・耳 귀　・たこ 굳은살　・できる 생기다 → 귀에 굳은살이 생기다

✎ 意味　열심히 일하거나 운동을 하면 손이나 발에 굳은살이 생기는 것을 귀에 비유한 표현으로,
같은 말을 반복해서 들어 귀에 굳은살(딱지)이 생길 지경이라는 뜻.

🔍 用例　子供のころ「勉強しなさい」と、耳にたこができるほど言われた。

어렸을 때 '공부하라'고 귀에 딱지가 생길 정도로 들었다.　(＝飽き飽きする)

・飽き飽きする 진절머리가 나다. 넌덜머리가 나다

098 耳に付く　시끄럽다. 신경 쓰이다

시험 ★★★
회화 ★★★

・耳 귀　・付く 붙다. 달라붙다 → 귀에 달라붙다

✎ 意味　목소리, 소리 등이 귓전에서 떠나지 않아 시끄럽게 느껴지는 것.

🔍 用例　時計の音が耳について、寝られない。(＝うるさくて)

시계 소리가 시끄러워 잘 수가 없다.

099 耳に残る　귀에 생생하다. 말(소리)이 기억에 남다

시험 ★★☆ 회화 ★★★	·耳 귀　·残る 남다　→ 귀에 남다

✎ 意味　누군가의 말이나 소리가 당시의 상황 그대로 생생하게 기억에 남아 있는 것.

🔍 用例　**亡くなった母の私を呼ぶ声が、今でも耳に残っている。**

돌아가신 엄마가 나를 부르는 소리가 지금까지도 귀에 생생하다.

100 耳に入る　귀에 들리다. 들려오다

시험 ★★☆ 회화 ★★★	·耳 귀　·入る 들다. 들어가다. 들어오다　→ 귀에 들어오다

✎ 意味　어떤 목소리나 소리, 소문이나 정보 등이 들으려고 하지 않았는데도 자연스럽게 들려오는 것.

🔍 用例　**私に対する批判の声が耳に入ってくる。**(=聞こえて)

나를 비판하는 소리가 들려온다.

同義語　耳にする ★★★　耳に挟む ★★★　小耳を挟む ★★★

101 耳に挟む　언뜻 듣다. 우연히 듣다

시험 ★★☆ 회화 ★★★	·耳 귀　·挟む ① 끼우다 ② 듣다　→ 귀에 들리다

✎ 意味　얼핏 귓결에 듣는 것.

🔍 用例　**A ちょっと耳に挟んだんだけど、転職するんだって？**

　　　B そうなんですよ。今月いっぱいで会社を辞めることになりました。

A 저기, 얼핏 들었는데 전직한다면서?

B 맞아요. 이번 달 말로 회사를 그만두게 됐어요.

同義語　耳にする ★★★　耳に入る ★★★　小耳に挟む ★★★

102 耳を疑う　귀를 의심하다

시험 ★★★ 회화 ★★★	·耳 귀　·疑う 의심하다　→ 귀를 의심하다

✎ 意味　의외의 일이나 생각지도 않은 것을 듣고 믿기 어려운 모양.

🔍 用例　**友達が離婚するという話を聞いて、自分の耳を疑った。**

친구가 이혼한다는 소리를 듣고, 자신의 귀를 의심했다.

103 耳を貸す　상대의 이야기를 들어주다

^{みみ} ^か

시험 ★★★
회화 ★★★

• 耳 귀　• 貸す 빌려주다. 사용하게 하다　→　귀를 빌려주다

✎ 意味　상대편이 이야기하는 것을 들어주는 것. 들으려고 하는 것.

🔍 用例　**彼の長所は、誰の話にでも耳を貸す点です。**

그의 장점은 누구의 이야기든 들어주는 것입니다.

いくら頼んでも耳を貸そうとしない。

아무리 부탁해도 들으려고 하질 않는다.

同義語 **相談に乗る ★★★**

---

104 耳を傾ける　귀를 기울이다. 경청하다

시험 ★★★
회화 ★★★

• 耳 귀　• 傾ける 기울이다　→　귀를 기울이다

✎ 意味　의견 등을 잘 들으려고 하는 것. 흥미를 가지고 열심히 듣는 것.

🔍 用例　**子供の言葉にも耳を傾ける必要がある。**

어린이의 말에도 귀를 기울일 필요가 있다.

教室では皆が先生の話に耳を傾けている。

교실에서는 모두가 선생님의 이야기에 귀를 기울이고 있다.

---

105 耳を汚す　귀를 버리다

시험 ★★☆
회화 ★★☆

• 耳 귀　• 汚す 더럽히다. 모독하다　→　귀를 더럽히다

✎ 意味　하찮은 얘기를 듣게 해서 상대에게 불쾌감을 주는 것.

🔍 用例　**もしかしたら、私たちの話が皆さんの耳を汚すことになるかもしれません。**

어쩌면 우리 이야기가 모두를 불쾌하게 할지도 모릅니다.

自動詞 **耳が汚れる ★★**

---

106 耳を澄ます　귀를 기울이다

시험 ★★☆
회화 ★★☆

• 耳 귀　• 澄ます 차분하게 정신을 집중하다　→　정신을 집중하고 듣다

✎ 意味　넓은 장소에서 작은 소리를 잘 듣기 위해 주의를 집중하는 것.

🔍 用例　**遠くから聞こえてくるピアノの音に耳を澄ます。**（＝静かに聞く）

멀리서부터 들려오는 피아노 소리에 귀를 기울인다.

107　耳を揃えて　전체 금액을 맞춰서

<ruby>耳<rt>みみ</rt></ruby>を<ruby>揃<rt>そろ</rt></ruby>えて

시험 ★★☆　・<ruby>耳<rt>みみ</rt></ruby> 귀　・<ruby>揃<rt>そろ</rt></ruby>えて 맞추어　・<ruby>揃<rt>そろ</rt></ruby>える (옷 등을 갖춰 입을 때) 갖추다. (보조 등을) 맞추다.
회화 ★★☆　(신발을) 가지런히 하다. (예정된 수량을) 채우다 → **귀를 맞추다**

✎ 意味　에도 시대의 타원형으로 된 금화 가장자리를 耳라고 한 데서 유래.
　　　　빌린 돈을 돌려줄 때의 금액, 수량의 부족함 없이 전부를 갖추는 것을 의미.

🔍 用例　**<ruby>借<rt>か</rt></ruby>りていたお<ruby>金<rt>かね</rt></ruby>を、<ruby>昨日<rt>きのう</rt></ruby>耳を<ruby>揃<rt>そろ</rt></ruby>えて<ruby>全部<rt>ぜんぶ</rt></ruby><ruby>返<rt>かえ</rt></ruby>した。**
　　　　빌렸던 돈을, 어제 전부 다 갚았다.

　　　　A **<ruby>早<rt>はや</rt></ruby>くお<ruby>金返<rt>かねかえ</rt></ruby>してくれない?**
　　　　B **うん。<ruby>今度<rt>こんど</rt></ruby>ボーナスが<ruby>出<rt>で</rt></ruby>たら、きっちり耳を<ruby>揃<rt>そろ</rt></ruby>えて<ruby>返<rt>かえ</rt></ruby>すよ。**
　　　　A 돈 좀 빨리 갚아라.
　　　　B 응. 이번에 보너스 나오면 딱 맞춰서 돌려줄게.

　　　　・**きっちり** 꼭 들어맞는 모양. 수량 등에 우수리가 없는 모양. 꼭. 딱

108　耳を塞ぐ　귀를 막다. 들으려고 하지 않다

<ruby>耳<rt>みみ</rt></ruby>を<ruby>塞<rt>ふさ</rt></ruby>ぐ

시험 ★★☆　・<ruby>耳<rt>みみ</rt></ruby> 귀　・<ruby>塞<rt>ふさ</rt></ruby>ぐ 막다. 가로막다 → **귀를 막다**
회화 ★★★

✎ 意味　남의 말을 들으려고 하지 않고 완고한 태도를 취하는 모양.

🔍 用例　**<ruby>聞<rt>き</rt></ruby>きたくないようなことは、<ruby>耳<rt>みみ</rt></ruby>を<ruby>塞<rt>ふさ</rt></ruby>ぐことにしている。**（=<ruby>聞<rt>き</rt></ruby>かない）
　　　　듣기 싫은 것은 귀를 막고 듣지 않으려고 한다.

　　　　<ruby>悲惨<rt>ひさん</rt></ruby>なニュースに<ruby>思<rt>おも</rt></ruby>わず<ruby>耳<rt>みみ</rt></ruby>を<ruby>塞<rt>ふさ</rt></ruby>いでしまった。
　　　　끔찍한 뉴스에 나도 모르게 귀를 막아 버렸다.
　　　　　　　　　　　　　　　　　　　　　　　　　　・**<ruby>悲惨<rt>ひさん</rt></ruby>** 비참

신체 관용어 ≫ <ruby>目<rt>め</rt></ruby>・<ruby>眼<rt>がん</rt></ruby> 눈

1. 눈. 안구　**<ruby>目<rt>め</rt></ruby>の<ruby>大<rt>おお</rt></ruby>きな<ruby>人<rt>ひと</rt></ruby>** 눈이 큰 사람
2. 눈매. 눈초리　**<ruby>怖<rt>こわ</rt></ruby>い<ruby>目<rt>め</rt></ruby>をしてにらむ** 무서운 눈초리로 노려보다
3. 시력　**<ruby>目<rt>め</rt></ruby>が<ruby>弱<rt>よわ</rt></ruby>い** 시력이 약하다
4. (눈으로) 봄. 시선　**<ruby>目<rt>め</rt></ruby>に<ruby>留<rt>と</rt></ruby>まる** 눈에 띄다
5. 주의해서 봄. 주목. 감시　**<ruby>人<rt>ひと</rt></ruby>の<ruby>目<rt>め</rt></ruby>を<ruby>引<rt>ひ</rt></ruby>く** 남의 이목을 끌다
6. 감식력. 통찰력. 안목　**<ruby>歴史<rt>れきし</rt></ruby>を<ruby>読<rt>よ</rt></ruby>む<ruby>目<rt>め</rt></ruby>を<ruby>持<rt>も</rt></ruby>つ** 역사를 읽는 안목을 지니다

신체
관용어

생활
관용어

속담·격언

고사성어

사자성어

109 目から鱗が落ちる　눈이 번쩍 뜨이다

시험 ★★☆
회화 ★★★

・目 눈 ・鱗 비늘 ・落ちる 떨어지다 → 눈에서 비늘이 떨어지다

✎ 意味　신약성서에 나온 말로 실명한 사람이 갑자기 시력을 회복한다는 의미. 풀리지 않던 문제의 실마리가 뜻밖의 계기로 풀리는 것. 지금까지 몰랐던 것을 갑자기 깨닫는 것. 줄여서 目から鱗라고 함.

🔍 用例　子供達の純粋さに触れて、目から鱗が落ちるようにおのずと過ちに気づかされた。

어린이들의 순수함에 눈이 번쩍 뜨이듯이 저절로 잘못을 깨닫게 되었다.

この本には目からウロコの裏ワザがたくさん載ってる。

이 책에는 눈이 번쩍 뜨이는 숨겨진 기법이 많이 담겨 있다.

彼の「共働きなら体力のある男の方が家事を多く負担すべきだ」という発言に目からウロコでした。

그의 '맞벌이라면 체력이 있는 남자 쪽이 가사일을 많이 부담해야만 한다'라고 하는 발언에 눈이 번쩍 뜨였습니다.

・おのずと 저절로. 자연히　・裏ワザ 숨겨진 기법. 기술. 요령　・載る 실리다　・共働き 맞벌이

110 目から鼻へ抜ける　매우 영리하다. 빈틈없고 약빠르다

시험 ★☆☆
회화 ★☆☆

・目 눈 ・鼻 코 ・抜ける 빠지다 → 눈에서 코로 빠지다

✎ 意味　나라 시대의 불상 장인이 불상의 눈을 만들다 불상 안에 갇히게 되자, 그 안에서 구멍을 뚫어 코로 무사히 나왔다고 하는 이야기에서 비롯된 말. 판단력이 뛰어나 재빠르게 상황에 대처하는 사람을 일컬음.

🔍 用例　この子は、目から鼻へ抜ける利口な子だ。

이 아이는 영민할 정도로 약은 아이다.

・利口 영리함. 빈틈없음. 요령이 좋음. 약음

111 目から火が出る　눈에서 별이 보이다

시험 ★★☆
회화 ★★☆

・目 눈 ・火 불 ・出る 나오다 → 눈에서 불이 번쩍 나다

✎ 意味　머리나 얼굴에 뭔가로 강하게 맞은 것처럼 순간적으로 현기증이 나는 모양.

🔍 用例　階段から落ちて、目から火が出るほど痛かった。

계단에서 떨어져 눈에서 별이 보일 정도로 아팠다.

112 目が利く 감별 능력이 뛰어나다. 분별력이 있다

시험 ★★★
회화 ★★☆

• **目** 감식력. 통찰력. 안목 • **利く** (능력, 기능이) 잘 발휘되다 → **감식력이 좋다**

✎ **意味** 감별력이 뛰어나 진짜인지 가짜인지, 좋은 물건인지 아닌지 바로 구별하는 것.

🔍 **用例** **彼は古美術品に関しては、目が利く人だ。**

그는 고미술품에 관해서는 감별력이 뛰어난 사람이다.

この指輪を選ぶとは、若いのによく目が利くね。

이 반지를 고르다니, 어린 나이에도 감별력이 정말 뛰어나구나.

113 目が眩む 현기증이 나다. 눈이 뒤집히다

시험 ★★★
회화 ★★★

• **目** 눈 • **眩む** 눈앞이 캄캄해지다. 눈앞이 아찔해지다 → **눈앞이 캄캄해지다**

✎ **意味** ① 현기증 나는 모양. ② 욕망에 사로잡혀 분별력이 없어지는 모양.

🔍 **用例** ① A **真夏にサングラスなしで外に出るのは、眩しいよね。**

B **そうそう。私なんて、眩しくて目が眩んじゃうもん。**

A 한여름에 선글라스를 끼지 않고 밖에 나가면 눈이 부시지.

B 물론이지. 나는 눈이 부셔 현기증이 다 나더라.

② A **彼女、横領罪で捕まったらしいよ。**

B **お金に目が眩んじゃったんだね。**　　　　• **眩しい** 눈부시다

A 그 여자 횡령죄로 잡혀갔다나 봐.

B 돈에 눈이 어두워졌구나.

114 目が肥える 보는 눈이 생기다. 안목이 뛰어나다

시험 ★★★
회화 ★★★

• **目** 감식력. 통찰력. 안목 • **肥える** ① (사람이나 동물이) 살찌다 ② (느낌이나 안목이) 풍부해지다. 높아지다 → **감식력이 풍부해지다**

✎ **意味** 좋은 것을 많이 봐 오면서 사물을 보는 눈이 생긴 것.

🔍 **用例** **彼は、幼い頃から本物をたくさん見てきたので、目が肥えている。**

그는 어릴 때부터 진품을 많이 봐 와서 보는 눈이 있다.

A **彼女、目が肥えているから、変なものプレゼントできないんだよ。**

B **お金持ちのお嬢さんを彼女にするのも楽じゃないね。**

A 내 여자친구는 안목이 뛰어나서 이상한 것을 선물하긴 그래.

B 부잣집 따님을 여자친구로 두는 것도 피곤하구나.

115　目が冴える　눈이 말똥말똥하다. 졸음이 달아나다

시험 ★★★
회화 ★★★

・目 눈　・冴える ① (두뇌가) 맑아지다 ② 신경이 날카로워지다　→ **눈이 맑아지다**

✎ 意味　머리가 맑아지고 졸음이 가시는 모양.

🔍 用例
　A もう夜中の 1 時なのに、まだ寝ないの?
　B なんだか、目が冴えちゃって寝られないんだよ。

　A 벌써 밤 1시가 다 됐는데, 아직 안 자니?
　B 웬일인지 눈이 말똥말똥해져서 잠이 안 와.

116　目が覚める　(잠에서) 깨다. 정신을 차리다

시험 ★★★
회화 ★★★

・目 눈　・覚める ① 잠이 깨다. 눈이 뜨이다 ② 깨닫다. 정신을 차리다　→ **눈이 뜨이다**

✎ 意味
　① (잠에서) 깨는 것. 눈을 뜨는 것.
　② 어떤 계기로 지금까지 자신의 태도를 반성하고 자각하는 모양.

🔍 用例
　① A 今日は、早い出勤ですね。
　　 B 朝早くに目が覚めちゃってさ。

　　 A 오늘 일찍 출근하셨네요.
　　 B 아침 일찍 잠에서 깨어 버렸지 뭐야.

　② A 今までずっと親に迷惑を掛けてきたけど、先生に言われて僕も
　　　 やっと目が覚めたよ。これからはまじめに生きていくって心に決め
　　　 たんだ。
　　 B おっ!! ついに目が覚めたんだね。

　　 A 지금껏 줄곧 부모님께 폐만 끼쳤는데, 선생님 말씀 듣고 나도 이제 깨달았어. 이제부터는 성실하게
　　　　살아갈 거야.
　　 B 오호!! 드디어 정신을 차렸구나.

　　　他動詞　目を覚ます★★★

117　目が覚めるような　깜짝 놀랄 만한. 정신이 번쩍 드는 듯한

시험 ★★☆
회화 ★★☆

・目が覚める ① (잠에서) 깨다 ② 정신이 번쩍 들다　・ような 듯한　→ **정신이 번쩍 드는 듯한**

✎ 意味　깜짝 놀랄 정도로 새로운 것.

🔍 用例
　李大浩が目が覚めるようなホームランを打った。
　이대호 선수가 깜짝 놀랄 만한 홈런을 쳤다.

118 目が鋭い 눈매가 날카롭다. (사람을 보는) 눈이 날카롭다

시험 ★★★
회화 ★★★

• **目** 눈매. 눈초리 • **鋭い** 날카롭다. 예민하다. 예리하다 → **눈매가 예리하다**

✎ 意味 눈매가 날카롭고 사람 마음을 꿰뚫어 볼 것 같은 느낌을 받는 모양.

🔍 用例 **新しく来た部長は人を見る目が鋭くて、すぐに人の長所と短所を見抜いてしまう。**

새로 오신 부장님은 사람을 보는 눈이 날카로워서 바로 사람의 장단점을 간파해 버린다.

• **見抜く** 간파하다. 꿰뚫어 보다

119 目が据わる 눈이 풀리다

시험 ★★★
회화 ★★★

• **目** 눈. 안구 • **据わる** ① 앉다 ② 움직이지 않는 상태가 되다 → **눈이 움직이지 않다**

✎ 意味 술에 취하거나 하여 눈동자가 한곳을 바라보며 움직이지 않는 모양.

🔍 用例 A **もう一軒飲みに行くぞ!**

B **もうやめたほうがいいですよ。目が据わってますもん。**

A 한 잔 더 하러 가자구!

B 이제 그만하는 게 좋겠어요. 눈이 풀렸잖아요.

120 目が高い 안목이 높다

시험 ★★☆
회화 ★★★

• **目** 감식력. 통찰력. 안목 • **高い** ① 높다 ② (능력이) 뛰어나다 → **안목이 높다**

✎ 意味 좋은 물건을 알아보는 능력이 있는 것.

🔍 用例 A **この品物、すごくいいね。**

B **お客様、お目が高いですね。**

こちらは、この中で一番高い商品なんです。

A 이 물건 굉장히 좋네.

B 손님께서 안목이 높으시네요. 이건 저희 가게에서 가장 비싼 상품입니다.

121 目が近い 근시다

시험 ★★☆
회화 ★★☆

• **目** 시력 • **近い** ① 가깝다 ② **目**+**近い**의 꼴로, 근시다

✎ 意味 시력이 나쁜 모양.

🔍 用例 **目が近いので、本を読むにも、勉強するにも何かと不便なんです。**

근시라 책을 읽을 때나 공부할 때 여러 가지로 불편해요.

同義語 **近視** ★★★

122　目が潰れる　시력을 잃다. 눈이 멀어지다

| 시험 ★★★ 회화 ★★☆ | ・目 시력　・潰れる ① 찌부러지다. 부서지다 ② 못쓰게 되다　→ **시력을 못쓰게 되다** |

✎ 意味　시력을 잃는 것.

🔍 用例　「お米を粗末にすると目が潰れる」と、いつも親に言われたものだ。

'쌀을 소홀히 하면 시력을 잃게 된다'라고 늘 부모님께서 말씀하시곤 했다.

肉眼で太陽を見てしまい、目が潰れるかと思った。

육안으로 태양을 보는 바람에 눈이 머는 줄 알았다.

・粗末にする 함부로 하다. 소홀히 하다　・肉眼 육안. 사람의 눈. 사람의 시력

123　目が届く　주의(감독)가 미치다

| 시험 ★★★ 회화 ★★★ | ・目 주의해서 봄. 주목. 감시　・届く (주의 등이) 두루 미치다　→ **감시가 두루 미치다** |

✎ 意味　주의나 감독이 두루 미치는 것.

🔍 用例　私の妻は、細かいところにまで目が届く。

내 아내는 세세한 곳까지 관심을 기울인다.

124　目がない　사족을 못 쓰다. 보는 눈이 없다

| 시험 ★★★ 회화 ★★★ | ・目 보는 눈(태도). 견해. 사고방식　・ない 없다　→ **보는 눈이 없다** |

✎ 意味　① 굉장히 좋아하는 모양. ② 무엇인가를 정확하게 판단하거나 평가하는 능력이 없는 모양.

🔍 用例　① A あ～。このケーキおいしそう! 私、甘いものには目がないのよ。
　　　　　B 私もそうよ。特に、ケーキ大好き!

A 와~ 이 케이크 맛있어 보인다! 난 단걸 엄청 좋아하거든.

B 나도 그래. 특히 케이크를 정말 좋아해!

② A また彼氏に振られちゃった。
　　B また? 今年に入ってから何度目よ。
　　　あなたも本当に男を見る目がないわね。

A 또 남자친구에게 차였어.

B 또? 올해 들어 몇 번째야. 너도 정말 남자 보는 눈이 없구나.

신체
관용어

생활
관용어

속
담
·
격
언

고
사
성
어

사
자
성
어

125 目が離せない 눈을 뗄 수 없다. 한눈을 팔 수 없다

시험 ★★★
회화 ★★★

・**目** 눈. 시선 ・**離せない** 뗄 수 없다 (가능 부정) ・**離す** 떼다. 놓다. 풀다 → 눈을 뗄 수 없다

✎ 意味　언제 예상치 못한 상황이 발생할지 몰라 계속 주의해서 지켜보지 않으면 안 되는 모양.

🔍 用例　**サッカーのアジア大会決勝は目が離せない。**

이시아 축구대회 결승은 눈을 떼지 못할 정도로 흥미진진하다.

126 目が光る 눈이 반짝이다. 엄하게 감시하다

시험 ★★☆
회화 ★★☆

・**目** 눈 ・**光る** 빛나다. 반짝이다 → 눈이 반짝이다

✎ 意味　눈이 날카롭게 빛난다는 뜻에서, 엄하게 감시하는 것.

🔍 用例　**この辺りは、いつも警察の目が光っているので車のスピードが出せない。**

이 근처는 언제나 경찰의 감시가 심해서 차 속도를 높일 수 없다.

127 目が節穴だ 눈이 삐다

시험 ★★☆
회화 ★★☆

・**目** 눈 ・**節穴** 눈앞에 두고도 보지 못하거나, 사물을 보는 능력이 없음을 속되게 이르는 말

✎ 意味　눈을 뜨고서도 사리를 제대로 분간하지 못하는 것.

🔍 用例　**こんなになるまで気が付かなかったなんて、お前の目は節穴か?**

이렇게 되기까지 눈치를 못 챘다니, 너, 눈이 삔 거 아냐?

128 目が回る 현기증이 일어나다. 너무 바빠 정신이 없다

시험 ★★★
회화 ★★★

・**目** 눈 ・**回る** ① 축을 중심으로 스스로 돌다 ② **目が~**의 꼴로, 어지럽다. 현기증이 나다. 매우 바쁘다

✎ 意味　① 현기증이 나는 모양. ② 아주 바쁜 모양. 「**目が回る**ほど忙しい 눈이 돌아갈 정도로 바쁘다」
「**目が回る**忙しさ・**目の回る**忙しさ 정신없이 바쁨」등으로 사용.

🔍 用例　① **メリーゴーランドをずっと眺めていたら目が回ってしまった。**

회전목마를 계속 지켜봤더니 현기증이 났다.

② **学会の準備で目が回るほど忙しい。**

학회 준비하느라 정신없이 바쁘다.

締め切り前のあの目の回る忙しさに比べたら、こんな仕事は忙しいうちに入らない。

마감 전의 그런 정신없이 바쁜 것에 비하면 이런 일은 바쁜 축에도 안 든다.

・**締め切り** 마감

129 目じゃない 비교도 안 된다. 상대가 안 된다. 차원이 다르다

시험 ★☆☆ 회화 ★★★	• 目 주의해서 봄. 주목 • じゃない ~이(가) 아니다 → 주목해서 볼 것이 아니다
✎ 意味	논의나 비교 대상으로 올릴 만큼의 가치도 없는 모양. 또는 그 차이가 너무 커서 비교 대상이 안 되는 모양.
🔍 用例	A 彼、あなたのライバル? B 何言ってるんだよ。あんなやつ、ぜんぜん目じゃないよ。 A 그 사람이 니 경쟁자야? B 뭐라는 거야? 저런 자식은 완전 게임도 안 돼. (＝相手にならない)

130 目で物を言う 눈으로 말하다. 눈짓으로 말하다

시험 ★★☆ 회화 ★★☆	• 目 눈 • 物 생각. 감정. 기분 • 言う 말하다 → 눈으로 말하다
✎ 意味	눈짓으로 의사를 전하는 것.
🔍 用例	そのことについては口では言わないが、目で物を言っている。 그 일에 관해서는 입을 열지는 않지만, 눈으로 말하고 있다.

同義語 目に物言わす ★★★ 目が物を言う ★★★

131 目に余る ① 눈꼴사납다 ② 과분하다

시험 ★★★ 회화 ★★★	• 目 눈 • 余る ① 남다 ② 벅차다. 과분하다. 넘치다. 지나치다 → 눈에 과분하다
✎ 意味	① 너무나 도가 지나쳐서 입 다물고 지나치기 어려운 모양. ② 수가 많아서 한눈에 볼 수 없는 것.
🔍 用例	① 最近の若者の言葉の乱れは目に余るものがある。 요즘 젊은이들이 쓰는 난잡한 말은 눈에 거슬린다. ② 募集を募ったら目に余る応募があった。 • 乱れ 흐트러짐. 어지러움. 혼란 모집한다고 했더니 정말 많은 수가 응모했다.

132 目に浮かぶ 눈에 선하다

시험 ★★☆ 회화 ★★☆	• 目 눈 • 浮かぶ ① 뜨다 ② 표면에 나타나다 → 눈에 나타나다
✎ 意味	예전 일이 눈에 보이는 것처럼 느껴지는 것.
🔍 用例	卒業式の光景がまざまざと目に浮かんで来る。 • まざまざ 똑똑히. 또렷이 졸업식 광경이 또렷하게 되살아난다.

133 目に映る　눈에 보이다

시험 ★★☆
회화 ★★☆

・目 눈　・映る 비치다. 보이다 → 눈에 비치다

✎ 意味　사물이나 광경을 보고 어떤 인상이나 느낌을 받는 것.

🔍 用例　**私の目に映るすべてのものが、美しく感じられる。**
내 눈에 보이는 모든 것이 아름답게 느껴진다.

134 目に掛ける　돌봐 주다. 보여 드리다

시험 ★★☆
회화 ★★☆

・目 주의해서 봄. 주목. 감시　・掛ける (마음이나 정 등을) 주다 → 주의해서 보다

✎ 意味　① 특별히 주의해서 돌봐 주는 모양. ② お目に掛ける의 꼴로, 「見る 보다」의 정중한 표현.

🔍 用例　① **小さいころから目に掛けてきた子が、やっと俳優として認められるようになった。**（=目を掛けて）
어릴 때부터 특별히 키운 아이가 드디어 배우로 인정받게 되었다.

② **これからお目に掛けます手品は、世界でたった一人、私しか出来ない手品です。**
지금부터 보여 드릴 마술은 세계에서 유일하게 저밖에 할 수 없는 마술입니다.

135 目に角を立てる　눈에 쌍심지를 켜다

시험 ★★☆
회화 ★☆☆

・目 눈　・角を立てる＝角立てる 모가 나다(지다) → 눈에 모가 나다

✎ 意味　화가 나서 날카로운 모양.

🔍 用例　**子供のいじめの問題で、お母さんが目に角を立てて怒っている。**
아이들 사이의 따돌림 문제로 엄마가 눈에 쌍심지를 켜고 화를 내고 있다.

些細なことに目に角を立てないで見守っていきましょう。
작은 일로 눈에 쌍심지를 켜지 말고 지켜봐 줍시다.

| 同義語 | **目を三角にする ★★**　　**目くじらを立てる★★** |

・**目を三角にする** 무서운 눈매를 하다　・**目くじらを立てる** 눈초리를 치켜올리다

136 目に障る 눈에 거슬리다

시험 ★★☆
회화 ★★☆

・目 눈 ・障る 지장을 초래하다. 방해하다. 해가 되다 → 눈에 방해를 주다

✎ 意味　눈으로 봐서 불쾌해지는 것. 보통은 「お前、目障りだ 너, 눈에 거슬린다」
「あいつ、目障りだから… 저 녀석, 눈에 거슬리니까…」라는 식으로 씀.

🔍 用例

お前、目に障るからここから出て行け。

너, 눈에 거슬리니까 여기서 나가.

A **反対派のやつら、目障りだから何とかしろ。**

B **はい、わかりました。今すぐ外に連れ出します。**

A 반대파 놈들, 눈에 거슬리니까 어떻게 좀 해 봐.

B 네, 알겠습니다. 지금 당장 밖으로 내쫓겠습니다.

同義語　**目障り** ★★★　・**連れ出す** 데리고 나가다

137 目に染みる 눈이 맵다. 강한 인상을 받다

시험 ★★☆
회화 ★★★

・目 눈 ・染みる 스며들다 → 눈에 스며들다

✎ 意味
① 액체나 기체의 자극을 받아 아픔을 느끼는 것.
② 경치, 모양, 색채 등이 선명해서 눈에 스며드는 듯한 강한 인상을 받는 것.

🔍 用例

① A **どうして泣いているの?**

B **たまねぎを切ってたら、目に染みちゃったの。**

A 왜 울고 있어?

B 양파를 잘랐더니 눈이 매워서.

② A **私の実家の裏にある山は、秋になると、紅葉が目に染みるほど**

きれいなんですよ。

B **そんなにきれいなら一度見に行ってみたいですね。**

A 우리 고향 집(친정) 뒷산은 가을이 되면, 단풍이 눈에 스며들 정도로 예뻐요.

B 그렇게 예쁘다니까 한 번 가 보고 싶네요.

A **わ～ 今日は素晴らしい秋晴れね。**

B **そうね。目に染みるような青空で、気分も爽快だよね。**

A 와~ 오늘은 굉장히 좋은 가을 날씨네.

B 그러게. 눈에 스밀 것 같은 파란하늘이라 기분도 상쾌해.

・**実家** ① 생가 ② 친정　・**秋晴れ** 가을의 쾌청한 날씨　・**青空** 파랗게 갠 하늘

138 目に付く 눈에 띄다. 눈에 바로 보이다

시험 ★★★
회화 ★★★

・目 눈 ・付く ① 붙다. 달라붙다 ② 감각 기관에 느껴지다 → 눈에 보이다

✎ 意味　눈에 띄어서 바로 아는 것. 目の付く라고도 함.

🔍 用例
A この鍵どこに置いておく?
B 目に付くところに置いておいて。(=よく見える・目の付く)
A 이 열쇠 어디다 둬?
B 잘 보이는 데다 놔둬.

同義語 目に触れる ★★★

139 目に留まる 눈에 띄다. 눈에 들다

시험 ★★☆
회화 ★★★

・目 눈 ・留まる ① 멎다. 서다 ② 인상에 남다. 주의를 끌다 → 눈에 멎다

✎ 意味
① 무엇인가가 눈에 들어와 주의를 끄는 모양.
② 윗사람에게 인정받는 것. 보통 お目に留まる로 씀.

🔍 用例
① あのカバン、かわいくて目に留まった。
저 가방이 귀여워서 눈에 띄었다.

彼女の歌声は独特で、スカウトの目に留まった。
그녀의 노랫소리는 독특해서 스카우터 눈에 띄었다.

② 教授のお目に留まり、助手として働くことになった。
교수님 눈에 들어 조교로 일하게 되었다.

140 目に入る 눈에 들어오다

시험 ★★☆
회화 ★★★

・目 눈 ・入る 들어가다. 들어오다 → 눈에 들어오다

✎ 意味　넓은 곳에서 어떤 존재가 시야에 들어오는 것.

🔍 用例
トンネルを抜けたら、絶景が目に入ってきた。
터널을 빠져 나오자, 멋진 경치가 눈에 들어왔다.

141 目には目を、歯には歯を 눈에는 눈, 이에는 이

시험 ★☆☆
회화 ★★☆

・目 눈 ・歯 이 → 눈에는 눈을, 이에는 이를

✎ 意味　구약성서에 나온 말로, 자신에게 해를 끼치는 사람에 대해서는 같은 방법으로 되돌려 준다는 의미.

🔍 用例
A 絶対に仕返ししてやる。
B 仕返しって…。「目には目を歯には歯を」ってやつか…。
A 꼭 복수하고 말 거야.
B 복수라…. '눈에는 눈, 이에는 이'란 말이군….

・仕返し ① 다시 함. 고쳐 함 ② 보복. 복수. 앙갚음

142　目に触れる　눈에 띄다. 눈에 보이다

시험 ★☆☆ 회화 ★★★	•**目** 눈　•**触れる** 눈에 띄다. 귀에 들리다

✎ 意味　어떤 작은 존재가 자연스럽게 시야에 들어오는 것.

🔍 用例　**売れ筋の商品を、お客様の目に触れるところに置く。**

잘 팔리는 상품을 손님 눈에 잘 띄는 곳에 놓는다. (=お客様によく見える)

•**売れ筋の商品** 잘 팔리는 상품

143　目に見えて　눈에 띄게

시험 ★☆☆ 회화 ★★★	•**目** 눈　•**見えて** 보이게　•**見える** 보이다　→　눈에 보이다

✎ 意味　어떤 변화가 눈에 확실하게 보이는 모양.

🔍 用例　**父親の病状が目に見えて良くなった。**

아버지의 병세가 눈에 띄게 좋아졌다.

144　目にも留まらぬ　굉장히 빠르다

시험 ★☆☆ 회화 ★★★	•**目** 눈　•**留まらぬ**(문어)=**留まらない** 머물지 않다　•**留まる** 멈추다. 서다　→　눈에 머물지 않다

✎ 意味　아주 빠른 모양.

🔍 用例　**目にも留まらぬ速さで、スポーツカーが、私の目の前を通り過ぎていった。**

굉장히 빠른 속도로 스포츠카가 내 눈앞을 지나갔다.

145　目に物を言わせる　눈길을 주다. 눈짓하다

시험 ★☆☆ 회화 ★★☆	•**目** 눈. 눈길　•**物** 생각. 감정. 기분　•**言わせる** 말하게 하다. 말을 시키다　→　눈길로 말하게 하다

✎ 意味　말하지 않고 눈짓으로 마음을 전달하는 것.

🔍 用例　**彼は目に物を言わせて、私の発言を押しとどめた。**

그는 눈짓으로 나의 발언을 제지했다.

同義語	**目で物を言う** ★★　•**押しとどめる** 제지하다. 말리다

146 目に物を見せる 따끔한 맛을 보여 주다. 혼내 주다

| 시험 ★★☆
회화 ★★★ | • 目 눈. 눈길 • 物 무엇. 그것 • 見せる 보이다. 보도록 하다 → 눈에 무엇을 보도록 하다 |

✏️ 意味 얄미운 상대에게 따끔한 맛을 보여 주거나 뼈저리게 느끼게 하겠다는 것.

🔍 用例 **私のことをいじめる奴には、いつか目に物を見せてやる！**
나를 골탕 먹이는 녀석에게는 언젠가 따끔한 맛을 보여 주겠어!　(＝思い知らせて)
• 思い知らせる 뼈저리게 느끼게 하다. 깊이 깨닫게 하다

147 目に焼きつく 눈에 박히다. 뇌리에 박히다

| 시험 ★★☆
회화 ★★★ | • 目 눈 • 焼きつく ① 타서 눌어붙다 ② (비유적으로) 강한 인상을 남기다 → 눈에 눌어붙다 |

✏️ 意味 한 번 본 것인데도 인상이 강해서 오래 기억에 남는 것. 보통 「目に焼きついて消えない 뇌리에 박혀 사라지지 않는다」 또는 「目に焼きついて離れない 뇌리에 박혀 떨어지지 않는다」로 씀.

🔍 用例 **非常に残酷な映像が、目に焼きついて消えない。**
매우 잔혹한 영상이 뇌리에 박혀 사라지지 않는다.

彼女の着物姿が目に焼きついて離れない。
그녀의 기모노 모습이 뇌리에 박혀 떠나지 않는다.

148 目の上のこぶ 눈엣가시

| 시험 ★★★
회화 ★★☆ | • 目 눈 • 上 위 • こぶ＝たんこぶ 혹 → 눈 위의 혹 |

✏️ 意味 눈 위에 혹이 있으면 거슬린다는 것으로, 어떤 존재가 방해가 되는 모양.

🔍 用例 **一つ上の先輩は、何かに付けて目の上のこぶだ。**（＝厄介なもの）
바로 위 선배는 무슨 일에든 눈엣가시다.
• 何かに付けて 무슨 일이 있으면. 무슨 일이 있을 때마다
• 厄介なもの 성가신 존재. 애물. 말썽꾸러기

149 目の黒いうち 눈에 흙이 들어가기 전에

| 시험 ★★★
회화 ★★★ | • 目 눈＝目の玉 눈알 • 黒い 검다. 까맣다 • うち 동안 → 눈이 검은 동안 |

✏️ 意味 사람이 죽으면 눈동자가 하얗게 되는 것에서, 눈동자가 아직 까만 동안에.
즉 사람이 아직 살아 있는 동안.

🔍 用例 **私の目の黒いうちは、その結婚は絶対に許さない。**
내가 살아 있는 동안에(내 눈에 흙이 들어가기 전에는) 그 결혼은 절대 허락할 수 없다.
• 息のあるうち 숨이 있는 동안　　　　　（＝息のあるうち・生きているうち）

150　目の付け所　착안점

시험 ★☆☆
회화 ★★★

· **目** 눈 · **付け所** 특히 주의를 기울여야(눈여겨 봐야) 할 점. 착안점

✎ 意味　어떤 것 중에서 특별히 신경 쓰는 점.

🔍 用例
A すばらしい。

B やはり私たちとは、**目の付け所**が違いますね。

A 대단해!

B 역시 우리들과는 착안점이 다르네요.

A 美香ちゃんのブログ、どうして人気があるのかな?

B **目の付け所**がよくて、斬新なアイデアが多いからだよ。

A 미카 블로그, 어떻게 인기가 있는 걸까?

B 착안점이 좋고, 참신한 아이디어가 많아서 그래.

151　目の毒　안 보는 게 약. 봐서 안 좋은 것

시험 ★★★
회화 ★★★

· **目** 눈 · **毒** ① 독 ② 사람의 마음을 해치는 것 → **보면 해로운 것**

✎ 意味　보면 해가 되거나 사고 싶어지게 되는 등, 보면 좋을 게 없는 것. **目に毒**라고도 함.

🔍 用例
A あそこのブランドショップをちょっと覗いて見たいんだけど。

B そんなの**目の毒**よ。見たら買いたくなっちゃうじゃない。

A 저기 브랜드 매장 좀 둘러보고 싶은데.

B 거긴 안 가는 게 약이야. 보면 사고 싶어지잖아.

アクション映画もいいけど、子供にはちょっと**目の毒**よね。

액션 영화도 재밌긴 한데, 어린아이한테는 아무래도 안 좋지.

152　目の中に入れても痛くない　눈에 넣어도 아프지 않다

시험 ★★☆
회화 ★★★

· **目** 눈 · **中** 안. 속 · **入れても** 넣어도 · **入れる** 넣다 · **痛くない** 아프지 않다
· **痛い** 아프다 → **눈에 넣어도 아프지 않다**

✎ 意味　아기가 귀여워서 어쩔 줄 몰라 하는 모양.

🔍 用例
A うちにも、ようやく孫ができたんですよ。

B あら。 おめでとうございます。 お孫さんでしたら、
目の中に入れても痛くないでしょうね。

A 우리한테도 드디어 손자가 생겼어요.

B 어머, 축하드려요. 손자라면 눈에 넣어도 아프지 않을 만큼 예쁘겠네요.

53

153 目の保養 눈요기

| 시험 ★☆☆
회화 ★★★ | ・目 눈 ・保養 보양 → 눈의 보양 |

✎ 意味　맛있는 음식이나 신기한 것을 보고 눈이 즐거워지는 모양.

🔍 用例　A 今日目の保養してきちゃったよ。

B え？ ショッピングでもしてきたの？

A 違うよ。車の展示会に行って、レースクイーンたくさん見てきたんだ。

A 오늘 눈요기하고 왔어.　　B 어? 쇼핑이라도 하고 왔어?

A 아니. 자동차 전시회에 갔다가 레이싱 걸을 많이 보고 왔다고.

154 目の前が暗くなる 눈앞이 깜깜해지다. 눈앞이 캄캄해지다

| 시험 ★★☆
회화 ★★★ | ・目 눈 ・前 앞 ・暗くなる 캄캄해지다. 어두워지다 ・暗い 어둡다 → 눈앞이 캄캄해지다 |

✎ 意味　① 앞이 캄캄해지는 것. ② 심하게 낙담하여 장래에 대한 희망이 없어지는 모양.

🔍 用例　① 急に立ち上がったら、目の前が真っ暗になった。

갑자기 일어서니까 눈앞이 캄캄해졌다.

② 突然解雇宣告を受けて、目の前が暗くなった。

갑자기 해고 선고를 받아, 눈앞이 캄캄해졌다.

同義語　お先真っ暗 ★★★　・お先真っ暗 앞이 캄캄함

155 目のやり場に困る 눈(시선)을 둘 곳이 없다

| 시험 ★★★
회화 ★★★ | ・目 눈. 시선 ・やり場 보낼 곳. 둘 곳
・困る ① 어려움(괴로움)을 겪다 ② 난처해지다. 곤혹스럽다 → 시선을 둘 곳에 난처해지다 |

✎ 意味　눈(시선)을 둘 데가 마땅치 않아 곤란해 하는 모양.

🔍 用例　A この洋服どう？

B それ、露出度が高いから、目のやり場に困るよ。

A 이 옷 어때?

B 그 옷, 노출이 심해서 눈을 어디에 둬야 할지 모르겠어.

A 最近、地下鉄の中でイチャつくカップル多いね。

B ホントに見苦しいというか、目のやり場に困るよね。

A 요즘 지하철에 찰싹 달라붙어 있는 커플이 많지.

B 정말로 보기 흉하다고 해야 할까, 어디를 봐야 할지 모르겠어.

・見苦しい 보기 흉하다

156 目も当てられない　차마 눈 뜨고 볼 수 없다

시험 ★★★
회화 ★★★

- **目** 눈　· **当てられない** = **当てることができない** 눈길을 보낼 수 없다
- **目を当てる** 눈길을 보내다

✏️ 意味　너무 심각한 상태라 눈을 뜨고는 볼 수 없는 모양.

🔍 用例　偶然事故現場を通ったんだけど、正面衝突をした車はぐちゃぐちゃで、あまりの悲惨さに、目も当てられなかった。

우연히 사고 현장을 지나갔는데, 정면충돌을 한 차는 종잇장처럼 구겨져 있고 너무나도 비참한 모습에 차마 눈을 뜨고 볼 수 없었다.

· ぐちゃぐちゃ 엉망진창임

157 目もくれない　아예 보려고 하지 않다. 거들떠보지 않다

시험 ★★☆
회화 ★★☆

- **目** 눈. 눈길　· **くれない** 주지 않다　· **くれる** (상대편이 나한테) 주다　→ **눈길을 주지 않다**

✏️ 意味　전혀 관심을 보이지 않는 모양.

🔍 用例　彼は仕事一筋で、仕事以外のことには目もくれない。

그는 일만 아는 사람이라 일 이외의 것은 거들떠보지도 않는다.

· 仕事一筋 일에만 전념함

158 目を欺く　눈을 속이다

시험 ★★☆
회화 ★★☆

- **目** 눈　· **欺く** 속이다　→ **눈을 속이다**

✏️ 意味　실제로는 그렇지 않으면서 그럴듯한 말로 꾸며 상대를 속이는 것.

🔍 用例　先生の目を欺いてカンニングをした。

선생님의 눈을 속여 커닝했다.

どんなにうまく嘘をついても、やはり母の目は欺けない。

아무리 그럴싸한 거짓말을 해도 역시 엄마 눈을 속일 수는 없다.

159 目を疑う　눈을 의심하다

시험 ★★☆
회화 ★★★

- **目** 눈　· **疑う** 의심하다　→ **눈을 의심하다**

✏️ 意味　눈앞에 펼쳐진 광경이 사실인지 의심스러워하는 모양.

🔍 用例　A 隣のクラスの子がテレビに出てるの見た?

B 見たよ! まさかと思って、目を疑っちゃった。

A 옆 반 애 텔레비전에 나온 거 봤어?　　B 봤어! 설마 하고 눈을 의심했잖아.

彼の変貌振りに、自分の目を疑った。

그의 달라진 모습에 내 눈을 의심했다.

· 変貌振り 변모한 모습

160 目を奪う 넋을 잃다

시험 ★★☆
회화 ★★☆

・**目** 눈 ・**奪う** ① 빼앗다 ② (마음, 눈 등을) 사로잡다. 끌다 → **눈을 사로잡다**

✎ 意味 넋을 잃게 할 정도로 강한 인상을 주는 모양.

🔍 用例 **絶世の美女に目を奪われた。**
절세 미인에게 넋을 잃었다.

161 目を落とす 눈을 떨구다

시험 ★★☆
회화 ★☆☆

・**目** 눈. 눈길 ・**落とす** 떨어뜨리다. (시선 등을) 그쪽으로 보내다. 돌리다 → **눈을 돌리다**

✎ 意味 밑에 있는 것을 보는 것.

🔍 用例 **彼女はジュースを飲みながら机の上のメモに目を落とした。**
그녀는 주스를 마시면서 책상 위의 메모에 눈을 떨궜다.

足元に目を落とすと小さなタンポポが咲いていた。
발밑으로 시선을 떨구니 조그만 민들레가 피어 있었다.

162 目を掛ける 총애하다. 보살피다

시험 ★★☆
회화 ★★★

・**目** 주의해서 봄. 주목. 감시 ・**掛ける** (마음이나 정 등을) 주다 → **주의해서 보다**

✎ 意味 특별히 주의해서 돌봐 주는 모양.

🔍 用例 A **社長に目を掛けてもらったおかげで、仕事を早く覚えることができました。**

B **そう、それはよかったね。**

A 사장님이 잘 봐주신 덕분에 일을 빨리 배울 수 있었습니다.

B 그래, 잘됐구나.

📖 同義語 **目に掛ける** ★★

163 目を掠める 눈을 속이다

시험 ★★☆
회화 ★★☆

・**目** 눈 ・**掠める** 훔치다. 속이다 → **눈을 속이다**

✎ 意味 남의 눈을 피해서 몰래 나쁜 행동을 하는 것.

🔍 用例 **親の目を掠めて、夜中に外出した。**
부모님 눈을 속이고 한밤중에 외출했다.

📖 同義語 **目を盗む** ★★★

164 目を晦ます 눈을 속이다

시험 ★★☆
회화 ★★★

· 目 눈 · 晦ます 모습을 감추다. 속이다 → 눈을 속이다

✎ 意味 남의 눈을 속여 실체를 모르게 하는 모양.

🔍 用例 **警察の目を晦ますために、犯人は女性に変装した。**

경찰의 눈을 속이기 위해 범인은 여자로 변장했다.

165 目を凝らす 눈을 응시하다

시험 ★★☆
회화 ★★★

· 目 눈. 시선 · 凝らす 한곳에 집중시키다 → 눈을 한곳에 집중시키다

✎ 意味 꼼짝 않고 바라보는 것.

🔍 用例 **暗闇の中、目を凝らしてみると、遠くにわずかな明かりが見えた。**

어둠 속에서 한곳을 응시하자 저 멀리 희미한 불빛이 보였다.

· 暗闇 어둠

166 目を皿のようにする 눈을 휘둥그레 뜨다

시험 ★☆☆
회화 ★★☆

· 目 눈 · 皿 접시 · のようにする ~처럼 하다 → 눈을 둥근 접시처럼 크게 뜨다

✎ 意味 눈을 크게 뜨고 무엇인가를 잘 보려고 하는 모양.

🔍 用例 **宝物を目を皿のようにして探し回る。**

눈이 휘둥그레져서 보물을 찾아다닌다.

あんまり綺麗な人だったので、目を皿のようにして見てしまった。

너무나 아름다운 사람이어서 눈이 휘둥그레져서 보고 말았다.

167 目を三角にする 눈에 쌍심지를 켜다

시험 ★★☆
회화 ★★☆

· 目 눈 · 三角 세모꼴. 삼각형 · する 하다 → (화나서) 눈을 삼각형으로 하다

✎ 意味 화나서 무서운 눈초리를 하는 모양.

🔍 用例 A **本当に、腹が立つんだから!!**

B **そんなに、目を三角にさせないでよ。**

A 정말 화난단 말야!!

B 그렇게 눈에 쌍심지 켜지 마.

同義語 目に角を立てる ★ 目くじらを立てる ★★

57

168 目を白黒させる 눈을 희번덕거리다

시험 ★★★
회화 ★★☆

・目 눈. 눈동자 ・白黒 흰빛과 검은빛 ・させる 하게 하다
→ 흰 눈동자가 보였다 검은 눈동자가 보였다 하게 하다

✎ 意味 눈동자를 심하게 움직인다는 것에서, ① 심한 고통으로 눈을 희번덕거리는 것.
② 몹시 놀라 당황하는 것.

🔍 用例 ① 餅をのどに詰まらせて目を白黒させた。
떡이 목에 걸려서 눈을 희번덕거렸다.

② 私の言った言葉に相当驚いたのか、彼は目を白黒させていた。
내가 한 말에 상당히 놀랐는지 그는 몹시 당황했다.

169 目を据える 눈을 한곳에 응시하다

시험 ★★☆
회화 ★★☆

・目 눈 ・据える ① 자리 잡아 놓다 ② 한곳에 고정시키다 → 눈을 한곳에 고정시키다

✎ 意味 눈을 깜빡이지 않고 한곳을 응시하는 것.

🔍 用例 彼は的に目を据えて矢を放った。 ・矢を放つ 화살을 쏘다
그는 과녁을 응시하며 화살을 쐈다.

170 目を注ぐ 주시하다. 주목하다

시험 ★★☆
회화 ★★☆

・目 눈. 눈길 ・注ぐ ① (물 등을) 붓다. 따르다 ② 정신을 쏟다. 집중하다 → 눈길을 집중하다

✎ 意味 주의해서 보는 것. 흥미를 가지고 주목하는 것.

🔍 用例 社長は今年デビュー予定の新人歌手に期待をかけ目を注いでいる。
사장님은 올해 데뷔한 신인 가수에게 기대를 걸고 주목하고 있다. (＝注意して)

171 目を背ける 눈길을 돌리다

시험 ★★☆
회화 ★★★

・目 눈 ・背ける (얼굴이나 눈을) 돌리다 → 눈을 돌리다

✎ 意味 자신도 모르게 눈을 다른 데로 돌리는 모양.

🔍 用例 被災地のあまりにもひどい状況に目を背けたくなった。
너무도 처참한 피해지 상황에 눈을 돌리고 싶어졌다.

同義語 目をそらす ★★★

172 目をそらす　눈을 돌리다. 외면하다

시험 ★★★
회화 ★★★

・目 눈 ・そらす ① 놓치다. 비껴가게 하다 ② 딴 데로 돌리다 → 눈을 딴 데로 돌리다

✎ 意味　상황이 나쁘거나 해서 시선을 돌리는 모양.

🔍 用例　A 僕の目をそらさずに見て。
B 恥ずかしいから嫌よ。

A 내 눈을 똑바로 봐.
B 부끄러워서 싫어.

どんなことがあっても今の現実から目をそらしてはいけない。

어떤 일이 있어도 현실에서 눈을 돌리면 안 된다.

同義語 目を背ける ★★★

---

173 目を付ける　노리다. 점찍다. 주목하다. 찍다

시험 ★★★
회화 ★★★

・目 눈 ・付ける ① 붙이다 ② 주목하다. 점찍다 → 눈을 떼지 않고 보다

✎ 意味　관심을 가지고 주의 깊게 살피는 모양.

🔍 用例　A 中学に入ったら、あんまり目立つ行動しないほうがいいよね。
B うん。先輩から目を付けられたら大変だもん。

A 중학교 들어가면 너무 튀는 행동은 하지 않는 게 좋아.
B 응. 선배들한테 찍히면 장난 아니거든.

前から目を付けていた服をバーゲンで買った。

전에부터 점찍었던 옷을 세일해서 샀다.

---

174 目を吊り上げる　눈꼬리를 치켜세우다

시험 ★★☆
회화 ★★☆

・目 눈 ・吊り上げる 치켜세우다 → 눈을 치켜세우다

✎ 意味　화난 표정을 짓는 것.

🔍 用例　A そんなに目を吊り上げて怒るなよ。
B 私を怒らせるあなたが悪いんでしょ!

A 그렇게 눈꼬리를 치켜세우고 화내지 마.
B 나를 화나게 하는 네가 나쁜 거잖아.

同義語 目に角を立てる ★

신체 관용어
생활 관용어
속담·격언
고사성어
사자성어

175 目を通す 대충 훑어보다

시험 ★★★
회화 ★★★

・目 눈 ・通す ① 통하게 하다 ② (서류 따위) 전체를 훑어보다 → 눈으로 훑어보다

✎ 意味　한 번 쭉 훑어보는 것.

🔍 用例　A この記事に、**目を通して**おいてください。

B はい、わかりました。読んでおきます。

A 이 기사 좀 훑어봐 주세요.

B 네, 알겠습니다. 읽어 두죠.

176 目を留める 시선을 멈추다. 주의하여 보다

시험 ★☆☆
회화 ★★☆

・目 눈 ・留める ① 멈추다 ② 주의하다. 주목하다 → 눈을 멈추다

✎ 意味　어떤 존재를 깨닫게 되어 그것에 관심을 보이는 것.

🔍 用例　雑誌の中に地震の記事があったので、**目を留めて**ゆっくりと読んだ。

잡지에 지진에 관한 기사가 있길래 시선을 멈추고 천천히 읽었다.

177 目を盗む 눈을 속이다

시험 ★★★
회화 ★★★

・目 눈 ・盗む 속이다. 피하다 → 눈을 속이다

✎ 意味　남의 눈을 피해서 무언가를 하는 것.

🔍 用例　昔は、親の**目を盗んで**友達とゲームセンターによく行っていたもんだ。

옛날에는 부모님 눈을 속이고 친구와 오락실(게임 센터)에 곧잘 갔었다.

📖 同義語　目を掠める ★★

178 目を離す 눈을 떼다. 한눈팔다

시험 ★★★
회화 ★★★

・目 눈 ・離す 떼다. 놓다. 풀다 → 눈을 떼다

✎ 意味　다른 데로 시선을 돌리는 것.

🔍 用例　A 私が**目を離した**すきに、息子が迷子になってしまったんです。

B それでは、放送を入れますので、お子さんの年や名前などを教えて

ください。

A 제가 한눈판 사이에 애가 없어졌어요.

B 그럼 방송을 해 드릴 테니, 자녀분 나이와 이름을 알려 주세요.

179 目を光らせる　눈을 번뜩이다

시험 ★★★ 회화 ★★☆	・目 눈　・光らせる 빛나게 하다. 반짝이게(번뜩이게) 하다 → **눈을 번뜩이게 하다**

✎ 意味　　나쁜 일을 하지 못하도록 엄중히 감시하는 것.

🔍 用例　　A 今日は、早く帰らなくちゃ。

　　　　　　B もう少し遊んでもいいじゃん。

　　　　　　A だめだよ。お母さんが、目を光らせて待ってるから怖いんだよ。

　　　　　　A 오늘은 집에 빨리 들어가야 돼.
　　　　　　B 좀 더 놀다 가도 되잖아.
　　　　　　A 안 돼. 엄마가 눈을 번뜩이고 기다리고 계셔서 무섭단 말이야.

---

180 目を塞ぐ　눈을 감다. 묵인하다. 나 몰라라 하다

시험 ★★☆ 회화 ★★☆	・目 눈　・塞ぐ 닫다. 가리다 → **눈을 가리다**

✎ 意味　　① 대처해야 할 상황인데도 불구하고, 아무 상관도 간섭도 안 하는 것.
　　　　　② 보고도 모르는 척하는 것.

🔍 用例　　① 間違っている事に目を塞いでいては、世の中なかなか良くならない。

　　　　　　부정한 일을 보고도 나 몰라라 한다면 세상은 좀처럼 좋아지지 않는다.

　　　　　② 一度の間違いは、目を塞ぐことにしよう。

　　　　　　한 번 실수는 눈감아 주기로 하자.　（=大目に見る）

　　　　　📖 同義語　目を瞑る ★★★

---

181 目を細める　눈을 가늘게 뜨다. 웃음 짓다

시험 ★★★ 회화 ★★★	・目 눈　・細める 가늘게(좁게) 하다 → **눈을 가늘게 하다**

✎ 意味　　너무 기뻐서 얼굴에 흐뭇한 웃음을 띠는 모양.

🔍 用例　　息子のたくましい成長振りを目を細めながら見守った。

　　　　　아들이 씩씩하게 자라는 모습을 흐뭇하게 지켜보고 있다.

　　　　　📖 同義語　目を細くする ★★　・たくましい 힘차다. 강인하다. 왕성하다

182 目を丸くする　눈을 동그랗게 뜨다

시험 ★★★ 회화 ★★★	・目 눈　・丸くする 동그랗게 뜨다　→　눈을 동그랗게 뜨다

✎ 意味　너무 놀란 모양.

🔍 用例　**彼女があまりにも、大胆な服を着ていたので、思わず目を丸くして しまった。**　(＝驚いて)

그녀가 너무나도 대담한 옷을 입고 와서 나도 모르게 눈이 동그래지고 말았다.

値段がびっくりするほど高くて、目を丸くしてしまった。

값이 깜짝 놀랄 정도로 비싸서 눈을 동그랗게 뜨고 말았다.

📖 同義語　**目が丸くなる ★★★　目が点になる ★★★**

183 目を回す　기절하다. 머리가 핑 돌다

시험 ★★★ 회화 ★★★	・目 눈　・回す 돌리다. 회전시키다　→　눈을 돌리다

✎ 意味　의식을 잃는 것.

🔍 用例　**あまりの暑さに目を回して倒れてしまった。**

폭염에 머리가 핑 돌아 쓰러지고 말았다.

184 目を見張る　눈을 크게 뜨다. 매우 놀라다

시험 ★★☆ 회화 ★★★	・目 눈　・見張る (놀라서) 눈을 크게 뜨고 보다

✎ 意味　화나거나 놀라거나 깊이 마음속으로 감탄하거나 하여 아주 놀라는 모양.

🔍 用例　**近年、遺伝子研究は目を見張る発展を遂げた。**

근래의 유전자 연구는 매우 놀라운 발전을 이루었다.　　・遂げる 이루다. 얻다

185 目を剥く　눈을 부라리다. 눈을 부릅뜨다

시험 ★★☆ 회화 ★★☆	・目 눈　・剥く ① (껍질 등을) 벗기다. 까다 ② (눈을) 크게 뜨다. 부라리다

✎ 意味　화가 나서 눈을 부릅뜨고 상대를 노려보는 모양.

🔍 用例　**とてもひどい事を言われ、目を剥いて怒ってしまった。**

매우 심한 얘기를 듣고는, 눈을 부릅뜨고 화를 내고 말았다.

186 いい目を見る　덕을 보다

시험 ★☆☆
회화 ★★☆

・いい目 행운. 재수　・見る ① 보다 ② 당하다. 경험하다　→　행운을 만나다

✎ 意味　운 좋게 행복한 경험을 하는 것.

🔍 用例　A 旦那さん、優しいし、ハンサムだし、お金持ちだしいいな。

B おかげさまで、いい目を見させてもらってるよ。

A 니 남편은 자상한 데다 미남이고, 돈까지 많아 정말 좋겠다!

B 덕분에 남편 덕 좀 보고 있지.

187 色目を使う　추파를 던지다. 곁눈 주다

시험 ★☆☆
회화 ★★★

・色目 곁눈질. 추파　・使う 사용하다　→　곁눈질을 사용하다

✎ 意味　여자가 남자를 유혹하려고 시선을 던지거나 애교, 아양 등 그런 몸짓을 보이는 것.

🔍 用例　A この前、合コンに行ったんでしょ？　どうだった？

B 私は駄目だったけど、ミナちゃんは色目を使って一番かっこいい人

ゲットしたよ。

A 저번에 미팅 했잖아? 어땠어?

B 나는 잘 안 됐는데, 미나는 갖은 애교를 다 떨더니 제일 멋진 남자 하나 건졌어.

・合コン＝合同コンパ 미팅　・ゲット(get)する＝手に入れる 손에 넣다

188 大目玉を食う　심한 꾸중을 듣다. 야단을 맞다

시험 ★★☆
회화 ★★★

・大目玉 ① 부릅뜬 눈 ② 꾸중. 야단　・食う 먹다＝食らう (남에게) 당하다. (공격, 피해 등을) 입다

→　꾸중을 듣다

✎ 意味　호되게 꾸중을 듣는 것. 특히 윗사람에게 혼날 경우에 사용.

🔍 用例　1週間連続して遅刻してしまい、先生に大目玉を食った。

1주일 연속으로 지각해서 선생님께 호되게 꾸중을 들었다.　（＝すごく怒られた）

大事な指輪をなくしてしまって、母に大目玉を食った。

어머니가 아끼는 반지를 잃어버려서, 호되게 야단맞았다.

📖 同義語　大目玉を食らう ★★★

신체
관용어

생활
관용어

속담 · 격언

고사성어

사자성어

189 大目に見る (おおめにみる) 잘 봐주다. 용서해 주다

시험 ★★★
회화 ★★★

・大目 (おおめ) 관대함. 너그러움 ・見る (み) ① 보다 ② 보살피다. 살피다 → 관대하게 봐주다

✎ 意味　상대의 과실이나 악행을 관대하게 봐주는 것.

🔍 用例

A こら! 親にウソついちゃダメじゃないか!
B そんなに怒らないで。少しは大目に見てあげたら?
　 この子も悪気はなかったのよ。

A 이놈! 부모한테 거짓말을 하면 안 되지!
B 그렇게 화내지 말지. 조금은 너그럽게 봐주면 어때? 얘도 악의는 없었을 거야.

A 今日、スピード違反で捕まっちゃったよ。
　 10キロしかオーバーしてなかったんだから、ちょっとは大目に見て
　 くれてもいいのに…。
B そりゃ、無理でしょ!

A 오늘 속도위반으로 잡혔어. 10킬로밖에 안 넘었는데 좀 너그럽게 봐주면 좋았을 텐데.
B 그건 무리지!

同義語 見逃す (みのがす) ★★★　目を瞑る (めをつぶる) ★★★

190 白い目で見る (しろいめでみる) 백안시하다

시험 ★★★
회화 ★★★

・白い (しろ) 희다 ・目 (め) 눈 ・見る (み) 보다 → 흰눈으로 보다

✎ 意味　냉담한 눈으로 보는 것. 「黒い目で見る (くろいめでみる) 검은 눈으로 보다」로 착각하지 않게 주의.

🔍 用例

A さっき、電話したときどこにいたの?
B 実はさ、図書館の中にいたんだけど、ベルの音のせいで皆に
　 白い目で見られたよ。

A 좀 전에 전화했을 때 어디 있었어?
B 실은 말야, 도서관 안이었는데, 전화 벨소리 때문에 다들 노려보더라구.

A 映画が始まる前に、ケータイ、マナーモードにしておいた方がいいよ。
B そうだね、途中でケータイのベルが鳴ったら、
　 皆に白い目で見られちゃうよね。

A 영화 시작하기 전에 핸드폰 매너모드로 해 두는 것이 좋아.
B 맞아, 도중에 전화벨이 울리면 다들 노려볼 테니까.

191 長い目で見る　긴 안목으로 보다

시험 ★★★
회화 ★★★

・**長い** 길다　・**目** 눈. 안목　・**見る** 보다　→　**긴 안목으로 보다**

✎ 意味　성급하게 판단하지 않고 장래를 생각해서 길게 보는 것.

🔍 用例　A 私の彼氏どう思う? 結婚しても大丈夫かな?

B そうねぇ…。長い目で見ればいい人そうだと思うけど…。

A 내 남자친구 어떻게 생각해? 결혼해도 괜찮을까?

B 글쎄…. 길게 봐서는 좋은 사람 같다는 생각은 드는데….

신체
관용어

눈
目・眼
め・がん
109
―
210

192 流し目を送る　추파를 던지다. 곁눈질하다

시험 ★☆☆
회화 ★☆☆

・**流し目** 곁눈질. 추파　・**送る** 보내다　→　**곁눈질을 보내다**

✎ 意味　이성의 관심을 끌기 위해 의미심장한 눈길을 던지는 것.

🔍 用例　A 昨日バーで一人で飲んでいたら、隣の席のおじさんが私に
流し目を送ってきた。

B 気持ち悪い〜。で、どうしたの?

A 気持ち悪いからすぐに帰ったわよ。

A 어제 바에서 혼자 마시고 있었는데, 옆자리 아저씨가 나한테 추파를 던지더라.

B 징그러워라. 그래서 어떻게 했어?

A 기분 나빠서 바로 돌아왔지.

| 同義語 | **秋波を送る** ★　**色目を使う** ★★★ |

193 見た目がいい　겉보기에 좋다

시험 ★★★
회화 ★★★

・**見た目** 겉모습. 외관. 남의 눈에 비치는 모양이나 모습　・**いい** 좋다　→　**겉모습이 좋다**

✎ 意味　속은 어떤지 몰라도 겉으로 보기에는 느낌이 좋은 모양.

🔍 用例　このケーキは見た目はいいけど、味は今一だよね。

이 케이크 보기에는 좋았는데, 맛은 별로네.

見た目がいいからといって、簡単に信じちゃだめよ。

겉보기에 좋다고 해서 쉽게 믿으면 안 돼.

・**今一** 조금 모자라는 모양

194　見る目がある　보는 눈이 있다

시험 ★★★
회화 ★★★

・見る目 보고 판단하는 눈　・ある 있다　→　보는 눈이 있다

✎ 意味　가치 등을 정확하게 판단하는 능력이 있는 모양.

🔍 用例　うちの旦那、やさしいし、家のこともよく手伝ってくれるし、結婚してよかった。さすが、私に男を見る目があったということだね。

우리 남편은 자상하지 집안일도 잘 도와주지 결혼하길 잘했어. 역시, 내가 남자 보는 눈이 있다는 말이겠지.

A 私、人を見る目がないみたい。
B そうね。いつも誰かに騙されてる感じがする。

A 난 사람 보는 눈이 없는 것 같아.
B 그래. 항상 누군가에게 속기만 하는 느낌이 들어.

反対語　見る目がない ★★★

195　目頭が熱くなる　눈시울이 뜨거워지다

시험 ★☆☆
회화 ★★☆

・目頭 눈가　・熱くなる 뜨거워지다　→　눈가가 뜨거워지다

✎ 意味　감동 등으로 눈시울이 뜨거워지는 모양.

🔍 用例　A 今日の講演、感動的だったよね。
B うん。感動しちゃって、目頭が熱くなっちゃったよ。
（=涙が出そうになった）

A 오늘 강연 감동적이었지?
B 응. 감동 먹어서 눈시울이 다 뜨거워졌어.

196　目頭を押さえる　눈물을 참다

시험 ★★☆
회화 ★★☆

・目頭 눈가　・押さえる (손 따위로) 누르다. 대다. 가리다　→　눈가를 누르다

✎ 意味　눈가를 손가락으로 누른다는 뜻으로, 눈물을 억지로 참으려고 하는 모양.

🔍 用例　我が子の出産に感動して、一同が目頭を押さえた。

우리 아기 출산에 감동하여, 모두가 눈물을 참았다.

197　目くじらを立てる　트집을 잡다

시험 ★★☆
회화 ★★★

・目くじら 눈초리. 눈구석　・立てる 세우다　→　눈초리를 올리다

✎ 意味　작은 일로 남의 결점을 잡아 헐뜯는 것.

🔍 用例　小さなことで目くじらを立てるのは、大人気ない。

작은 일로 트집을 잡는 것은 어른스럽지 못하다.

・大人気ない 어른스럽지 못하다

198 目くそ鼻くそを笑う 똥 묻은 개가 겨 묻은 개 나무란다

시험 ★★☆
회화 ★★☆

· **目くそ** 눈곱 · **鼻くそ** 코딱지 · **笑う** 웃다 → 눈곱이 코딱지를 비웃는다

✎ 意味 자신의 결점은 모르고 타인의 결점을 비웃는 모양.

🔍 用例 A ヨシ君がシゲ君のことをバカにするのは、**目くそ鼻くそを笑う**
ようなものだよ。

B まあ、そうね。どっちもどっちって感じよね。

A 요시가 시게를 바보 취급하는 것은 똥 묻은 개가 겨 묻은 개 나무라는 격이라구.
B 그게 그렇네. 둘 다 똑같은 거 같아.

📖 同義語 どっちもどっち★★★　似たりよったり★★★　どんぐりの背比べ★★★

199 目先が利く 재치가 있다. 선견지명이 있다

시험 ★★☆
회화 ★★☆

· **目先＝目端** ① 목전 ② 앞을 내다봄. 선견 · **利く** 능력이 충분히 발휘되다 → 앞을 내다보는 능력이 있다

✎ 意味 ① 재치가 있는 모양. ② 앞일을 내다보는 능력이 있는 모양.

🔍 用例 ① 頭の回転が良く、**目先の利く**人は、商売に向いている。

머리 회전이 빠르고 재치가 있는 사람은 장사가 적성에 맞다.

② A この仕事、彼に任せて大丈夫でしょうか?
B 彼は、**目先が利く**男だから、心配いらないよ。

A 이 일을 그 사람에게 맡겨도 괜찮을까요?
B 그 사람은 선견지명이 있는 남자니까 걱정하지 않아도 돼.

📖 同義語 **目端が利く** ★

200 目先を変える 외양을 달리하다. 변화를 주다

시험 ★☆☆
회화 ★★☆

· **目先** ① 목전 ② 볼품 · **変える** 바꾸다. 교환하다 → 볼품을 바꾸다

✎ 意味 다른 인상을 주기 위하여 겉모양을 바꾸는 것. 해오던 방향을 바꿔서 다른 방향으로 변화를 주는 것.

🔍 用例 ちょっと**目先を変えて**、新しいタイプのコーヒーショップを始めよう
と思う。

살짝 변화를 줘서 새로운 유형의 커피숍을 시작하려고 한다.

201 目じりを下げる　흐뭇하게 바라보다. 넋을 잃고 바라보다

시험 ★★☆
회화 ★★☆

・**目じり** 눈초리. 눈꼬리　・**下げる** (위치를) 낮추다　→　**눈꼬리를 낮추다**

✏️ **意味**　눈꼬리를 내리면서 흐뭇하게 바라보는 모양.

🔍 **用例**　**祖父は久しぶりに孫の顔を見て目じりを下げて喜んだ。**

할아버지는 오랜만에 손자의 얼굴을 보고 흐뭇해하셨다.

202 目玉が飛び出る　심하게 혼나다. 깜짝 놀라다

시험 ★★★
회화 ★★★

・**目玉** 눈알　・**飛び出る** = **飛び出す** ① 뛰어나오다 ② 튀어나오다. 돌출하다　→　**눈알이 튀어나오다**

✏️ **意味**　① 호되게 야단맞는 모양. ② 값이 터무니없이 비싸 깜짝 놀라는 모양.

🔍 **用例**　① **ちょっとした失敗だったのに、上司に目玉が飛び出るほど怒られた。**

약간 실수한 것 뿐인데 상사에게 심하게 혼났다.

② **先月の電話代が目玉が飛び出るほど高かった。**

지난달 전화요금이 눈이 튀어나올 정도로 많이 나왔다.

　　同義語　**目が飛び出る** ★★　**目の玉が飛び出る** ★★★

203 目の色を変える　혈안이 되다. 필사적이 되다. 기를 쓰다

시험 ★★★
회화 ★★★

・**目の色** = **目つき** 눈빛　・**変える** 바꾸다. 변화시키다　→　**눈빛을 변화시키다**

✏️ **意味**　화나거나 놀라거나 무엇인가에 열중하여 눈빛이 변하는 모양.

🔍 **用例**　**バーゲンセールで主婦たちが、目の色を変えて買い物をしている。**

바겐세일장에서 주부들이 혈안이 되어 물건을 사고 있다.　　同義語　**血相を変える** ★★★

204 目鼻が付く　대체적인 윤곽이 잡히다. 대체적인 전망이 서다

시험 ★★☆
회화 ★★☆

・**目鼻** ① 눈과 코 ② 얼굴 생김새　・**付く** 서다　→　**얼굴 생김새가 서다**

✏️ **意味**　얼굴 생김새가 잡혀 간다는 뜻으로, 앞으로의 전망이나 결과가 예상되는 것.

🔍 **用例**　**とりあえず、今のところの生活は目鼻が付くので、心配は要らない。**

일단 지금으로서는 생활이 어느 정도 윤곽이 잡혀 있으니 걱정할 필요 없다.

・**今のところ** 지금으로서는

205 目鼻立ちが整う 이목구비가 반듯하다
め はな だ とと の

시험 ★★☆
회화 ★★★

• **目鼻立ち** 이목구비. 얼굴 생김새 • **整う** 고르게 되다. 조화를 이루다 → **이목구비가 조화를 이루다**

✎ 意味 이목구비가 수려하고 반듯한 모양.

🔍 用例
A どんな人がタイプなの?
B 私は、目鼻立ちが整った人が好きなの。
A 要するに、面食いってことね。

A 어떤 타입의 사람이 좋아?
B 나는 이목구비가 반듯한 사람이 좋아.
A 결국 얼굴만 본다는 말이네.

• **要するに** 요컨대. 결국 • **面食い** 얼굴을 따지는 사람

206 目元が涼しい 눈매가 시원하다
め もと すず

시험 ★★☆
회화 ★★☆

• **目元** 눈가. 눈매 • **涼しい** ① 시원하다 ② (눈매가) 맑고 시원스럽다 → **눈매가 시원하다**

✎ 意味 깨끗하고 맑은 눈을 지녀 상쾌한 인상을 주는 모양.

🔍 用例
彼女は、切れ長の目元が涼しい美人だ。(=目元の涼しい)
그녀는 가늘고 긴 눈매가 시원시원한 미인이다.

• **切れ長** 눈초리가 길게 째짐

207 一目ぼれする 첫눈에 반하다
ひと め

시험 ★★☆
회화 ★★★

• **一目ぼれ** ① 한눈에 이성에 반함 ② 첫눈에 마음에 듦
• **一目** 한 번 봄 • **ほれる** 반하다. 연모하다 • **する** 하다 → **한눈에 반하다**

✎ 意味 한 번 보고 좋아져 버리는 것.

🔍 用例
A 奥さんとどうやって出会ったの?
B 合コンで初めて会って、一目ぼれしちゃったんだ。

A あ、なるほど。

A 부인이랑 어떻게 만났어?
B 미팅에서 처음 만나 첫눈에 반했어.
A 그렇구나.

208　人目を引く　주위를 끌다

시험 ★★☆
회화 ★★★

· 人目 남의 눈　· 引く 끌다　→　남의 눈을 끌다

✎ 意味　겉모습이나 태도 등이 눈에 띄어 남의 눈을 끄는 모양.

🔍 用例
A やっぱりスタイルがいい人って人目を引くよね。

B そうだよね。私も思わず見ちゃうもんね。

A 역시 스타일 좋은 사람은 주위 시선을 끌어.

B 그치. 나도 무심코 보게 되더라구.

209　眼中にない　안중에 없다. 관심 밖이다

시험 ★☆☆
회화 ★★★

· 眼中 안중　· ない 없다　→　안중에 없다

✎ 意味　관심을 가지는 범위 밖이라는 의미.

🔍 用例
A お前、俺のこと実は、好きだろ？

B は? 何言ってるの？ あなたなんて、眼中にないんですけど。

A 너 사실은 나 좋아하지?

B 엥? 무슨 소리 하는 거야? 너 따윈 안중에도 없어.

(＝何とも思っていない)

· 何とも思っていない 뭐라고 생각하지 않는다

· なんとも (뒤에 부정을 동반하여) 대수롭지 않다는 뜻을 나타냄. 아무렇지도. 어떻게도

210　眼を付けられる　째려봄을 당하다

시험 ★★☆
회화 ★★★

· 眼 ①눈 ②봄. 꿰뚫어 봄　· 付けられる 주목받다　· 付ける 주목하다　→　꿰뚫어 주목받다

✎ 意味　불량배 등이 시비를 걸 때, 상대의 얼굴을 보는 것.

🔍 用例
A 俺、なんか悪い事したかな？

B どうしたの、突然。

A さっき、先輩に眼つけられたんだよ。

A 내가 무슨 나쁜 일이라도 한 건가?

B 갑자기 왜 그래?

A 아까 선배가 째려봤어.

同義語　眼を飛ばされる ★

211 泣きの涙で 눈물을 머금고

시험 ★☆☆
회화 ★☆☆

• 泣きの涙 눈물을 흘리며 슬퍼함. 몹시 슬퍼함 • 泣き 울음. 눈물이 남 • 涙 눈물

✎ 意味　몹시 힘든 일을 억지로 하는 모양. 몹시 슬퍼하는 모양.

🔍 用例　大切にしていた車を、泣きの涙で手放す事にした。

소중히 여기던 차를 눈물을 머금고 떠나보내기로 했다.

• 手放す 손을 떼다. 자식 등을 곁에서 떠나보내다

212 涙に暮れる 눈물로 지새우다. 슬퍼서 눈물로 세월을 보내다

시험 ★★☆
회화 ★★☆

• 涙 눈물 • 暮れる ① 해가 지다. 저물다 ② 지새다. 잠기다 → 눈물로 지새다

✎ 意味　슬퍼서 어찌할 바를 모르고 울고만 있는 모양.

🔍 用例　娘が突然の事故で他界して、涙に暮れる日々が続いている。

딸이 갑작스러운 사고로 죽어서 눈물로 지새우는 나날이 이어지고 있다.

213 涙に沈む 슬픔에 잠기다. 쓰러져 울다

시험 ★☆☆
회화 ★☆☆

• 涙 ① 눈물 ② 울음 • 沈む ① 가라앉다 ② (근심이나 슬픔에) 잠기다 → 울음에 빠지다

✎ 意味　너무나 슬픈 나머지 그저 울기만 하다 기력을 잃게 되는 모양.

🔍 用例　結婚を目の前に婚約者に先立たれてしまい、涙に沈むしかなかった。

결혼을 목전에 두고 약혼자가 죽어 깊은 슬픔에 잠길 수밖에 없었다.

• 先立つ ① 앞서다 ② 먼저 죽다

214 涙に咽ぶ 목메어 울다. 몹시 울다

시험 ★☆☆
회화 ★★★

• 涙 ① 눈물 ② 울음 • 咽ぶ 목메다. 목메어 울다 → 목메어 울다

✎ 意味　눈물이 북받쳐 올라 목에 엉기어 막히는 것.

🔍 用例　病気でなくなってしまった我が子を思い、涙に咽ぶ母親の姿は、
なんとも切ない。

병으로 죽은 자기 자식 생각에 목메어 우는 어머니의 모습은 정말 애처롭다.

215　涙を誘う　눈물을 자아내다. 눈물샘을 자극하다

시험 ★★☆
회화 ★★★

• 涙 눈물　• 誘う ① 권유하다. 권하다 ② 자아내다 → 눈물을 자아내다

✎ 意味　불쌍하여 자기도 모르게 눈물이 나는 모양.

🔍 用例
A 最近、どんなテレビ番組好きなの?
B そうだな…。涙を誘うような、悲しいドラマとかよく見るよ。

A 요즘 어떤 TV 프로그램 좋아해?
B 음….눈물샘을 자극하는 슬픈 드라마 같은 걸 잘 봐.

216　涙を呑む　눈물을 머금다. 눈물을 참다

시험 ★☆☆
회화 ★★☆

• 涙 눈물　• 呑む 꾹 참다. 삼키다. 억누르다 → 눈물을 꾹 참다

✎ 意味　유감스러운 기분이나 분하고 억울한 기분을 참는 것.

🔍 用例
準決勝で敗退して、決勝を目前に涙を呑んだ。

준결승에서 패배해서 결승을 눈앞에 두고 눈물을 머금었다.

신체 관용어 >> 瞳 눈동자

217　瞳を凝らす　응시하다. 뚫어지게 보다

시험 ★☆☆
회화 ★★★

• 瞳 눈동자　• 凝らす 한곳에 집중시키다 → 눈동자를 한곳에 집중시키다

✎ 意味　한곳을 뚫어지게 바라보는 것.

🔍 用例
久しぶりに会う彼を、瞳を凝らして見た。

同義語　瞳を据える ★★★

오랜만에 만난 남자친구를 뚫어져라 쳐다봤다.

218　瞳を据える　응시하다

시험 ★☆☆
회화 ★★★

• 瞳 눈동자　• 据える ① 붙박다 ② (눈길을) 쏟다 → 눈동자를 쏟다

✎ 意味　계속 응시하며 시선을 움직이지 않는 것.

🔍 用例
何か事情があるのか、彼女は一枚の絵に瞳を据えて動かなかった。

무슨 사정이 있는 건지 그녀는 한 장의 그림을 응시하며 움직이지 않았다.

同義語　瞳を凝らす ★★★

219 眉唾物 (まゆつばもの) 수상쩍은 것. 미심쩍은 것

시험 ★★☆
회화 ★★★

• 眉 눈썹 • 唾 침 • 物 것

意味 눈썹에 침을 바르면 여우나 너구리에게 홀리지 않는다고 믿었던 데서 온 말로, 믿기 어려운 이야기나 의심스러운 이야기를 의미.

用例
A 昨晩、隣町にＵＦＯが現れたんだって!
B ええっ、そんなの眉唾物だね。

A 어젯밤 옆 마을에 UFO가 나타났대!
B 뭐라고! 그거 정말 수상한데.

同義語 眉唾 ★★★

220 眉にしわを寄せる 눈살을 찌푸리다

시험 ★☆☆
회화 ★☆☆

• 眉 눈썹 • しわ 주름. 구김살 • 寄せる 밀려오다 → 눈썹에 주름이 밀려오다

意味 걱정이나 불쾌한 언행 때문에 얼굴을 찡그리는 것.

用例
電車の中でいちゃいちゃしてるカップルを見て眉にしわを寄せた。
전철에서 끈적끈적한 커플을 보고 (사람들이) 눈살을 찌푸렸다.

同義語 しかめっ面 ★★★ 　• しかめっ面 찌푸린(찡그린) 얼굴
眉間にしわを寄せる ★★ 　• 眉間にしわを寄せる 미간을 찌푸리다

221 眉を曇らせる 표정이 어두워지다

시험 ★☆☆
회화 ★☆☆

• 眉 눈썹 • 曇らせる 근심스러운 표정을 하다

意味 걱정스러운 표정을 짓는 것.

用例
おばあさんの病状が思わしくないという知らせを聞いて、
眉を曇らせていた。
할머니 병세가 좋지 않다는 소식을 듣고 표정이 어두워졌다.

同義語 額にしわを寄せる ★★★

• 病状が思わしくない 병세가 좋지 않다　• 思わしい 바람직하다. 좋다고 생각되다

222 　眉を顰める　근심스러운 얼굴을 하다. 눈살을 찌푸리다

시험 ★☆☆
회화 ★★☆

・眉 눈썹　・顰める 상을 찌푸리다. 미간을 찌푸리다

✎ 意味　걱정 등으로 근심스러운 얼굴을 하는 모양. 불쾌한 모양.

🔍 用例　**父は彼の話をしたとたん、すぐ眉を顰める。**
아빠는 그 사람 얘기를 꺼내자마자 눈살을 찌푸리셨다.

どうしたことか、課長は朝から眉を顰めて考え込んでいる。
무슨 일인지 과장님은 아침부터 복잡한 표정으로 생각에 잠겨 있다.

📖 同義語　**顔をしかめる ★★**

신체 관용어 >> 鼻 코

1. 코 **鼻をほじくる** 코를 후비다 **鼻が詰まる** 코가 막히다
2. 후각 **鼻が利く** 냄새를 잘 맡다

223 　鼻が利く　개코다. 눈치가 빠르다

시험 ★★☆
회화 ★★☆

・鼻 후각　・利く 능력(기능)이 충분히 발휘되다 → **후각이 뛰어나다**

✎ 意味　① 코가 민감해서 냄새를 잘 맡는 것. ② 비밀 등을 빨리 알아차리는 것.

🔍 用例　① **私、鼻が利くから、今日の晩御飯が何か分かるんだ。**
내 코는 민감해서 오늘 저녁밥이 뭔지 알 수 있어.

② **私は何にでも鼻が利くので、たまには余計なことまで
察知してしまう。**
나는 뭐든지 눈치가 빠른 편이라 때로는 쓸데없는 일까지도 알아차리고 만다.

・察知する 알아차리다. 알아채다

224 　鼻が高い　우쭐해하다

시험 ★★★
회화 ★★★

・鼻 코　・高い 높다 → **코가 높다**

✎ 意味　자신이 뛰어나다는 것을 자랑하거나 우쭐대는 것.

🔍 用例　**教え子が東大にたくさん合格したので、先生も鼻が高い。**
도쿄대에 합격한 제자들이 많아서 선생님도 우쭐해지셨다.

・教え子 제자

225 鼻であしらう　건성으로 대하다

시험 ★★★
회화 ★★☆

・鼻 코　・あしらう ① 응대하다. 응답하다 ② 상대를 얕보고 적당히 대하다　→ **코로 응대하다**

✎ 意味　콧소리로 '흠' 하고 대답한다는 뜻에서, 상대를 얕보며 건성으로 대하는 것.

🔍 用例
A 機嫌が悪そうね、何かあったの?
B 私の質問、課長に鼻であしらわれたのよ! (=バカにされた)

A 기분이 안 좋아 보이네, 무슨 일 있었어?
B 과장님이 내 질문에 건성으로 나오시잖아!

同義語　鼻の先であしらう ★★　鼻先であしらう ★★

---

226 鼻で笑う　콧방귀 뀌다. 비웃다

시험 ★★★
회화 ★★★

・鼻 코　・笑う 비웃다. 조소하다. 빈정대다　→ **코웃음 치다**

✎ 意味　상대를 코웃음 치며 몹시 깔보는 것.

🔍 用例
A あの人すごい嫌。

B どうしたの?

A 私のちょっとした失敗を鼻で笑ったのよ!

A 저 사람 정말 싫어.
B 왜 그래?
A 내가 조금 실수한 걸 가지고 되게 깔보는 거야!

同義語　鼻の先で笑う ★★　鼻先で笑う ★★

---

227 鼻に掛ける　자랑하다. 내세우다

시험 ★★★
회화 ★★★

・鼻 코　・掛ける 걸다　→ **코에 걸다**

✎ 意味　자기가 잘났다고 자만하거나 우쭐대는 모양.

🔍 用例
A あの人、綺麗なのは認めるけど、それを鼻に掛けてるのが気に
いらない。
B そんなことないよ。あの人、結構謙虚だよ。

A 저 여자가 예쁜 건 인정하지만, 그걸로 잘난 척하는 건 정말 꼴불견이야.
B 그렇지 않아. 굉장히 겸손한 사람이야.

・気に入らない 마음에 들지 않는다

228 鼻に付く　코를 찌르다. 지겹다. 역겹다. 질리다. 싫어지다

시험 ★★★
회화 ★★☆

· 鼻 코 　· 付く ① 붙다. 달라붙다 ② 감각 기관에 느껴지다 → 코에 달라붙다

✎ 意味
① 싫은 냄새가 코를 찔러 사라지지 않는 것. 고약한 냄새가 나는 것.
② 여러 번 똑같은 일이 반복되면서 싫증나다 못해 불쾌해지는 것.

🔍 用例
① 線香のにおいが鼻に付いて離れない。
코를 찌르는 향 냄새가 사라지지 않는다.

② 彼のきざな態度が、どうも鼻に付いてならない。(=鼻持ちならない)
그의 아니꼬운 태도가 정말이지 지겨워 죽겠다.

· きざ (언어, 동작, 복장 등이) 아니꼬움. 비위에 거슬림

229 鼻も引っ掛けない　상대도 안 하다. 거들떠보지도 않는다

시험 ★☆☆
회화 ★☆☆

· 鼻 ⇒ 鼻水·鼻汁 콧물 　· 引っ掛けない 뿌리지 않는다
· 引っ掛ける ① 걸다 ② (물 등을) 끼얹다. 뿌리다 → 콧물도 뿌리지 않는다

✎ 意味
똑바로 상대할 태도를 취하지 않는 것. 냉담한 태도를 취하는 것.

🔍 用例
学生のころは鼻も引っ掛けられない存在だった彼なのに、
今では有名な政治家だ!
학창 시절에는 거들떠도 안 보는 존재였던 그였는데, 지금은 유명한 정치인이다!

A 今度来た転校生、ホント生意気だよね。
B いやな奴は鼻も引っ掛けないのが一番だよ。(=相手にしない·無視する)
A 이번에 온 전학생, 정말 버르장머리 없더라.
B 이상한 놈은 상대도 안 하는 것이 제일이야.

230 鼻を明かす　코를 납작하게 만들다. 허를 찌르다

시험 ★★★
회화 ★★☆

· 鼻 코 　· 明かす ① 밝히다. 털어놓다 ② 鼻~의 꼴로, 선수를 치다. 허를 찌르다

✎ 意味
상대가 방심한 틈에 생각지도 못한 일로 깜짝 놀라게 하는 것.

🔍 用例
ライバルの鼻を明かそうと全力を尽くしている。
라이벌의 코를 납작하게 만들려고 온 힘을 다하고 있다.

· 全力を尽くす 전력을 다하다

231 鼻を折る _{はな} _お 콧대를 꺾다

시험 ★★★
회화 ★★☆

・鼻 코=鼻っ柱 콧대 ・折る=へし折る 꺾다 → 콧대를 꺾다

✎ 意味 기를 펴지 못하게 한 번 손을 봐 주는 것.

🔍 用例 A 生意気な後輩の鼻を折ってやったよ。

B ホント、気分いいね。

A 버릇없는 후배의 코를 납작하게 해 줬어.

B 정말 속이 시원하다.

同義語 鼻っ柱をへし折る★★ 鼻っ柱を折る★★

232 鼻を突き合わせる _{はな} _つ _あ 얼굴을 맞대다

시험 ★☆☆
회화 ★☆☆

・鼻 코 ・突き合わせる 맞대다 → 코를 맞대다

✎ 意味 얼굴을 서로 마주보고 있거나 비좁은 장소에 아주 가깝게 접해 있는 것.

🔍 用例 A ご主人が自宅で働いてるのはいいでしょ?

B 毎日鼻を突き合わせていないといけないので大変よ。

A 남편이 집에서 일하니까 좋지?

B 매일같이 얼굴 맞대고 있어야 해서 힘들어.

233 小鼻を膨らます _{こ ばな} _{ふく} 코를 들썩거리다

시험 ★☆☆
회화 ★★☆

・小鼻 콧망울 ・膨らます=膨らませる 부풀다. 불룩해지다. 부풀게 하다
→ 콧망울을 실룩거리다

✎ 意味 아주 불만스러운 표정을 짓는 것.

🔍 用例 彼は小鼻を膨らませながら、切々と異議を唱えた。

그는 코를 들썩거리면서 절절하게 이의를 제기했다.

自動詞 小鼻が膨らむ★★ ・切々と 절절히. 간절히 ・唱える 주창하다

234 鼻息をうかがう _{はないき} 눈치를 살피다

시험 ★★☆
회화 ★★☆

・鼻息 콧김 ・うかがう 묻다, 듣다의 겸사말 → 콧김을 살피다

✎ 意味 상대편의 의향이나 기색을 살피는 것.

🔍 用例 相手の鼻息をうかがってから、行動に移ることにした。

상대의 눈치를 살피고 난 후 행동에 옮기기로 했다.

신
체
관
용
어

생
활
관
용
어

속
담
·
격
언

고
사
성
어

사
자
성
어

235 鼻歌まじり 콧노래를 부름

はなうた

시험 ★★☆
회화 ★★★

• **鼻歌** 콧노래   • **まじり** 섞임. 섞인 것 → **콧노래가 섞임**

✏️ 意味   콧노래를 흥얼거리며 들뜬 기분으로 컨디션 좋게 일하는 모양.

🔍 用例   A さっきから**鼻歌まじり**で仕事してるけど、何かいいことでもあったの?
B そう? 自分では気が付かなかったけど。

A 아까부터 콧노래 부르며 일을 다 하고, 무슨 좋은 일이라도 있어?
B 그래? 내가 그랬었나?

236 鼻声を出す 콧소리를 내다

はなごえ   だ

시험 ★★☆
회화 ★☆☆

• **鼻声** 콧소리. 코멘소리   • **出す** 내다 → **콧소리를 내다**

✏️ 意味   응석 부리며 코멘소리를 내는 것.

🔍 用例   A ねこのどこが好きなの?
B 甘えたいときに、**鼻声を出す**のがかわいくて仕方ないんだよ。

A 고양이가 어디가 좋아?
B 재롱 피우고 싶을 때 콧소리 내며 끙끙대는 게 귀여워 죽겠어.

237 鼻っ柱が強い 콧대가 세다. 기가 세다

はな ぱしら   つよ

시험 ★★☆
회화 ★★☆

• **鼻っ柱 = 鼻っぱし** 콧대   • **強い** 세다. 강하다 → **콧대가 세다**

✏️ 意味   남의 말을 잘 듣지 않고 고집이 매우 센 모양.

🔍 用例   A うちの娘、**鼻っ柱が強く**て困っちゃうよ。
B いいんじゃない、そのくらいのほうが。
おしとやかなのが全てじゃないよ。

A 우리 딸 콧대가 너무 세서 골치 아프다니까.
B 그 정도면 좋아. 암전한 게 다 좋은 건 아냐.

• **(お)しとやか** (흔히 여성이) 암전함. 정숙함

238 鼻っ柱を折る 콧대를 꺾다. 기를 못 펴게 하다. 고집을 꺾다

はな ぱしら お

시험 ★★☆
회화 ★★☆

• **鼻っ柱 = 鼻っぱし** 콧대   • **折る = へし折る** 꺾다 → **콧대를 꺾다**

✏️ 意味   기를 펴지 못하게 손을 한 번 봐 주는 것.

🔍 用例   生意気な奴を見ると、**鼻っ柱を折っ**てやりたいと思う。
건방진 놈을 보면 콧대를 꺾어 버리고 싶어진다.

同義語   **鼻っ柱をへし折る** ★★
鼻を折る ★★

239 鼻の下を長くする　여자에게 약하다. 여자에게 넋이 나가다

시험 ★★☆
회화 ★★★
・**鼻の下** 인중 부분　・**長い** 길다　→　인중이 길다

✎ 意味　인중이 긴 사람이 여자에게 약하다는 뜻에서, 예쁜 여자, 젊은 여자를 보면 정신을 못 차리는 것.

🔍 用例
A サエちゃんだ！ やっぱりきれいだね〜。
B もう、うちのお父さんは若くてきれいな女の人を見たらすぐ
鼻の下を長くするんだから。
A 사에 나왔다! 역시 예쁘구나~.
B 정말, 우리 아빠는 젊고 예쁜 여자를 보면 금방 넋이 나간다니까.

うちの課長は若い女の人に頼まれたら、鼻の下を長くして何でもしてしまう。
우리 과장님은 젊은 여자가 부탁하면 여자에게 약해서 뭐든 해 주고 말아.

同義語 鼻の下を伸ばす ★★★

240 鼻持ちならない　역겹다. 불쾌하다

시험 ★★☆
회화 ★★☆
・**鼻持ち** 고약한 냄새를 참음　・**ならない＝持てない** 유지할 수 없다. 지탱할 수 없다
→　악취를 참는 것을 유지할 수 없다

✎ 意味　하는 짓 등이 참을 수 없도록 불쾌한 것.

🔍 用例　鼻持ちならないキザな人とは付き合いたくない。
참기 힘들 정도로 거만한 사람과는 사귀고 싶지 않다.

신체 관용어 >> 口 くち 입

241 開いた口が塞がらない　기가 막혀서 말이 안 나오다

시험 ★★★
회화 ★★★
・**開いた口** 벌려진 입　・**塞がらない** 안 다물어지다　・**塞ぐ** 막다. 가로막다. 틀어막다
→　벌려진 입이 안 다물어지다

✎ 意味　너무 기가 막혀 입이 안 다물어지는 모양.

🔍 用例　パチンコで10万円も使っちゃうなんて、本当に開いた口が塞がらない。
파칭코에서 10만 엔이나 써 버리다니, 정말 어이가 없어서 말이 안 나온다. （＝呆れる）

79

242 大きな口をきく　큰소리치다

시험 ★☆☆
회화 ★★★

・大きな 과장된　・大きい ① 크다 ② 허세 부리다. 과장하다　・口をきく 말하다. 지껄이다
→ 과장된 말을 하다

✎ 意味　실력도 없으면서 큰소리를 치는 것.

🔍 用例　A 来年、絶対に会社の社長になって見せるぞ。

B そんな大きな口をきかないほうがいいぜ。

A 내년에는 반드시 회사 사장이 되겠어.

B 너무 그렇게 큰소리치지 않는 게 좋을걸!

同義語　大きな口を叩く ★★★　大口を叩く ★★★

243 口から先に生まれる　물에 빠져도 입만 둥둥 뜬다

시험 ★★☆
회화 ★★☆

・口 입　・先 먼저. 앞　・生まれる 태어나다　→ 입부터 먼저 태어나다

✎ 意味　말수가 많은 사람을 비웃어 하는 말.

🔍 用例　A お前、本当によくしゃべるな。

B ええっ、そうかな。

A 口から先に生まれてきたんじゃないかって思うくらいだよ。

A 너 정말로 말이 많구나.

B 어, 그런가?

A 물에 빠지면 입만 둥둥 뜨지나 않을까 싶을 정도라구.

244 口がうまい　말을 잘하다. 말발이 세다

시험 ★★★
회화 ★★★

・口 ① 입 ② 말　・うまい 훌륭하다. 솜씨가 좋다　→ 말이 능하다

✎ 意味　남의 마음에 들게 말을 잘하는 것.

🔍 用例　A 私も営業の仕事、やろうかな。

B う～ん、営業は口がうまくないとできない仕事だよ。
君にはちょっと無理じゃないかな。

A 나도 영업 일 할까?

B 음～, 영업은 말을 잘하지 않으면 안 되는 일인데. 넌 좀 무리가 아닐까?

健一くんのような口がうまい人は簡単に信用してはいけない。

겐이치 같은 말발이 센 사람은 쉽게 믿어서는 안 된다.

245 口が重い　말이 없다. 말수가 적다. 과묵하다

시험 ★★★
회화 ★★★

・口 ① 입 ② 말　・重い 무겁다　→　입이 무겁다

✎ 意味　말수가 없는 모양.「重い口 무거운 입」의 형태로도 자주 사용.

🔍 用例　彼は、学生時代の話になると口が重くなって、何も話さなくなる。

그는 학창 시절 이야기만 나오면 말이 없어지고 아무 말도 하지 않는다.　（=口数が少なくなって）

長い説得の後、彼はやっと重い口を開いた。

긴 설득 끝에 그는 겨우 무거운 입을 열었다.

・口数が少なくなる 말수가 적어지다

246 口が堅い　입이 무겁다. 비밀을 잘 지키다

시험 ★★★
회화 ★★★

・口 입　・堅い ① 단단하고 튼튼하다 ② 굳다　→　입이 굳다

✎ 意味　비밀 등 해서는 안 되는 말을 함부로 하지 않는 것.

🔍 用例　A 今の話は絶対に秘密にしておいてね。
　　　　B 大丈夫よ。私、口が堅いんだから。

A 지금 하는 말은 절대로 비밀에 붙여 둬.
B 걱정 마. 나, 입 무거우니까.

247 口が軽い　입이 가볍다

시험 ★★★
회화 ★★★

・口 입　・軽い 가볍다　→　입이 가볍다

✎ 意味　입이 가벼워서 말해서는 안 되는 것까지 말해 버리는 것.

🔍 用例　A 美香ちゃんに話してもいいかな。
　　　　B だめよ、絶対。彼女は口が軽いから。

A 미카에게 말해도 괜찮을까?
B 절대 안 돼. 걘 입이 가볍다구.

口が軽い人に話す時は注意しないと後で困るのは自分だ。

입이 가벼운 사람에게 말을 할 때 주의하지 않으면 마지막에 힘든 사람은 자기 자신이다.

248 口が肥える　맛을 잘 구별하다. 입이 고급이다

시험 ★★★　　· 口 입　· 肥える ① (사람이나 동물이) 살찌다 ② (느낌이나 안목이) 풍부해지다. 높아지다
회화 ★★★　　→　입이 풍부해지다

✎ 意味　여러 가지 음식을 많이 먹다 보니 맛의 좋고 나쁨을 잘 구별하는 것. 맛의 감별 능력이 뛰어난 것.

🔍 用例　**私の母は、口が肥えているので、おいしいものしか食べない。**
우리 엄마는 입이 고급이라 맛있는 음식만 드신다.

同義語　**口が奢る ★★★**
　　　　舌が肥える ★★★

249 口が裂けても　입이 찢어져도

시험 ★★★　　· 口 입　· 裂けても 찢어져도　· 裂ける 찢어지다　→　입이 찢어져도
회화 ★★★

✎ 意味　어떠한 일이 있어도 절대 입 밖에 내지 않겠다는 의미. 뒤에 부정을 동반.

🔍 用例　A **今の話は絶対に秘密にしておいてね。**
B **分かったよ。口が裂けても言わないから安心して。**
A 지금 한 말은 절대 비밀로 해 둬야 돼.
B 알았어. 입이 찢어져도 말 안 할 거니까 안심해.

250 口が寂しい　입이 심심하다

시험 ★★★　　· 口 입　· 寂しい ① 쓸쓸하다 ② 허전하다. 서운하다　→　입이 서운하다
회화 ★★★

✎ 意味　입에 뭔가가 들어 있지 않으면 왠지 허전한 것.

🔍 用例　A **なんで、ずっとガム噛んでるの?**
B **タバコをやめたら、口が寂しくてさ。**
A 왜 계속 껌을 씹는 거야?
B 담배를 끊었더니 입이 심심해서 말야.

同義語　**口寂しい ★★★**

251 口が過ぎる　말이 지나치다. 실례되는 말을 하다

시험 ★★☆　　· 口 ① 입 ② 말　· 過ぎる 정도가 지나치다. 분에 넘치다　→　말이 지나치다
회화 ★★☆

✎ 意味　해서는 안 되는 말을 하는 것.

🔍 用例　A **腹が立って、「もう二度と来ないで」って言っちゃった。**
B **ちょっと喧嘩しただけなのに、それは口が過ぎたんじゃないの?**
（＝言い過ぎた）
A 화가 나서 두 번 다시 오지 말라고 했어.
B 싸움 좀 한 것 뿐인데, 그건 너무 말이 지나친 거 아냐?

· **言い過ぎ** 지나치게 말함. 심하게 말함

252 口が酸っぱくなる
くち　す

입이 닳도록 얘기하다. 입이 아프도록 얘기하다

시험 ★★☆
회화 ★★☆

・口 입　・酸っぱくなる 시어지다　・酸っぱい 시큼하다. 시다
くち　　　　す　　　　　　　　　　　　　　す
→ 입에서 신물이 나올 정도로 반복해서 말하다

✏️ 意味　같은 말을 몇 번이나 되풀이하여 말하거나 주의를 주는 모양.

🔍 用例　「車に気をつけなさい」と親に口が酸っぱくなるほど言われた。
くるま　き　　　　　　　おや　くち　す　　　　　　　　い
　　　　'차 조심해'라고 부모님은 입이 닳도록 말씀하셨다.

A ケータイ盗まれちゃった。
　　　　ぬす

B だから、いつも気をつけなさいって口が酸っぱくなるくらい言ってるのに。
　　　　　　　　　　き　　　　　　　　　くち　す　　　　　　　　　い

しょうがない子ね。
こ

A 휴대전화 잃어버렸어.

B 그러니까 늘 조심하라고 입이 아프게 얘기하잖아. 너도 정말 대책이 없구나!

📖 同義語　口を酸っぱくする ★★★
くち　す

253 口が干上がる
くち　ひ　あ

목구멍에 거미줄 치다. 입에 풀칠을 못하다. 생계가 막히다

시험 ★☆☆
회화 ★☆☆

・口 입　・干上がる 완전히 말라붙다　→ 입이 말라붙다
くち　　　　ひあ

✏️ 意味　생활 수단을 잃어버리는 것.

🔍 用例　会社を首になって3ヶ月が経ち、口が干上がりそうだ。
かいしゃ　くび　　　　さんかげつ　た　　　くち　ひあ
　　　　회사에서 잘린 지 3개월이 지나서, 목구멍에 거미줄 칠 것 같다.

📖 同義語　顎が干上がる ★
あご　ひ　あ

254 口が減らない
くち　へ

입만 살아 있다

시험 ★★☆
회화 ★★★

・口 입　・減らない＝負けない 지지 않다
くち　　　へ　　　　　ま
・減る ① 줄다 ② (부정을 동반하여) 기가 꺾이다. 주눅 들다　→ 입이 지지 않다
へ

✏️ 意味　자신의 실수를 순순히 인정하지 않고 입만 살아서 이러쿵저러쿵 억지를 부리는 것.

🔍 用例　A 早く勉強しなさい!
はや　べんきょう

B 勉強は集中してやるのが効果的なんだよ。
べんきょう　しゅうちゅう　　　　　　こうかてき

今は、勉強に備えて、休んでるの。
いま　　べんきょう　そな　　　やす

A ああ言えばこう言う。本当に、口が減らないんだから。
い　　　　　い　　ほんとう　　くち　へ

A 얼른 공부 해!

B 공부는 집중해서 하는 게 효과적이야. 지금은 공부를 위해 쉬는 중이라구.

A 핑계만 대고 정말로 입만 살았다니까.

📖 同義語　減らず口をたたく ★★★　　減らず口 ★★★　・備える 대비하다. 구비하다
へ　　くち　　　　　　　　　　　へ　　くち　　　　　　そな

255　口が曲がる　입이 돌아가다

| 시험 ★☆☆
회화 ★☆☆ | ・口 입　・曲がる 비뚤어지다. 기울어지다　→　입이 비뚤어지다 |

✎ 意味　① 은혜를 입은 사람이나 존경할 만한 사람에 대해 나쁜 말을 하면 천벌을 받아 입이 돌아간다는 의미. ② 맛이 없거나 시거나 씀. 어떤 지독함을 비유.

🔍 用例　① 恩師の悪口を言ったら、口が曲がってしまう。

은혜 입은 사람의 욕을 하면 입이 돌아간다.

② A これ、結構いけるじゃん。

　B え？ こんな口が曲がるほどまずいものよく食えるな。

A 이거 꽤 괜찮은데.

B 뭐? 이렇게 지독하게 맛없는 걸 잘도 먹는구나.

256　口が回る　말을 끝임없이 하다

| 시험 ★★☆
회화 ★★☆ | ・口 입　・回る 잘 움직이다. 잘 돌다　→　입이 잘 움직이다 |

✎ 意味　입이 잘 돌아간다는 뜻으로, 말을 계속하는 것.

🔍 用例　おばさんたちのおしゃべりを聞いていると、よくもああ口が回るものだと感心してしまう。

아줌마들의 얘기를 듣다 보면 어쩜 저렇게 끊임없이 말할 수 있는지 감탄하곤 한다.

> 同義語　舌が回る ★★★　・感心する 감탄하다

257　口が悪い　입이 험하다. 입이 걸다

| 시험 ★★☆
회화 ★★★ | ・口 입　・悪い 나쁘다　→　입이 나쁘다 |

✎ 意味　노골적으로 남을 험담하는 버릇이 있는 것.

🔍 用例　私の彼氏、口が悪いけど、性格はとっても良いのよ。

내 남자친구는 입이 걸긴 하지만 성격은 아주 좋아.

おばあちゃんは口が悪いが、本当は優しいのを僕はよく知っている。

할머니가 입이 험하시긴 해도 속마음은 자상하시다는 걸 나는 잘 알고 있다.

258 口に合う 입에 맞다

くち あ

시험 ★★★ 회화 ★★★	・口 입 ・合う 맞다 → 입에 맞다

✎ 意味 음식이 입맛에 맞는 모양.

🔍 用例 A わぁ。おいしそうな料理ですね。

B お口に合うかどうか、召し上がってみてください。

A 우와~ 먹음직스러운 요리네요!

B 입에 맞을지 모르겠지만, 드셔 보세요.

残念ながら、辛いものは私の口に合わない。

아쉽게도 내 입맛에는 매운 게 안 맞는다.

259 口にする 입에 대다. 입에 담다. 입에 올리다

くち

시험 ★★☆ 회화 ★★★	・口 ① 입 ② 말 ・する (어떤 일, 동작을) 하다 → 입에 넣다. 입에 담다

✎ 意味 ① 먹거나 마시는 것. ② 입 밖으로 꺼내는 것.

🔍 用例 ① 昨日から何も口にしていないので、お腹がすいて死にそうだ。

어제부터 아무것도 입에 대질 않아서 배고파 죽을 지경이야.　(=食べて)

② 名前を口にするのも嫌なくらい嫌いな人がいる。 (=口に出す)

이름을 입에 담기조차 혐오스러울 만큼 싫은 사람이 있다.

260 口に出す 말하다. 말을 꺼내다

くち だ

시험 ★★☆ 회화 ★★★	・口 ① 입 ② 말 ・出す 내다. 꺼내다 → 말을 꺼내다

✎ 意味 생각하고 있는 것을 소리 내어 말하는 것.

🔍 用例 英語に自信がないと、なかなか口に出して言えない。

영어에 자신 없으면 좀처럼 말하기 어렵다.

[同義語] 口にする ★★★

261 口に出る 말이 나오다. 말하다

くち で

시험 ★★☆ 회화 ★★★	・口 ① 입 ② 말 ・出る 나가다. 나오다 → 입으로 나오다

✎ 意味 생각했던 것을 자기도 모르게 말해 버리는 것.

🔍 用例 思ったことがすぐ口に出てしまうので、失敗することが多い。

생각한 걸 바로 말해 버리는 바람에 실수한 적이 많다.

262 口に上る　남의 구설(입방아)에 오르다. 화제가 되다

시험 ★★☆
회화 ★★★

・口 ① 입 ② 말　・上る ① 오르다 ② 다루어지다. 취급되다　→ 입에 오르다

✎ 意味　남의 입에 오르내리는 것.

🔍 用例　**最近、経済危機が、しばしば人々の口に上る。**

최근에 경제 위기가 자주 사람들의 화젯거리가 된다.

同義語 話が出る ★★★　話に上る ★★　口の端に上る ★　・しばしば 누차. 자주. 여러 차례

263 口に乗る　남의 입에 오르다. 남에게 속다

시험 ★☆☆
회화 ★☆☆

・口 ① 입 ② 말　・乗る 휩쓸리다. 타다　→ 말에 휩쓸리다

✎ 意味　① 남들의 입에 오르는 것. 화제가 되는 것. ② 감언이설에 속는 것.

🔍 用例　① **私が離婚したと、あっという間に皆の口に乗った。**（＝口に上った）

내가 이혼한 게 순식간에 모두의 입에 오르내렸다.

② **もう少しで詐欺師の口に乗るところだった。**（＝口車に乗せられる）

하마터면 사기꾼의 말에 속을 뻔했다.

・もう少しで～ところだった 하마터면 ~ 뻔했다

264 口車に乗せられる　감언이설에 속아 넘어가다

시험 ★★★
회화 ★★★

・口車 ＝口拍子 감언이설. 입발림　・乗せられる 속아 넘어가다(수동)
・乗せる ① 타게 하다 ② 속여 넘기다　→ 입발림에 속아 넘어가다

✎ 意味　듣기 좋은 말이나 교묘한 말로 속이는 말에 내가 속아 넘어가는 것. 약간 뉘앙스는 다르지만 「**おだてに乗る** 사람들의 부추김에 넘어가다」라는 비슷한 말이 있음. **口車に乗る**, 수동 형태인 **口車に乗せられる** 둘 다 자주 씀.

🔍 用例　A **それ買ったの？ 高かったんじゃない？**

B **うん。つい店員さんの口車に乗せられてしまって…。**

A 그거 산 거야? 안 비쌌어?

B 응. 비쌌는데 점원 말에 그만 넘어가 버려서….

同義語 **口車に乗る ★★★**

265 口ほどにもない　듣던 것보다 못하다. 그리 대단하지 않다

시험 ★★☆
회화 ★★★

・口 ① 입 ② 말　・ほど 정도　・ない 아니다　→ 말 정도는 아니다

✎ 意味　능력 등이 실제로는 말보다 그리 대단하지 않다는 것.

🔍 用例　**あれだけ強豪チームと言っていたのに、口ほどにもないチームだった。**

굉장한 강호 팀이라고 했지만 듣던 것보다 대단한 팀은 아니었다.

266 口を利く　거들어 주다. 말하다

시험 ★★★
회화 ★★★

• 口 ① 입 ② 말　• 利く 말하다. 소개하다. 중재하다　→　말로 중재하다

✎ 意味　① 일이 잘 되게 중재하는 것. ② 말을 하는 것.

🔍 用例
① A 私が口を利いてあげるから、入社試験受けてみたら？
B いや。私、誰かの助けを受けるの好きじゃないの。

A 내가 거들어 줄 테니 입사 시험 봐 보면 어때?
B 싫어! 난 누군가의 도움을 받는 것 안 좋아해.

② 彼女はあれ以来一言も口を利かない。（＝話さない）
그녀는 그 이후에 말을 한 마디도 하지 않았다.

267 口を切る　처음으로 말을 시작하다. 마개를 따다

시험 ★☆☆
회화 ★★☆

• 口 ① 입 ② 말　• 切る 자르다. 끊다　→　말을 끊다

✎ 意味　① 많은 사람 중에 처음으로 말하기 시작하는 것. ② 처음으로 뚜껑이나 마개를 여는 것.

🔍 用例
① 彼が先に口を切って話し始めた。（＝口火をきった）
그가 먼저 입을 열고 이야기를 시작했다.

② 彼女の誕生日に、取って置きのワインの口を切った。
그녀의 생일에 아껴 놓은 와인을 땄다.

同義語　口火を切る ★★　　• 取って置き 소중히 간직해 둠

268 口火を切る　남보다 먼저 일을 시작하다. 도화선에 불을 당기다

시험 ★★☆
회화 ★★☆

• 口火 ① (폭약 등의) 점화에 쓰는 불 ② 사건의 발단. 도화선. 불씨　• 切る ① 베다 ② 개시하다
→　도화선을 끊다

✎ 意味　제일 먼저 일을 시작하는 것. 무엇의 발단(처음)이 되는 것.

🔍 用例
私がこの問題について話し合いの口火を切った。
내가 그 문제에 대해 논의를 개시했다.

同義語　口を切る ★★
口火を切られる ★

• 話し合い 논의. 교섭

269 口を滑らす　입을 놀리다

시험 ★★★
회화 ★★★

• 口 입. 말　• 滑らす 미끄러뜨리다　→　입을 잘못 놀리다

✎ 意味　해서는 안 되는 말을 무심코 말해 버리는 것.

🔍 用例
口を滑らして、友達の秘密を話してしまった。
말이 잘못 나가서 친구의 비밀을 그만 말해 버렸다.

自動詞　口が滑る ★★★

270 口を出す　말참견하다. 끼어들다

| 시험 ★★★
회화 ★★★ | ・口 입. 말　・出す 내다. 꺼내다　→ 말을 개입하다 |

✎ 意味　분에 넘치게 의견을 말하는 것.

🔍 用例　**子供のけんかに親が口を出すのはよくない。**
아이들 싸움에 부모가 참견하는 것은 좋지 않다.

| 同義語 | 口を挟む★★★　　口出しをする★★★ |
| | 口を入れる★★　　口ばしを挟む★★★ |

271 口をついて出る　말이 술술 나오다. 말이 불쑥 튀어나오다

| 시험 ★☆☆
회화 ★★☆ | ・口 입. 말　・ついて 붙어서　・つく 붙다. 달라붙다　・出る 나오다　→ 말을 달라붙어 나오다 |

✎ 意味　① 반사적으로 말이 술술 나오는 것. ② 무의식적으로 뜻밖의 말이 튀어나오는 것.

🔍 用例　① **興奮して、思ってもいない言葉が口をついて出てしまった。**
흥분해서 생각지도 못한 말이 술술 나와 버렸다.

② **悲痛な叫び声が口をついて出た。**
비통한 부르짖음이 무의식적으로 튀어나왔다.

272 口を尖らせる　입을 삐쭉 내밀다. 뾰로통해지다

| 시험 ★★★
회화 ★★★ | ・口 입　・尖らせる 뾰족하게 하다. 날카롭게 하다　→ 입을 뾰족하게 하다 |

✎ 意味　불평불만을 품은 듯한 토라진 표정을 짓는 것.

🔍 用例　A **そんなに、口を尖らせてないで、そろそろ機嫌直してよ。**
B **私、ふてくされてなんかいないもん!**
A 그렇게 나팔 불듯이 입술 내밀지 말고 이제 화 풀어!
B 나 삐친 거 아냐!!

彼女の拗ねたように口を尖らせるしぐさが、かわいくてたまらない。
그녀가 토라진 듯 입술을 삐쭉 내민 모습이 예뻐 죽겠다.

| 同義語 | 唇を尖らせる ★★ |

・ふてくされる 불평불만으로 반항적인 태도를 보이거나 될 대로 되라는 태도.

273 口を閉ざす 입을 다물다. 함구하다

시험 ★★☆
회화 ★★★

· 口 입 · 閉ざす 닫다. 잠그다 → 입을 닫다

✎ 意味 어떤 일에 대해 입을 열지 않는 것.

🔍 用例 彼は、あの事件については堅く口を閉ざしている。

그는 그 사건에 대해 입을 굳게 다물고 있다.

同義語 口を閉じる ★★★

274 口を拭う 입을 싹 씻다. 시치미 떼다. 알면서도 모른 척하다

시험 ★☆☆
회화 ★☆☆

· 口 입 · 拭う ① 닦다. 훔치다 ② 씻다. 지우다. 갚다 → 입을 씻다

✎ 意味 몰래 먹은 뒤에 안 먹은 척, 모른 척하거나, 어떤 일을 몰래 해 놓고 시치미를 떼는 것.

🔍 用例 悪いことをしておきながら、口を拭うなんて卑怯な奴だ!

나쁜 짓을 해 놓고도 시치미를 떼다니, 너무 비겁한 녀석이다.

同義語 何食わぬ顔をする ★★★

275 口を挟む 말참견을 하다

시험 ★★☆
회화 ★★★

· 口 ① 입 ② 말 · 挟む ① 끼우다 ② 말참견하다

✎ 意味 타인의 말에 끼어드는 것.

🔍 用例 夫婦のことに口を挟むな!

부부 일에 간섭하지 마라!

彼の何でも口を挟んでくるところが嫌だ。

그가 무슨 일이든지 말참견하는 점이 싫다.

同義語 口ばしを挟む ★★★
口を入れる ★★
口出しをする ★★★
口を出す ★★★

276 口を開く 입을 떼다. 말하다. 발언하다

시험 ★★☆
회화 ★★★

· 口 입 · 開く (문을) 열다. (입을) 벌리다 → 입을 열다

✎ 意味 지금까지 입을 다물고 있던 사람이 말하기 시작하는 것.

🔍 用例 A うちのお母さん、口を開けば勉強しろってうるさいのよ。

B あんたんちのお母さん、けっこう教育ママだからね。

A 울 엄마는 입만 열면 공부하라고 시끄러워!

B 너네 엄마는 꽤 교육열이 높으신 분이니까!

· あんたんち＝あなたのうち 너네 집 · 教育ママ 자녀의 교육에 열성적인 엄마를 가리키는 말

277　口を塞ぐ　입을 막다. 입을 다물다

くち　ふさ

시험 ★★☆
회화 ★★★

・口 입　・塞ぐ 막다. 가로막다　→　입을 막다

✎ 意味　말하면 곤란한 것을 말하지 못하게 하는 것.

🔍 用例　裁判で証人の口を塞ぐために金を渡した。
さいばん　しょうにん　くち　ふさ　　　かね　わた

재판에 나오는 증인의 입을 막기 위해 돈을 건넸다.

いくら言論弾圧しても、市民の口を塞ぐことはできない。
げんろんだんあつ　　　しみん　くち　ふさ

아무리 언론 탄압을 해도 시민의 입을 봉할 수는 없다.

同義語　口を封じる ★★★　・口を封じる 입을 봉하다
くち　ふう　　　　　　　くち　ふう

278　口を割る　입을 열다

くち　わ

시험 ★★★
회화 ★★★

・口 입　・割る 벌리다. 열다　→　입을 열다
くち　　　わ

✎ 意味　숨기던 사실을 자백하는 것.

🔍 用例　容疑者がとうとう口を割って話を始めた。
ようぎしゃ　　　　　　口くち　わ　はなし　はじ

용의자가 드디어 입을 열어 이야기하기 시작했다.

279　憎まれ口を叩く　밉살스럽게 굴다. 밉살스러운 말을 하다

にく　　ぐち　　たた

시험 ★★☆
회화 ★★★

・憎まれ口 미움 사는 말. 밉살스러운 말투　・憎む 미워하다. 싫어하다. 증오하다
にく　ぐち　　　　　　　　　　　　　　　　　にく

・叩く ①때리다. 두드리다 ②口を~의 꼴로, 마구 지껄이다. 입을 놀리다　→　밉살스러운 말을 놀리다
たた　　　　　　　　　　くち

✎ 意味　상대에게 미움을 살 만한 말을 하는 것. 사람들이 싫어할 만한 말을 하는 것.
또는 그런 밉살스러운 말투를 가리키기도 함. 줄여서 憎まれ口라고도 함.
にく　ぐち

🔍 用例　気持ちとは裏腹に、いつも憎まれ口をたたいてしまう。
きも　　　うらはら　　　　　　にく　ぐち

마음과 반대로 밉살스런 말을 하게 돼 버린다.　（=憎まれるような悪口を言って）
にく　　　　　　　わるぐち　い

A もういい加減、嫌になっちゃう、課長の憎まれ口。
かげん　いや　　　　　かちょう　にく　ぐち

B ねえねえ、ひょっとして課長、あんたに気があるんじゃない?
かちょう　　　　　　き

愛情の裏返しだったりして。
あいじょう　うらがえ

A まさか、悪い冗談はよしてよ。
わる　じょうだん

A 적당히 좀 하시지, 짜증 나 죽겠어. 과장님의 밉살스러운 말.

B 야야, 혹시 과장님, 너한테 마음 있는 거 아니니? 좋아하면서 반대로 행동하는 건 아닐까?

A 설마, 끔찍한 농담은 그만둬.

同義語　憎まれ口 ★★★　・裏腹 정반대임. 상반됨. 모순됨　・裏返し 뒤집음. 뒤집혀 있음
にく　ぐち　　　　　　　　うらはら　　　　　　　　　　　　　うらがえ

280 減(へ)らず口(ぐち)を叩(たた)く　억지를 부리다. 억지를 쓰다

시험 ★★☆
회화 ★★★

- 減(へ)らず口(ぐち) 하고 싶은 대로 마음대로 지껄임. 지고도 억지를 부림 ・減(へ)る 줄다. 적어지다
- 叩(たた)く ① 때리다. 두드리다 ② 口(くち)を〜의 꼴로, 마구 지껄이다. 입을 놀리다　→ 억지를 부리다

✎ 意味　남에게 지는 것이 분해서 억지 소리를 내는 것. 줄여서 減(へ)らず口(ぐち)라고도 함.

🔍 用例
A　もう少(すこ)し英語(えいご)の勉強(べんきょう)したらどうなの。
B　日本人(にほんじん)だから英語(えいご)なんてできなくてもいいんだよ。
A　まったく、減(へ)らず口(ぐち)ばかりたたいてないで、少(すこ)しは努力(どりょく)したら。

A 좀 더 영어 공부를 하는 게 어때?
B 일본 사람이니까 영어 따위 못해도 괜찮아.
A 억지 소리 그만하고 조금쯤 노력 좀 하지!!!

お前(まえ)、その減(へ)らず口(ぐち)、なんとかならない!?
너, 그 억지 소리 좀 어떻게 안 되겠니!?

同義語　減(へ)らず口(ぐち) ★★★　口(くち)が減(へ)らない ★★　・口(くち)が減(へ)らない 입만 살아 있다

281 無駄口(むだぐち)を叩(たた)く　쓸데없는 말을 하다. 잡담하다

시험 ★★☆
회화 ★★★

- 無駄口(むだぐち) 쓸데없는 말. 잡담 ・叩(たた)く ① 때리다. 두드리다
② 口(くち)を〜의 꼴로, 마구 지껄이다. 입을 놀리다　→ 쓸데없는 말을 지껄이다

✎ 意味　쓸데없는 말을 종알종알 지껄이는 것. 줄여서 無駄口(むだぐち)라고도 함.

🔍 用例
A　もうすぐ試験(しけん)なんだから無駄口(むだぐち)をたたいてないで勉強(べんきょう)しなさい。
B　はい、わかりました。　(＝無駄話(むだばなし)をしないで)

A 이제 곧 시험인데 잡담하지 말고 공부 좀 해.
B 네, 알겠어요.

ちょっと、無駄口(むだぐち)、多(おお)いよ! 黙(だま)って仕事(しごと)して!　同義語　無駄口(むだぐち) ★★★
잡담이 좀 많네! 잠자코 일들 해!

282 陰口(かげぐち)を叩(たた)く　뒤에서 험담을 하다

시험 ★★☆
회화 ★★★

- 陰口(かげぐち) 뒤에서 하는 험담 ・叩(たた)く ① 때리다 ② 험담하다. 꾸짖다　→ 험담을 하다

✎ 意味　당사자가 없는 곳에서 그 사람의 험담을 하는 것.

🔍 用例
A　よっちゃんってホント、ブスだよね。
B　やめなよ。陰口(かげぐち)叩(たた)くのはよくないよ。

A 욧짱은 정말 못생겼어.
B 그만해라. 뒤에서 씹는 것은 안 좋아.　同義語　陰口(かげぐち)を聞(き)く ★★　・ブス 못생김

283 口裏を合わせる 입을 미리 맞춰 두다

시험 ★★☆
회화 ★★★

• 口裏 말눈치. 상대편의 진의를 헤아릴 수 있는 말투 • 合わせる 맞추다 → 말을 맞추다

✎ 意味 말의 내용이 서로 달라지지 않도록 뒤에서 입을 맞추는 것.

🔍 用例 **彼らは口裏を合わせて、事件の真実を隠した。**

그들은 미리 말을 맞춰 사건을 숨겼다.

同義語 **口を合わせる ★★★**

284 口惜しい 유감스럽다. 분하고 억울하다. 후회스럽다

시험 ★★☆
회화 ★★☆

• 口惜しい 유감스럽다. 분하다

✎ 意味 아쉽다는 의미로, 젊은 사람보다는 나이 든 여성들이 주로 사용.

🔍 用例 A **サッカーの試合、本当に残念だったな。**
B **本当に、こんなに口惜しい試合はないよ。**

A 축구 시합, 정말 유감이었어.
B 정말로 이렇게 분하고 후회스러운 시합은 없었어.

285 口添えをする 한마디 거들다

시험 ★★☆
회화 ★★★

• 口添え 조언 • する 하다 → 조언하다

✎ 意味 남의 의뢰나 교섭 등을 성사시키기 위해 옆에서 말을 거들거나 조언하는 것.
줄여서 口添え라고도 함.

🔍 用例 **私の口添えがなければ、あいつは今の会社に就職できなかっただろう。**

내가 거들지 않았다면 그 녀석은 지금 다니는 회사에 취직할 수 없었겠지.

同義語 **口を添える ★★**

286 口角泡を飛ばす 입에 거품을 물다. 격렬하게 토론하다

시험 ★☆☆
회화 ★★☆

• 口角 = 口のわき 입아귀. 입의 양쪽 구석 • 泡 거품 • 飛ばす ① 날리다 ② 튀기다
→ 입아귀에 거품을 튀기다

✎ 意味 입에 거품이 날 정도로 논쟁하는 것.

🔍 用例 **予算問題をめぐって、与党と野党が口角泡を飛ばすような、
激しい討論になった。**

예산 문제를 둘러싸고 여당과 야당이 입에 거품이 날 정도로 격렬한 토론을 벌였다.

287 つばをつける 침을 바르다. 찜하다

시험 ★★☆
회화 ★★★

• **唾** 침 • **つける** 바르다 → 침을 바르다

✎ 意味 타인에게 빼앗기기 않도록 미리 손을 써 두는 것.

🔍 用例 **わぁ、これいいね。ほしいな。つばつけとこう。**

와, 이거 좋다. 갖고 싶다. 찜해 둬야지.

山田君はカッコいいから、きっともうつばついてるよね〜。

야마다는 멋있어서 분명 이미 임자가 있을 거야.

288 天を仰ぎて唾する 하늘 보고 침 뱉기. 누워서 침 뱉기

시험 ★☆☆
회화 ★☆☆

• **天** 하늘 • **仰ぎて**(문어)=**仰いで** 쳐다보고 • **仰ぐ** 우러러보다. 쳐다보다 • **唾する** 침 뱉다
• **唾**(つば・つばき) 침 → 하늘을 쳐다보고 침 뱉다

✎ 意味 남에게 해를 끼치려 하다가 도로 자기가 해를 입는다는 의미.

🔍 用例 **人の悪口を言うことは、天を仰いで唾することと同じだ。**

남의 욕을 하는 것은 누워서 침 뱉기와 같다.

📖 同義語 **天に向かって唾を吐く** ★★

289 生唾を飲み込む 군침을 삼키다. 침을 꿀꺽 삼키다

시험 ★★☆
회화 ★★☆

• **生唾** 군침 • **飲み込む** 삼키다 → 군침을 삼키다

✎ 意味 ① 맛있는 것을 보고 저절로 나온 침을 삼키는 것. ② 눈앞에 있는 것을 탐내는 모양.

🔍 用例 ① **おいしそうな料理を目の前にして、つい生唾を飲み込んでしまった。**

맛있는 요리를 눈앞에 두고 나도 모르게 군침을 삼켰다.

② **きれいな女性を目にして思わず生唾を飲み込んでしまった。**

아름다운 여성을 보고 나도 모르게 침을 꿀꺽 삼키고 말았다.

📖 同義語 **生唾物** ★★

290 固唾を飲む 마른 침을 삼키다. 숨을 죽이고 상황을 지켜보다

시험 ★★★
회화 ★★☆
・固唾 긴장할 때 입에 고이는 침 ・飲む=呑む ① 마시다 ② 삼키다 → 침을 삼키다

✎ 意味　상황이 어떻게 될지 긴장하면서 지켜보는 것.

🔍 用例　**優勝者は誰なのか、場内は固唾を呑んでその結果を待った。**
우승자가 누가 되는지, 장내는 숨을 죽이고 그 결과를 기다렸다.

同義語　**息を殺す** ★★★

291 涎が出る 군침이 나다. 욕심이 나다

시험 ★★★
회화 ★★★
・涎 침. 군침 ・出る 나가다. 나오다 → 군침이 나오다

✎ 意味　어떤 것을 보면서 몹시 갖고 싶어 하거나 부러워하는 모양.

🔍 用例　**最近出た新しいゲームが涎が出るほど欲しい。**
요즘 나온 새 게임이 군침이 날 정도로 갖고 싶다.

同義語　**涎を垂らす** ★★　**垂涎** ★★　・垂涎 수연. ① 먹고 싶어서 군침을 흘림 ② 몹시 탐냄

292 虫酸が走る 신물이 나다. 구역질이 나다

시험 ★★☆
회화 ★★★
・虫酸 (속이 메슥메슥할 때 위에서 올라오는) 신물 ・走る 감정 등이 순간적으로 스쳐가다
→ 신물이 지나가다

✎ 意味　신물이 나고 구역질이 날 정도라는 뜻으로, 매우 역겨운 것을 비유적으로 이르는 말.

🔍 用例　**A あの人のことを考えただけで虫酸が走る。**
B ええっ、そんなに嫌いなの、彼のことが。
A 그 사람 생각만 해도 구역질이 난다.
B 어머, 그 사람이 그렇게 싫어?

293 垂涎の的 매우 탐나는 대상

시험 ★☆☆
회화 ★★☆
・垂涎(すいぜん·すいえん) ① 군침을 흘림 ② 몹시 탐냄 ・的 ① 과녁. 표적 ② 대상. 목표
→ 군침을 흘리는 대상

✎ 意味　어떻게 해서든 갖고 싶은 것이나 모두가 부러워하는 것.

🔍 用例　**新潟県で作られている山間という酒は、垂涎の的である。**
니가타에서 만든 '얀마'라는 술은 무척 탐나는 물건이다.

294 **おくびにも出^ださない** 내색도 않다

시험 ★☆☆ 회화 ★★☆	• **おくび** = **げっぷ** 트림 • **出^ださない** 나오게 하지 않는다 • **出^だす** 흘리다. 나오게 하다 → 트림으로도 나오게 하지 않는다

✎ 意味   어떤 일이나 사실 등을 숨기며 결코 입 밖으로 내지 않고, 전혀 그런 내색도 보이지 않는 것.

🔍 用例   **ラーメン屋^やの大将^{たいしょう}は昔^{むかし}、エリート銀行^{ぎんこう}マンだったが、今^{いま}はそんな事^{こと}は おくびにも出^ださない。**

라면 가게 주인은 예전에 엘리트 은행원이었지만 지금은 그런 사실을 내색도 하지 않는다.

295 **歯^はが浮^うくよう** 오글거리는 듯한. 근질근질한

시험 ★☆☆ 회화 ★★☆	• **歯^は** 이 • **浮^うく** ① 뜨다 ② 고정되어 있지 않고 흔들린다. 들뜨다. 들리다 • **よう** 듯한 → 이가 흔들리는 듯한

✎ 意味   듣기 부담스러운 말을 연기하듯 과장되게 하는 것.

🔍 用例   A **あなたの瞳^{ひとみ}は、星^{ほし}よりももっと輝^{かがや}いている。**

       B **気持^{きも}ち悪^{わる}い。歯^はが浮^うくようなこと言^いわないでくれる？**

       A   너의 눈동자는 별보다도 훨씬 아름다워.

       B   으, 징그러. (그런) 오글거리는 말은 좀 참아 줄래?

296 **歯^はが立^たたない** 씹을 수 없다. 당해 내지 못하다

시험 ★★☆ 회화 ★★★	• **歯^は** 이 • **立^たたない** 서지 않다 • **立^たつ** 서다 → 이도 안 들어가다. 딱딱해서 씹히지 않다

✎ 意味   ① 딱딱해서 씹을 수 없는 모양. ② 실력이 달려서 맞설 수 없는 모양.

🔍 用例   ① **かにの甲羅^{こうら}は硬^{かた}くて歯^はが立^たたない。**

         게 등딱지는 딱딱해서 씹을 수 없다.

       ② **彼^{かれ}の語学力^{ごがくりょく}には誰^{だれ}も歯^はが立^たたない。**（=太刀打^{たちう}ちできない）

         그의 어학 실력은 누구도 당해 낼 수가 없다.

       • **太刀打^{たちう}ちできない** 맞겨룰 수 없다

신체 관용어

생활 관용어

속담 · 격언

고사성어

사자성어

297 歯に衣を着せない　거침없이 말하다. 입바른 소리를(말을) 하다

시험 ★★★
회화 ★★★

・**歯** 이. 이빨(여기에서는 말을 의미)　・**衣** 옷　・**着せない** 입히지 않는다
・**着せる** (의복 등을) 입히다　→　**이에 옷을 입히지 않는다**

✎ 意味　말을 숨기거나 꾸미지 않고 생각하는 바를 있는 대로 말하는 것.

🔍 用例　**キム・グラは、歯に衣を着せない発言で人気を博している。**

김구라는 거침없는 발언으로 인기를 떨치고 있다.　(＝思っていることを率直に言って)

・**博す** 얻다. 차지하다. 떨치다

298 歯の抜けたよう　이가 빠진 듯한

시험 ★★☆
회화 ★☆☆

・**歯** 이　・**抜けた** 빠진　・**抜ける** 빠지다　・**よう** 듯　→　**이가 빠진 듯한**

✎ 意味　빠진 부분이 있어 엉성한 듯한 모양. 있어야 할 것이 없어 허전한 듯한 모양.

🔍 用例　**欠席者が非常に多く、会場は歯の抜けたような状態だ。**

결석자가 굉장히 많아 회장은 마치 이가 빠진 듯한 모습이다.

299 歯をくいしばる　이를 악물다

시험 ★★★
회화 ★★★

・**歯** 이　・**くいしばる** (이를) 악물다. 참고 견디다　→　**이를 악물다**

✎ 意味　괴로움이나 화 등을 참으려고 이를 악무는 것.

🔍 用例　**夏の大会で優勝するために僕たちは歯をくいしばって練習してきた。**

여름 대회에서 우승하기 위해 우리는 이 꽉 깨물고 연습했다.　(＝一生懸命)

300 歯がゆい思い　안타까운 느낌. 답답한 느낌

시험 ★★☆
회화 ★★★

・**歯がゆい** 조바심 나다. 안타깝다. 답답하다　・**歯** 이　・**かゆい** 가렵다　・**思い** 기분. 느낌. 마음
→　**이가 가려운 느낌**

✎ 意味　일이 뜻대로 되지 않아 답답함을 느끼는 것.

🔍 用例　**彼女になかなか思いが届かず、歯がゆい思いをしている。**

그녀에게 좀처럼 마음이 닿지 않아 안타까워하고 있다.

株が上がることは確かなのに、投資するお金がなくて歯がゆい思いをした。

주식이 오르는 건 분명한데 투자할 돈이 없어서 안타까운 느낌이 들었다.

301 歯切れがいい　시원시원하다

시험 ★★☆ 회화 ★★☆	• 歯切れ ① 씹히는 맛 ② (말씨의) 명확성. (언동의) 시원시원함　• いい 좋다 → 씹히는 맛이 좋다. 언행이 시원시원하다

✏️ 意味　발음이 명확하고 논지가 분명하여 명쾌한 모양. 歯切れのいい라고도 함.

🔍 用例
A 私、あの人の試合の解説すごい好きなんだ。

B 分かる！私も、あの歯切れのいい解説大好き。

A 나는 저 사람이 하는 경기 해설이 굉장히 좋아!

B 알아! 나도 그런 시원시원한 해설 정말 좋아해.

302 歯切れが悪い　모호하다. 분명치 않다

시험 ★★☆ 회화 ★★☆	• 歯切れ 씹히는 맛　• 悪い 나쁘다　→ 씹히는 맛이 나쁘다

✏️ 意味　발음이 분명치 않고 논지가 불분명한 모양.

🔍 用例
A 歯切れの悪い説明をする人っているじゃん。

B そう、聞いてて、いらいらするよね。

A 애매하게 설명하는 사람 (꼭) 있잖아!

B 맞아. 듣고 있으면 좀 짜증 나.

303 歯車が合う　이가 맞다. 이가 맞아 들어가다

시험 ★★★ 회화 ★★★	• 歯車＝ギア 톱니바퀴　• 合う 맞다. 일치하다　→ 톱니바퀴가 맞다

✏️ 意味　톱니바퀴의 이가 서로 맞물려 돌아가듯이 일이 순조롭게 진행되는 모양.

🔍 用例
プロジェクトが始まり、一ヶ月たってやっと歯車が合ってきた。

프로젝트가 시작된 지 한 달이 지나서야 겨우 순조롭게 진행되고 있다.

今年の阪神は投打の歯車がなかなか合わない。

올해 한신은 투타의 호흡이 좀처럼 맞지 않는다.

反対語	歯車がかみ合わない ★★　• 投打 투구력과 타구력을 아울러 이르는 말

304 歯応えがある　씹는 맛이 있다

시험 ★★★ 회화 ★★★	• 歯応え 씹는 맛　• ある 있다　→ 씹는 맛이 있다

✏️ 意味　어떤 것을 씹었을 때 씹는 느낌이 좋은 것.

🔍 用例
A このイカおいしいね。

B うん。今朝獲れたばかりだから、歯応えがあっておいしいのよ。

A 이 오징어 맛있네.

B 응, 오늘 아침에 갓 잡아 온 오징어라 쫄깃쫄깃한 게 맛있어.

신체
관용어

생활
관용어

속담·격언

고사성어

사자성어

305 歯止めが利く　제동이 잘 걸리다. 잘 억제하다

시험 ★★☆
회화 ★★★

• 歯止め ① 바퀴의 회전을 멈추는 장치. 브레이크 ② 사태의 과열이나 악화를 막는 수단이나 방법
• 利く ① 효력이 있다 ② 능력이 충분히 발휘되다. 움직이다 → **제동이 잘 발휘되다**

✎ 意味　욕망이나 충동적 행동을 잘 억제하는 것.

🔍 用例　A なんで、そんなにたくさん買い物しちゃったの?
B なんか、歯止めが利かなくなっちゃって…。

A 왜 이렇게 쇼핑을 많이 한 거야?　B 아무리 해도 억제할 수가 없어서 말야.

306 歯止めをかける　제동을 걸다. 멈추게 하다

시험 ★★☆
회화 ★★★

• 歯止め ① 바퀴의 회전을 멈추는 장치. 브레이크 ② 사태의 과열이나 악화를 막는 수단이나 방법
• かける 걸다 → **브레이크를 걸다**

✎ 意味　일의 진행이나 활동을 방해하거나 멈추게 하는 것.

🔍 用例　子供の肥満に歯止めをかけるべく運動プロジェクトをスタートさせた。

어린이의 비만에 제동을 걸기 위해 운동 프로젝트를 가동(시동)시켰다.

• べく ~(하)기에. ~(하)기 위해. 그렇게 할 것을 목적으로 무엇인가 함을 나타내는 말

307 奥歯に物が挟まる　찜찜하다

시험 ★★☆
회화 ★★★

• 奥歯 어금니 • 物 물체 • 挟まる 끼다 → **어금니에 뭔가가 끼다**

✎ 意味　어금니에 뭐가 끼어 있으면 괜히 신경 쓰이는 것에서 나온 말로, 확실하게 말하지 않아 듣다가 신경 쓰이는 것.

🔍 用例　A 私、Bちゃんの秘密知ってるの。
B え? 私の秘密? 何を知ってるの?
A いや、何を知ってるかなんて言わないけどさ。
B ちょっと奥歯に物が挟まったような言い方しないでよ。

A 나, 네 비밀 알고 있어.　　　　　　　　B 어? 내 비밀? 뭐?
A 아니, 뭘 알고 있는지는 말 안 할 거지만.　B 야~ 찜찜하게 그러지 말고 얼른 말해.

308 歯牙にもかけない　문제 삼지 않다. 우습게 보다

시험 ★☆☆
회화 ★☆☆

• 歯牙 ① 치아. 이 ② (변하여) 말. 언사 • かけない 마음 쓰지 않는다 • 掛ける ① 걸다. 치다
② 개의하다. 마음을 쓰다 → **말에도 마음 쓰지 않는다**

✎ 意味　상대할 가치도 없다는 듯 전혀 문제 삼지 않는 모양.

🔍 用例　世間のうわさなんか歯牙にもかけない。

세상의 소문 같은 건 문제 삼지 않는다.

彼は、先輩の忠告を歯牙にもかけない様子だった。

그는 선배의 충고를 우습게 보는 것 같았다.

309 舌が回る 잘 지껄이다. 잘 이야기하다

시험 ★★★
회화 ★★★

• 舌 혀 • 回る 잘 움직이다. 돌다 → 혀가 잘 움직이다

✎ 意味 말이 막힘없이 잘 나오는 것.

🔍 用例
A あの人、本当におしゃべりだよね。
B よくあんなに舌が回るなぁって、感心するよ。

A 저 사람 정말 말이 많네(수다쟁이야).
B 저렇게 혀가 잘 돌아가다니 정말 놀라워!

鈴木さんは普段はおとなしいのに、お酒が入ると急に舌が回る
ようになる。

스즈키 씨는 평소에는 얌전한데 술이 들어가면 갑자기 말이 많아진다.

同義語 口が回る ★★

310 舌がもつれる 혀가(말이) 꼬이다

시험 ★★★
회화 ★★★

• 舌 혀 • もつれる 꼬이다. 꼬부라지다 → 혀가 꼬부라지다

✎ 意味 혀가 자유롭게 움직이지 않고 발음도 확실하지 않은 모양.

🔍 用例 緊張すると舌がもつれて上手く話せない。

긴장하면 혀가 꼬여서 제대로 말할 수 없다.

311 舌の根の乾かぬうち 입에 침도 마르기 전에

시험 ★★☆
회화 ★★★

• 舌の根 혀뿌리 • 乾かぬ(문어)=乾かない 마르지 않다 • 乾く 마르다. 건조하다
• うち 어떤 시간의 범위 안. 동안 → 혀뿌리가 마르지 않는 동안

✎ 意味 무슨 말을 하고 나서 금방 말을 뒤집어 그와 다른 행동을 하는 것.

🔍 用例 浮気をしないと言ったのに、舌の根の乾かぬうちに、また同じことを
繰り返した。

바람피우지 않겠다고 했으면서, 입에 침도 마르기 전에 또 바람피웠다.

신체 관용어

생활 관용어

속담 · 격언

고사 성어

사자 성어

312　舌を出す　비웃다. 창피해 하다

시험 ★★★
회화 ★★★

・舌 혀　・出す 내밀다　→　혀를 내밀다

✎ 意味
① 상대가 없는 곳에서 험담을 하거나 바보 취급을 하는 것.
② 자신의 실수를 멋쩍어 하거나 부끄러워하는 것.

🔍 用例
① 会社の中で、笑顔の裏で舌を出す人が結構いる。
회사에서도 웃는 얼굴 뒤로 비웃는 사람들이 꽤 있다.

② みんなの前でしくじってしまって、恥ずかしさから舌を出した。
모두의 앞에서 실수를 한 바람에 부끄러워서 혀를 내밀었다.

313　舌を鳴らす　쩝쩝 소리를 내면서 맛있게 먹다. 혀를 차다

시험 ★★☆
회화 ★★★

・舌 혀　・鳴らす 소리를 내다. 울리다＝打つ 치다. 때리다　→　혀로 소리를 내다

✎ 意味
① 쩝쩝 소리를 내며 맛있게 먹는 것.　② 매우 언짢아 '쯧' 하며 혀를 차는 것.

🔍 用例
① おいしい料理に舌を鳴らした。(=舌づつみを打った)
맛있는 요리를 쩝쩝 소리를 내면서 먹었다.

② 何か気に入らないことがあったのか、彼は舌を鳴らした。
뭔가 마음에 들지 않는지 그는 혀를 찼다.　(=舌を打った)

314　舌づつみを打つ　감탄사를 연발하면서 먹다

시험 ★★★
회화 ★★★

・舌鼓(したづつみ・したつづみ) 맛있는 것을 먹고 입맛을 다심
・打つ 치다. 때리다＝鳴らす 쳐서 소리를 내다　→　입맛 다시는 소리를 내다

✎ 意味
음식 맛이 좋아서 소리를 내는 것.

🔍 用例
久しぶりに故郷に帰り、母親の料理に舌づつみを打った。
오랜만에 고향집에 내려가 어머니 음식에 감탄사를 연발하면서 먹었다.

同義語　舌を打つ ★★★

315　舌を巻く　혀를 내두르다. 매우 놀라다

시험 ★★★
회화 ★★★

・舌 혀　・巻く 말다　→　혀를 말다

✎ 意味
하는 행동이 너무 환상적이라 감탄하거나 놀라는 모양.

🔍 用例
目の前で繰り広げられるサーカスの妙技に皆舌を巻いた。
눈앞에서 펼쳐지는 서커스 묘기에 다들 무척 놀랐다.

・繰り広げる 펼치다

신체 관용어

하품 欠伸 あくび
317

숨・호흡・기분 息 いき
318
—
329

316 二枚舌を使う 거짓말을 하다

| 시험 ★★☆
회화 ★★☆ | • 二枚舌 거짓말을 함. 앞뒤가 안 맞는 말을 함 • 二枚 두 개 • 舌 혀 • 使う 사용하다
→ 앞뒤가 안 맞는 말을 사용하다 |

✎ 意味　그때의 상황에 맞게 앞뒤가 맞지 않은 모순되는 말을 아무렇지도 않게 하는 것.

🔍 用例　**何食わぬ顔で二枚舌を使う人は信用できない。**

아무렇지도 않게(대담하게) 거짓말을 하는 사람은 신용할 수 없다.

• **何食わぬ顔** 아무렇지도 않은 얼굴

신체 관용어 >> **欠伸** 하품

317 欠伸を噛み殺す 하품을 억지로 참다

| 시험 ★★☆
회화 ★★☆ | • 欠伸 하품 • 噛み殺す 눌러 참다. 억지로 참다 → 나오려는 하품을 억지로 참는다 |

✎ 意味　하품이 나올 정도로 따분하고 하기 싫지만 억지로 뭔가를 계속하는 것을 나타냄.

🔍 用例　A **校長先生の話は、いつも長くて、欠伸を噛み殺すのが大変だよ。**

B **確かにね。**

A 교장선생님 말씀은 너무 길어서, 하품을 참기가 힘들어.

B 그렇긴 해!

신체 관용어 >> **息** 숨. 호흡. 기분

318 息が合う 호흡이 맞다

| 시험 ★★★
회화 ★★★ | • 息 (두 사람 이상이 일할 때의) 호흡. 기분 • 合う 맞다 → 호흡이 맞다 |

✎ 意味　서로의 마음이 딱 맞는 것.

🔍 用例　A **あの二人が二人三脚一番早いんじゃない?**

B **そうだね。息がぴったり合ってるもんね。**

A 저 두 사람이 이인삼각 경기에서 가장 빠르지 않아?

B 그렇지. 호흡이 잘 맞으니까.

> 同義語　**呼吸が合う ★★★**

• **二人三脚** 이인삼각 경기(두 사람이 나란히 서서 서로 맞닿은 쪽의 발목을 묶어 세 발처럼 하여 함께 뛰는 경기)

| 신체 관용어 |
| 생활 관용어 |
| 속담·격언 |
| 고사성어 |
| 사자성어 |

319 息がかかる　입김이 닿다. 입김(영향력)이 미치다

| 시험 ★★☆
회화 ★★★ | ・息 숨. 호흡　・かかる 끼치다. 입다. 받다　→ 호흡이 닿다 |

✎ 意味 ① 입김이 닿는 것. ② 영향이나 작용 따위가 대상에 미치는 것.

🔍 用例 ① 二人は、息がかかるくらいの距離まで接近した。
두 사람은 입김이 닿을 만한 거리까지 다가갔다.

② 今回、自民党の息がかかった人が、知事に当選した。
이번에는 자민당의 영향력이 미치는 사람이 지사로 당선됐다.

320 息が続く　장시간 지속하다

| 시험 ★★☆
회화 ★★★ | ・息 숨. 호흡　・続く 이어지다. 계속하다　→ 호흡이 이어지다 |

✎ 意味 중도에 포기하지 않고 하나의 일을 같은 상태로 오랜 시간 유지하는 것.

🔍 用例 A 水の中でどれだけ息が続くか競争しない?
B 私、水に顔をつけるのも怖いの。
A 물속에서 누가 오래 숨을 참나 놀이 안 할래?
B 난 물속에 얼굴 넣는 것도 무서워.

やっと回復した景気も長く息が続かなかった。
겨우 회복한 경기도 길게 가진 못했다.

321 息が詰まる　숨이 막히다

| 시험 ★★★
회화 ★★★ | ・息 숨. 호흡　・詰まる 꽉 차다. 막히다　→ 숨이 막히다 |

✎ 意味 호흡을 충분히 할 수 없는 모양.

🔍 用例 こんなにストレスが溜るところにいては、息が詰まって仕方がない。
이렇게 스트레스 쌓이는 곳에 있으면 숨이 차서 어떻게 해야 할지 모르겠다.

322 息の根を止める　숨통을 끊다. 죽이다. 철저하게 박살내다

| 시험 ★★☆
회화 ★★★ | ・息の根 호흡. 숨통. 목숨. 생명　・止める 멎게 하다. 끊다　→ 숨통을 끊다 |

✎ 意味 숨통을 끊는다는 뜻으로, 상대에게 따끔한 맛을 보여 두 번 다시 활동할 수 없게 만드는 것.

🔍 用例 早く反対派の息の根を止めないと、収拾がつかなくなる。
얼른 반대파의 숨통을 끊어 놓지 않으면 수습할 수 없게 된다.

323 息を殺す　숨을 죽이다. 참다

시험 ★★★
회화 ★★★

・息 숨. 호흡　・殺す ① 살해하다. 죽이다 ② 눌러 참다. 억누르다　→ 숨을 억누르다

✎ 意味　긴장감 속에서 숨을 죽이고 (숨어서) 지켜보는 것.

🔍 用例　犯人は静かに息を殺して、物陰に隠れていた。
범인은 적에게 들키지 않기 위해 조용히 숨을 죽이고 뒤에 숨어 있었다.

同義語　息を凝らす ★★　息を詰める ★★

・物陰 어떤 물건이나 장소의 그늘진 부분이나 잘 보이지 않는 곳. (어떤 사물의) 뒤

---

324 息を抜く　긴장을 풀다. 잠시 쉬다

시험 ★★★
회화 ★★★

・息 숨. 호흡　・抜く 빼다　→ 숨을 빼다

✎ 意味　일하던 도중에 쉬는 것. 기분 전환을 위해 휴식을 취하는 것.

🔍 用例　A ちょっと休んでもいいですか。
B 勿論ですよ。時には息を抜かなくっちゃ。

A 잠시 쉬어도 될까요?
B 물론이에요. 가끔은 긴장을 풀고 쉬어야죠.

同義語　息抜きをする ★★★

---

325 息をのむ　한순간 숨을 멈추다

시험 ★★★
회화 ★★★

・息 숨. 호흡　・呑む ① 마시다 ② 꾹 참다. 삼키다. 억누르다　→ 숨을 삼키다

✎ 意味　바짝 긴장하며 한순간 숨을 멈추는 것.

🔍 用例　スペースシャトルの発射の瞬間を、誰もが息をのんで見守った。
우주 왕복선(스페이스 셔틀)의 발사 순간을 모두가 숨을 멈추고 지켜봤다.

あまりの美しさに、息をのんでその場にたたずんでしまった。
너무 아름다워서 숨을 멈추고 그 자리에 우두커니 서 있었다.

・たたずむ 잠시 멈춰 서다

---

326 息を引き取る　숨을 거두다. 죽다

시험 ★★☆
회화 ★★★

・息 숨. 호흡　・引き取る (있던 곳에서) 물러나다. (있던 자리에서) 떠나다　→ 숨을 떠나다

✎ 意味　호흡이 멈추는 것.

🔍 用例　祖父は入院してから3日後に息を引き取った。(=亡くなった)
할아버지는 입원한 지 3일 만에 돌아가셨다(숨을 거두셨다).

327 息を吹き返す　소생하다. 되살아나다. 회복하다

신체 관용어
생활 관용어
속담・격언
고사성어
사자성어

시험 ★★☆
회화 ★★★

・**息** 숨. 호흡 ・**吹き返す** (멈추었던 숨을) 되돌리다. 소생하다　→　**숨을 소생하다**

✎ 意味　① 죽은 사람이 되살아나는 것. ② 한 번 시들했던 것이 사정이 좋아지면서 되살아나는 것.

🔍 用例　① **まさか、死んだ人間が息を吹き返すことなんてあるまい。**

　　설마 죽은 사람이 되살아나는 일 따위 있을 수 없어!　(＝蘇る)

② **倒産しかけていた会社が社長の交代でやっと息を吹き返した。**

　　도산하려던 회사가 사장을 교체하면서 겨우 되살아났다.

・**蘇る** 소생하다. 되살아나다
・**あるまい＝ないだろう** 없을 것이다. 아닐 것이다. 없겠지. 아니겠지(추측, 의지, 금지, 명령을 나타냄)

328 息が切れる　숨이 차다. 맥이 빠지다

시험 ★★☆
회화 ★★★

・**息** 숨. 호흡 ・**切れる** ① 끊어지다 ② 다 되다　→　**숨이 다 되다**

✎ 意味　① 숨 쉬기가 힘든 모양. ② 힘에 부치거나 긴장을 늦춰서 일의 능률이 떨어진 모양.

🔍 用例　① **最近運動不足で、歩いただけで息が切れる。**

　　요즘 운동 부족으로 걷는 것만으로도 숨이 찬다.

② **入社して今まで頑張ってきたけど、最近ちょっと息が切れてきた。**

　　입사해서 지금껏 열심히 해 왔는데, 요즘 좀 맥이 빠져 버렸다.

📖 同義語　**息切れがする** ★★★

329 一息つく　한숨 쉬다. 한숨 돌리다

시험 ★★☆
회화 ★★★

・**一息** 한 번의 숨. 한숨 돌림 ・**吐く** (숨을) 내쉬다　→　**숨을 내쉬다**

✎ 意味　일을 하다가 잠시 숨을 돌리는 것.

🔍 用例　A **ちょっとこの辺で休んで行きませんか?**

B **そうですね。一息ついてから行きましょう。**

　　A 잠시 이쯤에서 쉬었다 갈까요?

　　B 그래요. 한숨 돌리고 갑시다.

📖 同義語　**一息入れる** ★★★　**一休みする** ★★★　**息をつく** ★★

330 阿吽の呼吸 환상의 궁합. 찰떡궁합

시험 ★☆☆
회화 ★★☆

• **阿吽** 들숨과 날숨 • **呼吸** → 들숨과 날숨의 호흡

✎ 意味 두 사람 이상이 무슨 일을 할 때 호흡이 아주 잘 맞는 것.

🔍 用例 **あの博士と研究員はまさに阿吽の呼吸で研究している。**
저 박사님과 연구원은 정말 환상의 궁합으로 연구하고 있다.

331 呼吸が合う 호흡이 맞다

시험 ★★☆
회화 ★★★

• **呼吸** ① 호흡. 숨쉬기 ② 함께 일할 때의 서로의 마음. 장단. 호흡 • **合う** 맞다 → 호흡이 맞다

✎ 意味 같이 무언가를 할 때 마음이 맞는 것.

🔍 用例 A **二人三脚は、呼吸が合わないとうまくいかないよ。**
B **うん、分かってるよ。がんばって1位をとろうね。**
A 이인삼각 경기는 호흡이 맞지 않으면 잘할 수 없어!
B 응, 알았어! 열심히 해서 1등 하자!!

同義語 **息が合う**★★★

332 呼吸を計る 기회를 노리다

시험 ★☆☆
회화 ★★☆

• **呼吸** 호흡 • **計る** ① (무게를) 달다 ② 어림잡다. 가능하다 → 호흡을 어림잡다

✎ 意味 어떤 일을 하는데 적당한 시기를 살피는 것.

🔍 用例 **今度の営業会議で、呼吸を計って提案してみるつもりだ。**
이번 영업 회의 자리에서 기회를 봐서 제안해 볼 생각이다. (=**機会を狙って**)

333 顎が外れる 배꼽이 빠지다

시험 ★☆☆
회화 ★★★

• **顎** 턱 • **外れる** 빠지다 → 턱이 빠지다

✎ 意味 턱이 빠질 정도로 크게 웃는 것에서 나온 말.

🔍 用例 **お笑い番組を見ていて、顎が外れそうになるほど笑った。**
코미디 프로를 보다가 배꼽이 빠질 정도로 웃었다.

他動詞 **顎を外す**★★

334 顎で使う　사람을 턱으로 부리다. 하인(종) 부리듯 하다

시험 ★★★
회화 ★★★

• 顎 턱　• 使う 쓰다. 사용하다. 부리다. 고용하다 → **턱으로 부리다**

✏️ 意味　턱을 쭉 빼고 아랫사람을 부리듯 명령을 하거나 지시하는 모양.

🔍 用例　**最近の子どもは親を顎で使ったりする。**

요즘 아이들은 부모를 종 부리듯 한다.

同義語　顎の先で使う ★★

335 顎を出す　기진맥진하다

시험 ★★★
회화 ★★☆

• 顎 턱　• 出す 내밀다 → **턱을 내밀다**

✏️ 意味　많이 걸어서 피곤하면 힘이 빠져 턱을 내미는 동작을 보이는 것에서, 몹시 지친 모양.

🔍 用例　**マラソンの途中で、顎を出してしまって完走できなかった。**

마라톤(42.195km를 달림) 참가 도중에 기진맥진해져서 완주하지 못했다.

336 顎を撫でる　흐뭇해하다

시험 ★★☆
회화 ★★☆

• 顎 턱　• 撫でる 쓰다듬다. 어루만지다 → **턱을 쓰다듬다**

✏️ 意味　일이 뜻대로 되어 만족했을 때의 동작.

🔍 用例　**作品のできに満足したのか、先生は顎を撫でていた。**

작품의 완성도에 만족했는지 선생님께서는 흐뭇해하고 계셨다.

신체 관용어 >> 首 목

1. 모가지. 고개 **首を垂れる** 고개를 떨구다
2. 옷의 목 **シャツの首が汚れる** 셔츠의 목이 더렵혀지다
3. 머리 부분 **窓から首を出す** 창에서 머리를 내밀다
4. (비유적으로) 목숨 **敵の首を取る** 적의 목을 자르다
5. (변하여) 면직. 해고 **首になる** 해고당하다

337 首がつながる 해고를 면하다

시험 ★★☆
회화 ★★☆

・首 목. 모가지 ・つながる 이어지다. 연결되다 → 목이 연결되다

✎ 意味　해고를 면하는 것.

🔍 用例　A 最近、不景気だけど、会社大丈夫?

B う～ん。私は首がつながったけど、いつリストラされるか分からないんだよ。

A 요즘 불경기인데 회사는 괜찮아?

B 음, 난 해고를 면하긴 했는데, 또 언제 잘릴지 몰라.　　・リストラ 구조조정

338 首が回らない 빚에 몰려 옴짝달싹 못하다

시험 ★★★
회화 ★★★

・首 목 ・回らない 돌아가지 않다 ・回る ① 잘 돌다. 잘 움직이다 ② 돈을 굴리다

✎ 意味　돈이 없거나 빌린 돈이 너무 많아 변통이 어렵게 된 경우에 사용.

🔍 用例　最近、借金で首が回らない人が増えてきた。

요즘 빚 때문에 옴짝달싹 못하는 사람들이 늘었다.

同義語　火の車 ★★★

339 首にする 파면하다. 해고하다

시험 ★★★
회화 ★★★

・首 ① 목 ② (변하여) 면직. 해고 ・する 하다 → 목을 자르다

✎ 意味　해고하는 것.

🔍 用例　彼はまったく仕事ができないので、しかたなく首にした。

그 사람이 일을 너무 못해서 어쩔 수 없이 해고했다.

同義語　首を切る ★★★　首を飛ばす ★★

340 首を切る 해고하다

시험 ★★★
회화 ★★★

・首 목. 고개 ・切る 베다. 자르다 → 목을 자르다

✎ 意味　조직에 불필요한 사람이나 적합하지 않은 사람을 해고하는 것.

🔍 用例　今まで頑張ってきたのに、結局首を切られてしまった。(=首になって)

지금까지 열심히 했는데 결국 해고당하고 말았다.

同義語　首にする ★★★　首を飛ばす ★★

신체
관용어

생활
관용어

속담·격언

고사성어

사자성어

341 首になる 잘리다

시험 ★★★
회화 ★★★

· 首 목 · になる ~이(가) 되다 → 목이 잘리다

✎ 意味 파면이나 해고되는 것.

🔍 用例 A こんな遅くまで飲んで、朝起きるの大変じゃない?
B 大丈夫。俺、首になったから朝起きなくていいんだ。

A 이렇게 늦게까지 마시고 내일 아침에 일어나기 힘들지 않아?
B 괜찮아. 나 회사 잘려서 아침 일찍 안 일어나도 돼.

同義語 首が飛ぶ ★★★

342 首に縄を付けても 밧줄로 꽁꽁 묶어서라도. 보쌈을 해서라도

시험 ★☆☆
회화 ★★☆

· 首 목 · 縄 밧줄 · 付けても 매서라도 · 付ける 부착시키다. 달다 → 목에 밧줄을 매서라도

✎ 意味 싫어하는 사람을 억지로 데리고 가는(오는) 모양.

🔍 用例 A 息子があまり家に帰りたがらないんです。
B なにを言ってるんだ。首に縄をつけてでも連れて来なさい。

A 아들이 좀처럼 집에 오려고 하지 않아요.
B 무슨 소리야. 밧줄로 꽁꽁 묶어서라도 데려와.

(＝無理矢理に)

343 首を傾げる 고개를 갸우뚱하다. 의심스럽게 생각하다

시험 ★★★
회화 ★★★

· 首＝小首 목. 고개 · 傾げる 기울이다. 갸웃하다 → 고개를 갸웃하다

✎ 意味 의문이 있거나 의아하게 생각하여 납득하지 못하겠다는 동작을 나타내는 것.

🔍 用例 おかしな質問をされて、首を傾げてしまった。
이상한 질문을 받고는 고개를 갸웃거렸다.

会社の経営方針に皆が首を傾げた。
회사의 경영 방침에 다들 고개를 갸우뚱했다.

同義語 頭を捻る ★★★
首を捻る ★★★

344 首を揃える 관계자가 모두 모이다

시험 ★★☆
회화 ★★☆

· 首 목. 고개 · 揃える 고루(모두) 갖추다 → 고개를 모두 갖추다

✎ 意味 무엇인가를 하기 위해 관계자가 모두 모이는 것.

🔍 用例 久しぶりの同窓会に出席したら、皆が首を揃えて待っていた。
오랜만에 동창회에 참석했더니 모두 모여 기다리고 있었다.

同義語 顔を揃える ★★

345 首を突っ込む 끼어들다. 관심을 갖다. 참가하다

시험 ★★☆
회화 ★★★

· 首 목. 고개 · 突っ込む 깊이 파고들다. 깊이 개입하다 → 고개를 깊이 박다

✎ 意味 흥미를 갖거나 참가해서 깊은 관련이 되는 것.

🔍 用例 **彼は何でも首を突っ込みたがる性格なので、逆に嫌われることもある。**
그는 뭐든지 끼어들어야 직성이 풀리는 성격이라 오히려 미움을 사기도 한다.

346 首を長くする 목이 빠지게 기다리다. 학수고대하다

시험 ★★★
회화 ★★★

· 首 목 · 長くする 길게 하다 → 목을 길게 빼다

✎ 意味 기대에 차서 이제나저제나 기다리는 것.

🔍 用例 **来月の長期休暇を首を長くして待っている。**
다음 달의 긴 휴가를 목이 빠져라 기다린다.

同義語 **首を伸ばす ★**

347 首根っこを押える 목덜미를 잡다. 약점을 잡다

시험 ★☆☆
회화 ★★☆

· 首根っこ 목덜미. 뒷덜미 · 押える 잡다 → 목덜미를 잡다

✎ 意味 ① 목덜미를 잡히는 것. ② 상대의 약점을 잡아 꼼짝 못하게 하는 것.

🔍 用例 ① **うちの犬は、シャワーするときに暴れるので、首根っこを押えて します。**
우리 집 애완견은 샤워할 때 날뛰기 때문에 목덜미를 잡아 꼼짝 못하게 해서 샤워를 시킵니다.

② **警察は犯人の首根っこを押えるに十分な証拠を握っている。**
경찰은 범인의 약점을 잡기에 충분한 증거를 쥐고 있다.

348 首っ丈 홀딱 반함

시험 ★☆☆
회화 ★★☆

· 首っ丈 ① 발에서 목까지의 높이 ② (어떤 이성에게) 홀딱 반함

✎ 意味 목까지 깊이 빠진다는 뜻으로, 이성에게 푹 빠지는 모양.

🔍 用例 **娘は今の彼氏に首っ丈です。**
딸아이가 지금 사귀는 남자친구에게 푹 빠졌어요.

신
체
관
용
어

생
활
관
용
어

속
담
·
격
언

고
사
성
어

사
자
성
어

349 喉から手が出る 몹시 탐이 나다. 너무 갖고 싶다

시험 ★★★
회화 ★★★
・喉 목. 목구멍 ・手 손 ・出る 나오다 → 목구멍에서 손이 나오다

✎ 意味　무엇인가를 간절히 원하는 모양.

🔍 用例　今度新しく発売されたゲーム機が喉から手が出るほど欲しい。

이번에 새로 발매된 게임기가 미치도록 갖고 싶다.

350 喉がいい 목소리가 좋다. 노래를 잘한다

시험 ★☆☆
회화 ★★☆
・喉 ① 목. 목구멍 ② 목소리. 노랫소리 ・いい 좋다 → 목소리가 좋다

✎ 意味　목소리가 좋고 노래를 잘하는 사람.

🔍 用例　うちの祖父は、喉がいいのでよくカラオケ大会で優勝している。

우리 할아버지는 노래를 잘하셔서 종종 노래자랑에서 우승하신다. 　(=歌がうまい)

351 喉元過ぎれば熱さを忘れる
뜨거운 것도 목구멍만 지나가면 뜨거움을 잊는다

시험 ★★☆
회화 ★★☆
・喉元 목구멍 맨 안쪽 ・過ぎれば 지나가면 ・過ぎる 지나가다 ・熱さ 뜨거움 ・忘れる 잊다
→ 목구멍만 지나가면 뜨거움을 잊는다

✎ 意味　① 뜨거운 것도 삼키고 나면 뜨거움을 잊어버린다는 것에서, 괴로움도 그때만 지나가면
간단히 잊어버린다는 것. ② 어려울 때 남에게 받은 은혜도 형편이 좋아지면 잊어버린다는 것.

🔍 用例　① セウォル号の事故があって何年も経っていないのに「喉元過ぎれば
熱さを忘れる」で安全に対する関心が薄れてしまった。

세월호 사고가 난 지 몇 년 되지도 않았는데 '뜨거운 것도 목구멍만 지나가면 뜨거움을 잊는다'고 안전에
대한 관심이 낮아졌다.

② A 山田のやつ、金に困っているとき助けてあげたのに、
最近は挨拶にも来ないんだ。

B ホント、「喉元過ぎれば熱さを忘れる」だね。

A 야마다 자식, 돈에 힘들 때 도와줬는데 요즘에는 인사도 안 와.

B 정말, '뜨거운 것도 목구멍만 지나가면 뜨거움을 잊는다'라더니.

352 声が潤む 울먹이다

시험 ★☆☆ 회화 ★★☆	• 声 목소리. 소리 • 潤む ① 축축해지다 ② 울먹이다 → 목소리가 울먹이다
✎ 意味	목소리가 지금이라도 울 것 같이 떨리는 것.
🔍 用例	私が去るとき、彼女の声が潤んでいた。 내가 떠날 때 그녀의 목소리가 당장이라도 울 것 같이 떨리고 있었다.

353 声が潰れる 목소리가 쉬다

시험 ★☆☆ 회화 ★★★	• 声 목소리. 소리 • 潰れる ① 부서지다 ② 못쓰게 되다 → 목소리가 못쓰게 되다
✎ 意味	큰 소리를 지르다가 목소리가 쉬는 것.
🔍 用例	A その声ひどいね。どうしたの? B 昨日、カラオケでがんばって歌ったら、声が潰れちゃったんだ。 A 그 목소리 지독하다. 어떻게 된 거야? B 어제 노래방 가서 열창을 했더니 목소리가 쉬어서 그래.

同義語 喉が潰れる ★★★

354 声を嗄らす 목이 터져라 외치다

시험 ★☆☆ 회화 ★★★	• 声 목소리. 소리 • 嗄らす 목소리를 쉬게 하다
✎ 意味	목이 쉴 정도로 반복해서 큰 소리로 외치는 것.
🔍 用例	高校最後の大会、みんなで声を嗄らして応援した。 고등학교의 마지막 대회, 모두가 목이 터져라 응원했다.

355 声が弾む 목소리가 들뜨다

시험 ★★☆ 회화 ★★★	• 声 목소리. 소리 • 弾む (기분이) 들뜨다 → 목소리가 들뜨다
✎ 意味	너무 기분이 좋아 목소리에 나타나는 것.
🔍 用例	A 何かいい事でもあったの? 声が弾んでるけど。 B うん。給料日なの。 A 뭐 좋은 일이라도 있었어? 목소리가 들떠 있네. B 응. 월급날이야.

356 声を落とす 목소리를 낮추다

| 시험 ★★☆
회화 ★★☆ | • 声 목소리. 소리 • 落とす 떨어뜨리다. 낮추다 → 목소리를 낮추다 |

✎ 意味 갑자기 목소리를 낮춰서 작은 목소리로 이야기하는 것.

🔍 用例 **重要な秘密を話すために、彼は声を落とした。**

중요한 비밀 얘기를 하기 위해 그는 목소리를 낮추었다.

357 声を殺す 소리 죽여 이야기하다

| 시험 ★★☆
회화 ★★☆ | • 声 목소리. 소리 • 殺す 죽이다 → 소리를 죽이다 |

✎ 意味 다른 사람에게 들리지 않도록 목소리를 낮추는 것.

🔍 用例 **二人だけでいるのを誰かに見つかりそうになり、思わず声を殺した。**

둘만 있는 것이 누군가에게 발각될까 봐 나도 모르게 목소리를 죽였다.

358 声を潜める 목소리를 낮추다

| 시험 ★★★
회화 ★★★ | • 声 목소리. 소리 • 潜める 숨기다. 낮추다 → 목소리를 낮추다 |

✎ 意味 주위 사람들이 듣지 못하도록 목소리를 작게 하는 것.

🔍 用例 **周囲に話の内容が漏れないように声を潜めて話を続けた。**

주위에 이야기의 내용이 새지 않도록 목소리를 낮춰서 이야기를 계속했다. (=声を小さくして)

359 声を掛ける 말을 건네다. 말을 붙이다

| 시험 ★★★
회화 ★★★ | • 声 목소리. 소리 • 掛ける (말을) 붙이다. 건네다 → 소리(말)를 건네다 |

✎ 意味 ① 말을 건네는 것. ② 무언가를 할 때 함께 하자고 권유하는 것.

🔍 用例 ① A **仕事が終わったら声を掛けてもらえますか?**

B **はい。すぐ終わりますから、ちょっと待っててくださいね。**

A 일이 끝나면 말해 주시겠습니까?

B 네. 곧 끝나니까 조금만 기다려 주세요.

② A **今度釣りに行くときは、声を掛けてね。**

B **いいよ。じゃ、来週ぐらいに電話するから。**

A 다음에 낚시 갈 때 (나도) 불러 줘.

B 좋아. 그럼 다음 주쯤에 전화할게.

360 声を絞る　목소리를 내다
こえ　しぼ

| 시험 ★★☆
회화 ★★★ | • 声 목소리. 소리　• 絞る (목소리, 생각 등을) 쥐어짜다 =振り絞る 최대한으로 쥐어짜다
→ 목소리를 쥐어짜다 |

✏️ 意味　나오지 않는 목소리를 억지로 내는 것.

🔍 用例　山で遭難してしまい、声を振り絞って、助けを呼んだ。
やま　そうなん　　　　　こえ　ふ　しぼ　　　たす　よ

산에서 조난을 당해 있는 힘껏 소리를 내서 살려 달라고 했다.

同義語 声を振り絞る ★★★
こえ　ふ　しぼ

---

361 声を作る　목소리를 꾸미다
こえ　つく

| 시험 ★☆☆
회화 ★★☆ | • 声 목소리. 소리　• 作る 만들다　→ 목소리를 만들다 |
こえ　　　　　　　つく

✏️ 意味　일부러 평소와 다른 목소리를 내는 것.

🔍 用例　A 何で電話をする時に女の人は声を作るの?
なん　でんわ　　　とき　おんな　ひと　こえ　つく

B さあね? 女性らしさをアピールするためじゃないの?
じょせい

A 왜 전화를 할 때 여자들은 목소리가 변해?

B 글쎄? 여성스러움을 어필하기 위해서가 아닐까?

---

362 声を尖らせる　목소리를 날카롭게 하다
こえ　とが

| 시험 ★☆☆
회화 ★☆☆ | • 声 목소리. 소리　• 尖らせる 날카롭게 하다. 민감하게 하다　→ 목소리를 날카롭게 하다 |
こえ　　　　　　　とが

✏️ 意味　화가 나거나 해서 목소리를 날카롭게 하는 것.

🔍 用例　不満があるのか、彼は急に声を尖らせて話し始めた。
ふまん　　　　　　かれ　きゅう　こえ　とが　　　はな　はじ

불만이 있는지 그는 갑자기 날카로운 목소리로 이야기하기 시작했다.

---

363 生の声　육성. 생생한 소리
なま　こえ

| 시험 ★★☆
회화 ★★★ | • 生 익히지 않음. 날것　• 声 소리　→ 생생한 소리 |
なま　　　　　　　　こえ

✏️ 意味　꾸미거나 조작을 하지 않은 현장의 생생하고 현실적인 소리 또는 요구.

🔍 用例　オペラはやっぱり生の声で聴くのが一番だね。
なま　こえ　き　　　　いちばん

오페라는 역시 현장에서 라이브로 듣는 게 제일이네.

消費者の生の声を聞いて、次の商品開発に役立てる。
しょうひしゃ　なま　こえ　き　　　つぎ　しょうひんかいはつ　やくだ

소비자의 생생한 소리를 듣고, 다음 상품 개발에 유용하게 쓴다.

1. 신체. 육체 **体が弱い** 몸이 약하다 **体を鍛える** 몸을 단련하다
2. 성적인 면에서의 육체 **体を許す** 몸을 허락하다
3. 몸통. 몸체. 체격 **いい体をしている** 체격이 좋다
4. 몸의 건강 상태. 건강 **体がつづかない** 몸이 버티지 못하다

364 **体が空く** 시간이 나다. 한가해지다

시험 ★☆☆
회화 ★★☆

• **体** 몸 • **空く** ① (시간이) 나다 ② (공간이) 비다. 나다

✎ 意味　일을 마치고 특별히 예정된 일이 없이 무언가를 할 시간이 생기는 것.

🔍 用例　A もし、時間があれば郵便局に行ってきてほしいんだけど…。

B 今日は、午後から体が空くから、行ってこれるよ。（＝暇になる）

A 만약, 시간이 난다면 우체국에 다녀왔으면 좋겠는데….

B 오늘은 오후부터 한가해지니까 갔다 올 수 있어.

365 **体が続かない** 몸이 버티지(지탱하지) 못하다

시험 ★★★
회화 ★★★

• **体＝身** 몸의 건강 상태. 건강 • **続かない** 이어지지 못하다 • **続く** 이어지다. 계속되다

→ 몸의 건강이 유지되지 못하다

✎ 意味　이 이상 일을 계속하면 체력에 무리가 간다는 것.

🔍 用例　A 最近、すごく忙しいみたいじゃない?

B うん。こんなに忙しいのがずっと続いてたら体が続かないよ。

A 요즘 엄청 바쁜 거 같네?

B 응. 이렇게 계속 바쁘면 몸이 버티질 못할 거 같아.

同義語 **体が持たない** ★★★

366 **体で覚える** 몸으로 익히다

시험 ★★☆
회화 ★★★

• **体** 신체. 육체 • **覚える** ① 느끼다 ② 터득하다. 익히다 → 신체로 터득하다

✎ 意味　체험하여 몸에 익히는 것.

🔍 用例　A 自転車って久しぶりに乗っても乗れるものね。

B そういうものって、体で覚えるから忘れないのよね。（＝習得する）

A 자전거는 오래간만에 타도 안 까먹는구나.

B 그런 건 몸으로 익히는 거라 쉽게 잊혀지지 않지.

367 体に障る　몸에 해롭다. 몸이 상하다

からだ　さわ

시험 ★★☆
회화 ★★★

• 体 몸의 건강 상태. 건강　• 障る 방해가 되다. 해가 되다 → 건강에 해가 되다

✏️ 意味　몸에 나쁜 영향을 끼치는 것. 건강에 해가 된다는 의미.

🔍 用例　A 毎日徹夜をしてたら体に障るよ。

B うん。早く寝たいんだけどね。仕事がたまっててさ。

A 매일 밤샘하면 몸이 상해.

B 응. 빨리 자고 싶은데…. 일이 밀려 있어서.

A まだ寝ないの。

B うん、明日重要な試験があるんだ。

A そう。でもあんまり無理すると体に障るから、そこそこにして
寝なさいね。

A 아직 안 자? B 응, 내일 중요한 시험이 있어.

A 그래. 그치만 너무 무리하면 몸 상하니까 적당히 하고 자라.

• そこそこ 대충하고 손을 떼는 모양

신체 관용어

몸
体 からだ

364
—
369

368 体を壊す　몸을 망가뜨리다. 병에 걸리다

からだ　こわ

시험 ★★★
회화 ★★★

• 体 몸의 건강 상태. 건강　• 壊す ① 부수다. 허물다 ② 고장을 내다. 탈이 나다 → 건강을 망치다

✏️ 意味　과로 혹은 몸을 막 굴려 실제로 건강이 나빠지는 것. 병에 걸리는 것.

🔍 用例　A そんなに飲みすぎたら体を壊すよ。

B だって、すごい好きだからつい飲みすぎちゃうんだもん。

A 그렇게 과음하면 나중에 몸 망가져.　(＝健康を損ねる・病気になる)

B 그래도 술을 너무 좋아해서 나도 모르게 과음하게 돼.

無理をして体を壊してしまい、半年間、会社を休職した。

무리하다가 건강이 나빠져 반년간 회사를 휴직했다.

369 体を張る　몸을 던지다. 자신을 희생하다

からだ　は

시험 ★☆☆
회화 ★★★

• 体 몸의 건강 상태. 건강　• 張る ① 뻗다 ② 몸을 돌보지 않다 → 건강을 돌보지 않다

✏️ 意味　몸이 상할 수도 있는 리스크를 안고 일에 임하는 모양. 자신을 희생해서, 열심히 일을 하는 것.

🔍 用例　父は家族を養うため、体を張って働いている。

아버지는 가족을 부양하기 위해 몸을 돌보지 않고 일하고 있다.

警察官が体を張って悪党どもから身を守ってくれた。

경찰관이 몸을 던져 악당들로부터 지켜줬다.

• 養う ① 양육하다 ② 부양하다

1. 몸. 신체 **身をかがめる** 몸을 굽히다 **身のこなしがいい** 몸놀림이 유연하다
2. 자기. 자신 **身に覚えのない罪** 자신도 모르는 죄
3. 신세 **浪人の身となる** 실직자 신세가 되다. 재수생 신세가 되다
4. (동물이나 물고기의) 살 **魚の身** 생선의 살 **身が柔らかい魚** 살이 연한 생선
食べた物が全部身になる 먹은 것이 모두 살이 되다
5. 신분. 지위. 분수 **身のほどを知らない** 분수를 모르다
6. (그 사람의) 입장. 처지 **私の身にもなってください** 제 입장이 돼 보세요
7. 마음. 정성 **身の入った仕事** 정성을 들인 일
8. 용기(容器) 등의 몸체. 몸 **身と蓋が合わない** 뚜껑과 몸체가 맞지 않다

---

370 **身が軽い** 몸이 가볍다. 부담이 없다

시험 ★★☆　　・**身** 몸. 신체　・**軽い** 가볍다　→　**몸이 가볍다**
회화 ★★☆

✎ 意味　① 몸의 움직임이 가벼운 모양. ② 부담되는 것이 없는 모양.

🔍 用例　① **春になり、重かったコートを脱ぎ、身が軽くなった。**
봄이 되어 무거운 코트를 벗으니 몸이 가벼워졌다.

② **娘もようやく結婚が決まり、身が軽くなった気分だ。**
드디어 딸까지 결혼이 결정되어, 짐이 한결 가벼워진 기분이다. (=肩の荷が下りた)

---

371 **身が入る** 집중하다. 열중하다

시험 ★★☆　　・**身** 몸. 신체　・**入る** 들어가다　→　**몸이 들어가다**
회화 ★★★

✎ 意味　할 마음이 생겨 충분히 능력을 발휘할 수 있게 되는 것.

🔍 用例　**毎日のように、友達からの誘いの電話があり、勉強に身が入らない。**
매일같이 친구가 놀자고 전화해서 공부에 집중할 수가 없다.

---

372 **身が持たない** 체력을 유지할 수 없다

시험 ★★☆　　・**身＝体** 몸. 신체　・**持たない** 지탱하지 못하다　・**持つ** 지속하다. 지탱하다. 견디다
회화 ★★★　　→ **몸이 지탱하지 못하다**

✎ 意味　너무 바쁘거나 하여 건강을 유지할 수 없는 모양. 열심히 일을 하는 것.

🔍 用例　**いくら私が我慢強いといっても、毎日残業では身が持たない。**
아무리 내가 참을성이 강하다 해도 매일 잔업을 하니 몸이 남아나질 않는다.

同義語 **身が続かない** ★★★

373 身に余る　분에 넘치다. 과분하다

| 시험 ★★☆
회화 ★★☆ | ・身 신분. 지위. 분수　・余る ① 남다 ② 넘치다. 과분하다　→　분수에 넘치다 |

✎ 意味　호의 등이 너무 과분한 것.

🔍 用例　**すばらしいお言葉をいただきまして、本当に身に余る光栄です。**

좋은 말씀을 해 주셔서 정말로 큰 영광입니다.

374 身に覚えがある　짚이는 데가 있다

| 시험 ★★☆
회화 ★★★ | ・身 자기. 자신　・覚えがある 기억이 있다　→　자기에게 기억이 있다 |

✎ 意味　분명하게 자신이 했다는 기억이 있는 것. 대개 좋지 않은 행위에 대해 사용.

🔍 用例　**身に覚えがない請求書が届いた場合、お金を払わずに無視するのがベストだ。**

기억에 없는 청구서가 날아왔을 경우 돈을 내지 않고 무시하는 것이 최선이다.

375 身に沁みる　뼈에 사무치다

| 시험 ★★☆
회화 ★★★ | ・身 몸. 신체　・沁みる ① 배다. 번지다. 스며들다 ② 사무치다. 절실하게 느끼다
→　몸에 사무치다 |

✎ 意味　어떤 말 등이 가슴에 사무치는 것이나 추위가 몸속 깊이 스며드는 것.

🔍 用例　**一人暮らしをはじめてみると、親のありがたさが身に沁みて分かる。**

혼자 독립해서 살아 보니 부모님의 고마움이 뼈에 사무치게 느껴진다.

A **単身赴任されてるんですってね。**

B **そうなんですよ。　家族から離れて一人で住んでいると、冬の寒さが身に沁みますよ。**

A 단신 부임 하셨다면서요?

B 그래요. 가족과 떨어져 혼자 살다 보니 겨울 추위가 뼈에 사무치는 것 같아요!

376 身に付く　자기의 것이 되다. 몸에 익혀지다

| 시험 ★★☆
회화 ★★★ | ・身 몸. 신체　・付く ① 붙다 ② (기술, 교양, 지식 등이) 자기 것이 되다　→　몸에 붙다 |

✎ 意味　학문이나 지식, 기술 등이 몸에 익어 완전히 제 것이 되는 것.

🔍 用例　**大学の時に一生懸命に勉強した事は今でも身に付いている。**

대학에서 열심히 공부한 것은 지금도 내 것이 되어 있다.

何でも自分でやってみなければ身に付かない。

무엇이든 스스로 해 보지 않으면 몸에 익지 않는다.

신체 관용어

생활 관용어

속담 · 격언

고사 성어

사자 성어

377 身に付ける 몸에 걸치다. 몸에 익히다

| 시험 ★★★
회화 ★★★ | ・身 몸. 신체 ・付ける ① 붙이다 ② 익히다. 어떤 성질이나 능력이 갖추어지게 하다
→ 몸에 붙이다 |

✎ 意味 ① 입거나 신거나 하는 것. ② 배워서 제 것으로 하는 것.

🔍 用例

① A あの人、すごい高そうなアクセサリー身に付けてるね。

　 B でも、ああいうのに限って、結構イミテーションだったりするのよね。

　 A 저 사람, 굉장히 값비싸 보이는 액세서리를 하고 있어!

　 B 근데 저런 게 가짜가 꽤 많잖아.

② A 最近、英会話を身に付けようと思って、英会話スクールに通ってるの。

　 B やっぱり、外国語のひとつぐらい出来ないとね。私は中国語を習ってるのよ。

　 A 요즘 영어회화 좀 잘해 보려고 학원에 다니고 있어.

　 B 역시, 외국어 하나쯤은 할 수 있어야지. 나도 중국어 하고 있잖아.

378 身につまされる 남의 일 같지 않다

| 시험 ★★☆
회화 ★★☆ | ・身 (그 사람의) 입장. 처지　・つまされる ① (애정 등에) 마음이 움직이다. 정에 끌리다
② 身に~의 꼴로, 남의 일 같지 않게 생각되어 측은해지다 |

✎ 意味 남의 불행 등을 자신의 경험에 비추어 남의 일처럼 여기지 않는 것.

🔍 用例

離婚の話を聞くたびに身につまされる思いがする。

이혼 이야기를 들을 때마다 남의 일 같지 않은 심정이 된다.

379 身になる 살찌다. 몸에 좋다. 그 사람의 입장이 되다

| 시험 ★☆☆
회화 ★★★ | ・身 (동물이나 물고기의) 살　・になる ~이(가) 되다　→ 살이 되다 |

✎ 意味 ① 살찌는 것. ② 피가 되고 살이 되는 것. ③ 그 사람의 입장이 되는 것.

🔍 用例

① 食べたものがすぐに身になってしまう。(＝太って)

먹은 것이 곧 살이 되어 버린다.

② お菓子ばかり食べてないで身になるものを食べなさい。(＝体に良い)

과자만 먹지 말고 몸에 좋은 것도 먹어라.

③ 人の身になって、物事を考えなさい。(＝相手の立場で)

남의 입장이 되어 모든 일을 생각하거라.

380 身の置き所がない 몸 둘 곳이 없다

시험 ★★☆
회화 ★★☆

• 身 몸. 신체 • 置き所 ① 두는 장소. 둘 곳 ② 몸 둘 곳 • ない 없다 → 몸 둘 곳이 없다

✎ 意味　　궁지에 몰리거나 너무 창피해서 그 자리에서 달아나고 싶은 심정이 되는 것.

🔍 用例　　知らない人がたくさんいるようなパーティーは、身の置き所がなくて
困る。(=居場所がなくて)

모르는 사람이 많이 있는 파티는 어디에 있어야 할지 몰라 난처하다.

• 居場所がない 있을 곳이 없다. 자리가 없다

381 身の毛がよだつ 소름이 끼치다

시험 ★☆☆
회화 ★★★

• 身 몸. 신체 • 毛 털 • よだつ 소름이 끼치다

✎ 意味　　몸의 털이 빳빳이 설 정도로 무섭다고 느끼는 모양.

🔍 用例　　夏は、身の毛がよだつような話が一番だ。

여름에는 소름 끼치는 무서운 이야기가 최고다.

A 最近、身の毛がよだつような事件が多いね。
B ホント、物騒な世の中になったよね。

A 요즘 소름 끼치는 사건이 많아.
B 정말 그래. 세상이 흉흉해졌지.

同義語　身の毛もよだつ ★★★

382 身の縮む思い 몸이 위축되는 느낌

시험 ★☆☆
회화 ★★★

• 身 몸. 신체 • 縮む 움츠러지다. 위축되다 • 思い 기분. 느낌. 마음 → 몸이 위축되는 느낌

✎ 意味　　긴장하거나 위축되어 몸이 움츠러드는 모양.

🔍 用例　　いろいろな方に迷惑を掛けてしまい、身の縮む思いだ。

여러 사람에게 폐를 끼쳐 몸이 위축되는 느낌이 든다.

383 身の程知らず 분수를 모른다

시험 ★☆☆
회화 ★★★

• 身の程 자신의 능력, 위치의 정도 • 知らず(문어)=知らない 모르다 → 자신의 위치를 모른다

✎ 意味　　자기 능력이나 위치를 파악도 못하고 행동하는 모양.

🔍 用例　　目上の人に汚い言葉を使うなんて、本当に身の程知らずな奴だ。

윗사람에게 상스러운 말씨를 쓰다니 정말 예의도 모르는 녀석이군.

• 汚い言葉 천한 말씨. 상스러운 말씨

384 身二つになる 아이를 낳다. 출산(해산)하다

시험 ★☆☆
회화 ★☆☆

・身 몸 ・二つ 두개 ・になる ~이(가) 되다 → 몸이 두 개가 되다

✎ 意味 임산부가 출산하는 것. 아이를 낳는 것.

🔍 用例 **結婚して今年の5月には私も身二つになります。**
결혼해서 올 5월에는 나도 출산합니다.

385 身も蓋もない 기대가 없다. 여지가 없다

시험 ★★☆
회화 ★★★

・身 용기(容器) 등의 몸체. 몸 ・蓋 뚜껑 ・ない 없다 → 용기의 몸체도 뚜껑도 없다

✎ 意味 몸체도 뚜껑도 없이 속을 모조리 드러내 놓은 것으로, 표현이 너무 노골적이라
여운(기대, 희망)이 없는 모양.

🔍 用例 (A남편 B아들 C아내)

A **なんでこんなに数学ができないんだ。もっとしっかり勉強しなさい。**

B **う～～ん。**

(それを聞いていた妻が)

C **なによ、あなたも数学で0点取ったことあるって言ってたじゃない。**

A **おいおい、それを言っては見も蓋もないじゃないか。**

A 왜 이렇게 수학이 형편없어. 공부 좀 제대로 해라.
B 네~에~.

(그 말을 듣고 있던 아내가)
C 뭐야, 당신도 수학 빵점 받은 적 있다고 했잖아.
A 이봐 이봐, 그걸 말하면 내가 뭐가 되나.

386 身を入れる 최선을 다하다

시험 ★★☆
회화 ★★★

・身 마음. 정성 ・入れる 넣다 → 정성을 다하다

✎ 意味 진지한 마음으로 어떠한 일을 열심히 하는 모양.

🔍 用例 A **最近、勉強がんばってるね。**

B **うん。入試も近いし、身を入れてやろうと思って。**

A 요즘 공부 열심히 하는구나!
B 응, 입시도 다가오고 최선을 다해 보려고.

387 身を起こす　출세하다. 가정을 꾸리다

시험 ★☆☆
회화 ★★★

- **身** 신분. 지위. 분수　· **起こす** 일으키다. 일으켜 세우다　→ **신분을 일으켜 세우다**

✎ 意味　어려운 환경에 있는 사람이 사회적으로 인정받는 입장이나 지위를 얻는 것.

🔍 用例　**恵まれない環境の中から身を起こして、今は誰もがうらやむ実業家となった。**

불우한 환경 속에서 출세하여 지금은 모두가 부러워하는 사업가가 되었다.

388 身を立てる　출세하다. 생계를 꾸려 나가다

시험 ★☆☆
회화 ★★☆

- **身** 몸　· **立てる** ① 세우다 ② 해 나갈 수 있게 만들다　→ **몸을 해 나갈 수 있게 만들다**

✎ 意味　① 사회적으로 인정받는 사람이 되는 것. ② 어떤 기술 등을 익혀 생계를 꾸려 나가는 것.

🔍 用例　① **自分の好きな事で身を立てる事ができるのは、幸せなことだ。**

자신이 좋아하는 일로 출세할 수 있다면 행복한 일이다.

② **母は祖母から習った洋裁で身を立てている。**

엄마는 외할머니께 배운 양재 기술로 생계를 꾸려 나가고 있다.

- **洋裁** 양재. 양복을 재단하고 재봉하는 일

389 身を落とす　망하다. 영락하다. 보잘것없어지다

시험 ★☆☆
회화 ★☆☆

- **身** 신분. 지위. 분수　· **落とす** 떨어뜨리다　→ **지위를 떨어뜨리다**

✎ 意味　사람, 살림, 세력 등이 형편없이 낮아지는 모양.

🔍 用例　**ある会社の社長まで上り詰めた彼は、今では身を落としてしまった。**
（＝落ちぶれて）

한 회사의 사장까지 올라갔던 그가 지금은 보잘것없어졌다.

- **上り詰める** 꼭대기까지 오르다. 다 오르다　· **落ちぶれる** 보잘것없이 찌부러지다. 영락하다

390 身を固める　생활이 안정되다. 장가가다

시험 ★★☆
회화 ★★☆

- **身** 신분. 지위. 분수　· **固める** 굳히다. 확고히 하다　→ **지위를 확고히 하다**

✎ 意味　남자가 결혼을 하여 생활의 안정을 찾는 것.
'장가가다'는 **身を固める**, '시집가다'는 **お嫁に行く**를 씀.

🔍 用例　**紆余曲折もあったけど、彼もやっと身を固めることができた。**

우여곡절이 있긴 했지만, 그도 드디어 결혼할 수 있게 되었다.

自動詞　**身が固まる** ★★★

신체 관용어
생활 관용어
속담 · 격언
고사성어
사자성어

391 身を切られる 살을 도려내다. 살을 에다

시험 ★☆☆
회화 ★★★

• 身 (동물이나 물고기의) 살 • 切られる 베어지다 • 切る 베다. 자르다 → 살을 베어 내다

✏️ 意味 　고통, 괴로움, 추위 등이 참을 수 없을 정도로 매우 심한 모양.

🔍 用例
A あの車、売っちゃったの?

B うん。気に入ってるのだったから、身を切られる思いだったよ。

A 그 차 팔았어?

B 응. 맘에 들었던 거라, 살을 도려내는 심정이었어.

392 身を削る 뼈를 깎다

시험 ★★☆
회화 ★★☆

• 身 몸. 신체 • 削る 깎다 → 몸을 깎다

✏️ 意味 　몸이 여위어 홀쭉해질 정도로 매우 고생하는 모양.
흔히 뒤에 思いで를 동반하여, '뼈를 깎는 심정'이라는 뜻으로 쓰임.

🔍 用例
身を削る思いで、今までがんばって商売をしてきた。

뼈를 깎는 심정으로 지금까지 열심히 장사했다.

子どもを育てるために、今まで身を削って働いてきた。

아이를 키우기 위해 지금까지 뼈를 깎으며 일했다.

同義語 骨身を削る ★★

393 身を粉にする 몸이 부서지게 일하다. 분골쇄신하다

시험 ★★★
회화 ★★★

• 身 몸. 신체 • 粉 가루. 분말 • にする의 꼴로, 어떤 상태가 되게 하다
→ 몸을 가루가 되게 하다

✏️ 意味 　몸을 아끼지 않고 열심히 일하는 모양.

🔍 用例
家族の幸せのために、父親は身を粉にして働いた。(＝一生懸命)

가족의 행복을 위해 아버지는 몸이 부서지게 일했다.

同義語 身を砕く ★　骨身を削る ★★　粉骨砕身 ★★

394 身を焦がす (사랑으로) 가슴을 태우다

시험 ★★☆
문장 ★★☆

• 身 마음. 정성 • 焦がす 애태우다 → 마음을 태우다

✏️ 意味 　사랑 때문에 몸부림치며 몹시 괴로워하는 모양.

🔍 用例
若い頃に、身を焦がすような恋愛を経験した。

젊은 시절에는 마음을 졸이는 연애를 경험했다.

395 身を持する 몸을 삼가다. 몸가짐을 조심하다

시험 ★☆☆
문장 ★☆☆

・身 몸. 신체 ・持する ① 지키다. 유지하다 ② 삼가다 → 몸을 삼가다

✎ 意味 유혹에 넘어가거나 태만해지지 않게 스스로 엄격한 생활 태도를 유지하는 모양.

🔍 用例 自ら身を持するために、禁欲生活に入った。
스스로 몸을 삼가기 위해 금욕 생활에 들어갔다.

396 身を尽くす 헌신하다. 봉사하다

시험 ★★☆
문장 ★★☆

・身 몸. 신체 ・尽くす 다하다 → 몸을 다하다

✎ 意味 자신의 모든 것을 '그것을 위해' 바치는 모양.

🔍 用例 一生涯、苦しんでいる人のために身を尽くすつもりだ。
일생 동안 어려움에 처한 사람들을 위해 헌신할 생각이다.

📖 同義語 身を挺する ★★★

397 身を挺する 몸을 바치다. 몸을 던지다

시험 ★☆☆
문장 ★★★

・身 몸. 신체 ・挺する 스스로 몸을 던지다. 앞장서서 나아가다 → 몸을 던지다

✎ 意味 ① 자기를 희생해서 무엇인가를 하는 모양. ② 솔선해서 일에 앞장서는 모양.

🔍 用例 ① 父親の威厳をかけて家族のために身を挺する覚悟だ。
아버지의 위엄을 세워 가족을 위해 몸을 바칠 각오다.

② プラットホームから落ちた老人を身を挺して救った。
몸을 던져서 플랫폼에서 떨어진 노인을 구했다.

📖 同義語 身を尽くす ★★

398 身を投じる 몸을 불사르다. 투신하다

시험 ★☆☆
문장 ★★★

・身 몸. 신체 ・投じる=投ずる 그 속에 뛰어들다. 참여하다. 투신하다 → 몸을 던지다

✎ 意味 곤란이나 위험 등을 무릅쓰고 사업이나 운동 등에 뛰어들어 전념하는 모양.

🔍 用例 父は学生時代、学生運動に身を投じていたらしい。
아버지는 학창 시절 학생운동에 투신하셨던 모양이다.

신체 관용어

생활 관용어

속담 · 격언

고사 성어

사자 성어

399 身を退く　물러나다. 뒤로 빠지다

시험 ★★☆
회화 ★★★

・身 몸. 신체 ・退く ① 빠지다 ② 은퇴하다. 그만두다 → 몸을 빼다

✎ 意味　지금까지의 지위나 입장에서 물러나는 모양.

🔍 用例　ずっと一線で活躍してきた技術者が、年齢を理由に身を退く事になった。（＝引退する）

줄곧 일선에서 활약해 온 기술자가 나이 때문에 (일선에서) 물러나게 되었다.

400 身を持ち崩す　신세를 망치다

시험 ★☆☆
문장 ★★☆

・身 몸. 신체 ・持ち崩す 품행을 그르치다. 신세를 망치다 → 몸을 그르치다

✎ 意味　품행이 나쁘고 생활이 일그러지는 것.

🔍 用例　身を持ち崩す道楽は、昔から酒、女、博打と決まっている。

예로부터 신세를 망치는 도락(道楽)은 술, 여자, 도박으로 정해져 있다.

同義語　身上をつぶす ★

401 身を以て　몸소. 스스로

시험 ★☆☆
회화 ★★☆

・身 몸. 신체 ・を以て＝を以って ~로써. ~으로 → 몸으로써

✎ 意味　자기 몸으로. 몸 하나로. 원래는 以て지만 요즘은 以って로 씀.

🔍 用例　先生は生徒を前にして身を以って手本を示した。

선생님은 학생들 앞에서 몸소 모범을 보여 주었다.

テストで０点を取ってしまい、身を以って自分は馬鹿だという事を確信してしまった。（＝自ら）

시험에서 빵점을 맞고 나서는 스스로도 자신이 바보라는 걸 굳게 믿게 되었다.

・手本 모범. 본보기

402 身をやつす　변장하다

시험 ★☆☆
문장 ★☆☆

・身 몸 ・やつす (드러나 보이지 않도록) 초라하게 모습을 바꾸다. 변장하다 → 몸을 변장하다

✎ 意味　초라한 모습으로 변장하는 모양.

🔍 用例　ある国の女王がお城を追い出され、今では身をやつしてひそかに森の中で暮らしているらしい。

어떤 나라의 여왕이 성에서 쫓겨나 지금은 몰래 변장하고 숲 속에서 살고 있다고 한다.

403 身を寄せる 남의 집에 신세 지다

| 시험 ★☆☆
회화 ★★★ | ・身 몸 ・寄せる 맡기다. 의지하다 → 몸을 맡기다 |

✎ 意味 다른 사람의 집에 동거를 허락받아 신세를 지는 것.

🔍 用例

A 今いったいどこに住んでいるの?

B とりあえず、親戚の家に身を寄せているの。 (=同居させてもらって・
居候させてもらって)

A 지금 대체 어디서 살고 있어?

B 일단 친척 집에 머물고 있어.

・同居させてもらっている 함께 살고 있다 ・居候させてもらっている 더부살이하고 있다
・居候 식객. 더부살이

신체 관용어 >> 肌 피부

1. 피부. 살(갗). 살결 肌が荒れる 피부가 거칠어지다
2. (물건의) 거죽. 껍질. 표면 木の肌 나무껍질 肌の白い大根 껍질이 하얀 무
3. 성질. 기술 職人肌 기술자 기질

---

404 肌が合う 마음이 맞다. 죽이 맞다

| 시험 ★☆☆
회화 ★★★ | ・肌 성질. 기술 ・合う 맞다. 일치하다 → 성질이 맞다 |

✎ 意味 성격, 성미, 마음 등이 맞는 모양.

🔍 用例

10年来の肌が合う友達がいる。

10년 동안 맘이 잘 맞는 친구가 있다.

同義語 馬が合う ★★★ 気が合う ★★★ ・来 ~래. 그때부터 지금까지. ~이래. ~이후

---

405 肌に合う 피부에 맞다

| 시험 ★☆☆
회화 ★★☆ | ・肌 피부. 살(갗). 살결 ・合う 맞다. 일치하다 → 피부에 맞다 |

✎ 意味 피부에 닿았을 때 아무 트러블이 없는 모양.

🔍 用例

いくら評判の良い化粧水や乳液だとしても、
その化粧品が肌に合う人と合わない人がいます。

아무리 인기가 좋은 스킨이나 로션이라고 해도, 그 화장품이 피부에 맞는 사람과 맞지 않은 사람이 있습니다.

406 肌を合わせる 서로 짜다. 관계를 맺다

시험 ★☆☆
문장 ★★☆

• 肌 피부. 살(갗). 살결 • 合わせる 합치다. 모으다. 합하다 → 살을 합치다

✎ 意味
① 서로 공모하는 것. ② 남녀가 육체 관계를 가지는 것.
현재는 ①의 의미보다는 ②의 의미로만 사용.

🔍 用例
① 肌を合わせて強盗を働く。
서로 짜고 강도질을 하다.

② 初めて彼と肌を合わせることができた。
처음으로 그와 관계를 맺을 수 있었다.

407 肌を許す 믿다. 몸을 허락하다

시험 ★☆☆
문장 ★★☆

• 肌 피부. 살(갗). 살결 • 許す 허락하다. 허용하다 → 살을 허락하다

✎ 意味
① 경계심을 푸는 것. ② 여자가 남자에게 몸을 맡기는 것.
현재는 ①의 의미보다는 ②의 의미로만 사용.

🔍 用例
① すべて嘘で固められているような人には、絶対に肌を許せない。
거짓말로 똘똘 뭉친 듯한 사람은 절대로 믿어서는 안 된다.

② 大好きな人に肌を許した。
좋아하는 사람에게 몸을 허락했다.

408 肌触りがいい 감촉이 좋다. 인상이 좋다

시험 ★☆☆
회화 ★★★

• 肌触り ① 감촉. 촉감 ② 남에게 주는 느낌 • いい 좋다 → 감촉이 좋다

✎ 意味
피부에 닿는 감촉이 좋을 때나 타인에게 주는 인상이 좋은 모양.

🔍 用例
A このタオル気持ちいいね。
B でしょ。私も、これは肌触りがいいから気に入ってるんだ。
A 이 타월 감촉이 좋은데.
B 그렇지? 나도 그 타월 감촉이 좋아서 맘에 들어.

A これ、新しく出た下着ですか?
B ええ、そうです。肌触りのよさが、この下着のセールスポイントです。
A 이거 새로 나온 속옷인가요?
B 네, 맞아요. 촉감이 좋은 게 이 속옷의 특징이에요.

409 肌身離さず
はだ み はな
몸에 지니고 다니다

시험 ★☆☆
회화 ★★★

• **肌身** 몸. 신체. 피부 • **離さず**(문어) = **離さない** 떼어 놓지 않다 • **離す** 떼다. 놓다. 풀다
→ **몸에서 떼어 놓지 않다**

✎ 意味 소중히 하여 항상 몸에서 떨어뜨리지 않는 것.

🔍 用例 **A これ、プレゼント。**

B ありがとう。いつも肌身離さず持ってるね。

A 이거 선물이야!

B 고마워. 항상 몸에 지니고 다닐게.

410 一肌脱ぐ
ひと はだ ぬ
팔 걷고 힘껏 돕다. 발 벗고 나서서 돕다

시험 ★★☆
회화 ★★★

• **一肌** 살갗. 피부 • **脱ぐ** 벗다 → **피부를 벗다**

✎ 意味 웃통을 벗어젖히거나 팔뚝을 걷어붙이고 힘껏 돕는 모양.

🔍 用例 **A 先輩…。ちょっと、困ってることがあるんですけど、力を貸して**

もらえませんか?

B かわいい後輩のためなら、いつでも一肌脱ぐよ。

A 선배님, 좀 곤란한 일이 있는데 도와주시면 안 될까요?

B 귀여운 후배를.위해서라면 언제라도 발 벗고 나서야지.

신체 관용어 >> 裸 알몸
はだか

1. 맨몸. 알몸. 나체. 벌거숭이 **裸の王様** 벌거숭이 임금님
2. 빈털터리. 무일푼. 알거지 **火事で裸になる** 화재로 무일푼이 되다
3. 숨기는 일이 전혀 없는 것. 솔직함 **裸の付き合い** 솔직한 교제
4. 가리는 것이 없이 드러나 있는 것 **金を裸で渡しては失礼だ** 돈을 봉투에 넣지 않고 전하는 것은 실례다

411 裸一貫
はだか いっ かん
맨주먹. 빈주먹

시험 ★★☆
회화 ★★★

• **裸** 알몸. 맨몸 • **一貫** 일관

✎ 意味 몸 하나. 가진 것 없이 몸뚱이 하나. 단신.

🔍 用例 **私の父は、裸一貫で会社を作ったということが自慢の種だ。**

우리 아버지는 맨주먹으로 회사를 세운 것이 자랑거리다.

• **自慢の種** 자랑거리

412 裸になる 알몸이 되다. 무일푼이 되다

^{はだか}

시험 ★★☆ 회화 ★★★	• 裸^{はだか} ① 알몸. 맨몸. 나체 ② 빈털터리. 무일푼. 알거지 • になる ~이(가) 되다

✎ 意味
① 벌거벗는 것. ② 숨기는 것 없이 솔직한 태도를 보이는 것.
③ 「丸裸になる 알몸이 되다」의 형태로, 가지고 있는 재산을 다 잃는 것.

🔍 用例
① 着物^{きもの}を脱^ぬいで裸^{はだか}になる。
옷을 벗고 알몸이 된다.

② A お前^{まえ}、悩^{なや}んでる事^{こと}があるだろう？

B うん…。でもたいした事^{こと}じゃないからさ。

A なんだよ。お互^{たが}い隠^{かく}し事^{ごと}をせず、裸^{はだか}になって話^{はな}し合^あおうじゃないか。

A 너 고민 있지?
B 으…응. 하지만 별일 아니야.
A 뭐야. 우리 서로 숨기지 말고 솔직하게 이야기를 나눠보자.

③ 火事^{かじ}で焼^やけ出^だされ、丸裸^{まるはだか}になった。
화재로 집이 타 버려 다 잃어버렸다.

• 水臭^{みずくさ}い ① 수분이 많아 싱겁다 ② (친한 사이인데도) 남남처럼 굴다
• 焼^やけ出^だされる (화재, 전쟁 등으로) 집이 다 타 버려 살 곳이 없어지다

_{신체 관용어} >> 血 피
^ち

413 血が騒ぐ 피가 끓다

^ち ^{さわ}

시험 ★★★ 회화 ★★★	• 血^ち 피 • 騒^{さわ}ぐ ① 떠들다 ② (불안, 놀람 등으로) 술렁거리다. 침착성을 잃다 → **피가 술렁거리다**

✎ 意味
흥분으로 안절부절못하는 모양. 감정이 고조되는 모양.

🔍 用例
祭^{まつ}りを見^みていると知^しらないうちに血^ちが騒^{さわ}いでくる。
축제를 보고 있으면 (나도) 모르는 사이에 피가 끓어오른다.

同義語 血^ちがたぎる ★★★

414 血が沸く 감정이 격해지다. 감정이 들끓어 오르다

^ち ^わ

시험 ★★☆ 회화 ★★★	• 血^ち 피 • 沸^わく ① 끓다 ② 들끓다. 열광하다. 흥분하다 → **피가 들끓다**

✎ 意味
감격 등으로 피가 끓는 것.

🔍 用例
甲子園^{こうしえん}の野球放送^{やきゅうほうそう}を見^みていると、昔^{むかし}を思^{おも}い出^だして思^{おも}わず
血^ちが沸^わいてくる。(=興奮^{こうふん}して)
고시엔의 야구 방송을 보고 있으면, 옛날 추억이 떠올라 나도 모르게 감정이 격해진다.

415 　血がつながる　혈연관계다. 피가 이어지다

| 시험 ★★☆
회화 ★★★ | ・血 피　・つながる 이어지다. 연결되다　→　피가 이어지다 |

✎ 意味　부모나 선조로부터 혈통이나 체질, 재능을 이어받는 것.

🔍 用例
A 私、本当のお父さん違うでしょ?
　お父さんとは、顔がぜんぜん似てないもん。
B 何を言ってるの。血がつながった本当のお父さんですよ。

A 내 진짜 아빠는 따로 있지? 아빠랑은 전혀 안 닮았잖아!
B 어머, 무슨 그런 말을! 핏줄이 이어진 진짜 아빠라구요.

同義語　血を引く ★★★　　血を受ける ★★　　血を受け継ぐ ★★

416 　血を引く　핏줄을 잇다. 재능을 이어받다

| 시험 ★★☆
회화 ★★★ | ・血 피. 핏줄　・引く ① 끌다. 당기다 ② 이어받다　→　핏줄을 이어받다 |

✎ 意味　부모나 선조로부터 혈통이나 체질, 재능을 이어받는 것.

🔍 用例
A あなたは、お父さんの血を引いているんだから、
　やればできる子なのよ。(＝お父さんと血がつながって)
B 自分なりに一生懸命やってるけど…。本当に、お父さんの子かな…?

A 너는 아버지의 피를 이어받았기 때문에 하면 되는 아이야.
B 제 나름대로 열심히 하고 있는데…. 정말 아버지 딸 맞을까요?

同義語　血がつながる ★★★　　血を受ける ★★　　血を受け継ぐ ★★

417 　血で血を洗う　골육상쟁하다. 피를 피로 씻다

| 시험 ★★☆
문장 ★★★ | ・血 피　・洗う 씻다　→　피로 피를 씻다 |

✎ 意味　① 같은 혈족끼리 서로 다투며 싸우는 것. ② 살상에 대하여 살상으로 보복하는 것.

🔍 用例
① 血で血を洗うような戦いは、起こらないようにしなければならない。
　골육상쟁의 싸움은 일어나지 않도록 해야 한다.

② 戦争なんて血で血を洗う地獄のようなものだ。
　전쟁 같은 건, 피를 피로 씻는 지옥 같은 것이다.

418 血と汗の結晶 피와 땀의 결정

시험 ★★☆
문장 ★★★

• 血 피 • 汗 땀 • 結晶 결정 → 피와 땀의 결정

✎ 意味　부단한 노력과 인내가 이뤄 낸 빛나는 성과.

🔍 用例　私の血と汗の結晶である作品を多くの方に見ていただきたい。

내 피와 땀의 결정인 작품을 많은 분들에게 보여 주고 싶다.

419 血となり肉となる 피가 되고 살이 되다

시험 ★★☆
문장 ★★★

• 血 피 • 肉 살 → 피도 되고 살도 된다

✎ 意味　① 음식이 잘 흡수되어 양분이 되는 것.
② 견문과 경험이 나중의 생활에 도움이 되어 자신에게 득이 되는 것을 비유.

🔍 用例　① 毎日の食事が血となり肉となるので、ちゃんとしたものを食べた
いものだ。

날마다 하는 식사가 피와 살이 되므로 제대로 된 것을 먹고 싶다.

② 今は辛いが、将来血となり肉となるならば、努力は惜しまない。

지금은 힘들지만 앞으로 피와 살이 된다면 노력이 아깝지 않다.

420 血に飢える 피에 굶주리다

시험 ★★☆
문장 ★★☆

• 血 피 • 飢える 굶주리다 → 피에 굶주리다

✎ 意味　사람을 죽이고 싶다는 충동을 억누를 수가 없는 모양.

🔍 用例　一連の殺人事件は、血に飢えた犯人の犯行としか思えないほど残虐だ。

일련의 살인 사건은 피에 굶주린 범인의 범행으로밖에는 생각되지 않을 정도로 잔혹했다.

421 血の雨を降らす 많은 사상자를 내다. 큰 유혈 사태를 일으키다

시험 ★★☆
문장 ★★☆

• 血 피 • 雨 비 • 降らす 내리게 하다 → 피로 된 비를 내리게 하다

✎ 意味　싸움이나 유혈 사태 등으로 사상자가 많이 나는 것.

🔍 用例　血の雨を降らすような事件を聞くたびに心が痛む。

큰 유혈 사태 소식을 들을 때마다 마음이 아프다.

422 血の通った
_ち _{かよ}

피가 흐르는. 살아 있는. 인간적인. 인간미 있는

시험 ★★☆
회화 ★★★

· **血** 피 · **通った** 통한 · **通う** ① 다니다. 왕래하다 ② 통하다. 상통하다 → **피가 통한**

✎ 意味 ① 피가 흐르는 것. 살아 있는 것을 의미. ② 형식적, 사무적이 아닌 인간미가 느껴지는 것.

🔍 用例 ① 私たちは機械ではありません。血の通った人間です。

우리들은 기계가 아니에요. 살아 있는 인간이라고요.

② 私たちは機械ではないので、血の通った対応を望んでいる。

우리는 기계가 아니므로 인간적인 대우를 바란다.

423 血の気が多い
_ち _け _{おお}

혈기가 왕성하다

시험 ★★☆
회화 ★★★

· **血の気** ① 핏기 ② 혈기 · **多い** 많다 → **혈기가 많다**

✎ 意味 활력이 넘쳐 조그만 일에도 욱하고 과격한 언동을 하는 모양.

🔍 用例 A また喧嘩したの? 本当に血の気が多いよね。

B 僕じゃなくて、相手が喧嘩を仕掛けてきたんだよ。

A 또 싸운 거야? 정말 혈기가 왕성하다니까.

B 내가 아니라 상대가 시비를 걸어왔어.

· **仕掛ける** (시비 등을) 걸다

424 血の涙
_ち _{なみだ}

피눈물. 혈루

시험 ★☆☆
회화 ★★★

· **血** 피 · **涙** 눈물 → **피의 눈물**

✎ 意味 눈물이 말라 피가 나올 만큼 슬픔을 비유.

🔍 用例 事故で子どもを亡くした悲しみに、母は血の涙を流した。

사고로 아이를 잃은 슬픔에 엄마는 피눈물을 흘렸다.

425 血の滲むよう
_ち _{にじ}

피나는. 피맺히는

시험 ★★☆
회화 ★★★

· **血** 피 · **滲む** 번지다. 스미다. 배다 · **よう** 듯 → **피가 배는 듯**

✎ 意味 엄청난 고생이나 노력을 한 모양.

🔍 用例 血の滲むような努力をして、彼は医者になった。

피나는 노력을 하여 그는 의사가 되었다.

同義語 血の出るよう ★★

426 血の巡りが悪い 혈액 순환이 안 좋다. (머리) 회전이 안 좋다

시험 ★★☆
회화 ★★★

· 血の巡り ① 혈액 순환 ② 사물을 이해하는 힘. 두뇌의 회전 · 悪い 나쁘다
→ 혈액 순환, 두뇌의 회전이 나쁘다

意味 ① 혈액 순환이 안 좋은 모양. ② 머리 회전이 나쁜 모양. 머리가 둔하고 이해력 등이 느린 것.

用例 ① 私は昔から冷え性で、血の巡りが悪い。 · 冷え性 몸이 냉한 체질

예전부터 나는 냉한 체질이라 혈액순환이 좋지 않다.

② 何度言っても分からない人は本当に頭の血の巡りが悪いと思う。

몇 번을 얘기해도 모르는 사람은 정말로 머리 회전이 나쁘다고 생각한다.

427 血は争えない 핏줄은 속일 수 없다

시험 ★★☆
회화 ★★★

· 血 피＝血筋 핏줄 · 争えない (증거가 되는 것이 있어서) 부정할 수 없다. 숨길 수 없다. 속일 수 없다
→ 핏줄은 숨길 수 없다

意味 자식이 부모를 닮는 경우에 사용하는 것으로, 핏줄이 강해서 감추려고 해도 감출 수가 없다는 의미.

用例 A 私、両親と同じように学校の先生になったの。

B そうか。やっぱり、血は争えないのかな。

A 난 우리 부모님처럼 교사가 됐어.　　B 그래? 역시 피는 못 속이나 봐!

428 血も涙もない 피도 눈물도 없다. 인정사정도 없다

시험 ★★☆
회화 ★★★

· 血 피 · 涙 눈물 · ない 없다 → 피도 눈물도 없다

意味 인정사정도 없이 아주 냉혹한 모양.

用例 A 千円貸して! すごい困ってるのよ。お願い。

B ごめん、あなたに貸すお金はないわ。

A あなたって、血も涙もないの?

A 천 엔만 빌려주라! 정말 곤란해서 그래. 부탁해.

B 미안, 너한테 빌려줄 돈은 없어!

A 넌 정말 매정하구나.

429 血沸き肉踊る 피 끓고 힘이 넘치다. 용기가 솟구치다

시험 ★★☆
문장 ★★★

· 血 피 · 沸き 끓음 · 肉 살. 근육 · 踊る 춤추다 → 피 끓고 근육이 춤추다

意味 기분이 고조되고 온몸에 힘으로 충만한 느낌. 대단히 흥분하는 것.

用例 買い物好きのおば様達は、血沸き肉躍るおもいでバーゲンセールを待っている。(=非常に興奮する)

쇼핑을 좋아하는 아줌마들은 기분이 업되어 바겐세일을 기다리고 있다.

430 血を吐く思い 죽고 싶은 심정. 말 못할 고통

시험 ★☆☆ 문장 ★★★	・血 피 ・吐く 토하다 ・思い 기분. 느낌. 마음 → 피를 토하는 심정
✎ 意味	참을 수 없이 괴로운 심정으로 어쩔 수 없이 무언가를 하는 모양.
🔍 用例	毎日、血を吐く思いで嫌いな仕事をし続けた。 매일 죽고 싶은 심정으로 싫은 일을 계속했다.

431 血を見る 피를 보다. 유혈 사태를 내다

시험 ★☆☆ 회화 ★★★	・血 피 ・見る 보다 → 피를 보다
✎ 意味	싸움이나 폭력 등으로 사상자를 내게 되는 것.
🔍 用例	静かな町で、突然血を見る事件が起きた。 조용한 마을에서 갑자기 유혈 사건이 일어났다.

432 血を分ける 피를 나누다. 혈연관계다

시험 ★☆☆ 회화 ★★★	・血 피 ・分ける 나누다 → 피를 나누다
✎ 意味	피를 나눈 부모 자식, 형제 사이라는 의미.
🔍 用例	血を分けた兄弟なのに、ここ数年口も利いたことがないほど仲が悪い。 피를 나눈 형제인데 요 몇 년간 말을 섞지 않을 만큼 사이가 나쁘다.

433 血気に逸る 객기를 부리다

시험 ★☆☆ 문장 ★★★	・血気 혈기 ・逸る 마음이 앞서다. 초조해하다 → 혈기에 마음이 앞서다
✎ 意味	혈기로 과격한 행동을 하려 하는 것.
🔍 用例	若いころは血気に逸って、よくけんかしたものだ。 젊을 때는 객기를 부려 자주 싸움을 하곤 했다.

434 血相を変える 안색이 바뀌다. 표정이 바뀌다

시험 ★☆☆ 회화 ★★★	・血相＝顔色 혈상. 안색. 낯빛 ・変える 바뀌다 → 안색이 바뀌다
✎ 意味	놀람이나, 화 등으로 표정이나 안색이 바뀌는 것.
🔍 用例	学生時代の秘密をばらされた友子は、血相を変えて怒った。 학창 시절의 비밀을 폭로당한 토모코는 안색이 바뀌며 화를 냈다.

・ばらす 폭로하다

신체 관용어
생활 관용어
속담 · 격언
고사성어
사자성어

435 肩が軽くなる 짐을 벗어 어깨가 가벼워지다

시험 ★★☆
회화 ★★★

• 肩 어깨 • 軽くなる 가벼워지다 → 어깨가 가벼워지다

✎ 意味　어깨의 뻐근함이 풀린다는 것에서, 무거운 짐이나 부담으로부터 벗어나 가벼워지는 것.

🔍 用例　A 最近、顔が明るくなりましたね。

B そうですか? いろいろと心配事がなくなって、肩が軽くなったからだ と思いますよ。

同義語　肩の荷が下りる ★★★

A 요즘 얼굴이 환해졌네요.

B 그렇게 보이나요? 여러 가지 걱정거리가 없어지니까 어깨가 가벼워져서 그런 걸 겁니다.

436 肩の荷が下りる 어깨의 짐을 내리다. 부담을 덜다

시험 ★★★
회화 ★★★

• 肩の荷 어깨의 짐 • 下りる 내리다. 내려오다 → 어깨의 짐을 내리다

✎ 意味　부담을 느끼던 일에 대한 책임이나 의무 등이 반감되어 마음이 편해지는 것.

🔍 用例　息子が大学を卒業して、ようやく私も肩の荷が下りた。

아들이 대학을 졸업해서 이제야 나도 한시름 놓을 수 있다.

同義語　肩が軽くなる ★★★　　他動詞　肩の荷を下ろす ★★★

437 肩が凝る 어깨가 결리다. 경직되다

시험 ★★★
회화 ★★★

• 肩 어깨 • 凝る ① 엉기다. 응고하다 ② 근육이 뻐근하다 → 어깨가 뻐근하다

✎ 意味　① 어깨가 결린 것. 어깨가 뻐근한 것. ② 극도로 긴장해서 어깨가 뻐근해지는 것.

🔍 用例　① 勉強のしすぎで肩が凝って痛い。② 先生と話をしていると肩が凝る。

① 공부를 너무 많이 해서 어깨가 결리고 아프다. ② 선생님과 이야기를 하고 있으면 (왠지) 경직된다.

同義語　肩が張る ★★

438 肩で息をする 어깨를 헐떡거리다

시험 ★☆☆
회화 ★★★

• 肩 어깨 • 息をする 숨을 쉬다 → 어깨로 숨을 쉬다

✎ 意味　어깨를 들썩거리며 가쁜 숨을 몰아 쉬는 것에서, 괴로운 듯이 숨을 쉬는 모양.

🔍 用例　マラソンでゴールした選手が苦しそうに肩で息をしている。

마라톤에서 골인한 선수가 힘겨운 듯 어깨를 헐떡거리고 있다.

439 肩で風を切る　기세등등하게 걷다. 으스대며 걷다

かた　かぜ　き

시험 ★★☆
회화 ★★★

・肩 어깨　・風を切る 바람을 가르다. (탈것, 화살 등이) 기세 좋게 나아가다　→　**어깨로 바람을 가르다**

かた　　　　かぜ　き

✎ 意味　가슴이나 어깨를 꼿꼿하게 세우고 뽐내면서 걷거나, 잘난 듯이 위세 당당한 모습.

🔍 用例　**優勝した力士が肩で風を切って花道を引き上げていく。**
ゆうしょう　　りきし　　かた　かぜ　き　　　はなみち　ひ　あ

우승한 스모 선수가 환호를 받으며 대기실로 걸어간다.

・花道を引き上げる 경기를 마치고 환호를 받으며 대기실로 돌아가는 길(통로)을 걸어가는 것.
はなみち　ひ　あ
・花道 ① 스모 선수가 대기실에서 경기장으로 드나드는 길 ② 화려하게 활약하는 장면. 마지막 장면
はなみち

440 肩にかかる　어깨에 걸려 있다. 어깨에 달려 있다

かた

시험 ★★☆
회화 ★★★

・肩 어깨　・かかる 걸리다　→　**어깨에 걸리다**

かた

✎ 意味　무거운 책임이나 부담을 짊어지지 않으면 안 되는 상황에 놓인 것.

🔍 用例　**私たちの生活は、すべて父の肩にかかっている。**
わたし　　　　せいかつ　　　　　　　　ちち　かた

우리의 생활은 모두 아버지의 어깨에 달려 있다.

同義語 **双肩にかかる** ★　・双肩にかかる 양 어깨에 달리다
そうけん　　　　　　　　　　　　そうけん
・双肩 ① 양쪽 어깨 ② 책임이나 의무를 짊어질 때 쓰는 말
そうけん

441 肩を怒らす　위압적인 태도를 보이다

かた　いか

시험 ★★☆
회화 ★★☆

・肩 어깨　・怒らす 성나게 하다. 화나게 하다　→　**어깨를 화나게 하다**

かた　　　　いか

✎ 意味　어깨를 치켜세워 솟아오른 모양에서, 상대를 위압하는 태도를 보이는 것.

🔍 用例　**部長は肩を怒らして、部下の責任を追及している。**
ぶちょう　かた　いか　　　　　ぶか　せきにん　ついきゅう

부장은 위압적인 태도로 부하의 책임을 추궁하고 있다.

442 肩を入れる　밀어주다. 원조하다. 후원하다

かた　い

시험 ★☆☆
회화 ★★☆

・肩 어깨　・入れる 넣다. 끼워 넣다　→　**어깨를 넣다**

かた　　　　い

✎ 意味　짐을 같이 들기 위해서 어깨를 넣는다는 것에서, 힘을 보태거나 협력해서 밀어주는 것.

🔍 用例　**お気に入りの舞妓さんに肩を入れている。**(＝援助して)
き　い　　　まいこ　　　　かた　い　　　　　　　えんじょ

마음에 드는 마이코(어린 게이샤)를 밀어주고 있다.

同義語 **肩入れをする** ★★★　・舞妓 기녀 중에서 술자리 등에서 춤추는 소녀를 지칭하는 말
かたい　　　　　　　　　　　　まいこ

443 肩を落とす かた お 어깨를 늘어뜨리다. 낙담하다

시험 ★★★
회화 ★★★

・肩 어깨 ・落とす (위에서 아래로) 떨어뜨리다 → 어깨를 떨구다

✎ 意味 힘이 빠져서 어깨를 떨군다는 것에서, 실망하여 어깨에 힘이 빠지는 모양.

🔍 用例 **大事な人を失い、すっかり肩を落としている。**(=落胆して)
소중한 사람을 잃고 완전히 낙담하고 있다.

444 肩を貸す かた か 도움을 주다. 원조하다

시험 ★★☆
회화 ★★★

・肩 어깨 ・貸す 빌려주다. 사용하게 하다 → 어깨를 빌려주다

✎ 意味 함께 짊어진다는 것에서, 어려운 상황에 처한 사람에게 도움을 주거나 원조하는 것.

🔍 用例 **私が弱気になったとき、肩を貸してくれたみなさん、本当にありがとうございました。**(=助けて)
제가 맘이 약해졌을 때 도와주신 여러분, 정말 감사드립니다.

445 肩をすくめる かた 어깨를 으쓱이다

시험 ★★☆
회화 ★★★

・肩 어깨 ・すくめる=すぼめる 움츠리다 → 어깨를 움츠리다

✎ 意味 턱을 아래로 숙이고 어깨를 들썩이는 동작에서, 잘 모르겠다거나 어처구니없어 하며 어깨를 으쓱이는 모양.

🔍 用例 **彼女は、分からないという様な表情で肩をすくめた。**
그녀는 알 수 없다는 표정으로 어깨를 으쓱했다.

いたずらを注意されて、恥ずかしそうに肩をすくめた。
장난친 걸 주의받고는 부끄러운 듯이 어깨를 으쓱했다.

446 肩を並べる かた なら 어깨를 견주다. 어깨를 나란히 하다

시험 ★★★
회화 ★★★

・肩 어깨 ・並べる 죽 늘어놓다. 줄지어 놓다 → 어깨를 죽 늘어놓다

✎ 意味 같은 정도의 힘이나 지위를 가지고 대등한 위치에서 맞서는 것.

🔍 用例 **高校生になって、プロの選手と肩を並べるほどうまくなった。**
고등학생이 되더니 프로 선수와 어깨를 견줄 만큼 좋아졌다. (=ほぼ同じくらい)

447 肩を持つ 편들다. 역성들다

시험 ★★★ 회화 ★★★	• 肩 어깨 • 持つ ① 들다 ② 맡다. 담당하다. 부담하다 → **어깨를 부담하다**

✎ 意味 　대립하고 있는 사람의 한쪽 편만을 드는 것.

🔍 用例 　私たちが兄弟げんかしたとき、母はどちらの肩も持ってくれない。

우리가 형제끼리 싸울 때, 엄마는 누구 편도 들어주지 않으신다. 　(=味方になって)

いつも弱い者の肩を持つことにしている。

언제나 약한 사람 편을 들려고 한다.

448 肩書きが物を言う 사회적 지위가 힘을 발휘한다. 직함이 행세하다

시험 ★★★ 회화 ★★★	• 肩書き ① (명함, 서류 등에서) 이름 옆에 적은 직함 ② (변하여) 사람의 지위, 신분, 칭호 등 • 物を言う ① 입을 열다 ② 행세하다. 증명하다. 효력이나 효과가 나타나다 → **그 사람의 지위가 행세하다**

✎ 意味 　그 사람의 사회적 지위나 학력이 영향력을 발휘하는 모양.

🔍 用例 　昔は、実力よりも肩書きが物を言う社会だったが、最近では、
実力があれば肩書きなんて関係ない。

예전엔 실력보다 명패를 따지는 사회였지만, 요즘은 실력만 있다면 직함 따위 상관없다.

449 肩書きが良い 경력이 훌륭하다

시험 ★★☆ 회화 ★★☆	• 肩書き ① (명함, 서류 등에서) 이름 옆에 적은 직함 ② (변하여) 사람의 지위, 신분, 칭호 등 • 良い = いい 좋다 → **경력이 훌륭하다**

✎ 意味 　사회적 지위나 학력이 훌륭함.

🔍 用例 　フリーランスで仕事をするときは、肩書きが良いほうが有利だ。

프리랜서로 일할 때는 경력이 화려한 편이 유리하다.

450 肩透かしを食う 골탕을 먹다. 헛물켜다

시험 ★★★ 회화 ★★★	• 肩透かし ① 스모에서 밀고 나오는 상대를 피해 어깨를 잡고 앞으로 쓰러뜨리는 것 ② 상대의 힘이나 기세를 피하여 김을 뺌 • 食う = 食らう (공격이나 피해 등을) 받다. 입다 → **김이 빠지다**

✎ 意味 　애쓴 보람이 없이 헛일로 되는 것.

🔍 用例 　期待して見に行った映画だったのに、肩透かしを食う形となった。

기대하고 보러 간 영화였는데 헛물만 켠 결과가 되었다.

同義語 肩透かしを食らう ★★★

451 肩肘張る   어깨에 힘이 들어가다
かたひじ は

시험 ★★☆
회화 ★★★
· **肩肘** 어깻죽지. 한쪽 팔꿈치 · **張る** 팔꿈치, 어깨 등을 내밀거나 펴거나 하다
→ 어깻죽지를 내밀다

✎ 意味   무리해서 어깻죽지에 힘이 들어가는 것에서, 긴장해서 딱딱한 태도를 취하는 것.

🔍 用例   A 大勢の前に出るのは、本当に緊張しますね。

B そんなに肩肘を張らないでリラックスして発表してください。

A 많은 사람들 앞에 서는 건 정말 긴장되는군요.
　　　　　　　　　　　　　　　　　　　　　　　　（＝気負わないで）
B 그렇게 어깨에 힘주지 말고 편안한 마음으로 발표하세요.

· **気負う** (훌륭히 해내려고) 분발하다. 강한 의욕을 보이다

452 肩肘を張って生きる   죽기 살기로 살다
かたひじ　　は　　　　い

시험 ★☆☆
회화 ★★★
· **肩肘** 어깻죽지. 한쪽 팔꿈치 · **張る** 팔꿈치, 어깨 등을 내밀거나 펴거나 하다 · **生きる** 살다
→ 어깻죽지를 펴며 살다

✎ 意味   적극적인 자세로 살아가는 것. 「**肩肘を張って生きてきた 죽기 살기로 살아왔다**」로 자주 씀.

🔍 用例   幼いころ両親を事故で亡くした私は、一人肩肘を張って生きてきた。

어릴 때 부모님을 사고로 여읜 나는 혼자서 죽기 살기로 살아왔다.

453 肩身が狭い   주눅 들다. 떳떳하지 못하다. 창피하다
かた み　　せま

시험 ★★★
회화 ★★★
· **肩身** 어깨와 몸통 · **狭い** 좁다 → 어깨가 좁다

✎ 意味   주위 사람이나 세상 사람들에 대해 부끄럽고 모자란 느낌을 받는 모양.

🔍 用例   豪華パーティーに普段着で行ってしまい、肩身がせまかった。

호화 파티에 평상복으로 가서 주눅이 들었다(기죽었다).
　　　　　　　　　　　　　　　　　　　　（＝引け目を感じた）

会社で高卒なのは私一人で、肩身の狭い思いをした。

회사에서 고졸은 나 혼자라서 주눅이 들었다.

同義語 **ばつが悪い** ★★   **いたたまれない** ★★

· **豪華パーティー** 호화 파티 · **普段着** 평상복 · **引け目を感じる** 열등감을 느끼다
· **引け目** (상대에 대한) 주눅. 열등감

454 胸が痛む 가슴이 아프다. 몹시 슬프다

시험 ★★☆ 회화 ★★★	• 胸 むね 가슴 • 痛む いた 아프다 → 가슴이 아프다

✎ 意味　슬픔이나 걱정 등으로 가슴 아파하는 것.

🔍 用例
A 恵まれない子供たちをテレビで見ると、胸が痛まない?

B うん。だからあんまりそういうテレビは見ないことにしてるの。

A 텔레비전 같은 데서 가엾은 아이들을 보면 가슴이 아프지 않아?

B 응. 그래서 되도록 그런 프로는 안 보려고 해.

同義語 心が痛む ★★★	• 恵まれる 좋은 환경, 기회, 재능 등이 주어지다. 모자람이 없다

455 胸を痛める 몹시 걱정하다

시험 ★★☆ 회화 ★★★	• 胸 むね 가슴. 마음 • 痛める いた (정신적으로) 고통을 주다. 상심하게 하다 → 마음을 상심하게 하다

✎ 意味　몹시 걱정하는 모양.

🔍 用例
子供が苦しそうにしているのを見て、母親は胸を痛めている。

아이가 힘들어 하고 있는 것을 보고 (아이) 엄마가 몹시 걱정한다.

同義語 心を痛める ★★★

456 胸が一杯になる 가슴이 벅차다. 가슴이 울컥하다

시험 ★★☆ 회화 ★★★	• 胸 むね 가슴 • 一杯 いっぱい 가득 차다. 가득하다 • になる ~이(가) 되다 → 가슴이 가득 차게 되다

✎ 意味　감격, 기쁨, 슬픔, 분노 등을 억누르지 못하고 어찌할 줄 몰라 하는 모양.

🔍 用例
A 私、卒業式って胸がいっぱいになっちゃうからあんまり好きじゃない

んだよね。

B へぇ。私は逆に卒業できることのうれしい気持ちしかないな。

A 난 졸업식은 가슴이 울컥해져서 별로야.

B 어~ 정말? 난 오히려 졸업할 수 있게 돼서 기쁘기만 한데.

同義語 胸が詰まる ★★★

457 胸がつかえる 가슴이 메다

시험 ★★☆
회화 ★★★

· 胸 가슴 · つかえる 막히다. 메다 → 가슴이 메다

✎ 意味　① 먹을 것이 도중에 걸리는 것. ② 슬픔이나 걱정 등으로 가슴이 메듯이 괴롭게 되는 것.

🔍 用例　① 何か食べるたびに胸がつかえる感じがするので、病院に行ってこようかと思う。

뭔가 먹을 때마다 속이 답답한 느낌이 들어 병원에 가 볼까 해.

② 去年亡くなった父の写真を見て胸がつかえた。

작년에 돌아가신 아버지의 사진을 보고 가슴이 메었다.

458 胸のつかえが下りる 답답한 가슴이 뚫리다

시험 ★★☆
회화 ★★★

· 胸 가슴 · つかえ 가슴이 답답한 증세 · 下りる 내리다. 내려가다 → 가슴에 체증이 내려가다

✎ 意味　마음속의 근심과 걱정이 사라지는 모양.

🔍 用例　A 昨日旦那に自分の思ってることをすべて話したの。

B それじゃ、今までの胸のつかえが下りたんじゃない?

A 어제 남편에게 내가 품고 있던 생각들을 죄다 말했어.

B 그럼, 지금껏 답답했던 게 뻥 뚫렸겠네?

１０年前の事件について、友達に本当のことを打ち明けて、

やっと胸のつかえが下りた。

10년 전의 사건에 대해 친구에게 사실을 털어놓고 이야기하고 나니, 답답했던 가슴이 겨우 풀렸다.

· 打ち明ける 숨김없이 이야기하다. 털어놓고 이야기하다

459 胸が張り裂ける 가슴이 찢어지다

시험 ★★☆
회화 ★★★

· 胸 가슴 · 張り裂ける 부풀어 터지다 → 가슴이 터지다

✎ 意味　슬픔이나 증오로 가슴이 터질 것 같은 기분을 느끼는 모양.

🔍 用例　大好きな人が亡くなって、胸が張り裂けるおもいだ。

정말 좋아했던 사람이 세상을 떠나서 가슴이 찢어지는 것만 같다.

同義語 胸が裂ける ★★★　　胸が潰れる ★★

460　胸がむかむかする　속이 메슥거리다. 화가 치밀어 오르다

시험 ★★☆
회화 ★★★

• 胸 가슴　• むかむかする ① 메슥거리다 ② 울컥 화가 치밀어 오르다
→ 가슴이 메슥하다. 가슴에 울컥 화가 치밀어 오르다

✎ 意味
① 입덧, 뱃멀미 등으로 속이 메슥거리는 모양.
② 마음 깊은 곳에서부터 화가 치밀어 오르는 모양.

🔍 用例

① つわりが始まったのか、冷蔵庫のドアを開けるたびに胸がむかむかする。

입덧이 시작되었는지, 냉장고 문을 열 때마다 속이 울렁거린다.

② 夫が浮気しているという話を聞いて、本当に胸がむかむかする。

'남편이 바람피운다'는 소리 들으니, 정말로 화가 치밀어 오른다.

461　胸が焼ける　속이 안 좋다. 속이 쓰리다. 속이 느끼하다

시험 ★☆☆
회화 ★★☆

• 胸 가슴　• 焼ける (불)타다　→ 가슴이 타다

✎ 意味
속에 불이 나는 것처럼 느끼는 것에서, 속이 쓰리거나 쑤시고 아픈 모양.

🔍 用例

A なんで、そんな辛そうな顔してるの? 具合でも悪い?
B 昨日、食べすぎちゃって胸が焼けるようなんだよ。

A 왜 그렇게 힘들어 보여? 어디 안 좋아?
B 어제 과식해서 속이 안 좋아서 그래.

同義語 胸焼けがする ★★★

462　胃がもたれる　체하다. 속이 거북하다

시험 ★☆☆
회화 ★★★

• 胃 위　• もたれる ① 기대다. 의지하다 ② 체하다. 트릿하다. 거북하다　→ 위가 거북하다

✎ 意味
많이 먹거나 해서 소화가 잘 되지 않고 속이 답답한 느낌.
「胃もたれ 속이 거북함. 속이 체한 듯함」으로도 자주 사용.

🔍 用例

バイキングで食べ過ぎちゃって胃がもたれている。

뷔페에서 많이 먹어서 체했다.

最近胃の調子が悪くて、少し食べるだけで胃もたれするんだ。

요즘 위 상태가 안 좋아서 조금만 먹어도 속이 거북해.

463 胸が晴れる 마음이 개운해지다. 가슴이 후련해지다

시험 ★★☆
회화 ★★★

• 胸 가슴. 마음 • 晴れる 맑아지다 → 가슴이 맑아지다

✎ 意味 가슴에 응어리나 걱정 등이 없어져 상쾌해지는 모양.

🔍 用例 近所で起きていた放火事件の犯人が捕まって胸が晴れる思いだ。

이웃에서 일어난 방화 사건의 범인이 잡혀서 마음이 푹 놓인다. (=胸がすっとする)

同義語 胸がすく ★★ • 胸がすっとする 가슴이 후련하다 • すっと 상쾌해지다. 개운해지다
• 胸がすく 기분이 상쾌하다

464 胸に納める 마음속에 간직하다

시험 ★★☆
회화 ★★★

• 胸 가슴 • 納める＝収める 넣다. 담다 → 가슴에 담다

✎ 意味 보고 들은 것이나 느낀 것을 누구에게 말하지 않는 것.

🔍 用例 今まで見たことは、絶対に口外せず、君の胸に納めておいてくれ。

지금까지 본 것은 절대 발설하지 말고 니 가슴에 묻어 둬. (=胸にしまって·心にしまって·秘密にして)

同義語 腹に収める ★★ • 口外 입 밖에 냄. 발설

465 胸に刻む 가슴에 새기다

시험 ★★★
회화 ★★★

• 胸 가슴 • 刻む (가슴속 깊이) 새기다. 명심하다 → 가슴에 새기다

✎ 意味 가슴에 확실하게 넣어 두는 것.

🔍 用例 高校卒業のときの先生の言葉をずっと胸に刻んで生きてきた。

고등학교 졸업할 때 선생님이 해 주신 말씀을 가슴속 깊이 새기며 살아왔다.

466 胸に迫る 감동이 밀려오다. 가슴에 울리다

시험 ★★☆
회화 ★★★

• 胸 가슴 • 迫る 다가오다 → 가슴에 다가오다

✎ 意味 강한 감동이 몰려오는 것.

🔍 用例 先週見たドキュメンタリー映画は、非常に胸に迫るものがあった。

지난주에 본 다큐멘터리 영화는 정말로 감동적이었다.

467 胸に手を置く 가슴에 손을 얹다

| 시험 ★★☆ | ・胸 가슴 ・手 손 ・置く 놓다. 두다 → 가슴에 손을 놓다 |
| 회화 ★★★ | |

✎ 意味 마음을 가라앉히고 곰곰이 생각하는 것.

🔍 用例
A 今まで自分がしてきたことがどんなことなのかもう一度考えてみろ。
B はい。自分が犯した罪の数々を、もう一度胸に手を置いて考えてみます。

A 지금까지 자신이 해 온 일이 어떤 것이었는지 다시 한 번 생각해 봐.
B 네. 제가 저지른 죄 하나하나를 다시 한 번 가슴에 손을 얹고 생각해 보겠습니다.

同義語 胸に手を当てる ★★

468 胸に秘める 가슴에 담아 두다

| 시험 ★☆☆ | ・胸 가슴 ・秘める 감추다. 숨기다 → 가슴에 감추다 |
| 회화 ★★★ | |

✎ 意味 누구에게도 말하지 않고 혼자서 간직하는 것.

🔍 用例
A もしかして、今胸に秘めてる人がいるでしょ。
B え! なんで分かっちゃったの。実は、好きな人がいるんだ。

A 혹시 너, 지금 남몰래 좋아하는 사람 있지?
B 어머나! 어떻게 알았어? 실은 좋아하는 사람이 있거든.

469 胸を打つ 가슴이 뭉클하다. 심금을 울리다

| 시험 ★★★ | ・胸 가슴 ・打つ ① 치다. 때리다 ② 강한 자극, 충격, 감동을 주다 → 가슴을 울리다 |
| 회화 ★★★ | |

✎ 意味 강하게 감동시키는 모양.

🔍 用例
一生懸命に子供を育てようとする動物を見るたびに胸を打たれる。
열심히 새끼를 키우려는 동물을 볼 때마다 가슴이 뭉클하다.

同義語 心を打つ ★★★

470 胸を躍らせる 가슴을 두근거리게 하다. 가슴을 설레게 하다

| 시험 ★☆☆ | ・胸 가슴 ・躍らせる 뛰게 하다. 들뜨게 하다 → 가슴을 들뜨게 하다 |
| 회화 ★★★ | |

✎ 意味 기쁨이나 기대 등으로 가슴을 설레게 하는 모양.

🔍 用例
春は新しい生活の始まりに胸を躍らせる季節です。
봄은 새로운 생활의 시작으로 가슴을 설레게 하는 계절입니다.

同義語 胸を弾ませる ★★★　　心を弾ませる ★★★

신체 관용어

생활 관용어

속담 · 격언

고사성어

사자성어

471 胸を借りる 힘을 빌리다. 한 수 배우다

시험 ★☆☆
회화 ★★★

・**胸** 가슴 ・**借りる** 빌리다 → 가슴을 빌리다

✎ 意味 스모에서 계급이 높은 선수가 낮은 선수의 연습 상대가 되어 주는 것에서, 실력이 나은 상대와 겨루어 한 수 배우는 것.

🔍 用例 **大先輩の胸を借りて、来週の試合に向けて練習をする。**
대선배의 힘을 빌려, 다음 주 시합에 대비하여 연습을 한다.

相手チームの強さを肌で感じていますが、それでも胸を借りるつもりで頑張りたいです。
상대 팀이 강하다는 것을 피부로 느끼지만, 그래도 한 수 배우는 심정으로 열심히 하려고 합니다.

472 胸を焦がす 애를 태우다. 속을 태우다

시험 ★★☆
회화 ★★★

・**胸** 가슴 ・**焦がす** 태우다. 애태우다 → 가슴을 태우다

✎ 意味 무엇인가를, 특히 이성에 대한 사랑을 애타게 그리는 모양.

🔍 用例 **高校に入学してからずっと憧れの先輩に胸を焦がしている。**
고등학교에 입학하고 줄곧 동경의 대상인 선배 생각에 애를 태우고 있다.

・**憧れ** 동경. 그리움

473 胸を突く 깜짝 놀라다. 가슴이 울컥하다

시험 ★★☆
회화 ★★★

・**胸** 가슴. 마음 ・**突く** 찌르다 → 마음을 찌르다

✎ 意味 ① 갑작스런 사태에 깜짝 놀란 모양. ② 갑작스럽게 그리움이 깊어지는 것.

🔍 用例 ① **彼女は突然の訃報に胸を突かれ、堰を切ったように泣き出した。**
그녀는 갑작스런 부음에 깜짝 놀라 복받쳐 울기 시작했다.

② **故郷の母の面影に胸を突かれ涙がこみ上げてきた。**
고향의 어머니 모습에 가슴이 울컥해 눈물이 복받쳐 왔다.

・**訃報** 사람이 죽었다는 것을 알리는 말이나 글. 부호. 부음
・**堰を切る** 둑을 터뜨리다. 쌓이고 쌓인 감정을 터뜨리다
・**面影** 모습. 모양
・**こみ上げる** 치밀어 오르다. 복받치다

474 胸を撫で下ろす　가슴을 쓸어내리다. 안심하다

시험 ★★★
회화 ★★★

・胸 가슴　・撫で下ろす 쓸어내리다　→　가슴을 쓸어내리다

✎ 意味　걱정 등이 해결되어 안심하는 모양.

🔍 用例　子供が無事だという知らせを聞いて胸を撫で下ろした。

아이가 무사하다는 소식을 듣고 가슴을 쓸어내렸다.　　　　（=ほっとした）

A 大学を卒業する前に就職が決まったよ。

B それはおめでとう。やっと、胸を撫で下ろせたって感じだよね。

A 대학 졸업하기 전에 취직이 결정됐어.

B 진짜 축하해. 이제 좀 안심할 수 있겠네.

---

475 胸を張る　가슴을 펴다. 당당하다

시험 ★★★
회화 ★★★

・胸 가슴　・張る 펴다　→　가슴을 펴다

✎ 意味　가슴을 펴는 자세에서, 자신감 있는 당당한 태도를 보이는 모양.

🔍 用例　A 美術展に出す作品なんだけど、まったく自信がないのよ。

B 大丈夫よ! もっと胸を張っていいと思うよ。（=自信を持って）

A 미술전에 낼 작품인데 자신이 너무 없어.

B 괜찮아! 좀 더 당당하게 생각해도 될 거 같아.

---

476 胸を膨らませる　가슴이 부풀다

시험 ★★☆
회화 ★★★

・胸 가슴　・膨らませる 부풀리게 하다　→　가슴을 부풀리게 하다

✎ 意味　기쁨이나 기대감으로 가득 찬 모양.

🔍 用例　A お宅のお子さん、今年大学に入学するんですよね?

B ええ、そうなんですよ。今、新しい大学生活に胸を膨らませています。（=うきうきして）

A 댁의 자제분이 올해 대학교 입학이죠?

B 네, 맞아요. 지금 새로운 대학 생활에 대한 기대감에 잔뜩 부풀어 있어요.

・お子さん 남의 집 아이를 높여 부르는 말. 자제분　・うきうきする (신이 나서) 들떠 있다

477 胸糞が悪い むなくそ わる 기분이 나쁘다. 속이 뒤집히다

시험 ★★☆
회화 ★★★
・胸糞 むなくそ 가슴. 속. 마음. 기분 ・悪い わる 나쁘다 → 기분이 나쁘다

✎ 意味　무언가 화가 나고 불쾌한 것.

🔍 用例　部長の声を聞いただけで、胸糞が悪くなる。（＝気分が悪くなる）
ぶちょう こえ き むなくそ わる きぶん わる
부장님의 목소리만 들어도 기분이 나빠진다.

478 胸騒ぎがする むなさわ 마음이 불안하다. 안절부절못하다

시험 ★★☆
회화 ★★★
・胸騒ぎ むなさわ 걱정이나 불길한 예감 등으로 가슴이 두근거림 ・する 하다 → 가슴이 두근거리다

✎ 意味　걱정이나 불길한 예감으로 불안한 기분이 되는 것.

🔍 用例　何かが起きるんじゃないかと、胸騒ぎがして仕方ない。
なに お むなさわ し かた
무슨 일이 생기는 것이 아닐까 하고 마음이 불안해서 죽겠다.

同義語 心が騒ぐ ★★
こころ さわ

신체 관용어 >> 肝 きも 간

479 肝が据わる きも す 배짱이 크다. 담력이 크다

시험 ★★☆
회화 ★★★
・肝 きも ① 간 ② 간담. 마음. 담력. 기력 ・据わる す ① 앉다 ② 끄떡하지 않다 → 간이 끄떡하지 않다

✎ 意味　어지간한 일로는 놀라지 않는 모양.

🔍 用例　A ぜんぜん怖くないの？
こわ
　　　B なんで怖いのか良く分からないよ。
こわ よ わ
　　　A 本当に、肝が据わってるよね。（＝度胸がある）
ほんとう きも す どきょう
　　　A 전혀 안 무서워?
　　　B 뭐가 무섭다는 건지 모르겠는데.
　　　A 정말 배짱 하난 두둑하다니까.

同義語 肝が大きい ★★ ・度胸がある 담력이 있다. 배짱이 있다
きも おお どきょう

480 肝が小さい きも ちい 소심하다. 간이 작다

시험 ★★☆
회화 ★★★

• 肝 きも ① 간 ② 간담. 마음. 담력. 기력 • 小さい ちい 작다 → 간이 작다

✎ 意味 겁쟁이에 소심한 모양.

🔍 用例

A 私 わたし 、一人 ひとり で行 い くの嫌 いや だよ。怖 こわ いもん。

B え？何 なに が怖 こわ いのよ。肝 きも が小 ちい さいわね。(=臆病 おくびょう ね)

A 나 혼자 가긴 싫어! 무섭단 말야.

B 뭐라고? 무섭긴 뭐가 무서워. 간은 작아 가지고.

• 臆病 おくびょう 겁이 많음. 또는 그런 사람

481 肝が太い きも ふと 대담하다. 간이 크다

시험 ★☆☆
회화 ★★☆

• 肝 きも ＝肝 きも っ玉 たま ① 간 ② 간담. 마음. 담력. 기력 • 太い ふと ① 굵다 ② 당차다. 대담하다
③ 뻔뻔스럽다. 유들유들하다 → 간이 굵다

✎ 意味 대담한 모양. 뻔뻔스런 모양.

🔍 用例 彼女 かのじょ は、ちょっとのことでは動 どう じないような肝 きも が太 ふと い女性 じょせい だ。

그녀는 웬만한 일에는 꿈쩍도 안 하는 대담한 여성이다.

482 肝に銘ずる きも めい 명심하다. 마음에 새기다

시험 ★★★
회화 ★★★

• 肝 きも 간. 마음 • 銘ずる めい (고어)＝銘じる めい 마음에 깊이 새기다. 명심하다 → 마음에 명심하다

✎ 意味 마음에 새겨 놓고 잊지 않는 것.

🔍 用例 自分 じぶん が、社会人 しゃかいじん であることを肝 きも に銘 めい じて毎日生活 まいにちせいかつ している。

날마다 자신이 사회인임을 명심하며 생활하고 있다. (=心掛 こころ が けて)

483 肝を据える きも す 마음을 단단히 먹다

시험 ★★☆
회화 ★★★

• 肝 きも ① 간 ② 간담. 마음. 담력. 기력 • 据える す ① 자리 잡아 놓다 ② 마음을 단단히 가지다
→ 마음을 단단히 하다

✎ 意味 마음을 다부지게 먹고 각오하는 것.

🔍 用例

A 昨日 きのう 、連絡 れんらく なく外泊 がいはく したから、今日帰 きょう かえ ったら怒 おこ られちゃう…。

どうしよう。

B もう肝 きも を据 す えるしかないって。がんばれ！

A 어제 아무 말 없이 외박해서 오늘 들어가면 혼날 기야…. 이떡히지.

B 마음을 단단히 먹는 수밖에 없지. 잘해 봐!

同義語 腹 はら を据 す える ★★★

484 　肝を潰す　간 떨어지다. 간이 콩알만 해지다

시험 ★★☆
회화 ★★★

・肝 간 ・潰す ① 찌그러뜨리다. 으깨다. 부수다 ② 놀라다 → 간을 찌그러뜨리다

✎ 意味　굉장히 놀라는 모양.

🔍 用例　**運転していたら子供が急に飛び出してきて肝を潰したよ。**
운전하고 있는데 어린이가 갑자기 튀어나와 간이 덜컥 내려앉았어.

A **俺のお父さん、航空会社の社長なんだ。**
B **え? お前、そんな金持ちの息子なの? まじで?**
A **そんな肝を潰したような顔で見るなよ。**

A 우리 아버지 항공사 사장님이야.
B 뭐? 네가 그렇게 부잣집 도련님이었어? 정말?
A 뭘 그렇게 놀란 토끼눈으로 보고 그래. 그러지 마!

同義語 **度肝を抜かれる** ★★★

485 　肝を冷やす　가슴이 철렁 내려앉다

시험 ★★★
회화 ★★☆

・肝 간. 간담 ・冷やす ① 식히다. 차게 하다 ② 서늘해지다. 오싹해지다 → 간담이 서늘해지다

✎ 意味　위험한 상황에 처해 간담이 서늘해지는 모양.

🔍 用例　**自分のすぐ目の前でトラックが横転して、肝を冷やしてしまった。**
내 눈앞에서 트럭이 옆으로 넘어져 가슴이 철렁했다. （＝ぞっとして・ひやりとして）

・**横転する** 횡전하다. 옆으로 넘어지다　・**ぞっとする** 오싹하다. 소름이 끼치다
・**ひやりとする** 오싹하다. 서늘하다. 섬뜩하다

486 　度肝を抜かれる　깜짝 놀라다

시험 ★★☆
회화 ★★★

・**度肝** 간담. 마음　・**度** 강조의 접두사　・**肝** 간　・**抜かれる** 뽑히다　・**抜く** 뽑다. 빼내다
→ 간담을 뽑히다

✎ 意味　예기치 않은 행동에 깜짝 놀라는 것.

🔍 用例　**彼の大胆さには度肝を抜かれた。**（＝驚かされた・たまげた）
그의 대담함에 깜짝 놀랐다.　・**たまげる** 몹시 놀라다

友人の結婚式が超派手で、度肝を抜かれた。
친구의 초호화 결혼식에 깜짝 놀랐다.

同義語 **肝を潰す** ★★★

487 心臓が強い 강심장이다. 뻔뻔스럽다
しんぞう　つよ

시험 ★★☆
회화 ★★☆

• 心臓 심장 • 強い 강하다 → 심장이 강하다
　しんぞう　　　　つよ

✎ 意味　아주 뻔뻔한 사람이나 겁이 없는 사람. 心臓の強い라고도 함.
　　　　　　　　　　　　　　　　　　　　　　　しんぞう　つよ

🔍 用例　あの人は、何があっても驚かない心臓の強い人だ。
　　　　　　ひと　　なに　　　　　　　おどろ　　　しんぞう　つよ　ひと

저 사람은 무슨 일이 있어도 놀라지 않는 강심장이다.

신체 관용어 ≫ 心 마음
　　　　　　　こころ

1. 마음 心の病 마음의 병
　　　こころ　やまい
2. 진심. 정성 心のこもったプレゼント 정성이 담긴 선물
　　　　　　こころ
3. 생각. 속셈 心が変わる 생각이 바뀌다
　　　　　　こころ　か
4. 의사. 뜻 心ならずも 본의 아니게
　　　　　こころ
5. 심정. 기분 彼女の悲しい心をくむ 그녀의 슬픈 심정을 이해하다
　　　　　　かのじょ　かな　こころ
6. 인정. 사려 心ない仕打ち 인정머리 없는 처사
　　　　　　こころ　　しう

---

488 心が動く 마음이 움직이다. 마음이 흔들리다
こころ　うご

시험 ★☆☆
회화 ★★★

• 心 마음 • 動く 움직이다. 이동하다 → 마음이 움직이다
　こころ　　うご

✎ 意味　어떤 것에 의해 마음이 동요되는 것. 관심을 갖게 되는 것.

🔍 用例　A 同僚の男性に食事に誘われたんだけど…。
　　　　　　どうりょう　だんせい　しょくじ　さそ

　　　　B もしかして、心が動いているんじゃないでしょうねぇ…? あんた、
　　　　　　　　　　　こころ　うご

　　　　　彼氏いるじゃん。
　　　　　かれし

A 남자 동료가 밥 한 번 같이 먹자는데….

B 혹시 마음이 흔들리는 거 아니겠지? 너 남자친구 있잖아.

他動詞　心を動かす ★★★
　　　　こころ　うご

---

489 心が通う 마음이 통하다
こころ　かよ

시험 ★★☆
회화 ★★★

• 心 마음. 뜻 • 通う 통하다 → 마음이 통하다
　こころ　　　かよ

✎ 意味　서로 충분히 마음이 맞는 모양.

🔍 用例　A 旦那さんとの結婚のきっかけは何だったんですか?
　　　　　　だんな　　　けっこん　　　　　なん

　　　　B なんだか心が通ってる気がしたのよ。思ってることが似てたのね。
　　　　　　　　　こころ　かよ　き　　　　　おも　　　　　　　に

A 남편분과 결혼하게 된 계기가 뭐예요?

B 왠지 맘이 통하는 느낌이 들어서요. 생각하는 것도 비슷하고.

(=心が通じ合ってる)
　こころ　かよ　あ

490 心がこもる 마음(정성)이 담기다

시험 ★★★
회화 ★★★

- 心 마음 · こもる (감정, 정성 등이) 담기다. 어리다 → **마음이 담기다**

✎ 意味　마음이나 정성이 충분하게 담겨 있는 모양.

🔍 用例　A この前は、ご丁寧に心のこもったお手紙、ありがとうございます。
　　　　B いいえ。こちらこそ、その節はご親切にしていただきまして、
　　　　　ありがとうございました。

A 일전에 보내 주신 정성이 담긴 편지, 정말 감사합니다.
B 아녜요. 저야말로 지난번에 친절을 베풀어 주셔서 감사했습니다.

---

491 心が弾む 마음이 들뜨다

시험 ★★☆
회화 ★★★

- 心 마음 · 弾む ① 튀다 ② (기분이) 들뜨다. 신이 나다 → **기분이 신이 나다**

✎ 意味　기쁨이나 설렘으로 마음이 들뜨는 모양.

🔍 用例　A なんか、うれしい事があるって、顔に書いてあるけど何があるの?
　　　　B 明日から、ハワイ旅行だから、心が弾んでるのよ。

A 뭔가 좋은 일이 있다고 얼굴에 쓰여 있는데, 무슨 일이야?
B 내일부터 하와이 여행이라 맘이 들떠서 그래.

同義語 **胸が弾む** ★★★

---

492 心が乱れる 마음이 흐트러지다. 마음이 불안해지다

시험 ★☆☆
회화 ★★★

- 心 마음 · 乱れる 흐트러지다. 어지러워지다 → **마음이 흐트러지다**

✎ 意味　여러 가지 일로 마음의 평정심을 잃어버리는 모양.

🔍 用例　面接での思わぬ失敗に心が乱れてうまく言葉にできなくなってしまった。

면접에서의 생각지도 못한 실수에 마음이 흐트러져 말을 조리 있게 할 수 없었다.

他動詞 **心を乱す** ★★

---

493 心に浮かぶ 마음속에 떠오르다

시험 ★☆☆
회화 ★★★

- 心 마음 · 浮かぶ 떠오르다 → **마음에 떠오르다**

✎ 意味　문득 생각이 떠오르는 것.

🔍 用例　心に浮かんだ事をメモしておくと、後で役に立つことが多い。

마음속에 떠오르는 것을 메모해 두면 나중에 도움이 될 때가 많다.　(=考え付いた・思い付いた)

494 心に描く 마음에 그리다
こころ　えが

시험 ★☆☆
회화 ★★★
・心 마음 ・描く 그리다 → 마음에 그리다

✎ 意味　기대를 품고 장래의 일을 상상하는 것.

🔍 用例　**夢を心に描いて、それを現実のものにするために邁進します。**
마음속으로 꿈을 그리고 실현하기 위해 매진합니다.

・**邁進** 매진(어떤 일을 온 마음과 온 힘을 다하여 해 나감)

495 心に刻む 가슴에 새기다
こころ　きざ

시험 ★★☆
회화 ★★★
・心 마음 ・刻む 새기다 → 마음에 새기다

✎ 意味　감동 등을 잊지 않도록 마음속에 각인하여 기억하는 것.

🔍 用例　**父の遺言を心に刻んで、毎日生活を送っている。**
아버지의 유언을 마음속으로 명심하며 하루하루를 생활하고 있다.

同義語 **胸に刻む** ★★★

496 心に留める 마음에 담아 두다. 명심하다
こころ　と

시험 ★★☆
회화 ★★★
・心 마음 ・留める 기억하다. 주의하다 → 마음에 기억하다

✎ 意味　소중한 것을 항상 의식하여 잊지 않도록 하는 것.

🔍 用例　**高校のときの恩師に言われた言葉を心に留めている。**
고교 시절 은사님께서 해 주신 말씀을 항상 명심하고 있다.

497 心に残る 기억에 남다
こころ　のこ

시험 ★★☆
회화 ★★★
・心 마음 ・残る 남다 → 마음에 남다

✎ 意味　인상이나 감동 등을 나중까지도 잊을 수 없는 것.

🔍 用例　**父が亡くなる前に一緒に行った旅行が心に残っている。**
아버지 돌아가시기 전에 함께 한 가족 여행이 기억에 남아 있다.

신체 관용어 / 생활 관용어 / 속담·격언 / 고사성어 / 사자성어

498　心にもない　마음에도 없다

시험 ★☆☆ 회화 ★★★	・心 마음 ・ない 없다 → 마음에도 없다

✎ 意味　말로만 할 뿐 본심이 아닌 것. 거짓인 것.

🔍 用例
A 私、あなたの事なんて大嫌いよ。
B そんな、心にもない事いうなよ。(=思ってもいない)

A 난 니가 제일 싫어!
B 그런 맘에도 없는 말 하지 마.

499　心を痛める　마음 아파하다

시험 ★★☆ 회화 ★★★	・心 마음 ・痛める 아프게 하다. 다치게 하다 → 마음을 아프게 하다

✎ 意味　해결할 방법을 몰라 마음속으로 괴로워하는 모양. 슬퍼하는 모양.

🔍 用例
父の突然の悲報に、家族一同心を痛めた。
아버지의 갑작스런 비보에 가족 모두가 가슴 아파했다.

同義語 胸を痛める ★★★

500　心を入れ替える　마음을 고쳐먹다. 심기일전하다

시험 ★★★ 회화 ★★★	・心 마음 ・入れ替える 교체하다. 갈아 넣다 → 마음을 바꾸다

✎ 意味　지금까지 생각했던 것이나 태도가 나빴음을 깨닫고 고치는 것.

🔍 用例
A 突然勉強始めたけど、どうしたの?
B 今日から、心を入れ替えてがんばろうと思って。

A 갑자기 공부를 시작하다니 무슨 일이야?
B 오늘부터 심기일전하려고!

501　心を打つ　감동시키다. 심금을 울리다

시험 ★★☆ 회화 ★★☆	・心 마음 ・打つ 치다. 때리다 → 마음을 때리다

✎ 意味　강하게 감동시키는 모양.

🔍 用例
コンサートで聴いた曲が強く心を打った。
콘서트에서 심금을 울리는 곡을 들었다.

どんなことがあっても決してあきらめない、彼女のひたむきな生き方に心が打たれた。
어떤 일이 있어도 절대 포기하지 않는 그녀의 뜻심 있는 삶의 방식에 감동을 받았다.

同義語 胸を打つ ★★★　　・ひたむき 곧장. 외곬으로

502 心を躍らせる 가슴을 설레게 하다

시험 ★★☆
회화 ★★☆

- **心** 마음 • **躍らせる** 뛰게 하다. 설레게 하다 • **踊る** 가슴이 설레다. 뛰다. 두근거리다
→ 마음을 설레게 하다

✎ 意味 기쁨이나 기대 등으로 가슴 설레는 것.

🔍 用例 **半年ぶりの恋人との再会に、心を躍らせた。** 同義語 **胸を躍らせる** ★★★

반년 만에 사랑하는 사람과 재회하게 되어 가슴이 설렜다.

503 心を鬼にする 마음을 독하게 먹다. 마음을 굳게 먹다

시험 ★☆☆
회화 ★★★

- **心** 마음 • **鬼** ① 도깨비. 귀신 ② 무서운 사람. 무자비한 사람
→ 마음을 냉혹하게 먹다

✎ 意味 ① 안됐다고 생각하면서도 그 사람을 위해 일부러 엄하게 하는 것.
② 어떤 목표를 위해서 일부러 마음을 독하게 먹는 모양.

🔍 用例 ① **子供の将来のために心を鬼にして厳しく対している。**(=冷酷に振舞う)

아이의 장래를 위해 마음을 독하게 먹고 엄하게 대하고 있다.
• **冷酷に振舞う** 냉혹하게 행동하다

② **食べたいものが目の前にあっても、やせるために、**
心を鬼にして我慢する。

음식이 눈앞에 있어도 살을 빼기 위해 마음을 독하게 먹고 참는다.

504 心を砕く 배려하다. 신경 쓰다

시험 ★☆☆
문장 ★★☆

- **心** 마음 • **砕く** 부수다. 깨뜨리다 → 마음을 부수다

✎ 意味 상대방의 입장에서 여러 가지로 신경을 쓰는 것.

🔍 用例 **誰にでも心を砕く事のできる人は、皆に好かれます。**

다른 사람을 배려할 줄 아는 사람은 모두에게 사랑받습니다.

505 心を汲む 마음을 헤아리다

시험 ★☆☆
문장 ★★☆

- **心** 마음 • **汲む** (상대방의 기분, 사정 등을) 헤아리다. 짐작하다 → **마음을 헤아리다**

✎ 意味 타인의 기분이나 마음을 이해해 주려고 하는 모양.

🔍 用例 **人間関係を円滑に保つには、相手の心を汲む事が大切だ。**

인간 관계를 원만하게 유지하려면 상대의 마음을 헤아리는 것이 중요하다.

同義語 **心を汲み取る** ★★★ **気持ちを組む** ★★★

신체
관용어

생활
관용어

속담·격언

고사성어

사자성어

506 心を込める 마음(정성)을 담다

시험 ★★★
회화 ★★★

• 心 마음 • 込める 담다. 기울이다 → **마음을 담다**

✎ 意味　진심을 담는 것.

🔍 用例　A クリスマスプレゼント何をあげるの?
　　　　B 心を込めてセーターを編んでるところ。

A 크리스마스 선물로 뭐 줄 거야?
B 정성을 담아 스웨터를 짜고 있어.　　　自動詞　**心が込もる** ★★★

507 心を尽くす 성심성의를 다하다

시험 ★☆☆
문장 ★★☆

• 心 마음. 정성 • 尽くす 다하다 → **마음을 다하다**

✎ 意味　상대를 위해 할 수 있는 모든 것을 해 주는 것.

🔍 用例　病気にかかったおばあちゃんを心を尽くして看病をする。
　　　　편찮으신 할머니를 성심성의껏 간병한다.

　　　　相手の立場に立って心を尽くせる人が好きです。
　　　　상대방의 입장에 서서 성심성의를 다하는 사람을 좋아합니다.

508 心を残す 미련이 남다

시험 ★☆☆
문장 ★☆☆

• 心 마음 • 残す 남기다. 남게 하다 → **마음을 남기다**

✎ 意味　두고두고 마음에 남는 것.

🔍 用例　心を残したまま、この場から立ち去ることができなかった。
　　　　미련이 남은 채 여기를 떠날 수는 없었다.

509 心を引かれる 마음이 끌리다

시험 ★★☆
문장 ★★★

• 心 마음 • 引かれる 끌리다 • 引く 끌다. 당기다 → **마음을 끌게 하다**

✎ 意味　어떤 일이나 사람에게 호의나 관심이 생겨 마음이 향하는 것.

🔍 用例　幼いころ教会でピアノの演奏を初めて聞いた。
　　　　その美しい音色に心を引かれた。
　　　　어린 시절 교회에서 피아노 연주를 처음 들었는데, 그 아름다운 피아노 소리에 마음이 끌렸다.

• 音色 음색

510 心を乱す　마음이 흐트러지다. 마음이 불안해지다

こころ　みだ

시험 ★★☆
문장 ★★☆

• **心** 마음　• **乱す** 흩뜨리다. 어지럽히다　→　**마음을 흩뜨리다**

✎ **意味**　여러 가지 일로 마음의 평정심을 잃어버리는 모양.

🔍 **用例**　彼の言動で、私はいつも心を乱してしまって、どうしていいか分からなくなる。

그의 언동으로 나는 평정심을 잃고 말아 어찌해야 좋을지 모르겠다.

どんなことがあっても心を乱してはいけない。

어떠한 일이 있어도 평정심을 잃으면 안 된다.

自動詞 **心が乱れる** ★★★

511 心を許す　신뢰하다

こころ　ゆる

시험 ★☆☆
문장 ★★★

• **心** 마음　• **許す** 허락하다. 허용하다　→　**마음을 허락하다**

✎ **意味**　상대를 신뢰해서 경계심이나 긴장을 푸는 것.

🔍 **用例**　今の旦那は、私が唯一心を許す事のできる人だ。

지금의 남편이 내가 유일하게 신뢰할 수 있는 사람이다.

512 心を寄せる　호의를 가지다. 마음을 두다. 좋아하다

こころ　よ

시험 ★☆☆
문장 ★★☆

• **心** 마음　• **寄せる** 기울이다. 사모하다　→　**마음을 기울이다**

✎ **意味**　호의를 품거나 좋아하는 모양.

🔍 **用例**　私が密かに心を寄せる先輩はサッカー部の主将だ。

내가 남몰래 마음속으로 흠모하는 선배는 축구부 주장이다.

同義語 **思いを寄せる** ★★★　• **密か** 몰래 하는 모양. 은밀함

513 心許無い　염려스럽다. 걱정스럽다

こころもと な

시험 ★☆☆
문장 ★★★

• **心許無い** 왠지 모르게 불안하다. 미덥지 않다. 걱정되다

✎ **意味**　마음이 우선하여 억제되지 않는 것.

🔍 **用例**　今の給料で当面の生活費はまかなえるが、息子たちの将来を考えると少々心許無い。（＝気遣わしい）

지금 월급으로 당장의 생활비는 감당할 수 있지만, 아들들의 장래를 생각하면 조금 걱정스럽다.

• **当面** 당면. 현재 직면함　• **まかなう** 조달하다　• **気遣わしい** 염려스럽다. 걱정스럽다

514 心行くまで こころ ゆ 마음이 내킬 때까지

시험 ★☆☆
회화 ★★★

• 心行く 충분히 만족하여 마음이 개운해지다 • まで 까지 → 충분히 만족할 때까지

✎ 意味　미련이 남지 않을 때까지 무언가를 하는 모양.

🔍 用例　A 私、いつまでここにいてもいいの?

B いつまででも、心行くまでゆっくりしていきな。

A 내가 여기 언제까지고 있어도 돼?

B 언제까지든 니 맘이 내킬 때까지 편히 있다 가.

同義語　気が済む ★★★

신체 관용어 >> 気 き 기. 기운

1. 기운. 생기. 분위기 怪しい気が漂う 이상한 기운이 감돌다
2. (특유의) 맛. 향기 気の抜けたビール 김빠진 맥주
3. 숨. 호흡 気がつまりそうな雰囲気 숨이 막힐 것 같은 분위기
4. 정신. 의식. 얼 気の抜けた顔 얼이 빠진 얼굴
5. 성미. 기질. 마음씨 気が短い 성급하다
6. 기. 기력 気が尽きる 기력이 다하다
7. 생각. 의지 何をする気だ 무엇을 할 작정인가
8. 마음. 기분 気のせい 마음(기분) 탓
9. 흥미. 관심 お気に召す 마음에 드시다

---

515 気が合う き あ 마음이 맞다

시험 ★★★
회화 ★★★

• 気 마음. 기분 • 合う 맞다 → 마음이 맞다

✎ 意味　어떤 사람의 생각이나 취향이 자신과 비슷하여 뜻이 맞는 것.

🔍 用例　気が合う友達といる時が一番気が休まる。

마음이 맞는 친구와 같이 있을 때가 가장 마음이 편안해진다.

A 出かけるときは、旦那さんといつも一緒なんですね。

B そうなんですよ。何をするにしても彼とは気が合うんですよ。

（＝意気統合する）

A 외출할 때는 늘 남편분과 함께 하시네요.

B 그래요. 뭘 해도 그이와는 맘이 맞거든요.

同義語　馬が合う ★　相性がいい ★★★　• 意気統合する 의기투합하다

516 気が有る マ음이 있다

시험 ★★☆ 회화 ★★★	・**気** 마음. 기분 ・**有る** 있다 → **마음이 있다**

✎ 意味 　무엇인가에 관심을 가지고 적극적인 태도나 행동을 하는 것. 특히 이성에 관심을 갖는 것.

🔍 用例 　A ねぇ、タカシ君、あんたに気があるんじゃないの? だって、
　　　　　いつもちょっかい出してくるじゃない。
　　　　B え! それじゃ、そのうち告白されるのかな? どうしよう。

　　　　A 다카시가 너한테 관심 있는 거 아냐? 왜 항상 딴지를 걸잖아.
　　　　B 잇! 그럼 곧 있으면 고백하려나? 어쩜 좋지~.

　　　　・**ちょっかい出す** ① 쓸데없이 말참견하다. 간섭하다 ② 장난삼아 여자를 건드리다
　　　　・**そのうち** 가까운 시일 안에. 머지않아

517 気がいい 심성이 좋다. 인간성이 좋다

시험 ★★☆ 회화 ★★☆	・**気** 성미. 기질. 마음씨 ・**いい** 좋다 → **마음씨가 좋다**

✎ 意味 　사람이 좋은 것.

🔍 用例 　A Bさんの部署いっつも楽しそうですよね。
　　　　B そうかな? まぁ～、気がいい奴ばっかりだから、働きやすいよ。

　　　　A 그쪽 부서는 항상 즐거운 것 같네요.
　　　　B 그런가? 다른 건 몰라도 인간성 하난 다들 좋아서 일하기 편하지.

518 気が多い 변덕스럽다. 오지랖이 넓다

시험 ★★☆ 회화 ★★☆	・**気** 생각. 의지 ・**多い** 많다 → **생각이 많다**

✎ 意味 　여러 가지 일에 관심이 많아 하나의 일에 집중할 수 없는 것.

🔍 用例 　気が多い女とは付き合わないほうがいいよ。後で後悔することになるぞ。

　　　　변덕스러운 여자와는 사귀지 않는 게 좋아. 나중에 후회하게 될걸.

　　　　A もっと集中して何事にも取り組めないの?
　　　　B 僕は、もともと気が多いほうだから、いろんなことに目が向いちゃうんだよ。

　　　　A 좀 더 집중해서 매사에 열심히 할 수 없겠어?
　　　　B 내가 원래 오지랖이 넓어서 이것저것 신경 쓰게 돼.

　　　　・**取り組む** 맞붙다. 몰두하다. 열심히 일에 들러붙다 ・**もともと** 원래. 본디
　　　　・**目が向く** 눈을 돌리다

519 気が置けない 허물없이 지낼 수 있다

시험 ★★☆
회화 ★★★

· 気が置けない 마음이 쓰이지 않다　· 気が置ける 마음이 쓰이다

✎ 意味　조심할 필요 없이 마음을 편안하게 할 수 있는 것.

🔍 用例
A 新人の田中さんと仲がいいようですけど、もともとお知り合いなん
ですか?
B 田中さんとは、学生時代からの友達なので、気が置けない仲なんで
すよ。
A そうでしたか。どうりで仲がいいなと思いましたよ。

A 신입인 다나카 씨와 사이가 좋아 보이던데, 원래 아는 사이신가요?
B 다나카와는 학교 때부터 친구여서 허물없이 지내는 사이죠.
A 그렇군요. 어쩐지 사이가 좋다고 생각했어요.

同義語　気の置けない ★★★

· 知り合い 서로 앎. 아는 사이　· どうりで 그러면 그렇지. 과연. 어쩐지

520 気が重い 마음이 무겁다. 우울하다

시험 ★★☆
회화 ★★★

· 気 마음. 기분　· 重い 무겁다 → 마음이 무겁다

✎ 意味　좋지 않은 결과가 예측되거나 무엇인가에 부담을 느끼거나 하여 기분이 가라앉는 것.

🔍 用例
A 明日テストなんだ。気が重いな。勉強ぜんぜんしてないんだよ。
B 俺も同じだよ。テスト前になるといつも不安になるんだよな。

A 내일 시험이야. 마음이 무거워. 공부를 하나도 안 했거든.
B 나도 그래. 시험 전엔 항상 불안해지지.

521 気が軽い 마음이 가볍다. 가뿐하다

시험 ★★☆
회화 ★★☆

· 気 마음. 기분　· 軽い 가볍다 → 마음이 가볍다

✎ 意味　마음의 부담이 없고 가벼운 모양.

🔍 用例
A やっと面接も終わって、気が軽くなったよ。
B バカだな。これからがもっと大変なのに。

A 드디어 면접도 끝났고, 마음이 가뿐해졌어.
B 이런 바보! 앞으로가 훨씬 힘들 텐데.

신체 관용어 / 생활 관용어 / 속담·격언 / 고사성어 / 사자성어

522 気が利いた　멋진. 세련된

시험 ★☆☆
회화 ★★★

• 気 기　• 利いた 능력(기능)이 발휘된　• 利く 능력(기능)이 잘 발휘되다　→ **기(눈치)가 잘 발휘된**

✎ 意味　감각이 뛰어난 느낌을 주는 모양. **気の利いた**의 형태로도 사용.

🔍 用例　**友達から気の利いた誕生日プレゼントをもらった。**

친구에게 멋진 생일선물을 받았다.

A **私、口下手なので気が利いたことが言えないんですよ。**

B **そうなんですか。でも、口下手なのも魅力ですよ。**

A 제가 말주변이 없어서 말이 세련되질 못해요.

B 그러셨던가요. 하지만 말주변이 없어도 충분히 매력적이에요.

• **口下手** 말이 서툼. 어눌함. 말주변 없음. 또는 그런 사람

523 気が利く　눈치가 빠르다

시험 ★★★
회화 ★★★

• 気 기　• 利く 능력(기능)이 잘 발휘되다　→ **기가 발휘되다**

✎ 意味　상황 판단이 빠르고 임기응변에 능한 것.

🔍 用例　A **Bさんて、本当によく気が利きますよね。感心させられますよ。**

B **そんなことないですよ。もともと小心者なので、周りの人のことが**
気になるだけなんです。

A B씨는 눈치가 어쩜 그렇게 빠르세요. 대단하시네요.

B 그렇지만도 않아요. 원래 소심해서 주변 사람들 걱정을 하는 것 뿐인데요 뭘.

同義語 **気が回る** ★★★

524 気を利かせる　상대를 배려해 주다. 눈치 빠르게 행동하다

시험 ★★☆
회화 ★★★

• 気 마음. 신경　• 利かせる 특성을 살리다. 발휘시키다 (사역형)　• 利く 능력(기능)이 충분히 발휘되다
→ **신경을 발휘시키다**

✎ 意味　상대의 마음에 들도록 세세한 곳까지 신경을 쓰는 모양.

🔍 用例　A **気を利かせられる人間になりたいと思ってるんですけど、なかなか**
難しいですね。

B **そうですよね。気を利かせるというよりは、気を使う感じになって**
しまいますからね。

A 상대를 배려할 줄 아는 사람이 되고 싶은데, 쉬운 일이 아니네요.

B 그렇죠. 상대를 배려한다기보다는 신경만 쓰는 꼴이 돼 버리니까요.

신
체
관
용
어

생
활
관
용
어

속
담
·
격
언

고
사
성
어

사
자
성
어

525 　気が気でない　안절부절못하다. 걱정이 이만저만이 아니다

시험 ★★☆
회화 ★★★

• 気 정신. 의식. 얼　• 気でない 정신이 아니다　→　정신이 제정신이 아니다

✎ 意味　걱정이 되어 마음을 놓지 못하는 모양.

🔍 用例　A お宅の息子さん、カーレーサーなんですって。うらやましい。

B そうですか? でも、事故を起こすんじゃないかって気が気じゃない

んですよ。(=心配なんですよ)

A 댁의 아드님이 카 레이서라면서요. 정말 부러워요.

B 어머, 그러세요? 하지만 사고가 나진 않을까 걱정이 이만저만이 아니에요.

526 　気が腐る　울적해지다. 유쾌하지 않다

시험 ★★☆
회화 ★☆☆

• 気 마음. 기분　• 腐る ① 썩다 ② 기가 죽다. 침울해지다　→　기분이 침울해지다

✎ 意味　생각대로 되지 않아 마음이 개운하지 않은 모양.

🔍 用例　最近は、暗いニュースばかりで気が腐りそうだ。

요즘은 어두운 뉴스투성이라 마음이 울적해지는 것 같다.

527 　気が差す　마음이 켕기다. 가책이 되다. 마음에 걸리다

시험 ★★☆
회화 ★★☆

• 気 마음. 기분　• 差す ① 비치다 ② 꺼림칙하다　→　마음이 꺼림칙하다

✎ 意味　자신의 행동이나 태도에 양심의 가책을 느끼는 것.

🔍 用例　何の連絡もせずに、パーティーに欠席したので気が差す。

아무 연락도 없이 파티에 불참한 것이 마음에 걸린다.

同義語　気が咎める　★★

528 　気が沈む　마음이 어두워지다

시험 ★★☆
회화 ★★★

• 気 마음. 기분　• 沈む ① 가라앉다 ② (근심이나 슬픔에) 잠기다　→　마음이 가라앉다

✎ 意味　싫은 일이나 신경 쓰이는 일이 있어 마음이 무거운 모양.

🔍 用例　A なんか、暗い顔してるけど、どうしたの? 何かあった?

B 父親がガンだって事が判明してさ…。

命に別状はないけど、なんだかショックで気が沈んじゃってさ。

A 왠지 얼굴이 어두워 보이는데, 무슨 일 있었어?　(=気分がブルーになっちゃって)

B 아버지가 암 판정을 받으셔서 말야…. 생명에 지장은 없으시다지만, 좀 충격이었나 봐. 마음이 무겁네.

• 別状 이상　• 気分がブルーになる 마음이 우울해지다

529 気が知れない
き　　し
속을 알 수가 없다. 속을 이해할 수 없다

시험 ★★☆ 회화 ★★★	・気 마음 ・知れない 알 수 없다 ・知る 알다 → 마음을 알 수 없다

✎ 意味　무슨 생각을 하고 있는지 그 사람의 속을 이해할 수 없는 모양.

🔍 用例
A 幼児殺人事件のニュース見た?
B 見たよ。本当にひどいね。あんな無残なことできる人の気が知れないよ。

A 유아 살인 사건 뉴스 봤어?
B 봤어. 정말로 잔인하더라. 그런 잔인한 짓을 저지르는 사람 속을 이해할 수가 없다니까.

・無残 잔인함. 잔혹함

---

530 気が進まない
き　　すす
마음이 내키지 않다. 할 생각이 들지 않다

시험 ★★★ 회화 ★★★	・気 마음. 생각 ・進まない 내키지 않는다 ・進む 내키다 → 마음이 내키지 않는다

✎ 意味　적극적으로 그것을 하려고 하는 마음이 생기지 않는 모양.

🔍 用例
A 卒業後の進路どうすることにしたの?
B それが、まだ決まってないんだよ。親は大学院に進めと言ってるけど、正直、気が進まないんだ。

A 졸업 후에 진로 어떻게 할 거야?
B 그게… 아직 안 정했어. 부모님은 대학원 진학하라고 하시는데, 솔직히 마음이 내키질 않아.

---

531 気が済む
き　　す
마음이 홀가분해지다. 기분이 풀리다

시험 ★★★ 회화 ★★★	・気 마음. 기분 ・済む ① 끝나다 ② 만족하다. 마음이 풀리다

✎ 意味　걱정거리가 없어지고 만족한 모양.

🔍 用例
A 何かあったの?
B うん。昨日大好きだった彼氏と別れたの。
A そうだったんだ。そしたら、今日は気が済むまで泣いて、明日からまた元気になればいいよ。
B うん。そうする。ありがとう。

A 무슨 일 있어?
B 응. 어제 되게 좋아했던 남자친구랑 헤어졌어.
A 그랬구나. 그럼 오늘은 마음이 홀가분해질 때까지 실컷 울고, 내일부터 다시 기운 차리면 돼.
B 응. 그렇게 할게. 고마워.

同義語　心行くまで ★★★

532 気が急く 안달이 나다

시험 ★☆☆
회화 ★☆☆

• 気 마음. 생각　• 急く 조급히 굴다. 서두르다　→　마음을 서두르다

✎ 意味　서두르지 않으면 안 된다는 생각에 조바심 내는 것.

🔍 用例　**結婚しようと気が急くが、なかなか良い相手が見つからない。** (=あせる)

결혼하려고 서두르고 있는데 좀처럼 좋은 상대를 찾기가 힘들다.

同義語　心がはやる ★

533 気が立つ 신경이 곤두서다. 흥분하다

시험 ★☆☆
회화 ★★☆

• 気 마음. 기분　• 立つ ① 서다 ② 화가 나다. 신경이 곤두서다　→　신경이 곤두서다

✎ 意味　긴장이 계속되거나 강한 자극을 받아 초조해(흥분)하는 모양.

🔍 用例　**あの子、受験直前で気が立ってるから、ちょっかい出さずそっとしておいてあげてね。**

저 애 대입 시험 직전이라 신경이 곤두서 있으니까 쓸데없는 참견하지 말고 조용히 놔 둬.

A さっきから何でそんなに気が立ってるのよ。
周りの人が気分悪くなるじゃない。
B そんなこと言われても、自分でもイライラが止められないんだよ。

A 아까부터 왜 그렇게 흥분하는 거야. 주위 사람까지 기분 나빠지잖아.
B 그런 말을 들어도 나 자신도 내 화를 컨트롤할 수가 없다구.

534 気が散る 정신 집중이 안 되다. 마음이 산란해지다

시험 ★★☆
회화 ★★★

• 気 정신. 의식. 얼　• 散る (주의 등이) 산란해지다. 산만해지다　→　정신이 산란해지다

✎ 意味　주의가 집중되지 않고 정신이 흐트러지는 모양.

🔍 用例　**A ちょっと、うろうろしないでよ! 勉強してるのに気が散るじゃない!**
B うるさいな。だったら自分の部屋に行って勉強すればいいだろう。

A 저기, 어슬렁거리지 좀 마. 공부하는데 정신 집중이 안 되잖아!
B 시끄러! 그럼 니 방에 들어가 공부하면 되잖아.

気が散るといけないので、窓を閉めて外の音が聞こえないようにしている。

정신이 산만해지면 안 되어서, 창문을 닫고 바깥 소리가 들리지 않게 하고 있다.

535 気が付く　알아차리다. 자상하다. 섬세하다. 정신이 들다

시험 ★★★
회화 ★★★

・気 마음. 생각. 정신　・付く ① 붙다 ② (정신이) 나다. 들다　→　정신이 들다

✎ 意味　① 그 일에 생각이 미치는 모양. ② 세심하게 신경을 쓰지 않으면 놓치기 쉽거나, 잃어버리기 쉬운 사소한 점에까지 주의가 미치는 모양. ③ 의식을 회복하는 모양.

🔍 用例

① A ここだよ。ここの送り仮名が間違っているだろう？

B ああ、本当だ。何でこんなことに気が付かなかったんだろう。

A 여기야. 이 부분 한자 읽기가 틀렸잖아!

B 아이, 정말이네. 왜 이런 게 눈에 안 띄었지?

(=気付かなかった)

② 僕の理想の女性はよく気が付く人です。

제 이상형의 여성은 자상한 성격의 소유자입니다.

③ 昨日は酔っ払って何も覚えていないんだ。

それで気が付いたらトイレの中だった。

어제는 취해서 아무것도 생각나질 않는다. 그래서 정신이 들었을 때는 화장실 안이었다.

536 気が詰まる　숨이 막히다

시험 ★☆☆
회화 ★★☆

・気 숨. 호흡　・詰まる 막히다　→　숨이 막히다

✎ 意味　상대나 분위기 등으로 답답하고 거북한 모양.

🔍 用例

A 先週からずっと遅くまで残業じゃないですか？ 大丈夫ですか？

B 大丈夫じゃないですよ。仕事ばっかりで気が詰まりそうですよ。

A 지난주부터 줄곧 늦게까지 야근이시네요? 괜찮으세요?

B 괜찮지 않아요. 내내 일만 하니까 숨이 다 막혀요.

同義語　息が詰まる ★★★

537 気が強い　성품이 억세다. 기가 세다

시험 ★★★
회화 ★★★

・気 기. 성미. 기질. 마음씨　・強い 강하다　→　기가 세다

✎ 意味　기가 세서 어지간한 일에는 좌절하지 않는 모양.

🔍 用例

A 俺は、気が強い女は勘弁だな。(=勝気な)

B 俺は逆で、自分の意見をはっきり言える女性に魅力を感じるよ。

A 난 기가 센 여자는 패스야.

B 나는 오히려 자기 의견을 똑부러지게 내세우는 자기 주장 강한 여자가 매력적이던데.

同義語　気が勝つ ★　・勝気 억셈

538 気が遠くなるよう
き　　とお

가무러칠 정도의. 정신이 아찔해질 정도의

시험 ★☆☆
회화 ★★★

・**気** 정신 ・**遠くなる** 멀어지게 되다 ・**よう** 듯 → **정신이 멀어질 정도의**

✎ 意味 상상을 초월할 정도로 스케일이 크거나 거리가 너무 멀어 까마득한 모양.

🔍 用例 A 大金持ちって、一年にどれぐらい稼ぐんだろうね?
おおがねも　　　　いちねん　　　　　　　　　かせ

B そんなの、私たち庶民には想像もできないくらいの、気が遠くなる
わたし　しょみん　　　そうぞう　　　　　　　　　　　き　とお

ような金額だよ。
きんがく

A 갑부들은 일 년에 얼마나 버는 걸까?
B 우리 같은 서민들은 상상도 못할 정도로 어마어마한 금액이지.

539 気が咎める
き　　とが

마음이 켕기다. 가책이 되다. 마음에 걸리다

시험 ★★☆
회화 ★★☆

・**気** 마음. 기분 ・**咎める** 나무라다. 책망하다 → **마음을 나무라다**

✎ 意味 자신의 행동이나 태도, 양심의 가책을 받는 것.

🔍 用例 民主化のための学生デモを鎮圧するのは、さすがに気が咎める。
みんしゅか　　　　　がくせい　　　　　ちんあつ　　　　　　　　　　き　とが

민주화를 위한 학생 시위를 진압하는 것은 정말이지 양심의 가책을 느낀다.

同義語 気が差す ★★
き　さ

540 気が無い
き　　な

할 마음이 없다. 관심이 없다

시험 ★☆☆
회화 ★★☆

・**気** 마음. 생각 ・**無い** 없다 → **마음이 없다**

✎ 意味 일에 소극적인 태도를 보이는 모양.

🔍 用例 A いい商売があるんですが、やってみませんか?
しょうばい

B いいえ、今はまったくその気がありません。
いま　　　　　　　　　　き

A 괜찮은 사업이 있는데 해 보시겠어요?
B 아니요, 지금은 전히 그럴 생각이 없습니다.

A 今度合コンやるんだけど、健司も誘おうか?
こんどごう　　　　　　　　たけし　さそ

B 健司は女の子に気がないから、たぶん行かないよ。
たけし　おんな　こ　　き　　　　　　　　　い

A 이번에 미팅하는데, 다케시도 오라고 할까?
B 다케시는 여자애한테 관심이 없어서 아마 안 올 거야.

541 気が長い
き　なが
성미가 느긋하다. 진득하다

시험 ★★★
회화 ★★☆

・気 성미. 기질　・長い ① 길다 ② 마음이 느긋하다. 느슨하다　→　성미가 느긋하다

✎ 意味　성미가 느긋하거나, 긴 시간을 들여서 무언가를 하는 모양.「気を長く持つ 느긋하게 마음먹다, 気長に待つ 느긋하게 기다리다」의 형태로도 사용.

🔍 用例　A 今は役者だけでは食べていけないけど、10年経てば何とかなるかな
と思ってるんですよ。
B 10年って…。気が長い話ですね。

A 지금이야 배우로는 먹고살기 힘들지만, 십 년 지나면 어떻게든 될 거라고 생각해요.
B 십 년이라…. 느긋하신 말씀이네요.

昨日好きな彼女に告白した。あせってもしょうがないので気を長く持って
彼女の返事を待とう。

어제 좋아하는 여자에게 고백을 했다. 성급하게 굴어도 소용없으니 느긋하게 마음먹고 그녀의 대답을 기다려야지.

商売はすぐに結果を出そうとするのではなく気長に待つことが大切
です。

장사는 바로 결과를 내려고 하지 말고 느긋하게 기다리는 것이 중요합니다.

542 気が抜ける
き　ぬ
① 맥이 빠지다 ② 김이 빠지다

시험 ★★★
회화 ★★★

・気 기. 기력　・抜ける 빠지다　→　기력이 빠지다

✎ 意味　① 긴장된 마음이 풀리는 것. ② 맥주나 위스키 등의 특유의 맛, 향기, 성분 등이 없어지는 것.

🔍 用例　A 今日、発表だったんでしょ？ 手ごたえはどうだった？
B それが、来週に延期になってさ。それを聞いたとたん、
気が抜けちゃったよ。

A 오늘이 발표였지? 반응은 있었어?
B 그게 말야, 다음 주로 연기됐어. 그 말을 듣는 순간 어찌나 힘이 빠지는지.

A その飲みかけのビール、誰の？ 飲まないんだったらちょうだい。
B あ、これ？ 僕のだけど、気が抜けちゃっておいしくないんだよ。

A 거기 마시다 남은 맥주 누구 거야? 안 마실 거면 줘.
B 아, 이거? 내가 마시던 건데, 김이 빠져서 맛이 없어.

（＝炭酸が抜けちゃって）

・手ごたえ ① 손에 와 닿는 느낌 ② 반응. 보람
・炭酸が抜ける 탄산이 빠지다

543 気が乗らない 할 마음이 안 생기다. 마음이 안 내키다

시험 ★★★
회화 ★★★

• 気 마음. 생각　• 乗らない 내키지 않다　• 乗る ① 올라타다 ② 마음이 내키다. 의욕이 생기다
→ 마음이 내키지 않다

✎ 意味　그 일을 하고 싶은 마음이 생기지 않는 모양. 반대 의미인「乗り気 마음이 내킴. 내키는 마음」의 형태로도 자주 사용.

🔍 用例

A なんでこの前の飲み会、参加しなかったの?

B なんとなく気が乗らなかっただけ。次回は行くつもりだよ。

A 왜 요전번에 회식 안 왔어?

B 왠지 맘이 안 내켜서 그랬어. 다음 번엔 참석할 생각이야.

544 気が早い 성급하다

시험 ★★★
회화 ★★★

• 気 마음. 성미　• 早い 빠르다　→　마음이 빠르다

✎ 意味　조급한 모양.

🔍 用例

A 赤ちゃんの洋服買ったの。かわいいでしょ?

B まだ生まれてもいないのに。ちょっと、気が早すぎるんじゃない。

A 아기 옷 샀어. 귀엽지?

B 아직 태어나지도 않았는데. 너무 급한 거 아냐?

部長は気が早い人で、まだ十分話し合っていないのに新しいプロジェクトを始めようとしている。

부장님은 성미가 급한 분이라 충분하게 토의도 안 됐는데 새로운 프로젝트를 시작하려고 하신다.

545 気が張る 긴장을 늦추지 않다

시험 ★★☆
회화 ★★★

• 気 마음. 생각　• 張る 긴장하다. 팽팽해지다　→　마음이 긴장하다

✎ 意味　마음을 풀지 않으려고 긴장을 놓지 않는 것.

🔍 用例

気が張っていれば風邪など引かない。(=緊張し続けて)

긴장하고 있으면 감기 같은 건 걸리지 않는다.

A どうしたの、すごく疲れているみたいだけど。

B そうなんだよ。大切なお客様の接待で気が張っちゃってさ、疲れたよ。

A 왜 그래? 엄청 피곤해 보이는데.

B 맞아. 중요한 손님 접대로 긴장을 많이 했더니 피곤해.

546　気が晴れる　마음이 개운해지다. 마음이 풀리다

시험 ★★★
회화 ★★★

・**気** 마음. 기분　・**晴れる** 마음이 맑아지다　→　**마음이 맑아지다**

✎ 意味　마음이 맑아지는 것. 「**気晴らし 기분 전환**」으로도 자주 씀.

🔍 用例
A 最近日記を書き始めたんだって?
B うん。嫌なことが多いから、少しでも気が晴れるかと思って書き始めたのよ。

A 요즘 일기 쓰기 시작했다며?
B 응. 짜증 나는 일이 많아서 조금이라도 마음이 풀릴까 해서 시작했어.

A 気晴らしにドライブでも行かない?
B うん、いいよ。行こう行こう!

A 기분 전환하러 드라이브 안 갈래?
B 응, 좋아. 가자! 가자!

547　気が引ける　주눅이 들다. 기가 죽다. 몸 둘 바를 모르다

시험 ★★★
회화 ★★★

・**気** 마음. 생각　・**引ける** 마음이 내키지 않다. 기가 죽다. 주눅 들다　→　**마음이 내키지 않다**

✎ 意味　열등감이나 주눅이 드는 모양. 미안하게 생각하는 것.

🔍 用例
あまりにも立派な建物なので、入るのも気が引ける。
너무나도 으리으리한 건물이라서 입구에서부터 주눅이 든다.

拾った財布を届けただけなのに、謝礼のほかに食事までご馳走になって気が引ける。
주운 지갑을 전달해 준 것뿐인데 사례는 물론 식사까지 대접해 줘서 몸 둘 바를 모르겠다.

548　気が滅入る　우울해지다. 풀이 죽다

시험 ★★☆
회화 ★★★

・**気** 마음. 생각　・**滅入る** 맥이 풀리다. 기가 죽다. 우울해지다　→　**마음이 우울해지다**

✎ 意味　우울한 기분이 되는 모양. 힘이 빠지는 모양.

🔍 用例
最近、なかなか仕事がうまく行かず、気が滅入ってしまった。
요즘 도통 일이 잘 풀리질 않아 우울하기 짝이 없다.

同義語　気が塞ぐ ★★

신체 관용어

생활 관용어

속담 · 격언

고사 성어

사자 성어

549 気が触れる 미치다. 실성하다

시험 ★☆☆
회화 ★★☆

• 気 정신. 의식 • 触れる(振れる에서 변함) ① 흔들리다 ② 기울다. 치우치다 → **정신이 기울다**

✎ 意味 나침반의 바늘이 정확한 방향을 가리키지 않고 치우친 것에서, 정신이 똑바르지 못한 것을 의미함.

🔍 用例 A 部屋の中、きれいね!
B 私、部屋が整理整頓されてないと、気が触れそうになるのよ!

A 방이 깨끗하다!　　　　　　　　　　　　　　(= 気が狂いそう・気が変になりそう)
B 난 방이 깨끗하게 정리정돈이 안 돼 있으면 미쳐 버릴 것만 같다구.

• 気が狂う 미치다. 돌다 • 気が変になる 정신이 이상해지다

550 気が短い 성질이 급하다

시험 ★★★
회화 ★★★

• 気 성미. 기질 • 短い 성질이 급하다. 조급하다 → **성미가 급하다**

✎ 意味 쉽게 짜증을 내거나 화내는 모양.

🔍 用例 A ちょっと! 待ち合わせに5分も遅刻するとは何よ!!
B 5分の遅刻でそんなに怒るなんて、ホントに気が短いな。

A 뭐야! 만나기로 한 시간에 5분이나 늦다니, 뭐 하자는 거야!!
B 5분 가지고 그렇게 화를 내다니, 너도 참 성격 급하구나.　　(= 短気だ・せっかちだ)

• 短気だ 성미가 급하다 • せっかちだ 성급하다. 조급하다

551 気が向く 마음이 쏠리다. 마음이 내키다

시험 ★★☆
회화 ★★★

• 気 마음. 생각 • 向く 향하다 → **마음이 향하다**

✎ 意味 어떤 일을 하고 싶다는 생각이 드는 것.

🔍 用例 A ねえ、ねえ、ブログやってる?
B 一応やってるけど、毎日じゃなくて、気が向くときに更新するって
感じかな。

A 있지, 블로그 해?
B 일단 하긴 하는데, 매일은 아니고 그냥 마음이 내킬 때 갱신하는 정도랄까.

A ねえ、明日映画見に行かない?
B うーん。気が向いたらね〜。

A 있지, 내일 영화 보러 안 갈래?
B 으~음. 마음 내키면.

552 　気が休まる　여유로워지다

시험 ★☆☆
회화 ★★☆

・気 마음. 기분 ・休まる 편안해지다 → **마음이 편안해지다**

✎ 意味
걱정거리 없이 마음이 편안해지는 모양.
해야 할 일이 많아서 쉴 시간이 없다는 말은 **気の休まる時がない**라고 함.

🔍 用例
久しぶりに故郷に帰って、気が休まった。

오랜만에 고향에 돌아오니 마음이 편안해졌다.

主人は毎日お酒飲んで帰ってくるし、体の悪い主人のお母さんと一緒に住んでいるし、子供はまだ小さいし、気の休まる時がありません。

남편은 매일 술 먹고 들어오지, 몸이 편찮으신 어머님과 함께 살고 있지, 아이는 아직 어리지 여유롭게 쉴 시간이 없어요.

・**主人のお母さん=お義母さん=義理の母** 시어머니

553 　気が緩む　마음이 해이해지다. 긴장이 풀리다

시험 ★★★
회화 ★★★

・気 마음. 기분 ・緩む 느슨해지다. 헐렁해지다 → **마음이 느슨해지다**

✎ 意味
긴장이 풀리고 주의가 미치지 못하게 되는 모양.

🔍 用例
A **えっ、風邪引いたの?**
B **そうなんだ。仕事も一段落して、ちょっと気が緩んだからかな。**

A 어머, 감기 걸린 거야?
B 그래. 일도 일단락되고 해서 살짝 긴장이 풀렸나 봐.

他動詞 **気を緩める** ★★★

554 　気が弱い　소심하다

시험 ★★★
회화 ★★★

・気 마음 ・弱い 약하다. 연하고 무르다 → **마음이 약하다**

✎ 意味
자신이 없고, 남을 신경 쓰느라 자기 마음대로 하지 못하는 것.

🔍 用例
A **私って気が弱くて、嫌だって断ることできないの。**
B **日本人は、NOって言うのがもともと苦手な人種だからね。**

A 난 마음이 약해서 싫다고 거절을 못해.
B 일본 사람들은 원래 'NO'라는 말이 힘든 민족이잖아.

A **オレ、子供の頃、気が弱くて、いつも教室の隅で一人で遊んでいたんだ。**
B **うそっ、信じられない。今からは想像もつかないね。**

A 나 어렸을 때는 소심해서 교실 구석에서 항상 혼자 놀았어.
B 진짜? 못 믿겠다. 지금 모습으로 상상이 안 되는데.

同義語 **気弱** ★★★ **小心** ★★★

555 気が若い　마음이 젊다

<ruby>気<rt>き</rt></ruby><ruby>若<rt>わか</rt></ruby>い

| 시험 ★☆☆ | ·**気**<ruby><rt>き</rt></ruby> 마음　·**若い**<ruby><rt>わか</rt></ruby> ① 젊다 ② (실제 나이보다) 젊게 보이다　→　**마음이 젊다** |
| 회화 ★★☆ | |

✎ **意味**　마음이 나이에 비해 젊은 사람처럼 생기 있는 모양.

🔍 **用例**　A <ruby>私<rt>わたし</rt></ruby>、<ruby>60<rt>ろくじゅう</rt></ruby>になってヨガを<ruby>習<rt>なら</rt></ruby>い<ruby>始<rt>はじ</rt></ruby>めたんですよ。

B へ～、<ruby>気<rt>き</rt></ruby>が<ruby>若<rt>わか</rt></ruby>いですね! だからそんなに<ruby>肌<rt>はだ</rt></ruby>のつやもいいし、

<ruby>生<rt>い</rt></ruby>き<ruby>生<rt>い</rt></ruby>きしてるんですね。

A 난 60이 돼서 요가를 시작했어요.

B 와~ 젊게 사시네요! 그래서 그렇게 피부도 윤기 있고 싱그러워 보이시나 봐요.

·**つや** 윤, 광택　·**生き生きする**<ruby><rt>い い</rt></ruby> 생기발랄하다. 생생하다

556 気に入る　마음에 들다. 만족하다

<ruby>気<rt>き</rt></ruby>に<ruby>入<rt>い</rt></ruby>る

| 시험 ★★★ | ·**気**<ruby><rt>き</rt></ruby> 마음　·**入る**<ruby><rt>い</rt></ruby> 들다. 들어가다　→　**마음에 들다** |
| 회화 ★★★ | |

✎ **意味**　취미, 취향, 기호에 맞는 모양.

🔍 **用例**　A <ruby>私<rt>わたし</rt></ruby>、この<ruby>帽子<rt>ぼうし</rt></ruby><ruby>気<rt>き</rt></ruby>に<ruby>入<rt>い</rt></ruby>ってるんだ。かわいいでしょ?

B うん。すごく<ruby>似合<rt>にあ</rt></ruby>ってると<ruby>思<rt>おも</rt></ruby>うよ。

A 난 이 모자가 마음에 들어. 어때, 귀엽지?

B 예쁘다. 굉장히 잘 어울리는 것 같아.

同義語 <ruby>気<rt>き</rt></ruby>に<ruby>沿<rt>そ</rt></ruby>う ★

557 気に食わない　마음에 들지 않다. 불만이다

<ruby>気<rt>き</rt></ruby>に<ruby>食<rt>く</rt></ruby>わない

| 시험 ★★★ | ·**気**<ruby><rt>き</rt></ruby> 마음　·**食わない**<ruby><rt>く</rt></ruby> 마음에 들지 않는다　·**食う**<ruby><rt>く</rt></ruby> ① 먹다 ② 마음에 들다 |
| 회화 ★★★ | |

✎ **意味**　자신의 생각이나 마음에 들지 않아 불만을 품거나 불쾌하게 느끼는 모양.

🔍 **用例**　A <ruby>最近<rt>さいきん</rt></ruby>の<ruby>学生<rt>がくせい</rt></ruby>って<ruby>気<rt>き</rt></ruby>に<ruby>食<rt>く</rt></ruby>わない<ruby>子<rt>こ</rt></ruby>がいると<ruby>皆<rt>みんな</rt></ruby>でいじめるんだって?

B まあ、それは<ruby>昔<rt>むかし</rt></ruby>からあったことだけどね。

でもそのやり<ruby>方<rt>かた</rt></ruby>が<ruby>度<rt>ど</rt></ruby>を<ruby>越<rt>こ</rt></ruby>えてるから。

A 요즘 학생들은 마음에 안 드는 애가 있으면 다 같이 왕따를 시킨다며?

B 그러게, 그건 예전부터 있던 일인데, 문제는 그 정도가 도를 넘는다는 거야.

同義語 <ruby>気<rt>き</rt></ruby>に<ruby>入<rt>い</rt></ruby>らない ★★★

558 気に掛かる _き _か 마음에 걸리다. 걱정이 되다

시험 ★★★
회화 ★★★

· **気** 마음　· **掛かる** 걸리다　→　**마음에 걸리다**

✎ 意味　불안이 느껴져 마음에서 걱정이 떠나지 않는 모양.
　　　　명사형인 「**気がかり** 걱정. 근심」으로도 자주 씀.

🔍 用例
りゅうがく　い　　　　　ひとり　むすめ　　　　　がいこく
留学に行った一人娘が、外国でちゃんとやっていけるのか、
き　　か　　　　　しかた　　　　　　　　しんぱい
気に掛かって仕方がない。（＝心配で）
유학 간 외동딸이 외국에서 잘 지내고 있는지 걱정돼 죽겠다.

きょう　　あさ　　　き　　か　　　　　　　　　　　　しゅうちゅう
今日は朝から気に掛かることがあって、なかなか集中できない。
오늘은 아침부터 마음에 걸리는 일이 있어서 좀처럼 집중할 수가 없다.

むすこ　　　なん　れんらく　　　　ほんとう　き
息子から何の連絡もなく、本当に気がかりだ。
아들한테 아무 연락도 없어 정말로 걱정이다.

---

559 気に掛ける _き _か 신경 쓰다

시험 ★★★
회화 ★★★

· **気** 마음　· **掛ける** 개의하다. 마음을 쓰다　→　**마음을 쓰다**

✎ 意味　계속해서 마음에 담아 두고 걱정하는 모양.

🔍 用例
ふく　えら　　　　　りゅうこう　き　　か　　　　　　　じぶん　き　き　　　らく
服を選ぶときは、流行を気に掛けるよりも、自分が着ていて楽なもの
えら
を選ぶようにしている。
옷을 고를 때는 유행에 신경 쓰기보다는 직접 입어서 편한 것을 고르는 편이다.

---

560 気に障る _き _{さわ} 비위에 거슬리다. 불쾌하게 느끼다

시험 ★★★
회화 ★★☆

· **気** 마음　· **障る** 지장을 초래하다. 방해하다　→　**마음을 방해하다**

✎ 意味　상대의 언동이 거슬려 불쾌하게 느끼는 모양.

🔍 用例
なん　　き　さわ
A **何か気に障ることがあったらごめんね。**
だいじょうぶ　な
B **ううん。大丈夫、慣れているから。**
A 뭔가 불쾌한 게 있었다면 미안해.
B 아나, 괜찮아. 이미 익숙하니까.

同義語 **気分を害する** _{き ぶん} _{がい} ★★

561 気にする　걱정하다. 마음에 두다

시험 ★★★
회화 ★★★

・気 생각. 의지　・する 하다　→　생각하다

✎ 意味　마음에 담아 두고 걱정하는 모양.

🔍 用例
A 最近食べすぎでちょっと太っちゃった。

B そのくらい気にすることないよ。私なんて、1年で10キロ太ったよ。

A 요즘 너무 많이 먹었더니 살이 좀 쪘지 뭐야.

B 그 정도는 아무것도 아냐. 난 어쩔 줄 알아, 1년에 10킬로나 쪘다니까.

562 気に留める　마음에 두다. 유념하다

시험 ★★☆
회화 ★★☆

・気 마음　・留める 기억하다. 주의하다　→　마음에 기억하다

✎ 意味　특별히 주의를 하는 모양.

🔍 用例
面接のときは、服装や言葉遣いの他に、どのような事を気に留めてお

いたらいいでしょうか？（＝注意して）

면접 볼 때는 복장이나 말투 말고 또 어떤 걸 유념하면 좋을까요?

同義語　留意する ★★

563 気になる　걱정이 되다. 마음에 걸리다

시험 ★★★
회화 ★★★

・気 생각. 의지　・になる ~이(가) 되다　→　생각이 되다

✎ 意味　약간 걱정되거나 신경 쓰이는 모양.

🔍 用例
A 最近株の動きが気になるんだよね。

B ええっ？ 株始めたの？ でも一攫千金を狙わないほうがいいわよ。

A 요즘 주식 움직임이 신경 쓰인단 말야.

B 뭐야, 주식 시작한 거야? 그렇지만 일확천금은 바라지 않는 게 좋을걸.

A うちのクラス、カワイイ子多いよな～。

B そうだな。

A おまえ誰か気になる子でもいるか？

B ばか。いねーよ。そんな子。

A 우리 반 귀여운 애들 많더라.

B 그렇더라.

A 너 누구 마음에 둔 애라도 있어?

B 바보. 그런 애 없다고!

・一攫千金 일확천금　・狙う 노리다. 엿보다

564 気に病む 끙끙 앓다. 괴로워하다

시험 ★☆☆
회화 ★★☆

• 気 마음 • 病む ① 앓다 ② 몹시 걱정하다. 고민하다 → 마음에 고민하다

✎ 意味　몹시 걱정하는 것.

🔍 用例　父は最近、姉の結婚問題で気に病んでいる。
아버지는 요즘 언니의 결혼 일로 몹시 걱정하고 있다.

A 部長、実績を気に病んで、自殺を図ったらしいよ。
B そうか。でも無事命は取り留めたんでしょ？ よかったね。

A 부장님, 실적으로 괴로워하다가 자살 기도를 했다고 해.
B 그랬구나. 무사히 목숨은 구했지? 다행이다.

565 気のせい 마음 탓. 기분 탓

시험 ★★☆
회화 ★★★

• 気 마음. 기분 • せい 탓. 원인. 이유 → 기분 탓

✎ 意味　딱히 근거도 없이 자기만 그렇게 느끼는 것.

🔍 用例　A 私の好きな人が、私のことをずっと見つめてた！
B そんなのただの気のせいだと思うけど…。

A 내가 좋아하는 사람이 날 계속 쳐다봤어!
B 그건 생각하며 보니까 그렇게 느껴지는 것 같은데….

566 気の病 마음의 병. 울화병

시험 ★★☆
회화 ★★☆

• 気 마음. 기분 • 病 병 → 마음의 병

✎ 意味　과도한 근심이나 걱정에서 생기는 병.

🔍 用例　A 転職してから、ずっと頭痛が続いているのよ。
B それって、気の病だと思うよ。
そういう時はリラックスするのが一番だよ。

A 직장을 바꾸고 나서부턴 계속 두통이 끊이질 않아.
B 그건, 마음의 병 같다. 그럴 땐 편안히 쉬는 게 제일이야.

• リラックス 릴렉스. 긴장을 품. 편안히 쉼

567 気も漫ろ _{마음이 싱숭생숭함}

시험 ★☆☆
회화 ★★☆

• 気 마음 • 漫ろ 어쩐지 마음이 들뜨는 모양. 마음이 설레는 모양 → **마음이 들뜸**

✎ 意味　마음이 안정되지 않고 불안한 모양.

🔍 用例　卒業を前にして、生徒達は気も漫ろになっている。

졸업을 앞두고 있어서 학생들은 마음이 싱숭생숭해져 있다.

結婚式が近づいてきて、気も漫ろだ。（=落ち着かない）

결혼식이 가까이 다가와 마음이 싱숭생숭하다.

568 気を入れる _{마음을 쏟다. 정신을 똑바로 차리다}

시험 ★★☆
회화 ★★☆

• 気 마음 • 入れる 들이다. 쏟아 넣다 → **마음을 쏟다**

✎ 意味　어떤 것에 전력을 다해 열심히 하는 모양.

🔍 用例　漫画ばかり読んでいないで、気を入れて勉強しろとよく言われた。

만화만 읽지 말고 정신 똑바로 차리고 공부하라는 말을 자주 들었다.

旋盤の仕事は危険だから、気を入れてやらないと怪我をするぞ。

선반 일은 위험하니까 정신을 똑바로 차려서 하지 않으면 다친다!

569 気を失う _{의식을 잃다. 의욕을 잃다}

시험 ★★☆
회화 ★★★

• 気 정신. 의식 • 失う 상실하다. 잃어버리다 → **정신을 잃어버리다**

✎ 意味　① 의식을 잃는 것. 기절하는 것. ② 의욕을 잃는 것. 낙담하는 것.

🔍 用例　① 父の事故の知らせを聞き、母はショックのあまり気を失ってしまった。（=失神して）

아버지의 사고 소식을 듣고 엄마는 충격을 받아 의식을 잃고 말았다.

② 何をやっても母にガミガミ言われるので、全くやる気を失ってしまった。（=気がなくなって）

뭘 하든 엄마가 잔소리를 하셔서 이에 의욕을 상실해 버렸다.

• **ガミガミ** 시끄럽게 꾸짖거나 심하게 잔소리하는 모양

570 　気を落とす　낙심하다

| 시험 ★★☆
회화 ★★☆ | •気 마음　•落とす ① 떨어뜨리다 ② 기가 죽다. 실망하다　→　마음을 놓치다 |

✎ 意味　기대나 희망을 잃어서 실망하는 모양.

🔍 用例　A 試験、ぜんぜんだめだった。一生懸命やったのに…。

B そうだったか。仕方ないな。気を落とさないで、またがんばればい

いよ。(=失望しないで・落胆しないで)

A 시험 완전 망쳤어. 열심히 했는데….

B 그랬구나. 할 수 없지 뭐. 너무 실망하진 마. 또 노력하면 되잖아.

•失望する 실망하다　•落胆する 낙담하다

571 　気を配る　주의하다. 두루 마음을 쓰다. 배려하다

| 시험 ★★★
회화 ★★★ | •気 마음. 신경　•配る 고루 미치게 하다　→　마음을 고루 미치게 하다 |

✎ 意味　여러모로 주의를 쓰는 모양. 「気配り 배려. 여러모로 두루 마음을 씀」의 형태로도 자주 사용.

🔍 用例　A 親戚が集まると、みんなに気を配らないといけないから大変

ですよね。

B 大家族の場合、お正月など大変でしょうね。

A 친척들이 모이면 일일이 챙기지 않으면 안 되니까 힘들어요.

B 대가족의 경우 설날 같은 날엔 정말 장난 아니겠어요.

秘書の仕事は気配りができない子には務まらないよ。

비서 일은 여러모로 마음을 쓸 줄 모르는 사람은 잘 해내기 어려워.

•務まる (임무를) 잘 수행할 수 있다. 감당해 내다

572 　気を静める　마음을 진정시키다

| 시험 ★☆☆
회화 ★★☆ | •気 마음　•静める 가라앉히다. 진정시키다　→　마음을 가라앉히다 |

✎ 意味　흥분을 억누르고 마음을 가라앉히는 모양.

🔍 用例　頭がパニックになりそうになったときは、ひとまず気を静めることが

大切です。

머리가 돌아 버릴 것 같을 때는 먼저 마음을 진정시키는 것이 제일이에요.

•パニック(panic)になる＝パニクる 패닉(공황) 상태에 빠지다　•ひとまず 우선. 일단

573 　気を確かに持つ　기력으로 버티다. 정신 똑바로 차리다

시험 ★☆☆ 회화 ★★☆	・気 기. 기력　・確か ① 분명함. 확실함 ② 건전함. 멀쩡함　・持つ 지속하다. 지탱하다. 견디다
	→ 기력으로 건전하게 지탱하다

✎ 意味　심한 충격 등으로 실신 직전까지 간 상황에서 정신력으로 의식을 놓지 않는 것.

🔍 用例　A お子さんが、亡くなられたそうですね。ご愁傷様です。
　　　　　　気を確かに持ってくださいね。(=気をしっかり持って)

　　　　　B はい、ありがとうございます。

　　　　　A 아드님을 잃으셨다면서요. 삼가 명복을 빕니다. 기력을 잃으시면 안 돼요.
　　　　　B 네. 감사합니다.

574 　気を散らす　정신이 분산되다. 산만해지다

시험 ★★☆ 회화 ★★☆	・気 마음　・散らす 흩트리다. 어지르다　→　마음을 흩트리다

✎ 意味　정신이 산만해지는 모양.

🔍 用例　A お腹がすいたよ。

　　　　　B 今食べたら太るよ。気を散らすために、音楽でも聴いたらどう？

　　　　　A 배고파.
　　　　　B 지금 먹으면 살쪄. 먹고 싶은 생각이 안 들게 음악이라도 듣는 게 어때？　|同義語| 気を紛らす ★★★

575 　気を使う　주의하다. 신경 쓰다

시험 ★★★ 회화 ★★★	・気 마음. 생각　・使う ① 쓰다. 사용하다 ② 마음(머리)을 쓰다　→　마음을 쓰다

✎ 意味　여러 가지를 신경 쓰고 배려하는 것.

🔍 用例　A よろしければこれ召し上がってください。

　　　　　B そんなに気を使わないでください。すぐにお暇しますから。

　　　　　A 괜찮으시다면 이것 좀 드셔 보세요.
　　　　　B 그렇게 신경 쓰지 않으셔도 돼요. 금방 갈 거예요.　　　・お暇する (곧 인사하고) 물러가다. 작별하다

576 　気を付ける　조심하다. 주의하다. 정신 차리다

시험 ★★★ 회화 ★★★	・気 기　・付ける ① 붙이다 ② 주목하다. 조심하다　→　기를 조심하다

✎ 意味　신경을 쓰는 것.

🔍 用例　A 明日から、沖縄に旅行に行ってきます。

　　　　　B 明日？ なんか、台風が来てるみたいだから、気を付けて行っておいで。

　　　　　A 내일부터 오키나와로 여행 다녀올게요.
　　　　　B 내일? 음, 태풍이 온다는 것 같던데, 조심해서 다녀와라.

577 気を取られる 정신을 빼앗기다

시험 ★★★
회화 ★★★

・気 마음 ・取られる 빼앗기다 (수동) ・取る 훔치다. 빼앗다 → 마음을 빼앗기다

✎ 意味　다른 데에 정신을 빼앗기는 모양.

🔍 用例
A 今の場面見た？ すごくない？
B え！ 他の事に気を取られてて見てなかった。

A 지금 장면 봤어? 죽이지 않아?
B 어! 다른 데 정신이 팔려 못 봤어.

578 気を取り直す 마음을 다잡다. 마음을 새로이 하다

시험 ★☆☆
회화 ★★★

・気 마음 ・取り直す 고치다. 새로이 하다 → 마음을 고치다

✎ 意味　마음을 돌려 다시 힘을 내는 모양.

🔍 用例
A せっかく計画を立てたのに、中止になっちゃった。ショックだった。
B 分かる！ そういう気持ち。でも、気を取り直して、またがんばりなよ。

A 모처럼 계획을 세웠는데 중단돼 버렸어. 쇼크야, 쇼크!
B 그 기분 알겠어! 그치만 마음 다잡고 다시 한 번 힘을 내.

579 気を抜く 긴장을 늦추다

시험 ★★★
회화 ★★★

・気 정신. 의식 ・抜く ① 뽑다. 빼내다 ② 덜다. 줄이다 → 정신을 덜다

✎ 意味　긴장을 빼는 것.

🔍 用例
仕事に慣れてきたと思って気を抜くと、事故を起こすよ。
일이 익숙해졌다고 해서 긴장을 늦추면 사고 치게 돼.

同義語 気を緩める ★★★

580 気を呑まれる 기가 꺾이다. 심리적으로 압도되다

시험 ★☆☆
회화 ★☆☆

・気 기 ・呑まれる 압도되다 ・呑む ① 먹히다 ② 압도되다. 위압되다 → 기가 압도되다

✎ 意味　상대편에게 심리적으로 압도되어 기가 꺾이는 모양.

🔍 用例
余りにも激しい攻防戦が目の前で繰り広げられ、気を呑まれてしまった。
눈앞에서 너무도 격렬한 공방전이 펼쳐지는 바람에 심리적으로 압도당하고 말았다.

581 気を吐く　기염을 토하다

시험 ★☆☆
회화 ★☆☆

· 気 기. 기력　· 吐く ① 뱉다. 토하다 ② 말하다. 토로하다　→ **기력을 토로하다**

✎ 意味　기세 좋게 큰 소리를 내는 것. 기개가 있음을 보이는 것.

🔍 用例　**この試合では若い選手が気を吐いて、大勝することができた。**

이 시합에서는 어린 선수가 기염을 토하여 대승할 수 있었다.

582 気を晴らす　기분을 풀다. 스트레스를 해소하다

시험 ★★★
회화 ★★★

· 気 마음. 기분　· 晴らす 개게 하다. 마음속의 응어리를 없애고 개운하게 하다. 풀다　→ **기분을 풀다**

✎ 意味　지금까지의 좋지 않은 기분을 씻어 버리는 것. 「気晴らし 기분 전환」의 형태로 자주 사용.

🔍 用例　**A 最近、ストレスがたまっちゃって…。**

B そうなの。じゃ、気晴らしに映画でも見たら?

A 요즘 스트레스가 쌓여서….

B 그래? 그럼 기분 전환 삼아 영화라도 보러 가면 어때?

同義語 **気晴らし** ★★★

583 気を張る　긴장하다

시험 ★★☆
회화 ★★☆

· 気 마음. 기분　· 張る 긴장하다. 팽팽해지다　→ **마음을 긴장하다**

✎ 意味　긴장하여 마음을 다잡고 분발하는 모양.

🔍 用例　**A なんか、テスト前っておなか痛くならない?**

B あぁ、私はならないけど、気を張ってると痛くなる人いるよね。

A 왠지 시험 보기 전에는 배가 아프지 않아?

B 어어, 난 안 그런데, 긴장하면 아프다는 사람 있어.

（＝緊張して）

自動詞 **気が張る** ★★★

584 気を引く　마음을 끌다. 주의를 끌다

시험 ★★☆
회화 ★★★

· 気 마음. 기분　· 引く 끌다. 당기다　→ **마음을 끌다**

✎ 意味　상대편의 관심을 끌 만한 말이나 행동을 하여 상대의 마음을 끌려고 애쓰는 모양.

🔍 用例　**効果的に男性の気を引くには、女性らしさをアピールすることです。**

효과적으로 남자의 마음을 얻기 위해서는 여성스러움을 어필하는 것입니다.

あなた、色気を使って彼の気を引こうと思っても無駄よ。
彼はお金にしか興味がないんだから。

너, 끼를 부려서 그 사람 마음을 끌려고 해도 소용없어. 그 사람은 돈밖에 관심이 없으니까.

585 気を紛らす 마음을 달래다. 기분을 전환하다

시험 ★☆☆ 회화 ★★★	• 気 마음. 기분　• 紛らす ① 얼버무리다 ② 다른 것으로 달래다. 기분을 전환하다
	→ 마음을 다른 것으로 달래다

✎ 意味　다른 일로 불쾌한 기분을 잠시라도 잊는 것.

🔍 用例　A なんで、そんな大きな音で音楽聴いてるの?

B ちょっと、会社で嫌なことがあったから、気を紛らしてるの。

A 왜 그렇게 큰 소리로 음악을 듣는 거야?

B 회사에서 좀 안 좋은 일이 있어서 음악 들으며 기분 전환하는 중이야.

自動詞	気が紛れる ★★★	同義語	気を散らす ★★★

586 気を回す 마음을 쓰다. 신경을 쓰다

시험 ★★★ 회화 ★★☆	• 気 기. 마음　• 回す ① 돌리다 ② 구석구석까지 손을 쓰다. 모든 곳에 미치게 하다

✎ 意味　필요 이상으로 이리저리 추측하고 짐작하여 행동하는 것.

🔍 用例　気を回しすぎて失敗しちゃった。

너무 신경 쓰다가 실패하고 말았다.

そんなに、服装に気を使ってないで、少しは勉強のほうに気を回すっていうのはできないの?

그렇게 옷만 신경 쓰지 말고 조금쯤 공부 쪽으로도 신경 써 보면 안 될까?

587 気を持たせる 기대를 갖게 하다. 넌지시 비추다

시험 ★★★ 회화 ★★★	• 気 기. 마음　• 持たせる 가지게 하다. 가지고 있게 하다 (사역형)　• 持つ 가지다
	→ 마음을 가지게 하다

✎ 意味　의미 있는 말이나 행동으로 상대에게 기대감을 갖게 하는 것.

🔍 用例　A いろんな人にいい顔するのは辞めたほうがいいんじゃないの?

B 親切にしてるだけよ。別に気を持たせるように仕向けてるわけじゃないもん。

A 이 사람 저 사람에게 좋은 얼굴 하는 건 관두는 게 좋지 않을까?

B 친절하게 하는 것뿐이야. 달리 기대를 갖게 하려는 의도는 없단 말이야.

A 昨日、知らない人に告白されちゃった! どうしよう～。

B 気を持たせておいて振るのはかわいそうだから、その気がないならさっさと断った方がいいよ。

A 어제 잘 모르는 애한테 고백받았어! 어떡하지?

B 기대를 갖게 하고 퇴짜 놓으면 불쌍하니까 그럴 생각이 없다면 하루 빨리 거절하는 것이 좋아.

• 仕向ける 대하다. 굴다

588 気を揉む
き　も

마음을 졸이다. 조바심하다. 애태우다

시험 ★★☆
회화 ★★★

・気 마음 ・揉む 흔히 気を〜의 꼴로, 애태우다. 마음 졸이다 → **마음을 졸이다**
き　　　　　も

✎ 意味　여러 가지 걱정으로 안절부절못하는 모양.

🔍 用例
息子の結婚問題で、気を揉まない親なんていないわよ。(＝心配しない)
むす こ　けっこんもんだい　　　き　も　　　　　おや　　　　　　　　　　　　　　　　しんぱい

자식 결혼 문제로 마음 안 졸이는 부모는 없어.

気を揉んでも何の解決にもならないと分かっているものの、
き　も　　　　なん　かいけつ　　　　　　　　わ

イライラして仕方がない。
し かた

조바심을 낸다고 해서 아무런 해결도 안 된다는 걸 알고 있으면서도 초조해서 어찌할 바를 모르겠다.

同義語 気を病む ★★
き　や

589 気を許す
き　ゆる

방심하다

시험 ★☆☆
회화 ★★☆

・気 마음 ・許す ① 늦추다. 터놓다 ② 허락하다. 허용하다 → **마음을 허락하다**
き　　　　　ゆる

✎ 意味　누군가 상대에게 마음을 열어 경계를 푸는 것.

🔍 用例
A すっかり騙されたよ。結局貸した金も返してもらえなかったしな。
だま　　　　　　けっきょくか　　　かね　かえ

B だから言っただろ。都会では簡単に人に気を許しちゃ駄目だって。
い　　　　　とかい　　　かんたん　ひと　き　ゆる　　　だめ

A 깜박 속았지 뭐야. 결국 빌려준 돈도 못 받았어.

B 그러니까 내가 말했잖아. 도시에서는 남에게 쉽게 경계를 풀면 안 된다고 말했잖아.

同義語 心を許す ★★
こころ　ゆる

590 気を緩める
き　ゆる

긴장을 풀다. 방심하다

시험 ★★★
회화 ★★★

・気 마음. 기 ・緩める 완화하다. 늦추다 → **마음을 늦추다**
き　　　　　　ゆる

✎ 意味　긴장이나 경계심을 늦추는 것.

🔍 用例
A スタイル本当にいいですよね。太らないんですか?
ほんとう　　　　　　　　　ふと

B 太らないなんてまさか! 気を緩めたらすぐぶくぶく太りますよ。
ふと　　　　　　　　　　き　ゆる　　　　　　　　　ふと

A 스타일이 정말 좋네요. 살도 안 찌나요?

B 설마, 살이 안 찌다뇨! 긴장을 풀면 바로 퉁퉁하게 찌는걸요.

同義語 気を抜く ★★★ ・ぶくぶく 퉁퉁(물기를 먹어 불은 모양)
き　ぬ

591 気をよくする _き 만족해하다. 기분이 좋아지다

시험 ★☆☆
회화 ★★★

• 気 마음. 기분　• よくする 좋게 하다　→　**마음을 좋게 하다**

✎ 意味　일이 잘 진행되어 기분이 좋아지는 것.

🔍 用例　**彼は美女に褒められるとすぐ気をよくして、何でも手伝ってあげようとする。**（=気分がよくなって）

그는 미녀에게 칭찬을 받으면 기분이 좋아져서 뭐든지 도와주려고 한다.

---

592 気を楽にする _{き らく} 마음을 편하게 먹다

시험 ★☆☆
회화 ★★☆

• 気 마음. 기분　• 楽にする 편안하게 하다　→　**마음을 편안하게 하다**

✎ 意味　사소한 일에 신경을 쓰지 않고 마음을 편하게 먹는 모양.

🔍 用例　**常に気を楽にすることで、健康に暮らしていける。**

평소에 마음을 편하게 먹는 것으로 건강하게 살 수 있다.

そんなに緊張しないで気を楽にしてお待ちください。

그렇게 긴장하지 말고 마음을 편하게 먹고 기다리세요.

同義語　**気楽にする** ★★★

---

593 気を悪くする _{き わる} 기분이 상하다. 불쾌해지다

시험 ★☆☆
회화 ★★★

• 気 마음. 기분　• 悪くする 나쁘게 하다. 좋지 않게 하다　→　**기분 나쁘게 하다**

✎ 意味　감정이 상하는 것.

🔍 用例　A **今回のお見合いは断らせていただきます。**
お気を悪くなさらないでくださいね。
B **あぁ、そうですか。それは残念です。**

A 이번 맞선은 죄송하게 됐습니다. 기분이 상하지 않으셨으면 좋겠네요.
B 아, 그러세요. 정말 아쉽네요.

同義語　**気分を害する** ★★★

1. 배. 위장 **腹が痛い** 배가 아프다　**腹が減る** 배가 고프다
2. 모태로서의 배 **腹の違う子** 배다른 아이
3. 마음. 생각. 심중 **腹に収める** 마음에 간직하다
4. 도량. 담력. 배짱 **度胸もあり腹もある** 담력도 있고 배짱도 있다
5. 기분. 감정 **腹が収まらない** 화가 가라앉지 않는다
6. 물건 중앙의 불룩한 부분 **徳利の腹** 작은 술병의 불룩한 부분

신 체 관 용 어
생 활 관 용 어
속 담 · 격 언
고 사 성 어
사 자 성 어

594 腹が収まらない 화가 가라앉지 않는다

시험 ★★☆
회화 ★★☆
• **腹** 기분. 감정　• **収まらない** 안정되지 않다　• **収まる** ① 어떤 범위 안에 안전하게 들어가다 ② (흐트러진 것이) 가라앉다. 진정되다　→ **기분이 진정되지 않다**

✎ 意味　화가 가라앉지 않는 것.

🔍 用例　黙って我慢しようと思ったが、やはり**腹が収まらず言い合い**になってしまった。(＝怒りが収まらなくて)

조용히 침묵하려고 했지만 도무지 화가 가라앉지 않아 언쟁이 되었다.

同義語 **腹の虫が治まらない** ★★★　• **言い合い** 말다툼. 시비. 언쟁

595 腹が黒い 속이 검다. 엉큼하다

시험 ★★☆
회화 ★★☆
• **腹** 마음. 생각. 심중　• **黒い** ① 검다. 까맣다 ② 악, 부정, 불길의 느낌이 있다　→ **마음이 검다**

✎ 意味　심성이 비뚤어져 나쁜 짓을 저지를 가능성이 있다는 것.

🔍 用例　A あいつ、なんだか気に入らない。
B だよな。あいつ、なんか**腹が黒い**んだよ。

A 저 녀석 왠지 맘에 안 들어.
B 그치? 저 녀석 왠지 엉큼해 보이잖아.

同義語 **腹黒い** ★★★

596 腹が据わる 마음이 흔들리지 않다. 각오하다

시험 ★★★
회화 ★★★
• **腹** 마음　• **据わる** 듬직하게 안정되어 있어 웬만한 일에는 동요되지 않는다　→ **마음이 동요되지 않는다**

✎ 意味　어떤 일에 쉽게 마음이 동요되지 않는 것.

🔍 用例　彼女は5年目のベテランだけあって、**腹が据わっている**。

그녀는 5년 베테랑답게 어지간한 일에는 동요하지 않는다.

同義語 **度胸が据わる** ★★★　• **だけあって** 역시 ~이니까. 과연 ~이니만큼

597 腹が立つ 화가 나다. 부아가 나다

시험 ★★★·
회화 ★★★
・腹 기분. 감정 ・立つ 서다 → 기분이 서다

✎ 意味　화가 나서 참을 수 없는 것.

🔍 用例　A 普段ならなんでもない事なのに、なんだか今日は腹が立つ。

B そういう日もあるよ。そういう日は、家にいるのが一番だよ。

A 평소 같으면 대수롭지 않은 일인데 왜지 오늘은 화가 나!

B 그런 날도 있지. 그런 날엔 집에 있는 게 상책이야.

同義語 癪に障る ★★★　頭にくる ★★★　カッとなる ★★　むかつく ★★★

他動詞 腹を立てる ★★★

・癪に障る 부아가 나다

598 腹を立てる 화를 내다

시험 ★★★
회화 ★★★
・腹 기분. 감정 ・立てる 세우다 → 감정을 세우다

✎ 意味　화내는 것.

🔍 用例　A なんでそんなに腹を立ててるの?

B だって、私太ってないのに、デブって言われたんだもん!

A 왜 그리 화를 내는 거야?

B 왜냐면 난 뚱뚱하지도 않은데 막 뚱땡이라고 하잖아!!

自動詞 腹が立つ ★★★

599 腹に収める 마음속에 묻다

시험 ★★☆
회화 ★★☆
・腹 마음 ・収める=納める 넣다. 담다 → 마음에 넣다

✎ 意味　알게 된 사실을 다른 사람에게 말하지 않고 묻어 두는 것.

🔍 用例　A この話は、腹に収めておいてください。(=腹にしまって)

B 分かりました。この話は口外しませんよ。

A 이 이야기는 가슴속에 묻어 주세요.

B 알겠습니다. 이 이야기는 입 밖으로 내지 않겠습니다.

同義語 胸にしまう ★★★　・口外する 입 밖으로 내다. 발설하다

183

600 腹の虫が治まらない
はら　むし　おさ
화를 가라앉힐 수 없다

시험 ★☆☆
회화 ★★★

• **腹** 기분. 감정　• **虫** ① 벌레. 곤충 ② 기분. 생각. 비위. 예감　• **治まらない** 안정되지 않다
• **治まる** 가라앉다. 진정되다　→ **감정이 진정되지 않다**

✎ 意味　화가 치밀어 오르는 감정을 벌레에 비유한 말로, 화를 가라앉힐 수 없다는 의미.

🔍 用例　A お母さん、まだ腹の虫が治まってないらしくて、私と口を利いてくれないの。

B そうなんだ。何があったか知らないけど、とりあえず謝ったほうがいいんじゃない?

A 엄마(가) 아직 화가 안 풀리셨는지 나하고 말을 안 하셔!

B 그랬구나. 무슨 일이 있었는지 모르겠지만 우선 사과부터 하는 게 좋지 않겠어?

同義語　**腹が収まらない** ★★★

---

601 腹に一物
はら　いちもつ
꿍꿍이속. 딴생각

시험 ★★☆
회화 ★★☆

• **腹** 마음. 심중　• **一物** 나쁜 생각. 흉계. 꿍꿍이속　→ **마음에 꿍꿍이속**

✎ 意味　마음속에 뭔가 꿍꿍이 속셈이 있는 것.

🔍 用例　隣のおじさんは、何か腹に一物持っていそうな顔つきだ。
옆집 아저씨는 왠지 꿍꿍이속이 있는 표정이다.

A 美香が急に訪ねてきたのよね。
B 美香が!? きっと腹に一物あるから、気を付けた方がいいよ。

A 미카가 갑자기 만나자고 하네.
B 미카가? 아마 꿍꿍이속이 있을 테니까 주의하는 게 좋아.

• **顔つき** ① 얼굴 생김새. 용모 ② 표정. 안색

---

602 腹に据えかねる
はら　す
화를 참을 수 없다. 분노를 억누를 수 없다

시험 ★☆☆
회화 ★★★

• **腹** 기분. 감정　• **据えかねる** 참기 어렵다　• **据える** 마음을 단단히 가지다　• **兼ねる** 동사의
ます형에 붙어, ~하기 어렵다. ~할 수 없다. ~하기를 꺼리다　→ **화를 참기 어렵다**

✎ 意味　너무 화가 나서, 도저히 용서할 수 없는 기분이 되는 것.

🔍 用例　最近の若者の無礼さは腹に据えかねるものがある。
요즘 젊은이들이 무례한 걸 보면 화를 참을 수가 없다.

人を無視したような発言はどうにも腹に据えかねる。
사람을 무시한 듯한 발언은 아무래도 분노를 참을 수 없다.

603 腹に持つ　마음에 품다

시험 ★☆☆
회화 ★★☆

• 腹 기분. 감정　• 持つ 마음에 품다　→　**감정에 품다**

✎ 意味　마음속에 원망이나 원한을 품고 언제까지고 잊지 않는 모양.

🔍 用例　**あいつは僕の昔の失言をまだ腹に持っていて、今だにしつこく何か言ってくる。**

지 녀석은 내가 예전에 한 말실수를 아직 마음에 품고서 지금까지도 뭔가를 말하면서 귀찮게 군다.

同義語　**根に持つ** ★★★

604 腹を痛める　배 아파서 낳다

시험 ★☆☆
회화 ★★★

• 腹=お腹 배　• 痛める (육체적으로) 아프게 하다　→　**배를 아프게 하다**

✎ 意味　산고(産苦)를 나타내는 말로 아이를 직접 낳는 것.

🔍 用例　**A 私、本当はうちの子供じゃないでしょ？
B 何言ってるの？ お母さんがお腹を痛めて産んだ子よ。**

A 사실은 내가 친자식이 아닌 거죠?
B 무슨 말도 안 되는 소리야? 엄마가 배 아파서 낳은 자식인데.

605 腹を抉る　속을 꿰뚫다

시험 ★☆☆
회화 ★★☆

• 腹 마음. 생각　• 抉る ① 도리다. 후비다 ② 날카롭게 추궁하다　→　**생각을 날카롭게 추궁하다**

✎ 意味　남의 의중을 꿰뚫어 보듯이 날카로운 질문을 하는 것.

🔍 用例　**腹を抉るような質問をされて、答える事が出来なかった。**

속을 꿰뚫어 보는 듯한 질문을 받고 답할 수가 없었다.

606 腹を抱える　배를 움켜잡고 웃다. 배꼽 빠지게 웃다

시험 ★★★
회화 ★★★

• 腹 배　• 抱える 안다. 껴안다. 쥐다　→　**배를 쥐다**

✎ 意味　너무 웃겨서 참을 수 없는 모양.

🔍 用例　**友人の言った一言がおかしくてたまらず腹を抱えて笑い転げてしまった。**

친구가 던진 말 한마디에 빵터져서 배꼽 잡고 쓰러질 뻔했다.

607 腹を決める (はら き) 결심하다. 결의하다. 각오하다

시험 ★★☆
회화 ★★★

• 腹(はら) 마음. 생각. 심중 • 決める(き) 정하다. 결정하다 → **마음을 정하다**

✎ 意味 　결심, 각오하는 것.

🔍 用例
Ａ お前、今度(まえ こんど)のテスト勉強(べんきょう)してる?
Ｂ いいや。俺(おれ)は、もう1年大学(いちねんだいがく)に通(かよ)う腹(はら)を決(き)めたから、いいんだ。

同義語 肝を据える(きも す) ★★★

Ａ 너 이번 시험공부 했어?　Ｂ 아니. 난 대학 1년 더 다닐 각오했으니까 괜찮아.

608 腹を切る (はら き) 할복하다. 책임을 지고 물러나다

시험 ★★★
회화 ★★★

• 腹(はら) 배 • 切る(き) 베다. 자르다 → **배를 자르다**

✎ 意味 　① 할복하는 것. ② 책임을 지고 물러나는 것.

🔍 用例
① 武士(ぶし)は、自分(じぶん)のやった事(こと)の責任(せきにん)を取(と)るために自分(じぶん)で腹(はら)を切(き)らされた。
　무사는 자신이 저지른 일을 책임지기 위해 스스로 할복했다.

② 常(つね)に腹(はら)を切(き)る覚悟(かくご)で仕事(しごと)をしている。
　항상 책임을 지고 물러날 각오로 일하고 있다.

609 腹を探る (はら さぐ) 은근슬쩍 마음을 떠보다. 의중을 살피다

시험 ★★☆
회화 ★★★

• 腹(はら) 마음. 생각. 기분. 감정 • 探る(さぐ) 탐색하다. 살피다 → **생각을 살피다**

✎ 意味 　상대의 심중을 은근슬쩍 떠보는 것.

🔍 用例
会談(かいだん)に先駆(さきが)け、国家主席(こっか しゅせき)は相手(あいて)の腹(はら)を探(さぐ)るような質問(しつもん)を投(な)げかけた。
회담에 앞서 국가주석은 상대의 마음을 떠보는 질문을 끊임없이 던졌다.

• 先駆ける(さきが) 앞서다. 앞장서다　• 投げかける(な) 던지다. 보내다

610 腹を据える (はら す) 작심하다. 노여움을 참다

시험 ★★★
회화 ★★★

• 腹(はら) 마음. 생각. 심중 • 据える(す) 단단히 하다 → **마음을 단단히 가지다**

✎ 意味 　① 각오를 하는 것. ② 마음을 가라앉히는 것.

🔍 用例
① 大学入試(だいがくにゅうし)を前(まえ)に、腹(はら)を据(す)えて勉強(べんきょう)することにした。
　대학 입시를 앞두고 작정하고 공부하기로 했다.

② 息子(むすこ)の態度(たいど)に怒鳴(どな)り声(ごえ)を上(あ)げようかと思(おも)ったが、ここは腹(はら)を据(す)えて
息子(むすこ)と話(はな)し合(あ)うことにした。
　아들의 태도에 화가 나 야단을 칠까 했지만, 이번에는 마음을 가라앉히고 이야기를 나눠 보기로 했다.

611 腹を見透かす （はら を みすかす） 속내를 알다. 속을 꿰뚫다

| 시험 ★☆☆
회화 ★★☆ | • **腹** 마음. 생각 • **見透かす** 꿰뚫어 보다. 간파하다. 알아채다 → **마음을 간파하다** |

✎ **意味**   상대의 의중을 알아채는 것.

🔍 **用例**   **母は私の腹を見透かしているようで、何かしようとするとすぐにばれる。** (=腹を見抜いて)

엄마가 내 속을 훤히 꿰뚫고 계시는지 내가 뭘만 하려면 금방 들킨다.

612 腹を読む （はら を よむ） 생각을 읽다

| 시험 ★☆☆
회화 ★★☆ | • **腹** 마음. 생각. 심중 • **読む** 읽다 → **마음을 읽다** |

✎ **意味**   상대의 의중을 추측하거나 생각을 읽는 것.

🔍 **用例**   **相手の腹を読んでゲームに勝った。** (=手を読んで)

상대의 생각을 읽고 게임에 이겼다.

613 腹を割る （はら を わる） 본심을 털어놓다. 허심탄회하게 이야기하다

| 시험 ★★★
회화 ★★★ | • **腹** 마음. 생각 • **割る** ① 나누다 ② 속 시원히 털어놓다. 까놓다 → **생각을 털어놓다** |

✎ **意味**   진심이나 생각을 숨김없이 밝히는 모양.

🔍 **用例**   **その日の夜、二人は腹を割って、思っていることを全部話し合った。**

그날 밤 두 사람은 서로 허심탄회하게 생각하고 있는 것들을 모두 이야기했다.

(=率直に・ざっくばらんに)

• **率直に** 솔직하게 • **ざっくばらんに** 사실대로 까놓고. 솔직하게 숨김없이

614 自腹を切る （じばら を きる） 자신의 주머니 돈을 내다

| 시험 ★★★
회화 ★★★ | • **自腹** ① 자기 배 ② 자신의 돈. 자기 부담 • **切る** 베다. 자르다 → **자기 배를 자르다** |

✎ **意味**   공공 단체나 회사 혹은 공동으로 내야 하는 돈을 굳이 자비로 내는 것.

🔍 **用例**   **教師が自腹を切って学生達にピザを買ってあげた。**

선생님이 자신의 돈으로 학생들에게 피자를 샀다.

615 詰め腹を切らせる 권고사직을 당하다. 강제적으로 사직당하다

시험 ★☆☆
회화 ★☆☆

• **詰め腹** 흔히 ~**切らせる**의 꼴로, ① 강요로 할 수 없이 할복함 ② 강제적으로 사직함.
싫은 일을 강요당함 → **강제로 사직당하다**

✎ 意味 강요로 할복하게 되는 것에서, 본의 아니게 책임을 지고 물러나게 되는 것. 조사 **を**는 생략 가능.
다른 사람에게 책임을 전가시킬 때는 **詰め腹を切らせる**, 본인이 책임을 지게 될 때는
詰め腹を切らされる를 씀.

🔍 用例 **部下に詰め腹を切らせ、社長は夜逃げした。**(=責任をなすりつけて)
부하에게 책임을 전가하고 사장은 야반도주했다.

部長は部下の不始末で詰め腹を切らされた。
부장님은 부하의 부주의로 권고사직을 당했다.

• **不始末** ① 부주의. 뒤처리가 허술함 ② 불미한 일. 남에게 폐를 끼치는 실수
• **なすりつける** 책임이나 죄를 남에게 덮어씌우다. 전가하다 • **夜逃げ** 야반도주

신체 관용어 >> **腸** 대장

616 腸が煮え返る 속이 뒤집히다. 배알이 뒤틀리다

시험 ★★★
회화 ★★★

• **腸** ① 대장 ② 정신. 마음속. 뱃속 • **煮え返る** ① 끓어오르다 ② 몹시 화가 나다. 부아가 나다
→ **뱃속이 끓어오르다**

✎ 意味 말할 수 없을 정도로 화가 나는 모양.

🔍 用例 **同僚の裏切りに腸が煮え返るほど憤慨してしまった。**
동료의 배신에 속이 뒤집힐 정도로 분개했다.

同義語 **腸が煮えくり返る** ★★★

신체 관용어 >> **腑** 내장

617 腑に落ちない 납득이 가지 않다

시험 ★★★
회화 ★★★

• **腑** ① 내장 ② 사리 분별. 생각. 근성 • **落ちない** 납득이 안 되다 • **落ちる** ① 떨어지다. 하락하다
② 납득이 되다. 이해되다 → **생각이 가라앉지 않다**

✎ 意味 내장(腑)이 머무는 곳이라는 것에서, 아무리 생각해도 납득이 가지 않는 부분이 있는 모양.

🔍 用例 **今回の決定には腑に落ちないところがあるので、もう一度詳しい事情を聞いてみよう。**(=納得できない・合点がいかない)
이번 결정은 납득이 안 되는 부분이 있으니, 자세한 사정을 다시 한 번 물어보자.

同義語 **思案に落ちない** ★ • **納得できない** 납득이 안 가다 • **合点がいかない** 수긍이 안 가다. 납득이 안 가다
• **思案に落ちない** 이해가 되지 않다 • **思案に落ちる** 이해가 가다. 납득이 가다

618 **へそが茶を沸かす** 어이없다. 웃기다

시험 ★★★ 회화 ★★★	• 臍 배꼽　• お茶を沸かす 차를 끓이다　→　**배꼽이 차를 끓이다**

✎ 意味　　하는 일이 바보 같거나 유치해서 견딜 수 없음을 비유.

🔍 用例　　「お前がオレを負かすとはへそが茶を沸かす」と、お兄ちゃんは笑いころげた。

"네가 날 이기겠다니 말도 안 돼"라며 형은 깔깔거리며 웃었다.

同義語　**へそで茶を沸かす** ★★　• 笑いころげる 배꼽을 잡다. 배꼽을 빼다

619 **へそを曲げる** 토라지다

시험 ★★★ 회화 ★★★	• 臍 배꼽　• 曲げる ① 구부리다 ② 기울다. 심사가 기울어지다　→　**배꼽을 구부리다**

✎ 意味　　기분이 상하여 고집을 부리는 것.

🔍 用例　　A なんで誕生日なのに何もしてくれないの?

B ごめん。忙しくて誕生日なの忘れてたよ。そんなにへそを曲げるなよ。

A 왜 생일인데 아무것도 안 해 주는 거야?

B 미안. 바빠서 생일을 깜빡했어. 너무 삐치지 마.

620 **ほぞを噛む** 후회하다

시험 ★☆☆ 문장 ★☆☆	• 臍＝へそ 배꼽　• 噬む＝噛む 깨물다　→　**배꼽을 깨물다**

✎ 意味　　자신의 배꼽을 깨물려고 해도 미치지 못하는 것에서, 이미 돌이킬 수 없는 일을 후회하는 것.

🔍 用例　　何もせずほぞを噛むくらいなら、やってから後悔したい。(＝悔やむ)

아무것도 하지 않고 후회하는 것보다 하고 나서 후회하고 싶다.

• 悔やむ 뉘우치다. 후회하다

621 **ほぞを固める** 결심하다

시험 ★☆☆ 문장 ★☆☆	• 臍＝へそ 배꼽　• 固める 굳히다. 확고히 하다　→　**배꼽을 굳히다**

✎ 意味　　강하게 마음을 정하는 것.

🔍 用例　　ほぞを固めて、市長選に臨んだ。　　同義語　臍を決める★

굳은 결심을 하고 시장 선거에 임했다.

1. 허리 **腰が痛い** 허리가 아프다 **腰が曲がる** 허리가 굽다 **腰を曲げる** 허리를 굽히다
   木の株に腰を下ろす 나무 그루터기에 앉다
2. 산허리 **山の腰(山腰)がかすむ** 산허리가 안개로 뿌옇다
3. 탄력성. 끈기. 찰기 **腰の強いもち** 찰기가 있는 떡 **腰のあるそば** 쫄깃쫄깃한 메밀국수
4. 무엇을 하려는 기세. 할 때의 기세 **話の腰を折る** 말허리를 꺾다
5. 자세. 태도 **腰が定まらない** 태도가 분명치 않다
6. (접미어로) ~**腰 けんか腰** 싸우려는 자세. 시비조 **逃げ腰** 도망치려는 자세

---

622 腰が重い 행동이 굼뜨다

시험 ★★☆
회화 ★★★

• **腰** 허리. 무엇을 하려는 기세 • **重い=重たい** ① 무겁다 ② (동작 등이) 둔하다. 굼뜨다
→ 기세가 굼뜨다

✎ **意味** 몸을 움직여 하는 일을 귀찮아하고 게을러서 좀처럼 행동하려 하지 않는 것.

🔍 **用例** **いつもは腰が重い父だが、年に一度のお祭りの日だけは違う。**

평소 아빠는 행동이 굼뜨지만, 일 년에 한 번 축제날만큼은 다르시다.

いつもは腰の重い社長が、今回のプロジェクト企画には同意していち早く動いてくれた。

평소에는 행동이 굼뜬 사장님께서 이번 프로젝트 기획에는 재빨리 동의해서 움직여 주셨다.

• **いち早く** 재빨리. 잽싸게

---

623 腰が砕ける 자세가 풀어지다. 일이 중도에 꺾이다

시험 ★☆☆
회화 ★★☆

• **腰** 허리. 자세. 태세 • **砕ける** 부서지다. 깨지다 → **허리가 부서지다**

✎ **意味** 허리의 힘이 빠져 쓰러질 것 같다는 것에서, ① 자세가 흐트러지는 것.
② (처음의) 기세가 수그러져 더 이상 이어지지 않게 되는 것.
「**腰砕けになる** 중도에 꺾이게 되다」의 형태로도 사용.

🔍 **用例** ① **度数の高いお酒を飲んで、腰が砕けてしまった。**

도수가 높은 술을 마시고, 자세가 풀리고 말았다.

② **意気込んでお店をオープンさせたが、半年で腰が砕けてしまった。**

의욕적으로 가게를 오픈했지만, 반년 만에 기세가 수그러들고 말았다.

一年以上、計画してきたことが、資金不足で腰砕けになってしまった。

1년 이상 계획해 온 일이 자금 부족으로 중도에 꺾이고 말았다.

同義語 **腰砕けになる** ★★ • **意気込む** (어떤 일을 해내려고) 의욕을 보이다. 힘을 내다. 분발하다

624 腰が据わる 눌러앉다

시험 ★★☆
회화 ★★☆
• 腰 허리 • 据わる ① (자리에) 앉다 ② 지위를 차지하다 ③ 튼튼해지다. 안정되다
→ 허리가 눌러앉다

✎ 意味 다른 것에 한눈팔지 않고 진득하게 하나의 일에 전념하는 것. 일정한 지위나 직업을 유지하는 것.

🔍 用例 **今の会社で仕事を始めて早10年。すっかり腰が据わった。**(=落ち着いた)

지금 회사에서 일을 시작한 지 어느덧 10년. 완전히 자리를 잡았다.

他動詞 **腰を据える** ★★★ • 早 벌써. 이미. 어느덧

---

625 腰が強い 면발이 쫄깃하다

시험 ★☆☆
회화 ★★★
• 腰 ① 허리 ② 탄력성. 끈기. 찰기 • 強い 강하다 → 끈기가 강하다

✎ 意味 떡, 면발 등 끈기(찰기)가 있는 모양.

🔍 用例 **A ここのうどん屋、おいしいんだよ。**
B 私も食べたことあるけど、麺の腰がすごく強いよね。

A 이 우동집 맛있어.
B 나도 먹어 봤는데, 면발이 되게 쫄깃쫄깃해.

---

626 腰が抜ける 일어서지 못하다. 기겁을 하다. 얼이 빠지다

시험 ★★★
회화 ★★★
• 腰 자세. 태도 • 抜ける 빠지다 → 자세가 빠지다

✎ 意味 몹시 놀라거나 겁을 먹어 엉덩방아를 찧는 것.
무기력하고 겁이 많은 사람은 「腰抜け 겁쟁이」라고 씀.

🔍 用例 **暗がりから何かが飛び出してきて、腰が抜けて立てなくなってしまった。**

어두운 곳에서 뭔가가 날아와서 깜짝 놀라 서 있을 힘조차 없었다.

こんなことであきらめてしまうなんて本当に腰抜けだな。

이런 것으로 포기하다니 정말로 겁쟁이로군.

他動詞 **腰を抜かす** ★★★

• 暗がり 어두운 곳

627 腰が低い 겸손하다. 저자세이다

시험 ★★★
회화 ★★★

• 腰 자세. 태도 • 低い 낮다 → 자세가 낮다

✎ 意味　타인에 대해 겸손한 태도를 취하는 모습.

🔍 用例　鈴木さんの奥さんは本当に丁寧な方で、誰に対しても腰が低い。

스즈키 씨의 부인은 정말로 정중한 분이라서 누구를 대하든 겸손하시다.

同義語 頭が低い ★★

628 腰が弱い 마음이 약하다. 면발에 힘이 없다

시험 ★☆☆
회화 ★★☆

• 腰 ① 허리 ② 탄력성. 끈기. 찰기 • 弱い 약하다 → 끈기가 약하다

✎ 意味　① 무기력하고 패기가 없는 모습. ② 떡, 면발 등 끈기(찰기)가 없는 모양.

🔍 用例　① 私は腰が弱いのでお客様の前で強く言えないのが悩みだ。

나는 마음이 약해서 손님 앞에서 강하게 말하지 못하는 게 고민이다.

② うどんを作ってみたが、腰が弱くてまずい。　同義語 気が弱い ★★★

우동을 만들어 봤는데, 면발에 힘이 없어 맛이 없다.

629 腰を浮かす 엉덩이를 들다

시험 ★★☆
회화 ★★★

• 腰 허리 • 浮かす 뜨게 하다. 띄우다 → 허리를 띄우다

✎ 意味　일어서려고 엉덩이를 드는 것.

🔍 用例　そろそろ帰ろうと思って腰を浮かしたが、「もう少し話をしていけ」と
言われてしまった。

슬슬 돌아가려고 엉덩이를 들었는데, "얘기 좀 더 하고 가"라는 말을 들었다.

630 腰を据える 전념하다. 눌러앉다

시험 ★★★
회화 ★★★

• 腰 허리 • 据える 한군데 고정시키다 → 허리를 한군데 고정시키다

✎ 意味　① 한눈팔지 않고 한 가지 일에만 전념하는 것. ② 한 장소(직장)에서 길게 머무는 것.

🔍 用例　① 今年こそは腰を据えて勉強するつもりだ。

올해야말로 전념해서 공부할 생각이다.

同義語 腰を落ち着ける ★★★
尻を据える ★★

② 今の会社に腰を据えて、早くも5年になる。

지금의 회사에 눌러 앉은 지 벌써 5년이나 된다.

自動詞 腰が据わる ★★★

631　及び腰になる

시험 ★☆☆
회화 ★★★

• **及び腰** 엉거주춤한 자세　• **になる** ~이(가) 되다　→　**엉거주춤한 자세가 되다**

✎ **意味**　방송에서 자주 들을 수 있는 말로, ① 반쯤 허리를 구부린 엉거주춤한 자세. ② 자신이 없는 듯한 모습을 보이는 것. 사양하거나 두려워하거나 하는 듯한 어중간한 태도를 보이는 것.

🔍 **用例**　① **足場が不安定なので及び腰になってしまう。**

발 디딜 곳이 불안정해서 엉거주춤한 자세가 되어 버린다.

ストレートを待っていたのか、変化球に及び腰になって打てませんでした。

직구를 기다리고 있었는지 변화구에 엉거주춤한 자세가 되어 치지 못했습니다.

② **どんな企業も見通しつかないプロジェクトには及び腰になる。**

어떤 기업도 불확실한 프로젝트에는 자신 있게 밀고 나갈 수 없다.

日本政府の及び腰な外交が日本人拉致と北朝鮮での抑留を手助けしてきたのです。

일본 정부의 우유부단한 외교가 일본인 납치와 북한 억류를 도와왔습니다.

632　けんか腰

시험 ★★★
회화 ★★★

• **喧嘩** 싸움　• **~腰** 무엇인가를 할 때의 자세　→　**싸울 자세**

✎ **意味**　금방이라도 싸울 것처럼 덤벼드는 것.

🔍 **用例**　**肩が当たっただけなのに、その人はけんか腰に話しかけてきた。怖かったので謝って逃げた。**

어깨를 부딪친 것뿐인데 그 사람은 시비조로 말을 걸어왔다. 무서워서 사과하고 도망쳤다.

うちの父は短気で、すぐけんか腰でしゃべるので、困っている。

우리 아빠는 성질이 급해서 금방 호통을 치듯이 말을 해서 미치겠다.

633　逃げ腰になる

시험 ★★★
회화 ★★★

• **逃げる** 도망치다　• **~腰** 무엇인가를 할 때의 자세　• **になる** ~이(가) 되다
→　**금방이라도 도망갈 것 같은 자세가 되다**

✎ **意味**　자신에게 책임이나 부담이 올까 봐 어떻게든 피하려는 태도를 취하는모양.

🔍 **用例**　**難しい問題にぶち当たると、どうしても逃げ腰になってしまう。**

어려운 문제에 맞닥뜨리면, 아무래도 도망치려 들게 마련이다.

634 話の腰を折る 말허리를 자르다

| 시험 ★★★
회화 ★★★ | • 話の腰 말허리 • 話 말 • 腰 허리 • 折る 끊다 → 말허리를 자르다 |

✎ 意味　말하는 도중에 끼어드는 것.

🔍 用例　**おしゃべり好きの私は、話の腰を折られるのが嫌いだ。**
말하기 좋아하는 나는 내 말이 중간에 잘리는 걸 싫어한다.

635 本腰を入れる 본격적으로 하다

| 시험 ★★★
문장 ★★★ | • 本腰 본격적으로 무슨 일을 시작하려는 자세. 일을 시작할 때의 진지한 마음가짐
• 入れる 들이다. 쏟아 넣다 → 본격적인 자세를 취하다 |

✎ 意味　본격적으로 일을 시작하는 것.

🔍 用例　**会社のシステム開発に本腰を入れて取り組むことにした。**（=本格的に）
회사 시스템 개발에 본격적으로 몰두하기로 했다.

• **取り組む** 맞붙다. 열심히 일에 들러붙다. 몰두하다

신체 관용어 >> **背** 등

636 背が高い 키가 크다

| 시험 ★★★
회화 ★★★ | • 背 ① 등. 허리 ② 키. 신장 • 高い ① 높다 ② 키가 크다 → 키가 높다 |

✎ 意味　키가 크다는 말. 우리말 표현대로 '키가 크다'라고 하여 背が大きい라고 착각하지 않도록 주의.

🔍 用例　A **背が高いね。何センチ?**
B **185センチだよ。**

A 키가 크네. 몇 센티야?
B 185센티야.

637 背に腹は替えられない 큰일을 위해 어쩔 수 없다

| 시험 ★★☆
회화 ★★★ | • 背 등 • 腹 배. 복부 • 替えられず (문어)=替えられない=替えることができない 바꿀 수 없다
• 替える 바꾸다. 대신하다 → 등을 배로 바꿀 수 없다 |

✎ 意味　당면한 큰일을 위해서는 다른 것이 희생되어도 어쩔 수 없다는 의미.

🔍 用例　**背に腹は替えられず、大事にしていた腕時計を売ってしまった。**
큰일이 생겨 어쩔 수 없이 소중히 아끼던 손목시계를 팔았다.　（=やむをえず・仕方なく）

• **やむをえず** 어쩔 수 없이. 할 수 없이. 부득이하게 • **仕方なく** 어쩔 수 없이

638 背を向ける 등을 돌리다. 무관심하다

시험 ★★☆
회화 ★★☆

· 背 등 · 向ける 향하게 하다. 돌리다 → 등을 돌리다

✎ 意味　① 등을 돌리는 것. ② 무관심한 태도를 취하는 모양.

🔍 用例

① 敵に背を向けてそそくさと逃げ帰ってきた。(=背中を向けて)

　적에게 등을 돌리고 허둥지둥 패퇴했다.

事件を起こしてしまい、今まで世間に背を向けて生きてきたが、
これからは、新しい気持ちで生きて行きたいと思います。

사건을 일으켜서 지금까지 세간에 등을 돌리고 살아왔지만 지금부터는 새로운 마음으로 살아가려고 합니다.

② 今まで家族に背を向けて仕事ばかりしてきた。

　지금껏 가족에게는 무관심한 채 일만 했다.

· そそくさ 허둥지둥(침착하지 못하고 서두르는 모양)

639 背筋が寒くなる 등골이 오싹해지다

시험 ★★☆
회화 ★★☆

· 背筋 등골. 등줄기 · 寒くなる 추워지다 → 등줄기가 추워지다

✎ 意味　공포 등으로 소름이 끼치는 모양.

🔍 用例

A 昨日、夜勤だったんだけど、なんか白いものが空中に浮かんでるの
見ちゃったの。
B 本当に? 今の話を聞いただけで、背筋が寒くなった。(=背筋が凍った)

A 어제 야근하다가 뭔가 하얀 물체가 공중에 떠 있는 걸 보았어!
B 정말이야? 지금 얘기만 들었을 뿐인데도 등골이 오싹해졌어.

同義語 身の毛がよだつ ★★　· 背筋が凍る 등골이 얼다 · 身の毛がよだつ 소름이 끼치다

신체 관용어 >> 骨 뼈

640 骨が折れる 힘이 들다. 고생이 되다

시험 ★★☆
회화 ★★★

· 骨 뼈 · 折れる 꺾이다. 부러지다 → 뼈가 부러지다

✎ 意味　어떤 일을 하는데 힘이 들거나 고생스러운 모양.

🔍 用例

分厚い本を読むのは、本当に骨が折れる。

두꺼운 책을 읽는 것은 정말 힘이 든다.

他動詞 骨を折る ★★★

신체 관용어

생활 관용어

속담·격언

고사성어

사자성어

641 骨の髄までしゃぶる 등골을 빼먹다(빨아먹다)

시험 ★☆☆
회화 ★★★

・骨の髄まで 뼛속까지. 철저하게 ・しゃぶる (입에 넣고) 핥다. 빨다 → 뼛속까지(골수까지) 핥다

✎ 意味　철저하게 다 이용하는 모양.

🔍 用例　A そんなに彼氏にいろいろ買ってもらって、あんた、彼氏を骨の髄まで
　　しゃぶるつもり？

B まさか。私の彼、思ったよりお金持ちなのよ。

A 그렇게 남자친구한테 이것저것 다 선물 받고, 너, 남자친구 등골 빼먹을 작정이야?

B 설마~ 내 남자친구가 말야, 생각했던 것보다 부자란다!

642 骨を埋める 뼈를 묻다. 그곳에서 죽다

시험 ★★☆
회화 ★★★

・骨 뼈 ・埋める 묻다 → 뼈를 묻다

✎ 意味　그 직장이나 토지에 머무르며 일생을 마치는 것. 또는 한 가지 일에 평생을 바치는 것.

🔍 用例　A 出身は東京だって聞いたけど、東京に戻るつもりはないの？

B はい。僕は、この地に骨を埋める覚悟ですから。

A 도쿄 출신이라고 들었는데, 도쿄로 돌아갈 생각은 없나?

B 네, 저는 이곳에 뼈를 묻을 각오를 하고 있으니까요.

643 骨を惜しまず 수고를 아끼지 않고. 게으름 피우지 않고

시험 ★★★
회화 ★★☆

・骨＝骨身 뼈 ・惜しまず (문어)＝惜しまない 아끼지 않다. 마다하지 않다
・惜しむ 어떤 일을 하기 싫어하다. 꺼려하다 → 뼈를 아끼지 않다

✎ 意味　고생(노고)을 마다하지 않고, 몸을 사리지 않고 열심히 일하는 모양.

🔍 用例　骨を惜しまず、最後まで努力したものは成功する。

게으름 피우지 않고 끝까지 노력하는 사람은 성공한다.

家族のためなら、骨を惜しまず一生懸命働きます。

가족을 위해서라면 몸을 사리지 않고 열심히 일하겠습니다.

　　| 同義語 | 骨身を惜しまず ★★

644 骨を折る 열심히 일하다. 수고하다. 애쓰다. 고심하다

시험 ★★★
회화 ★★★

・骨 뼈 ・折る 꺾다. 부러뜨리다 → 뼈를 꺾다

✎ 意味 목적을 달성하기 위하여 고생하는 것. 힘을 쓰는 것. 꺼려하지 않고 타인을 도와주는 것.

🔍 用例
A 引っ越ししたって聞きましたよ。住み心地はどうです?

B いや、引っ越し先を探すのには、本当に骨を折りましたけど、

いいところに引っ越せて、非常に満足してるんですよ。(=苦労しました)

A 이사했다는 소식 들었는데, 살기는 어떠세요?

B 아 네, 이사 갈 집 구하는 게 정말 힘들긴 했는데, 좋은 곳으로 이사하게 돼서 굉장히 만족하고 있어요.

自動詞 骨が折れる ★★★

645 骨抜きにされる 알맹이를 빼내다. 홀딱 빠지다

시험 ★☆☆
회화 ★★☆

・骨抜き ① 생선 등의 뼈를 발라냄 ② 알맹이를 빼내서 가치나 내용이 없어지게 함
・にされる ~이(가) 되다, 당하다 → 뼈가 빼내지다

✎ 意味 ① 사고나 계획 등 주요한 부분이 빠진 채 특징이 없어지는 것. ② 여자에게 홀딱 빠지거나 정신을 빼앗겨 여자가 하라는 대로 하거나 얼빠진 상태가 되는 것.

🔍 用例
① 議題の大事な部分が骨抜きにされて、結局意味のない話し合いになってしまいました。

의제의 중요한 부분이 쏙 빠지는 바람에 결국 의미 없는 대화가 돼 버렸습니다.

② あれだけ綺麗な女の人なら、男の人が骨抜きにされてしまうのも分かるような気がする。

저렇게 예쁜 여자라면 남자들이 홀딱 빠져 버리는 게 이해가 될 것도 같다.

646 骨折り損のくたびれもうけ 애쓴 보람이 없다

시험 ★★☆
회화 ★★★

・骨折り損 아무리 노력해도 효과는 없고 손해만 보는 것 ・くたびれ 피곤 ・くたびれる 지치다
・もうけ 벌이 ・儲ける 벌다. 이익을 보다 → 아무리 노력해도 피로만 쌓임

✎ 意味 수고만 하고 애쓴 보람도 없는 것을 의미.

🔍 用例
A お父さん、今日は仕事で帰ってこれなくなったんだって。

B え～。せっかく、お父さんの為に料理したのに、これじゃ骨折り損のくたびれもうけだよ。

A 아빠가 오늘은 일 때문에 집에 못 들어오실 것 같대.

B 이런~. 간만에 아빠를 위해 요리했는데, 그럼 애쓴 보람이 없잖아.

647 無駄骨を折る 헛수고하다

むだぼね お

시험 ★★☆
회화 ★★☆

・無駄骨 헛수고. 헛고생 ・無駄 헛됨. 보람이 없음 ・骨を折る 수고하다. 애쓰다
・折る 꺾다. 부러뜨리다 → 헛고생하다

✎ 意味 고생한 것이 아무 보람도 없는 것.

🔍 用例 A お母さん、私のネックレス知らない? 朝からずっと探してるんだ
けど、見つからないのよ。

B え? お母さん借りてるけど。

A なんだよ。早く言ってよ。無駄骨を折ったじゃない。

A 엄마 내 목걸이 못 봤어? 아침부터 찾았는데 안 보여.

B 어머? 내가 빌렸는데.

A 뭐야. 빨리 말하지. 헛수고만 했잖아.

同義語 骨折り損のくたびれもうけ ★★

骨身 뼈와 살. 몸

ほね み

648 骨身にこたえる 온몸에 사무치다. 뼈저리게 느끼다

ほね み

시험 ★★☆
문장 ★★★

・骨身 몸. 전신 ・応える 절실하게 느껴지다. 사무치다 → 몸에 사무치다

✎ 意味 고생이나 고통이 몸 전체에 스며드는 것.

🔍 用例 この年になって肉体労働をするのはさすがに骨身にこたえる。

이 나이에 육체노동을 하는 것은 몸서리치게 고통스럽다. 同義語 骨身に沁みる ★★

---

649 骨身に沁みる 온몸에 스미다. 뼈저리게 느끼다

ほね み し

시험 ★★☆
회화 ★★★

・骨身=骨 뼈 ・沁みる 배다. 번지다. 스며들다 → 뼈에 스며들다

✎ 意味 뼈에 사무치게 느낀다는 것에서, ① 전신에 강하게 느끼는 것. ② 마음에 강하게 느껴지는 것.

🔍 用例 ① 寒さが骨身に沁みる季節になってきた。

추위가 뼈에 사무치는 계절이 되었다.

② A 一人暮らしってどう? 楽しい?

B 楽しいというか、楽だな。でも、一人で暮らしていると、
親のありがたみが骨身に沁みるよ。(=身をもって分かる)

A 독립하니까 어때? 재미있어?

B 재밌다기보단 일단 편해. 근데 혼자 살다 보니 부모님의 고마움을 뼈저리게 느끼겠더라구.

同義語 骨身にこたえる ★★

・一人暮らし 독신 생활. 혼자 삶 ・身を以って分かる 자기 몸으로 느끼다 ・身を以って 자기 몸으로. 몸소

650 骨身を惜しまない 노고를 마다하지 않고. 몸을 사리지 않고

시험 ★★★ 문장 ★★★	• **骨身** 몸. 전신 • **惜しまない** = **惜しまず** (문어) 삼가지 않고 • **惜しむ** 어떤 일을 하기를 꺼리다. 삼가다 → **몸을 삼가지 않고**
✎ 意味	몸을 사리지 않고 열심히 일하는 모양.
🔍 用例	事故現場では、救助隊員が骨身を惜しまず、行方不明者を探し続けた。 사고 현장에서는 구조대원들이 몸을 사리지 않고 행방불명된 사람을 계속 찾고 있다.

651 骨身を削る 뼈를 깎다. 몸이 상할 정도로 노력하다

시험 ★★☆ 문장 ★★☆	• **骨身** 뼈와 살 • **削る** 깎다 → **뼈와 살을 깎다**
✎ 意味	몸을 아끼지 않고 노력이나 고생을 하는 것.
🔍 用例	我が子のためなら、骨身を削って働くことも苦ではない。 내 아이를 위해서라면 고생하며 일하는 것도 힘든 줄 모른다.

신체 관용어 >> 腕 팔

1. 팔 **腕を組む** 팔짱을 끼다 **腕をまくる** 팔을 걷어붙이다
2. 팔걸이 **いすの腕** 의자의 팔걸이
3. 역량. 솜씨. 기량. 실력 **いい腕だ** 대단한 솜씨다 **腕の見せ所** 솜씨를 보일 곳
   腕を磨く 솜씨를 익히다. 기술을 연마하다
4. 완력 **腕にものを言わせる** 완력을 쓰다

652 腕が上がる 실력이 늘다

시험 ★★★ 회화 ★★★	• **腕** = **腕前** 역량. 솜씨. 기량. 실력 • **上がる** 오르다. 올라가다 → **실력이 올라가다**
✎ 意味	실력이나 기술이 향상되는 것.
🔍 用例	A 最近テニスの腕が上がったんじゃないですか? B そうですか? ここのところ毎日練習してるからかも知れないですね。 A 최근 들어 테니스 실력이 많이 좋아지셨는데요?　(=上手になった) B 그래요? 요즘 날마다 연습을 했더니 그런가 봅니다. 好きな彼に食べてもらおうと、毎日真心を込めて作っているうちに、 自然に料理の腕が上がったの。 좋아하는 그이에게 먹이려고 매일 진심을 담아 만드는 사이에 자연스럽게 요리의 실력이 늘었어.

신체 관용어

뼈와 살·몸

骨身 ほねみ
648
—
651

팔
腕 うで
652
—
662

653 腕が利く　실력(솜씨)이 뛰어나다

시험 ★★☆
회화 ★★☆

• 腕＝腕前 역량. 솜씨. 기량. 실력　• 利く 능력, 기능이 충분히 발휘되다　→ **실력이 발휘되다**

✎ 意味　매우 실력이나 기술이 좋은 모양.

🔍 用例　**近頃では腕が利く職人がめっきりいなくなってきた。**（＝腕利きの）

요즘은 실력이 뛰어난 장인이 현저하게 줄어들었다.

• **職人** 직인. 뭔가를 만드는 것을 직업으로 하는 사람　• **めっきり** 현저히. 두드러지게. 부쩍. 뚜렷이
• **腕利きの** 유능한. 솜씨나 실력이 뛰어난

654 腕が立つ　실력(솜씨)이 좋다

시험 ★☆☆
회화 ★★☆

• 腕＝腕前 역량. 솜씨. 기량. 실력　• 立つ ① 서다 ② 기량이나 능력이 발휘되다
→ **실력이 발휘되다**

✎ 意味　기술이나 실력이 아주 뛰어난 것.「時代劇 시대극」등에 자주 나오는 표현.
腕の立つ로도 자주 씀.

🔍 用例　**腕が立つ浪人を用心棒として雇い入れた。**

실력 좋은 떠돌이 무사를 경호원으로 고용했다.

• **浪人** ① 고향을 떠나 방랑하는 부랑인. 사무라이(武家)시대에 지위를 잃거나 버리고 주인 없이 돌아다니는
무사를 가리킴 ② 진학이나 취직을 못하고 있음. 또는 그런 사람. 재수. 재수생
• **用心棒** 경호원. 보디가드　• **雇い入れる** 새로 고용하다

655 腕が鳴る　몸이 근질근질하다

시험 ★★★
회화 ★★☆

• 腕＝腕前 역량. 솜씨. 기량. 실력　• 鳴る 소리가 나다. 울리다　→ **실력이 울리다**

✎ 意味　훌륭한 기술을 갖고 있어 그것을 발휘하고 싶어 몸이 근질근질하는 모양.

🔍 用例　A **なんか、すごい気合が入ってるじゃん。**
B **俺、才能を見せられるチャンスなんだよ。腕が鳴るぜ。**

A 왠지 굉장히 기합이 들어갔는데.
B 내 재능을 보여 줄 기회니까. 몸이 근질근질해.

656 腕によりをかける　실력(솜씨)을 발휘하다

시험 ★★☆
회화 ★★★

• 腕＝腕前 역량. 솜씨. 기량. 실력　• よりをかける ① 실을 꼬다 ② 腕によりをかける의 줄임말
• より 꼼. 꼬임

✎ 意味　자신이 가지고 있는 기술이나 능력을 충분히 발휘하는 것.

🔍 用例　**私の誕生日にママは腕によりをかけてケーキを作ってくれた。**

내 생일에 엄마가 솜씨를 발휘해서 케이크를 만들어 주셨다.

同義語　**腕を揮う** ★★★

657 腕を鳴らす　실력(솜씨)을 발휘하다

시험 ★★★
회화 ★★☆

• 腕=腕前 역량. 솜씨. 기량. 실력　• 鳴らす 소리를 내다. 울리다　→　실력이 소리를 내다

✎ 意味　실력이나 솜씨를 발휘하여 이름을 알리는 것.

🔍 用例　**今度のパーティーで料理を作らなければいけない母は、腕を鳴らしていた。**

이번 파티에 요리를 만들어야 하는 엄마는 솜씨 발휘 중이시다.

658 腕を揮う　실력을 발휘할 기회를 엿보다. 기량을 선보이다

시험 ★★★
회화 ★★★

• 腕=腕前 역량. 솜씨. 기량. 실력　• 揮う ① 휘두르다 ② 발휘하다　→　실력을 발휘하다

✎ 意味　자신의 실력을 발휘할 기회를 이제나저제나 기다리고 있는 것. 또는 기술적 능력을
사람들에게 보여 주고 인정받아 명성을 높이는 것.

🔍 用例　**キノコの研究を10年やってきて、ついに腕を揮う機会がやってきた。**

버섯 연구를 10년 해 오다 드디어 기량을 선보일 기회가 찾아왔다.

同義語　**腕によりをかける** ★★★

659 腕をこまねく　수수방관하다

시험 ★☆☆
문장 ★★☆

• 腕 팔　• 拱く=拱く ① 팔짱 끼다 ② 腕を~, 手を~의 꼴로, 수수방관하다

✎ 意味　팔짱을 끼고 아무것도 하지 않는 것.

🔍 用例　**腕をこまねいている事態ではないので、私ができることはやることにする。**

수수방관만 할 상황이 아니라서 내가 할 수 있는 일은 하려고 한다.

660 腕に覚えがある　실력(솜씨)에 자신이 있다

시험 ★☆☆
회화 ★★☆

• 腕=腕前 역량. 솜씨. 기량. 실력　• 覚え ① 습득. 이해 ② (솜씨에 대한) 자신. 능력　• ある 있다
→　실력에 자신이 있다

✎ 意味　그것에 대한 경험이 있어서 지금도 충분히 실력을 발휘할 자신이 있다는 의미.

🔍 用例　**年をとっても、スキーなら腕に覚えがある。**

나이를 먹었어도 스키라면 자신 있다.

661 腕を磨く 기술을 연마하다

시험 ★★★
회화 ★★★

• **腕 = 腕前** 역량. 솜씨. 기량. 실력 • **磨く** ① 닦다 ② (학문이나 기능을) 연마하다. 갈고닦다
→ **실력을 연마하다**

✎ 意味 기술을 연마하기 위해 열심히 연습하는 것.

🔍 用例 **お兄ちゃんは、お父ちゃんのお店で料理の腕を磨き、自分の店を持つまでになった。**

오빠는 아버지 가게에서 요리 실력을 갈고닦아 자기 가게까지 차리게 되었다.

A ずいぶん会ってない間に、テニスの腕を磨いたね。

B ちょっと、がんばって練習したんだ。 (=腕を上げた)

A 한동안 뜸한 사이에 테니스 실력을 많이 키웠구나.
B 그냥 좀 열심히 연습했지.

同義語 **腕を上げる** ★★★

662 腕前がいい 실력(솜씨)이 좋다

시험 ★★★
회화 ★★★

• **腕前 = 腕** 솜씨. 기량. 재주. 수완 • **いい** 좋다 → **솜씨가 좋다**

✎ 意味 실력이나 솜씨가 뛰어난 것.

🔍 用例 **A ここのすしおいしいんだよ。大将の腕前がいいからさ。**

B ほんと? じゃ、食べていこうよ。

A 여기 초밥 맛있어. 주방장 실력이 끝내줘.
B 정말? 그럼 먹고 가자.

신체 관용어 >> 手 손

1. 손 **袖に手を通す** 소매에 팔을 꿰다 **手を叩く** 손뼉을 치다
2. (동물의) 앞발 **犬がお手をする** 개가 앞발을 내밀다
3. 손목, 손가락, 손등 등을 막연하게 가리킴 **手に時計をはめる** 손에 시계를 차다
4. 손잡이 **鍋の手** 냄비 손잡이
5. 넝쿨이나 줄기를 받쳐 주는 섶. 손 **竹をアサガオの手にする** 대나무를 나팔꽃의 섶으로 쓰다
6. 기운. 기세 **火の手が上がる** 불길이 오르다
7. 노동력. 일손 **人手が足りない** 일손이 모자라다
   女手一つで子供を育て上げる 혼자 몸으로 아이를 길러내다
8. 타인에게 관여하는 것 **手出し** 참견함. 개입함
9. 수. 수단. 방법 **どんな手を使っても勝ちたい** 어떤 수를 써서라도 이기고 싶다
10. 수고. 애씀. 폐. 시간. 수고. 노력 **手のこんだ細工** 정교한 세공 **手のかかる部下** 손이 많이 가는 부하

663 手が上がる 실력(솜씨)이 늘다

시험 ★☆☆
회화 ★☆☆

・手 솜씨. 수완 ・上がる 오르다. 올라가다 → 솜씨가 올라가다

✎ 意味   실력이나 솜씨가 향상되는 것.

🔍 用例   A 料理の手が上がったんじゃない? すごくおいしいよ。

B ほんと? うれしいな。

A 요리 솜씨가 좋아진 것 같은데? 굉장히 맛있어.

B 정말? 앗싸!

同義語 腕が上がる ★★★

664 手が空く 여유가 생기다

시험 ★★★
회화 ★★★

・手 손 ・空く 비다. 시간이 나다 → 손이 비다

✎ 意味   하던 일 등이 대충 마무리되어 틈이 생기는 것.

🔍 用例   A ちょっと、手が空いてたらこっちを手伝ってよ。(=暇だったら)

B ごめん、ちょっと待ってて、今忙しいのよ。

A 이봐, 바쁘지 않으면 여기 일 좀 도와줘!

B 미안해, 지금 좀 바쁘니까 잠깐 기다려.

665 手が後ろに回る 체포되다. 쇠고랑을 차다

시험 ★☆☆
회화 ★★☆

・手 손 ・後ろ 뒤. 뒤쪽 ・回る 돌다 → 손이 뒤로 돌아가다

✎ 意味   나쁜 일 등을 저질러 체포될 때 손이 뒤로 묶이는 것(手を後ろに回す=手を後ろで組む)에서, 범죄자가 경찰 등에 의해 붙잡히는 것.

🔍 用例   横領が発覚して手が後ろに回った。(=捕まった)

횡령이 발각되어 체포되었다.

666 手がかかる 손이 많이 가다. 공이 들다

시험 ★★★
회화 ★★★

・手 시간. 수고 ・かかる ① 걸리다. 매달리다 ② 소요되다 → 시간이 소요되다

✎ 意味   뭔가 귀찮은 일이 많고 시간이나 노력이 필요한 모양.

🔍 用例   A お子さんおいくつになられました?

B ちょうど2歳になったんですよ。

A 一番手がかかる時ですよね。(=手のかかる)

A 아이가 몇 살이에요?

B 이제 딱 두 살이에요.

A 가장 손이 많이 갈 때네요.

同義語 世話が焼ける ★★★

・世話が焼ける 돌보기가 힘들다

667 手が込む 공을 들이다. 정성을 들이다. 시간이 들다

시험 ★★★
회화 ★★★

・**手** 손. 수고. 폐. 시간 ・**込む** ① 붐비다 ② 복잡하고 정교하다. 정밀하다 → **손이 정밀하다**

✎ 意味　자잘한 곳까지 시간과 노력이 들어가는 모양.

🔍 用例　A わぁ。手の込んだおいしそうなお料理。(=手間のかかった)

B どうぞ。食べてみてください。

A 우와~. 정성이 듬뿍 들어간 맛있는 요리!

B 자, 어서 드셔 보세요.

A 犯人は変装して逃走中です。

しかも３つの偽名を使って行方をくらましている模様です。

B くそー、手の込んだ真似をしやがって…。

A 범인은 변장을 하고 도주 중입니다. 게다가 3개나 되는 가명을 쓰면서 행방을 감추고 있는 상황입니다.

B 제기랄, 치밀하게 굴긴!

・**行方をくらます** 행방을 감추다　・**くらます** 감추다. 속이다　・**模様** 상황. 형편
・**真似をする** 달갑지 않은 짓을 하다　・**真似** ① 흉내. 모방 ② 형식명사적으로, 바보 같은 달갑지 않은 행동. 짓

668 手が付けられない 어찌할 도리가 없다. 어떻게 해야 할지 방법을 모르다

시험 ★★☆
회화 ★★★

・**手** 손. 수. 수단. 방법　・**付けられない** 댈 수가 없다　・**付ける** 취하다. 대다 → **손을 댈 수가 없다**

✎ 意味　너무 심한 상태라 다루기가 벅찬 모양.

🔍 用例　A うちの子、最近いたずらがひどくて、手が付けられないんですよ。

B どこの子供もみんな同じですよね。

A 요즘 우리 아이가 장난이 하도 심해서 어떻게 해야 할지 모르겠어요.

B 어느 집 아이고 다 똑같네요.

669 手が出ない 손을 쓸 수가 없다. 능력 밖이다

시험 ★★☆
회화 ★★★

・**手** 손　・**出ない** 나가지 않다　・**出る** 나오다. 나가다 → **손이 나가지 않는다**

✎ 意味　자신의 능력 밖이라 어찌할 방도(수단)가 없는 것.

🔍 用例　A あのバッグすごいかわいいでしょ。

B そうだね。お給料も出たことだし、買っちゃえば?

A 買いたいけど…。20万円じゃとても手が出ないよ。(=買えない)

A 저 가방, 진짜 이쁘지?

B 그래. 월급도 탔겠다 사면 되잖아?

A 사고는 싶지만…. 20만 엔은 내 능력 밖이야.

670　手が届く
てとど

자기 것으로 할 수 있다. 손이 닿다. 가까워지다

시험 ★★★
회화 ★★★

• 手 손　• 届く ① 닿다. 미치다. 이르다 ② 주의 등이 두루 미치다 → **손이 미치다**
　て　　　とど

✎ 意味　① 힘이 미치는 범위 안에 있는 것. ② 세세한 곳까지 배려 등이 미치는 것.
　　　　③ 어떤 시기나 단계에 곧 도달하는 것.

🔍 用例　① **とてもじゃないが、この安月給で外車には手が届かない。**
　　　　　　　　　　　　　　　　やすげっきゅう　がいしゃ　　　て　とど
　　　　　도저히 이런 박봉으로 외제차는 무리다.　　　　　　　　　（=手が出ない）
　　　　　　　　　　　　　　　　　　　　　　　　　　　　　　　　　て　で

　　　　② **このホテルは、かゆいところまで手が届くサービスが魅力だ。**
　　　　　　　　　　　　　　　　　　　　　　　　て　とど　　　　　　　みりょく
　　　　　이 호텔은 세세한 곳까지 신경을 써 주는 서비스가 매력적이다.　（=世話が行き届く）
　　　　　　　　　　　　　　　　　　　　　　　　　　　　　　　　せわ　ゆ　とど

　　　　③ **あと何年かで60歳に手が届いてしまう。**（=なってしまう）
　　　　　　　　なんねん　　　ろくじゅっさい　て　とど
　　　　　앞으로 몇 년이면 육십 줄에 들어선다.

671　手が無い
てな

일손이 모자라다. 손쓸 방법이 없다

시험 ★★☆
회화 ★★☆

• 手 수. 수단. 방법　• 無い 없다 → **수가 없다**
　て　　　　　　　　　　な

✎ 意味　① 일할 사람이 부족한 모양. ② 써야 할 방법이나 수단이 없는 모양.

🔍 用例　① **今日は、手が無いので非常に忙しい。**（=人が少ない・
　　　　　　きょう　て　な　　　ひじょう　いそが　　　　　　　ひと　すく
　　　　　오늘은 일손이 부족해서 굉장히 바쁘다.　　　　人手が足りない・人手不足な）
　　　　　　　　　　　　　　　　　　　　　　　　　　ひとで　た　　　ひとで　ぶそく

　　　　② **これ以上は打つ手が無い。**
　　　　　　　いじょう　う　て　な
　　　　　더 이상 손쓸 방법이 없다.

　　　　• 打つ手 취해야 할 수단. 손쓸 방법
　　　　　う　て

672　手が入る
てはい

손길이 가해지다. 개입하다

시험 ★☆☆
회화 ★★★

• 手 손. 필치. 필적　• 入る 들어가다 → **손이 들어가다**
　て　　　　　　　　　　はい

✎ 意味　① 남이 손을 대서 수정을 가하는 것.
　　　　② 범인을 체포하거나 증거품 등을 압수하기 위해 경찰이 수사하는 것.

🔍 用例　① **私のレポートは先輩の手が入っているので、完璧です。**
　　　　　　わたし　　　　　　　せんぱい　て　はい　　　　　　　　　かんぺき
　　　　　내 리포트는 선배가 수정해 줘서 완벽합니다.　（=ペンが入り）
　　　　　　　　　　　　　　　　　　　　　　　　　　　　　　はい

　　　　② **銃刀法違反の疑いで警察の手が入り容疑者が逮捕された。**
　　　　　　じゅうとうほういはん　うたが　　けいさつ　て　はい　ようぎしゃ　たいほ
　　　　　총검단속법 위반 혐의로 경찰이 수사에 나서서 용의자가 체포되었다.

　　　　• 銃刀法違反 총기, 도검에 관한 법 위반　• 違反 위반　• 容疑者 용의자　• 逮捕 체포
　　　　　じゅうとうほういはん　　　　　　　　　　　　　　いはん　　　　ようぎしゃ　　　　たいほ

673　手が離せない　손을 뗄 수 없다

시험 ★★★
회화 ★★★
・手 손　・離せない 뗄 수 없다　・離す 때다. 놓다　→　손을 뗄 수 없다

✎ 意味　너무 바쁘거나 일을 하는 중이라 여유가 없는 모양.

🔍 用例
A ちょっと、手伝ってもらってもいい?
B ごめん、いまちょっと手が離せないのよ。(= 暇じゃない)

A 잠깐만 도와줄 수 있어?
B 미안, 지금 짬이 안 나네.

同義語　手が塞がる ★★★　　手が空かない ★★

674　手が塞がる　손이 묶이다

시험 ★★☆
회화 ★★★
・手 손　・塞がる ① 막히다 ② 가득 차다. 차 있다　→　손이 차 있다

✎ 意味　일하는 중이라 다른 일을 할 여유가 없는 모양.

🔍 用例
A ちょっとこれを動かすの手伝って。
B ごめん。ちょっと手が塞がってるから、別の人に頼んで。

A 이것 좀 옮기게 도와줘.
B 미안, 지금 좀 손이 묶여 있어서 딴사람한테 부탁해 봐.

同義語　手が離せない ★★★

675　手が早い　일 처리가 빠르다. 손을 대다. 주먹이 빠르다

시험 ★★☆
회화 ★★★
・手 손　・早い 빠르다　→　손이 빠르다

✎ 意味　① 어떤 일을 재빨리 능숙하게 처리하는 모양. ② 바로 여자와 관계를 갖는 것.
③ 바로 주먹을 휘두르는 것.

🔍 用例
① 彼は仕事の手が早いので有名だ。
그 사람은 일 처리가 빠르기로 유명하다.

② 手の早い男は女性に嫌われる。
여자 건드리기 좋아하는 남자는 여자들에게 미움받는다.

③ 私の姉は、口より手が早いので、喧嘩をするといつも痛い目を
見るのは私だ。
우리 누나는 말보다 주먹이 빨라서 싸우면 언제나 나만 손해다.

676 手が回らない 손길이 미치지 못하다

| 시험 ★★☆ 회화 ★★★ | • **手** 손 • **回らない** 고루 돌아가지 못하다 • **回る** ① 돌다 ② 고루 돌아가다. 퍼지다 → 손이 고루 돌아가지 못하다 |

✎ **意味**   바쁘거나 일이 너무 많아서 그것을 할 여유가 없는 모양.

🔍 **用例**   **やる事が多すぎて家の事まで手が回らない。**

할 일이 너무 많아 집안일에까지 신경 쓸 수가 없다.

677 手に汗を握る 손에 땀을 쥐다

| 시험 ★★★ 회화 ★★★ | • **手** 손 • **汗** 땀 • **握る** 쥐다 → 손에 땀을 쥐다 |

✎ **意味**   긴박한 장면이나 일을 보거나 듣게 되어 긴장되는 것.

🔍 **用例**   **昨日、テレビで見た映画は、はらはらする場面が多くて手に汗を握った。**（＝緊張した）

어제 텔레비전으로 본 영화는 가슴 조마조마한 장면이 많아서 손에 땀을 쥐게 했다.

678 手に余る 힘겹다. 벅차다

| 시험 ★★★ 회화 ★★☆ | • **手** 손 • **余る** 벅차다. 버겁다. 넘치다 → 손에 버겁다 |

✎ **意味**   자신의 능력을 넘어서 할 수 없는 것.

🔍 **用例**   **この問題は難しすぎて、私の手に余る。**

이 문제는 너무 어려워서 나한테는 벅차다.

同義語 **手に負えない ★★★**

679 手に入れる 손에 넣다

| 시험 ★★★ 회화 ★★★ | • **手** 손 • **入れる** 넣다. 들어가게 하다 → 손에 넣다 |

✎ **意味**   갖고 싶던 것을 자기 것으로 만드는 것.

🔍 **用例**   **Ａ とうとう私の欲しかった人形を手に入れたよ!!**

Ｂ ほんと? 見せて見せて!   （＝入手した・ゲットした）

Ａ 드디어 내가 원하던 인형을 손에 넣었어!!

Ｂ 정말? 어디, 어디!

同義語 **手にする ★★★**   自動詞 **手に入る ★★★**

• **入手する** 입수하다 • **ゲットする** 손에 넣다

680　手に負えない　손쓸 수 없다. 감당할 수 없다

시험 ★★★
회화 ★★★
・**手** 힘. 능력　・**負えない** 질 수 없다　・**負う** ① 짊어지다 ② (책임, 비난, 상처 등을) 지다. 받다
→　능력이 부족하다

✎ 意味　자기의 힘으로는 도저히 감당하기 어려운 모양.

🔍 用例　**あの人は酔うと酒癖が悪くて全く手に負えない人として有名だそうだ。**
저 사람은 취하면 감당이 안 될 정도로 주사가 심한 사람으로 유명하다고 한다.

この数学の問題は、僕には難しすぎてとても手に負えないよ。
이 수학 문제는 나한테 너무 어려워서 도저히 못 풀겠어.

同義語 **手に余る** ★★

681　手に落ちる　남의 소유가 되다

시험 ★☆☆
문장 ★★☆
・**手** 손　・**落ちる** ① 떨어지다 ② 함락되다. 적에게 빼앗기다. 싸움에 지다
→　(남의) 손에 떨어지다

✎ 意味　남의 소유나 지배하에 떨어지는 것.

🔍 用例　**私の城が敵の手に落ちる前に、何とか早く手を打たなければ。**
내 성(城)이 적에게 넘어가기 전에 빨리 무슨 조치를 취하지 않으면 안 된다.
(＝敵のものになる)

682　手にかかる　손을 거치다. 손에 죽다

시험 ★☆☆
회화 ★★★
・**手** 손　・**かかる** ① 걸다 ② 가해지다 ③ **手に〜、人手に〜**의 꼴로, 살해되다
→　손에 가해지다. 손에 죽다

✎ 意味　① 무엇인가가 그 사람에 의해 다루어 지는 것. ② 그 사람의 손에 죽는 것.

🔍 用例　① **何の変哲もない白い布が、デザイナーの手にかかり、美しいドレスになった。**(＝手によって)
평범한 하얀 천 조각이 디자이너의 손을 거쳐 아름다운 드레스가 되었다.

② **サスペンスドラマの中では必ず、身内の人の手にかかって人が死ぬ。**
서스펜스 드라마에서는 반드시 가족의 손에 사람이 죽는다.

・**変哲もない** 별달리 내세울 것 없는. 내세울 것 없는. 평범한　・**身内** 가족. 일가. 한패. 부하

683　手にかける　자기가 직접 하다. 제 손으로 죽이다

시험 ★☆☆
회화 ★★★

・手 손 ・かける ② 손을 쓰다. 처치하다 → 손을 쓰다

✎ 意味
① 자기 자신이 직접 손을 써서 무엇인가를 하는 것.
② 직접 자기 손으로 죽이는 것.

🔍 用例
① 私が手にかけて育てた植木です。(＝手塩に掛けて)
내가 손수 키운 분재입니다.

② 私が手にかけて殺しました。
내가 직접 죽였습니다.

・植木 화분에 심어 가꾸는 분재 ・手塩に掛ける 손수 공들여 기르다. 몸소 돌봐 양육하다

신체 관용어

손 手 て

663 ― 735

684　手にする　손에 넣다

시험 ★★☆
회화 ★★★

・手 손 ・にする 어떤 상태로 되게 하다 → 손에 넣다

✎ 意味
자기의 것으로 하는 것.

🔍 用例
A とうとうそれ買ったの？ いいな。
B そうだよ。ついに手にしたよ。念願のゲーム機! (＝ゲットした)
A 드디어 그걸 샀구나? 좋겠다.
B 그래. 벼르고 벼르던 게임기! 결국 내 손에 들어왔다~!!

同義語　手に入れる ★★★　・念願 염원. 소원

685　手につかない　손에 잡히지 않다

시험 ★★★
회화 ★★★

・手 손 ・付かない 붙지 않는다 ・付く 붙다. 달라붙다 → 손에 붙지 않는다

✎ 意味
딴 데 마음이 쏠려 있어 일이 손에 안 잡히는 것.

🔍 用例
子供のことが心配でなかなか仕事が手につかない。
아이가 걱정돼서 좀처럼 일이 손에 잡히지 않는다.

686　手に手を取って　손에 손을 잡고

시험 ★☆☆
회화 ★★★　・手 손　・取って 잡고　・取る 잡다　→　손에 손을 잡고

✎ 意味　복수의 사람이나 단체가 같은 목적을 가지고 서로 행동하는 것.「手に手を取って 손과 손을 잡고, 手と手を取り合って 손과 손을 붙잡고, 手に手を取り合って 손에 손을 붙잡고」의 형태로 사용.

🔍 用例　**子供同士が、手に手を取って遊んでいる。**

아이들끼리 손을 잡고 놀고 있다.

親に結婚を反対され、二人は手に手を取ってかけおちをした。

부모님이 결혼을 반대하셔서 두 사람은 손에 손을 잡고 사랑의 도피를 했다.

困ったときほどみんなで手と手を取り合って困難を乗り越えなければ ならない。

힘든 일이 있을 때야말로 모두 손과 손을 맞잡고 어려움을 극복해야 한다.

優勝したチームはみんな手と手を取り合って喜んだ。

우승한 팀은 모두 손에 손을 맞잡고 기뻐했다.

687　手に取るよう　눈에 보이듯

시험 ★☆☆
회화 ★★★　・手 손　・取る 잡다　・よう 듯　→　손에 잡듯

✎ 意味　바로 눈앞에 있는 것처럼 확실하게 들리거나 보이는 것.

🔍 用例　**彼女は涙を必死にこらえていたが、彼女の気持ちは手に取るようにわ かった。**

그녀는 눈물을 힘껏 참고 있지만 그녀의 마음은 눈에 보이듯 훤했다.

A あんた、なんか悪いこと考えてるでしょ!

B そんなことないよ…。

A あなたのことは、手に取るようにして分かるから、私のことは 騙せないわ。

A 당신, 뭔가 나쁜 생각 하고 있었지?

B 그, 그렇지 않아….

A 당신에 관해서라면 눈에 보이듯 훤히 다 안다구. 날 속일 생각 마.

688 手に乗る 남의 꾀에 속다

시험 ★☆☆
회화 ★★★

・手 손 ・乗る ① 올라타다 ② 속다. 말려들다 → 손에 올라타다

✎ 意味　남의 속임수에 걸려드는 것.

🔍 用例
どんなに魅力的な提案でも、悪の手に乗らないように心がけている。

아무리 매력적인 제안이라도 나쁜 꾐에 넘어가지 않도록 조심한다.

A おい、これとお前のビールと代えようぜ。うまいぞ!

B その手には乗らないよ! それおいしくないんだろ?

A ばれたか… こんなまずいとは思わなかったよ。

B 頼まなくてよかった。

A 야, 그거랑 내 맥주랑 바꾸자. 맛이 끝내줘!

B 니 꾐에는 안 넘어가! 그거 맛없지?

A 눈치챘어? 이렇게 맛없을 줄은 몰랐다.

B 주문 안 하길 잘했네.

신체 관용어

손
手
て

663
|
735

689 手に渡る 남에게 넘어가다

시험 ★☆☆
회화 ★★★

・手＝人手 남의 수중 ・渡る 넘어가다 → 남의 수중에 넘어가다

✎ 意味　남의 손에 넘어가는 것.

🔍 用例
長年住み慣れた家が競売に掛けられ、とうとう人手に渡ってしまった。

오랫동안 살던 정든 집이 결국 경매로 남에게 넘어갔다. （＝他人のものになって）

この秘密文書が、敵の手に渡っては大変なことになるので注意してくれ。

이 비밀문서가 적의 손에 넘어가면 큰일이니까 주의하도록.

690 手の裏を返す 돌변하다

시험 ★★☆
회화 ★★☆

・手の裏＝手の平 손바닥 ・返す 뒤집다. 돌리다 → 손바닥을 뒤집다

✎ 意味　손바닥을 뒤집듯 여태까지와 다르게 말이나 태도를 정반대로 바꾸는 것.

🔍 用例
今まで、私たちの意見に反対していたのに、突然手の裏を返すように賛成派になった。

지금껏 우리 의견을 반대하더니 갑자기 돌변해서 찬성파가 되었다.

211

691 手の施しようがない 손쓸 방도가 없다

시험 ★★☆
회화 ★★☆

・**手** 수. 수단. 방법 ・**施しようがない** 쓸 방법이 없다 ・**施す** ① 베풀다. 주다 ② (수단, 방법을) 쓰다 ・**ようがない** 동사의 ます형에 붙어, ~ 방법이 없다 → **수를 쓸 방법이 없다**

✎ 意味 전혀 조치를 취해 줄 수 없을 만큼 상태가 심각한 모양.

🔍 用例 A 先生、主人の容体はどうなんでしょうか?
B 残念ながら、手の施しようがありません。

A 선생님! 남편 상태가 어떤가요?
B 안타깝지만, 손쓸 방법이 없습니다.

同義語 手のつけようがない ★★★   手がつけられない ★★★

692 手も足も出ない 손도 못 대다. 꼼짝달싹 못 하다

시험 ★★★
회화 ★★★

・**手** 손 ・**足** 발 ・**出ない** 나가지 못하다 ・**出る** 나가다. 나오다 → **손도 발도 나가지 못하다**

✎ 意味 힘이 미치지 못해 어찌해 볼 도리가 없는 것.

🔍 用例 A 今回のテスト難しかったな。
B 俺なんて、難しいどころか、手も足も出なかったよ。

A 이번 시험 어려웠어!
B 어려운 게 뭐야, 난 손도 못 댔다구.

同義語 歯が立たない ★★★

693 手を上げる 손을 들다. 두 손 들다. 주먹을 들다

시험 ★★★
회화 ★★★

・**手** 손 ・**上げる** 들다. 올리다 → **손을 들다**

✎ 意味 ① 손을 드는 것. ② 항복하는 것. ③ 때리려고 주먹을 드는 것.

🔍 用例 ① 横断歩道は手を上げて渡りましょう。

횡단보도에서는 손을 들고 건넙시다.

② これ以上逃げられないならば手を上げて降参すべきだ。

더 이상 도망칠 수 없다면 손들고 항복해야 한다.

③ 子供に手を上げては絶対にいけません。(＝暴力をふるっては)

아이들에게 폭력을 써서는 안 됩니다.

・**降参** 항복. 굴복

694 手を合わせる　합장하다. 시합하다. 겨루다. 맞붙다. 대전하다

시험 ★★★
회화 ★★★

・手 손　・合わせる 모으다　→　손을 모으다

✎ 意味　① 기도하는 것. ② 스포츠나 게임 등에서 승부를 겨루는 것.「手合わせする 시합하다」의 형태로 사용.

🔍 用例　① 祖父は仏壇に毎朝手を合わせる。

할아버지는 매일 아침 불단에 합장(기도)한다.

② 有段者と手を合わせたら、ものの見事に負けてしまった。

유단자와 시합을 했는데 보기 좋게 져 버렸다.
　・ものの見事に 정말 멋지게. 썩 훌륭하게

彼とは一度は手合わせしたいと思っていた。

그와는 한번 겨뤄 보고 싶은 생각이 있다.

695 手を入れる　손을 보다

시험 ★☆☆
회화 ★★★

・手 손　・入れる ① 넣다 ② 손질하다. 수정하다　→　손질하다

✎ 意味　작품 등의 완성도를 높이기 위해 수정하거나 보충하는 것.「手入れする 손보다」의 형태로 씀.

🔍 用例　母は、家の庭に手を入れるのが趣味だ。

엄마는 정원을 손질하는게 취미다.

1,500年前の壁画の調査で、ついに細部に手を入れた。

1,500년 전의 벽화를 조사하면서, 드디어 세세한 부분에 손을 댔다.

母はいつも庭の手入れをしている。　　同義語　手を加える ★★★

엄마는 항상 정원을 손질하신다.

696 手を打つ　마무리 짓다. 조치를 취하다

시험 ★★★
회화 ★★★

・手 손. 수. 수단. 방법　・打つ ① 치다. 때리다 ② (수단, 방법을) 쓰다　→　손(수)을 쓰다

✎ 意味　① 협의(대화)나 계약 등을 타결하는 것. ② 예상한 사태에 대해 필요한 조치를 하는 것.

🔍 用例　① A 今、1,000円しか返せないんだけど、大丈夫?

　　　B しょうがないな。1,000円で手を打ってあげるよ。

　　　A 지금은 1,000엔밖에 못 갚는데 괜찮아?
　　　B 어쩔 수 없지. 1,000엔으로 봐줄게.

② 話がこじれる前に、手を打っておくべきだった。(＝手段をこうじて)

협상이 틀어지기 전에 조치를 취했어야 했다.

・話がこじれる 이야기가 복잡해지다　・こじれる 비꼬이다. 뒤틀리다
・手段をこうじる 수단을 강구하다　・こうじる＝こうずる ① 강의하다 ② 강구하다

697 手を替え品を替え 온갖 수단과 방법을 써서

시험 ★★☆
회화 ★★☆

• 手 손. 수. 수단. 방법 • 替え 바꿈. 교환 • 品 물건. 물품 → 방법을 바꾸고 물건을 바꾸고

✎ 意味　온갖 수단과 방법을 바꿔 가며 써 보는 것.

🔍 用例　犯罪は、手を替え品を替えどんどんと新しいものが出てくるものだ。

범죄는 온갖 수단 방법을 바꿔 가며 점점 새로운 수법이 나오게 마련이다.

彼は手を替え品を替え、彼女のご機嫌を伺っている。

그는 온갖 수단과 방법을 총동원해 가며 그녀의 눈치를 살피고 있다.

• ご機嫌を伺う ① 안부를 묻다 ② 남의 기분을 살피다. 눈치를 보다

698 手をかける 공을 들이다. 훔치다

시험 ★★☆
회화 ★★★

• 手 손 • かける ① 걸다. 늘어뜨리다 ② (돈, 시간, 수고 등을) 들이다 ③ 잡다. 사로잡다. 속이다

✎ 意味　① 정성을 들이는 것. ② 남의 물건을 훔치는 것.

🔍 用例　① A すごいご馳走ですね。

B そうですか? そんなに手をかけたわけじゃないんですよ。

A 정말로 진수성찬을 차리셨네요.　　　（＝手間をかけた）

B 아녜요. 별로 차린 게 없는걸요.

② 人の物に手をかけたりしては絶対にいけません。（＝手を出したり）

절대로 남의 물건에 손을 대서는 안 됩니다.

699 手を貸す 도와주다. 협력하다

시험 ★★☆
회화 ★★★

• 手 손 • 貸す 빌려주다. 사용하게 하다 → 손을 빌려주다

✎ 意味　행동이나 사업에 참여해 도움을 주기 위해 가담하는 것. 힘써 주는 것.

🔍 用例　僕は友達に頼まれて荷物を運んだだけなのに、犯罪に手を貸したということになって捕まってしまった。

나는 친구 부탁을 받아서 짐을 옮겨준 것뿐인데, 범죄에 협력한 것으로 간주되어 체포되었다.

A これ、重くて運べないの。ちょっと手を貸してくれない?

B ごめん。こっちも今手がいっぱいで、離せないんだ。
ちょっと待って。

A 이거, 무거워서 옮길 수가 없어. 좀 도와줄래?

B 미안. 나도 지금 바빠서 그럴 수가 없네. 좀 기다려.

700 手を借りる 도움을 받다

시험 ★★☆
회화 ★★★

• **手** 손 • **借りる** 빌리다 → **손을 빌리다**

✎ 意味   남에게 협력이나 도움을 구하는 것. 도움을 받는 것.

🔍 用例
A どうしましたか? 手伝いましょうか?

B あ。すみません。それじゃ、ちょっと手を借りても良いですか?

A 무슨 일이에요? 도와 드릴까요?

B 아, 감사합니다. 그럼 좀 도와주시겠어요.

701 手を切る 관계를 끊다. 인연을 끊다

시험 ★★☆
회화 ★★★

• **手** 손 • **切る** ① 베다. 자르다 ② (관계를) 끊다. 단절하다 → **손을 끊다**

✎ 意味   나쁜 관계나 남녀 사이에서의 관계를 끊는 것.

🔍 用例
**あの会社は、うちの会社とはうまくいかないので、早いうちに
手を切る予定だ。**

저 회사는 우리 회사와 맞지 않아서 빠른 시일 내에 관계를 끊을 예정이다.

酒癖の悪い男とは早く手を切って、いい人を見つけなよ。

술버릇 안 좋은 남자는 빨리 정리하고 다른 좋은 사람 찾아봐.

702 手を下す 자신이 손수 행하다. 착수하다

시험 ★☆☆
회화 ★★★

• **手** 손 • **下す** ① (지휘 등을) 내리다. 낮추다 ② **手を~**의 꼴로, 스스로 처리하다
→ **스스로 손을 쓰다**

✎ 意味   자기 스스로 그 일을 행하는 것.

🔍 用例
社長自ら手を下し、大きな契約を成立させた。

사장 본인이 직접 착수하여 큰 규모의 계약 하나를 따냈다.

703 手を加える 손을 보다. 수정하다. 가공하다

시험 ★☆☆
회화 ★★★

• **手** 손 • **加える** 보태다. 더하다. 가하다 → **손을 가하다**

✎ 意味   작품 등을 수정하거나 보충하는 것.

🔍 用例
A 先生、この作品ちょっと見てください。

B う～ん、少し私が手を加えても良いですか?

A 선생님, 이 작품 좀 봐 주세요.

B 음, 내가 좀 손을 봐도 될까요?

同義語 **手を入れる ★★★**

215

704 手をこまねく 팔짱을 끼다. 수수방관하다

시험 ★★☆
회화 ★★★

• 手 손 • こまねく = 拱く ① 팔짱을 끼다 ② 手を~, 腕を~의 꼴로, 수수방관하다
→ 팔짱을 끼다

✎ 意味 팔짱끼고 지켜보는 것에서, 아무것도 하지 않고 수수방관하는 모양.

🔍 用例 **私が手をこまねいているうちに、同僚に手柄を取られた。**
내가 수수방관하고 있는 사이에 동료에게 공적을 빼앗겼다.

同義語 **腕をこまねく** ★★ • **手柄** 공. 공훈. 공적

705 手を差し伸べる 손길을 주다. 도와주다

시험 ★★☆
회화 ★★★

• 手 손 • 差し伸べる = 差し出す (쭉) 뻗치다. 내밀다 → 손을 내밀다. 손을 뻗치다

✎ 意味 형편이 좋지 않은 사람을 도와주는 것.

🔍 用例 **恵まれない人々に手を差し伸べるボランティアをしている。**
불우한 사람들을 돕는 봉사 일을 하고 있다.

私が悩んでいるとき、手を差し伸べてくれたのは彼一人だけだった。
내가 힘들어할 때 도와준 것은 그 한 사람뿐이었다.

706 手を染める 손을 대다

시험 ★☆☆
문장 ★★★

• 手 손 • 染める 手を~의 꼴로, 착수하다. 관계하다 → 손을 물들이다

✎ 意味 어떤 좋지 않은 일이나 사업 등에 손을 대는 것.

🔍 用例 **生活に困り果てて、犯罪に手を染めてしまった。**(=手を付けて)
생활이 궁핍한 나머지 범죄에 손을 대고 말았다.

真面目な青年だったのにギャンブルに手を染めて、一生を台無しにしてしまった。
성실한 청년이었는데 도박에 손을 대서 일생을 망쳐 버렸다.

• **台無し** 쓸모없는 모양. 엉망이 된 모양. 아주 망가진 모양

707 手を出す 손을 대다. 건들다

시험 ★★★
회화 ★★★

• 手 손 • 出す 내밀다 → 손을 내밀다

✎ 意味　① 어떤 것에 손을 대는 것. ② 때리거나 폭력을 휘두르는 것. 또는 공격하는 것.
③ 새롭게 어떤 일에 관계하는 것. ④ 훔치는 것. ⑤ 여자와 관계하는 것.

🔍 用例　① おいしそうな食べ物についつい手を出してしまう。(＝手を延ばして)

먹음직스러워 보이는 음식에 나도 모르게 손을 대고 말았다.

② A 二人とも、喧嘩はやめなさい。
B お兄ちゃんが先に手を出してきたんだよ。

A 둘 다 싸우지 마.
B 오빠가 먼저 때렸단 말야.

③ 博打に手を出してしまい、破産してしまうケースは少なくない。

도박에 손을 대어 파산하는 경우가 적지 않다.

④ A なぜ人の物に手を出したりなんかしたんだ!
B つい出来心で…。

A 왜 남의 물건에 손을 대고 그런 거야!
B 그냥 충동(우발)적으로….

⑤ 俺の女に手を出すな!

내 여자 건들지 마!

自動詞 手が出る ★★★

• 出来心 우발적으로 일어난 나쁜 생각

708 手を尽くす 손을 다 쓰다

시험 ★★★
회화 ★★★

• 手 수. 수단. 방법 • 尽くす 다하다 → 방법을 다하다

✎ 意味　모든 수단을 동원하는 것. 갖은 방법을 다 쓰는 것.

🔍 用例　あれこれ手を尽くして探したが、結局見つからなかった。

모든 수단을 동원하여 찾아보았지만 결국 찾지 못했다.

地震で生き埋めになった人を救出するために、救助隊はあらゆる
手を尽くした。

지진으로 생매장된 사람을 구출하기 위해 구급대는 온갖 방법을 다 동원했다.

• 生き埋めになる 생매장되다　• あらゆる 모든, 온갖

709 手を付ける 손을 대다. 착수하다. 여자를 건들다

시험 ★☆☆
회화 ★★★

・手 손 ・付ける 시작하다. 대다 → 손을 대다

✎ 意味 ① 일 등을 시작하는 것. ② 어떤 좋지 않은 일에 손을 대는 것. ③ 요리 등을 먹기 시작하는 것. ④ 여자를 건드리는 것.

🔍 用例 ① 今の事業とは別にもう一つ事業に手を付けることにした。
지금 하는 사업과는 별개로 또 하나의 사업을 착수하기로 했다.

② A なんであの人、首になっちゃったの?
B なんかね、会社の金に手を付けちゃったらしいよ。
A 왜 저 사람이 잘린 거야?　　　　　(=手を出しちゃった)
B 그게 말이야, 회사 공금에 손을 댔다는 것 같아.

③ お腹が空いていたのか、ご飯を出すや否やすぐに手を付けた。
배가 고팠는지 밥을 차리기 무섭게 먹기 시작했다.　　　　　(=食べ始めた)

④ 水商売の女に手を付けると後で痛い目に合うかもしれない。
술집 여자를 건드리면 나중에 험한 꼴을 당할지도 모른다.

同義語 手を出す ★★★　・や否や ~하자마자. ~하기 무섭게 ・水商売の女 = お水 술집 여자
・痛い目に合う 따끔한 맛을 보다. 혼나다

710 手をつなぐ 손을 잡다

시험 ★★☆
회화 ★★★

・手 손 ・つなぐ 잇다. 연결하다 → 손을 잇다

✎ 意味 손을 맞잡고 걷는 것.

🔍 用例 子供同士、手をつないで遊ぶ。
아이들끼리 손을 잡고 논다.

日本では女の子同士が手をつないで歩いたら、レズだと思われる。
일본에서는 여자끼리 손잡고 가면 동성애자라고 생각한다.

711 手を取って 친절하게

시험 ★★★
회화 ★★★

・手 손 ・取って 잡고 ・取る 잡다. 쥐다 → 손을 잡고

✎ 意味 다른 사람의 손을 잡는 것에서, 친절하게 가르치는 것.

🔍 用例 先生は、私の手を取って一から教えてくださった。
선생님께서는 친절하게도 나를 기초부터 가르쳐 주셨다.

712 手を抜く　날림으로 하다. 잠시 일에서 손을 떼다

시험 ★★☆
회화 ★★★

・手 손　・抜く ① 뽑다. 빼내다 ② 덜다. 줄이다. 생략하다. 거르다　→　손을 거르다

✎ 意味
① 정해진 순서를 밟지 않고 일을 대충대충 하는 것. 날림이란 뜻의 **手抜き**도 「**手抜き工事** 날림공사」 등으로 시험에 자주 출제됨. ② 하던 일을 잠시 쉬는 것.

🔍 用例
① 高速道路の施工の際は手を抜く事は絶対に許されない。

고속도로 시공을 날림으로 하는 건 절대 용납할 수 없다.

② A まだ仕事終わってないの？

　B ちょっと手を抜いていたらだんだん仕事がたまっちゃって。

A 아직 일이 안 끝났어?

B 잠깐 손 놓고 있었더니 점점 일이 밀려 버린 거 있지.

---

713 手を延ばす　손을 뻗치다

시험 ★☆☆
회화 ★★☆

・手 손　・延ばす 펴다. 곧게 하다　→　손을 펴다

✎ 意味　① 손을 뻗는 것. ② 지금까지 하지 않았던 일을 해 보는 것.

🔍 用例
① 空の星に手を伸ばしても届かない。

하늘의 별에 손을 뻗어도 닿지 않는다.

② 財テクのために株式に手を伸ばしてみたが、一文無しになってしまった。（＝手を出して）

재테크를 위해서 주식에 손을 대 봤지만, 빈털터리가 되고 말았다.

・**財テク** 재테크　・**一文無しになる＝すっからかんになる** 빈털터리가 되다

---

714 手を離れる　손을 떠나다

시험 ★★☆
회화 ★★★

・手 손　・離れる ① 떨어지다. 멀어지다 ② 떠나다. 벗어나다　→　손을 떠나다

✎ 意味
① 돌보거나 보호할 필요가 없어지는 것. 특히 자식이 부모를 떠나 독립하는 것.
② 남의 소유가 되거나 권한이 없어지는 것.

🔍 用例
① A 今度一緒に旅行に行きませんか？

　B いいですね。子供もちょうど手を離れましたから、時間があるんですよ。

A 이번에 여행 함께 안 가실래요?

B 좋아요. 마침 아이들도 독립해서 시간이 많네요.

② とても大事にしていた車だったが、今では私の手を離れ知らない人が大切にしてくれているだろう。

정말 아끼던 차였는데, 이젠 내 손을 떠나 낯선 사람의 사랑을 받고 있겠지.

715 手を引く 손을 잡고 이끌다. 일선에서 물러나다

시험 ★☆☆
회화 ★★★

• **手** 손 • **引く** 🇹당기다. 끌다 🇯빠지다. 뒤로 물러나다. 물러서다 → **손을 끌다. 손을 떼다**

✎ 意味　① 손을 잡고 인도하는 것. ② 계속하던 것에서 물러나는 것.

🔍 用例　① **おじいさんが、孫の手を引いて散歩をしている。**(=手をつないで)
　　할아버지가 손주 손을 잡고 산책하신다.

　　② **会長は会社の運営から手を引いて、今は悠々自適の生活を送って
　　いる。**
　　회장은 회사 운영에서 손을 떼고 지금은 유유자적한 생활을 보내고 있다.

---

716 手を広げる 손을 뻗치다. 사업을 확장하다

시험 ★★☆
회화 ★★★

• **手** 손 • **広げる** 넓히다. 확장하다 → **손을 넓히다**

✎ 意味　하던 일의 규모를 넓게 확장하는 것.

🔍 用例　A **有名なA社が潰れるかもしれないって話聞いた?**

　　B **うん。聞いたよ。いろんなところに手を広げすぎたらしいよ。**

　　A 그 유명한 A사가 부도날지도 모른다는데 들었어?
　　B 그래, 들었어. 여기저기 사업을 너무 벌였던 모양이야.

---

717 手を回す 손을 쓰다

시험 ★★☆
회화 ★★★

• **手** 수. 수단. 방법 • **回す** 돌리다 → **수를 돌리다**

✎ 意味　자신이 뜻하는 바를 이루기 위해서 수단을 강구하는 것.

🔍 用例　**いろいろなところに手を回して調べてもらったが、なかなか見つから
ない。**
여러 곳에 손을 써서 알아보았지만 좀처럼 찾을 수 없다.

横領が明るみに出ないように手を回しておく。(=根回しして)
횡령이 드러나지 않도록 손을 써 두다.

• **根回し** 교섭, 회의 등의 원활한 타결을 위한 사전 공작

718 手を結ぶ 손을 잡다. 동맹을 맺다. 협력하다

시험 ★★☆
회화 ★★★

・手 손 ・結ぶ 손잡다 → 손을 잡다

✎ 意味 협력하기로 약속하는 것. 동맹을 맺는 것.

🔍 用例 **外国の会社と手を結んで、大きな事業を成功させようとしている。**

외국 기업과 손을 잡고 큰 사업을 성공시키려고 한다.

同義語 **手を握る** ★★★

719 手を焼く 애먹다. 속 썩이다

시험 ★★★
회화 ★★★

・手 손 ・焼く ① 태우다 ② 애태우다 → 애태우다

✎ 意味 제대로 처리하지 못하고 곤란해 하는 모양.

🔍 用例 A **かわいいお子さんですね。**

B **そうですか? でも、すごく手を焼く年齢になってきて、大変ですよ。**

A 아이가 귀엽네요.

B 말도 마세요. 요즘 한창 말 안 들을 때라 여간 힘든 게 아녜요.　同義語 **手が焼ける** ★★★

720 手を緩める 늦추다. 완화하다

시험 ★☆☆
회화 ★★☆

・手 손 ・緩める 완화하다. 늦추다 → 손을 완화하다

✎ 意味 지금까지 엄격하게 하던 것을 완화하는 모양.

🔍 用例 **点差が離れても決して攻撃の手を緩めてはいけない。**

점수 차가 벌어져도 결코 공격을 늦추면 안 된다.

観光シーズンになって、取締りの手を緩める。

관광 시즌이 되어 단속(감독)을 완화한다.

・**取締り** 단속. 다잡음. 감독함

721 手を汚す 손을 더럽히다

시험 ★★☆
회화 ★★☆

・手 손 ・汚す 더럽히다 → 손을 더럽히다

✎ 意味 자신이 직접 좋지 못한 일을 하는 것.

🔍 用例 **某社長はヤクザに頼んで自分の手を汚さず、競争相手を処分したらしい。**

모 사장은 야쿠자에게 부탁하여 자신의 손을 더럽히지 않고 경쟁 상대를 처리했다고 한다.

722 手を煩わす (て・わずら) 폐를 끼치다. 힘들게 하다. 수고를 끼치다

시험 ★★☆
회화 ★★★

・**手** 손 ・**煩わす** 괴롭히다. 성가시게 하다 → **손을 괴롭히다**

✎ 意味 혼자서 해결하지 못하고 타인에게 폐를 끼치는 것.

🔍 用例 **他人の手を煩わすような面倒なことは起こしたくない。**

남에게 폐를 끼치면서까지 일을 성가시게 만들고 싶진 않다.

723 大手を振る (おお・で・ふ) 두 팔을 흔들다. 당당하게 행동하다. 활개치다

시험 ★★☆
회화 ★★☆

・**大手** 활개 (① 사람의 어깨에서 팔까지의 양쪽 부분 ② 새의 활짝 편 두 날개)
・**振る** 흔들다 → **활개를 휘젓다**

✎ 意味 ① 두 팔을 크게 벌리는 것에서, 양손을 흔들며 의기양양하게 걷는 것.
② 누구에게나 서슴없는 행동을 하는 것.

🔍 用例 ① A **そんなに消極的にならないで、もう少し大手を振って歩いたら**

どう?

B **今は、自分に自信がないから、そんな風に歩けないよ。**

A 그렇게 소극적으로 말고 좀 더 양손을 크게 휘두르며 당당하게 걸어 봐?
B 지금은 자신감이 부족해서 그런 식으로 당당하게는 못 걷겠어.

やっと就職が決まって、これで大手を振って故郷に帰れる。

간신히 취직자리가 정해져서 이것으로 당당하게 고향에 돌아갈 수 있다.

② **今の世の中、インターネットの情報が大手を振るようになった。**

요즘 세상은 인터넷 정보가 활개치고 있다.

724 お手上げ (て・あ) 관둠. 포기함. 두 손 듦

시험 ★★★
회화 ★★★

・**お手上げ** 손듦. 항복. 속수무책

✎ 意味 항복하여 손을 든다는 뜻에서, 더 이상 어찌할 수 없다는 것.

🔍 用例 **いくら話しても理解してくれないんだ。もうお手上げだよ。**

아무리 얘기해도 알아주질 않아. 이제 두 손 들었어.

A **プラモデル完成したの?**
B **すごい難しくて、お手上げだよ。**

A 프라모델 완성했어?
B 너무 어려워서 포기했어.

・**プラモデル** 플라스틱 모델(프라스틱모델)이란 말에서 유래. 플라스틱으로 만들어진 각 부품을
조립하여 완성하는 모형 완구

725 お手の物 식은 죽 먹기. 잘함

시험 ★★☆
회화 ★★☆

• **お手の物** ① 수중에 가지고 있는 것 ② 특기. 장기 • **お手** 손 • **物** 것

✎ 意味 자신의 손에 쥔 것이란 뜻에서, 자신이 손쉽게 할 수 있는 것. 잘하는 것.

🔍 用例 **彼を負かすぐらいはお手の物だ。**

그 사람 정도 이기기는 식은 죽 먹기다.　　　　　　　　　　　　• **負かす** 상대를 지게 하다. 이기다

A **このクッキー、手作りなんですか? おいしいですね〜。**

B **ありがとう。クッキーならお手の物です。** (= 得意)

A 이 쿠키 직접 만드셨어요? 맛있네요.

B 고마워요. 쿠키는 금방 만들죠.

726 逆手に取る 역이용하다

시험 ★☆☆
회화 ★★★

• **逆手＝逆手** ① 유도에서, 상대의 관절을 반대로 꺾는 수 ② 상대의 공격을 피하고 그것을 역이용하여 반격함 • **取る** 집다. 들다. 쥐다. 잡다 → **역이용하여 반격하는 수를 잡다**

✎ 意味 상대의 공격 등을 역이용하는 것.

🔍 用例 **相手の意見を逆手にとって、相手をやり込める作戦を練った。**

상대의 의견을 역이용하여 상대를 제압하는 작전을 세웠다.

• **やり込める** 꼼짝 못하게 하다. 찍소리 못하게 하다 • **作戦を練る** 작전을 짜다

727 手垢が付く 손때가 묻다

시험 ★☆☆
회화 ★☆☆

• **手垢** 손때 • **付く** 묻다 → **손때가 묻다**

✎ 意味 오래 사용하여 손때가 묻는 것.

🔍 用例 **エジソンの自叙伝は手垢が付くまで読み込みました。**

에디슨의 자서전을 손때가 묻도록 읽었습니다.

• **読み込む** 충분히 읽어 자기 것으로 하다. 잘 읽어 이해하다

728 手足となる 수족이 되다

시험 ★★☆
회화 ★★★

• **手足** 수족. 손발. 팔다리 • **となる** ~이(가) 되다 → **손과 발이 되다**

✎ 意味 어떤 사람의 손과 발이 되어 일하는 모양.

🔍 用例 **部長の手足となって働きたいです。**

부장님의 손발이 되어 일하고 싶습니다.

729 手足を伸ばす 편히 쉬다

시험 ★☆☆
회화 ★★★
• **手足** 수족. 손발. 팔다리 • **伸ばす** ① 늘이다 ② 펴다 → **팔다리를 펴다**

✎ 意味 팔다리를 펴는 것에서, 긴장을 풀고 편히 쉬는 모양.

🔍 用例 A 週末どこか行ってきたでしょ？

B あぁ。久しぶりに実家に帰って、手足を伸ばしてきたんです。

A 지난주에 어디 갔다 왔지?   (=くつろいで)

B 네. 오랜만에 친정 가서 편히 쉬다 왔어요.

730 手ぐすねを引く 벼르고 기다리다

시험 ★☆☆
회화 ★★☆
• **手ぐすね引く＝手に薬煉を引く** • **手** 손 • **薬煉** 송진에 기름을 섞어 끓인 것으로 활시위가 강해지도록 바름 • **引く** ① 끌다. 당기다 ② 바르다. 칠하다 → **손에 송진 기름을 바르다**

✎ 意味 만반의 준비를 하고 적을 기다리는 것. 준비를 마치고 기회가 오기를 기다리는 것.

🔍 用例 相手がどんな手段に出てこようともこっちは手ぐすねを引いて待っている。

상대가 어떤 수를 쓰든 이쪽은 벼르고 기다릴 뿐이다.

731 手癖が悪い 손버릇이 나쁘다. 도벽이 있다

시험 ★☆☆
회화 ★★☆
• **手癖** ① 손버릇. 손의 습관 ② (충동적으로 훔치는) 도벽 • **悪い** 나쁘다 → **손버릇이 나쁘다**

✎ 意味 물건을 훔치는 버릇이 있는 것.

🔍 用例 弟は手癖が悪く、いつも万引きをして捕まっていた。

남동생은 손버릇이 안 좋아 항상 물건을 훔치다 잡힌다.

• **万引き** 손님을 가장하여 상점에서 물건을 훔치는 일. 또는 그런 사람

732 手心を加える 적당하게 봐주다. 관대하게 조처하다

시험 ★☆☆
회화 ★★☆
• **手心** 상황에 따라 적당히 가감하여 다룸. 사정을 고려하여 관대하게 다룸
• **加える** 보태다. 더하다 → **적당히 가감하다**

✎ 意味 상대와의 관계, 사정에 의해서 적당하게 다루는 것.

🔍 用例 政治家が警察に暴力団に対する捜査に手心を加えるよう圧力をかけた。

정치인이 경찰에게 폭력단에 대한 조사를 적당히 하도록 압력을 넣었다.
(=手加減する)

• **捜査** 조사

733 手取り足取り　하나부터 열까지
てとあしと

시험 ★★☆
회화 ★★★

・**手取り** 손으로 잡음　・**足取り** 발을 잡음　→　**손으로 잡고 발을 잡음**
てと　　　　　　　あしと

✎ 意味　온갖 방법을 다 써서, 꼼꼼하게 잘 가르쳐 주는 모양.

🔍 用例　**大人になってからピアノを始めた私に、先生は手取り足取り教えてく**
おとな　　　　　　　　　　はじ　　わたし　　　せんせい　てとあしと　おし

ださった。(=懇切丁寧に)　　　　　　　　・**懇切丁寧に** 극진하고 자상하게
こんせつていねい　　　　　　　　　　こんせつていねい

어른이 되어서 피아노를 시작한 나에게 선생님이 하나부터 열까지 꼼꼼하게 가르쳐 주셨다.

734 手回しがいい　준비성이 좋다. 준비를 잘하다
てまわ

시험 ★☆☆
회화 ★☆☆

・**手回し** ① 손으로 돌림 ② 준비. 채비　・**いい** 좋다　→　**준비가 좋다**
てまわ

✎ 意味　사전에 미리 준비해 두는 것.

🔍 用例　**お礼のお菓子を前もって送っておくなんて、本当に手回しがいいね。**
れい　　かし　　まえ　　　　おく　　　　　　　　　　ほんとう　てまわ

답례로 줄 과자를 미리 보내 주다니 정말 준비성이 좋네.　　　同義語　**手くばりがいい** ★
て

735 両手に花　양손에 꽃
りょうて　はな

시험 ★★★
회화 ★★★

・**両手** 양손. 두 손　・**花** 꽃　→　**양손에 꽃**
りょうて　　　　　　はな

✎ 意味　아름다운 것이나 갖고 싶은 것 두 가지를 동시에 차지함. 행운을 독차지함.

🔍 用例　A **今日は、女の子二人も引き連れて両手に花だね。**
きょう　　おんな こ ふたり　ひ つ　　りょうて はな

B **なんだよ、二人とも僕の妹だよ。**
ふたり　　ぼく いもうと

A 오늘은 여자를 둘이나 데리고, 여자 복이 터졌네.

B 뭐야, 둘 다 내 여동생이야.

신체 관용어 >> **指** 손가락
ゆび

736 指をくわえる　그냥 바라만 보다
ゆび

시험 ★★☆
회화 ★★★

・**指** 손가락　・**くわえる** 입에 물다　→　**손가락을 입에 물다**
ゆび

✎ 意味　하고 싶은데 아무것도 할 수 없어 부러워만 하는 모양.

🔍 用例　**けがをした僕は、みんな楽しそうに遊んでいるのを指をくわえて**
ぼく　　　　　　たの　　　　あそ　　　　　　　　ゆび

眺めていた。
なが

부상을 당한 나는 모두가 즐겁게 노는 것을 그냥 빤히 바라보고만 있었다.

737 後ろ指をさされる 남한테 욕먹다. 남한테 비난받다

시험 ★★☆
회화 ★★★

・後ろ指 뒷손가락질 ・さされる 꽂히다. 찔리다 → 뒷손가락질을 당하다

✎ 意味　뒤에서 손가락질을 당한다는 것에서, 뒤에서 험담을 듣는 것.

🔍 用例　どんなに生活が大変でも、決して後ろ指をさされるようなことはしな
いつもりだ。

아무리 생활이 어려워도 절대로 뒤에서 욕먹는 짓은 하지 않을 작정이다.

738 5本の指に入る 다섯 손가락에 들다

시험 ★★☆
회화 ★★☆

・5本の指 다섯 손가락 ・入る 들다. 들어가다. 들어오다 → 다섯 손가락에 들다

✎ 意味　다섯 손가락 안에 들 정도로 그 존재가 두드러지게 눈에 띄는 모양.

🔍 用例　彼は国内で5本の指に入るほど剣道の才能がある。

그는 전국에서 다섯 손가락에 들 만큼 검도에 재능이 있다.

739 指折り数える 손꼽아 헤아리다

시험 ★★☆
회화 ★★☆

・指折り 손꼽음 ・数える 세다. 헤아리다 → 손꼽아 세다

✎ 意味　손을 하나하나 꼽으면서 세는 것에서, 며칠 남았는지 하루하루를 세면서 기다리는 것.

🔍 用例　A そろそろお子さん小学校の入学式なんじゃないですか?
B ええ。毎日指折り数えて入学式を楽しみに待っているんですよ。

A 이제 곧 아드님 초등학교 입학식 아니세요?
B 네. 날마다 손가락을 꼽으며 입학식을 기다리고 있답니다.

740 十指に余る 열 손가락으로 다 셀 수 없다

시험 ★☆☆
문장 ★☆☆

・十指 열 손가락 ・余る ① 남다 ② (수량이) 넘다. 이상이다 → 열 손가락이 넘다

✎ 意味　열 손가락으로 다 헤아릴 수 없을 정도로 많음을 비유.

🔍 用例　彼は十指に余る多彩な才能の持ち主である。

그는 손으로 헤아릴 수 없을 만큼 다채로운 재능의 소유자다.

・多彩 다채로움. 종류가 많고 변화가 많음　・持ち主 소유자

741 爪の垢ほど 눈곱만큼도. 털끝만큼도

시험 ★★☆
회화 ★☆☆

・爪 つめ 손톱. 발톱 ・垢 あか 때 ・ほど 정도 → **손톱의 때 정도**

✎ 意味　아주 적은 양을 손톱의 때로 비유한 것.

🔍 用例　**私がこんなに有名になるとは爪の垢ほども考えていなかった。**

내가 이렇게 유명해지리라고는 털끝만큼도 생각해 본 적 없는 일이었다. (=これっぽっちも・ちっとも)

| 同義語 | 爪の先ほど ★★★ |

・これっぽっち 겨우 이만큼도. 겨우 이 정도　・ちっとも (뒤에 부정이 따라) 조금도. 전혀

---

742 爪を研ぐ 이를 갈다. 기회를 보다

시험 ★★☆
회화 ★★☆

・爪 つめ 손톱. 발톱　・研ぐ と 갈다 → **발톱을 갈다**

✎ 意味　짐승이 먹이를 잡기 위해 발톱을 갈고 준비하고 있다는 것에서, 야심을 품고 기회를 노리는 것.

🔍 用例　**うちの猫はいつもお気に入りの場所でガリガリと爪を研いでいる。**

우리 고양이는 항상 마음에 드는 장소에서 득득 발톱을 갈고 있다.

私の出番を、爪を研いで今か今かと待っている。

기회를 보며 내 차례를 이제나저제나 기다리고 있다.

犯人は仕返しの機会をうかがい、爪を研いでいた。

범인은 복수의 기회를 엿보면서 이를 갈고 있다.

・今か今かと いまいま 이제나저제나 하고　・仕返し しかえ 복수. 보복

---

743 爪の垢を煎じて飲む 발끝이라도 따라가다

시험 ★☆☆
회화 ★★★

・爪 つめ 손톱　・垢 あか 때　・煎じて せん 달여서　・煎じる 달이다　・飲む の 마시다 → **손톱의 때를 달여서 마시다**

✎ 意味　뛰어난 사람, 행복한 사람을 닮기 위해서 더러운 손톱의 때라도 약으로 다려 마시고 싶을 정도의 노력을 하고 싶다고 하는 것.

🔍 用例　**すごく家庭的なご主人ですね。うらやましいです。**
うちの主人にお宅のご主人の爪の垢を煎じて飲ませたいくらいです。

정말 가정적인 남편분이시네요. 부러워요. 우리 남편이 남편분 발끝이라도 따라갈 수 있었으면 좋겠네요.

744 尻が青い 아직 미숙하다

시험 ★☆☆
회화 ★★☆

• 尻 엉덩이 • 青い 파랗다 → 엉덩이가 파랗다

✎ 意味　아이의 엉덩이가 퍼런 빛을 띠는 것에서, 미숙하여 자기 몫을 못하는 모양.

🔍 用例　**社会人一年目だなんて、まだ尻が青いね。**

사회인 일 년째라면 아직 풋내기다.

同義語 **青二才** ★★★　• **青二才** 풋내기

745 尻が重い 엉덩이가 무겁다

시험 ★★☆
회화 ★★☆

• 尻 엉덩이 • 重い 무겁다 → 엉덩이가 무겁다

✎ 意味　행동이나 동작 등이 느리고 좀처럼 하려고 하지 않는 모양.

🔍 用例　**A ちょっと、お豆腐買ってきてくれる?**
B 後で行ってくるよ。今はちょっと面倒くさい。
A あんたは、本当に尻が重いのね。

A 있잖아, 두부 좀 사다 줄래?
B 나중에 갔다 올게. 지금은 귀찮아.
A 당신은 정말 엉덩이가 무겁다니까.

746 尻が軽い 여자가 몸가짐이 헤프다. 동작이 민첩하다

시험 ★★☆
회화 ★★★

• 尻 엉덩이 • 軽い 가볍다 → 엉덩이가 가볍다

✎ 意味　① 여자가 몸가짐 등이 반듯하지 못한 모양. ② 기동력 있게 무슨 일을 시작하는 모양.

🔍 用例　① **すぐ浮気をするような、尻の軽い女とは付き合いたくない。**

쉽게 바람피울 것 같은 헤픈 여자와는 사귀고 싶지 않다. （＝尻軽女・桃尻女）

② **彼は尻が軽いので、どんなことにでもすぐにチャレンジするタイプだ。** （=フットワークが軽い）

그는 기동력이 있어서 어떤 일이라도 바로 도전하는 타입이다.

• **尻軽女** 바람기가 있는 여자　• **桃尻女** 헤픈 여자
• **フットワークが軽い** 발놀림이 가볍다. 기동력이 있다

747 尻がこそばゆい 몸 둘 바를 모르다. 쑥스럽다

시험 ★☆☆
회화 ★☆☆

• 尻 엉덩이 • こそばゆい ① 간지럽다 ② 쑥스럽다. 겸연쩍다 → 엉덩이가 간지럽다

✎ 意味　과분한 대우나 칭찬을 받거나 하여 쑥스러워 어찌할 줄 몰라 하는 모양.

🔍 用例　たくさんの人の前での発言は、多くの注目を集めるので、
尻がこそばゆい。(＝恥ずかしい)

많은 사람들 앞에서 발언을 하면 주목을 받게 되어 쑥스럽다.

同義語　尻の下がこそばゆい ★

748 尻に敷く 부인이 남편을 깔고 뭉개다

시험 ★★☆
회화 ★★★

• 尻 엉덩이 • 敷く ① 깔다 ② 깔고 앉아 누르다 → 엉덩이로 깔고 앉아 누르다

✎ 意味　부인이 남편보다 주장이 세서 남편을 마음대로 휘두르는 것.
보통 수동형인「尻に敷かれる 부인에게 꼼짝 못하다. 잡혀 살다」의 형태로 주로 사용.

🔍 用例　A 先月結婚したんですよ。
B おめでとうございます。佐藤さんのことだから、もう奥さんの
尻に敷かれてるんじゃないんですか?(＝言いなりになって)

A 지난달에 결혼했어요.
B 축하드려요. 사토 씨 성격으로 볼 때 벌써 공처가 되신 건 아니에요?

結婚したら奥さんの尻に敷かれるの目に見えてるね。

결혼하면 마누라한테 잡혀 사는 모습이 눈에 선하네.

• ~ことだから ~이니깐. ~라서. ~ 일이니　• 言いなりになる 하라는 대로 하다

749 尻に火が付く 발등에 불이 떨어지다

시험 ★★☆
회화 ★★☆

• 尻 엉덩이 • 火 불 • 付く 붙다 → 엉덩이에 불이 붙다

✎ 意味　매우 다급(절박)한 모양.

🔍 用例　うちの経済状況は、すでに尻に火が付いている状態だ。(＝火の車)

우리 경제 상황으로는 벌써 발등에 불이 떨어진 상태야.

• 火の車 경제적으로 쪼들림. 재정 상태가 좋지 않음

750 尻を上げる　일어나다. 움직이다

시험 ★☆☆
회화 ★★☆

・尻 엉덩이 ・上げる 위로 움직이다. 들다 → (앉았던 자리에서) 엉덩이를 들다

✎ 意味　① 방문한 곳에서 떠나기 위해 일어나는 것. ② 행동을 하기 위해 움직이는 것.

🔍 用例　① 閉店時間なのに、なかなか尻を上げようとしない客がいて困ったよ。

폐점 시간인데 좀처럼 나가려고 하지 않는 손님이 있어 곤란해.

② A 勉強は後でしようと思ってる。
　　 B 1時間も前から同じ事言ってるじゃない。そろそろお尻を上げなさい。

A 공부는 나중에 할 생각이야.
B 한 시간도 전부터 똑같은 말만 하고 있잖아. 제발 좀 움직여라!

751 尻を落ち着ける　자리 잡다. 정착하다

시험 ★☆☆
회화 ★★☆

・尻 엉덩이 ・落ち着ける 가라앉히다. 안정시키다 → 엉덩이를 가라앉히다

✎ 意味　어떤 한 장소에 오래 머무는 것.

🔍 用例　前は大阪でしたが、今は、東京に尻を落ち着けている。

전에는 오사카에 살았는데, 지금은 도쿄에 정착해 있다.

同義語 腰を落ち着ける ★★★

752 尻を据える　엉덩이를 붙이다. 자리를 잡고 앉다

시험 ★☆☆
회화 ★★☆

・尻 엉덩이 ・据える 자리 잡아 놓다. 고정시키다 → 엉덩이를 고정시키다

✎ 意味　무슨 일을 하기 위해 한곳에 자리를 잡고 장시간 머무는 것.

🔍 用例　A テストが近いっていうのに、まだ遊ぶ気？
　　 B そろそろ尻を据えて試験勉強にでも取り組もうと思ってるよ。

A 시험도 다가오는데 계속 놀기만 할 거야?
B 이제 슬슬 자리 잡고 시험 공부에 매진해 볼까 해.

同義語 腰を据える ★★★

・取り組む ~와 씨름하다. 열심히 일에 들러붙다. 몰두하다

753 尻を叩く　재촉하다. 채찍질하다

시험 ★☆☆
회화 ★★★

・尻 엉덩이 ・叩く 때리다 → 엉덩이를 때리다

✎ 意味　상대의 엉덩이를 톡톡 때리면서 무엇인가를 재촉하거나 격려하는 모양.

🔍 用例　君なら成功できるから思い通りにやってみろと、先生に尻を叩かれた。

너라면 성공할 수 있으니 네 생각대로 해 봐 하고 선생님께서 격려해 주셨다.
(＝発破をかけられた)

・発破をかける ① 폭약을 장치하여 폭파시키다 ② 기합을 넣다. 격렬한 말로 격려하다

754 尻を持ち込む 등을 떠밀다. 뒤처리를 떠맡기다

시험 ★☆☆ 문장 ★☆☆	・尻 엉덩이 ・持ち込む 의논할 일이나 용건 등을 가져오다. 가져와서 부탁하다

✎ 意味 　당사자에게 책임을 물어 뒤처리를 부탁하는 것.

🔍 用例 　**よく分からない問題に対して、いきなり尻を持ち込まれても、対処の仕様が無い。**
잘 모르는 문제에 대해서 갑자기 뒤처리를 떠안게 되면 대처할 방법이 없다.

---

755 尻の穴が小さい 배포가 작다. 배짱이 없다. 소심하다. 인색하다

시험 ★☆☆ 회화 ★★☆	・尻(けつ・しり) 엉덩이 ・穴 구멍 ・小さい 작다 → 항문이 작다

✎ 意味 　소심하고 배짱이 없는 모양을 항문의 크기에 비유한 말.

🔍 用例 　**尻の穴の小さな男にはなりたくないね。**（＝度胸がない）
소심한 남자가 되고 싶지 않군.

---

756 尻馬に乗る 덮어놓고 남을 추종하다

시험 ★☆☆ 문장 ★★☆	・尻馬 ① 남이 탄 말 뒤에 따라 탐 ② 남이 하는 대로 흉내를 냄 ・乗る 타다
	→ 남이 하는 행동을 그대로 따라 하다

✎ 意味 　남의 행동이나 말을 무턱대고 받아들여서 따라 하는 것.

🔍 用例 　**尻馬に乗るような発言はできるだけ避けるべきだ。**
남을 따라 하는 듯한 발언은 되도록 삼가는 게 좋다.

---

757 尻拭いをする 뒤치다꺼리를 하다

시험 ★★☆ 회화 ★★★	・尻拭い 남의 실패나 실수의 뒷수습. 뒤치다꺼리 ・尻 엉덩이 ・拭う 닦다 ・する 하다

✎ 意味 　남이 미처 못한 일의 뒤처리나 실수의 뒤처리를 하는 것.

🔍 用例 　**A なんで、拓海さんの尻拭いを俺がしなくちゃいけないんだよ。**
B 仕方ないじゃん…。文句を言わずにやってやれよ。
A 왜 타쿠미 씨의 뒤치다꺼리를 내가 하지 않으면 안 되는 거야?
B 어쩔 수 없잖아…. 불평하지 말고 해 줘라!

758 尻餅をつく (しりもち) 엉덩방아를 찧다

시험 ★★☆
회화 ★★★

- 尻餅 (しりもち) 엉덩방아 ・ つく 찧다 → **엉덩방아를 찧다**

✎ 意味 뒤로 넘어져 엉덩방아를 찧는 것.

🔍 用例
A なんか、ズボンが汚 (よご) れてるよ。どうしたの?
B ああ。 さっき、尻餅 (しりもち) をついちゃったんだ。

A 바지에 뭐 묻었어. 왜 그런 거야?
B 아~, 좀 전에 엉덩방아를 찧었거든.

신체 관용어 >> 屁 (へ) 방귀

759 屁とも思わぬ (へ) (おも) 우습게 여기다. 손톱의 때만큼도 여기지 않다

시험 ★☆☆
회화 ★★☆

- 屁とも思わぬ (へ) (おも) (문어) = 屁とも思わない (へ) (おも) → **방귀만큼도 여기지 않는다**

✎ 意味 너무 하찮은 일이라 문제 삼지도 않는 것.

🔍 用例
最近 (さいきん) の子供 (こども) は大人 (おとな) を屁 (へ) とも思 (おも) わないので教育 (きょういく) が必要 (ひつよう) だと思 (おも) う。

요즘 애들은 어른을 우습게 여겨서 교육이 필요하다고 느낀다.

同義語 糸爪 (いとづめ) (=糸道 (いとみち)) の皮 (かわ) とも思 (おも) わず ★

- 糸爪 (いとづめ) (=糸道 (いとみち)) 늘 三味線 (しゃみせん) 을 타는 사람의 왼쪽 집게손가락의 손톱 끝에 생긴 홈

---

760 屁の河童 (へ) (かっぱ) 누워서 떡 먹기

시험 ★☆☆
회화 ★★☆

- 屁 (へ) 방귀 ・ 河童 (かっぱ) 일본의 상상 (想像)의 동물. 키는 1m 안팎이고 입이 뻐죽하다고 한다. 오목한 접시 모양의 정수리에는 물이 조금 담겨 있어, 다른 동물을 그 물로 끌어들여 그 피를 빤다고 전해짐 → **방귀의 갓파**

✎ 意味 木っ端の火 (こ) (ば) (ひ) 하찮은 불 → 河童の屁 (かっぱ) (へ) 갓파의 방귀 → 屁の河童 (へ) (かっぱ) 로 변천됐다는 것과, 갓파는 방귀를 물속에서 뀌므로 아무 힘이 없는 것에서, 아주 쉬운 일의 예를 나타내게 되었다는 설이 있음.

🔍 用例
A お母 (かあ) さんが仕事 (しごと) から帰 (かえ) ってくる前 (まえ) に部屋 (へや) の掃除 (そうじ) をしておいてね。
B オッケー! そんなの屁の河童 (へ) (かっぱ) だよ。

A 엄마가 회사에서 돌아오시기 전에 방 청소를 해 둬.
B 알았어! 그런 건 식은 죽 먹기지.

同義語 朝飯前 (あさめしまえ) ★★★   お茶の子 (ちゃ) (こ) さいさい ★★

足 다리

1. 다리 **足が長い** 다리가 길다 **足が震える** 다리가 떨리다 **足がしびれてきた** 다리가 저려 왔다
2. 발 **足の指** 발가락 **足の裏** 발바닥
3. 발걸음. 걸음걸이 **足取りも軽く** 발걸음도 가볍게
4. 방문 **足が遠のいた** 발길이 뜸해졌다
5. 흔히 **脚**로 써서, 물건의 다리 **椅子の脚** 의자의 다리
6. 교통수단. 탈것 **大雪で足が奪われる** 폭설로 발이 묶이다 **市民の足** 시민의 발
7. 범인 등의 도주로. 발자취 **足を追う** (범인의) 발자취를 쫓다
8. 흔히 **脚**로 써서, 비·바람·구름 등의 움직임 **雨脚が強まる** 빗발(빗줄기)이 강해지다
9. 떡·반죽 등의 찰기. 끈기 **足が強い** 차지다 **足が弱い** 메지다
10. **その足で**의 꼴로, 내친 걸음에. 그 길로 **荷物を出しに行ったその足で銀行に寄った** 짐을 부치러 가는 걸음에 은행에 들렀다
11. 돈(돈이 발이 달린 것처럼 잘 돌아다닌다는 것에서) **500円ほど足が出た** 500엔 정도 돈이 초과됐다

761 足が奪われる 발이 묶이다

시험 ★★★
회화 ★★★

• **足** 발. 교통기관 • **奪われる** 묶이다 • **奪う** 빼앗다 → **발이 묶이다**

✎ 意味
교통기관이 마비되어 출근이나 통학을 할 수 없게 되는 것.

🔍 用例
大雪で地下鉄を利用する市民の足が奪われました。
대(폭)설로 지하철을 이용하는 시민의 발이 묶였습니다(교통기관이 마비되었습니다).

雪のために足が奪われて、会社に遅刻してしまった。
눈 때문에 교통기관이 멈춰 회사에 지각하고 말았다.　• **市民の足** 시민의 발(교통기관. 탈것)

762 足が地に付く 행동이 침착하다. 제 몫을 하다

시험 ★☆☆
회화 ★★★

• **足** 발 • **地** 땅 • **付く** 붙다 → **발이 땅에 붙다**

✎ 意味
① 행동이 차분하고 똑바르고 안정된 모양. ② 스스로 돈을 벌면서 다 해결해 나가는 모양.

🔍 用例
① **彼は若いのに足が地に付いている。**
그는 젊은데도 의외로 행동이 차분하고 침착하다.

まだ新人だから足が地に付かないようですね。（=しっかりしてない）
아직 신입이라 안정적이지 못한 것 같네요.

② A **そんなに遊んでばっかりいないで足が地に付いた生活をしなさい。**
B **まだ私、若いから、落ち着かなくても大丈夫だよ。**

A 그렇게 놀고만 있지 말고 앞가림을 하며 살아.　（=地に足が付いた）
B 아직 난 젊으니까, 안정적이지 않아도 돼요.

763 足がつく 범인의 꼬리가 잡히다. 종적이 드러나다

시험 ★★☆
회화 ★★☆

• 足 범인 등의 도주로. 발자취 • 付く ① 붙다 ② 결말이 나다. 처리되다 → 도주로가 밝혀지다

✎ 意味　도망자의 꼬리나 단서가 잡히는 것.

🔍 用例　**犯人は犯行現場に戻ってくることで、足がついた。**

범인이 범행 현장에 돌아옴으로써 꼬리가 잡혔다.

764 足が遠のく 발길이 뜸해지다

시험 ★★☆
회화 ★★☆

• 足 방문 • 遠のく 멀어지다. 소원해지다. 뜸해지다 → 방문이 뜸해지다

✎ 意味　이전보다 그곳을 방문하는 기회(횟수)가 적어지는 것.

🔍 用例　A **久しぶりにお会いしますね。**

B **そうですね。引っ越ししてから、なんだか足が遠のいてしまっていて、**

すみませんでした。

A 오랜만에 만나 뵙네요.

B 그러네요. 이사하고 나서부터 왠지 발길이 뜸해지게 돼서, 죄송합니다.

765 足が早い 음식이 빨리 상하다. 속도가 빠르다. 잘 팔리다

시험 ★★★
회화 ★★★

• 足 발. 움직여 가는 상태 • 早い 빠르다 → 발이 빠르다

✎ 意味　① 음식이 빨리 상하는 것. ② 상품이 팔리는 속도, 정보의 전해지는 속도가 빠른 것.

🔍 用例　① **生魚は足が早いから早く食べたほうがいい。**（=腐りやすい）

생선은 상하기 쉬우니까 빨리 먹는 것이 좋다.

② **賃貸情報は足が早いので、気に入った物件があれば即座に決め**

るべきだ。

임대 정보는 발이 빨라서, 맘에 드는 물건이 있다면 앉은 자리에서 정해야 한다.

今度の新刊は思ったより足が早く、製作が追い付かないほどだ。

이번 신간은 생각보다 반응이 빨라서 제작이 따라가지 못할 정도다.　（=よく売れる）

• 即座 즉석. 그 자리. 당장 • 追い付く (뒤쫓아) 따라잡다. 따라붙다

766 足が棒になる 다리가 뻣뻣해지다. 다리가 아프다

足[あし] 발. 다리 ・棒[ぼう] 막대기 ・になる ~이(가) 되다 → 다리가 막대기가 되다

시험 ★★★
회화 ★★★

✎ 意味 장시간 걷거나 서 있어서 다리가 뻣뻣해지고 아픈 모양.

🔍 用例
A 今日[きょう]も一日[いちにち]お疲[つか]れ様[さま]!
B 一日中[いちにちじゅう]、売[う]り場[ば]勤務[きんむ]だったから、立[た]ちっぱなしで足[あし]が棒[ぼう]になっちゃったよ。

A 오늘 하루도 수고 많으셨습니다!
B 하루 종일 판매장 근무여서 줄곧 서 있었더니 다리 아파 죽겠어.

767 足を棒にする 발이 닳도록 돌아다니다

足[あし] 다리 ・棒[ぼう] 몽둥이. 막대기 → 다리를 몽둥이로 하다

시험 ★★☆
회화 ★★☆

✎ 意味 다리에 감각이 없어질 정도로 여기저기를 돌아다니는 것.

🔍 用例
A このネックレスほしかったの。 ありがとう!!
B 前[まえ]に雑誌[ざっし]を見[み]て、ほしいって言[い]ってたから、足[あし]を棒[ぼう]にして探[さが]したよ。

A 이 목걸이 갖고 싶었는데. 고마워!!
B 전에 잡지 보고 갖고 싶다고 하길래 발이 닳도록 찾아다녔지.

同義語 足[あし]を擂[す]り粉木[こぎ]にする ★★

・足[あし]を擂[す]り粉木[こぎ]にする 다리가 뻣뻣해지도록 돌아다니다
擂[す]り粉木[こぎ] (양념절구에 쓰는) 막자 모양의 조그만 나무공이

768 足が乱れる 금이 가다. 균열이 생기다

足[あし] ⇒ 足並[あしな]み 보조 ・乱[みだ]れる 흐트러지다 → 보조가 흐트러지다

시험 ★★☆
문장 ★★★

✎ 意味 행동이나 뜻이 통일되지 않는 것.

🔍 用例
みんなで力[ちから]を合[あ]わせてやってきた運動[うんどう]だが、意見[いけん]のすれ違[ちが]いが多[おお]くなり足[あし]が乱[みだ]れてきた。

모두 힘을 합쳐 해 온 운동이었는데, 의견 충돌이 잦아지면서 균열이 생기기 시작했다.

同義語 足並[あしな]みが乱[みだ]れる ★★★

769 足が向く 발길이 가다

| 시험 ★★☆
회화 ★★☆ | • 足 발. 발길 • 向く 향하다 → 발길이 향하다 |

✎ 意味　무의식 중에 그쪽으로 가게 되는 것.

🔍 用例　A どうしても、パンのにおいをかぐと足が向いていっちゃうんだよね。
　　　　B パンの焼きたてのにおいっていいもんね。分かる気がするよ。

　　　　A 빵 냄새를 맡으면 발길이 어느새 그쪽을 향하고 있다니깐.
　　　　B 막 구운 빵 냄새 정말 환상이지. 그 맘 알 것 같아.

　　　　• ～たて 동사의 ます형에 붙어, 그 동작이 끝난 직후임을 뜻함 • 焼きたて 막 구운

770 足に任せる 발길 닿는 대로 가다

| 시험 ★☆☆
회화 ★★★ | • 足 발. 발길 • 任せる 맡기다 → 발길에 맡기다 |

✎ 意味　특별한 목적 없이 발길이 닿는 대로 걷는 것.

🔍 用例　若い頃は足に任せて、あちこち気ままな旅をよくしたものだ。

　　　　젊었을 때는 발길이 닿는 대로 여기저기 마음 내키는 대로 여행을 자주 했었다.

771 足の踏み場がない 발 디딜 데가 없다

| 시험 ★★☆
회화 ★★★ | • 足 발 • 踏み場 디딜 곳 • ない 없다 → 발 디딜 곳이 없다 |

✎ 意味　방이 어지럽혀져 있어 상당히 지저분한 것.

🔍 用例　A ちょっとは部屋の掃除をしなさい! 足の踏み場もないじゃない。
　　　　B 僕しか使わない部屋なんだから、掃除なんかしなくても大丈夫だよ。

　　　　A 방 청소 좀 하지! 발 디딜 데가 없잖아.　　　　（＝散らかりすぎ）
　　　　B 나만 쓰는 방인데 뭐, 청소 같은 거 안 해도 괜찮아.

772 足を洗う 손을 씻다

| 시험 ★★☆
회화 ★★★ | • 足 발 • 洗う 씻다 → 발을 씻다 |

✎ 意味　부정한 일이나 찜찜한 일에서 손을 떼는 것.

🔍 用例　A まだ、やくざやってるのか?
　　　　B いいや。今は、足を洗って、普通の会社員やってるよ。

　　　　A 아직도 깡패질 하냐?
　　　　B 아니. 지금은 손 씻고 평범한 회사에 다니고 있어.

773 足を出す 예산을 초과하다. 적자를 내다

시험 ★★★
회화 ★★★

・足 발 ・出す ① 내다. 내놓다 ② (어떤 결과를) 가져오게 하다. 초래하다 → **발을 내다**

✎ 意味 지출이 많아 예산이 초과되는 것.

🔍 用例 商売の基本は、足を出さずに経営を続けていくことだ。

판매의 기본은 적자를 내지 않고 경영을 계속하는 것이다.

自動詞 **足が出る ★★★**

774 足を使う 발품을 팔다

시험 ★☆☆
회화 ★★☆

・足 발 ・使う 사용하다 → **발을 사용하다**

✎ 意味 활발하게 이리저리 돌아다니는 것.

🔍 用例 足を使って集めた絵葉書のコレクションは、私の宝物だ。

발품을 팔아 수집한 그림엽서는 내 보물이다.

775 足を取られる 발목 잡히다. 발이 묶이다

시험 ★★☆
회화 ★★★

・足 발. 교통수단 ・取られる 빼앗기다 ・取る 취하다. 빼앗다 → **교통수단을 빼앗기다**

✎ 意味 ① 장애물이 있어 제대로 걷지 못하는 것. ② 사고 등으로 교통기관이 멈춰서 사용할 수 없게 되는 것.

🔍 用例 ① ぬかるみにはまってしまって、足を取られてなかなか前に進めない。

진흙탕에 빠져 발이 묶여 좀처럼 앞으로 나갈 수가 없다.

② 大雪が降ったため、大幅に足を取られた。

폭설이 내려 교통대란으로 발이 묶였다.

・ぬかるみ ① 진창. 진흙탕 ② 곤경. 수렁

776 足を伸ばす 다리를 뻗다. 발길을 뻗치다

시험 ★★☆
회화 ★★★

・足 발. 다리 ・伸ばす ① 늘이다 ② (구김살이나 굳은 것을) 곧게 하다. 펴다 → **다리를 펴다**

✎ 意味 ① 편안한 자세를 취하는 것. ② 예정한 곳보다 더 멀리까지 가는 것.

🔍 用例 ① 休みの日は、家でゆっくり足を伸ばして、映画を見るのが好きだ。

쉬는 날에는 집에서 다리를 뻗고 영화 보는 것을 좋아한다.

② 京都へ行ったついでに、神戸まで足を伸ばして、
息子の家を訪ねてきた。

교토에 간 김에 고베까지 들러 아들 집을 방문하고 왔다.

777 足を運ぶ 방문하다
あし　はこ

시험 ★★★
회화 ★★★　・足 다리　・運ぶ 옮기다　→　다리를 옮기다
　　　　　　あし　　　　　　はこ

✎ 意味　어떤 목적으로 일부러 그곳까지 가는 것.

🔍 用例　A 最近、息子さんに会われたんですか?
　　　　　　さいきん　むす こ　　　　あ

　　　　B ええ。おかげさまで。
　　　　　何度も足を運んで、やっと面会が許されたんですよ。
　　　　　なん ど　あし　はこ　　　　　　　　めんかい　ゆる

　　　　A それは、よかったですね。

　　　　A 최근에 아드님 만나셨습니까?
　　　　B 네. 덕분에요. 몇 번이나 방문해서 겨우 면회를 할 수 있었어요.
　　　　A 그거 정말 다행이네요.

778 足をすくわれる 뒤통수 맞다
あし

시험 ★★☆
회화 ★★★　・足 발　・掬われる 걸림을 당하다　・掬う 아래에서 위로 끌어올리다. (발을) 걸다　→　발을 걸리다
　　　　　　あし　　　　すく　　　　　　　　　　　　　　　すく

✎ 意味　스모에서 덩치가 작은 사람이 큰 사람을 이길 때 다리를 끌어올렸다는 것에서, 상대편에게
　　　　허점을 찔려 넘어지는 것. '발치. 발밑'이라는 뜻의 足元, 足下를 쓴 足元をすくわれる,
　　　　　　　　　　　　　　　　　　　　　　　　　　あしもと　あしもと　　　あしもと
　　　　足下をすくわれる는 원래 足をすくわれる의 오용이었으나 요즘에는 足をすくわれる
　　　　あしもと　　　　　　　　　　　あし　　　　　　　　　　　　　　　　　　　　　　あし
　　　　보다 더 많이 씀.

🔍 用例　部下に足をすくわれて、今や上司と部下が逆転してしまった。
　　　　ぶ か　あし　　　　　　　いま　じょう し　ぶ か　ぎゃくてん
　　　　부하에게 뒤통수를 맞아 지금은 상사와 부하가 뒤바뀌었다.

779 足を引っ張る 발목을 잡다. 걸림돌(방해물)이 되다
あし　ひ　ぱ

시험 ★★☆
회화 ★★★　・足 발. 다리　・引っ張る 끌다. 잡아당기다　→　발을 끌다
　　　　　　あし　　　　　　ひ　ぱ

✎ 意味　① 남의 성공이나 승진, 출세를 방해하는 모양. ② 많은 사람이 무언가를 할 때 그 사람이
　　　　전체를 불리한 입장에 처하게 하는 행동을 하는 모양.

🔍 用例　① 同僚達に足を引っ張られ、昇進の機会を逃してしまった。
　　　　　どうりょうたち　あし　ひ　ぱ　　　しょうしん　き かい　のが
　　　　　동료들에게 발목이 잡혀, 승진 기회를 놓치고 말았다.

　　　　② A いま、うちのチームのエースが不調なんだよね。
　　　　　　　　　　　　　　　　　　　　ふ ちょう

　　　　　B そうだったのか。最近あんまり試合の成績がよくないから、
　　　　　　　　　　　　　　さいきん　　　し あい　せいせき

　　　　　　どうしたのかと思ってたんだよ。
　　　　　　　　　　　　おも

　　　　　A やっぱり、気が付いていたか。
　　　　　　　　　　き　つ
　　　　　　エースの不調がチームの足を引っ張ってるんだ。
　　　　　　　　　ふ ちょう　　　　　　あし　ひ　ぱ

　　　　　A 지금 우리 팀 에이스가 컨디션에 난조를 보이고 있어.
　　　　　B 그래서였구나. 안 그래도 요즘 시합 성적이 안 좋아 왜 그런지 궁금했었는데.
　　　　　A 역시 눈치채고 있었네. 에이스의 컨디션 난조가 팀의 발목을 붙잡고 있어.

　　　・逃す 놓치다　・不調 컨디션이 나쁨. 상태가 고르지 못함
　　　　のが　　　　　　ふ ちょう

780 足を踏み入れる 발을 들여놓다

시험 ★★☆
회화 ★★★

• 足 발. 다리 • 踏み入れる 발을 들여놓다

✎ 意味 어떤 일에 관계하거나 진출하는 것. 특히 지금까지 관계가 없었던 분야에 발을 들여놓는 것.

🔍 用例 **全く考えた事もなかった政治の道に足を踏み入れる事になった。**

전혀 생각지도 못했던 정치의 길에 발을 들여놓게 되었다.

781 足を向けて寝られない 감히 발을 뻗고 잘 수가 없다

시험 ★☆☆
회화 ★★★

• 足 발. 다리 • 向けて 향해서 • 向ける 향하게 하다. 돌리다
• 寝られない 잘 수가 없다 (가능 부정) • 寝る 자다 → (그쪽으로는) 발을 향해서 잘 수가 없다

✎ 意味 은혜를 입은 사람에 대한 감사의 마음이나 존경을 나타내는 표현.

🔍 用例 **尊敬するものに対して、足を向けて寝られないのは、**
今も昔も同じである。

존경하는 사람에 대해, 그쪽으로는 감히 발을 뻗고 잘 수 없는 것은 예나 지금이나 같다.

親のいない私を実の子のように愛してくれた叔母さんには、
とても足を向けて寝られません。

부모님이 없는 나를 친자식처럼 사랑해 주신 숙모님의 은혜는 항상 잊지 않고 있어요.

同義語 **足を向けられない** ★★

782 足を向ける 발길을 향하다

시험 ★★☆
회화 ★★☆

• 足 발. 다리 • 向ける 향하게 하다. 돌리다 → 발을 향하다

✎ 意味 어떤 방향으로 향하는 것.

🔍 用例 A **昨日久しぶりに、会社帰りに実家に足を向けてみたんですよ。**
B **いいですね。私も久しく両親に会ってないですね。**
A **それじゃ、実家にちょっと帰ってくるのもいいですよ。**

A 어제 오랜만에 퇴근하는 길에 집(본가)에 가 봤어요.
B 좋은데요. 저도 오랫동안 부모님을 뵙지 못하고 있어요.
A 그럼 집에 한 번 들러 보는 것도 좋아요.

• 久しい 오래다. 오래되다. 오랜만이다

783 揚げ足を取る　말꼬리를 잡다

시험 ★★★
회화 ★★★

・揚げ足 ① 다리를 듦 ② 말의 꼬투리 ・取る 잡다 → 든 다리를 잡다

✏️ 意味　스모에서 상대가 기술을 쓰려고 다리를 드는 틈을 타서 역으로 공격하는 것에서, 남의 실언이나 말꼬리를 잡고 늘어지는 것.

🔍 用例
A 目には目を、口には口をって言うじゃん。

B 何それ! 間違ってるよ! 目には目を、歯には歯をでしょ〜。

A ちょっと間違えただけじゃん。揚げ足取らないでよ。

A '눈에는 눈, 입에는 입'이라고 하잖아.

B 그게 뭐야! 틀렸잖아! '눈에는 눈, 이에는 이'지.

A 뭐 그 정도 틀린 거 가지고 그래. 말꼬리 잡지 말아 줘.

同義語　言葉尻を取る ★★★

784 足手まといになる　방해가 되다. 짐이 되다

시험 ★★★
회화 ★★★

・足手まとい 손발에 휘감기듯이 방해가 됨. 거치적거림 ・足 발 ・手 손
・まとい 감기다. 얽히다 ・になる ~이(가) 되다 → 방해가 되다

✏️ 意味　행동이나 작업에 방해가 되는 사람이나 물건. 돌봐 주지 않으면 안 되는 아내나 자식이 있어서 남편이 뜻대로 움직이지 못하거나, 단체 등에서 전체 행동에 제약을 주는 사람이 있는 경우에 사용.

🔍 用例
A 最近彼女どうしてるの?

B 仕事の足手まといになるから、別れたよ。

A え? 何で彼女が足手まといになるの?

B だって、彼女嫉妬がひどいからさ。疲れちゃったんだよ。

A 요즘 여자친구랑 어떻게 돼 가?

B 일에 방해가 돼서 헤어졌어.

A 어? 왜 여자친구가 방해가 돼?

B 여자친구 질투가 너무 심해서 말야. 피곤하더라구.

785 足止めを食う　발이 묶이다

시험 ★★☆
회화 ★★★

・足止め 발을 묶음 ・食う＝食らう ① 먹다 ② 당하다 → 발 묶음을 당하다

✏️ 意味　어떤 위험이나 태풍, 폭설이나 폭우 등의 일기 악화로 밖에 나가고 싶어도 한 발자국도 못 나가게 되는 것.

🔍 用例
A 今どこにいるの?
帰ってくるって言った時間よりだいぶ遅いみたいだけど。

B デモによる交通規制で、足止めを食ってるんだよ。

A 지금 어디 있어? 들어오겠다고 말한 시간보다 꽤나 늦어진 것 같은데.

B 시위로 인한 교통규제로 발이 묶여 있어.

786 足取りが重い 발걸음이 무겁다. 발걸음이 안 떨어지다

시험 ★☆☆
회화 ★★★

- **足取り** 발걸음. 걸음걸이. 보조 · **重い** 무겁다 → **발걸음이 무겁다**

✎ 意味 가고 싶지 않은 곳에 가야 할 때 발걸음이 무거운 모양.

🔍 用例
A 今日、会社でプレゼンテーションしなくちゃいけないんですよ。
B 準備は終わってるんですか?
A 準備はしたんですけど、緊張で会社に行く足取りが重くて。

A 오늘 회사에서 프레젠테이션을 해야만 해요.
B 준비는 됐습니까?
A 준비하긴 했는데 긴장이 돼서 회사 가는 발걸음이 무겁네요.

---

787 足並みが揃う 하나가 되다

시험 ★★☆
회화 ★★★

- **足並み=足** 보조. 발걸음 · **揃う** 일치하다. 맞다 → **보조가 맞다**

✎ 意味 행동이나 뜻을 맞추는 것.

🔍 用例
クラスの足並みが揃わなければ、音楽祭で優勝するのは難しいだろう。

반이 하나가 되지 않으면 음악제에서 우승하기는 어려울 것이다.

---

788 足場を失う 터전을 잃다

시험 ★☆☆
회화 ★★★

- **足場** 발판. 터전 · **失う** 잃다. 상실하다 → **발판을 잃다**

✎ 意味 무언가를 하기 위한 터전이 없어지는 것.

🔍 用例
仕事を失い、生活の足場を失ってしまった私は、どうすればいいのか
途方に暮れてしまった。(=よりどころが無くなって)

일자리를 잃고 생활의 터전을 잃어버린 나는 어떻게 해야 할지 갈피를 못 잡게 되었다.

- **途方に暮れる** 어찌할 바를 모르다 · **よりどころが無くなる** 근거를 잃다

---

789 足場を固める 터전을 닦다

시험 ★★☆
회화 ★★★

- **足場** 발판. 터전 · **固める** 다지다. 굳히다 → **발판을 다지다**

✎ 意味 무언가를 하기 위한 토대를 먼저 확실히 하는 것.

🔍 用例
A 事業を始めようと思っているんですけど、何かアドバイスがあれば
お願いします。
B 会社を始めるときは、とにかく足場を固めておくことが大切だよ。
(=基礎を作って)

A 사업을 시작하려고 하는데 충고라도 좀 해 주세요.
B 회사를 시작할 때는 어쨌든 토대부터 확실하게 하는 게 중요하지.

신체
관용어

생활
관용어

속
담
·
격
언

고
사
성
어

사
자
성
어

790 足踏みをする　제자리걸음을 걷다

시험 ★★☆
회화 ★★★
• **足踏み** 제자리걸음　• **する** 하다　→　제자리걸음을 하다

✎ 意味　어떤 일이 진행되지 않고 같은 상태가 이어지는 것.

🔍 用例　**新装開店を目前にして、準備がすべて整わず足踏みをしている。**
신장개업을 앞두고 준비가 다 되지 않아 제자리걸음을 걷고 있다.

---

791 足元に付け込む　약점을 이용하다

시험 ★☆☆
회화 ★★★
• **足元＝足下** 발밑. 발치　• **付け込む** 틈을 타서 허점을 이용하다　→　**발밑의 허점을 이용하다**

✎ 意味　남의 약점을 이용하여 자신의 이익을 도모하는 것.

🔍 用例　**人の足元に付け込んでお金を巻き上げる事件が多発している。**
남의 약점을 이용해서 돈을 빼앗는 사건이 빈번하게 생기고 있다.　(＝弱みに付け込んで)

• **巻き上げる** ① 감아올리다 ② 빼앗다. 갈취하다　• **多発** 다발. 많이 발생함

---

792 足元に火がつく　위험이 닥치다

시험 ★☆☆
회화 ★★☆
• **足元＝足下** 발밑. 발치　• **火** 불　• **つく** 붙다　→　**발밑에 불이 붙다**

✎ 意味　신변에 어려움이나 위험이 닥쳐 안절부절못하는 모양. 특히 돈으로 곤란한 상황을 겪을 때 사용.
우리말의 '발등에 불이 떨어졌다'는 「足元 발등」이 아니라 「尻 엉덩이」를 써서,
「尻に火がついた 발등에 불이 떨어졌다」라고 함.

🔍 用例　**経営の仕方を間違えると、足元に火がついて大変な事になる。**
경영을 잘못하면 위험이 닥쳐 힘들어지게 된다.

---

793 足元にも及ばない　어림도 없다. 발끝에도 못 미친다

시험 ★★☆
회화 ★★★
• **足元＝足下** 발밑. 발치　• **及ばない** 미치지 못하다　• **及ぶ** 미치다　→　**발밑에도 미치지 못하다**

✎ 意味　상대가 뛰어나서 발밑에도 미치지 못하는 모양.

🔍 用例　**私の英語の成績は、彼の足元にも及ばない。** (＝彼にはかなわない)
내 영어 성적은 그의 발끝에도 미치지 못한다.

同義語　**足元へも寄り付けない** ★

794 足元の明るいうち　해가 지기 전. 불리해지기 전

시험 ★☆☆
회화 ★★☆

• **足元** 발밑. 발치　• **明るい** 밝다　• **うち** 어떤 시간의 범위 안. 동안　→　**발밑이 밝을 동안**

✎ 意味　해가 지기 전 앞이 보일 때 서둘러 대책을 마련하라는 말로,
① 해가 지기 전. ② 자신에게 위험이 닥치기 전에 대책을 강구해야 한다는 의미.

🔍 用例　① A まだ時間も早いことだし、夕飯でも食べて行きなさいよ。

　　　　　B でも、足元の明るいうちに家に帰る事にします。

　　　　　A 아직 시간도 이른데 저녁이라도 먹고 가지 그래.

　　　　　B 그래도 어두워지기 전에 집에 들어가겠습니다.

　　② 足元の明るいうちに、とっとと国に帰れと言われた。

　　　　어려운 입장에 처하기 전에 얼른 조국으로 돌아가라고 했다.

795 足元を見る　약점을 잡다. 울며 겨자 먹기

시험 ★★☆
회화 ★★★

• **足元** 발밑. 발치　• **見る** 보다　→　**발 밑을 보다**

✎ 意味　상대의 약점을 간파하여(잡아) 강하게 나오는 것. 수동형인「足元を見られる 약점을 잡히다.
발목을 잡히다」의 형태로, 비싸다고 느끼지만 어쩔 수 없이 승낙하는 경우에 씀.

🔍 用例　相手の足元を見るような馬鹿にした発言を聞くたびに頭にくる。

　　　　약점을 잡아 상대를 무시하는 것처럼 말하는 걸 들을 때마다 화딱지가 난다.　　(=弱点を突く)

　　　A 旅館代がやけに高くてね。
　　　　でも他に泊まるところもなくてどうしようもなかったんだ。

　　　B 足元を見られて高くふっかけられたね。

　　　A 료칸 숙박료가 터무니없이 비싸더라. 근데 달리 숙박할 곳도 없어서 어쩔 수 없었어.

　　　B 울며 겨자 먹기로 바가지 썼겠네.

　　• **弱点を突く** 약점을 찌르다　• **やけに** 몹시. 무턱대고　• **ふっかける** 에누리하다. 터무니없이 말하다

796 浮き足立つ　안절부절못하다. 우왕좌왕하다

시험 ★★☆
회화 ★★★

• **浮き足** 발끝만 땅에 닿음. 도망치려는 자세　• **立つ** 서다　→　**도망치려는 자세로 서다**

✎ 意味　기대, 흥분, 불안 등으로 안절부절못하는 모양.

🔍 用例　勝利を目前にして、選手たちは浮き足立っていた。

　　　　승리를 눈앞에 두고 선수들은 긴장해서 안절부절못하고 있다.　(=逃げ腰になって・浮足になって)

　　　　倒産の噂で、社員が浮き足立っている。(=はらはらして・動揺して)

　　　　도산한다는 소문에 직원들이 우왕좌왕하고 있다.

　　• **逃げ腰になる** 금방이라도 달아날 태세가 되다　• **浮き足になる** 막 도망치려는 자세가 되다

797 二足の草鞋を履く (にそく わらじ は) 투잡을 하다

시험 ★★☆
회화 ★★★
• 二足(にそく) 두 켤레의 신발 • 草鞋(わらじ) 짚신 • 履く(は) 신다 → 두 켤레의 짚신을 신다

✎ 意味 에도 시대 노름꾼이 포리(捕吏(ほり))를 겸했던 것에서, 투잡이나 양다리 걸치는 것을 의미.

🔍 用例
A 昼間(ひるま)は会社(かいしゃ)に通(かよ)ってるんですが、夜(よる)はアーティストとして、バーで演奏(えんそう)する事(こと)を仕事(しごと)にしてるんですよ。
B 二足(にそく)の草鞋(わらじ)を履(は)くなんて、本当(ほんとう)に忙(いそが)しくされているんですね。

A 낮에는 회사에 다니지만, 저녁에는 아티스트로 바에서 연주하는 일을 해요.
B 투잡을 하시다니 정말 바쁘시겠네요.

798 二の足を踏む (に あし ふ) 주저하다. 망설이다

시험 ★★☆
회화 ★★☆
• 二の足(に あし) 두 걸음째 • 踏む(ふ) 걷다 → 두 걸음째를 걷다

✎ 意味 앞으로 나아가지 못하고 제자리걸음을 친다는 것으로, 하려고 했는데 못 했거나 하기 어려운 모양.

🔍 用例
A なんで結婚(けっこん)しないの? もう彼(かれ)とは5年(ごねん)も付(つ)き合(あ)ってるじゃない。
B 私(わたし)が結婚(けっこん)するのに二(に)の足(あし)を踏(ふ)んでるのよ。なんだか、自信(じしん)がなくてね。(=ためらって・しりごみして)

A 왜 결혼 안 해? 벌써 남자친구랑 5년이나 사귀었잖아.
B 결혼하는 게 안 내켜. 왠지 자신이 없네.

• ためらう 주저하다. 망설이다
• しりごみする 뒷걸음질 치다

799 無駄足を踏む (むだあし ふ) 헛걸음을 치다

시험 ★★☆
회화 ★★★
• 無駄足(むだあし) 헛걸음 • 踏む(ふ) 걷다 → 헛걸음을 걷다

✎ 意味 헛수고만 하고 가거나 오는 것. 간 보람이 없는 것.

🔍 用例
A せっかくここまで来(き)たのに、お店(みせ)が休(やす)みだなんて…。
B なんだか、無駄足(むだあし)を踏(ふ)んじゃったね。

A 모처럼 여기까지 왔는데 가게가 문을 닫는 날이라니….
B 괜히, 헛걸음만 쳤네.

800 踵を返す (きびす かえ) 발길을 돌리다. 돌아서다

시험 ★☆☆
회화 ★★☆
• 踵(きびす) 발뒤꿈치 • 返す(かえ) 원상태로 되돌리다 → 발뒤꿈치를 되돌리다

✎ 意味 되돌아가는 것.

🔍 用例
家(いえ)に財布(さいふ)を忘(わす)れて外(そと)に出(で)てしまったため、踵(きびす)を返(かえ)すはめになった。
집에 지갑을 두고 밖에 나와 버려서 되돌아갔다 와야 할 판국이다. (=引(ひ)き返(かえ)す)

• 引(ひ)き返(かえ)す 되돌아가다. 돌아오다

801 膝が笑う (ひざ わら) 다리가 후들거리다

시험 ★☆☆
회화 ★★★

• 膝 ^{ひざ} 무릎 • 笑う ^{わら} 웃다 → 무릎이 웃다

✎ 意味 산길 등을 내려갈 때 무릎에 힘이 빠져 제대로 걷지 못하는 상황이 되는 것.

🔍 用例 A ちょっと休憩する？

B そうしよう。さっき、長い坂道を下って来て、膝が笑っちゃってさ。

A 잠시 쉬었다 갈래? B 그렇게 하자. 좀 전에 긴 비탈길을 내려왔더니 다리가 후들거려.

802 膝を打つ (ひざ う) 무릎을 치다

시험 ★★☆
회화 ★★☆

• 膝 ^{ひざ} 무릎 • 打つ ^う 치다. 때리다. 두드리다 → 무릎을 치다

✎ 意味 무릎을 치는 행동에서, 감동하거나 갑자기 생각이 날 때를 의미.

🔍 用例 友達の言葉になるほどと思い、思わず膝を打った。(＝膝を叩いた)

친구 말에 수긍하여(옳다고 생각하여) 나도 모르게 무릎을 쳤다.

803 膝を折る (ひざ お) 무릎을 꿇다. 굴복하다

시험 ★☆☆
회화 ★★☆

• 膝 ^{ひざ} 무릎 • 折る ^お ① 접다 ② 구부리다. 굽히다 → 무릎을 구부리다

✎ 意味 ① 무릎을 꿇는 것. ② 상대에게 무릎을 꿇고 고개를 숙이면서 부탁하거나 굴복하는 모양.

🔍 用例 ① 立っている事がつらくなり、膝を折って座り込んでしまった。

서 있기가 힘들어져 무릎을 꿇고 주저앉아 버렸다.

② 膝を折ってまで頼み込んだのに、冷たく断られてしまった。

무릎을 꿇으면서까지 부탁했는데 냉정하게 거절당했다. (＝土下座して)

804 膝を崩す (ひざ くず) 편히 앉다

시험 ★★☆
회화 ★★★

• 膝 ^{ひざ} 무릎 • 崩す ^{くず} (정돈된 모양이나 자세를) 흩트리다. 어지르다 → 무릎을 풀다

✎ 意味 정좌를 풀고(다리를 펴고) 편하게 앉는 것.

🔍 用例 A どうぞ、膝を崩して座ってくださいよ。

B ありがとうございます。それでは遠慮なくそうさせていただきます。

A 자, 편하게 앉으세요.

B 감사합니다. 그럼 말씀대로 그렇게 하겠습니다.

同義語 足を崩す ★★★

805 膝を正す (ひざをただす) 정좌하다. 바르게 앉다. 태도를 다잡다

시험 ★★☆
회화 ★★☆

• 膝 무릎 • 正す (잘못된 것을) 바로잡다. 고치다 → 무릎을 바로잡다

✎ 意味　자세를 바로잡는 것.

🔍 用例

くつろいでいたところ、突然先生が入ってきたので、すぐに膝を正した。

맘 놓고 쉬고 있을 때 선생님이 들어오셔서 얼른 자세를 바로잡았다.

806 膝を突き合わせる (ひざをつきあわせる) 무릎을 맞대다. 진지하게 이야기하다

시험 ★☆☆
회화 ★★☆

• 膝 무릎 • 突き合わせる 맞대다 → 무릎을 맞대다

✎ 意味　관계자끼리 문제 해결을 위해 무릎이 맞닿을 정도로 가까이 하고 진지하게 이야기하는 모양.

🔍 用例

問題があったら、膝を突き合わせて話し合うのが一番いい解決の方法だ。

문제가 있다면 무릎을 맞대고 이야기를 나눠 보는 것이 가장 좋은 해결 방법이다.

膝を突き合わせて、一人一人と問題解決のための話し合いをした。

진지하게 한 사람 한 사람과 문제 해결을 위해 의논을 했다.　(=真剣に)

807 膝を交える (ひざをまじえる) 무릎을 맞대고 이야기하다

시험 ★☆☆
회화 ★★☆

• 膝 무릎 • 交える 맞대다. 교차시키다 → 무릎을 맞대다

✎ 意味　서로 무릎을 맞대고 허물없이 이야기하는 것.

🔍 用例

幼馴染と久しぶりに膝を交えて昔話に花を咲かせた。

어릴 적 친구랑 오랜만에 무릎을 맞대고 옛날 이야기로 꽃을 피웠다.

• 話に花を咲かせる 이야기로 꽃을 피우다

808 膝元を離れる (ひざもとをはなれる) 품을 떠나다

시험 ★☆☆
회화 ★★☆

• 膝元 슬하. 곁 • 離れる 떠나다 → 슬하를 떠나다

✎ 意味　슬하(곁)를 떠나는 것.

🔍 用例

親の膝元を離れて、そろそろ１０年になる。

부모님 곁을 떠난 지 이제 10년째 된다.

809 **ああ言えばこう言う** 요리조리 발뺌만 하다

시험 ★☆☆
회화 ★★★

• **ああ** 저렇게 • **言えば** 말하면 • **言う** 말하다 • **こう** 이렇게 → **저리 말하면 이리 말하다**

✎ 意味   이런저런 이유를 늘어놓으며 상대의 의견을 곧이곧대로 따르려고 하지 않는 모양으로,
행동보다는 말에 대해 사용.

🔍 用例

A なんで、あんたはこうも頭が悪いの!!!

B だって、勉強嫌いなんだもん。

A 勉強が嫌いだからって、もう少ししっかりやりなさい!

B だって、やってもできない子だもん。お母さんの子供じゃん。

A 本当に、あんたって子は、ああ言えばこう言うんだから…。

A 넌 왜 그렇게 머리가 나쁜 거야!!!

B 공부가 싫은 걸 어쩌라구요!!

A 공부가 싫어서라니, 좀 더 똑바로 못해!!

B 그치만 난 해도 안 된다구요. 엄마 자식이잖아요.

A 정말, 너란 앤 어쩜 요리조리 빠져나갈 구멍만 찾니….

810 **愛嬌をふりまく** 아양을 떨다. 애교를 부리다

시험 ★★★
회화 ★★★

• **愛嬌** 애교. 귀여움 • **ふりまく** (많은 사람에게) 보여 주다 → **애교를 보여 주다**

✎ 意味   누구나 할 것 없이 주위 사람에게 명랑하게 웃는 얼굴로 대하는 모양.

🔍 用例

A テストの点数が悪くて、今学期の通知表がすごく心配だよ。

B そんなの大丈夫だよ。先生に愛嬌をふりまいておけば何とかなるよ。

A そんな…。それって、通用しないと思うんだけど…。

A 시험 점수가 나빠서 이번 학기 성적표가 걱정돼 죽겠어.   (=常にニコニコして)

B 뭘 그렇게 걱정해. 선생님에게 애교 좀 떨면 잘될 거야.

A 설마…. 그런 거 안 먹힐 것 같은데….

A 素敵なドレスね、どうしたの?

B お父さんに愛嬌をふりまいて買ってもらったの。

A 드레스 예쁘다~, 어디서 났어?

B 아빠에게 애교를 떨어서 사 달랬지.

• **通用する** 통용되다

811 愛想が尽きる 정떨어지다. 정나미 떨어지다

あい そ が つ きる

시험 ★★☆
회화 ★★★

・愛想(あいそ・あいそう) 정. 정나미 ・尽きる 떨어지다. 다하다 → 정이 떨어지다

✎ 意味　상대의 태도에 질려서 더 이상 상대하고 싶은 마음이 없어지는 것.

🔍 用例

A 私、20年連れ添った旦那と、先月離婚したんです。
わたし にじゅうねん つ そ だんな せんげつりこん

B そうなんですか? いったいなぜです?

A いろいろと頑張ってみたんですけど、愛想が尽きました。
がんば あい そ つ

(＝呆れ果てました)
あき は

A 저 20년 함께한 남편과 지난달에 이혼했어요.

B 어머, 그래요? 대체 무슨 일로?

A 여러모로 노력해 봤지만, 정이 떨어져서요.

同義語　愛想を尽かす ★★★　・連れ添う 함께하다. 부부가 되다. 부부로서 같이 살다
あい そ つ つ そ

---

812 愛想笑い 억지웃음

あい そ わら

시험 ★☆☆
회화 ★★★

・愛想(あいそ・あいそう) ① 붙임성. 상냥함 ② 애교 있는 말. 겉치레 인사 ・笑い 웃음
わら

→ 겉치레 인사 웃음

✎ 意味　남의 비위를 맞추기 위해 짓는 웃음.

🔍 用例

A うちの会社の上司って、いっつもダジャレを言うんだよね。
かいしゃ じょうし い

B 分かる。おじさんってダジャレ大好きよね。
わ だいす

A そうなの。だから、いつも愛想笑いするのが大変よ。
あい そ わら たいへん

A 우리 직장 상사는 항상 썰렁한 농담을 해.

B 알 거 같아. 아저씨들은 썰렁 개그 진짜 좋아하잖아.

A 그렇다니까. 그래서 항상 억지로 웃어 주는 게 힘들어 죽겠어.

・駄洒落 서투른 익살. 시시한 익살. 농담
だじゃれ

---

813 相槌を打つ 맞장구치다

あいづち う

시험 ★★★
회화 ★★★

・相槌 맞방망이질. 맞장구 ・相 서로 ・槌 망치 ・打つ 치다 → 망치질을 하다
あいづち あい つち う

✎ 意味　칼을 만들 때 두 사람이 박자를 맞추면서 망치질을 한 것에서, 상대의 말을 들으면서 동의하는 모양.

🔍 用例

A 今日ね、友達とご飯食べて、ショッピングして、お茶飲んで、
きょう ともだち はん た ちゃ の

またご飯食べて、お酒飲みに行ってすごい楽しかったの。
はん た さけ の い たの

B そうなんだ。

A ちょっと! 適当に相槌うたないでよ!(＝返事しない)
てきとう あいづち へんじ

A 오늘 있지, 친구랑 밥 먹고 쇼핑하고 차 마시고, 또 밥 먹고 술 마시러 가고 되게 재미있었어.

B 그랬구나.

A 야! 대충대충 맞장구치지 마!

---

814 愛の鞭 _{あい むち} 사랑의 매

시험 ★★☆ 회화 ★★★	• 愛 _{あい} 사랑 • 鞭 _{むち} 채찍. 매. 사람을 혼내거나 격려하는 말이나 행위 → **사랑의 매**

✎ 意味 상대의 장래를 걱정해서 일부러 엄한 태도를 취하는 것.

🔍 用例
A 私が幼かったころ、わたしの父はとっても厳しかったんですよ。
B そんなに厳しかったんですか?
A ええ。それでも、今は愛の鞭だったんだなと分かりましたけどね。

A 저 어렸을 때 저희 아버지는 무척 엄하셨어요.
B 그렇게 엄하셨나요?
A 네. 그래도 지금은 사랑의 매였구나 하고 깨닫게 되었지만요.

• 幼い _{おさな} 어리다 • 厳しい _{きび} 엄하다

---

815 合間を縫う _{あい ま ぬ} 짬을 내다

시험 ★☆☆ 회화 ★★★	• 合間 _{あいま} 틈. 짬 • 縫う _ぬ 바느질하다. 꿰매다 → **짬을 꿰매다**

✎ 意味 바쁜 와중에 잠시의 짬(시간)을 내서 무언가를 하는 것.

🔍 用例
A あっ、いらっしゃい。相変わらずお仕事は忙しいんですか?
B ええ。今日は仕事の合間を縫ってきました。
A あっ、そうなんですね。お忙しい中、わざわざすみません。

A 아, 어서 오세요. 여전히 일은 바쁘신가요?
B 네. 오늘은 일하다 짬 내서 왔습니다.
A 아, 그러시군요. 바쁘신데 일부러 오시게 해서 죄송합니다.

---

816 青田買い _{あお た が} 졸업 전의 학생과 채용 계약을 맺는 것

시험 ★★★ 회화 ★★☆	• 青田 _{あおた} ① 벼가 푸릇푸릇한 논 ② 아직 여물지 않은 논 • 買い _か (물건 등을) 삼 → **여물지 않은 논을 삼**

✎ 意味 아직 곡물이 여물지 않은 논의 벼를 미리 구입한다는 의미로, 변하여 기업이 우수한 인재를 확보하기 위해 졸업 전의 학생과 채용 계약을 맺는 것.

🔍 用例
大企業のインターンシッププログラムというのは、青田買いするための絶好の方法である。

대기업 인턴십 프로그램은 기업에서 졸업을 앞둔 인재를 채용할 수 있는 절호의 기회다.

同義語 青田刈り _{あお た が} ★★

817 垢抜ける　<small>あか ぬ</small>　땟물을 벗다. 세련되다

시험 ★☆☆
회화 ★★★

• 垢<small>あか</small> 때. 더러움　• 抜ける<small>ぬ</small> 없어지다. 사라지다　→ 때가 없어지다

✎ 意味　용모나 차림새, 복장 등의 촌스러움이 없어지고, 도시적이고 세련된 이미지로 변하는 것.

🔍 用例
A あの子、大学に入ったら垢抜けたよね。（=洗練された）
B 高校のときがだいぶダサかったからね。
A やっぱり、東京に出たのがよかったんじゃない？
B それ、かなり大きいと思うよ。

A 쟤, 대학 가더니 세련돼졌다.　B 고등학교 때 꽤 촌스러웠잖아.
A 역시 도쿄에 가길 잘한 것 같지?　B 그게 크지.

• 洗練<small>せんれん</small>される 세련되다　• だいぶ 상당히. 꽤. 많이　• ださい 촌스럽다

---

818 赤の他人　<small>あか た にん</small>　생판 남. 남남

시험 ★★★
회화 ★★★

• 赤<small>あか</small> ① 빨강 ② 아무런 관계가 없음　• 他人<small>たにん</small> 타인. 남　→ 아무런 관계가 없는 남

✎ 意味　전혀 인연이 없는 사람, 아무런 관계도 없는 남을 의미.

🔍 用例
A お父さん! ちょっと、恥ずかしいから人前で下着で歩かないで!
B なんだよ。別にお父さんは、恥ずかしくないぞ。
A 次も下着姿で人前を歩いたら、私はお父さんとは
赤の他人のふりをするからね～。（=全くの他人）

A 아빠! 창피하니까 사람들 보는데 속옷 바람으로 걸어 다니지 좀 마세요!
B 뭐야, 난 전혀 아무렇지도 않은데.
A 다음에도 속옷 바람으로 다니시면 저 아빠랑 모른 척할 거예요!

---

819 灰汁が強い　<small>あ く つよ</small>　개성이 강하다

시험 ★☆☆
회화 ★★☆

• 灰汁<small>あく</small> ① 잿물 ② (성질, 문장 등이) 독특하고도 강렬한 느낌　• 強い<small>つよ</small> 강하다　→ 독특하고도 강렬하다

✎ 意味　사람의 성격이나 문장 등이 지나치게 개성이 강해서 반감을 느끼게 하는 모양.

🔍 用例
A この間、コンパで会った人どうだった？
B みんな結構かっこよかったんだけどね…。
A え？ どういうこと？ 何が悪かったの？
B だって、みんな灰汁がすごく強くて、私はちょっとパス。

A 요전 날, 미팅에서 만난 사람 어땠어?　B 다들 꽤나 멋있긴 했는데 말야….
A 어? 무슨 말이야? 뭔가 맘에 안 드는 게 있었어?　B 그게 말야, 다들 개성이 너무 강해서 난 좀 그랬어.

820 あぐらをかく 안주하다

시험 ★★☆
회화 ★★☆

• **あぐら** 책상다리로 앉음 → 책상다리를 하고 앉다

✎ 意味 책상다리를 하고 편안한 자세로 있는 것에서, 자신은 아무 노력도 하지 않고 편하고 느긋한 태도를 취하는 모양. 현실에 만족하여 노력하지 않고 안일하게 보내는 모양.

🔍 用例 A **お前は、お父さんの会社を継げばいいから、就職活動しなくて**

いいんだよな。羨ましいよ。

B **そんなこといって、今の時代あぐらをかいてはいられないよ。**

(=のんきにしては・努力をしないでは)

A 넌 아버지 회사를 물려받으면 되니까, 구직활동 안 해도 돼서 좋겠다. 부러워.

B 그렇다고 해서 요즘 같은 땐 마냥 안주하고 있을 수만도 없어.

• **会社を継ぐ** 회사를 잇다(계승하다) • **のんき** 성격이 낙관적이고 느긋함. 무사태평함

821 挙句の果て 결국. 결과

시험 ★★★
회화 ★★★

• **挙句** ① 끝. 종말. 결국. 결과 ② 일본 고유 시가의 한 장르인 **連歌**의 마지막 구 • **果て** 끝
→ 끝에 가서는 결국

✎ 意味 '끝'이란 뜻의 **挙句**에 같은 뜻의 **果て**를 붙여 **挙句**를 더욱 강조한 표현으로, 별로 좋지 못한 상황이나 예상치 못한 결과가 발생한 경우에 주로 사용.

🔍 用例 **意見の違いから口論となり、挙句の果てには殴り合いのけんかになった。**

의견 차이로 말다툼이 생겨 결국에는 치고받는 싸움이 됐다.

• **口論** 말다툼. 언쟁 • **殴り合い** 서로 치고받음. 싸움을 함

• **とどのつまり** 결국. 종국에는(좋지 못한 경우에 사용)

同義語 **とどのつまり** ★★★

822 味にうるさい 입맛이 까다롭다

시험 ★★★
회화 ★★★

• **味** 맛 • **に** 에 • **うるさい** 시끄럽다 → 맛에 시끄럽다

✎ 意味 맛에 깐깐하게 구는 것.

🔍 用例 **料理の味にうるさい男性と結婚すると、後で後悔するよ。**

음식 맛에 까다롭게 구는 남자와 결혼하면 나중에 후회할 거야.

夫はいつもしょっぱいだの薄いだのと、味にうるさい。

남편은 항상 짜다느니 싱겁다느니, 입맛이 까다롭다.

823 　味も素っ気もない　무미건조하다. 멋대가리 없다

시험 ★★☆
회화 ★★☆

・味 맛　・素っ気 상대에 대한 배려. 호의　・ない 없다　→　맛도 배려도 없다

✎ 意味　아무 맛도 멋도 없는 것.

🔍 用例
A 年賀状をデザインしてみたんだけど、シンプルでいいでしょ?

B シンプルでいいっていうよりも、味も素っ気もないって感じかな。
(=つまらない)

A 연하장을 디자인해 봤는데, 심플한 게 괜찮지?

B 심플하다기보다는 아무 멋도 없는 느낌인데~.

・つまらない 시시하다. 하찮다. 보잘것없다

824 　味を占める　맛들이다. 재미를 붙이다

시험 ★★★
회화 ★★★

・味 맛　・占める 맛들이다　→　맛을 들이다

✎ 意味　한 번 좋은 경험을 하고 나서는 그 맛을 잊을 수가 없는 것.

🔍 用例
A 初めてカジノに行ったら、大当たりしちゃったんですよ。

B ビギナーズラックっていうやつじゃないんですか?

A そうかも知れないけど、なんだか楽しかったから、また行ったんですよ。

B かなりカジノの味を占めましたね。

A 처음에 카지노 갔다가 대박이 났지 뭐예요!　　B 비기너스 럭 같은 거 아닌가요?

A 그럴지도 모르지만 왠지 재미나서 또 갔어요.　　B 카지노에 꽤나 재미 붙이셨네요!!

・ビギナーズラック(Beginner's luck)

초심자의 행운. 도박 등에서 처음 하는 사람이 룰도 모르지만 이길 확률이 높다는 말

825 　呆気に取られる　어리둥절하다. 어안이 벙벙하다

시험 ★★★
회화 ★★★

・呆気 놀랍고 어이없음　・取られる 빼앗기다　・取る 빼앗다

✎ 意味　생각지도 못한 의외의 상황에 놀라 멍한 모양.

🔍 用例
A きのうのサッカーの試合を見た?

B 見た見た! びっくりしたよ。 1対0で勝っていたのに、
後半残り3分で3点入れられちゃったもんね。

A そうそう。 私、呆気に取られて何も言えなかったよ。

A 어제 축구 경기 봤어?　(＝呆然としちゃって)

B 어, 봤어! 그게 말이 돼? 1 대 0으로 이기고 있다가 후반 3분 남기고 3골이나 먹히다니.

A 정말이야. 난 어안이 벙벙해서 말도 안 나오더라.

826 熱(あつ)くなる 뭉클해지다. 열 내다. 열중하다

시험 ★★☆
회화 ★★★

• 熱(あつ)い 뜨겁다. 열정적이다. 열렬하다 • くなる ~게 되다 → 뜨거워지다

✎ 意味　① 감동 등으로 인해 찡해지는 것. ② 화를 내는 것. ③ 하나의 일에 집중해서 다른 일은 잊은 상태가 되는 것. 특히 이성에게 빠져 있는 것을 나타냄.

🔍 用例　① A 卒業式(そつぎょうしき)って、俺(おれ)だめなんだよな。

B なんで? 何(なに)がだめなの?

A 感動(かんどう)するって言(い)うか、胸(むね)が熱(あつ)くなっちゃって泣(な)きそうになるんだよ。

A 나, 아무래도 졸업식은 힘들어.　B 왜? 뭐가 힘든데?

A 감동한다고나 할까, 가슴이 찡해져서 눈물이 날 것 같거든.

② A 私(わたし)のケーキ食(た)べたの誰(だれ)? 正直(しょうじき)に白状(はくじょう)しなさいよ!

B たかが、ケーキでなんでそんなに熱(あつ)くなってるの?

A 내 케이크 먹은 게 누구야? 솔직하게 불어!

B 그깟 케이크 하나에 왜 그리 열을 내고 그래?

③ A 冬(ふゆ)のスポーツといえばなんだと思(おも)いますか?

B そうですね…。やっぱりスキーが人気(にんき)ありますかね。でも、最近(さいきん)はスノーボードに熱(あつ)くなってる人(ひと)もとても多(おお)いですが。

A 겨울 스포츠라고 하면 뭐가 생각나세요?

B 글쎄요…. 역시 스키가 인기 아닐까요? 근데 요즘엔 스노보드를 즐기는 사람들도 꽤 많더라구요.

A 孝志君(たかしくん)ってホントに素敵(すてき)よね。

B なに一人(ひとり)で熱(あつ)くなってんのよ。彼(かれ)にはもう相手(あいて)がいるのよ。

A えっ、うそ~。　ガッカリ。

A 다카시는 정말 멋지 않니?

B 뭘 그렇게 흥분해서 그래. 다카시는 이미 임자 있는 몸이야.

A 어머, 진짜? 에이, 김샜네.

생활 관용어

あ
809
—
847

827 あっという間(ま) 순식간에. 눈 깜짝할 사이

시험 ★★★
회화 ★★★

• あっ 놀랐을 때, 감탄했을 때, 어떤 일이 생각났을 때, 위험한 때 등에 지르는 소리. 앗. 아. 이크 • 言(い)う 말하다 • 間(ま) 사이 → 앗 하고 말할 사이

✎ 意味　앗 하는 사이라는 것에서, 아주 짧은 시간을 의미.

🔍 用例　A この前(まえ)大学(だいがく)に入学(にゅうがく)したと思(おも)ったら、あっという間(ま)に卒業(そつぎょう)だよ。

B 本当(ほんとう)にそうだね。時間(じかん)が過(す)ぎるのって本当(ほんとう)に早(はや)いね。

A 얼마 전에 대학에 입학한 것 같은데, 눈 깜짝할 사이에 졸업이네.

B 정말 그래. 시간이 정말 빨리 가네.

買(か)い物(もの)をしすぎちゃって、あっという間(ま)にお金(かね)が無(な)くなってしまった。

쇼핑을 너무 많이 해서 순식간에 돈이 없어져 버렸다.

신체 관용어

생활 관용어

속담 · 격언

고사성어

사자성어

828 後始末 _{あと し まつ} 뒤처리

시험 ★★★
회화 ★★★
• 後始末=後片付け·後仕舞 뒷정리. 뒤처리. 뒷마무리. 뒤치다꺼리 → **뒷정리**

✎ 意味　일이 끝나고 뒤를 정리하는 것. 또는 사후 처리를 하는 것.

🔍 用例　何でもやるのはいいけど、後始末だけはしっかりしてよね。

뭐를 하든 괜찮은데 뒷마무리는 깨끗이 하도록 해.

829 後にも先にも 이전에도 이후에도. 듣도 보도 못한. 딱 한 번. 다시는

시험 ★☆☆
회화 ★★★
• 後にも 지금까지도(과거) • 先にも 이제부터도(미래) → **지금까지도 이제부터도**

✎ 意味　딱 한 번을 강조하여 하는 말. 발생하기 힘든 일이라는 것을 강조한 말.

🔍 用例　A お母さん! 後にも先にも1回だけ私のお願いを聞いて!
　　　　B そんなこと言って、先週も同じようにお願いをしてきたのは誰よ。

A 엄마! 이번 딱 한 번만 제 부탁을 들어줘요!!
B 그렇게 말하면서 지난주에도 똑같이 부탁한 건 누구지?

　　　　A 昨日の地震、大きかったね。
　　　　B うん。あんなに怖い思いをしたのは、後にも先にも初めてだよ。

A 어제 지진 정말 세더라.
B 응. 그렇게 무서움을 느낀 건 처음이자 마지막이었어.

830 後を引く 자꾸 끌리다. (불만 등이) 가시지 않다. 계속되다. 여운이 남다

시험 ★☆☆
회화 ★★☆
• 後 뒤 • 引く 끌다. 당기다 → **뒤를 끌다**

✎ 意味　① 음식 따위를 먹거나 마신 다음에도 여운이 남아서 더 먹고 싶어지는 것을 의미.
　　　　② 어떤 일이 끝난 다음에도 영향이 남는 것.

🔍 用例　① A ポテトチップス食べる時って、袋に入ってる分の半分だけ食べよ
　　　　　　うと思っても、結局全部食べちゃうんだよね。
　　　　　B 本当に、後を引いちゃって、止まらなくなるんだよね。

A 감자 칩을 먹을 땐, 봉지의 반만 먹으려다가 결국 다 먹게 돼.
B 정말 그래, 자꾸자꾸 손이 가 멈추질 못한다니까.

　　　　② 初戦の敗戦が後を引いて、結局予選リーグで敗退してしまった。

첫 경기의 패배가 영향을 미쳐 결국에는 예선 리그에서 패배하고 말았다.

831 穴<small>あな</small>があく 구멍이 나다. 결손이 생기다

생활 관용어

あ
809
—
847

시험 ★★★
회화 ★★★

• 穴<small>あな</small> 구멍. 결손. 허점. 빈자리. 공백 • 空<small>あ</small>く (시간, 공간이) 비다 → **구멍이 나다**

✎ 意味 ① 양말 등에 구멍이 생긴 것. ② 사람, 자리 등의 결손이 생기는 것.
③ 시간 등 중간에 틈이 생기는 것.

🔍 用例 ① A 靴下<small>くつした</small>に穴<small>あな</small>があいてる。

　　B ずいぶん長<small>なが</small>い間<small>あいだ</small>はいたから、捨<small>す</small>てていいよ。

　　A 양말에 구멍이 나 있네.

　　B 꽤 오래 신었으니까 버려도 돼.

　　A お見合<small>みあ</small>いどうだった？

　　B それがさ、初対面<small>しょたいめん</small>なのに、私<small>わたし</small>の顔<small>かお</small>を穴<small>あな</small>があくほど見<small>み</small>つめるのよ。
　　　恥<small>は</small>ずかしくてさ。

　　A あんたのことを気<small>き</small>に入<small>い</small>ったからよ。

　　A 맞선 어땠어?

　　B 그게 말야, 첫 만남인데 내 얼굴을 뚫어져라 쳐다보는 거야. 낯간지러워서 말야.

　　A 니가 마음에 든 거지.

② A 課長<small>かちょう</small>が会社<small>かいしゃ</small>を辞<small>や</small>めちゃったよ。

　　B 課長職<small>かちょうしょく</small>穴<small>あな</small>があいちゃったけど、どうなるんだろう…。

　　A 과장님이 회사를 그만두셨어.

　　B 과장직이 비었는데 어떻게 될까….

③ A 次<small>つぎ</small>の講義<small>こうぎ</small>の時間<small>じかん</small>まで2時間<small>にじかん</small>穴<small>あな</small>があいちゃったけどどうする？

　　B 図書館<small>としょかん</small>でも行<small>い</small>ってればいいよ。　(=暇<small>ひま</small>がある)

　　A 다음 강의까지 2시간이 비는데 어떡할래?

　　B 도서관에라도 가 있으면 되지.

832 穴<small>あな</small>があったら入<small>はい</small>りたい 쥐구멍이라도 있으면 들어가고 싶다

시험 ★★★
회화 ★★☆

• 穴<small>あな</small> 구멍 • あったら=あれば 있으면 • ある 있다 • 入<small>はい</small>りたい 들어가고 싶다 • 入<small>はい</small>る 들어가다
→ 구멍이 있으면 들어가고 싶다

✎ 意味 너무 창피해서 몸을 숨기고 싶을 정도인 것.

🔍 用例 A きのう大好<small>だいす</small>きな先輩<small>せんぱい</small>の前<small>まえ</small>で、転<small>ころ</small>んじゃった。

　　B えっ、そうなの？

　　A うん。もう恥<small>は</small>ずかしくて恥<small>は</small>ずかしくて、穴<small>あな</small>があったら入<small>はい</small>りたい
　　　気分<small>きぶん</small>だったよ。(=どこかに隠<small>かく</small>れたい)

　　A 어제 정말 좋아하는 선배 앞에서 넘어져 버렸어!

　　B 어머, 정말?

　　A 응. 너무너무 창피해서 쥐구멍이라도 있으면 들어가고 싶은 심정이었다니까.

833 穴を開ける 구멍이 나다. 축내다. 차질을 빚다

시험 ★☆☆
회화 ★★★

- 穴 구멍. 결손. 허점. 빈자리. 공백 · 開ける (공간, 여백 등을) 만들다. 내다 → 구멍을 내다

✎ 意味　① 순서, 진행 등에 차질을 빚는 것. ② 공금 등을 축내는 것. 결손을 내는 것.

🔍 用例　① A 熱が４０度もあるのに、舞台に上がるんですか?

B 当たり前です。何があろうと舞台に穴を開けるわけにはいきませんから。(＝休む・欠損を出す)

A 열이 40도나 되는데 무대에 오르시는 거예요?

B 당연하죠. 무슨 일이 있든 공연에 차질을 줘서는 안 되니까요.

② 一人の公務員の横領が発覚し、公金に大きな穴を開けたことがわかった。

한 공무원의 횡령이 발각되어 공금에 크나큰 손실이 생긴 걸 알게 되었다.

A アルバイトの学生が急に来れないっていうんだよ。

B そう。急に穴を開けられると困るよね。

A 아르바이트 학생이 갑자기 못 나온다고 하네.

B 그랬구나. 갑자기 구멍이 나서 곤란하겠다.

- わけにはいけない ~할 수 없다 · 休む 쉬다 · 欠損を出す 결손을 내다 · 横領 횡령

834 あばたもえくぼ 제 눈에 안경

시험 ★★★
회화 ★★☆

- あばた 마마 자국. 곰보 자국 · えくぼ 보조개 → 곰보 자국도 보조개

✎ 意味　사랑하면 아무리 보기 싫은 마마 자국도 귀여운 보조개로 보인다는 의미.

🔍 用例　A これ、彼氏の写真?

B そう、かっこいいでしょう?

A ええ、どこが。どう見ても馬面じゃん。

ほんと、あばたもえくぼってよく言ったもんだわ。

A 이거, 남자친구 사진?

B 응, 멋있지?

A 어머, 어디가? 아무리 봐도 말상이잖아. 정말 제 눈에 안경이란 말이 딱이네.

- 馬面 말상. 긴 얼굴

835 油が切れる　기름이 떨어지다. 활력소가 없어지다

시험 ★☆☆
회화 ★★☆

• 油 기름　• 切れる 없어지다. 다 떨어지다　→　기름이 떨어지다

✎ 意味
① 기계 등의 기름이 떨어지는 것. 혹은 생선의 몸에서 기름이 빠지는 것.
② 활동할 원동력이 사라지는 것.

🔍 用例
① A 油が切れちゃって、機械がよく動かないな。油を注しておいてくれる?
　　B はい。分かりました。

　　A 기름(윤활유)이 떨어져서 기계가 잘 안 움직이네. 기름 좀 넣어 줄 수 있어?　　B 네. 알겠습니다.

② A あの人なんかいつもと違って元気がないな。
　　B 油が切れちゃったのよ。(=エネルギーがなくなっちゃた)

　　A 저 사람 왠지 평소랑 달리 힘이 없는데.　　B 약발이(삶의 활력소가) 떨어져서 그래.

　　• 注す (액체를) 붓다　• エネルギーがなくなる 에너지가 없어지다

---

836 油が乗る　기름이 오르다. 물이 오르다. 한창때다

시험 ★★★
회화 ★★★

• 油 기름　• 乗る ① (탈것에) 타다. 오르다 ② (기름이) 오르다　→　기름이 오르다

✎ 意味
① 물고기 등이 지방분이 풍부하여 아주 먹기 좋은 때가 된 것.
② 사람, 일 등이 본궤도에 올라 활기를 띄는 것.

🔍 用例
① A 秋は、さんまがおいしい季節ですよね。
　　B そうですよね。ちょうど油が乗ってますから。

　　A 가을은 고등어가 맛있는 계절이죠.　　B 그래요. 이맘때가 제철(한창때)이니까요.

② A 最近この女優さん人気があるよね。
　　B そうだね。30過ぎて油が乗ってきたって感じだね。

　　A 요즘 이 여배우 인기 많지.　　B 응. 서른 넘어서 물이 오른 느낌이 들어.

---

837 油を売る　농땡이를 치다

시험 ★★★
회화 ★★★

• 油 기름　• 売る 팔다　→　기름을 팔다

✎ 意味
에도 시대에 머릿기름을 파는 사람이 아줌마들을 상대로 길게 이야기하면서 판매를 했다는
데서 비롯되었다는 설과, 기름 파는 가게에서 기름을 용기에 옮기는 데에 시간이 걸려서
기다리는 사이에 길게 잡담을 했다는 데서 비롯되었다는 설이 있다. 일을 하는 도중에 농땡이
치거나 잡담을 하며 시간을 낭비하는 것을 의미.

🔍 用例
A さっきまでどこに行ってたの?
B ちょっとね。
A 見てなかったら、すぐに油を売りに行っちゃうんだから。

A 여태 어디 있었어?　　B 잠깐….
A 관심을 안 두면 바로 농땡이 치러 가 버린다니까.

신체
관용어

생활
관용어

속담·격언

고사성어

사자성어

838　油を絞る　호되게 혼나다. 돈을 구하는데 고생고생하다

시험 ★★☆
회화 ★★☆

• 油 기름　• 絞る 짜다. 쥐어짜다　→ 기름을 쥐어짜다

✎ 意味　기름을 짤 때 기름틀에 놓고 짓눌러 짜는 것에서, ① 사람의 실패나 결점을 엄하게 꾸짖고 응징하는 것. ② 뼈를 깎는 듯한 고생을 거듭하다 돈을 손에 넣는 것. 주로 ①의 뜻으로 사용.

🔍 用例

① A 昨日なんで休んだの?

　B ずる休みだよ。先生にばれて、さっき油を絞られた…。

　A 어제 왜 쉬었어?　　　　　　　　　　　　　　（=こてんぱんに怒られた）
　B 그냥 땡땡이 좀 쳤어. 선생님한테 들켜서 좀 전에 엄청 혼났지만….

　父が大切にしている植木鉢を割ってしまって、こってり油を絞られた。

　아빠가 소중하게 여기는 화분을 깨 버려서 아주 호되게 혼났다.

② 私の両親は、油を絞って、私を大学まで出してくれた。

　우리 부모님께서는 고생고생하서서 나를 대학에 보내 주셨다.

• ずる休み 빈둥거리면서 쉼　• ばれる 들통나다. 들키다
• こてんぱん = こてんこてん 호되게. 가차없이　• こってり 실컷. 흠씬

839　甘く見る　만만하게 보다. 우습게 보다. 깔보다. 얕잡아 보다

시험 ★☆☆
회화 ★★★

• 甘い ① 달다 ② 만만하다. 대수롭지 않다　• 見る 보다　→ 만만하게 보다

✎ 意味　별거 아니라고 우습게 보는 것.

🔍 用例

A 君たちの実力なら勝てる相手だったのに、なぜ試合に負けたと思うか?

B 相手を甘く見てあまり練習していなかったからだと思います。

A 자네들 실력이라면 이길 수 있는 상대였는데, 왜 시합에 진 거 같나?　（=軽く見て）
B 상대를 얕잡아 보고 연습을 게을리했기 때문이라고 생각합니다.

A 子供だからといって甘く見ていると痛い目に合うぞ。

B そうだね、最近の子供は、体も大きいからね。

A 아이라고 우습게 보면 나중에 큰코다쳐!
B 그렇지. 요즘 아이들은 덩치도 크니까.

• 勝つ 이기다　• 負ける 지다　• 軽く見る 가볍게 보다

840　あまのじゃく　심술꾸러기

시험 ★☆☆
회화 ★★☆

• **あまのじゃく** 아마노 사구메(**天探女**)라는 악신의 이름에서 변천. 심술꾸러기

✎ 意味
あまのじゃくは『**古事記 고지키**』や『**日本書紀 일본서기**』の神話に出てくる神で、
人の心の中を察して意志を逆らう歪んだ神だったという。ここから **あまのじゃく**は
わざと人の意志を逆らう人という意味. (한국어 번역)
あまのじゃく는 『古事記 고지키』나 『日本書紀 일본서기』의 신화에 나오는 신으로,
사람의 마음속을 살펴 뜻을 거스르는 비뚤어진 신이었다고 한다. 여기에서 あまのじゃく는
일부러 사람의 의지를 거스르는 사람이란 의미.

🔍 用例
A 人の意見とは180度違う意見ばっかり言って、
本当にあまのじゃくだよな。

B そんなことないよ。

A 남의 의견이랑 180도 다른 의견만 말하고 정말이지 심술쟁이라니까!

B 그렇지 않아.

| 同義語 | 捻くれもの ★★★　つむじ曲がり★ |

• **捻くれもの** 성질이 비뚤어진 사람　• **つむじ曲がり** 성질이 비뚤어짐. 또는 그런 사람

• **つむじ** 머리털의 가마

841　歩み寄る　서로 양보하다

시험 ★☆☆
회화 ★★☆

• **歩み** 걸음. 보조　• **寄る** 접근하다. 다가서다　→　**걸어서 접근하다**

✎ 意味
서로 양보하여 의견이나 주장에 접근시키는 것.

🔍 用例
A 最近いつも喧嘩になってしまうの。どうすればいいかな?
B お互い一歩歩み寄ることも大切だよ。(＝折れ合う)

A 요즘 항상 싸우게 되네. 어떻게 하면 좋지?

B 서로 한 걸음씩 양보하는 것도 중요해.

• **折れ合う** 서로 양보하다. 타협하다

842　荒波に揉まれる　세파에 시달리다. 고초를 겪다

시험 ★☆☆
회화 ★★☆

• **荒波** ① 거친 파도 ② 고초. 고생　• **揉まれる** 시달리다. 고생하다. 이리저리 밀리다. 시련을 겪다
• **揉む** 주무르다. 비비다　→　**고초에 시달리다**

✎ 意味
많은 시련을 당하고도 극복하는 모양. 많은 경험을 통해 성장하는 것.

🔍 用例
A 東京に就職したんだって?

B そうなんですよ。がんばってみるつもりです。

A 若いんだから、都会の荒波に揉まれるのもいいかもしれないな。

A 도쿄에서 취직했다며?

B 네. 앞으로 열심히 할 거예요.

A 아직 젊으니까 도시 생활이 고단해도 버틸 수 있을 거야.

843 有り金をはたく 있는 돈을 전부 털다. 주머니를 탈탈 털다

시험 ★☆☆
회화 ★★★

• **有り金** 현재 수중에 있는 돈 ・ **はたく** (재산이나 가진 돈을) 몽땅 털다 → **가진 돈을 몽땅 털다**

🔍 用例
A この車、有り金をはたいて買ったんだ。

B いくらしたの?

A それは秘密だけどさ。

A 이 자동차 있는 돈 다 털어서 샀어.　　B 얼마야?

A 그건 비밀인데.

844 泡を吹かせる 남을 놀라게 하다

시험 ★☆☆
회화 ★★☆

• **泡** 거품 ・ **吹かせる** 내뿜게 하다 ・ **吹く** 입으로 불다. 내뿜다 → **거품을 내뿜게 하다**

✏️ 意味　예상 외의 일로(허를 찔러) 남을 당황하게 하는 것. 겁주는 것.

🔍 用例
A 事故だって聞いて、びっくりしたよ。
　泡を吹かせるようなことしないでよね。(=びっくりさせる)

B びっくりさせちゃって、ごめん。

A 사고라고 해서 놀랐어. 사람 놀라게 좀 하지 마.　　B 놀랐지. 미안!

A 練習熱心だな。

B うん。今度こそ勝って泡を吹かせてやろうと思って。

A そうか、がんばれよ。

A 연습 열심히 하네.　　B 응. 이번에야말로 이겨서 놀라게 해 주고 싶어서.

A 그렇구나. 열심히 해.

845 暗礁に乗り上げる 암초에 걸리다

시험 ★★★
회화 ★★☆

• **暗礁** 암초 ・ **乗り上げる** (차, 배 등이 장애물에 부딪쳐) 올라앉다. 배가 좌초하다 → **배 등이 암초에 걸리다**

✏️ 意味
① 항해 중 배가 암초에 걸려 움직이지 못하게 되는 것.
② 생각지도 못한 곤란이나 장애에 의해 일의 진행에 방해를 받는 것.

🔍 用例
① 航海中の船が暗礁に乗り上げ沈没してしまった。

　항해 중 배가 암초에 걸려 침몰해 버렸다.

② A 殺人事件が発生してもう6ヶ月も経つのに、何の報告もないですね。

　B この事件、暗礁に乗り上げてしまったな。(=行き詰まって)

　A 살인 사건이 발생한 지 벌써 6개월이나 지났는데 아무런 보고도 없군요.

　B 이 사건, 암초에 걸렸나 보군.

　• **行き詰まる** = **行き詰まる** ① 길이 막다르다 ② 정체 상태에 빠지다

846 案に相違して あん そう い 예상과 달리

시험 ★☆☆
회화 ★★☆

• 案 (어떤 사물에 대한) 안. 생각. 의견. 예상 • 相違して 다르게 • 相違 상위. 서로 다름
→ 예상에 다르게

✎ 意味　생각한 것과는 다른 것.

🔍 用例　寒いはずだからと厚着をしていったのに、案に相違して暖かかった。

추울 것 같아서 두꺼운 옷을 입었는데 예상과 달리 따뜻했다.
• 厚着をする 껴입다

847 案の定 あん じょう 생각한 대로. 예상대로. 아니나 다를까

시험 ★★★
회화 ★★★

• 案 (어떤 사물에 대한) 안. 생각. 의견. 예상 • 定 반드시 그렇게 됨 → 예상대로 그렇게 됨

🔍 用例
A あまり勉強しないでテスト受けたんだ。
B 結果、どうだった?
A 案の定、最悪だったよ。(=思った通り・予想通り)

A 별로 공부도 못 하고 시험을 쳤어.
B 결과는 어땠어?
A 아니나 다를까 최악이었지.

• 思った通り 생각한 대로 • 予想通り 예상대로

848 言いがかりを付ける い つ 트집을 잡다

시험 ★★☆
회화 ★★★

• 言いがかり 트집. 생트집 • 付ける 붙이다. 어떤 조건을 달다 → 트집을 달다

🔍 用例
A いやぁ、ひどい目に遭いましたよ。昨日電車に乗っていたら、
　女子高生たちに言いがかりを付けられましてね。
B それは災難でしたね。何て言われたんですか?
A 私はただ、広告を見ていただけなのに、自分たちのことをじろじろ
　見ていると騒ぐんですよ。

A 휴우, 험한 꼴을 당했지 뭐예요. 어제 전철을 탔는데 여고생들이 생트집을 잡잖아요.
B 아이쿠, 운 나쁘게 걸리셨네요. 뭐래요?
A 난 그저 광고를 보고 광고를 보고 있었던 것뿐이었는데, 자기들을 빤히 쳐다본다고 난리를 치는 거예요.

同義語 因縁を付ける ★★★

• じろじろ 빤히. 유심히 • 因縁を付ける 트집 잡다. 시비 걸다

849 いい気なものだ 혼자 신났네. 태평스럽군

시험 ★☆☆
회화 ★★★

- **いい気** 태평스러운 기분. 우쭐한 기분 · **いい** ① 좋다 ② 반어적으로 '나쁘다'의 뜻으로 의미를 강조
- **ものだ** ~구나. ~군. ~구면(어떤 사실이 놀랍거나 감동할 만하다는 것을 나타냄)

🔍 用例

A ミサキちゃんって、来月国家試験があるというのに、来週から1週間旅行に行くって?

B 勉強しなくていいのかしら。本当に、いい気なものよね。

A 미사키, 다음 달에 국가시험이 있는데 다음 주부터 1주일간 여행 간다던대?

B 공부 안 해도 괜찮으려나? 정말, 태평도 해라.

850 いい気味だ 고소하다

시험 ★☆☆
회화 ★★★

- **いい気味** 후련한 기분. 고소함 · **いい** ① 좋다 ② 반어적으로 '나쁘다'의 뜻으로 의미를 강조

✏️ 意味 흔히 남의 불행이나 실패를 조롱할 때 사용.

🔍 用例

A 課長、とうとう首になったらしいよ。

B そうなんだ。仕事はしないくせに、私たちには文句ばっかり言ってるからよ。いい気味だわ。

A 과장님, 결국 잘린 것 같아요. B 그렇구나. 일은 않고 우리한테 잔소리만 해대더니, 고소하다.

851 いい様だ 꼴좋다. 참 볼 만하다

시험 ★☆☆
회화 ★★★

- **いい様** 말투. 말하는 모양 · **いい** ① 좋다 ② 반어적으로 '나쁘다'의 뜻으로 의미를 강조

🔍 用例

A あの秀才の山田君、大学入試に失敗したらしいよ。

B そうなの? いい様よ。私のこと頭が悪いっていつも言ってるからいけないのよ! (=いいつらの皮だ)

A 그 수재라던 야마다, 대학 입시 떨어진 모양이야.

B 그래? 꼴좋네. 나더러 머리 나쁘다고 그렇게 놀려 대더니만.

852 言うまでもない 말할 필요도 없다

시험 ★★☆
회화 ★★★

- **言う=言う** 말하다 · **までもない** ~할 필요가 없다. 당연하다 → 말할 필요가 없다

✏️ 意味 말할 필요도 없이 당연하다는 의미.

🔍 用例

A 楽で時給のいいアルバイトないかな?

B そんなうまい話ないに決まっているでしょ。言うまでもなく、楽してお金を稼ぐことはできないよ。

A 편하면서 시급 높은 아르바이트 없을까?

B 그렇게 좋은 데가 있을 리 있겠어. 당연히 편하게 돈을 벌 수는 없어.

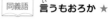
同義語 言うもおろか ★

853 意気地がない 무기력하다

<ruby>意<rt>い</rt></ruby><ruby>気<rt>く</rt></ruby><ruby>地<rt>じ</rt></ruby>がない

시험 ★☆☆
회화 ★★★

• 意気地(いきじ → いくじ) 패기. 의지. 기개 • ない 없다 → **기개가 없다**

✎ 意味 어떤 일을 해내려고 하는 패기가 없는 모양. 「<ruby>意<rt>い</rt></ruby><ruby>気<rt>く</rt></ruby><ruby>地<rt>じ</rt></ruby>なし 끈기(근성)도 없는 놈. 패기도 없는 놈」으로도 자주 사용.

🔍 用例　A <ruby>好<rt>す</rt></ruby>きな子に<ruby>恥<rt>は</rt></ruby>ずかしくて<ruby>告<rt>こく</rt></ruby><ruby>白<rt>はく</rt></ruby>できないんですよ。

B なんだよお<ruby>前<rt>まえ</rt></ruby>、<ruby>意<rt>い</rt></ruby><ruby>気<rt>く</rt></ruby><ruby>地<rt>じ</rt></ruby>がないな。

A 좋아하는 아이 앞에서는 부끄러워서 고백 못 하겠어요.　B 뭐야, 너. 그렇게 패기가 없어서 되겠어?

854 異彩を放つ 이채를 띄다

<ruby>異<rt>い</rt></ruby><ruby>彩<rt>さい</rt></ruby>を<ruby>放<rt>はな</rt></ruby>つ

시험 ★☆☆
회화 ★★☆

• 異彩 이채. 특별히 두드러지게 눈에 띔 • 放つ (빛, 소리, 냄새 등을) 발하다 → **이채를 발하다**

✎ 意味 색다른 이채로움을 띄는 모양. 다른 것보다 한층 뛰어나 보이는 모양.

🔍 用例　A この<ruby>作<rt>さく</rt></ruby><ruby>品<rt>ひん</rt></ruby>はほかの<ruby>作<rt>さく</rt></ruby><ruby>品<rt>ひん</rt></ruby>と<ruby>比<rt>くら</rt></ruby>べて<ruby>非<rt>ひ</rt></ruby><ruby>常<rt>じょう</rt></ruby>に<ruby>異<rt>い</rt></ruby><ruby>彩<rt>さい</rt></ruby>を<ruby>放<rt>はな</rt></ruby>っていますね。

B その<ruby>作<rt>さく</rt></ruby><ruby>品<rt>ひん</rt></ruby>は<ruby>今<rt>こ</rt></ruby><ruby>年<rt>としたいしょう</rt></ruby>大<ruby>賞<rt></rt></ruby>をとった<ruby>作<rt>さく</rt></ruby><ruby>品<rt>ひん</rt></ruby>ですよ。

A 이 작품은 다른 작품과 비교하니 퍽이나 이채롭게 느껴지는데요.

B 그 작품은 올해 대상을 수상한 작품이에요.

생활 관용어

い

848
|
910

855 いざという時 여차할 때. 만일의 경우

いざという<ruby>時<rt>とき</rt></ruby>

시험 ★★☆
회화 ★★★

• いざ 무슨 일이 일어나려 할 때, 결단력 있게 무슨 일을 시작할 때 쓰는 말. 드디어. 막상. 정작
• と言う ~라고 하는. ~란. ~라는 • 時 때 → **막상이란 때**

🔍 用例　A どうしてそんなに<ruby>一<rt>いっしょうけんめいちょきん</rt></ruby>生懸命<ruby>貯金<rt></rt></ruby>をするの?

B いざという<ruby>時<rt>とき</rt></ruby>のためだよ。いつ<ruby>病<rt>びょう</rt></ruby><ruby>気<rt>き</rt></ruby>になるかわからないし、

<ruby>地<rt>じ</rt></ruby><ruby>震<rt>しん</rt></ruby>がきて<ruby>家<rt>いえ</rt></ruby>がなくなってしまうかもしれないでしょ。

A 왜 그렇게 열심히 저축하는 거야?

B 만일의 경우를 위해서야. 언제 병에 걸리지도 모르고 지진이 일어나서 집이 없어질지도 모르잖아.

856 意地が悪い 심술궂다

<ruby>意<rt>い</rt></ruby><ruby>地<rt>じ</rt></ruby>が<ruby>悪<rt>わる</rt></ruby>い

시험 ★☆☆
회화 ★★★

• 意地 성미. 심술. 마음보 • 悪い 나쁘다 → **성미가 나쁘다**

✎ 意味 일부러 짓궂은 행동을 하는 모양.

🔍 用例　A <ruby>今<rt>きょう</rt></ruby><ruby>日<rt></rt></ruby>、<ruby>僕<rt>ぼく</rt></ruby>はいいことがありました。さて<ruby>何<rt>なん</rt></ruby>でしょうか?

B <ruby>給<rt>きゅうりょう</rt></ruby><ruby>料<rt></rt></ruby><ruby>日<rt>び</rt></ruby>? <ruby>彼<rt>かの</rt></ruby><ruby>女<rt>じょ</rt></ruby>ができた? <ruby>何<rt>なに</rt></ruby>?

A <ruby>教<rt>おし</rt></ruby>えてあげません。

B なんだよ。<ruby>意<rt>い</rt></ruby><ruby>地<rt>じ</rt></ruby>が<ruby>悪<rt>わる</rt></ruby>いな。

A 오늘 저한테 좋은 일이 있었어요. 자, 뭘까요?　B 월급날? 여자친구 생겼어? 뭐야?

A 안 가르쳐 줄 거예요.　B 뭐야. 심술궂기는!!

신체 관용어

생활 관용어

속담 · 격언

고사성어

사자성어

857 意地になる 고집을 피우다. 오기를 세우다

시험 ★☆☆
회화 ★★★

• 意地 고집. 오기 • になる ~이(가) 되다 → 오기가 되다

🔍 用例
A 英語が就職に必要だからってそんな意地になるなよ。
B 就職が決まってるやつには分からないんだ!!

A 영어가 취업에 필요하다고 해서 그렇게 혈안이 돼서 그러지 마!
B 취업이 정해진 놈이 뭘 안다고 그래!!

858 意地を通す 고집을 관철시키다. 끝까지 고집을 세우다

시험 ★★☆
회화 ★★★

• 意地 고집. 오기 • 通す ① 통과시키다 ② 끝까지 밀고 나가다 → 고집을 끝까지 밀고 나가다

✏️ 意味 어떤 고집이나 의지를 관철시키는 것. 고집을 끝까지 세우는 것.

🔍 用例
A 東大に合格する! って言ってたけど、どうなった?
B やつは、意地を通して本当に東大に合格したよ。

A 도쿄대에 합격하겠다고 하더니 어떻게 됐어?　　B 그 녀석, 지 뜻대로 정말로 도쿄대에 합격했어.

859 意地を張る 억지를 쓰다. 고집을 피우다

시험 ★☆☆
회화 ★★★

• 意地 고집. 오기 • 張る 어떤 감정을 강하게 하다. 억지로 밀고 나가다 → 고집을 피우다

🔍 用例
A 怒ってるからって、そろそろ機嫌を直してくれよ。
B 嫌よ!
A そんなに意地を張るなよ。

A 아무리 화가 났어도 이제 기분 좀 풀지 그래.
B 싫어.
A 그렇게 고집 피우지 말고.

860 急がば回れ 급할수록 돌아가라. 바쁠수록 돌아가라

시험 ★★★
회화 ★★★

• 急がば 급하면 • 急ぐ 서두르다 • 回れ 돌아가라 • 回る 우회하다. 돌아서 가다
→ 급하면 돌아가라

✏️ 意味 위험한 지름길로 가는 것보다 돌아가는 길이지만 안전한 길로 가는 것이 오히려 목적지에 빨리 도착한다는 의미.

🔍 用例
A どうしよう。提出日までに時間がない!!
B そんなにあせってしないほうがいいよ。
急がば回れって言うじゃん。

A 어떻게 하지. 제출일까지 시간이 없어!!　　B 그렇게 초조해할 거 없어. 바쁠수록 돌아가란 말도 있잖아!

861 痛い目にあう　따끔한 맛을 보다. 된통 당하다

시험 ★★★
회화 ★★★

• 痛い ① 아프다 ② (약점, 급소 등을 찔려서) 몹시 곤란하다. 뜨끔하다
• 目にあう 혼쭐나다. 지독한 꼴을 당하다　→　몹시 곤란하고 지독한 꼴을 당하다

🔍 用例　A おい! ちょっと、そこどけよ!

B おい! 俺にそんな口きいてもいいのか? お前痛い目にあいたいのか?

A 야, 거기 좀 비켜!!　B 이봐! 그런 식으로 나올 거야? 어디 따끔한 맛 좀 볼래?

• 退く 물러나다. 물러서다. 비키다

862 痛くも痒くもない　아무렇지도 않다. 조금도 어려움이 없다

시험 ★☆☆
회화 ★★★

• 痛くも 아프지도　• 痛い 아프다　• 痒くも 가렵지도　• 痒い 가렵다　• ない 않다
→ 아프지도 가렵지도 않다

✏️ 意味　어떠한 방해나 중상을 입어도 아무런 고통이나 영향을 받지 않는다는 의미.

🔍 用例　A (パンチを振り回しながら)お兄ちゃんのばか!

B お前のパンチなんか痛くも痒くもないよ。

A (주먹을 휘두르며) 오빠 바보!!　B 니 주먹은 하나도 안 아파.

863 鼬ごっこ　어린이들이 하는 놀이 이름. 악순환. 다람쥐 쳇바퀴 돌리기

시험 ★☆☆
회화 ★★☆

• 鼬 족제비　• ごっこ 어떤 동작의 흉내를 내는 놀이

✏️ 意味　두 사람이 서로 마주보고 いたちごっこ、ねずみごっこ를 외치며 서로 상대의 손등을 꼬집으며
순서대로 반복해서 올려놓는 놀이에서, 쌍방이 똑같은 일을 되풀이하여 끝이 없고 무익한 경우에 사용.

🔍 用例　A また壁に落書きされたんですよ。

B またですか。これでもう5回目じゃないですか。

A そうなんですよ。もう鼬ごっこですよね。

A 또 벽에 낙서를 했지 뭐예요.　B 또요!? 이걸로 벌써 다섯 번째 아닌가요?

A 맞아요. 정말이지 악순환의 연속이네요.

864 板に付く　능숙하다. 어울리다

시험 ★★★
회화 ★★☆

• 板 ① 판자. 널빤지 ② 무대　• 付く＝着く ① 붙다 ② (지식, 교양, 기술 등이) 자기 것이 되다.
배우가 맡은 역을 잘 소화해서 자기 것으로 하다　→　무대에 익숙해지다

✏️ 意味　배우가 무대에 익숙해지는 데서 온 말로, 배우가 맡은 역을 잘 소화한다거나, 직업이나
지위 등에 잘 어울릴 때, 숙달될 때, 능숙하게 될 때에 사용.

🔍 用例　A 新入社員もそろそろ仕事が板に付いてきたね。

B そうですね。みんな一生懸命がんばってますからね。

A 신입 사원들도 이제 슬슬 일이 익숙해진 거 같아.　B 그래요. 모두 열심히 일해 왔으니까요.

同義語　様になる ★★★　• 様になる 모양이 나다. 그럴듯해지다

865 板ばさみ 진퇴양난

시험 ★★☆
회화 ★★★

• 板ばさみ 양쪽 틈바구니에 끼어 꼼짝 못함 • 板 판자. 널빤지 • 挟む 끼다. 사이에 두다

→ 양 틈바구니에 낌

✏️ 意味 대립하는 두 사람 사이에 끼어 이러지도 저러지도 못하게 되는 모양. 꼼짝달싹 못하는 모양.
「板ばさみになる 진퇴양난이다」의 형태로도 사용.

🔍 用例 A 家内と母の板ばさみで大変ですよ。
B 嫁姑はね…。仕方ないですよね。

A 마누라랑 어머니 틈에 끼어서 미치겠어요.
B 고부 관계는요…. 어쩔 수 없어요.

866 至れり尽くせり 더할 나위 없음. 극진함

시험 ★★☆
회화 ★★★

• 至れり(문어체)=至る 구석구석까지 미치다 • れり(문어)=る, れる의 종지형 및 연체형
• 尽くせり(문어체)=尽くす 다하다 • せり(문어체)=す, せる의 종지형 및 연체형

→ 구석구석까지 미치고

🔍 用例 A ここの旅館、サービスが本当にいいね。
B 本当だね。至れり尽くせりのサービスをしてくれるから、
この旅館は人気があるんだね。

A 여기 료칸, 서비스가 정말 좋은데! B 정말 그래. 서비스가 극진하니까 이 료칸이 인기 있나 봐.

📖 同義語 痒いところに手が届く ★★★

• 痒いところに手が届く 가려운 곳을 긁어 주듯이 세심하게 배려하다

867 一か八か 모가 되든 도가 되든. 이판사판

시험 ★★★
회화 ★★★

• 一 일. 하나 • 八 팔. 여덟 → 1이든 8이든

✏️ 意味 주사위 놀이(サイコロ)에서 일(一)이 나와서 이길 것인지, 일(一)이 나오지 않아서 질 것인지의
의미인 一か罰か에서 나왔다는 설에서, 운을 하늘에 맡기고. 되든 안 되든. 흥하든 망하든.
성공할지 실패할지.

🔍 用例 A 明日のテスト、範囲が広すぎるよ。どうしよう。
B 全部勉強していたら時間が足りないから、一か八かで山をかけてみ
ることにするよ。

A 내일 시험은 범위가 너무 넓어. 어떡해.
B 전부 공부하려면 시간이 모자라니까 모가 되든 도가 되든 요행을 바랄 수밖에 없지.

📖 同義語 伸るか反るか ★★

• 山をかける 요행을 바라다
• 伸るか反るか 흥하느냐 망하느냐. 이기느냐 지느냐

868 一から十まで

<ruby>一<rt>いち</rt></ruby>から<ruby>十<rt>じゅう</rt></ruby>まで 　하나부터 열까지. 처음부터 끝까지. 전부 다

시험 ★★☆
회화 ★★☆

• <ruby>一<rt>いち</rt></ruby> 하나 ・ <ruby>十<rt>じゅう</rt></ruby> 열 ・ ~から~まで ~에서 ~까지 → **하나에서 열까지**

🔍 用例　A <ruby>一<rt>いち</rt></ruby>から<ruby>十<rt>じゅう</rt></ruby>まで<ruby>言<rt>い</rt></ruby>わないと<ruby>分<rt>わ</rt></ruby>からないのか?
<ruby>自分<rt>じぶん</rt></ruby>で<ruby>考<rt>かんが</rt></ruby>えて<ruby>行動<rt>こうどう</rt></ruby>しなさい。

B はい。<ruby>分<rt>わ</rt></ruby>かりました。

A 하나에서 열까지 전부 말해 주지 않으면 모르는 거야? 네가 스스로 생각해서 행동해야지.
B 네. 알겠습니다.

---

869 一大事

<ruby>一大事<rt>いちだいじ</rt></ruby> 　중대사. 큰일

시험 ★★★
회화 ★★★

• <ruby>一大事<rt>いちだいじ</rt></ruby> 일대사

✏️ 意味　방치할 수 없는 중대한 사건.

🔍 用例　このまま<ruby>物価<rt>ぶっか</rt></ruby>が<ruby>下<rt>さ</rt></ruby>がり<ruby>続<rt>つづ</rt></ruby>けては<ruby>一大事<rt>いちだいじ</rt></ruby>だ。

이대로 물가가 계속해서 내려가면 큰일이다.

<ruby>去年<rt>きょねん</rt></ruby>の<ruby>一大事<rt>いちだいじ</rt></ruby>と<ruby>言<rt>い</rt></ruby>えば、<ruby>父<rt>ちち</rt></ruby>が<ruby>交通事故<rt>こうつうじこ</rt></ruby>で<ruby>入院<rt>にゅういん</rt></ruby>したことだ。

작년에 가장 큰일이라고 하면 아빠가 교통사고로 입원한 것이다.

---

870 一日千秋の思い

<ruby>一日千秋<rt>いちじつせんしゅう</rt></ruby>の<ruby>思<rt>おも</rt></ruby>い 　애타는 마음

시험 ★☆☆
문장 ★★☆

• <ruby>一日<rt>いちじつ</rt></ruby> 하루. 아주 짧은 시일 ・ <ruby>千秋<rt>せんしゅう</rt></ruby> 천추. 천년. 아주 오랜 세월 ・ <ruby>思<rt>おも</rt></ruby>い ① 생각함 ② 기분. 느낌
→ **하루가 천년의 기분**

✏️ 意味　하루를 보지(만나지)않으면 3년(一日三秋) 또는 천년같이 길게 여겨진다는 의미로 매우
지루하거나 몹시 애태우며 기다린다는 의미.

🔍 用例　<ruby>大好<rt>だいす</rt></ruby>きな<ruby>人<rt>ひと</rt></ruby>が<ruby>遠<rt>とお</rt></ruby>くに<ruby>住<rt>す</rt></ruby>んでいるため、<ruby>一日千秋<rt>いちじつせんしゅう</rt></ruby>の<ruby>思<rt>おも</rt></ruby>いで
<ruby>帰<rt>かえ</rt></ruby>りを<ruby>待<rt>ま</rt></ruby>っている。

좋아하는 사람이 먼 곳에 살고 있어서 애타는 마음으로 돌아오기를 기다리고 있다.

---

871 一難去ってまた一難

<ruby>一難<rt>いちなん</rt></ruby><ruby>去<rt>さ</rt></ruby>ってまた<ruby>一難<rt>いちなん</rt></ruby> 　산 넘어 산. 갈수록 태산

시험 ★★☆
회화 ★★☆

• <ruby>一難<rt>いちなん</rt></ruby> 일난. 한 재난 ・ <ruby>去<rt>さ</rt></ruby>って 지나고 ・ <ruby>去<rt>さ</rt></ruby>る 가다. 지나가다 ・ <ruby>又<rt>また</rt></ruby> 또. 또다시
→ **한 재난이 물러가자 다시 또 재난이 닥침**

✏️ 意味　연달아 재난(귀찮은 일)이 발생하는 모양.

🔍 用例　A <ruby>地震<rt>じしん</rt></ruby>で<ruby>停電<rt>ていでん</rt></ruby>していたのが<ruby>直<rt>なお</rt></ruby>ったと<ruby>思<rt>おも</rt></ruby>ったら、<ruby>今度<rt>こんど</rt></ruby>は<ruby>水<rt>みず</rt></ruby>が<ruby>止<rt>と</rt></ruby>まっ
ちゃったよ。

B あ～、<ruby>本当<rt>ほんとう</rt></ruby>に<ruby>一難<rt>いちなん</rt></ruby><ruby>去<rt>さ</rt></ruby>ってまた<ruby>一難<rt>いちなん</rt></ruby>だね。

A 지진으로 정전되었던 게 복구되자마자 이번엔 단수가 돼 버렸어.　　B 아~, 정말 갈수록 태산이다.

872 一枚噛む 한몫하다. 연루되다

| 시험 ★☆☆ 회화 ★★☆ | • 一枚 ① 일매. 한 장 ② (어떤 역할을 하는) 한 사람. 한몫 • 噛む 물다. 깨물다 → 한몫 물다 |

✎ 意味 어떤 계획 등에 그 사람이 관련되어 어떠한 역할을 하는 것. 대체로 나쁜 일에 관련되는 경우에 사용.

🔍 用例
A また麻薬所持者が捕まったのか。最近多いな。
B あ、この事件には、有名なタレントも一枚噛んでるらしいですよ。

A 또 마약소지자가 검거된 거야. 요즘 부쩍 늘었어.
B 아, 이번 사건에는 유명 탤런트도 연루되었다고 해요!
(＝関わって)

873 一目置く 실력을 인정하다. 한 수 위로 보다

| 시험 ★★★ 회화 ★★☆ | • 一目 (바둑에서) 한 집. 한 점 • 置く 두다 → 한 점 (먼저) 두다 |

✎ 意味 바둑에서 약한 쪽이 먼저 한 점 놓고 시작하는 데서, 상대가 자신보다 뛰어나다는 점을 인정하여 한 수 위로 여기는 것을 의미.

🔍 用例
A あの人新しく入社してきた人ですか?
B そうですよ。あの人、仕事ができるだけじゃなく、
語学も堪能なので、みんなから一目置かれてるらしいですよ。

A 저 사람이 새로 입사한 사람인가요?
B 그래요. 저 사람, 일뿐만 아니라 외국어도 잘해서 모두에게 인정받고 있는 모양이에요.

• 堪能 그 길에서 뛰어남. 능란함

874 一文にもならない 아무런 이익이 없다

| 시험 ★☆☆ 회화 ★★☆ | • 一文 엽전 한 닢. 한 푼 • ならない 되지 않는다 → 한 푼도 되지 않는다 |

✎ 意味 고생해 봐도 아무런 이익도 없다는 말.

🔍 用例
A 絵がすごい上手ですね。
B 絵が上手だからって、一文にもならないよ。

A 그림을 굉장히 잘 그리시네요.
B 그림을 잘 그린다고 해서 돈이 되진 않아요.
(＝一文の得にもならない・一円の得にもならない)

たとえ一文にもならない仕事でも、途中でやめるわけにはいかない。
비록 아무런 이익이 안 되는 일이라도 도중에 그만두면 안 된다.

875 　いちゃもんをつける　트집(구실)을 잡다

시험 ★☆☆
회화 ★★★

・いちゃもん＝言いがかり 트집. 구실　・つける 어떤 조건을 달다　→　트집을 달다

✎ 意味　言いがかりの속어적인 표현으로 트집을 잡는다는 의미.

🔍 用例
A このかばん、本当に牛革でできてるの？
B もちろん。
A でも、なんか、偽物っぽいよ。
B なんでいちゃもんつけるのよ。本物だってば。

A 이 가방 진짜 소가죽으로 만든 거야？　B 물론이지.　　(＝難癖をつける・けちをつける)
A 근데 왠지 가짜 같아!　B 웬 트집이야. 진짜라고 했잖아!

・牛革(ぎゅうかわ・ぎゅうがわ) 소가죽
・難癖をつける 결점을 잡다. 트집을 잡다　・けちをつける 트집 잡다. 탈 잡다

876 　一翼を担う　일익을 담당하다

시험 ★☆☆
문장 ★★☆

・一翼 ① 일익(하나의 날개) ② 하나의 역할　・担う 짊어지다. (책임 등을) 떠맡다
→　하나의 역할을 떠맡다

✎ 意味　사업이나 활동 등의 일부를 분담해서 책임을 맡는 것을 의미.

🔍 用例
地域活性化のための活動の一翼を担っていきたいと、政治家が言って
いた。
지역 활성화를 위한 활동의 일익을 담당하고 싶다고 정치인이 말했다.

877 　一巻の終わり　끝장임. 곧 죽음임

시험 ★☆☆
회화 ★★★

・一巻 한 권　・終わり 끝　→　한 권의 끝

✎ 意味　옛날 활동사진(영화의 옛말)의 변사(무성 영화 시대의 해설자)가 말끝에 쓰던 말에서 전해져,
어떤 사건이나 이야기가 거기에서 끝이 나는 것을 의미.

🔍 用例
A この試験に合格しなかったら、一巻の終わりだよ。(＝おしまい)
B だったら、試験前にもっと勉強しておけばよかったのに。

A 이번 시험에 떨어지면 끝장이야.
B 그렇다면 시험 전에 좀 열심히 공부해 뒀으면 좋았잖아!

いくら地震対策をしたとしても、津波が起きたら一巻の終わりだよ。
아무리 지진 대책을 했다손 치더라도 쓰나미가 발생하면 끝장이야.

878 一刻を争う　한시가 급하다. 촌각을 다투다

시험 ★☆☆
회화 ★★★

・一刻 일각. 짧은 시간　・争う 다투다. 경쟁하다　→ 일각을 다투다

✎ 意味　사태가 급박해서 시간적으로 여유가 없는 모양.

🔍 用例　A 先生、主人の容体はどうなんですか?
B この病気は一刻を争うものです。すぐに手術をしたいと思います。

A 의사 선생님, 남편의 상태가 어떤가요?
B 이 병은 촌각을 다투는 병입니다. 당장 수술하는 게 좋겠습니다.

879 一糸まとわず　실오라기 하나 걸치지 않다. 알몸이다

시험 ★★☆
문장 ★★★

・一糸 일사. 한 가닥의 실　・まとわず = まとわない 걸치지 않다
・まとう 두르다. (옷을) 몸에 걸치다. 입다　→ 옷 한 가닥도 걸치지 않다

✎ 意味　실오라기 하나 걸치지 않은 상태.

🔍 用例　彼女は、風呂上りに一糸まとわず私の前に現れた。

그녀는 목욕을 마치고 실오라기 하나 걸치지 않고 내 앞에 나타났다.　(=一糸もまとわず・何も着ず)

880 一糸乱れず　일사불란하다. 질서정연하다

시험 ★☆☆
문장 ★★★

・一糸 일사. 한 가닥의 실　・乱れず = 乱れない 흐트러지지 않다
・乱れる 흐트러지다. 혼란해지다. 문란해지다　→ 한 가닥의 실도 흐트러지지 않다

✎ 意味　질서정연하여 조금의 흐트러짐도 없는 모양.

🔍 用例　魚の群れは、一糸乱れず一つの大きな魚のように群れを成して
行動する。

물고기 떼는 조금의 흐트러짐도 없이(일사불란하게) 하나의 커다란 물고기처럼 무리를 지어 행동한다.

881 一笑に付す　일소에 부치다

시험 ★☆☆
문장 ★☆☆

・一笑 일소(한 번 웃음)　・付す 마무르다. 결말짓다　→ 일소에 부치다

✎ 意味　일을 문제 삼지 않고 웃어 넘기려고 하는 모양.

🔍 用例　彼は大きな失敗を指摘されても、一笑に付す構えだ。

그는 큰 잘못을 지적받아도 웃음으로 때우려는 모양새를 취한다.　(=まったく気にしない)

・まったく気にしない 전혀 신경 쓰지 않다　・構え 태세. 준비. 자세

882 一杯食わす _{いっぱい く} 한 방 먹이다

시험 ★★★
회화 ★★☆

• 一杯 한 잔. 한 그릇 • 食わす＝食わせる ① 먹이다. 먹게 하다
② 속이다. 골탕 먹이다 • 食う ① (음식)을 먹다 ② (남에게) 당하다. (공격이나 피해 등을) 받다. 입다

✎ 意味 사람의 말을 그대로 믿고 감쪽같이 속이는 것. 「一杯食わされる 보기 좋게 당하다」와 같이 수동형으로 주로 사용.

🔍 用例 A この間、妻に一杯食わされちゃったよ。(＝だまされちゃった)

B どうしたんですか?

A 妻のお母さんが体調を崩したといって、実家に帰ったと思ったら、
海外旅行行ってたんだよ。

A 요전에 마누라한테 감쪽같이 당했어.

B 무슨 일로요?

A 장모님이 편찮으셔서 친정에 간 줄 알았더니 해외여행을 간 거야.

同義語 一泡吹かせる ★★

• だまされる 속임을 당하다 • だます 속이다
• 体調を崩す 몸 상하다 • 体調 몸 상태 • 崩す 무너뜨리다. 흐트러뜨리다
• 実家 생가. 친정 • 一泡吹かせる 남을 깜짝 놀라게 하다. 또는 허를 찔러 당황하게 하다

883 一寸先は闇 _{いっすんさき やみ} 한 치 앞이 어둠. 한 치 앞의 일도 알 수 없음

시험 ★☆☆
회화 ★★☆

• 一寸 한 치. 짧은 거리 • 先 앞. 선두 • 闇 어둠. 암흑 → 한 치 앞은 어둠

✎ 意味 사람의 일이 언제 어떻게 불길한 사태가 벌어질지 예측 불가능하다는 의미.

🔍 用例 A まさか、うちの会社が倒産するとはな…。考えてもいなかったのに。

B そう考えると、一寸先は闇とはよくいったもんだよな。

A 설마 우리 회사가 도산되다니…. (꿈에도) 생각 못했는데.

B 그러고 보면 한 치 앞이 어둠이란 말이 (누가 한 말인지 몰라도) 맞는 말이야!

884 一石を投じる _{いっせき とう} 파문을 일으키다

시험 ★★☆
문장 ★★☆

• 一石 일석. 하나의 돌 • 投じる＝投ずる 던지다. 내던지다 → 일석을 던지다

✎ 意味 잔잔한 물 위에 돌을 던지면 파문이 일어나는 것에서, 새로운 문제를 던져 파문(문제)을 일으키는 것.

🔍 用例 彼の意見はマスコミを通じて一石を投じるものとなった。(＝反響を起こす)

그의 의견은 언론을 통하여 퍼지면서 파문을 일으켰다.

同義語 波紋を投じる ★★★

• を通じて ~을 통하여 • 反響を起こす 반향을 일으키다
• 波紋を投じる 파문을 일으키다

885 一線を画する　한 획을 긋다

시험 ★★☆ 문장 ★★☆	• 一線 일선. 한 가닥의 선　• 画する 구분 짓다. 선을 긋다　→　일선을 긋다

✎ 意味　경계를 분명히 하고 확실하게 구분 짓는 것.

🔍 用例　**新しい車のデザインは、今までのものとは一線を画するものだ。**
신차의 디자인은 지금까지의 디자인에 한 획을 그은 것이었다.

886 一点張り　외곬. 한 가지만으로 일관함

시험 ★★☆ 회화 ★★☆	• 一点 일점. 한 점. 단 하나　• 張る 어떤 감정을 강하게 하다. 강하게 밀고 나가다

✎ 意味　도박에서 한 곳만을 노리고 돈을 거는 것에서, 끝까지 한 가지만으로 관철하는 모양.

🔍 用例　A **俺は家族旅行には絶対に行かない!**
B **一緒に行ったら楽しいかもしれないんだから、そんな事言わないで。**
A **いや! 絶対に行かない!**
B **もう、嫌の一点張りなんだから…。**
A 난 가족 여행은 절대로 안 가!　　　B 같이 가면 재미있을지도 모르니까 그런 식으로 말하지 마.
A 싫어! 절대로 안 가.　　B 정말 (너는) 싫다라는 말밖에 모른다니까….

887 一途を辿る　일로를 걷다

시험 ★☆☆ 문장 ★★★	• 一途 일로(一路). 한길　• 辿る 어떤 방향으로 가다　→　일로를 걷다

✎ 意味　어떠한 한 방향을 향해 계속해서 진행하는 모양.

🔍 用例　**祖父の容体は、回復の一途を辿っている。**
할아버지의 상태가 회복기로 접어들었다.

888 一発噛ます　손 좀 봐주다. 흥을 띄우다

시험 ★☆☆ 문장 ★★★	• 一発 ① 일발. 한 방 쏨 ② (속어로) 한 번. 마음껏 해 볼 경우에 사용　• 噛ます＝噛ませる ① (자갈 따위를) 물리다 ② (속어로) 한 대 먹이다 ③ 힘껏 밀어붙이다　→　한 번 한 대 먹이다. 한 번 힘껏 밀어붙이다

✎ 意味　① 상대의 기를 한 번 꺾어 주는 것. ② 흥을 한 번 띄워 주는 것.

🔍 用例　① A **あいつ生意気だから、一発噛ましてやろうか?**
　　B **やめとけよ。**
　　A 저 녀석 건방진데 손 좀 봐줄까?　　B 그만둬.

② A **パーティーも盛り上がってきたし、そろそろ一発噛まそうか?**
　　B **いいね! 面白いことやってよ!!**
　　A 파티도 무르익은 것 같은데, 슬슬 흥 좀 띄워 볼까?　　B 좋아! 재미있는 걸로 해 봐!!

889 一筆入れる 몇 자 써넣다
_{いっぴつ い}

시험 ★☆☆
회화 ★★☆

• 一筆 ① 일필 ② 간단히 문장이나 편지를 씀 • 入れる 넣다. 들어가게 하다 → 간단히 써넣다
_{いっぴつ} _い

✎ 意味 ① 간단히 써넣는 것. ② 나중에 증거로 남기기 위해 몇 자 써넣는 것.

🔍 用例 ① パソコンで書いた文章に一筆入れるだけで、心がこもる気がします。
_か _{ぶんしょう} _{いっぴつ い} _{こころ} _き

컴퓨터로 쓴 문장에 몇 자 써넣는 것만으로도 마음이 담긴 느낌이 듭니다.

② このことは今回の契約に限るということを一筆入れておきました。
_{こんかい} _{けいやく} _{かぎ} _{いっぴつ い}

이 사항은 이번 계약에만 해당한다는 것을 증거로 남기려고 적어 뒀습니다.

890 一服の清涼剤 한 모금의 청량제
_{いっぷく} _{せいりょうざい}

시험 ★☆☆
문장 ★★☆

• 一服 ① 차를 한 번 마심(담배를 한 번 피움). 한 모금. 한 대 ② (차를 마시거나 담배를 피우며) 잠시 쉼
_{いっぷく}
• 清涼剤 청량제 → 한 모금의 청량제
_{せいりょうざい}

✎ 意味 한 모금의 청량제처럼 상쾌하여 피로가 풀리게 하는 것.

🔍 用例 帰宅後に見る我が子の寝顔は一服の清涼剤です。
_{き たく ご} _み _{わ こ} _{ね がお} _{いっぷく} _{せいりょうざい}

집에 돌아와 보는 아이의 잠든 얼굴은 한 모금의 청량제입니다.

891 一辺倒 일변도. 한쪽 쏠림
_{いっぺんとう}

시험 ★★★
문장 ★★★

• 一辺倒 일변도
_{いっぺんとう}

✎ 意味 특정한 곳에만 마음을 쓰고 다른 쪽은 돌아보지 않는 것. 한쪽으로만 치우침.

🔍 用例 若い国会議員たちは、決してマネー中心主義一辺倒ではありません。
_{わか} _{こっかいぎ いん} _{けっ} _{ちゅうしんしゅ ぎ いっぺんとう}

젊은 국회의원은 결코 돈 중심주의 일변도는 아닙니다.

• マネー 돈

892 一歩譲る 한 발 뒤처지다. 한 발 양보하다
_{いっ ぽ ゆず}

시험 ★★☆
문장 ★★★

• 一歩 한 걸음 • 譲る 양보하다 → 한 걸음 양보하다
_{いっ ぽ} _{ゆず}

✎ 意味 ① 조금 뒤처지는 것. ② 상대의 의견이나 주장을 완전히 부정하지 않고 어느 정도 받아들이는 것.

🔍 用例 ① 私どものシステムは、御社のシステムに一歩譲っているような気が
_{わたし} _{おんしゃ} _{いっ ぽ ゆず} _き
します。(=一歩遅れている)
_{いっ ぽ おく}

우리의 시스템은 귀사의 시스템보다 한 발 뒤처진 듯한 느낌이 듭니다.

② 私は、自分の意見があろうとも一歩譲って夫の意見に従うことが多い。
_{わたし} _{じ ぶん} _{い けん} _{いっ ぽ ゆず} _{おっと} _{い けん} _{したが} _{おお}

나는 내 의견이 있어도 한 발 양보하여 남편의 의견에 따른 적이 많다.

신
체
관
용
어

생
활
관
용
어

속
담
·
격
언

고
사
성
어

사
자
성
어

893 居ても立っても居られない 안절부절못하다

시험 ★★☆
회화 ★★★

• 居ても 앉아서도 • 居る ① 있다 ② 앉다 • 立っても 서서도 • 立つ 서다
• 居られない 있을 수 없다 → 앉아서도 서서도 있을 수 없다

✎ 意味　불안, 초조 등으로 어찌할 바를 모르는 상태.

🔍 用例　A なんで最近そんなにソワソワしてるの?

B 私、バーゲンのシーズンになると居ても立っても居られないのよ。

A 왜 요즘에 이렇게 안절부절못하는 거야?

B 난 세일 기간이 되면 가만히 있을 수가 없어.

• そわそわする 안절부절못하다

894 糸を引く 쭉 늘어나다. 배후에서 조종하다

시험 ★★☆
회화 ★★☆

• 糸 ① 실 ② 실 모양의 것. 줄 • 引く 끌다 → 실을 끌다

✎ 意味　① 실처럼 길게 늘어나는 모양.

② 실을 끌어서 인형을 조작하는 것에서, 자신은 앞에 나서지 않고 뒤에서 자신의 마음대로 조종하는 것. 보통 「裏で糸を引く・陰で糸を引く 배후에서 조종하다」의 형태로 사용.

🔍 用例　① A 私、糸を引く食べ物大好き。

B たとえば、どんなもの?

A 納豆とか、メカブとか、チーズとか。

A 난, 실처럼 쭉~ 늘어나는 음식이 진짜 좋아.

B 예를 들면 어떤 거?

A 낫토라든가 미역귀(미역귀다리)라든가 치즈라든가.

② A あの政治家って、ちょっと変じゃない?

B なんか、裏で糸を引いてる人物がいるとか、

いないとか言ううわさよ。　(=操る)

A 저 정치인 좀 이상하지 않아?

B 왠지 배후에서 조종하는 사람이 있다는 둥 아니라는 둥 하는 소문이 있어.

• 操る 다루다. 조종하다

895 意に適う 마음에 들게 하다

시험 ★☆☆
문장 ★★★

• 意 생각. 마음. 기분. 관심 • 適う (조건이나 기준 등에) 꼭 맞다. 들어맞다 → 마음에 꼭 들다

✎ 意味　그 사람의 의향에 딱 들어맞아 마음에 들게 되는 것.

🔍 用例　上司の意に適うように仕事で成績を残そうとがんばっている。

상사의 마음에 들게끔 실적을 쌓으려고 열심히 일한다.　(=気に入られる)

896 いの一番 ^{いちばん} 맨 처음. 맨 먼저

시험 ★☆☆ 문장 ★★★	• **い** 순서를 나타내는 기호　• **一番** ^{いちばん} 첫째. 맨 처음

✎ 意味 | '가나다' 'ABC'와 비슷한 일본의 **いろは**에서 온 말로, **いろは**는 いろは歌^{うた}의 47자의 첫머리를 딴 것. 이 **いろは**의 순서 중에서도 제일 첫 번째라는 의미로, 맨 먼저 무언가를 하는 모양을 나타냄.

🔍 用例 | 沈黙^{ちんもく}の中^{なか}、いの一番^{いちばん}に口^{くち}を開^{ひら}いたのは私^{わたし}の父^{ちち}だった。（＝一番初^{いちばんはじ}め）
침묵 속에서 가장 먼저 입을 연 것은 나의 아버지셨다.

897 命に替えても ^{いのち} ^か 목숨을 바쳐서라도. 이 한 목숨 바쳐서

시험 ★☆☆ 회화 ★★☆	• **命** ^{いのち} 목숨. 생명　• **替えても** ^か 바꿔도　• **替える** ^か (서로) 바꾸다. 교환하다　→　**목숨과 바꾸어도**

✎ 意味 | 자신의 목숨과 바꿔서와 같은 의미로, 무슨 일이 있더라도 어떤 것을 소중하게 지켜 나가겠다는 강한 의지를 나타내는 표현.

🔍 用例 | A 話^{はなし}とはなんだい？
B 娘^{むすめ}さんと結婚^{けっこん}させてください。命^{いのち}に替^かえても幸^{しあわ}せにします！
A 할 얘기란 게 뭐야?
B 따님과 결혼하게 해 주십시오. 목숨을 바쳐서라도 행복하게 해 주겠습니다.

898 命拾い ^{いのちびろ} 구사일생

시험 ★★☆ 회화 ★★★	• **命拾い** ^{いのちびろ} 다행히 목숨을 구함. 구사일생함　• **命** ^{いのち} 목숨. 생명　• **拾う** ^{ひろ} ① 줍다 ② 잃을 뻔한 것을 건지다

✎ 意味 | 가까스로 잃을 뻔한 목숨을 건짐.

🔍 用例 | A もうやめてくれよ。
B 仕方^{しかた}ないな。今日^{きょう}は帰^{かえ}してやるけど、命拾^{いのちびろ}いしたと思^{おも}って俺^{おれ}に感謝^{かんしゃ}しろ。（＝命^{いの}を拾^{ひろ}った）
A 이제 그만둬!!
B 할 수 없지. 오늘은 (그냥) 돌려보내 주긴 하는데, 죽은 목숨 건졌다고 생각하고 나한테 감사해!

A 株価^{かぶか}の大暴落^{だいぼうらく}だけは、免^{まぬが}れたよ。
B よかったな。命拾^{いのちびろ}いした感^{かん}じだろ？
A 주가 대폭락만은 (다행히) 면했어.
B 다행이네. 죽었다가 다시 살아난 느낌이지?

• 免^{まぬが}れる ＝ 免^{まぬか}れる 면하다. 피하다. 벗어나다

신
체
관
용
어

생
활
관
용
어

속
담
·
격
언

고
사
성
어

사
자
성
어

899　命を預ける　목숨을 맡기다

시험 ★☆☆ 문장 ★★☆	• 命 목숨. 생명　• 預ける 맡기다　→　목숨을 맡기다

✎ 意味　위험을 무릅쓰고 무언가를 할 때 그 사람이나 물건을 믿고 거기에 자신의 모든 것을 거는 것.
'목숨을 책임지다'는 命を預かる라고 함.

🔍 用例　**私は、担当医に命を預けた。**（＝命を託した・命を任せた）

나는 담당의에게 목숨을 맡겼다.

医者は患者の命を預かる職業だ。

의사는 환자의 생명을 책임지는 직업이다.

900　命を懸ける　목숨을 걸다

시험 ★★☆ 회화 ★★★	• 命 목숨. 생명　• 懸ける 걸다　→　목숨을 걸다

🔍 用例　**娘さんと結婚させてください！**
命を懸けて娘さんを幸せにすることを約束します！

따님과 결혼하게 해 주십시오! 목숨을 걸고 따님을 행복하게 할 것을 약속하겠습니다.

私は野球に命を懸けています。

나는 야구에 목숨을 걸고 있습니다.

901　いばらの道　가시밭길

시험 ★★☆ 회화 ★★☆	• いばら ① 가시나무 (= うばら) ② 고통. 고난　• 道 길　→　고난의 길

✎ 意味　역경이 많은 인생 행로. 고난의 길.

🔍 用例　A **今までつらいことが多かったけど、これからは幸せに生きていきたい。**
B **これまでいばらの道だったもんね。**　（＝苦労の連続）

A 지금까지 힘든 일이 많았지만, 이제부터는 행복하게 살고 싶어!
B 지금까지 고생이 이만저만 아니긴 했지.　• 苦労の連続 고생의 연속

902　意表を突く　의표를 찌르다

시험 ★★☆ 회화 ★★★	• 意表 의표. 생각 밖　• 突く 찌르다　→　의표를 찌르다

✎ 意味　상대의 생각 밖이나 예상 밖의 일이나 행동을 하는 것.

🔍 用例　**意表を突いた彼の行動は、世界の注目の的となった。**

예상을 불허하는 그의 행동은 세상의 주목을 받게 되었다.

• 的 ① 과녁. 표적 ② 대상. 목표. 초점

903 芋を洗うよう <small>마치 콩나물시루 같이</small>

시험 ★★☆
문장 ★★☆

• 芋 감자. 고구마. 토란. 마 등의 총칭 • 洗う 씻다. 빨다 • よう 듯 → **감자를 씻는 듯**

✎ 意味　사람이 많아 혼잡한 모습을 감자에 비유한 것.

🔍 用例
　A それにしても、人が多いですよね。
　B 人が多すぎて、芋を洗っているようですよ。(=すし詰めのよう)

　A 그건 그렇고 사람이 너무 많네요!
　B 사람들이 너무 많아서 마치 콩나물시루 같아요!!

• それにしても 그건 그렇고 • すし詰め (도시락에 담은 초밥처럼) 꽉 들어참. 콩나물시루 같음

---

904 芋づる式 <small>줄줄이 사탕처럼</small>

시험 ★☆☆
문장 ★★☆

• 芋づる 고구마 덩굴 • 式 식. 방식 → **고구마 덩굴 식**

✎ 意味　고구마 덩굴을 잡아당기면 계속해서 고구마가 나오듯이 한 가지 일에 비롯되어 연달아 나타나는 것.

🔍 用例　一つの事件をきっかけに芋づる式に暴力団の悪事が明らかになっていった。

　하나의 사건을 계기로 줄줄이 폭력단의 악행이 여실히 드러나게 됐다.　(=次々に)

---

905 嫌気が差す <small>싫증이 나다</small>

시험 ★★☆
문장 ★★★

• 嫌気(いやけ・いやき) 싫은 마음. 싫증 • 差す 비치다. 나타나다 → **싫은 마음을 나타내다**

✎ 意味　지금까지 해 오던 일이 어떤 원인으로 싫은 마음이 드는 모양.

🔍 用例
　A やることなすこと全てうまくいかないので、
　　何かすることに嫌気が差すよ。
　B そんなこと言わないでがんばろうよ。

　A 하는 일마다 안 되니 뭘 해도 할 맘이 안 나!
　B 그런 말 말고 열심히 하자.

　A もう彼女には嫌気が差したよ。
　B どうしたんだよ、急に。
　A 急にじゃないよ。無駄使いするなってあれほど言っているのに、
　　ぜんぜん言うことを聞かないんだ。

　A 이제 여자친구한테는 질렸어.
　B 갑자기 왜 그래?
　A 갑자기가 아냐. 과소비하지 말라고 그렇게 말해 왔는데 전혀 내가 하는 말을 듣질 않아.

906 居留守を使う 집에 있으면서 없는 척하다

시험 ★★★
회화 ★★★

• 居留守 집에 있으면서 없는 척함 • 使う 사용하다

✎ 意味　집에 있으면서 없는 척하는 것. 집에 없다고 따돌리는 것.

🔍 用例

A 昨日好きな人に電話したのに、外出中だと言われた。

B 何時ぐらい?

A 夜の10時くらい。

B もしかしたら、居留守を使われたんじゃないの?(=居ない振りをされた)

A 어제 좋아하는 사람한테 전화를 했는데 외출 중이라고 했어.

B 몇 시쯤?

A 밤 10시 정도.

B 혹시 집에 있는데 없는 척한 건 아니야?

907 色眼鏡で見る 색안경을 쓰고 보다. 편견을 가지고 보다

시험 ★☆☆
회화 ★★★

• 色眼鏡 색안경 • 見る 보다 → 색안경으로 보다

✎ 意味　어떤 것을 본연 그대로 받아들이지 않고 색안경을 쓰고 본다는 것에서, 선입관이나 편견을 가지고 판단하는 것.

🔍 用例

A 髪型や服装はあんな派手でも、彼女、実はいい子なのよ。

B ゴメン。彼女のこと、色眼鏡で見ていたみたいだね。反省してるよ。

A 헤어스타일이나 복장은 저렇게 화려해도 그 친구 실은 좋은 애야.

B 미안. 그 친구에 대해 편견을 가지고 있었던 것 같아. 반성할게.

908 色を失う 변색되다. 안색이 변하다

시험 ★☆☆
문장 ★☆☆

• 色 ① 색. 빛. 빛깔 ② 얼굴빛. 피부색 • 失う 잃어버리다 → 얼굴빛을 잃어버리다

✎ 意味　① 색이 변하는 것. ② 놀람, 두려움 등에 의해 얼굴색이 변하는 것.
현재는 거의 ①번의 뜻으로만 사용.

🔍 用例

① 1600年代に画かれた絵は色を失っていた。(=色褪せてる)

1600년대에 그려진 그림은 제 빛깔을 잃었다.

② 妻は、子供が事故にあったという知らせを聞き、顔の色を失ってしまった。(=顔が青ざめて・顔色を失って)

아내는 아이가 사고를 당했다는 소식을 듣고 얼굴빛이 바뀌어 버렸다.

• 色褪せる 색이 바래다　• 顔が青ざめる 얼굴이 창백해지다
• 顔色を失う 낯빛이 파랗게 질리다

909 異を唱える　반대 의견을 내놓다. 토를 달다

시험 ★★☆
문장 ★★☆
・異 서로 다른 의견. 서로 다른 견해　・唱える 주장하다　→　다른 의견을 주장하다

✎ 意味　다른 사람의 의견에 반대하여 다른 의견을 내는 것.

🔍 用例　**社長の意見に異を唱える者は誰もいなかった。**
사장의 의견에 토를 다는 자는 아무도 없었다.

910 因縁を付ける　시비 걸다. 트집 잡다

시험 ★★☆
회화 ★★★
・因縁 ① 인연 ② 트집. 시비　・付ける 붙이다　→　트집을 잡다

✎ 意味　억지를 부려서 상대를 몰아세우는 것.

🔍 用例　A **俺の彼女に手を出しただろ？**
B **なんだよ！変な因縁を付けるなよ。**

同義語　**言いがかりを付ける ★★★**

A 내 여자친구를 건드렸지?　　B 뭐야! 말도 안 되는 트집 잡지 마.

911 浮いた噂　스캔들

시험 ★☆☆
회화 ★★★
・浮いた 근거 없는　・浮く ① 뜨다 ② 경박하다. 근거 없다　・噂 소문　→　근거 없는 소문

✎ 意味　남녀 관계에 좋지 않은 소문.

🔍 用例　A **最近浮いたうわさとかないの？**
B **そんなのあればとっくに話してるよ。**
A 요즘 스캔들 같은 건 없어?　　B 그런 게 있으면 벌써 말했지.

912 憂き目に遭う　괴로움을 겪다

시험 ★☆☆
문장 ★★☆
・憂き目 괴로움. 쓰라린 경험　・遭う (어떤 일을) 만나다. 겪다. 당하다　→　쓰라린 경험을 겪다

✎ 意味　슬픈 일, 고통스런 일을 당하는 것.

🔍 用例　**仕事のしすぎで肩こりの憂き目に遭う人が増えています。**
과로 때문에 어깨 결림으로 고생하는 사람들이 늘고 있습니다.

**甥は去年、両親を交通事故で失うという憂き目に遭ったが、
今は立ち直って元気でやっている。**
조카는 작년에 부모님을 교통사고로 잃는 아픔을 겪었지만, 지금은 다시 일어서서 건강하게 잘 지내고 있다.

913 受けがいい 평판이 좋다

시험 ★☆☆
회화 ★★★

• 受け 평판. 인기 • いい 좋다 → 인기가 좋다

✎ 意味　사람들의 반응이 좋은 모양.

🔍 用例
A このかばん、20代の女性に人気があるんですって。

B どうしてそんなに受けがいいんですか? (=評判がいい)

A 今、人気の芸能人が使ってるからじゃないですか?

A 이 가방 20대 여성에게 인기가 많다네요.

B 왜 그렇게 인기가 좋은데요?

A 요즘 인기 있는 연예인이 사용하고 있기 때문이지 않을까요?

• 評判がいい 평판이 좋다

914 受けに回る 수세에 몰리다

시험 ★☆☆
회화 ★★★

• 受け ① 받음 ② 방어 자세. 수세 • 回る 돌다 → 수세로 돌다

✎ 意味　공격에서 수세에 몰리는 것.

🔍 用例
試合で受けに回ると、相手に一方的にやられてしまうことが多い。

시합에서 수세에 몰리면 상대에게 일방적으로 당하는 경우가 많다.

(=ディフェンスに回る)

915 薄気味が悪い 왠지 기분이 나쁘다. 으스스한 기분이다

시험 ★☆☆
회화 ★★★

• 薄 ① 엷은. 얇은 ② 약간. 어쩐지 • 気味が悪い 기분 나쁘다. 으스스하고 싫다
→ 어쩐지 기분 나쁘다

✎ 意味　어쩐지 기분 나쁜 모양.

🔍 用例
A あの家、昼間もずっとカーテンが閉っているんだよ。

B 人が住んでないんじゃないの?

A 違うの。夜中になると、黒い服を着た長い髪の人が出てくるの。

B え～。なんだか薄気味が悪いな。(=気味悪い)

A 저 집은 낮에도 계속 커튼이 닫혀 있어.

B 사람이 안 사는 게 아닐까?

A 아니야. 한밤중이 되면 검은 옷 입은 머리 긴 사람이 돌아다녀.

B 우～. 뭔가 으스스한데!

916 　動きが取れぬ　꼼짝할 수 없다. 옴짝달싹 못하다

| 시험 ★★☆
회화 ★★★ | ・動き＝身動き 움직임　・取れぬ (문어)＝取れない 취할 수 없다　・取る 취하다
→　움직이기 어렵다 |

✎ 意味　① 장소가 좁아 움직일 수가 없는 모양. ② 제약 등으로 전혀 활동할 수 없는 모양.

🔍 用例　① A なんだここ、人が多くて動きが取れないじゃん。(＝動けない)

　　B やっぱり、今人気のスポットだからだよ。

　　A 뭐야 여기! 사람이 너무 많아서 움직일 수가 없잖아!

　　B 역시 요즘 인기 있는 장소라니까.

② A アメリカの田舎に引っ越したら、車買うんでしょ？

　　B うん。車がなかったら動きが取れないもんね。

　　A 미국 시골로 이사 간다면 자동차 살 거지?

　　B 응. 차 없이는 움직일 수가 없으니까!

　┌─────┐
　│同義語│ 身動きが取れない★★★
　└─────┘

・人気のスポット 인기 있는 장소　・スポット (spot) 장소

917 　嘘で固める　거짓말로 꾸미다

| 시험 ★★★
문장 ★★★ | ・嘘 거짓말　・固める ① 다지다. 굳히다 ② 일방적인 것만으로 구성하다　→　거짓말로 구성하다 |

✎ 意味　거짓말로만 이야기를 만들어 내는 것.

🔍 用例　完璧な人間になりつくす為に、彼女は自分自身を嘘で固めた。

　　완벽한 인간으로 포장하기 위해 그녀는 자신을 거짓으로 꾸몄다.

918 　嘘八百を並べる　터무니없는 거짓말을 늘어놓다

| 시험 ★☆☆
회화 ★★☆ | ・嘘八百 많은 거짓말. 엉터리 말　・並べる 죽 늘어놓다　→　거짓말을 늘어놓다 |

✎ 意味　말도 안 되는 거짓말을 늘어놓는 것.

🔍 用例　A 面白く話そうと思って、嘘八百を並べちゃったよ。

　　B そういう時って、みんな嘘だって分かってるから、

　　　悪いことじゃないよ。だいじょうぶ!
　　　　　　　　　　　　　　　　(＝嘘っぱちを並べちゃった)

　　A 재미있는 이야기를 하려다 터무니없는 거짓말을 해 버렸어.

　　B 그럴 땐 모두 거짓말이란 걸 아니까 나쁘지 않아. 괜찮아!

彼の言うことはいつも嘘八百だから、絶対信じちゃだめよ。

그가 하는 말은 죄다 거짓말이니 절대 믿으면 안 돼.

신
체
관
용
어

생
활
관
용
어

속
담
·
격
언

고
사
성
어

사
자
성
어

919 嘘も方便 거짓말도 방편

うそ　ほうべん

시험 ★★★
회화 ★★★

• 嘘 거짓 • 方便 방편 → 거짓도 방편

✏️ 意味　거짓말을 하는 것은 나쁘지만, 때에 따라서는 가벼운 거짓말을 하는 것이 좋을 때가 있다는 의미.

🔍 用例

A この間のテスト赤点だったのに、お母さんに危なく赤点になりそう
　　だったって嘘ついちゃった。
B それくらい大丈夫よ。うそも方便。うまく世の中渡っていかなくちゃ。

A 저번에 본 시험 낙제 점수 받았는데 엄마한테 낙제 일보 직전이었다고 거짓말해 버렸어.
B 거짓말도 하나의 방편이라고, 그 정도는 괜찮아. 세상을 잘 살아나가야지.

920 嘘をつく 거짓말을 하다

うそ

시험 ★★★
회화 ★★★

• 嘘 거짓 • つく 말하다 → 거짓을 말하다

✏️ 意味　거짓말을 하는 것.

🔍 用例

A なんで嘘をついたの?
B だって、怒られるのが嫌だったから。
A うそつきは泥棒の始まりというでしょ。嘘をつくのは止めなさい。

A 왜 거짓말한 거야?
B 그게 (네가) 화내는 게 싫으니까.
A 거짓말쟁이는 도둑질의 시작이라잖아. 거짓말은 그만둬!

921 うだつが上がらない 출세를 못하다

あ

시험 ★☆☆
회화 ★★☆

• うだつ 동자기둥(목조 건축에서 들보 위에 세우는 짧은 부재) • 上がらない 올라가지 않는다
• 上がる 오르다 → 동자기둥이 올라가지 않는다

✏️ 意味　건물을 지을 때 대들보 위에 세우는 동자기둥 위로는 지붕을 얹게 되는데, 이 동자기둥은
언제나 지붕 아래에서 눌려 있게 된다. 여기에서 늘 눌려 있어 출세를 못하는 것을 나타냄.

🔍 用例

A 就職してもうだいぶ経つのに、まだ平社員。
　　本当にうだつが上がらないよね。
B 僕だってがんばってるんだけどさ。思うようにはいかなくて…。

A 직장 생활 한 지 꽤 됐는데 아직 평사원. 정말 출세하곤 연이 없나 봐.
B 나도 노력하고 있는데…. 생각대로 되질 않아서….

922 有頂天になる 뛸 듯이 기쁘다. 기뻐서 어쩔 줄 모르다

시험 ★★★
회화 ★★☆

- **有頂天** 유정천. 불교 용어로 형태가 있는 것 중에서 가장 높은 자리에 위치하는 것
- **になる** ~이(가) 되다 → 가장 높은 지위가 되다

✎ 意味 **有頂天**에 오르는 일이 쉽지 않다는 것에서, 쉽지 않은 일을 달성했을 때의 기쁨을 나타냄.

🔍 用例
A どうしてそんなにうれしそうなの?
B 大好きな先輩に告白されたの。
A だからそんなに有頂天になっているのね。

A 왜 그리 좋아하는 거야?　　B 좋아하는 선배한테 고백받았어.
A 그래서 그렇게 좋아 죽는구나!!

923 現を抜かす 미쳐 있다. 빠져 있다

시험 ★★☆
회화 ★☆☆

- **現** ① 현실. 생시 ② 본심. 제정신　· **抜かす** 빠트리다. 빼다 → 제정신을 잃다

✎ 意味 어떤 일에 지나칠 정도로 열중하는 모양.

🔍 用例
A またゲームに現を抜かしてる…。たまには勉強しなさい!
B でも、ゲームも頭をかなり使うんだよ。

A 또 게임에 빠져 있네…. 가끔은 공부 좀 해라!　　B 그치만 게임도 머리를 꽤 쓴다구.

924 打って出る 진출하다. 데뷔하다

시험 ★★☆
문장 ★★☆

- **打って** 치고　· **打つ** ① 치다 ② 어떤 일을 시작하다　· **出る** 나가다 → 치고 나가다

✎ 意味 후보자 등으로 자진해서 나가는 것.

🔍 用例
ある企業の重役が次回の選挙に無所属で打って出ると表明した。

어느 기업의 중역이 다음 선거에 무소속으로 나간다고 표명했다.

925 独活の大木 덩치만 크고 아무짝에도 쓸모없다

시험 ★★☆
문장 ★★☆

- **独活** 땅두릅　· **大木** 거목 → 땅두릅의 거목

✎ 意味 땅두릅나무의 줄기는 나무처럼 길게 자라지만 물러서 재목으로 쓸 수 없는 것에서,
덩치만 크고 쓸모없는 사람의 비유.

🔍 用例
A あんた本当に独活の大木だよね。
体ばっかり大きくて何もできないんだから。
B そんなことないよ。できることも少しぐらいあると思うし…。

A 넌 정말 어디에 써야 좋을지 모르겠다. 덩치만 커 가지고 뭐 하나 잘하는 게 없으니.
B 무슨 소리야. 나도 할 줄 아는 게 조금쯤은 있다구 ….

926 鰻の寝床 <small>うなぎ ねどこ</small> 좁고 긴 건물이나 장소

시험 ★☆☆
문장 ★★☆

• 鰻 뱀장어 • 寝床 잠자리 → 뱀장어의 잠자리

✎ 意味   장어는 가늘고 길어서 잠자리도 좁고 길 것이라고 생각한 데서, 입구가 좁고 긴 건물이나 장소를 비유한 말.

🔍 用例   **店内は京都独特の鰻の寝床のように細長くなっている。**

가게 안은 교토 특유의 뱀장어 잠자리처럼 좁고 길쭉했다.

---

927 鵜呑みにする <small>う の</small> 통째로 삼키다. 그대로 받아들이다

시험 ★★☆
문장 ★★★

• 鵜 가마우지(조류) • 呑み 마시는 일 • する 하다 → 가마우지가 삼키듯이 하다

✎ 意味   가마우지가 물고기를 씹지 않고 통째로 삼키는 것에서, ① 음식을 씹지 않고 통째로 삼키는 것. ② 뜻도 모르면서 그대로 받아들이는 것. 주로 ②번의 뜻으로 사용.

🔍 用例

① A **もっとゆっくり食べなさい。**

そんな鵜呑みにするとのどに詰まりますよ。

B **おなかすいてて、ゆっくりなんか食べてられない!**

A 좀 천천히 먹어라. 그렇게 통째로 삼키면 목에 걸려.   B 배가 고파 죽을 지경이라 천천히 먹을 수가 없어.

② A **そんなうまい話ないよ〜。**

もっとよく考えてから行動したほうがいいよ。

B **でも、あの人の言ってることもっともだと思うし…。**

A **人の言ってることをそのまま鵜呑みにすると痛い目にあうよ。**

A 그렇게 달콤한 말이 있을 리가 없어. 좀 더 신중하게 생각하고 행동하는 게 좋아.   (=信じる)

B 하지만 그 사람 말이 맞는 것 같은데….

A 남이 하는 말을 곧이곧대로 믿으면 호되게 당할걸.

同義語 **丸呑みにする ★★** <small>まる の</small>

• 詰まる (통로가) 막히다. 메다 • うまい話 조건이 좋은 달콤한 이야기 • もっとも 지당함. 당연함
• 痛い目にあう 따끔한 맛을 보다. 혼나다 • 丸呑みにする 통째로 삼키다

---

928 産声を上げる <small>うぶごえ あ</small> 태어나다. 새로 생기다. 새로 시작하다

시험 ★☆☆
문장 ★★★

• 産声 갓난아기의 첫 울음소리 • 上げる (소리를) 지르다 → 첫 울음소리를 지르다

✎ 意味   ① 갓난아기가 첫 울음을 터트리는 것. ② 비유적으로 새롭게 나타나는 것.

🔍 用例

① **私たちの赤ちゃんは、10月19日に産声を上げました。**

우리 아기는 10월 19일에 세상에 태어났습니다.   (=産まれました)

② **これは長い改良期間を経て産声を上げた機械です。** (=生まれた)

이것은 긴 개량 기간을 거쳐 새로 만들어진 기계입니다.

929 うまい汁を吸う 애쓰지 않고 혼자 재미 보다

시험 ★★☆
문장 ★★☆

• **うまい** ① 맛있다 ② (자기에게) 편리하다. 유익하다 • **汁** ① 즙 ② 남의 노고나 희생으로 얻은 이익
• **吸う** 빨다 → 자기에게 편리한 이익을 빨다

✎ 意味　아무런 노력을 하지 않고, 자신의 지위나 타인을 이용하여 많은 이익을 보는 것.

🔍 用例　地位を利用して<u>うまい汁を吸って</u>きた政治家たちは、今回の選挙で
一掃された。

지위를 이용하여 자신의 이익을 챙겨 온 정치인들은 이번 선거에서 한꺼번에 싹 제거되었다.

同義語　**甘い汁を吸う** ★★★　• **一掃する** 일소하다. 한꺼번에 싹 제거하다

930 有無を言わせず 덮어놓고. 억지로

시험 ★★☆
회화 ★★☆

• **有無** 유무. 있음과 없음 • **言わせず=言わさず** ~의 말에 따르지 않고
• **言わせる** ① 말하게 하다 ② ~의 말에 의하다. ~의 말에 따르다 → 유무에 따르지 않고

✎ 意味　상대의 형편이나 의지가 어떻게 되든 상관없이.

🔍 用例　A 彼は飲み会に行きたくないっていっていたよ。
B 社長も来るんだから行かないわけにいかないだろう。
有無を言わせず連れて行くしかないな。(=無理やりに)

A 그 친구는 회식 가기 싫다고 하던데.　B 사장님도 오시니까 안 갈 수 없잖아. 억지로라도 끌고 가야지.

931 裏表がない 표리가 없다. 겉과 속이 한결같다

시험 ★☆☆
회화 ★★★

• **裏表** ① 안과 겉 ② 표리. 겉과 속이 다름 • **ない** 없다 → 겉과 속이 다르지 않다

✎ 意味　말과 행동이 속마음과 똑같은 것.

🔍 用例　A 誰に会うときでも同じように接するし、本当にあなたの彼女って
裏表がない人ね。
B そういうところに惚れたんだよ。

A 누구를 만나도 똑같이 대하고 정말로 니 여자친구는 겉과 속이 한결같은 사람이구나.　B 그런 점에 반한 거야.

932 裏の裏を行く 허에 허를 찌르다

시험 ★☆☆
문장 ★★☆

• **裏** 뒤. 뒷면 • **行く** 가다 → 뒤의 뒤를 가다

✎ 意味　상대가 이쪽의 허를 찌르려 할 때 도리어 상대를 속여 허를 찌르는 것.

🔍 用例　A このドラマの結末どうなったかしってる?
B 思ってたよりも、裏の裏を行く展開で面白かったよ。

A 이 드라마 결말이 어떻게 됐는지 알아?　B 생각보다 허에 허를 찌르는 전개가 재미있었어.

신체 관용어

생활 관용어

속담·격언

고사성어

사자성어

933 恨みを買う 원한을 사다

| 시험 ★★☆
회화 ★★★ | ・恨み 원망. 원한　・買う 사다　→　원한을 사다 |

✎ 意味　다른 사람에게 원한을 품게 하는 것.

🔍 用例
A うちの子は、誰かに殺されたんでしょうか?
B 息子さん、誰かに恨みを買うようなことはありませんでしたか?

A 우리 아이가 누군가에게 살해당한 건가요?
B 아드님이 누군가에게 원한을 살 만한 일은 없었나요?　（=恨まれる）

934 裏目に出る 예상과 어긋나다. 역효과를 낳다

| 시험 ★★☆
회화 ★★★ | ・裏目 ① 주사위를 던져 나온 어떤 끗수에 대한 그 반대쪽의 끗수 ② 일이 예상과는 정반대임
・出る 나오다　→　정반대의 결과가 나오다 |

✎ 意味　기대했던 예상과는 정반대의 나쁜 효과를 낳는 것.

🔍 用例
A 娘が年頃でしてね、最近私を避けているようなので機嫌を取ろうと思って、娘が昔好きだったぬいぐるみをプレゼントしたんですよ。
そうしたら「私もう子供じゃないのよ!」って怒り出しましてね。
B ははあ、それは裏目に出ましたね。

A 우리 딸이 때가 때라서요, 요즘 나를 피하는 것 같아서 기분이나 좀 풀어 주려고 딸애가 예전에 좋아했던 인형을 선물했거든요. 그랬더니 "내가 앤줄 알세요!" 하고는 화를 내는 거예요.
B 하하하, 그야말로 역효과가 나 버렸네요.

・年頃 그럴 만한 나이　・ぬいぐるみ 솜, 헝겊 등을 넣고 꿰맨 것. 봉제인형

935 裏をかく 따돌리다. 허를 찌르다

| 시험 ★☆☆
회화 ★★★ | ・裏 뒤. 뒷면. 뒤쪽　・かく (칼로) 베다. 자르다　→　뒤에서 베다 |

✎ 意味　예상 밖의 행동으로 상대를 따돌리는 것.

🔍 用例
ゲームに勝つためには、相手の作戦の裏をかいてゲームを進めなければならない。

게임에서 이기기 위해서는 상대 작전의 허를 찌르는 게임을 해 나가야만 한다.

相手の裏をかこうと知恵を絞ったが、逆に相手の思惑にはまってしまった。

상대의 허를 찌르려고 지혜를 짰지만, 반대로 상대의 꼼수에 빠지고 말았다.

📖 同義語　裏をいく ★★　・思惑 생각. 의도. 기도

936 裏を返せば　바꿔 말하면

시험 ★☆☆
회화 ★★☆

・裏 반대　・返せば 돌아가 보면　・返る 원상태로 돌아가다(오다)　→　반대로 되돌아가 보면

✎ 意味　뒤집어 본다면. 사실을 말하면.

🔍 用例
A 私、納豆食べられるけど、できれば食べたくないというか…。
B それって、裏を返せばただ単に、嫌いなだけでしょ。

A 난낫토를 먹을 순 있지만 되도록이면 안 먹고 싶어!　（＝要するに・言い換えれば）
B 그 말은 바꿔 말하면 그냥 싫다는 거잖아.

・要するに 요컨대. 결국　・言い換えれば 바꾸어 말하면

937 売り言葉に買い言葉　가는 말에 오는 말

시험 ★★★
회화 ★★★

・売り言葉 시비를 거는 악의 있고 거친 말　・買い言葉 남의 욕설에 대하여 대꾸하는 욕설

✎ 意味　상대의 폭언에 폭언으로 대갚음하는 것.

🔍 用例
A なんで、そんなひどいこと彼に言っちゃったの。
B すごい興奮してて…。それに、売り言葉に買い言葉だったのよ。

A 그 사람한테 어떻게 그렇게 심한 말을 했어?
B 너무 흥분해서 그만…. 게다가 먼저 심한 말을 들어서 홧김에 한 말이야.

人は誰でも、何かのはずみや、売り言葉に買い言葉でついカッとなってケンカに発展することがある。

사람은 누구라도 어떤 상황이나 상대의 말에 반응하다가 순간적으로 열을 받아 싸움으로 발전할 때가 있다.

・はずみ ① 튐. 탄력 ② 추세. 상황 ③ 그 순간. 그 찰나

938 瓜二つ　아주 꼭 닮음

시험 ★★★
회화 ★★★

・瓜 참외　・二つ 둘. 두 개　→　참외둘

✎ 意味　참외를 반으로 쪼개 놓은 것처럼 아주 닮았다는 것에서, 부모와 자식, 형제자매의 얼굴이 꼭 빼닮은 경우에 사용.

🔍 用例
A あのふたり本当によく似ているね。瓜二つだね。（＝そっくり）
B 双子なんだからもちろんそうでしょう。

A 저 둘 정말 닮았어. 아주 똑같다구.
B 쌍둥이니까 그렇겠죠.

・そっくり 꼭 닮은 모양

939 売れっ子 인기가 있다

시험 ★☆☆
회화 ★★★

・売れる ① 팔리다 ② 널리 알려지다. 인기가 있다 ・子 명사나 동사의 **ます**형에 붙어, 그 일을 하는 사람. 그런 상태나 성질의 사람을 나타냄 → **인기가 있는 사람**

✎ 意味 대단히 인기가 많아 많은 사람의 입에 오르내리는 것.

🔍 用例
A この作家、最近売れっ子らしいよ。(＝人気がある)

B そういえば、本屋さんにたくさん彼女の作品並んでるよね。

A 이 작가, 요즘 인기가 많나 봐.

B 그러고 보니 서점에 그 사람 작품이 쫙 깔려 있더라구.

940 噂が立つ 소문이 나다

시험 ★★★
회화 ★★★

・噂 소문 ・立つ 세상에 잘 알려지다 → **소문이 나다**

✎ 意味 사람들의 입에 오르내리는 것.

🔍 用例
A あの会社の株、急落してるみたいだよ。

B そういえば、会社が潰れるかもしれないという噂が立ってたよ。

A 저 회사 주식 폭락했다나 봐!

B 그러고 보니 부도날지도 모른다는 소문이 있었어.

同義語 噂になる ★★★

941 上手に出る 고자세로 나오다(나가다)

시험 ★★☆
회화 ★★☆

・上手 위압적임. 강압적임 ・出る 나오다. 나가다 → **위압적으로 나오다**

✎ 意味 우월한 자세를 취하는 모양.

🔍 用例
相手が弱いと分かると、上手に出る人が多い。

상대가 약하다고 판단하면 고자세로 나오는 사람이 많다.

同義語 高飛車に出る ★★★

942 上手を行く 한 수 위다

시험 ★☆☆
회화 ★★☆

・上手 위쪽 ・行く 가다 → **위쪽을 가다**

✎ 意味 학문, 재능, 지식, 성격의 정도가 다른 사람보다 한 수 위인 것.

🔍 用例
A Bさんって、とっても怖がりですよね。

B そうなんですよ。

でも、私の上手を行く怖がりな方を見つけたんですよ。

A B씨는 정말 성격이 소심하시네요.

B 그래요. 그치만 저보다 더 소심한 분을 찾았답니다.

943 上の空 건성

시험 ★☆☆ 회화 ★★☆	・上 위　・空 ① 하늘 ② 건성. 들떠 있음　→ 위에 떠 있음

✎ 意味　다른 것에 마음을 빼앗겨 정신을 집중할 수 없는 상태인 것.
　　　　대충대충하는 모습, 근거 없이 불확실한 모습, 주위가 산만한 모습을 나타냄.

🔍 用例　A さっき、Cに話しかけたんだけど、彼女上の空だったんだよ。
　　　　B 昨日彼氏に振られたらしいから、仕方ないよね。(=ボーッとしていた)

　　　　A 좀 전에 C랑 이야기했는데, 넋이 나간 애 같았어.　B 어제 남자친구한테 차였으니 그럴 만도 하지.

944 上前を撥ねる 남의 돈의 일부를 가로채다. 수수료를 받다

시험 ★☆☆ 문장 ★★★	・上前 수수료. 구전　・撥ねる 가로채다　→ 수수료를 가로채다

✎ 意味　남의 이익의 일부를 자기 마음대로 가로채는 것. 또는 대금이나 임금을 중계하는 중계자가
　　　　중간에서 수수료를 취하는 것.

🔍 用例　労働者を派遣して、その上前を撥ねる行為がビジネスとして拡大した。

　　　　노동자를 파견하여 그들의 임금의 일부를 수수료로 취하는 행위가 비즈니스로서 확대되었다.

📖 同義語　上前を取る ★★　頭を撥ねる ★★　ピンはねする ★★★

　　　　・ピンはねする (속어) 삥땅하다. 남의 수입의 일부를 가로채다

945 薀蓄を傾ける 있는 지식을 다 기울이다

시험 ★☆☆ 회화 ★★☆	・薀蓄 온축. 충분히 쌓아 모은 지식이나 깊은 학식　・傾ける 기울이다　→ 온축을 기울이다

✎ 意味　평상시에 갈고닦아 축적한 자신의 깊은 학식이나 가진 재능을 마음껏 발휘하는 것.

🔍 用例　雑学ブームに乗って、あらゆる分野にわたって薀蓄を傾ける人が
　　　　急増した。

　　　　잡학 붐을 타고 모든 분야에 걸쳐 자신의 능력을 발휘하는 사람들이 많아졌다.　📖 同義語　薀蓄を語る ★★

946 雲泥の差 천양지차. 하늘과 땅 차이

시험 ★★☆ 회화 ★★★	・雲泥 구름과 진흙　・差 차. 차이　→ 구름과 진흙의 차이

✎ 意味　비교할 수 없을 만큼 큰 격차.

🔍 用例　A 私って、最近人気のモデルに似てると思わない?
　　　　B 最近人気のモデルって誰か分からないけど、お前とモデルとでは
　　　　雲泥の差だよ。(=天地の差)

📖 同義語　月とすっぽん ★★★

　　　　A 나 말야, 요즘 인기 있는 모델과 닮은 것 같지 않아?
　　　　B 요즘 인기 있는 모델이 누군지 모르겠지만, 너와 모델과는 하늘과 땅 차이야.

947 うんともすんとも　가타부타. 꿈쩍도

시험 ★★☆
회화 ★★★

• **うん** 코로 숨쉴 때 나는 소리를 나타내는 말　• **すん** 숨쉴 때 나는 의성어
→ 응도 흥도

✎ 意味　うんと すん의 운율(어구)을 맞추어 만든 말. 주로 뒤에 言わない와 같은 부정의 말이 동반되어
숨소리도 안 내는 것. 아무런 반응이나 대답이 없는 모양.

🔍 用例　A このドアを開けたいんだけど、うんともすんとも言わないのよ。
　　　　 B どれ。僕がやってみるよ。　　　　(=なんとも)

A 이 문을 열고 싶은데 아무 반응이 없어.
B 어디? 내가 해 볼게.

948 英気を養う　힘을 기르다. 힘을 보충하다

시험 ★☆☆
문장 ★★★

• **英気** ① 사람보다 뛰어난 기상과 재기 ② 어떤 일을 정면으로 맞서는 기력. 힘
• **養う** 양육하다. 기르다　→ **힘을 기르다**

✎ 意味　어떤 일에 대처하고 감당할 수 있는 힘을 키우는 것.

🔍 用例　明日の英気を養うために、おいしいものをたくさん食べて、
ゆっくりと寝よう。

내일의 기력을 보충하기 위해 맛있는 걸 많이 먹고 푹 자자.

949 得体が知れない　정체를 알 수 없다

시험 ★★★
회화 ★★★

• **得体** 정체. 본성　• **知れない** 알지 못하다　• **知る** 알다　→ 정체를 알 수 없다

✎ 意味　본래 모습이나 생각, 정체를 알 수 없는 모양.「(사람·물건·일)＋得体が知れない」
「得体の知れない＋(사람·물건·일)」의 형태로 자주 사용.

🔍 用例　深海にはまだまだ得体の知れない生物が生きている。

심해에는 아직까지 정체를 알 수 없는 생물이 살고 있다.

私の知るアメリカ人は一様に「日本企業は得体が知れない」と
口を揃えるが、どうだろうか。むしろ我々にとっては
アメリカ企業が得体の知れない物のようにも思える。

내가 아는 미국인은 한결같이 '일본 기업은 정체를 알 수 없다'라고 입을 모으는데, 과연 그럴까?
오히려 우리에게는 미국 기업이 정체를 알 수 없단 생각이 든다.

• **一様** 똑같음. 한결같음　• **口を揃える** 입을 모으다

950 得も言われぬ (え)(い) 말로 형용할 수 없다

시험 ★☆☆ 문장 ★★☆	• 得 뒤에 부정을 동반하여, 잘 할 수 없다. 도저히 ~할 수 없다 • 得も言われぬ 도저히 말할 수 없다 • 得も忘られぬ 도저히 잊을 수 없다

✎ 意味 　뭐라고 말로 표현할 수 없을 정도로 좋은 것.

🔍 用例 　初めての海外旅行で、得も言われぬ快感に襲われた。

첫 해외여행에 이루 말할 수 없는 쾌감이 엄습했다.

この絵には得も言われぬ趣がある。

이 그림에는 말로 형용할 수 없는 멋이 있다.

---

951 鰓が張る (えら)(は) 턱이 넓다

시험 ★☆☆ 문장 ★★☆	• 鰓 아래턱의 양쪽 부분. 하관 • 張る 뻗다. 뻗어나다 → **하관이 뻗다**

✎ 意味 　하관이 벌어진 모양.

🔍 用例 　A 私の顔、鰓が張ってるからすごい嫌なの。

B そんなに、鰓が張ってるようには見えないけど。考えすぎよ。

A 내 얼굴은 턱이 넓어서 싫어!

B 그렇게 턱이 넓어 보이진 않는데. 너무 민감하네.

---

952 えり好みが激しい (ごの)(はげ) 몹시 가리다. 매우 까다롭다

시험 ★☆☆ 회화 ★★★	• えり好み 많은 것 중에서 좋아하는 것만 골라 취함 • 激しい 심하다 → **고르는 것이 심하다**

✎ 意味 　좋아하고 싫어하는 성향이 심한 모양.

🔍 用例 　彼女はえり好みが激しすぎて、なかなか就職できない。

그녀는 가리는 게 많아 좀처럼 취직하기 힘들다.

---

953 えりを正す (ただ) 마음을 다잡다. 정신을 차리다

시험 ★★☆ 문장 ★★★	• えり 옷깃 • 正す (잘못된 것을) 바로잡다. 고치다 → **옷깃을 바로잡다**

✎ 意味 　옷깃을 단정하게 여민다는 것에서, 자세를 가다듬고 진지한 태도를 취하는 모양.

🔍 用例 　一年の初めは、えりを正して迎える。(=気持ちを引き締めて)

마음을 다잡고 한 해의 시작을 맞는다.

• 気持ちを引き締める 마음을 다잡다

954 　縁起でもない　재수 없다. 불길하다. 말도 안 된다

시험 ★★☆
문장 ★★★

· 縁起 길흉의 조짐. 운수. 재수　· でもない ~도 아니다　→　운수도 아니다

✎ 意味　좋은 징조가 아니라는 의미로, 상대의 말에 대해 그런 재수 없는 소리 하지 말라는 식으로 사용.

🔍 用例　A 今日試験なのに、今朝、階段から落ちたよ。
　　　　　B そんな縁起でもない!　(=縁起が悪い)

　　　　　A 오늘 시험인데 아침에 계단에서 떨어졌어!　　B (야~) 그런 불길한 소리를!

955 　縁起を担ぐ　길흉을 따지다. 미신적인 데가 있다

시험 ★★☆
회화 ★★★

· 縁起 길흉의 조짐. 운수. 재수　· 担ぐ ① 메다. 지다. 짊어지다 ② (미신에) 사로잡히다
→　길흉의 조짐에 사로잡히다

✎ 意味　걸핏하면 재수가 좋네 나쁘네를 따지며 미신적인 것을 믿는 것.

🔍 用例　お正月に、日本ではさまざまな縁起を担ぐ行事が行われる。

　　　　　설날이면 일본에서는 여러 가지 토속 신앙(미신적인) 행사가 열린다.

956 　エンジンが掛かる　발동이 걸리다. 활동을 시작하다

시험 ★☆☆
회화 ★★★

· エンジン 엔진　· 掛かる 걸리다　→　엔진이 걸리다

✎ 意味　차에 발동을 걸면 움직이기 시작하는 데서, 발동이 걸리는 것.

🔍 用例　A 最近勉強すごいがんばってるけど、どうかしたの?
　　　　　B 試験が近づいて、勉強にエンジンが掛かったんだよ。

　　　　　A 요즘 공부를 열심히 하던데 무슨 일이라도 있어?
　　　　　B 시험이 가까워져서 본격적으로 공부하기 시작했어.

957 　縁を切る　인연을 끊다

시험 ★★★
회화 ★★★

· 縁 연. 운명. 인연　· 切る 끊다　→　인연을 끊다

✎ 意味　지금까지의 관계를 아주 끊는 것.

🔍 用例　A お父さんと大喧嘩をして、「お前なんかとは親子の縁を切る」って
　　　　　言われちゃった。(=絶交する)

　　　　　B そんな事言われるような、悪いことしたの?

　　　　　A 아버지랑 대판 싸우고 너 같은 자식과는 부모 자식 간의 연을 끊겠다란 소리까지 들었어.
　　　　　B 그런 말을 들을 정도로 나쁜 짓을 한 거야?

　　　　　· 大喧嘩をする 크게 싸우다　· 絶交する 절교하다

958 お預けを食う 보류되다. 연기되다

시험 ★☆☆
회화 ★★☆

・**お預け** ① 개 등의 앞에 음식을 두고 먹으라고 할 때까지 먹지 않고 기다리게 하는 것
② 보류. 유보 ・**食う＝食らう** ① 먹다 ② 당하다 → **보류를 당하다**

✎ 意味 약속이나 예정만 있을 뿐 실시가 보류되는 것.

🔍 用例 **おいしそうな料理を目の前に、お預けを食らった。**
맛있어 보이는 음식을 눈앞에 두고 제지를 당했다.

959 お誂え向き 안성맞춤

시험 ★☆☆
문장 ★★☆

・**お誂え** 맞춤. 주문 ・**向き** 접미적으로, 적합함. 적격

✎ 意味 요구나 주문에 딱 들어맞는 것.

🔍 用例 **ホテルの下には、お誂え向きのプールと散歩道があった。**
호텔 아래에는 안성맞춤의 수영장과 산책로가 있었다.

960 追い討ちをかける 엎친 데 덮치다

시험 ★★☆
문장 ★★★

・**追い討ち** ① 추격 ② (몰리고 있는 자를) 더욱 다그침. 몰아붙임. 몰아침
・**かける** (작동 등을) 가하다 → **몰린 사람을 다시 몰아세우다**

✎ 意味 궁지에 몰려 있는 사람에게 다른 공격을 가해 타격을 주는 것.

🔍 用例 **テストの点数のことで母に叱られたあと、追い討ちをかけるかのように、父にまで叱られた。**
시험 점수로 엄마에게 야단맞은 뒤에 엎친 데 덮친 격으로 아빠한테까지 야단맞았다.

961 追い込みをかける 전력을 다하다

시험 ★☆☆
회화 ★★☆

・**追い込み** 몰아침 ・**かける** 걸다 → **몰아침을 걸다**

✎ 意味 마지막 단계에서 더욱 최선을 다하는 것.

🔍 用例 **A あと1ヶ月で大学入試だな。**
B はい! だから、後は追い込みをかけるだけです!
A 앞으로 한 달이면 대입 시험이네. (=ラストスパートをかける)
B 네! 이제 남은 건 최선을 다해 노력하는 것뿐입니다!

オリンピックまで後1年、追い込みをかけなければ工事が間に合わない。
올림픽까지 이제 1년, 전력을 다하지 않으면 공사 시간을 맞출 수 없다.

962 往生際が悪い _{おうじょうぎわ わる} 깨끗이 단념(체념)하지 못하다

시험 ★★☆
회화 ★★★

• **往生際**_{おうじょうぎわ} ① 임종 ② 마지막 판에 체념하려는 때 • **悪い**_{わる} 나쁘다 → **체념하지 못하다**

✎ 意味　더 이상 안 된다는 것을 알면서도 포기하지 못하고 미련에 사로잡혀 있는 모양.

🔍 用例

A テスト始_{はじ}まっちゃうよ。もう少_{すこ}しだけ勉強_{べんきょう}したいのに。

B もう教科書_{きょうかしょ}しまったほうがいいよ。

A あと5分_{ごふん}だけ!

B ちょっと、往生際_{おうじょうぎわ}が悪_{わる}いよ! もう、諦_{あきら}めなよ。(=諦_{あきら}めが悪_{わる}い)

A 시험이 시작돼. 좀 더 공부하고 싶은데.

B 이제 교과서는 집어넣는 게 좋아.

A 딱 5분만!

B 야, 추접스럽게 그러지 말고, 그만 포기해.

• **しまう** 치우다 • **諦める**_{あきら} 단념하다. 체념하다

963 大きなお世話 _{おお せ わ} 쓸데없는 참견

시험 ★☆☆
회화 ★★★

• **大きな**_{おお} 심한 • **大きい**_{おお} ① 크다 ② (정도가) 심하다 • **お世話**_{せ わ} 도와줌. 보살핌 → **지나친 도움**

✎ 意味　필요 이상의 간섭이라는 의미로, 남의 참견을 거부하는 말.

🔍 用例

A ちょっと、もう少_{すこ}しやせたほうがいいんじゃないの?

B もう! 大_{おお}きなお世話_{せ わ}よ!

A 좀 더 살을 빼는 게 좋지 않을까?

B 아휴, 정말! 쓸데없는 참견 마!!

964 大台に乗る _{おおだい の} 고지에 오르다

시험 ★☆☆
회화 ★★★

• **大台**_{おおだい} (증권 시장) 백 엔 대. 백 엔 선 • **乗る**_の 오르다 → **백 엔 대에 오르다**

✎ 意味　주식 시장에서 백 엔 단위로 하는 값의 범위를 대(台)_{だい}, 백 엔 선을 大台_{おおだい}라고 하는 데서, 금액이나 수량이 어느 수준에 도달하는 것.

🔍 用例

A 俺_{おれ}、とうとう大台_{おおだい}に乗_のっちゃったよ。

B 大台_{おおだい}って? 年齢_{ねんれい}が、30の大台_{おおだい}に乗_のったって事_{こと}ですか?

A いいや。体重_{たいじゅう}が100キロ_{ひゃく}の大台_{おおだい}に乗_のったって事_{こと}だよ。

A 나 드디어 고지에 올랐어!

B 고지라뇨? 나이가 30대 고지에 들어섰다는 말인가요?

A 아니. 체중이 100킬로의 고지에 올랐다는 말이야.

965 大船に乗った気持ち 안심할 수 있는 마음

시험 ★★☆
회화 ★★☆

• **大船** 큰 배 • **乗った** 탄 • **乗る** 타다 • **気持ち** 기분 → **큰 배를 탄 기분**

✎ 意味   큰 배는 전복할 위험이 낮은 것에서, 믿음직한 사람에게 완전히 의지하여 마음 푹 놓고 있는 상태.

🔍 用例   **私に任せてください。大船に乗った気持ちでいていただいて大丈夫です。**(= 安心した気持ち)

제게 맡겨 주십시오. (그러면) 맘 푹 놓고 계셔도 괜찮습니다.

同義語   **大船に乗ったよう** ★★★ • **任せる** 맡기다 • **安心した気持ち** 안심되는 기분

966 大風呂敷を広げる 허풍을 떨다

시험 ★★☆
회화 ★★☆

• **大風呂敷** ① 큰 보자기. 큰 보따리 ② 허풍 • **広げる** 넓히다. 확장하다 → **허풍을 넓히다**

✎ 意味   현실에 맞지 않는 허풍을 떨거나, 계획을 하는 것.

🔍 用例   **見栄を張って大風呂敷を広げると、後でひどいことになる。**

허세 부리며 허풍을 떨고 다니면 언젠가 후회하게 된다.

967 大見得を切る 허세를 부리다. 큰소리치다

시험 ★★☆
회화 ★★☆

• **大見得** 허세 • **切る** ① 자르다 ② 두드러진 행동을 하다 → **허세를 부리다**

✎ 意味   **歌舞伎** 등에서 배우가 연기할 때, 동작이나 감정이 절정에 왔음을 알리기 위해 일부러 과장된 포즈를 취하는 데서, 동작이나 표정을 과장된 듯이 매우 크게 하는 것.

🔍 用例   A **今日は、私のおごりだ。すしでも、ステーキでも何でもいいぞ。**
B **そんな、大見得を切って、後でどうなっても知りませんよ。**

A 오늘 내가 한턱 쏠게!! 초밥이든 스테이크든 뭐든 말만 해.
B 그렇게 큰소리치고, 나중에 후회해도 난 몰라요.

968 お株を奪う 장기를 빼앗다, 특기를 빼앗다, 특권을 빼앗다, 자리를 빼앗다

시험 ★☆☆
회화 ★★☆

• **お株** 장기, 특기 • **奪う** 빼앗다 → **장기를 빼앗다**

✎ 意味   에도시대의 상공업자가 독점적인 동업조합을 **株仲間**, 그 일을 하기 위한 권리를 **株**라고 것에서, **お株**는 어떤 조직이나 공동체에서 일부 사람이 갖는 특권을 말한다. 변하여 그 사람의 장기나 특기를 나타내는 말이 됨. 「**お株を奪われる** 장기를 빼앗기다」의 형태로 자주 사용.

🔍 用例   **かわい子キャラでモテモテだったAさんは、転校してきたBさんにすっかりそのお株を奪われてしまった。**(= 取ってかわられて)

귀여운 캐릭터로 인기가 많았던 A는 전학 온 B에게 완전히 그 자리를 빼앗기고 말았다.

• **取って代わる** 대신하다

969 置き去りにする 남겨 두다. 방치하다

おき ざ

시험 ★★★
회화 ★★★

・**置き去り** 내버려 두고 가 버림 ・**する** 하다 → 내버려 두고 가 버리다

おき ざ

✎ 意味 　남겨둔 채로 가 버리는 것.

🔍 用例 　A ひどい！ 私を一人家に置き去りにして、みんなでどこに行ってた
　　　　　 わたし ひとり いえ　おき ざ

のよ！（＝置いてきぼりにして・置き捨てにして）
　　　　　　おき　　　　　　　　　　おき す

B ごめんね。 あなたが、家にいるって知らなかったのよ。
　　　　　　　　　　　　　　　　　いえ　　　　　　し

A 너무해! 나 혼자만 집에 내버려 두고 모두 어디 갔다 온 거야?　　　B 미안. 네가 집에 있는 줄 몰랐어!

970 奥の手を使う 비장의 수단을 쓰다

おく て つか

시험 ★★☆
회화 ★★★

・**奥の手** ① 비법 ② 최후 수단 ・**使う** 쓰다 → 최후 수단을 쓰다

おく て　　　　　　　　　　　　　つか

✎ 意味 　남에게 쉽게 알리지 않는 비장의 수단, 최후의 수단을 쓰는 것.

🔍 用例 　A このドア、どうやったら開くのかな？
　　　　　　　　　　　　　　　　　あ

B ちょっと待って。奥の手を使ってみよう。
　　　　　　 ま　　　　　おく て　つか

A 이 문은 어떻게 하면 열리지?　　　B 잠깐만 기다려. 비장의 수단을 써 보자!

971 お金を崩す 잔돈으로 바꾸다

かね くず

시험 ★★★
회화 ★★★

・**お金** 돈 ・**崩す** 돈을 헐다. 잔돈으로 바꾸다

かね　　　　くず

✎ 意味 　큰돈을 잔돈으로 바꾸는 것.

🔍 用例 　A 切符を買いたいんだけど、今、一万円しかないの。
　　　　　 きっぷ か　　　　　　　　　いま　いちまんえん

あとで一万円を崩してから渡すから、小銭をかしてくれない？
　　　　いちまんえん くず　　　　　わた　　　　こぜに

B うん、いいよ。

A 표를 사려는데, 지금 만 엔밖에 없어. 나중에 만 엔짜리 깨면 줄 테니까 잔돈 좀 빌려줄래?
B 응, 알았어!!

972 お金を貯める 돈을 모으다

かね た

시험 ★★★
회화 ★★★

・**お金** 돈 ・**貯める** (돈을) 모으다

かね　　　　た

✎ 意味 　돈을 저축하는 것.

🔍 用例 　A なんでそんなに必死にお金を貯めているの？
　　　　　　　　　　　　　ひっし　　かね　た

B 将来子供が大学に進学するときのためよ。
　　しょうらい こども だいがく しんがく

A 왜 그리 죽기 살기로 돈을 모으는 거야?
B 나중에 우리 아이 대학 보내기 위해서야.

신체 관용어

생활 관용어

속담·격언

고사성어

사자성어

973 お蔵入り　햇빛을 못 봄. 보류됨

시험 ★★☆
회화 ★★★
- **お蔵** 창고　・**入り** 들어감. 듦　→　창고에 들어감

✎ 意味　연극이나 영화 등 공개하려던 것을 어떤 사정으로 보류하여 처박아 두는 것.
계획을 실행에 옮기지 못하게 되는 것.

🔍 用例　A この前亡くなった歌手のお蔵入りのテープが見つかったんだって。
B あの歌手は今でも人気があるから、そのテープでCD作ったらきっと
売れるね。

A 요전에 세상을 떠난 가수의 빛을 못 본 테이프가 발견됐다.
B 그 가수는 지금도 인기 있으니까 그걸로 CD를 만들면 틀림없이 잘 팔릴 거야.

店舗の改装を行うにあたり、「店舗全体を黒と白のモノトーンで統一
する」という案が出されたが、「葬式を連想させる」という反対意見が出
たため、結局その案はお蔵入りとなった。

가게를 개장하면서 '가게 전체를 흑백 모노톤으로 통일하자'는 안이 나왔지만, '장례식을 연상시킨다'는
반대 의견이 나와서 결국 그 안은 보류되었다.

974 奥行きがない　깊이가 없다

시험 ★☆☆
회화 ★★☆
- **奥行き** ① 건물이나 지면 등에서 앞에서 뒤까지의 거리(길이) ② 지식이나 경험 등의 깊이
- **ない** 없다　→　거리가 없다. 깊이가 없다

✎ 意味　① 깊이가 없는 것. ② 지식이나 배려, 성품 등의 깊이가 없는 것.

🔍 用例　① この引き出しは、奥行きがないから使いづらい。
이 서랍은 깊이가 깊지 않아 쓰기 불편하다.

② 彼の考えには、全く奥行きがない。（＝浅はかだ）
그의 생각은 전혀 깊이가 없다.

- **浅はか** 생각이 얕음. 천박함. 사려가 부족함

975 遅れを取る　뒤지다. 뒤떨어지다

시험 ★★☆
회화 ★★★
- **遅れ** 늦음. 뒤떨어짐　・**取る** (무엇을) 하다　→　늦게 하다

✎ 意味　능력이나 기술 등이 상대보다 뒤처지는 상태가 되는 것.

🔍 用例　新技術の開発を怠っていたので、新市場の開拓に遅れを取ることになった。
신기술 개발을 게을리하여 새로운 시장 개척에 한발 뒤처지게 되었다.

- **怠る** 게을리하다. 태만히 하다

976 押えが利く 통솔력이 있다. 자제력이 있다
おさ　　き

시험 ★★☆
회화 ★★★

・押え ①누름 ②통제 ・利く ①효력이 있다. 듣다 ②가능하다. 통하다 → 통제가 가능하다
おさ　　　　　　　　　　　　　　　き

✎ 意味　부하나 동료 등 전체를 통솔하는 힘이 있는 것. 자제력이 있는 것.

🔍 用例　A カジノに行ってお金を使いすぎないでくださいよ。
　　　　　　　　　　　　い　　　　かね　つか

　　　　　B 大丈夫ですよ。こう見えても押えが利くほうなんで。
　　　　　　だいじょうぶ　　　　　　み　　　　　おさ　　　き

　　　　　A 카지노에 가면 돈을 물 쓰듯이 쓰지 않도록 하세요.　　B 괜찮아요. 이래봬도 자제력은 있는 편이거든요!

977 押しが強い 뚝심이 있다. 넉살이 좋다
お　　つよ

시험 ★☆☆
회화 ★★☆

・押し ①밀기 ②억지. 떼 ・強い 강하다 → 억지가 강하다
お　　　　　　　　　　　　　　つよ

✎ 意味　어떠한 일이 있어도 자신의 의사대로 밀고 나가는 것. 변하여, 넉살이 좋은 모양.

🔍 用例　彼は押しが強いから学生の代表として学校とうまく交渉してくれるだろう。
　　　　　かれ　お　　つよ　　　　がくせい　だいひょう　　　　がっこう　　　　　　こうしょう

　　　　　그는 뚝심이 있어서 학생 대표로 학교와 잘 교섭해 줄 것이다.

　　　　　A 私、押しが強いほうじゃないから、セールスの仕事とか絶対向いて
　　　　　　わたし　お　　つよ　　　　　　　　　　　　　　　　しごと　　　ぜったいむ

　　　　　　ないと思うんですよ。(＝強引な)
　　　　　　　　おも　　　　　　　　ごういん

　　　　　B セールスは押しが問題じゃなくて、話術の問題ですよ。
　　　　　　　　　　　　お　　もんだい　　　　　　　わじゅつ　もんだい

　　　　　A 저는 넉살이 좋은 편이 아니라서 판매직에는 정말 안 어울리는 것 같아요!
　　　　　B 판매는 넉살이 아니라 화술의 문제예요!!

　　　　　・向く 적합하다. 맞다. 어울리다 ・強引な 강제적인
　　　　　　む　　　　　　　　　　　　　　　　　ごういん

978 押し付けがましい 강요하는 감이 있다
お　つ

시험 ★★☆
회화 ★★★

・押し付け ①밀어붙임 ②강압. 강요 ・がましい ~인 것 같다. 마치 ~(하는 것) 같다. ~같아 보이다
お　つ
→ 강요하는 것 같아 보이다

✎ 意味　상대의 마음은 아랑곳하지 않고 억지로 시키는 것.

🔍 用例　デパートで押し付けがましく接客する店員は嫌いだ。
　　　　　　　　　　　お　つ　　　　　　せっきゃく　てんいん　きら

　　　　　백화점에서 강매하듯이 접객을 하는 점원은 싫다.

979 押しの一手 밀어붙이기. 공격 일변도
お　　いって

시험 ★☆☆
회화 ★★★

・押し 밀기. 미는 일 ・押す 밀다 ・一手 한 가지 수. 가장 유리한 방법 → 밀기의 한 가지 수
お　　　　　　　　　　お　　　　　　いって

✎ 意味　봐주지 않고 오직 한길로 자신의 의지를 관철시키려 하는 것.

🔍 用例　A 好きな人に告白しようと思ってるんだけど、大丈夫かな?
　　　　　　す　　　ひと　こくはく　　　　　　おも　　　　　　　だいじょうぶ

　　　　　B もし、嫌って言われても押しの一手しかないね。
　　　　　　　　いや　　い　　　　　　お　　　いって

　　　　　A 좋아하는 사람에게 고백하려고 하는데 괜찮을까?　　B 만약 싫다고 하더라도 밀어붙이는 수밖에 없지.

980 押しも押されもせぬ
지위가 확고부동한

| 시험 ★☆☆
문장 ★★☆ | ・**押しも**＝**押そう**としても 밀려고 해도　・**押す** 밀다
・**押されもせぬ**＝**押されない** 밀어지지 않는다　→　밀려고 해도 꿈쩍도 않는다 |

✎ 意味　실력이 탄탄해서 누구에게도 지지 않고, 이러쿵저러쿵 불평을 듣지 않는 모양.

🔍 用例　**彼女は、今や押しも押されもせぬビッグスターだ。**

그녀는 이미 확고부동한 빅스타의 자리에 올랐다.

| 同義語 | **押すに押されぬ** ★★ |

---

981 おじゃんになる
허사가 되다

| 시험 ★☆☆
회화 ★★☆ | ・**おじゃん** 기대가 깨짐　・**じゃん** 종소리　・**になる** ~이(가) 되다　→　기대가 깨지게 되다 |

✎ 意味　에도 시대에는 화재가 발생하면 종을 쳐서 화재를 알렸는데 화재가 진화되면 **じゃんじゃん** 두 번 울렸다는 것에서, 모처럼의 계획이 틀어지는 것.

🔍 用例　A **この間のプロジェクトどうなった？**
　　　　B **経費が掛りすぎるってことになって、おじゃんになっちゃったよ。**

A 요전의 프로젝트는 어떻게 됐어?　　　　　　　　　　　（＝ポシャっちゃった）
B 경비가 많이 들어서 틀어졌어.

| 同義語 | **お釈迦になる** ★★★ |

・**ポシャる** (속어) 부서지다. 망가지다. 못 쓰게 되다
・**お釈迦になる** 석가가 되다. 못 쓰게 되다. 일을 망치다

---

982 お相伴にあずかる
원님 덕에 나팔 분다. 꼽사리 끼다

| 시험 ★☆☆
회화 ★★★ | ・**お相伴** 주빈의 상대역으로 함께 대접을 받음　・**預かる** 맡다 |

✎ 意味　손님으로 초대받지 않았지만 손님의 파트너(상대)로 따라와서 손님과 똑같은 대우를 받는 것. 즉 남에게 편승하여 덩달아서 이득을 보는 것을 의미.

🔍 用例　A **ご飯食べてきたの？**
　　　　B **いいえ、まだ食べてませんけど…。**
　　　　A **そしたら、一緒に食べていきなさいよ。**
　　　　B **そうですか？ それじゃ、お相伴にあずかります。**

A 밥 먹고 왔니?　　　　　　　　　　　（＝ご相伴にあずかります）
B 아뇨, 아직 안 먹었는데요….
A 그럼 우리랑 같이 먹고 가라.
B 그럴까요? 그럼 꼽사리 낄게요.

983 押せ押せになる 밀리고 밀리다. 밀어붙이다

시험 ★☆☆
회화 ★★☆

• 押せ押せ 밀어 밀어. 押せ를 겹쳐 써서 거듭 강조함 • 押す 밀다

✎ 意味 ① 일이나 예정이 밀리는 것. ② 우위에 서서 적극적으로 일을 하는 모양.
「押せ押せ 밀리고 밀림」「押せ押せムード 밀어붙이는 분위기」의 형태로도 자주 사용.

🔍 用例 ① 会議が長引いて後の予定が押せ押せになった。
회의가 지연되어 다음 예정이 계속 밀리게 되었다.

• 長引く 오래 걸리다. 지연되다

休み明けで仕事が押せ押せで忙しい。
휴가가 끝난 뒤라 일이 너무 밀려서 바쁘다.

② 反対派の押せ押せムードに危うく自分も反対派になるところだった。
반대파의 밀어붙이는 분위기에 하마터면 자신도 반대파가 될 뻔했다.

• 危うく 하마터면. 까딱하면. 자칫하면

984 お節介を焼く 쓸데없는 참견을 하다

시험 ★★☆
회화 ★★★

• お節介 공연한 참견 • 焼く 마음을 쓰다. 돌봐 주다

✎ 意味 무슨 일에나 가리지 않고 자꾸 참견하는 것. 「余計なお節介 쓸데없는 참견」의 형태로도 자주 사용.

🔍 用例 A Cさんが彼氏と仲直りしたいんだって。それで私も一緒に話をしてあげようと思って…。
B 世話好きなのはいいけど、お節介を焼いてばかりいないで自分のことも少しは考えたらどう?

A C씨가 남자친구와 화해하겠대. 그래서 나도 같이 거들어 줄까 해….
B 남 일을 자기 일처럼 여기는 맘은 잘 알겠는데, 쓸데없는 참견은 그만하고 니 앞가림이나 하는 게 어때?

A お母さんが手伝ってあげるよ。一人じゃできないでしょ?
B 余計なお節介やめてよ!

A 엄마가 도와줄게. 혼자서는 못 하겠지?
B 쓸데없이 참견하지 마세요!

985 お膳立てをする 준비를 하다

시험 ★☆☆
회화 ★★★

• お膳立て 어떤 일을 착수할 수 있도록 준비함 • 膳立て 상 차리기. 식사 준비 • する 하다
→ 준비를 하다

✎ 意味 어떤 일을 바로 시작할 수 있도록 준비를 하는 것.
'준비가 되다'는 お膳立てが揃う·お膳立てが整う의 형태로 사용.

🔍 用例 私の人生は、親がお膳立てをしてくれた道を歩むのみだ。(=下準備をして)
나의 인생은, 부모님께서 차려 놓은 밥상에 숟가락만 뜨는 것이다(부모님께서 준비해 놓은 길을 걸을 뿐이다).

986 遅かれ早かれ 늦든 이르든. 조만간. 머지않아

시험 ★★★
회화 ★★★

- **遅かれ早かれ = 遅くても早くても** 늦든 빠르든　・**遅い** 늦다
- **〜かれ〜かれ = 〜かろうと〜かろうと** ~든 ~든. 어느 쪽이든　・**早い** 빠르다

✎ 意味　늦든 이르든 시기의 차이는 있겠지만 가까운 시일 안에 반드시.

🔍 用例　A どうしよう。 テストで0点をとっちゃった。
　　　B 遅かれ早かればれるんだから、早くお母さんに言ったほうがいいよ。

A 어떡하지? 시험에서 빵점 맞았어!
　　　　　　　　　　　　　　　　　　　　　　　　（＝そのうち・いずれ）
B 조만간에 들킬 테니 빨리 엄마한테 자백하는 게 (신상에) 좋아!!

- **ばれる** 틀통나다. 발각되다　・**そのうち** 일간. 가까운 시일 안에　・**いずれ** 머지않아

987 おだてに乗る 부추김에 넘어가다

시험 ★★☆
회화 ★★★

- **おだて** 치켜세움. 부추김　・**乗る** 타다　→　**치켜세움에 타다**

✎ 意味　사람의 부추김에 넘어가 그런 마음이 되는 것.

🔍 用例　A Bちゃん最近ますますかわいくなったんじゃない?

　　　B そんなことないよ〜。

　　　A いいや。 絶対にかわいくなったよ。

　　　B 何がほしいの? おだてには乗らないよ。

A 너, 요즘 점점 이뻐지는 거 아냐?
B 그렇지 않어~.
A 아니야, 진짜로 이뻐진걸!!
B 뭐 가지고 싶은 거라도 있어? 부추긴다고 안 넘어가는데.

988 お茶の子さいさい 식은 죽 먹기

시험 ★☆☆
회화 ★☆☆

- **お茶の子** 차에 곁들인 과자　・**さいさい** 장단을 맞추기 위해 들어간 말(はやしことば)
　→　**차에 곁들인 과자**

✎ 意味　차에 딸려 나오는 소량의 과자는 양이 적어서 소화가 잘 된다는 것에서, 아주 쉽다는 의미.

🔍 用例　A この資料、会議の前までに10枚ずつコピーしておいてもらえます?

　　　B そんなのお茶の子さいさいですよ。（＝簡単）

A 이 자료를 회의 전까지 10부씩 복사해 줄래요?
B 그런 건 식은 죽 먹기죠!!

[同義語] **朝飯前** ★★★

989 お茶を濁す 얼버무리다

시험 ★★☆ 회화 ★☆☆	• お茶 차 • 濁す ① 흐리게 하다 ② (말, 태도, 표정 등을) 애매하게 하다. 얼버무리다
	→ 차를 흐리게 하다

✎ 意味 　적당히 얼버무려서 그 자리를 피하는 모양.

🔍 用例 　**取引先の会社はどうやら最近、別の仕入先を思案しているらしい。**

契約更新をしてくれと言う度に、「そう考えています」「そうするつ

もりです」とお茶を濁すような返事しか返ってこない。（＝ごまかす）

거래처 회사가 아무래도 요즘 다른 구입처를 생각하고 있는 것 같다. 계약 갱신을 해 달라고 할 때마다,

"그렇게 생각 중입니다." "그럴 생각입니다."라며 적당히 얼버무리는 대답밖에 하지 않는다.

• **どうやら** 아무래도. 어쩐지 　• **思案する** 궁리하다. 여러모로 생각하다 　• **仕入先** 매입처. 구입처

990 汚点を残す 오점을 남기다

시험 ★★☆ 회화 ★★★	• 汚点 오점. 불명예. 과오 • 残す 남기다 → 오점을 남기다

✎ 意味 　불명예를 남기는 것.

🔍 用例 　**日本の歴史に汚点を残さないように国際関係を保つ。**

일본 역사에 오점을 남기지 않도록 국제 관계를 유지하다.

• **保つ** ① 유지하다 ② 지키다. 보전하다

991 男が廃る 남자 체면이 서지 않는다

시험 ★☆☆ 회화 ★★★	• 男 ① 사나이. 대장부 ② 사나이의 면목. 체면 • 廃る 손상되다. 깎이다
	→ 사나이의 체면이 깎이다

✎ 意味 　사내로서의 면목이 서질 않는 것.

🔍 用例 　A **もし、できなければ別の人に頼むから、無理しないでね。**

B **いいや! これぐらいの頼まれごともできないなんて言えば、男が廃るね。**

A 만약에 못할 것 같으면 다른 사람에게 부탁할 테니 무리하지는 마.

B 아니야! 이 정도 부탁도 못 들어준다고 한다면 남자가 체면이 말이 아니지!!

A **お化け屋敷、入ろうよ。**

B **俺、お化け屋敷だけは苦手なんだよ。**

A **お化け屋敷が怖いなんて、男が廃るわよ。**

A 귀신의 집에 들어가자.

B 나, 귀신의 집만은 좀 그래.

A 귀신의 집이 무섭다니, 남자가 뭐 그래.

992 男っぷりが上がる   남자로서의 위신이 서다. 남자답고 멋있어지다

시험 ★☆☆
회화 ★★★

• **男っぷり** 남자로서의 면목. 명예. 체면 • **上がる** 오르다 → 남자로서의 면목이 오르다

✎ 意味   남자로서 프라이드가 서는 모양. 남자로서 용모나 모습이 올라가는 것. 외면적인 것.

🔍 用例   A あら、髪切ったんですね。

B はい。ちょっと鬱陶しくなったので…。

A 今の方が似合うわよ。男っぷりが上がったじゃない!!

B そうですか、ありがとうございます。

同義語 **男が上がる** ★★★

• **鬱陶しい** 성가시다. 귀찮다

A 어머, 머리 잘랐네요.   B 네. 좀 성가셔서요.

A 지금이 더 잘 어울리네. 남자답고 멋있어졌는데!!   B 그런가요? 고마워요.

993 男を上げる   남자로서의 위신을 세우다. 품격을 올리다

시험 ★☆☆
회화 ★★☆

• **男** ① 사나이. 대장부 ② 사나이의 면목. 체면 • **上げる** 올리다 → 사나이의 면목을 올리다

✎ 意味   어떠한 멋진 행동이나 일을 하여 남자로서의 가치를 올리는 것. 내면적인 것이 올라가는 것.

🔍 用例   僕はこれからスキルアップしてデキる男になって男を上げるぞ~。

나 지금부터 스킬을 쌓아 일 잘하는 남자가 되어 남자로서 격을 좀 높여야겠어.

A 義男君、地下鉄で痴漢にあいそうな女の子を助けてあげたんだって?

B そうらしいね。今度のことで、義男君、男を上げたよね。

A 요시오가 지하철에서 치한한테 당할 뻔한 여자를 구해 줬다며?

B 그런가 봐. 이번 일로 요시오는 남자로서 위상을 좀 높였네.

A おい、見たぞ。社内誌のインタビュー、お前載ってたな。

B あ、あれ。恥ずかしいな。

A かっこよかったぞ。男、上げたな!!

A 야, 봤어. 사보 인터뷰에 너 나왔더라.   B 아, 그거. 부끄럽게 뭘.

A 멋있던데. 남자로서 위상이 좀 올라갔네!!

994 男を磨く   사내다워지도록 수양하다

시험 ★☆☆
회화 ★★★

• **男** ① 사나이. 대장부 ② 사나이의 면목. 체면 • **磨く** 갈다. 닦다 → 사나이의 체면을 닦다

✎ 意味   남자의 명예를 지키기 위해 의협심을 기르는 것. 대장부로서 수양을 쌓는 것.

🔍 用例   A いま、男を磨くためにいろいろな習い事をしてるんですよ。

B そうなんですか。それでどうです?

A まだまだですね。

A 요즘 남자다워지기 위해 여러 가지를 배우고 있습니다.   B 그래요? 그래서 남자다워지셨어요?

A 아직 멀었습니다.

995 音沙汰がない　소식이 없다

시험 ★★☆
회화 ★★★

・音沙汰 소식. 기별. 연락. 편지　・ない 없다　→　소식이 없다

✎ 意味　연락, 소식, 방문 등이 없는 것.

🔍 用例
A 最近、息子から音沙汰がないんですけど、元気にやってるかしら?
B 大丈夫ですよ。きっと、忙しいんでしょうよ。

A 요즘 아들한테서 연락이 없는데, 건강히 잘 지낼까?　　B 괜찮을 거예요. 분명 바빠서 그러겠죠!

996 落し前を付ける　뒷수습하다

시험 ★☆☆
회화 ★★★

・落し前を付ける의 꼴로, 깡패 사회에서 싸움의 뒷수습을 하다. 또는 그것을 위한 금품을 의미

✎ 意味
축제일 등에 노점을 차려 놓고 장사하거나 요술 등을 보여 주는 香具師 간의 은어로,
노점 등에서 적당한 시점에 손님과 흥정을 마무리 짓기 위해 가격을 낮추는 것을 의미.
변하여 실패나 무례 등을 저질렀을 때의 뒷수습을 가리킴.

🔍 用例
A お前、俺の彼女に手を出しただろ! この落とし前どう付けてくれるんだ!
B 僕、何もやってませんよ。

A 너 내 여자친구를 건드렸지! 이 뒷수습은 어떻게 할 거야!　　B 전 아무 짓도 안 했어요.

A おい、お前がぶつかってきたせいで、オレの服が汚れちまったじゃねーか。
B あ… すみません。
A 謝って済むなら警察はいらねーんだよ。
　どうやって落とし前をつけてくれるんだよ!! おっ?
B すみません。じゃ、これクリーニング代です。

A 야, 네가 치는 바람에 내 옷이 더럽혀졌잖아.　　B 아… 미안해요.
A 사과하고 끝날 일이라면 경찰이 필요 없지. 어떻게 뒷수습을 할 거야!! 어?
B 미안해요. 자, 여기 세탁비예요.

997 大人買い　여윳돈으로 대량 구매하는 것

시험 ★☆☆
회화 ★★★

・大人 어른. 성인　・買う 사다. 구입하다　→　어른 구입

✎ 意味
여기서 大人는 금전적으로 여유가 있는 사람으로, 어렸을 때는 비싸서 하나씩 사거나 했던
것을 어른이 되어 경제력이 생기게 되자 박스째 구입하게 되는 것. 즉 경제력이 있어 한꺼번에
다량으로 구입하는 것을 의미.

🔍 用例
A 一日にデスクトップとノートパソコン、両方を買うなんて、
　Bさんさすが大人買いですね。
B そうかな? ただ、買いに行く時間がないだけだよ。

A 하루에 데스크톱과 노트북, 둘 다 사다니, B씨 돈이 많으신가 봐요.
B 그런가? 그냥 사러 갈 시간이 없어서 그런 건데.

998 鬼の居ぬ間に洗濯 무서운 사람이 없는 틈에 푹 쉼

시험 ★☆☆
문장 ★★☆
- **鬼** 도깨비. 귀신 ・ **居ぬ**(문어)=居ない 없다 ・ **間** (시간적인) 사이. 동안. 짬. 틈
- **洗濯** 세탁 → 도깨비 없는 틈에 세탁

✎ 意味 무서운 사람이나 어려운 사람이 없을 때 푹 쉬는 것. 鬼の居ぬ間の洗濯로도 사용.

🔍 用例 **鬼の居ぬ間の洗濯はいいわ。テレビも自由に見れるし。くつろげるし。**
지켜보는 사람 없을 때 쉬니까 좋다~. 텔레비전도 맘대로 볼 수 있고 편안하고.

---

999 鬼の霍乱 병에는 장사 없다

시험 ★☆☆
문장 ★★★
- **鬼** 도깨비. 귀신 ・ **霍乱** 곽란. 일사병 → 도깨비의 일사병

✎ 意味 매우 건강하던 사람이 병에 걸리는 것을 비유.

🔍 用例 **鬼の霍乱とでも言うのだろうか、妻がインフルエンザにかかった。**
병에는 장사 없다더니 마누라가 독감에 걸렸다.

・**インフルエンザにかかる** 독감에 걸리다

1000 鬼の首を取ったよう 대단한 일이라도 한 듯이

시험 ★★☆
문장 ★★★
- **鬼** 도깨비. 귀신 ・ **首を取った** 목을 자른 ・ **首を取る** 목을 자르다. 목을 베다 ・ **よう** 듯
→ 도깨비의 목을 벤 듯이

✎ 意味 마치 큰 공을 세우기라도 한 것 같이 기고만장한 모양.

🔍 用例 **他人の失敗を探して、鬼の首を取ったように言う。**
남의 실수를 찾아내어 대단한 일이라도 한 것처럼 말한다.

1001 鬼の目にも涙 호랑이도 눈물 흘린다

시험 ★☆☆
문장 ★★★
- **鬼** 도깨비. 귀신 ・ **目** 눈 ・ **涙** 눈물 → 도깨비 눈에도 눈물

✎ 意味 냉정한 사람도 때에 따라서는 자비로운 마음이 생겨 눈물을 흘린다는 것을 비유.

🔍 用例 **息子の卒業式で妻の涙を見た。鬼の目にも涙とはよく言ったものだ。**
아들 졸업식에서 아내가 눈물을 보였다. '호랑이도 눈물 흘린다'란 말이 괜히 나온 말이 아닌 것 같다.

いつもはあんなに頑固で厳格なお父さんが、娘の結婚式で涙を見せるなんて、まさに鬼の目にも涙だよな。
평소에는 그렇게 완고하고 엄격한 아버지가 딸의 결혼식에서 눈물을 보이다니, 그야말로 호랑이도 눈물을 흘리는 거네.

1002 お開きにする 끝내다. 돌아가다. 폐회하다

시험 ★★★
회화 ★★★

• **お開き** 회합이나 연회 등을 끝내는 것 • **する** 하다 → 회합이나 연회 등을 끝내기로 하다

✎ 意味
모임 등이 끝나서 해산하는 것. 결혼식이나 연회장에서 마지막을 고할 때, 흥겨웠던 분위기를
깨지 않으려고 「**終わる** 끝내다, **閉じる** 끝나다, 파하다」 등의 말 대신 사용하는 표현.
이런 좋지 않은 표현을 기피하는 말을 **忌み言葉** 라고 하는데, 그 예로는 장례식장에서는
「**再び** 재차, **重なる** 겹치다」 등이 있으며, 결혼식장에서는 「**離れる** 떠나다, **別れる** 헤어지다」
등이 있음.

🔍 用例
もう12時を過ぎたので、今日はお開きにしよう。 (=終わりにしよう)
벌써 12시가 넘었으니 오늘은 (여기서) 끝내자.

1003 おべっかを使う 아첨을 하다. 아부를 하다

시험 ★☆☆
회화 ★★☆

• **おべっか** 아첨. 알랑거림 • **使う** 사용하다 → 아첨을 사용하다

✎ 意味
상대의 기분을 좋게 하려고 아첨하거나 마음에도 없는 빈말을 하는 것.

🔍 用例
A **奥さん、今日は一段ときれいですね。**

B **やめてくださいよ。おべっかを使うのは。**

A 아주머니 오늘따라 한층 아름다워 보이십니다.

B 어머, 무슨 그런 아부를 다, 그만하세요.

1004 覚束ない 불안하다. 의심스럽다

시험 ★☆☆
회화 ★★☆

• **覚束ない** ① 미덥지 못하다. 불안하다 ② 확실치 않다

✎ 意味
① 일의 진행이 잘될 것 같지 않은 것. ② 확실하지 않은 것. 불분명한 것.

🔍 用例
① A **もっと勉強しないとだめじゃない。**

B **今の成績だと滑り止めの学校の合格も覚束ないぞ。**

A 좀 더 열심히 공부해야지!

B 지금 성적이라면 2차 지원 학교의 합격도 장담 못해.

② **韓国に5年も住んでいるのに、まだ韓国語が覚束ない。**

한국에서 5년이나 살았는데, 아직 한국어가 불안하다.

• **滑り止め** ① 미끄러지지 않도록 괴는 것 ② 1차 지망 학교에 떨어질 때를 생각하여 입학이 확실시되는
학교도 지원해 두는 일

1005 お眼鏡に適う　눈에 들다. 마음에 들다

시험 ★☆☆
회화 ★★☆

• **お眼鏡** 안경　• **適う** 뜻을 이루다. 적합하다　→　**안경에 적합하다**

✎ 意味　여기서 **お眼鏡**는 물건을 감정하는 확대경을 의미하며 감식한 결과 합격했다는 데서, 윗사람에게 좋게 평가되는 것.

🔍 用例　**今年の新入社員の中には社長のお眼鏡に適う人材はいなかったようだ。**

올해 신입 사원 중에는 사장님 눈에 드는 인물은 없었던 것 같다.

親のお眼鏡に適う婿をとるのは難しい。

부모님 눈에 드는 사위를 데려오는 것은 어렵다.

同義語 **お目に適う** ★★★

1006 思い立ったが吉日　쇠뿔도 단김에 뽑아(빼)라

시험 ★★☆
회화 ★★☆

• **思い立つ** 무슨 일을 하려고 생각하다. 마음먹다　• **吉日** 길일　→　**생각날 때가 길일**

✎ 意味　뭔가 시작하려고 할 때 바로 시작하는 게 좋다는 의미.

🔍 用例　A **ダイエット始めようかな。**
　　　　B **思い立ったが吉日だよ。今日から始めなよ。**

A 다이어트 시작할까?
B 쇠뿔도 단김에 빼라잖아!! 오늘부터 시작해.

1007 思いも寄らない　생각하지도 못하다. 상상하지도 못하다

시험 ★★☆
회화 ★★★

• **思い** 생각　• **寄らない** 다가서지 못하다　• **寄る** 다가서다. 접근하다　→　**생각도 못하다**

✎ 意味　전혀 상상도 못하는 모양.

🔍 用例　**私が大好きな彼と結婚できるなんて、1年前には思いも寄らないことだった。**

내가 그렇게 좋아하던 그와 결혼을 하게 되다니, 1년 전에는 상상도 못한 일이었다.

1008 思いを馳せる　떨어져 있는 존재를 생각하다

시험 ★☆☆
문장 ★★★

• **思い** 생각　• **馳せる** ① (말, 차 등을) 달리게 하다 ② (먼 곳에 있는 것을) 생각하다
　　　　→　**생각을 달리게 하다**

✎ 意味　멀리 떨어져 있는 사람이나 사물을 생각하는 것.

🔍 用例　**アメリカに住んでいる彼氏に思いを馳せる。**

미국에 살고 있는 남자친구를 생각한다.

1009 思いを晴らす 한을 풀다. 소원을 이루다

시험 ★☆☆
회화 ★★☆

• 思い ① 생각함 ② 소원. 뜻 • 晴らす ① (날씨가) 개는 것을 기다리다 ② 풀다
→ 생각을 풀다

✏️ 意味 쭉 품고 있던 소원을 이루는 것.

🔍 用例 前回準優勝に終わった悔しい思いを晴らすために、一生懸命練習する。

지난 대회에서 준우승으로 그친 억울한 한을 풀기 위해 열심히 연습한다. (=思いを遂げる)

• 前回 전회. 지난번 • 遂げる 이루다. 달성하다

1010 思いを寄せる 호의를 품다. 연모하다

시험 ★☆☆
회화 ★★★

• 思い ① 생각함 ② 연정. 사모하는 마음 • 寄せる (마음을) 기울이다. 사모하다
→ 마음을 기울이다

✏️ 意味 어떤 것에 관심을 가지는 것. 이성에게 사랑하는 감정을 품는 것.

🔍 用例 今まで密かに思いを寄せていた人に、思い切って告白しようと思う。

지금까지 몰래 마음에 품었던 사람에게 큰맘 먹고 고백하려고 해.

1011 思う壺 그렇게 되기를 기대한 계략. 기도

시험 ★☆☆
회화 ★★★

• 思う 생각하다 • 壺 = 壺 ① 항아리. 단지 ② 예상. 짐작 → 생각한 예상

✏️ 意味 壺는 주사위 도박에서 흔드는 항아리를 가리키는데, 기대한 대로 주사위의 눈이 나온다는
것에서, 계획이나 작전이 맞아떨어져 목적한 대로, 기대한 대로 되는 것.
「思う壺にはまる 계략에 빠지다. 작전에 걸려들다」의 형태로도 사용.

🔍 用例 A チェホンマンが右膝を手術した事は、マスコミには絶対に発表して
はだめだ。

B そうだ。そんな事が対戦相手に知れたら、次の試合は相手の
思う壺だ。(=思い通りになってしまう)

A 최홍만이 오른쪽 무릎을 수술한 사실은 매스컴에 절대 발표해서는 안 돼.
B 맞아. 그런 일을 상대 선수라도 알게 되면 다음 시합은 상대가 주무르게 돼.

A 今、彼と別れたら親の思う壺なんだから、絶対に別れちゃダメよ。

B うん、わかってる。

A 지금 남자친구랑 헤어지면 부모님 뜻대로 되는 거니까 절대 헤어지면 안 된다.
B 응, 알아.

• 思い通りになる 생각한 대로 되다

1012 重きを置く 중점을 두다. 무게를 두다

시험 ★☆☆
문장 ★★☆

• 重き 무게. 중점. 중요시 • 置く 두다 → 무게를 두다

✏️ 意味 중요하게 생각하는 것.

🔍 用例 **私の家庭では、教育に重きを置いて子供を育てています。**
우리 집에서는 교육에 중점을 두고 아이들을 키우고 있습니다.

1013 重きを成す 비중을 차지하다

시험 ★☆☆
문장 ★★☆

• 重き 무게. 중점. 중요시 • 成す 이루다. 이룩하다. 달성하다 → 중점을 이루다

✏️ 意味 중요한 위치를 차지하는 것.

🔍 用例 **今年１年は、私にとって重きを成す年になりました。**
올 한 해는 제게 중요한 해였습니다.

1014 表看板にする 대표 상품으로 하다. 표면상의 명분으로 내세우다

시험 ★☆☆
회화 ★☆☆

• 表 바깥 • 看板 간판 • にする ~으로 하다 → 바깥 간판으로 하다

✏️ 意味 극장 등에서 상연 내용이나 출연자 등을 극장 정면에 걸었던 것에서, 세상에 보이는 표면상의 명목을 의미.

🔍 用例 **この饅頭を店の表看板にしよう。**
이 만주를 가게의 대표 상품으로 하자!

無担保ローンを表看板にした詐欺一味が捕まった。
무담보 대출을 표면상의 명분으로 내세운 사기단이 붙잡혔다.

• 一味 일당. 한패

1015 表に立つ 앞에 나서다. 표면에 나서다

시험 ★☆☆
문장 ★★☆

• 表 앞면. 겉 표면 • 立つ 서다 → 앞면에 서다

✏️ 意味 표면에 확실하게 드러나거나 세상에 알려지는 것. 줄여서 「表立つ 표면화하다. 세상에 공공연하게 알려지다」의 형태로도 자주 사용.

🔍 用例 **表に立つ人間は、それを支える人がいて初めて実力が出せるんです。**
앞에 나서는 사람은 그를 지지해 주는 사람이 있어서 비로소 실력을 발휘할 수 있습니다.

政府はこの件については表立った反応は見せていない。
정부는 이 건에 대해서는 공식적인 반응은 보이지 않았다.

신체
관용어

생활
관용어

속담·격언

고사성어

사자성어

1016 重荷を下ろす 무거운 짐을 덜다

시험 ★★☆
문장 ★★★

• 重荷 무거운 짐 • 下ろす 내리다. 내려놓다 → 무거운 짐을 내리다

✎ 意味　무거운 책임이나 중압감에서 벗어나는 것. 걱정이 사라져 홀가분한 모양.

🔍 用例　**娘が嫁に行ったので、ようやく重荷を下ろすことができた気がする。**

딸을 시집보내, 이제 겨우 홀가분한 기분이 든다.

同義語 肩の荷が下りる ★★★　肩の荷を下ろす ★★★　肩が軽くなる ★★★

• 嫁に行く 시집가다 • ようやく 겨우. 가까스로. 간신히 • 肩の荷が下りる 어깨의 짐이 내려가다
• 肩の荷を下ろす 어깨의 짐을 내려놓다 • 肩が軽くなる 어깨가 가벼워지다

1017 お安い御用 쉬운 일이다. 문제 없다

시험 ★☆☆
회화 ★★☆

• お安い (자신에게 있어서) 손쉽다 • 御用 볼일. 용건. 用事, 用件의 높임말 → 손쉬운 용건

✎ 意味　타인에게서 부탁받고 '그런 건 식은 죽 먹기다'라는 식으로 답할 때 쓰는 말.

🔍 用例　A **すみません… ちょっと棚の上のファイルを取っていただきたいんですが… とどかなくて…。**

B **ええ、お安い御用ですよ。**

A 죄송한데, 선반 위에 있는 파일 좀 내려 주시겠습니까? 손이 닿질 않아서요….
B 네에, 그거야 식은 죽 먹기죠.

同義語 容易い御用 ★★★　• 容易い 손쉽다. 용이하다. 만만하다

1018 親のすねをかじる 부모에게 기대어 지내다. 부모의 등골을 빼먹다

시험 ★★★
회화 ★★★

• 親 부모 • すね 정강이 • かじる 이로 갉다. 갉아먹다 → 부모의 정강이를 갉아먹다

✎ 意味　자식이 독립하지 못하고 부모 그늘에서 생활하는 것.

🔍 用例　A **就職したんだから、いい加減に親のすねをかじるのはやめなさい。**

B **だって、給料少ないんだもん。**（＝経済的に親の援助を受ける）

A 취직도 했으니, 이제 부모 등골 빼먹는 짓은 그만둬라!
B 하지만 월급이 적은데 어떡하라구!

• 経済的に親の援助を受ける 경제적으로 부모의 도움을 받다

1019 親の七光り 부모의 후광
おや ななひか

시험 ★★☆
회화 ★★★

• **親** 어버이. 부모   • **七光り** 어버이의 위광. 여광   → **부모의 위광**
おや   ななひか

✎ 意味   부모의 사회적 지위나 명성이 높으면 자녀의 출세에 큰 도움을 준다는 것을 비유한 표현.

🔍 用例
A 今回デビューしたアイドル見た？
こんかい   み

B 見たよ。あの人、親も芸能人じゃん。
み   ひと おや げいのうじん

A なんだ親の七光りか。
おや ななひか

A 이번에 데뷔한 아이돌 봤어?

B 봤어. 그 아이 부모도 연예인이잖아.

A 뭐야. 부모 덕 본 거였어!

同義語 **七光り** ★★ **親の光は七光り** ★
ななひか   おや ひかり ななひか

1020 折り合いがつく 타협을 하다. 타결되다
お あ

시험 ★☆☆
문장 ★★★

• **折り合い** 서로 양보하여 해결함. 타협   • **つく** 결말이 나다. 끝나다   → **타협이 끝나다**
お あ

✎ 意味   대립된 관계의 사람들이 서로 양보하고 타협하여 결과적으로 잘 해결되는 것.

🔍 用例
新製品の価格について折り合いがつき、ついに販売に至った。
しんせいひん かかく   お あ   はんばい いた

신제품 가격이 타결되어 드디어 판매하게 되었다.

• **ついに** 마침내. 드디어. 결국   • **至る** (어떤 단계나 상태로) 되다
いた

1021 折り紙をつける 보증하다
お がみ

시험 ★☆☆
문장 ★★☆

• **折り紙** ① 종이접기용 색종이 ② 서화・도자기 등의 감정서. 보증서 ③ 보증. 정평
お がみ

• **つける** 붙이다   → **보증서를 붙이다**

✎ 意味   미술품 등에 감정보증서를 붙이는 것에서, 물품이나 인물 등에 대해 신용할 수 있다고 보증을
하는 것. 「**折り紙つき 정평**」의 형태로 인물에 주로 사용.
お がみ

🔍 用例
人間国宝の作った作品に折り紙をつける。
にんげんこくほう つく さくひん お がみ

인간문화재인 장인이 만든 작품에 보증서를 달다.

彼の人間性は折り紙つきだ。
かれ にんげんせい お がみ

그의 인간성은 정평이 나 있다.

同義語 **太鼓判を押す** ★★★   • **太鼓判を押す** 절대 틀림없음을 보증하다
たいこばん お   たいこばん お

신체
관용어

생활
관용어

속담·격언

고사성어

사자성어

1022 尾を引く　영향을 남기다

시험 ★☆☆
회화 ★★☆

•尾 꼬리 •引く 끌다 → 꼬리를 끌다

✎ 意味　일이 끝난 다음에도 영향이 남는 것.

🔍 用例
A まだ私の中では怒りがおさまってないですから。
B まだ、昨日のことが尾を引いてるのか？ そろそろ機嫌直せよ。

A 아직 내 속에서는 분이 사그라들지 않았으니 그리 알아요.　(＝後に引きずって)
B 아직도 어제 일로 그러는 거야? 이제 슬슬 화 풀지!

1023 音頭を取る　선창하다

시험 ★☆☆
회화 ★★☆

•音頭 ① 많은 사람들이 노래를 부를 때 먼저 선창하는 것 ② 무슨 일을 할 때 앞장서서 이끌어 감
•取る (무엇을) 하다 → 앞에서 먼저 하다

✎ 意味　여러 사람 앞에서 맨 먼저 어떤 말이나 행동을 하는 것. 특히 연회석 등에서 건배하기 전에 주빈이 축사를 한마디 하는 것을 말함.

🔍 用例
A 今日は忘年会なので、部長に乾杯の音頭を取っていただきたいのですが。
B ああ、分かったよ。

A 오늘은 송년회니까, 부장님께 건배사를 부탁드리고 싶은데요.
B 아아, 알았어.

1024 恩に着せる　공치사하다. 은혜 베푼 것을 생색내다

시험 ★☆☆
회화 ★★★

•恩 은혜 •着せる 옷을 입히다. 뒤집어씌우다 → 은혜를 뒤집어씌우다

✎ 意味　타인에게 작은 은혜를 베풀고서는 스스로 자랑하며 고맙다는 소리를 들으려는 태도를 취하는 모양.

🔍 用例
A 「あの時私が助けてやらなかったら、お前はここにいなかったぞ」
て何回も何回も言うんだよね。
B 嫌になっちゃうね。そんなに恩に着せなくてもいいのに。

A "그때 내가 구해 주지 않았다면 넌 여기에 없었어."라고 몇 번이고 몇 번이고 말하는 거야.
B 싫다 싫어. 그렇게 공치사 안 해도 알 텐데 말야.

同義語　恩を着せる ★★★　恩着せがましい ★★★

•恩着せがましい 자못 은혜라도 베푸는 듯이 굴다

1025 恩に着る 은혜를 잊지 않다

시험 ★★★
회화 ★★★

• 恩 은혜　• 着る 옷을 입다. 은혜를 입다. 죄를 뒤집어쓰다　→ **은혜를 입다**

✎ 意味　은혜를 입어 고맙게 생각하는 것으로, 특히 부탁할 때 사용.

🔍 用例

A どうしても頼みたいことが。明日、俺の変わりに出張に行ってくれ。

B しょうがないなあ、他ならぬお前の頼みだ。

A いやぁ、ありがとう。このことは一生恩に着るよ。

A 꼭 들어줬으면 하는 부탁이 있는데…. 내일 나 대신 출장 좀 가 줘라.

B 어쩔 수 없네. 다른 사람도 아닌 니 부탁이니 말야.

A 야, 정말 고마워. 이 은혜는 평생 잊지 않을게.

• 他ならぬ = 他ならない 다른 것이 아닌 바로 그것이다

1026 穏便に済ます 원만하게 수습하다

시험 ★☆☆
회화 ★★☆

• 穏便 무슨 일을 처리하는데 조용하고 원만하게 다루는 모양
• 済ます ① 끝내다. 마치다 ② 수습하다. 끝장내다　→ **원만하게 끝내다**

✎ 意味　일의 처리를 모나지 않게 조용히 하는 모양.

🔍 用例

事態を穏便に済ますためには多少の嘘も悪いことではない。

사태를 원만하게 수습하기 위해서는 약간의 거짓말도 나쁘지는 않다. (=波を立てずに済ます)

同義語　穏便に収める ★★　• 波を立てずに済ます 파도(문제)를 일으키지 않고 수습하다

1027 恩をあだで返す 은혜를 원수로 갚다

시험 ★★☆
회화 ★★☆

• 恩 은혜　• あだ 원수. 적　• 返す (빌린 것을) 돌려주다　→ **은혜를 원수로 돌려주다**

✎ 意味　신세 진 사람에게 은혜를 갚기는커녕 오히려 피해를 끼치는 행동을 하는 것.
은혜뿐만이 아니라 폐만 잔뜩 끼치고 사라져 버리는 것을 말하기도 함.

🔍 用例

散々面倒を見てやったのに、お礼の一つも言わずに私の元を去るとは、

なんとも恩をあだで返すようなまねをしてくれたものだ。

그렇게 보살펴 줬는데 고맙단 말 한마디 없이 내 곁을 떠나다니, 정말 은혜를 원수로 갚는 배은망덕한 녀석이다.

• 散々 심하게. 실컷　• 面倒を見る 돌봐 주다. 보살피다　• 去る 떠나다. 가다　• なんとも 참으로

• まねをする 행동을 하다

1028 甲斐性がない 생활력이 없다

시험 ★☆☆ 회화 ★★★	• 甲斐性 일을 하려는 의욕이나 기력. 생활력 • ない 없다 → 의욕이 없다

✎ 意味   무기력하고 적극적으로 일해서 생활을 나아지게 하려는 의욕이 없는 모양.
보통 남성에 대해 사용.

🔍 用例   **A また、給料上がらなかったの？ 全く、甲斐性がないね。**

B そんなこと言うなよ。俺だってがんばってるんだから。

A 또 월급 안 오른 거야? 정말 무능하다니까.
B 그렇게 말하지 마. 나도 노력하고 있으니까.

1029 返す言葉がない 뭐라고 할 말이 없다

시험 ★★☆ 회화 ★★★	• 返す 돌려주다. 되돌리다 • 言葉がない 말이 없다 → 돌려줄 말이 없다

✎ 意味   자신의 잘못 등을 정확하게 지적당해서 변명의 여지가 없는 것.

🔍 用例   **すべて自分が悪いため、何を言われても返す言葉が見つからない。**

모두 내 잘못이기 때문에 무슨 소리를 들어도 할 말이 없다.

1030 我が強い 고집이 세다

시험 ★☆☆ 회화 ★★★	• 我 나. 자아. 자기 본위의 생각 • 強い 강하다 → 자아가 강하다

✎ 意味   고집을 부리며 좀처럼 자신의 생각을 바꾸지 않는 것.

🔍 用例   **私は我が強いといわれるが、自分自身を信じているだけだ。**

나는 고집이 세다는 말을 듣는데, 나 자신을 믿는 것뿐이다.

1031 書き入れ時 대목 때

시험 ★★☆ 회화 ★★★	• 書き入れ 써넣음. 기입 • 時 때 → 기입 때

✎ 意味   기장(記帳)하기에 바쁜 때라는 뜻에서, 이익이나 벌이가 가장 많을 때.

🔍 用例   **クリスマスや年末はデパートの書き入れ時です。**

크리스마스나 연말은 백화점의 대목입니다.

1032 限りない かぎ 끝없다. 한없다. 무한하다

시험 ★★★
회화 ★★★

· 限り 한. 한계. 끝 かぎ · 無い 없다 な → 한없다

✎ 意味　끝이 없는 것. 무궁한 것.

🔍 用例　人間は誰でも限りない可能性を持っている。
にんげん だれ かぎ か のうせい も

인간은 누구든지 무한한 가능성을 지니고 있다.

同義語 果てしない★★★ は · 果て 끝 は

1033 限りを尽くす かぎ つ 있는 힘을 다하다. 극치를 달리다

시험 ★★☆
회화 ★★★

· 限り 있는 만큼 전부 かぎ · 尽くす 다하다 つ → 있는 만큼 전부를 다하다

✎ 意味　있는 힘껏(한껏) 어떤 일을 하는 것. 주로 「力の限りを尽くす 있는 힘을 다하다」 ちから かぎ つ
「贅沢の限りを尽くす 사치의 극치를 달리다」의 형태로 사용. ぜいたく かぎ つ

🔍 用例　一年に一度の運動会では力の限りを尽くしてがんばる。(＝精一杯) いちねん いち ど うんどうかい ちから かぎ つ せいいっぱい

일 년에 한 번 있는 운동회에서는 있는 힘을 다해 노력한다.

彼は若いころは贅沢の限りを尽くした生活をしていた。 かれ わか ぜいたく かぎ つ せいかつ

그는 젊었을 때 극도로 사치스러운 생활을 했었다.

1034 覚悟の上 かく ご うえ 각오한 바

시험 ★★☆
회화 ★★★

· 覚悟 각오. 체념하고 마음을 정함 かくご · 上 ~하고 나서. ~한 후 うえ → 각오하고 나서

✎ 意味　무엇을 하기에 앞서 바람직하지 않은 결과를 예상하고 마음의 준비를 하는 것.

🔍 用例　彼が「死」という道を選んだのは覚悟の上の選択だった。 かれ し みち えら かく ご うえ せんたく

그가 '죽음'이라는 길을 선택한 것은 이미 각오한 바였다. 同義語 覚悟の前★ かく ご まえ

1035 学習しない がくしゅう 학습하지 않다. 배우지 않다

시험 ★☆☆
회화 ★★★

· 学習 학습 がくしゅう · しない 하지 않다 → 학습하지 않는다

✎ 意味　경험을 통해 지식이나 환경에 적응하는 태도, 행동 등을 몸에 익히는 것.

🔍 用例　A また、失敗してしまいました。 しっぱい

B また？ また失敗したの？ 本当に学習しないよね。 しっぱい ほんとう がくしゅう

A 또 실패했어요.

B 또야? 또 실패한 거야? 정말 배워라 배워 좀.

1036 核心に触れる 핵심을 건드리다

시험 ★☆☆
회화 ★★★

・核心 핵심 ・触れる ① 닿다 ② 언급하다 → 핵심에 닿다

✎ 意味   일의 중심이 되는 중요한 점을 건드리는 것.

🔍 用例   国際問題は国同士の利害関係が絡んでいるため、なかなか核心に触れる
ことができない。

국제 문제는 국가 사이의 이해관계가 얽혀 있어, 좀처럼 핵심을 건드릴 수가 없다.

1037 核心を突く 핵심을 찌르다

시험 ★★☆
회화 ★★★

・核心 핵심 ・突く 찌르다 → 핵심을 찌르다

✎ 意味   일의 중심이 되는 중요한 점을 찌르는 것.

🔍 用例   彼は、核心を突いたするどい質問をした。

그는 핵심을 찌르는 날카로운 질문을 했다.

1038 隔世の感 격세지감. 세대 차이

시험 ★☆☆
회화 ★☆☆

・隔世 격세. 시대나 세대가 떨어져 있음 ・感 감 → 격세의 감

✎ 意味   진보와 변화를 크게 겪어서 예전에 비해 많이 달라졌다는 느낌을 표현.

🔍 用例   今時の若者たちを見ると、自分が若かったころと比べ、
隔世の感がある。

요즘 젊은 사람들을 보면, 내가 젊었을 때와 비교해서 격세지감을 느낀다.

| 同義語 | 隔世の思い ★★ ・今時 요즘. 오늘날 |

1039 楽屋裏を覗く 무대를 엿보다. 내막을 알게 되다

시험 ★☆☆
회화 ★★★

・楽屋裏 ① 무대 뒤. 또는 그 내부 ② 내막. 이면 ・覗く 엿보다 → 내막을 엿보다

✎ 意味   ① 무대를 엿보는 것. ② 뜻밖의 기회로 일의 사정이나 비밀을 알게 되는 것.

🔍 用例   ① 友達が出演している演劇の楽屋裏を覗いてみた。

친구가 출연하는 연극의 무대 뒤를 엿보았다.

② 楽屋裏を覗かれてしまった以上は、正直に実情を打ち明けるしかない。

내막을 들킨 이상 정직하게 사정을 털어놓을 수밖에 없다.

1040 隠れ蓑にする （かく・みの） 방패막이로 삼다. 핑계로 삼다

시험 ★☆☆
회화 ★★★

• **隠れ蓑** （かく・みの） ① 입으면 모습이 보이지 않게 된다는 상상의 도롱이 ② (비유적으로) 실체를 숨기기 위한 표면상의 수단, 명목 • **にする** ~으로 하다 → **표면상의 수단으로 하다**

✎ 意味 본심이나 정체를 들키지 않기 위해 무엇인가를 이용하는 것.

🔍 用例 **精神障害と偽り、それを隠れ蓑にする犯罪者がいる。**（せいしんしょうがい・いつわ・かく・みの・はんざいしゃ）

정신 장애라고 속여 그것을 수단으로 삼는 범죄자가 있다. 　　　　• **偽る**（いつわ） 거짓말하다. 속이다

1041 隠れもない （かく） 잘 알려져 있다. 유명하다

시험 ★☆☆
회화 ★☆☆

• **隠れ**（かく） 숨김. 모습을 감춤 • **ない** 없다 → **숨김도 없다**

✎ 意味 모르는 사람이 없을 정도로 잘 알려져 있는 모양.

🔍 用例 **多くの人々が貧困にあえいでいるのは隠れもない事実だ。**（おお・ひとびと・ひんこん・かく・じじつ）

많은 사람들이 빈곤에 헐떡이고 있는 것은 잘 알려진 사실이다.

• **あえぐ** ① 헐떡이다. 숨차다 ② 허덕이다. 괴로워하다

1042 駆け落ちする （か・お） 연인과 도망치다

시험 ★☆☆
회화 ★★★

• **駆け落ち**（か・お） 사랑의 도피. 남녀가 눈이 맞아 달아남 • **する** 하다 → **사랑의 도피를 하다**

✎ 意味 결혼 허락을 받지 못한 사랑하는 남녀가 몰래 다른 데로 도망가는 것.

🔍 用例 A **私、彼とどうしても結婚したいのに、私の両親がだめだって…。**（わたし・かれ・けっこん・わたし・りょうしん）

B **そんなの簡単よ。どうしても彼と一緒になりたいなら、**（かんたん・かれ・いっしょ）
駆け落ちすればいいわ。（か・お）

A 나, 그 사람이랑 어떻게든 결혼하고 싶은데, 우리 부모님이 반대해서….
B 그럼 간단해. 그 사람 없으면 안 되겠다 싶으면 도망가 버리면 되잖아.

1043 かけがえのない 대체할 수 없는. 둘도 없는

시험 ★★★
회화 ★★★

• **掛け替え**（か・が） 여벌. 예비품 • **掛ける**（か） 손을 쓰다. 처치하다 • **替える**（か） 바꾸다. 교체하다
• **ない** 없다. 없는 → **여벌 없는**

✎ 意味 더할 나위 없이 소중. 무엇하고도 바꿀 수 없는.

🔍 用例 A **なんであの人、最近落ち込んでるの?**（ひと・さいきん・お）

B **だって、かけがえのない奥さんを事故で亡くしてしまったの。**（おく・じこ・な）

A 저 사람 요즘 왜 우울해 보여? 　　　（＝他の物に代えられない）（ほか・もの・か）
B 왜냐면 둘도 없는 부인을 사고로 잃었거든.

• **落ち込む**（お・こ） 침울해지다 • **亡くす**（な） 여의다. 사별하다 • **他の物に変えられない**（ほか・もの・か） 다른 물건과 바꿀 수 없다

신
체
관
용
어

생
활
관
용
어

속
담
·
격
언

고
사
성
어

사
자
성
어

1044 影が薄い 존재가 희미하다

시험 ★★☆
회화 ★★★

- 影 그림자. 모습. 형체 ・ 薄い 연하다. 희미하다 → 모습이 희미하다

✎ 意味　이렇다 할 활약이 없이 존재가 눈에 띄지 않는 모양.

🔍 用例
A うちの部署の課長ってすごく影が薄いと思わない?

B ぱっとしないから、50になっても課長なのよ。

A 우리 부서 과장님, 정말 너무 존재감이 없는 것 같지 않아?

B 똑부러지시지 못하니까 50이 돼서도 과장인 거야.

- ぱっと 눈에 번쩍 띄거나 두드러진 모양

1045 影が差す 그림자가 지다

시험 ★★☆
회화 ★★★

- 影 그림자 ・ 差す 나타나다 → 그림자가 나타나다

✎ 意味　① 모습이(그림자가) 나타나는 것. ② 불안하고 불길한 조짐이 나타나는 것. 속담으로는
「噂すれば影が差す 호랑이도 제 말하면 온다」가 있음.

🔍 用例
① 月が傾き、寝ている私の顔に影が差した。

달이 기울어 자고 있는 나의 얼굴에 그림자가 졌다.

② 今まで健康だけには自信があった主人が今回の健診に引っかかり
不吉な影が差しました。

지금까지 건강만큼은 자신하던 남편이 이번 건강 검진에서 재검 통보를 받게 되어 불안한 기운이 느껴졌다.

- 健診に引っかかる 건강 검진한 무언가에 수치가 나쁘게 나오다. 건강 검진에서 재검 통보를 받다

1046 掛け金 매달 내는 돈. 쏟아부은 돈

시험 ★☆☆
회화 ★★★

- 掛ける 내다. 불입하다 ・ 金 돈 → 낸 돈

✎ 意味　매일 또는 매달 등 정기적으로 적립하거나 낸 돈.

🔍 用例
どの保険に入るにしても、掛け金が意外と高い。

어느 보험을 들든 의외로 불입금이 높다.

ギャンブルに勝って、掛け金の１０倍が戻ってきた。

갬블(도박)에서 이겨 부은 돈의 10배를 땄다.

1047 陰口を叩く　뒤에서 흉보다

시험 ★★★
회화 ★★★

・陰口 뒤에서 하는 험담 ・叩く ① 때리다 ② 험담하다. 꾸짖다 → 뒤에서 험담하다

✏️ 意味　당사자가 없는 곳에서 그 사람의 험담을 하는 것.

🔍 用例
A 隣のクラスの子が彼女がブサイクだって陰口叩いてたよ。
B そんなことなら別にいいや。 (＝悪口言ってた)

A 옆 반 애가 여자친구 못생겼다고 흉보더라.　B 그런 거라면 뭐 상관없어.

📖 同義語　陰口を聞く★★　・不細工 못생김　・悪口を言う 남의 욕을 하다

1048 陰で糸を引く　배후에서 조종하다

시험 ★☆☆
회화 ★★☆

・陰 ① 그늘 ② 배후 ・糸 실 ・引く 끌다. 당기다 → 배후에서 실을 끌다

✏️ 意味　인형극에서 보이지 않는 곳에서 실을 잡아당기며 인형을 움직인다는 것에서,
배후에서 사람을 자기 의지대로 움직이는 것.

🔍 用例
A いま話題の推理小説、読んだ？
B うん。なんかね、主人公が陰で糸を引いてるんだよ。
A あ〜。言っちゃだめ!!

A 지금 화제가 되고 있는 추리소설 읽었어?　B 어. 근데 있지, 주인공이 배후에서 조종하는 거야.
A 아~. 말하지 마!!

1049 陰になり日向になり　음으로 양으로. 남이 알게 모르게

시험 ★☆☆
회화 ★★★

・陰 음지 ・になり ~이(가) 되어 ・日向 양지 → 음지가 되어 양지가 되어

✏️ 意味　때로는 뒤에서, 때로는 앞에서 여러 가지로 돕는 것.

🔍 用例
今まで陰になり日向になり私を支え、協力して下さった皆さん、
ありがとうございました。このご恩は一生忘れません。

지금까지 음으로 양으로 저를 돌봐 주며 협력해 주신 모든 분들, 고맙습니다. 이 은혜 평생 잊지 않겠습니다.

1050 掛け値無し　과장 않고. 진짜. 틀림없이

시험 ★☆☆
회화 ★★☆

・掛け値 ① 에누리 ② 과장하여 말하는 것 ・無し 없음 → 과장하여 말하는 것이 없음

✏️ 意味　과장하지 않고 덧붙이지 않고 있는 그대로 말하는 모양. 틀림없이 그렇다는 것.

🔍 用例
その監督の新作品は掛け値無しの超大作だとの前評判だ。

그 감독의 신작은 틀림없는 최고의 대작이라는 평가다.

📖 同義語　正真正銘★★　・前評判 어떤 일이 시작되기 전의 평판이나 소문

1051 陰日向がある 표리가 있다

시험 ★★☆
문장 ★★☆
• 陰日向 ① 음지와 양지 ② 타인이 볼 때와 안 볼 때의 언행이 바뀌는 것. 표리 • ある 있다
→ 표리가 있다

✎ 意味   남이 있을 때와 없을 때 행동이나 말이 다른 것.

🔍 用例   陰日向のある人は、付き合いづらい。
표리가 있는 사람은 사귀기 어렵다.

反対語 陰日向がない★★

1052 影も形も無い 아무 흔적도 없다

시험 ★☆☆
회화 ★★★
• 影も 그림자도 • 形 형태 • 無い 없다 → 그림자도 형태도 없다

✎ 意味   거기에 당연히 있어야 할 사람이나 물건이 전부 흔적도 없이 사라진 것.

🔍 用例   バブル時代に新しくできた会社は、今や影も形もない会社が多い。
버블 시대에 새로 생겼던 회사들이 지금은 아무 흔적도 없는 회사가 많다.

1053 影を落とす 그림자를 드리우다. 악영향을 미치다

시험 ★☆☆
문장 ★★★
• 影 그림자 • 落とす 드리우다 → 그림자를 드리우다

✎ 意味   ① 빛을 비추어 그림자를 드리우는 것.
② 무엇인가 그 사람의 장래를 어둡게 하는 나쁜 영향을 미치는 것.

🔍 用例   ① 公園から帰っていく親子の後ろ姿に夕日が影を落としていました。
공원에서 돌아가는 부모와 자식의 뒷모습에 석양이 그림자를 드리우고 있었다.

② このままでは、子供たちの将来に影を落とすことになると、
教育問題の改善に取り組むことになりました。
이대로는 아이들의 장래에 악영향을 미치게 되어 교육 문제의 개선과 싸우게 되었습니다.

1054 影を潜める 자취를 감추다

시험 ★☆☆
문장 ★★★
• 影 그림자. 모습. 형체 • 潜める 숨기다. 감추다 → 그림자를 감추다

✎ 意味   어떤 것이 표면에서 사라지는 것.

🔍 用例   いつもの元気な彼女が陰を潜め、今日はなぜかおとなしい。
언제나 활발하던 그녀의 모습이 오늘은 자취가 없고 어쩐지 얌전하다.

1055 欠けらもない 전연 없다. 눈곱만큼도 없다

시험 ★☆☆
회화 ★★★

・欠けら 부서진(깨진) 조각. 파편 ・ない 없다 → 조각도 없다

✏️ 意味　아주 조금도 없는 것.

🔍 用例　A 私がこんなにも大変そうにしているのに、どうして手伝ってくれないの? 優しさの欠けらもないの?

B ごめん。そんなことないよ。

A 내가 이렇게도 힘들어 하고 있는데, 왜 도와주지 않는 거야? 친절함이라곤 눈곱만큼도 없구나.
B 미안. 그렇지 않아.

1056 風穴を開ける　새 바람을 불러일으키다

시험 ★☆☆
문장 ★☆☆

・風穴 바람구멍 ・開ける 뚫다 → 바람구멍을 뚫다

✏️ 意味　창으로 찌르거나 총으로 쏘거나 하여 몸에 구멍을 내는 것으로, 붕괴 상태에 있는 조직 등에 새 바람이 부는 것.

🔍 用例　世界のファッション市場に風穴を開けるデザイナーが登場した。

세계의 패션 시장에 새 바람을 불러올 디자이너가 등장했다.

1057 風上に置けない　비열하기 짝이 없다. 축에 못 끼다

시험 ★★☆
회화 ★★☆

・風上 바람이 불어오는 쪽 ・置けない 둘 수 없다 ・置く 두다 → 바람이 불어오는 쪽에 둘 수 없다

✏️ 意味　악취가 나는 것을 바람이 불어오는 쪽에 두면 냄새 때문에 참을 수 없다는 것에서, 성품이나 행실이 좋지 않은 사람, 비열한 사람을 욕하는 말. 「風上にも置けない 축에도 끼지 못하는 사람이다」와 같이 も를 넣어 강조.

🔍 用例　A 彼と結婚が決まって、結婚式の資金を渡したら、
突然彼と連絡が取れなくなっちゃったの。

B え! それって、結婚詐欺じゃん! 信じられない!!!

A 嘘だって信じたいけど…。

B 早く忘れて! そんなやつ男の風上にも置けない奴だよ!!

A 남자친구랑 결혼하기로 해서, 결혼 자금을 줬는데, 갑자기 그 사람이랑 연락이 안 돼.
B 어머! 그거 결혼 사기잖아! 말도 안 돼!!!
A 꿈(거짓)이라면 좋겠는데….
B 빨리 잊어버려! 그런 놈은 남자 축에도 못 끼는 놈이야!!!

신체
관용어

생활
관용어

속담·격언

고사성어

사자성어

1058 笠に着る _{かさ}_き 등에 업다. 믿고 뻐기다

시험 ★★☆
문장 ★★☆

• 笠 ① 삿갓 ② 비호 세력. 배경 • 着る (옷, 은혜 등을) 입다 → 배경을 입다

✎ 意味　남의 권력을 믿고 뻐기는 것.

🔍 用例　他人の権力を笠に着るような人間にはなりたくない。

타인의 권력을 믿고 뻐기는 듯한 인간은 되고 싶지 않다.

1059 風向きが悪い 풍향이 나쁘다. 형세가 분리하다. 심기가 불편하다

시험 ★☆☆
회화 ★★★

• 風向き ① 풍향 ② 형세. 상황. 추세 ③ 기분. 심기 • 悪い 나쁘다 → 풍향, 형세, 심기가 나쁘다

✎ 意味　① 풍향이 나쁜 모양. ② 형세가 불리한 모양. ③ (상대의) 기분이(심기가) 언짢은 모양.

🔍 用例　① 今日は風向きが悪いので出航を避ける。

오늘은 풍향이 나빠서 출항하지 않는다.

② 今回の入札はわが社が有力だったが、Ｂ社が原価を大幅に下げてからは、風向きが悪くなった。

이번 입찰은 우리 회사가 유력했지만, B사가 원가를 대폭 낮추면서부터는 형세가 불리해졌다.

③ うちの母の風向きが悪いため、今日は外泊を避ける。

우리 엄마 심기가 나빠서 오늘은 외박을 안 한다.

1060 舵を取る 이끌어 가다. 운영해 나가다

시험 ★☆☆
회화 ★★★

• 舵 ① 배의 노 ② 배의 방향을 조절하기 위해 선미에 장착한 기구. 키 ③ 비행기의 조종간
• 取る 잡다 → 키를 잡다

✎ 意味　키를 잡아 배를 조종한다는 것에서, 많은 사람을 이끌어서 잘못된 방향으로 가지 않도록 하는 것.

🔍 用例　これから、うちの会社は女社長が舵を取ることになった。

지금부터 우리 회사는 여사장님이 이끌어 나가게 됐다.

1061 数のうち 숫자 안

시험 ★☆☆
회화 ★★★

• 数 수 • うち (어떤 범위, 한도, 구역의) 안. 속. 가운데 → 수의 안

✎ 意味　정원 안에 포함되는 것.

🔍 用例　A 今回のパーティー、もちろん来るよね?
B やっぱり、参加しないとだめだよね?
A もちろんだよ。あんたも数のうちに入ってるんだから。

A 이번 파티에 당연히 오는 거지? B 역시 안 가면 안 되겠지?
A 물론이야. 너도 초청 멤버에 포함되어 있는걸.

1062 風当たりが強い　비난이 거세다

시험 ★★☆ 문장 ★★★	• **風当たり** ① 바람받이. 바람이 몰아침 ② (비유적으로) 비난. 공격　• **強い** 세다. 강하다 → **비난이 세다**

✎ 意味　세상에서 받는 비난이나 공격이 거센 것.

🔍 用例　**オフィスの中でタバコを吸う人に対しては風当たりが強い。**
사무실 안에서 담배를 피우는 사람에 대한 비난이 거세다.

1063 風の便り　풍문. 소문

시험 ★★☆ 회화 ★★★	• **風** 바람　• **便り** 알림. 편지. 소식 → **바람의 소식**

✎ 意味　어디서 왔는지 알 수 없는 소식.

🔍 用例　A **高校の時の部活の顧問の先生、亡くなったらしいよ。**
B **あ、やっぱり。私も風の便りには聞いてたよ。**（=なんとなくは）
A 고등학교 때 동아리 선생님이 돌아가셨대!　　B 아~ 역시! 나도 소문으로 들었어.

생활 관용어

か
1028
|
1131

1064 風の吹き回し　일이 되어가는 상태. 형세

시험 ★☆☆ 회화 ★★★	• **風** ① 바람 ② 형세. 형편　• **吹き回し** ① 바람이 부는 상태 ② 그때의 형편. 심경의 변화 → **형편의 변화**

✎ 意味　그때의 형편이나 상황에 따라 일정치 않음을 표현한 말.「どういう(どんな・どうした)風の吹き回し 무슨 바람이 불었나(는지)」의 형태로, 평소에는 없었던 뜻밖의 일이 일어남을 의미.

🔍 用例　A **今日はどういう風の吹き回し？ 私に会いに来るなんて珍しいじゃん。**
B **なんとなく、会いたくなったんだよ。**
A 무슨 바람이 불었어? 네가 날 만나러 오다니 별일이네!
B 왠지 보고 싶어져서 말야.

1065 片意地を張る　고집을 피우다. 고집을 부리다

시험 ★☆☆ 회화 ★★★	• **片意地** 황소고집. 외고집　• **張る** 밀고 나가다 → **외고집을 밀고 나가다**

✎ 意味　타인에게 양보하지 않고 자신의 의견이나 의지를 밀고 나가는 모양.

🔍 用例　A **両親と幼い頃死に別れてから、私はずっと一人で生きてきたのよ。**
B **そんな片意地を張らないで、辛い時は他人に頼ってもいいんじゃ
ない？ 私だっているでしょ！**
A **ありがとう。でも、あなたに甘えてばかりはいられないよ。**
A 어렸을 때 부모님을 여의고 난 계속 혼자서 살아왔어.
B 그렇게 혼자 아등바등 살지 말고, 힘들 때는 다른 사람에게 의지하지 그래? 나도 있잖아!
A 고마워. 하지만 네 신세만 질 수는 없으니까.

1066 がたが来る 고물이 되다. 삐걱거리다

시험 ★★☆
회화 ★★★

· がたが来る＝がたがいく ① (기계 등이 낡아서) 상태가 나빠지다. 제대로 움직이지 않다.
덜거덕거리다 ② (비유적으로) 건강에 이상이 생기다

✎ 意味　① 기계 등이 오래돼서 상태가 나빠지는 것. ② 몸이나 조직 등에 이상이 생기는 것.

🔍 用例

① A そろそろ家の車も変え時だな。だいぶがたが来てるよ。
　 B だって、もう１０年も乗ったじゃない。 (＝ポンコツになって)

A 슬슬 우리 집 차도 바꿀 때가 됐어! 소리가 꽤 심해(고물이 됐어).
B 하긴 벌써 10년이나 탔잖아.　　　　 · ポンコツ 낡은 자동차를 해체하는 것. 변하여 폐품

② A 別に何にもしてないのに、いろんなところが痛くてしょうがない。
　 B それって、Aさんも年を取ったって事よ。
　　 年齢と共に体のあちこちにがたが来るからね。

A 특별히 아무것도 한 게 없는데 이곳저곳 아파서 미치겠어.
B 그건 너도 나이 들었단 증거야. 나이를 먹으면서 여기저기 몸이 삐걱거리게 마련이니까.

1067 形を繕う 외양만 좋아 보이게 하다

시험 ★☆☆
회화 ★★★

· 形 ① 모양. 형상 ② 겉모양. 외관　· 繕う ① 고치다. 수선하다 ② 외관을 꾸미다. 체면을 차리다
→ 외관을 꾸미다

✎ 意味　남의 이목에 좋아 보이게 하는 것.

🔍 用例　形を繕うだけの夫婦ならいっその事、離婚したほうがましだ。

모양뿐인 부부라면 차라리 이혼하는 게 낫다.

· いっその事 오히려. 차라리. 과감하게

1068 片手落ち 편파

시험 ★☆☆
회화 ★★★

· 片手 ① 한 손 ② 한쪽. 일방　· 落ち 떨어짐. 빠짐　→ 한쪽으로 빠짐

✎ 意味　한쪽으로 치우친 것. 공평하지 못한 것.

🔍 用例　映画評論家と言いつつ、国内の映画しか評論しないのは片手落ちだと
思い、海外の作品にも目を向けることにした。

영화 평론가라고 말하면서 국내 영화 평론밖에 하지 않는 것은 편파적이라고 생각돼서 해외 작품에도 눈을
돌리기로 했다.

· ます형＋つつ ~하면서. ~함에도 불구하고

1069 型に嵌る　틀에 박히다

시험 ★☆☆
회화 ★★★

• 型 ① 형. 틀 ② 습관으로 정해진 형식. 관례 • 嵌る 꼭 끼이다. 꼭 들어맞다 → 틀에 꼭 끼이다

✎ 意味　정해진 형식이나 방법대로 한다는 것으로, 개성이나 독창성이 없는 것.

🔍 用例
A この人の作品は型に嵌ってなくて独創性があるね。
B その人は、最近人気のある作家なんですよ。

他動詞　型に嵌める ★★★

A 이 사람의 작품은 일정한 형식에 얽매이지 않아 독창성이 엿보여.
B 그 사람은 요즘 인기 있는 작가예요!

• 型に嵌める 틀에 박다.
　틀에 맞추다. 규격화하다

1070 片棒を担ぐ　거들다. 협력하다

시험 ★★☆
회화 ★★★

• 片棒 (둘이 메는 가마의) 가마꾼의 한 사람 • 担ぐ 메다. 지다. 짊어지다 → 가마의 한쪽을 짊어지다

✎ 意味　가마의 한쪽을 멘다는 것에서, 어떤 기획이나 일에 참여하여 한 부분을 담당하는 것.
특히 나쁜 일에 협력할 때 사용.

🔍 用例
A 知らず知らずの内に、悪事の片棒を担ぐところでしたよ。(=加担する)
B それは危ないところでしたね。
A はい。担ぐ前に気がついて良かったですよ。

A 모르는 사이에 나쁜 일에 가담할 뻔했어요.
B 그거 정말, 위험할 뻔했네요.
A 네. 빠져들기 전에 정신이 들어 다행이에요.

• 知らず知らずの内に 모르는 사이에. 어느새
• 加担する 가담하다

1071 固めの杯　맹세의 술잔

시험 ★☆☆
회화 ★☆☆

• 固め 굳은 약속. 맹세 • 杯 술잔 → 맹세의 술잔

✎ 意味　사람과 사람 간의 결합이나 약속 등을 확실하게 하기 위해 술잔을 주고받으며 술을 마시는 것.

🔍 用例
結婚式で新郎新婦が夫婦固めの杯を交わした。

결혼식에서 신랑 신부가 부부 언약의 술잔을 교환했다.

1072 渦中に巻き込まれる　와중에 휘말리다

시험 ★★☆
문장 ★★★

• 渦中 와중. 소용돌이 속이란 뜻에서, 사건이나 분규 등의 한복판을 의미
• 巻き込まれる ① 말려들어 가다 ② 말려들다 → 와중에 말려들다

✎ 意味　일이나 사건 따위가 복잡하게 벌어지는 가운데 휩쓸리게 되는 것.

🔍 用例
八百長疑惑の渦中に巻き込まれてさんざんな目にあった。

승부 조작의 와중에 휘말려 험한 꼴을 당했다.

• 八百長 승부 조작 • 疑惑 의혹 • さんざんな目にあう 몹시 지독한 꼴을 당하다

1073 火中の栗を拾う　남을 위해 위험을 무릅쓰다

| 시험 ★☆☆
회화 ★★★ | ・火中 화중. 불 속　・栗 밤　・拾う 줍다　→　불 속에 밤을 줍다 |

✏️ 意味　원숭이의 부추김을 받은 고양이가 화로 속의 밤을 줍다가 크게 데었다는 우화에서 나온 말로, 남의 이익을 위해 위험을 무릅쓴다는 의미.

🔍 用例　**あえて火中の栗を拾うようなことをして、痛い目にあう必要はない。**

무리하여 위험을 무릅쓰고 남을 돕는 일을 하다 험한 꼴을 당할 필요는 없다.

1074 勝ちを拾う　승리를 얻다. 승리를 줍다

| 시험 ★☆☆
회화 ★★☆ | ・勝ち 이김. 승리　・拾う ① 줍다 ② 뜻밖의 것, 귀한 것을 얻다　→　승리를 얻다 |

✏️ 意味　뜻밖의 승리를 거두는 것.

🔍 用例　**とても弱いチームだが、なんとか勝ちを拾うことができて、
みんな大喜びだ。**

・なんとか 어떻게든. 간신히. 그럭저럭

매우 약팀이지만 가까스로 승리할 수 있어 모두 엄청 기뻐했다.

1075 恰好がつく　모양새가 나다

| 시험 ★☆☆
회화 ★★★ | ・恰好＝格好 모양. 모습　・つく 만들어지다. 나다　→　모양이 나다 |

✏️ 意味　갖추어야 할 일정한 형식이 갖추어진 것. 다른 사람이 봐줄 만하게 그럭저럭 모양이 잡히는 것.

🔍 用例　A **Bちゃんは、いいよね。**
B **何がいいの?**
A **だって、何を着ても恰好がつくんだもん。**

A 넌 좋겠다.　B 뭐가 좋아?
A 그게, 뭘 입어도 품이 나잖아.

1076 勝手が違う　형편(사정)이 다르다. 익숙하지 않다

| 시험 ★☆☆
회화 ★★★ | ・勝手 ① 부엌 ② 생계. 살림살이. 살림 형편 ③ 형편. 상황. 사정 ④ 제멋대로 굶　・違う 다르다
→　자신이 알고 있는 것과 다르다 |

✏️ 意味　자신이 알고 있는 방법이나 경험한 것과 모양이나 형편이 달라서 당황하거나 망설이는 것.
건물 안의 배치 등이 자신에게 익숙한 것과 다른 것.

🔍 用例　A **人の家の台所は勝手が違うから使いづらいな。**
B **そんなこと言って、私にやらせる気ではないでしょうね!**

A 남의 집 부엌은 익숙지 않아 쓰기 불편해.
B 그렇게 말하고 (요리) 떠넘기려는 건 아니겠지!

1077 勝手が分からない　사정을 알 수 없다

시험 ★☆☆
회화 ★★★

・勝手 ① 부엌 ② 형편. 상황. 사정　・分からない 알지 못하다　→　형편을 알지 못하다

✎ 意味　무슨 일을 할 때의 형편이나 상황을 알 수 없는 것.

🔍 用例　海外生活を始めると勝手が分からないので、最初は苦労する。

외국 생활을 시작하면 사정을 알 수 없어 처음에는 고생한다.

1078 勝手を知る　사정을 잘 알다

시험 ★☆☆
회화 ★★★

・勝手 ① 부엌 ② 형편. 상황. 사정　・知る 알다　→　상황을 알다

✎ 意味　어떤 장소 등의 모양이나, 일 하는 방식 등을 잘 알고 있는 것.

🔍 用例　仕事は勝手を知っている人に任せたほうが早く終わる。

일은 사정을 잘 아는 사람에게 맡겨야 빨리 끝난다.

1079 勝手知ったる他人の家　마치 제집인 양

시험 ★☆☆
회화 ★★★

・勝手知ったる 충분히 파악하다. 모두 꿰뚫고 있다　・他人 타인. 다른 사람　・家 집
→　모두 꿰뚫고 있는 타인의 집

✎ 意味　다른 사람의 집을 마치 자기 집인 듯이 행동하는 모양.

🔍 用例　勝手知ったる他人の家といった感じでAさんは台所からやかんを持ってきた。

마치 제집인 양 A씨는 부엌에서 주전자를 들고 나왔다.

1080 勝手が悪い　상황이 좋지 않다

시험 ★☆☆
회화 ★★★

・勝手 ① 부엌 ② 형편. 상황. 사정　・悪い 나쁘다　→　형편이 나쁘다

✎ 意味　무슨 일을 할 때의 형편이나 상황이 나쁜 것.

🔍 用例　都心は狭く入り組んだ道が多く大型のトラックだけでは勝手が悪い
ので、小型トラックも導入することにした。

도심은 좁고 복잡하게 얽힌 길이 많아 대형 트럭만으로는 상황이 안 좋아 소형 트럭도 도입하기로 했다.

パーティーの準備は私達だけじゃ勝手が悪いので、ちょっと手伝って
ほしい。

파티 준비는 우리들만 하면 힘드니까 좀 도와줬음 해.

・入り組む (사물이) 복잡하게 얽히다. 뒤얽히다

1081 買って出る 자진하여 떠맡다

시험 ★☆☆
회화 ★★★

· 買って出る의 꼴로, 자청해서 나서다

✎ 意味　스스로 적극적으로 일을 떠맡는 것.

🔍 用例　めんどくさい仕事を、いつも買って出る同僚のことを尊敬する。

귀찮은 일을 항상 자진하여 떠맡는 동료를 존경한다.

1082 合点がいく 수긍이나 납득이 가다(되다)

시험 ★★☆
문장 ★★☆

· 合点(がてん·がってん) 승낙. 동의. 수긍함. 납득　· いく 가다　→ 납득이 가다

✎ 意味　일의 사정이 충분히 이해가 가는 것.

🔍 用例　欧米人になぜ太っている人が多いのかは、食生活を見れば合点がいく。

서양에는 왜 뚱뚱한 사람이 많은지 식생활을 보면 납득이 간다.

| 同義語 | 納得がいく ★★ | 反対語 | 合点がいかない ★ |

· 欧米人 구미인(유럽과 미국 사람)　· 太っている人＝デブ 뚱뚱한 사람

1083 活路を開く 활로를 열다. 숨통을 트이게 하다

시험 ★☆☆
회화 ★★★

· 活路 활로. 살길　· 開く 열다. 펴다　→ 활로를 열다

✎ 意味　막다른 상태에 몰린 상황에서 살아 나갈 수 있는 길을 여는 것.

🔍 用例　よりよい活路を開くために、新製品開発に取り組む。

좀 더 확실한 활로를 열기 위해 신제품 개발에 힘쓴다.

· よりよい (다른 것과 비교해서) 보다 좋다　· 取り組む ① 맞붙다 ② 열심히 일에 몰두하다. 노력하다

1084 活を入れる 기운을 북돋아 주다

시험 ★☆☆
회화 ★★★

· 活 생기가 있다. 팔팔하다　· 入れる 넣다. 들어가게 하다　→ 생기를 넣다

✎ 意味　유도 등의 기술로 기절한 사람을 회복시키는 것에서, 자극을 줘서 기운을 북돋아 주는 것.

🔍 用例　A 選手の動きが昨日と全然違うね。
B 気合の入っていない選手に、監督が活を入れたんだよ。
A なるほど。

A 선수들의 움직임이 어제와 전혀 다르네.
B 축 늘어져 있던 선수들에게 감독이 기운을 북돋아 줬지.
A 그랬군.

1085 勝てば官軍 이기면 다 된다

시험 ★☆☆
회화 ★★★

・勝てば 이기면 ・勝つ 이기다 ・官軍 관군, 정부군 → 이기면 관군(충신)

✎ 意味 승리를 얻으면 이긴 쪽이 모두 맞게 되는 것. 힘은 곧 정의라는 것.
「勝てば官軍負ければ賊軍 이기면 관군 지면 반란군」으로도 씀.

🔍 用例 **今回の選挙で勝利した民進党は、勝てば官軍とばかりに、**
自民党の政策を猛烈に批判し始めた。

이번 선거에서 이긴 민진당은 이겼으니 됐다는 식으로 자민당의 정책을 맹렬하게 비난하기 시작했다.

1086 角が立つ 모가 나다

시험 ★☆☆
회화 ★★★

・角 ① 모서리 ② 성질이 모남 ・立つ 어떤 현상이나 작용이 나타나다 → 성질이 모나다

✎ 意味 억지스런 말투나 태도로 일이나 분위기를 시끄럽게 하는 것.

🔍 用例 **物も言いようで角が立つので、注意しなければならない。**

아무렇지 않은 말도 말하기에 따라 상대의 기분을 상하게 하므로 주의하지 않으면 안 된다.

反対語 **角が取れる★★**

1087 角が取れる 원만해지다. 원숙해지다

시험 ★☆☆
회화 ★★☆

・角 ① 모서리 ② 성질이 모남 ・取れる 가시다. 사라지다 → 모난 성질이 사라지다

✎ 意味 세상 물정에 익숙해져서 원만하게 되는 것.

🔍 用例 **わがままだったうちの娘も社会に出て苦労したおかげか、**
最近角が取れて丸くなった。

버릇이 없었던 우리 딸도 사회에 나가서 고생을 한 덕분인지 요즘엔 모난 성격이 깎여서 둥글둥글해졌다.

反対語 **角が立つ★★★**

1088 角を立てる 모가 나게 하다. 일을 악화시키다

시험 ★☆☆
회화 ★★★

・角 ① 모서리 ② 성질이 모남 ・立てる 세우다 → 모난 성질을 세우다

✎ 意味 완고한 태도를 취하거나 억지스런 말투로 일을 복잡하게 하는 것.

🔍 用例 **A 今日だけは、怒って角を立てるような発言は避けてよね。**

B それぐらい僕だって分かってるよ。

A 오늘만은 화나서 일을 악화시키는 발언을 하는 건 피해 줘!　　B 그 정도는 나도 알아.

신체
관용어

생활
관용어

속담·격언

고사성어

사자성어

1089 金縛りにあう 가위눌리다
かなしば

시험 ★★☆
회화 ★★★
• 金縛り (쇠붙로 묶은 듯이) 단단히 묶음 • あう (어떤 일을) 만나다. 당하다
かなしば
→ 단단히 묶임을 당하다

✎ 意味 몸을 움직일 수 없게 강하게 붙들리는 것. 비슷한 말로 「うなされる 가위눌리다」가 있는데,
일본에서는 악몽 등으로 신음하는 등 꿈속에서 가위눌리는 상황은 **うなされる**로, 잠에서
깼는데도 움직일 수 없는 것은 金縛りにあう로 구분해서 사용.
かなしば

🔍 用例 A 最近よく金縛りにあうんだよね。
さいきん　　　かなしば

B 疲れてるんじゃないの?
つか

A 요즘 자주 가위눌려.

B 피곤해서 그런 게 아닐까?

1090 金に糸目をつけない 돈을 물 쓰듯 한다
かね　いと め

시험 ★☆☆
회화 ★★★
• 金 돈 • 糸目をつけない 벌이줄을 달지 않는다 • 糸目 연(凧)의벌이줄(연의 양쪽 머리 귀퉁이로
かね　　　いとめ　　　　　　　　　　　　　　　　　　　　　　　いとめ　　たこ
부터 비스듬히 올라와 가운뎃줄과 한데 모이게 매는 줄) → 돈에 벌이줄을 달지 않는다

✎ 意味 벌이줄을 달지 않으면 연을 제어할 수 없다는 것에서, 돈을 쓸 때 제어하지 못하고 막 쓴다는 의미.

🔍 用例 A またファンデーション買うの?
か

B だって、新製品は使ってみないとね。
しんせいひん　　つか

A 本当に、美容に関しては金に糸目をつけないよね。
ほんとう　　び よう　かん　　　かね　いと め

A 또 파운데이션 사는 거야?

B 아니, 신제품인데 써 봐야지.

A 정말로 미용에는 돈을 펑펑 쓴다니까!

1091 金のなる木 돈이 열리는 나무
かね　　　き

시험 ★☆☆
회화 ★★★
• 金 돈 • 生る (열매가) 열리다. 맺히다 • 木 나무 → 돈이 열리는 나무
かね　　　な　　　　　　　　　　　　　　　　　　　き

✎ 意味 돈이 끊임없이 생기는 근원. 비유적으로, 방세나 차지대(땅을 빌려 쓰고 내는 돈), 금리 등
끊임없이 이윤을 내는 재원.

🔍 用例 A なんで、私ってこうもお金がないのかしら。
わたし　　　　　　かね

B みんな一緒ですよ。
いっしょ

私も、いつも金のなる木があればいいのにって思ってるんですよ。
わたし　　　　　　かね　　　き　　　　　　　　　　　　　　おも

A 어째서 나는 이렇게 돈이 없는 걸까?

B 다들 그래요. 저도 늘 돈이라도 열리는 나무가 있었으면 한다니까요.

1092 金は天下の回り物 돈은 돌고 도는 것

시험 ★☆☆
회화 ★★☆

•金 돈 •天下 천하 •回り 둚 •物 것. 물건 → 돈은 천하의 도는 물건

✎ 意味 돈은 한 자리에 머무는 것이 아니라서, 지금 가지고 있는 돈도 언젠가는 없어질 것이고 지금 돈이 없는 사람도 언젠가는 얻게 된다는 말.

🔍 用例
A 連君はどうしてあんなにお金に余裕があるんだ。
それに引きかえ僕はいつも金欠で苦しんでる。
B お金は天下の回り物って言うじゃないか。
お前もいつか連君のようになれるよ。

A 렌은 어떻게 저렇게 돈에 여유가 있는 걸까. 그에 비하면 난 항상 돈에 쪼들리는데.
B 돈은 돌고 도는 것이라고 하잖아. 너도 언젠가 렌처럼 될 거야.

•金欠 돈이 없음. 돈이 모자람

1093 金回りがいい 수입이 좋다. 주머니 사정이 좋다

시험 ★☆☆
회화 ★★★

•金回り ① 돈의 유통 ② 수입 상태. 주머니 사정 •いい 좋다 → 주머니 사정이 좋다

✎ 意味 수입의 정도가 좋은 것. 금전의 유통이 좋은 것.

🔍 用例
A 最近、あなたの彼氏金回りがいいんじゃない？ どうしたの？
B あ～、なんか仕事がうまくいってるみたいなんだ！

A 요즘 너네 남자친구 주머니 사정이 좋은 거야? 왜 그래?
B 아~ 일이 좀 잘되는 것 같아!

1094 金を食う 돈을 잡아 먹다. 돈이 든다

시험 ★☆☆
회화 ★★★

•金 돈 •食う 먹다 → 돈을 먹다

✎ 意味 효과가 없는 것에 비해 비용만 많아지는 것.

🔍 用例
A 旦那さん、車好きなんですよね。
B そうなんですよ。でも、何で車ってあんなにお金を食うのかしら。
パーツだのなんだの本当に大変ですよ。

A 남편분이, 자동차를 좋아하시나 봐요?
B 네~. 어찌나 자동차가 돈을 잡아 먹는지…. 부품이니 뭐니로 정말 힘들어요.

•パーツ 기계 등의 부품

신체 관용어
생활 관용어
속담·격언
고사성어
사자성어

1095 蚊の鳴くような声 다 죽어 가는 목소리

시험 ★★★
회화 ★★★

• 蚊 모기 • 鳴く (새, 벌레, 짐승 등이) 울다 • ような 듯한 • 声 목소리 → 모기 우는 듯한 목소리

✎ 意味　모기의 날갯짓 소리처럼 작고 가냘픈 소리를 비유한 말.

🔍 用例　A Bさん、そんな蚊の鳴くような声で話しては、ここまで聞こえてきませんよ。

B あ…。ごめんなさい。 (＝小さな声)

A B씨 그렇게 다 죽어 가는 소리로 말해서는 여기까지 들리지 않아요.

B 아~ 죄송해요!

1096 かぶとを脱ぐ 굴복하다. 항복하다

시험 ★★☆
문장 ★★★

• 兜 투구 • 脱ぐ 벗다 → 투구를 벗다

✎ 意味　무사(武士)가 항복할 때 투구를 벗은 것에서, 상대의 힘을 인정하고 항복하는 것.

🔍 用例　敵の強さにかぶとを脱いだ。(＝降参した・脱帽だ)

적의 강인함에 굴복했다.

あの子の絵のうまさには、みんなかぶとを脱ぐ。

저 아이의 그림 실력에는 모두가 두 손을 든다.

• 降参する 항복하다. 굴복하다 • 脱帽だ 항복이다
• 脱帽 ① 탈모 ② 모자를 벗어 경의를 표함 ③ 항복함

1097 壁に突き当たる 벽(난관)에 부딪치다. 한계에 다다르다

시험 ★★☆
문장 ★★★

• 壁 벽 • 突き当たる ① 부딪치다. 충돌하다 ② 막다르다 → 벽에 막다르다

✎ 意味　일이나 생각이 더 이상 진전되지 않고 벽에 부딪치는 것.

🔍 用例　大きな壁に突き当たることは、人生の中で1度や2度ではない。

큰 난관에 부딪치는 일은 인생에서 한두 번 있는 일이 아니다. (＝行き詰まる)

同義語 壁にぶち当たる ★★★　壁にぶつかる ★★★

• 行き詰まる 길이 막히다. 변하여 정체 상태에 빠지다 • ぶち当たる 곤란에 직면하다
• ぶつかる 부딪치다

1098 カマトトぶる 시치미 떼다. 내숭 떨다

시험 ★☆☆
회화 ★★★

• **カマト** 내숭. 새침데기 • **ぶる** ~인 체하다. 명사나 형용사의 어간에 붙어 동사를 만듦

→ 새침데기인 체하다

✎ 意味 **カマ**는「蒲鉾 어묵」,**トト**는「魚 물고기」를 가리키는 유아어로, 모른 척하며 '어묵이 물고기로 만든 거예요?'라고 물어본 것에서 생긴 말. 또한 カマトト가 주로 여자들한테 쓰이게 된 것은 에도 시대의 수도 주변 유곽에서 순진한 척하는 유녀들에게 쓴 데서 유래되었기 때문.

🔍 用例
A ね〜山口君に映画見に行こうって誘われちゃったよ。どうしよう〜??

B なにカマトトぶってんのよ! 男の子と付き合うの初めてじゃないでしょ?

A そんなこと言ったって…告られたらどうしよう〜。

B 付き合ってみたらいいじゃん。

A 야마구치가 영화 보러 가자고 하더라. 어떡하지??   B 뭘 시치미 떼고 그래! 남자랑 사귀는 거 처음 아니잖아.

A 아무리 그렇다고 해도… 고백받으면 어떻게 하지?   B 사귀면 되잖아.

A 彼女、男性の前ではウブなふりしてるけど、実は男をとっかえひっかえしてるって噂だよ

B やだね〜。カマトトぶって…。

A そのうち化けの皮がはがれるよ。

B だね〜。

A 그 여자, 남자 앞에서는 순진한 척하지만 실은 남자를 이사람 저사람 바꿔치기한다는 말이 있어.

B 어머나~. 내숭 9단이었네….

A 머지않아 가면이 벗겨지겠지.

B 그렇겠지.

• **化けの皮** 가면. 탈

1099 鎌をかける 떠보다

시험 ★★☆
회화 ★★★

• **鎌** 낫 • **かける** 걸다. 치다 → 낫을 걸다

✎ 意味 やかましいの「囂し 성가심」에 「ひっかける 속이다. (계략, 속임수 등을) 걸다」의 かける가 더해졌다는 설에서, 알고 싶은 것을 상대방이 자연스럽게 말하도록 은근슬쩍 유도하는 것. 鎌かける처럼 を를 빼고도 씀.

🔍 用例
A 昨日ほかの女の子と歩いてるの見たわよ! あの子はいったい誰?

B え? どこで見たの? 女の子となんて一緒にいなかったけど。

A でも、3時頃あそこのコンビニの近所で見たわ!

B その時間はテスト中だったよ。俺の友達に聞いてみろよ。

A 嘘よ。鎌をかけてみただけ。

A 어제 다른 여자랑 걸어가는 걸 봤어! 그 여자 대체 누구야?

B 뭐? 어디서 봤어? 여자랑 같이 안 있었는데 무슨 소리야.

A 하지만, 3시쯤에 저쪽 편의점 근처에서 봤는걸!

B 그 시간엔 시험 보고 있었단 말야. 내 친구한테 물어봐.

A 농담이었어. 그냥 떠본 거야.

1100 　雷が落ちる　날벼락이 떨어지다. 불호령이 떨어지다

시험 ★☆☆
회화 ★★★

• 雷 ① 천둥. 뇌성. 우뢰. 벼락 ② 비유적으로 불호령. 불벼락　• 落ちる 떨어지다
→ 불벼락이 떨어지다

✎ 意味　윗사람에게 심하게 혼나는 모양.

🔍 用例　A そんな悪い事ばかりしてると、お父さんの雷が落ちますよ。

B そんなの怖くないもんね〜。　　　　　　（＝ひどく怒られます）

A 그렇게 나쁜 짓만 하면 아버지의 불호령이 떨어질걸!　• ひどく怒られる 심하게 야단맞다

B 그런 건 무섭지 않아.　　　　　　　　　　　　　　• 怒る ① 화나다. 노하다 ② 꾸짖다. 야단치다

1101 　紙一重の差　종이 한 장 차이

시험 ★★☆
문장 ★★★

• 紙一重 종이 한 장　• 差 차. 차이　→ 종이 한 장 차

✎ 意味　종이 한 장 차이처럼 아주 근소한 차이라는 의미.

🔍 用例　金メダルと銀メダルを決めた差は、わずか0.01という紙一重の差だった。（＝わずかの差）

금메달과 은메달을 결정짓는 차이는 겨우 0.01점이라는 종이 한 장 차이였다.

• 決める 정하다. 결정하다　• わずか 근소함. 조금. 약간

1102 　鴨が葱をしょって来る　안성맞춤이다. 저절로 굴러들어 온 떡이다

시험 ★☆☆
회화 ★★★

• 鴨 오리　• 葱 파　• 背負って 지고　• 背負う (등에) 지다. 짊어지다　• 来る 오다
→ 오리가 파를 지고 오다

✎ 意味　오리찜을 해 먹으려는데 마침 오리가 파까지 메고 왔다는 것에서, 무엇을 하기에 딱 맞아떨어진다는 의미. 鴨がネギをしょってやって来る 또는 줄여서 カモネギ라고도 함.

🔍 用例　山賊たちがたむろしていると、そこへ無防備な商人が膨大な金品を抱えてやってきた。山賊たちは鴨が葱をしょって来たとばかりに襲いかかった。

산적들이 떼를 지어 있는데 거기에 무방비인 상인이 방대한 금품을 가지고 왔다.
산적들은 이게 웬 떡이냐는 듯이 덮쳤다.

A これ、重くて運べないね。　　　　　　　同義語　鴨がネギをしょってやって来る ★★★
B 男子に頼もうか?　　　　　　　　　　　　　　　　　カモネギ ★★★
A あ、来た来た。山田君に頼もう。
B 山田君、力もあるし、カモネギってやつだね。

A 이게 무거워서 옮길 수가 없네.　　B 남자들에게 부탁할까?
A 아, 왔다 왔어! 야마다에게 부탁하자.　　B 야마다는 힘도 세니 안성맞춤이네.

• たむろ 동료나 같은 직업의 사람들이 모이는 것. 또 그 집단이나 장소
• 襲いかかる 덤벼들다. 덮치다

1103 鴨(かも)にする　봉으로 삼다. 잘 주무르다. 강하다

시험 ★★☆
회화 ★★★

• 鴨(かも) ① 오리 ② 이용하기 쉬운 상대. 봉　• にする ~(으)로 하다　→　봉으로 하다

✎ 意味　겨울 철새 물오리는 저녁에 먹이를 구하러 나갔다가 낮에는 낮잠을 잤기 때문에 잡기 쉬웠다는 것에서, 이익을 얻기에 안성맞춤이란 의미가 생기게 됨. 야구에서 어떤 선수에 대해 특별히 강한 상대임을 표현할 때 자주 나오는 표현.

🔍 用例　終電(しゅうでん)で眠(ねむ)りこけてる酔(よ)っ払(ばら)いを鴨(かも)にするひったくり犯(はん)が猛威(もうい)を振(ふ)るっている。

막차에서 정신없이 취해 자고 있는 사람을 봉으로 삼는 날치기범이 기승을 부리고 있다.

終電(しゅうでん)で酔(よ)っ払(ばら)って眠(ねむ)りこけてるとひったくり犯(はん)の鴨(かも)にされてしまう。

막차에서 술 취해서 정신없이 자고 있으면 날치기범의 먹잇감이 되어 버리고 만다.

イ・スンヨップは井川(いがわ)けいを鴨(かも)にしている。

이승엽은 이가와 케이에게 강하다.

1104 かゆい所(ところ)に手(て)が届(とど)く　세세한 데까지 손이 미치다

시험 ★★☆
회화 ★★★

• かゆい 가렵다　• 所(ところ) 곳　• 手(て) 손　• 届(とど)く 닿다　→　가려운 곳에 손이 닿다

✎ 意味　가려운 곳을 긁어 주는 것 같이 미세한 부분에도 세심하게 배려해 주는 모양.

🔍 用例　A 私(わたし)、あそこのスーパー好(す)きなんですよ。
B 私(わたし)もよく利用(りよう)するんですよ。かゆい所(ところ)に手(て)が届(とど)くサービスがいいですよね。

A 난 저 슈퍼를 좋아해요!
B 나도 자주 가요. 세심한 서비스가 정말 맘에 들죠.

1105 烏(からす)の足跡(あしあと)　주름 자국

시험 ★☆☆
회화 ★★☆

• 烏(からす) 까마귀　• 足跡(あしあと) 발자국　→　까마귀 발자국

✎ 意味　중년 여성의 눈꼬리에 생기는 주름 모양이 까마귀 발자국 같다는 데서 만들어진 말.

🔍 用例　A 30(さんじゅう)すぎるとお化粧(けしょう)にも時間(じかん)がかかるのよね。
B そうね、色々(いろいろ)と隠(かく)すのも大変(たいへん)よね。
A 私(わたし)なんか最近(さいきん)、笑(わら)うと烏(からす)の足跡(あしあと)が残(のこ)るのよ。だから人前(ひとまえ)では笑(わら)わないようにしているの。

A 서른 넘으니 화장에도 시간이 걸리지?
B 맞아, 이곳저곳 가리기도 힘들고….
A 나도 요즘엔 웃을 때 주름이 자글자글해. 그래서 사람들 앞에서는 되도록 안 웃으려고 한다니깐.

1106 烏の行水 _{からす ぎょうずい} 고양이 세수하듯

시험 ★☆☆
회화 ★★★

• 烏 까마귀 • 行水 대야에 물을 받아 간단히 몸을 씻는 일 → 까마귀 미역 감듯(목욕하듯)

✎ 意味 목욕을 서둘러 끝내는 것. 또는 목욕 시간이 짧은 것을 비유한 말.

🔍 用例
A お風呂気持ちよかった!

B もう出てきたの? 5分も入ってなかったんじゃない?
本当に烏の行水ね。

A 아~ 개운해(목욕은 기분 좋아)!   B 벌써 나온 거야? 5분도 안 있었잖아? 정말 고양이 세수하듯 한다니까.

1107 柄でもない _{がら} 주제도 아니다. 격(분수)에 맞지 않다

시험 ★☆☆
회화 ★★★

• 柄 ① 몸. 체격 ② 분수. 주제. 격 • でもない ~도 아니다 → 분수도 아니다

✎ 意味 그렇게 할 입장, 지위, 능력, 성격에 어울리지 않는 것.

🔍 用例
A 彼、私と結婚する気ないのかも。
私は家庭を守る良き妻って柄じゃないし…。

B あんたこそ、なに柄でもないこと言ってんのよ。
いつもの強気のあんたはどこに行っちゃったのよ?

A だって… 将来の話しても、いつもはぐらかされるし。

B 悩んでないで彼に聞いてみなよ。

A うん…。

A 그 사람 나랑 결혼할 마음이 없는 건지도. 나도 가정을 지키는 좋은 아내가 될 타입도 아니고….

B 너야말로 어울리지도 않게 무슨 말 하는 거야? 항상 씩씩했던 너는 어디 간 거야?

A 그치만, 장래 이야기를 해도 항상 얼버무릴 뿐이고.

B 고민하지 말고 남자친구에게 물어보지 그래.

A 응….

| 同義語 | 柄にもない ★★★ |

1108 柄にもない _{がら} 어울리지 않다

시험 ★☆☆
회화 ★★★

• 柄 ① 몸. 체격 ② 분수. 주제. 격 • にもない ~도 아니다 → 분수도 아니다

✎ 意味 사람의 언행 등이 그 사람 본래의 성격이나 인상으로 봐서 어울리지 않는 모양.

🔍 用例
A 今日は私、柄にもなくスカートなんかはいちゃいました。

B いいじゃん。よく似合ってるよ。毎日はけば?

A そう? ありがとう。でも、やっぱちょっと恥ずかしいな。

B 大丈夫、かわいいよ。イメチェンだね。

A 오늘 나 어울리지 않게 스커트 좀 입어봤어.

B 좋은데. 잘 어울려. 매일 입고 다녀!

A 그래 보여? 고마워. 하지만 역시 좀 부끄럽긴 하네.

B 괜찮아, 귀여워. 이미지가 확 바뀐 느낌이야.

1109 空振りに終わる　헛수고로 끝나다

시험 ★☆☆
회화 ★★★
・**空振り** ① (공을) 헛침. 헛스윙 ② 실패. 허사　・**終わる** 끝나다　→ 허사로 끝나다

✏️ 意味　아무런 소득 없이 끝나는 것.

🔍 用例
A とうとう先輩に告白したらしいじゃん。どうだった？
B **空振りに終わっ**ちゃったよ。

A 드디어 선배에게 고백했다며? 어떻게 됐어?　　B 허사로 끝났어.

1110 借りてきた猫　꿔다 놓은 보릿자루

시험 ★★☆
회화 ★★★
・**借りてきた** 빌려온　・**借りる** 빌리다　・**て来る** 그 동작, 상태를 계속하면서 이쪽에 이르다
・**猫** 고양이　→ 빌려온 고양이

✏️ 意味　평소와는 달리 매우 차분하고 얌전한 모습.

🔍 用例
A なんで、そんなに**借りてきた猫**みたいになってるの？
B 私、知らない人と話すの駄目なんだよね。

A 어째서 그렇게 꿔다 놓은 보릿자루처럼 있어?　　B 난 모르는 사람이랑 말을 잘 못해.

1111 画竜点睛を欠く　화룡점정이 결여되다

시험 ★☆☆
회화 ★☆☆
・**画竜点睛** 화룡점정　・**欠く** 빠지다. 결여하다　→ 화룡점정이 빠지다

✏️ 意味　용을 그린 다음 마지막으로 눈동자를 그린다는 뜻으로, 중요한 끝마무리나 사물의 주안점이 결여되어 있는 것.

🔍 用例
A このカタログは本当に良くできているね。
　商品も魅力たっぷりに紹介されているし。
B でも、肝心の連絡先が出ていないね。これでは商品は売れないよ。
A ああ、本当だ。**画竜点睛を欠く**ね。

A 이 카탈로그 정말 잘 만들었네. 상품도 매력적으로 소개되어 있고.
B 그치만 제일 중요한 연락처가 나와 있지 않은데. 이럼 상품이 안 팔리지.　A 아, 정말이네. 화룡점정을 못 찍었네.

1112 借りを返す　빚을 갚다

시험 ★☆☆
회화 ★★★
・**借り** 빚. 부채　・**返す** ① (빌린 것을) 돌려주다 ② (행동으로) 갚다. 되갚다　→ 빚을 갚다

✏️ 意味　원한이나 쌓인 감정을 푸는 것. 당한 수모를 되갚아 주는 것.

🔍 用例
A 今日は、この間の**借りを返し**に来た！
B そうか。容赦しないからな。かかって来いよ。

A 오늘은 그 동안의 빚을 갚아 주러 왔다!
B 그러냐? (그럼) 안 봐준다. (자,) 덤벼!

・**容赦** ① 용서 ② 형편을 봐줌. 사정을 봐줌

신체 관용어

생활 관용어

속담 · 격언

고사 성어

사자 성어

1113 軽口を叩く 농담을 지껄이다

시험 ★★☆
회화 ★★★

• 軽口 익살. 가벼운 농담 • 叩く ① 때리다. 두드리다 ② 口を~의 꼴로, 마구 지껄이다

✎ 意味 　가벼운 기분으로 농담 등을 하는 것.

🔍 用例
A 映画「ジョーズ」の特集記事はできたのか?

B はい。ジョーズだけに上手に出来ました。

A 軽口を叩く暇があったら、さっさと次の仕事にかかれ。

A 영화 '죠스' 특집 기사는 다 됐나?

B 네. 죠스니만큼 죠즈하게(잘) 되었습니다.

A 실없는 농담할 시간 있으면 빨리 다음 일이나 해.

• ~だけに ~니만큼 더욱. ~만큼

1114 彼も人なり我も人なり 누군 되고 누군 안 되나

시험 ★☆☆
회화 ★★☆

• 彼 그 • 人 사람 • なり(고어) 이다 • 我(고어) = 私 • 私 나 → 그도 사람이고 나도 사람이다

✎ 意味 　다른 사람이 할 수 있는 일이라면 자신도 불가능할 것이 없다는 말.

🔍 用例
A 俺もうちの社長みたいにいつかベンチャー起業をして成功してみ

せる。

B お前な、うちの社長がどれだけ頭が切れる人か知ってるだろ。

A 何、彼も人なり我も人なりだ。頑張り次第でなんとかなるはずさ。

A 나도 우리 사장님처럼 언젠가 벤처 기업을 해서 성공하겠어!!!

B 너도 참, 우리 사장님이 얼마나 머리가 좋은 사람인지 알고서도 그런 말을 해?

A 뭐, 누군 되고 누군 안 되는 게 어딨어! 열심히 노력하다 보면 어떻게든 될 거야.

1115 渇きを覚える 메마름을 느끼다. 갈증을 느끼다

시험 ★☆☆
문장 ★★★

• 渇き 목마름. 갈증. 메마름 • 覚える ① 느끼다 ② 익히다 → 갈증을 느끼다

✎ 意味 　어떤 것을 매우 하고 싶은 욕구를 느끼는 것.

🔍 用例
ストレス社会の中の現代人は、心に渇きを覚えることも少なくない。

스트레스가 많은 사회를 살아가는 현대인은 마음이 메말라 있음을 느낄 때가 적잖이 있다.

1116 我を折る 고집을 꺾다. 양보하다

시험 ★☆☆
문장 ★★☆

• 我 ① 나 ② 아집 • 折る 꺾다 → 아집을 꺾다

✎ 意味 　자신의 의지나 주장을 포기하고 남을 따르는 것.

🔍 用例
ついに私の両親も我を折って、私の留学を許してくれた。

드디어 나의 부모님도 고집을 꺾으시고 나의 유학을 허락해 주셨다.

1117　我を張る　고집을 피우다

시험 ★★★
회화 ★★★

• 我 ① 나. 우리 ② 고집. 독선　• 張る ① 펴다 ② 어떤 감정을 강하게 하다. 억지로 밀고 나가다

→　고집을 밀고 나가다

✎ 意味　자신의 생각이나 주장을 남에게 무리하게 관철시키려 하는 것.

🔍 用例

A あんなこと言われて、絶対に私はあの人を許さない!!

B そうやって、いつまでも我を張るのはやめて許してあげなさいよ。

A 저런 말을 하다니, 나는 저 사람을 절대로 용서하지 않을 거야!!

B 그렇게 계속해서 고집만 부리지 말고 용서해 주지 그래.

📖 同義語　意地を張る★★★　• 意地を張る 고집을 부리다. 오기를 부리다

1118　間一髪　간발의 차. 아슬아슬함

시험 ★★★
회화 ★★★

• 間 간. 사이　• 一髪 머리카락 한 올 정도의 여유밖에 없음. 아주 극박함

→　머리카락 한 올 정도의 사이

✎ 意味　머리카락 한 올 정도의 아주 좁은 틈이라는 것에서, 일이 아주 절박함을 비유한 말.

🔍 用例

自動車炎上事故で私は間一髪、車から抜け出すことができた。

자동차 화재 사고가 났는데, 나는 간발의 차로 차에서 탈출할 수 있었다.

逆転されるところだったが、間一髪のタイミングでアウトになった。

역전당할 뻔했는데, 아슬아슬한 타이밍으로 아웃되었다.

• 炎上 염상. 불길이 타오름　• 抜け出す 빠져나오다

1119　癇が高ぶる　신경이 곤두서다

시험 ★☆☆
회화 ★★☆

• 癇 신경질. 감정의 기복이 심하고 화를 잘 내는 기질　• 高ぶる 흥분하다. 고조되다

→　신경질이 고조되다

✎ 意味　신경질적이 되어 안절부절못하는 모양.

🔍 用例

彼は連日の徹夜で癇が高ぶっているようだから、そっとしておく方がいい。

그 사람은 연일 철야로 신경이 곤두서 있는 것 같으니 건드리지 않는 게 좋다.

📖 同義語　癇が立つ★

• そっとしておく (상대편의 기분을 거슬리지 않게) 가만히 내버려 두다

1120 間隙を縫う 틈을 노리다
かんげき　ぬ

시험 ★☆☆ 회화 ★★★	• 間隙 간극. 틈 • 縫う ① 바느질하다. 꿰매다 ② 누비다 → 틈을 누비다

✏️ 意味 　어떤 기회를 잡아서 무엇인가를 하는 것.

🔍 用例 　梅雨の晴れ間の間隙を縫って洗濯をする。
つゆ　は　ま　かんげき　ぬ　せんたく
　　　　　장마가 주춤한 틈에 빨래를 한다.

1121 閑古鳥が鳴く 파리 날리다. 장사가 안 되다
かん　こ　どり　な

시험 ★★★ 회화 ★★★	• 閑古鳥=郭公 곽공. 뻐꾸기 • 鳴く 울다 → 뻐꾸기가 울다

✏️ 意味 　뻐꾸기 울음소리가 들릴 정도로 한적하고 쓸쓸한 모양. 보통 손님이 오지 않아 장사가 잘 안 되는 모양을 나타낼 때 사용.

🔍 用例 　A 今日もお客があんまり来ないね。
きょう　　きゃく　　　　こ
　　　　　B そうですね。最近は毎日閑古鳥が鳴いてる感じですよね。
さいきん　まいにちかん　こ　どり　な　　　　　かん
　　　　　A 오늘도 손님이 별로 없네.
　　　　　B 그렇네요. 요즘은 매일 파리만 날리는 것 같아요.

1122 勘定に入れる 계산에 넣다. 고려하다. 염두하다
かんじょう　い

시험 ★☆☆ 회화 ★★★	• 勘定 ① 셈. 계산 ② 예상. 고려 • 入れる 넣다 → 예상에 넣다

✏️ 意味 　계산에 넣는 것에서, 예상하는 대상에 넣는 것.

🔍 用例 　A おじいちゃんって、一日にどれぐらい散歩してるの?
いちにち　　　　　さん　ぽ
　　　　　B スーパーに行くのも勘定に入れたら、だいたい2時間ぐらいかな。
い　　　　　かんじょう　い　　　　　　　　　に　じ　かん
　　　　　A 할아버지는 하루에 산책을 얼마나 하세요?
　　　　　B 슈퍼에 가는 것까지 넣으면 대략 2시간 정도려나.

1123 肝心要 중요함. 소중함
かんじんかなめ

시험 ★★★ 회화 ★★☆	• 肝心 중요. 긴요. 소중함 • 要 요점. 요소. 급소 → 중요 요점

✏️ 意味 　肝心을 더욱 강조한 말로, 가장 중요한 일. 가장 긴요한 일.

🔍 用例 　人生を楽しむためには、何はともあれ、健康が肝心要である。(=大事)
じんせい　たの　　　　　　なに　　　　　　けんこう　かんじんかなめ　　　　　だい　じ
　　　　　인생을 즐기기 위해서는 여하튼 건강이 가장 중요하다.

　　　　　• 何はともあれ 하여튼. 딴 일은 어떻든 간에 • 大事 중요함
なに　　　　　　　　　　　　　　　　　　　　だい　じ

1124 　缶詰になる　합숙하다. 통조림이 되다
かんづめ

시험 ★☆☆
회화 ★★★

• **缶詰** ① 통조림 ② (특별한 일로 동의를 얻어) 가두어 둠. (좁은 곳에 여럿이) 갇힘
かんづめ

✎ 意味　비밀 등이 새어 나가지 않도록 또는 일이나 교섭 등을 빨리 진행하기 위해 관계자를 어떤
장소에 가두는 것. 또는 좁은 장소에 많은 사람이 놓인 상태.

🔍 用例　**たまった仕事を一気にかたづけるために、ホテルに1週間缶詰になった。**
しごと　いっき　　　　　　　　　　　　　　　　　いっしゅうかんかんづめ

밀린 일을 한번에 정리(처리)하기 위해서 호텔에서 일주일간 합숙하게 되었다.

1125 　噛んで含める　알기 쉽게 차근차근 설명하다
か　　　ふく

시험 ★☆☆
문장 ★★☆

• **噛んで** 씹어서　• **噛む** 물다. 깨물다. 악물다　• **含める** ① 포함하다. 포함시키다
か　　　　　　　　　　か　　　　　　　　　　　　　　　　ふく

② 입속에 넣다. 입에 물리다　→ **씹어서 입에 넣다**

✎ 意味　부모가 아이에게 음식을 잘게 씹어 입 안에 넣어 주는 것처럼, 충분히 이해할 수 있도록
차근차근 알기 쉽게 설명하는 것.

🔍 用例　A **最近の新入社員たちは本当に困るよ。**
さいきん　しんにゅうしゃいん　　ほんとう　こま

何度も噛んで含めるように説明しても分からないんだ。
なんど　か　　　ふく　　　　　せつめい　　　わ

B **全く、大学まで行って何を勉強してきたんでしょうねえ。**
まった　だいがく　　い　　なに　べんきょう

A 요즘 신입 사원들은 정말 못 말려. 몇 번이나 알아듣기 쉽게 설명해 줘도 모른단 말야.
B 정말, 대학에서 뭘 배운 건지 모르겠어요.

1126 　勘当する　의절하다
かんどう

시험 ★☆☆
회화 ★★☆

• **勘当** 의절　• **する** 하다　→ **의절하다**
かんどう

✎ 意味　부자간의 인연을 끊는 것. 또는 주종 관계나 사제 관계를 끊는 것. 드라마 등에서 나오는 표현.

🔍 用例　**親が反対する相手と結婚すると言ったら、「結婚するなら勘当する」**
おや　はんたい　　あいて　けっこん　　　い　　　　　けっこん　　　　かんどう

と言われてしまった。
い

부모님이 반대하는 상대와 결혼한다고 말씀드렸더니, "결혼한다면 의절하겠다."라고 말씀하셨다.

📖 同義語　**手を分かつ** ★★★　• **手を分かつ** ① 헤어지다 ② 관계를 끊다
て　わ　　　　　　　　て　わ

1127 　癇に障る　비위에 거슬리다. 기분이 상하다
かん　さわ

시험 ★☆☆
회화 ★★★

• **癇** ① 간질. 지랄병 ② 신경질　• **障る** 닫다. 건드리다　→ **신경질을 건드리다**
かん　　　　　　　　　　　　さわ

✎ 意味　마음에 들지 않아 괘씸하게 생각하는 것.

🔍 用例　A **あの人、機嫌悪いけどどうしたのかな?**
ひと　きげんわる

B **もしかして、さっき僕の言ったことが癇に障ったのかな?**
ぼく　い　　　　　　かん　さわ

A 저 사람 기분이 나쁜 것 같은데 무슨 일일까?
B 혹시 좀 전에 내가 한 말이 비위에 거슬렸나?

(= **癇に触れた・気に入らなかった**)
かん　ふ　　　　き　い

1128 堪忍袋の緒が切れる　더 이상 참을 수 없다. 울화통이 터지다

시험 ★☆☆
회화 ★★★

- 堪忍袋 화를 참고 용서하는 도량을 주머니에 비유한 말 ・堪忍 화를 참고 용서함
- 袋 주머니. 자루. 봉지 ・緒 줄. 끈 ・切れる 끊어지다 → 화를 참는 주머니의 끈이 끊어지다

✎ 意味　더 이상 참을 수 있는 한계를 넘어선 것.

🔍 用例　A ただいま…。

B 今何時だと思ってるの! 毎日夜遅く帰ってきて!!!　・我慢 참음. 견딤. 인내

今日は、堪忍袋の緒が切れました!!!（＝我慢できなくなりました）

A 다녀왔습니다….　　B 지금이 몇 시야! 날마다 이렇게 늦게 들어오고 말아!!! 오늘은 도저히 안 되겠다!!!

1129 疳の虫が起こる　짜증이 나다. 신경질이 나다

시험 ★☆☆
회화 ★★☆

- 疳の虫 ① 간병을 일으키는 것으로 생각되었던 벌레 ② 간질. 신경질. 짜증 ・起こる 일어나다
→ 짜증이 일어나다

✎ 意味　신경질적이고 짜증을 잘 내는 신경성 소아병을 疳＝疳の虫라고 한 것에서, 짜증을 내는 것.

🔍 用例　うちの子は一度疳の虫が起こると手がつけられない。

우리 애는 한번 짜증이 나면 손을 쓸 수가 없다.　・手がつけらんない＝手がつけられない 손을 쓸 수가 없다

1130 看板にする　간판으로 하다. 대표적인 것으로 하다

시험 ★☆☆
회화 ★★★

- 看板 간판 ・にする ~으로 하다 → 간판으로 하다

✎ 意味　대외적인 명분이나 명목으로 삼는 것.

🔍 用例　A この料理は大成功だな。

B はい。すごくおいしいと思いますし、他にはないと思います。

A よし決まりだ! この料理を店の看板メニューにしよう。

A 이 요리는 대성공이야.　　B 네. 정말 맛도 좋고, 다른 요리와는 비교도 안 되는 것 같습니다.
A 좋아 결정했어! 이 요리를 가게의 대표(간판) 메뉴로 하자!

1131 看板を下ろす　영업을 끝내다. 가게 문을 닫다. 폐점하다

시험 ★★☆
회화 ★★★

- 看板 간판 ・下ろす 내리다. 내려놓다 → 간판을 내리다

✎ 意味　옛날 상점에서 폐점할 때 밖에 내다 걸었던 간판을 안으로 들여 놓았던 데서, 영업을 마치는 것.
또는 가게를 접는 것.

🔍 用例　今日は、そろそろ看板を下ろそう。

오늘은 슬슬 문을 닫자.

売り上げが悪いので、店の看板を下ろすことに決めた。

매상이 좋지 않아 가게를 닫기로 했다.

1132 気合を入れる　기합을 넣다. 기합을 주다

시험 ★★☆
회화 ★★★

· 気合 기합. 기세　· 入れる 넣다. 들어가게 하다　→ 기합을 넣다

✎ 意味　① 정신을 집중하여 힘을 싣는 것. ② 기합을 주기 위해 체벌을 하는 것.

🔍 用例　① A さぁ、みんな気合を入れていくよ!!
　　　　 B うん。絶対に優勝するんだからね!!

　　　　 A 자, 모두 기합을 넣어서 하는 거야!!　　B 응. 꼭 우승하고야 말 거니까!!

　　　　 ② A お前、最近気が緩んでるな。ちょっと気合を入れてやるよ。
　　　　　　 こっちに来い。
　　　　 B え! 先輩やめてくださいよ!　　　· 緩む 느슨해지다. 헐렁해지다. 헐거워지다

　　　　 A 너 요즘 군기가 빠진 것 같아. 좀 맞아야겠다. 일로 와.　　B 엣! 선배, 한 번만 봐주세요!

1133 利いた風　아는 체함. 건방짐

시험 ★☆☆
회화 ★★☆

· 利いた 가능한　· 利く ① 효력이 있다 ② 가능하다. 통하다　· 風 식. 모양　→ 가능한 식

✎ 意味　자못 똑똑한 체하며 건방진 모습. 또는 그런 사람. 「利いた風な口をきく 아는 체하고 말하다. 건방진 말을 하다」의 형태로도 사용.

🔍 用例　A お姉さん、最近ものすごく綺麗になったんじゃないですか?
　　　　 B まだ小学生のくせに、利いた風なこと言うわね。

　　　　 A 누나, 요즘 너무 이뻐진 거 아니에요?　　B 아직 초등학생인 주제에 건방지긴.

1134 聞いて呆れる　듣고만 있어도 어처구니가 없다

시험 ★☆☆
회화 ★★★

· 聞いて 듣고　· 聞く 듣다　· 呆れる 어이가 없어 놀라다. 기가 막히다　→ 듣고 기가 막히다

✎ 意味　말이 실제와 너무 차이가 커서 듣기만 해도 어처구니가 없는 것.

🔍 用例　A また会社辞めちゃったの。どうしよう。
　　　　 B もう、今年に入って5回目じゃない。本当に、聞いて呆れるわ。

　　　　 A 또 회사 그만뒀어. 어쩌지?　　B 벌써 올해 들어서 5번째 아냐? 정말 듣고만 있어도 어처구니가 없다.

1135 黄色い声　새된 목소리

시험 ★☆☆
회화 ★★★

· 黄色い ① 노랗다 ② (여자 아이 등의 목소리가) 새되다　· 声 소리　→ 새된 소리

✎ 意味　주로 여자들의 높고 날카로운 목소리.

🔍 用例　嵐の登場にみんな黄色い声を上げた。

　　　　 아라시의 등장에 모두 캬~ 캬~ 소리를 냈다.　　· 嵐 일본 그룹 이름

1136 聞(き)きしに勝(まさ)る　소문 이상이다. 예상을 능가하다

| 시험 ★☆☆
회화 ★★★ | ・聞(き)きしに ⇒ 聞(き)いたことより 들던 것보다　・勝(まさ)る 낫다. 뛰어나다. 우수하다
→ 들었던 것보다 낫다 |

✎ 意味　이야기로 듣던 것보다 정도가 훨씬 더한 것. 좋은 의미, 좋지 않은 의미 모두 씀.

🔍 用例　**すごいとは聞(き)いていたが、聞(き)きしに勝(まさ)る豪華(ごうか)ホテルだった。**
　　　　굉장하다고는 들었지만 소문 이상의 호화 호텔이었다.

1137 聞(き)き捨(ず)てならない　그냥 못 넘어가다. 그냥 넘어갈 수 없다

| 시험 ★★☆
회화 ★★★ | ・聞(き)き捨(ず)て 듣고도 문제 삼지 않음. 못 들은 체함　・聞(き)く 듣다　・捨(す)てる 버리다
・ならない 안 된다 (금지를 나타내는 말)　→ 못 들은 체가 안 된다 |

✎ 意味　듣고 그냥 흘릴 수 없다는 것에서, 들은 내용이 자신과 관련이 있는 일이라 그냥 무시할 수 없다는 말.

🔍 用例　A **やっぱり女(おんな)は家(いえ)の中(なか)で家事(かじ)だけしてればいいんだよ。**
　　　　B **ちょっと聞(き)き捨(ず)てならないわね。そんな古(ふる)い考(かんが)えやめてよ。**
　　　　A 역시 여자는 집에서 집안일만 하면 돼.
　　　　B 듣자 듣자 하니까, 그냥 못 넘어가겠네. 그런 썩어 빠진 사고방식 좀 버려.

　　　　A **今日(きょう)、駅前(えきまえ)のデパートで90％(きゅうじゅっパーセント)オフのセールだって!**
　　　　B **本当(ほんとう)!? それは聞(き)き捨(ず)てならないよ。早(はや)く行(い)こう!!**
　　　　A 오늘 역 앞 백화점에서 90% 세일한대!
　　　　B 정말!? 그럼 그냥 지나칠 수 없지. 빨리 가자!!

1138 効(き)き目(め)がない　효과가 없다. 소용이 없다

| 시험 ★★★
회화 ★★★ | ・効(き)き目(め) 효과. 효능. 보험　・ない 없다　→ 효과가 없다 |

✎ 意味　① 어떤 작용에 의해 나타나는 효과가 없는 것. ② 상대편이 응하도록 손을 써도 소용이 없는 것.

🔍 用例　① **疲(つか)れすぎていて、栄養(えいよう)ドリンクも効(き)き目(め)がない。**
　　　　너무 지쳐 있어서 피로 회복 음료수도 효과가 없다.

　　　　② A **私(わたし)がどんなに怒(おこ)っても、家(うち)の旦那(だんな)には効(き)き目(め)がないんですよ。**
　　　　B **家(うち)の旦那(だんな)も同(おな)じですよ。聞(き)いてるふりだけなんです。**
　　　　A 내가 아무리 화를 내도 우리 남편한테는 안 먹혀요. (＝のれんに腕押(うでお)し・ぬかに釘(くぎ)・馬耳東風(ばじとうふう))
　　　　B 우리 남편도 똑같아요. 듣는 척만 한다니까요.

　　　　・のれんに腕押(うでお)し 상점 출입구의 천에 팔씨름. 호박에 침 박기　・ぬかに釘(くぎ) 겨에 못 박기
　　　　・馬耳東風(ばじとうふう) 마이동풍

1139 　気位が高い　자부심이 강하다

시험 ★☆☆ 회화 ★★☆	・気位 자기의 품위를 자부하며 그것을 유지하려는 마음가짐　・高い 높다　→ **품위가 높다**

✎ 意味　신분이나 지위가 높은 것에 우월감을 품고, 신분이 낮은 사람과는 사귀지 않으려는 태도를 취하는 것.

🔍 用例　**私の母の家は昔貴族だったらしく、親戚一同気位が高い。**

우리 어머니 집안은 옛날에 귀족이었던 모양으로 친척들이 모두 프라이드가 높다.　(＝プライドが高い)

・**プライドが高い** 프라이드가 높다

1140 　機嫌が直る　기분이 좋아지다

시험 ★★☆ 회화 ★★★	・**機嫌** 기분. 심기. 비위　・**直る** ① 고쳐지다 ② 복구되다. 회복되다　→ **기분이 복구되다**

✎ 意味　나쁜 기분을 바로잡는 것. 기분을 바꾸는 것.

🔍 用例

A ねえ、お母さんの機嫌、直った?

B まだご機嫌ナナメだよ

他動詞　機嫌を直す ★★★

A 何があったんだろう?

B また、父さんとケンカでもしたんじゃない? すぐ直るよ。

A 있지, 엄마 기분 좋아졌어?　　B 아직 심기가 불편하셔.

A 무슨 일이 있었던 걸까?　　B 또 아빠랑 싸운 거 아닐까? 바로 좋아지시겠지.

1141 　機嫌を取る　비위를 맞추다. 기분을 맞추다

시험 ★★☆ 회화 ★★★	・**機嫌** 기분. 심기. 비위　・**取る** 맞추다　→ **기분을 맞추다**

✎ 意味　상대의 마음에 드는 말이나 행동을 하는 것.

🔍 用例

A クライアントの機嫌を取るために、酒の席でも用意しておいてくれ。

B はい。一応、来週末にゴルフということにしてあります。

A 의뢰인의 기분을 맞추려면 술자리라도 준비해 둬.　　B 네. 일단 다음 주 주말에 골프를 치기로 했습니다.

1142 　機嫌を損ねる　기분을 상하게 하다

시험 ★★☆ 회화 ★★★	・**機嫌** 기분. 심기. 비위　・**損ねる** ① 손상하다 ② (건강・기분 등을) 상하게 하다. 해치다 → **기분을 상하게 하다**

✎ 意味　기분을 유쾌하지 않게 하는 것. 대부분 신분이 높은 사람에 대해 쓰는 표현.

🔍 用例　**彼女はこの会社のお局様だ。彼女の機嫌を損ねるとここの仕事がやり**

づらくなるので、みんな彼女には逆らえない。

그녀는 이 회사의 고참이다. 그녀의 기분을 상하게 하면 회사에서 일하기 힘들어지니까 모두 그녀에게는

거스를 수가 없다.　　・**お局様** 고참. 왕언니

1143 気心が知れる 서로 속속들이 잘 알다

시험 ★★☆
회화 ★★★

• 気心 본래의 성질이나 생각 • 知れる 알 수 있다. 알게 되다 (知る의 가능, 자발) • 知る 알다
→ 본래의 성질이나 생각을 알 수 있다

✎ 意味 오랜 기간 동안 사귀거나 하여 그 사람의 성격이나 취향 등을 잘 알 수 있는 것.

🔍 用例 **私たちは小学校の時からの友達なので、お互い気心が知れている。**

우리는 초등학교 때부터 쭉 이어져 온 친구 사이로, 서로가 속속들이 잘 알고 있다.

1144 机上の空論 탁상공론

시험 ★★☆
회화 ★★★

• 机上 궤상. 책상 위. 탁상 • 空論 공론 → 탁상공론

✎ 意味 머리로만 생각하여 실제는 도움이 되지 않는 안. 현실성이 없는 헛된 이론.

🔍 用例 A **うちの幹部は叩き上げじゃないから、現場の実情を知らないんだよ。**

B **うん。結局数字だけ合わせても机上の空論なんだよ。**

A 우리 간부 말야, 밑바닥부터 올라간 사람이 아니라 현장 사정을 잘 몰라.

B 맞아. 결국, 숫자놀음만 하면 탁상공론에 지나지 않는데 말야.

• **叩き上げ** 밑바닥부터 고생해서 기술이나 인격을 닦아 올라가는 것. 또는 그런 사람

1145 気色が悪い 기분이 나쁘다. 불쾌하다. 징그럽다

시험 ★★☆
회화 ★★★

• 気色 기색. 안색. 기분 • 悪い 나쁘다 → 기분이 나쁘다

✎ 意味 이상한 것을 보거나 하여 불쾌한 기분이 되는 것.

🔍 用例 A **私、気色が悪い虫って大嫌い!**

B **たとえばどんな虫?**

A **そうね…。芋虫、毛虫、ムカデ、蜘蛛…って言うか、虫は全部嫌い!**

A 난 징그러운 벌레는 너무 싫어!

B 예를 들면 어떤 벌레?

A 음, 애벌레, 송충이, 지네, 거미… 같은 거, 벌레란 벌레는 전부 싫어!

• **芋虫** 나비, 나방 등의 애벌레. 털이 없는 벌레의 총칭
• **毛虫** 모충. 송충이, 쐐기 등과 같이 몸이 길고 털이 빳빳한 벌레의 총칭
• **ムカデ** 지네
• **蜘蛛** 거미

1146 犠牲を払う　희생을 치르다

시험 ★☆☆
회화 ★★★

・**犠牲** 희생　・**払う** ① (돈을) 지불하다 ② (목적 달성을 위해) 바치다. 치르다　→ **희생을 치르다**

✎ 意味　희생을 겪는 것.

🔍 用例　**9・11テロは多くの犠牲を払う悲惨な惨事でした。**

9. 11 테러는 많은 희생을 치른 참사였습니다.

私はどんな犠牲を払ってでも、この新しいプロジェクトを成功させなければならない。

난 어떤 희생을 치르더라도 이 새로운 프로젝트를 성공시켜야만 한다.

1147 機先を制する　기선을 제압하다

시험 ★☆☆
회화 ★★★

・**機先** 기선　・**制する** 지배하다. 제압하다　→ **기선을 제압하다**

✎ 意味　상대보다 먼저 행동해서 그 기세나 계획을 꺾어 놓는 것.

🔍 用例　**相手の機先を制するためによく観察することが重要だ。**

상대의 기선을 제압하기 위해서는 상대를 관찰하는 것이 중요하다.

1148 気立てがよい　마음씨가 곱다

시험 ★☆☆
회화 ★★★

・**気立て** 타고난 마음씨. 심지　・**よい** 좋다. 선량하다　→ **심지가 좋다**

✎ 意味　마음이 선량한 모양.

🔍 用例　A **うちの嫁は気立てが良くてね、よく気も利くいい子なのよ!!**

B **そうなの。それは良かったわねえ。**

A 우리 며느리는 마음씨도 좋고, 눈치도 빠른 착한 애야.
B 그래. 얼마나 좋아.

・**気が利く** 세심한 데까지 생각이 미치다

1149 危地を脱する　위기를 넘기다. 위기를 모면하다

시험 ★☆☆
회화 ★☆☆

・**危地** 위지. 위험한 곳　・**脱する** (위험한 장소, 상태에서) 벗어나다. 헤어나다
→ **위험한 곳에서 벗어나다**

✎ 意味　위험한 입장이나 상황을 모면한 것.

🔍 用例　**倒産の危機にあった会社だが、何とか危地を脱した。**

도산 위기에 있던 회사였지만, 어떻게든 위기를 넘겼다.

1150 機転が利く　재치가 있다

시험 ★★☆
회화 ★★★

- **機転** 재치. 임기응변　・**利く** 잘 움직이다 → 재치가 잘 움직인다

✎ 意味　상황에 맞게 즉시 그 장소에 어울리는 행동을 하는 것.

🔍 用例　**頭の回転の早い人は機転が利くのでうらやましいと思う。**

머리 회전이 빠른 사람은 재치가 있어 부럽단 생각이 든다.

突然起こった問題にも彼は機転を利かせて対応した。

갑자기 발생한 문제에도 그는 재치를 발휘하여 대응했다.

1151 切っても切れない　떼려야 뗄 수 없다

시험 ★★★
회화 ★★★

- **切っても** 끊어도　・**切る** 관계를 끊다. 단절하다　・**切れない** 끊을 수 없다 → 끊어도 끊을 수 없다

✎ 意味　쉽게 끊어지지 않을 정도로 깊은 관련이 있는 것.

🔍 用例　**親子の縁と言うものは切っても切れないものだ。**

부자의 연이라고 하는 것은 떼려야 뗄 수 없는 것이다.

1152 狐につままれたよう　여우에 홀린 듯한

시험 ★★☆
회화 ★★★

- **狐** 여우　・**つままれる＝化かされる** (~에) 홀리다　・**よう** 듯 → 여우에 홀린 듯

✎ 意味　의외의 일이 발생하여 뭐가 뭔지 몰라 멍한 상태가 되는 모양.

🔍 用例　**突然私の彼氏が別の女と結婚すると聞き、怒りよりも、
ただ狐につままれたようだった。**

갑자기 내 남자친구가 다른 여자와 결혼한다는 말을 듣고 화가 난다기보다도 그저 여우에게 홀린 듯했다.

1153 軌道に乗る　제 궤도에 올라서다

시험 ★★★
회화 ★★★

- **軌道** 궤도　・**乗る** ① (위에) 오르다 ② 여세를 몰다. 기회를 타다 → 궤도에 오르다

✎ 意味　어떤 일이나 사업이 어느 정도 안정권에 들어서는 것.

🔍 用例　A **去年オープンしたお店は順調ですか?**

B **そうですね。おかげさまで、ようやく軌道に乗ってきましたよ。**

A 작년에 오픈한 가게는 잘 되어 가세요?

B 네, 덕분에 간신히 안정권에 들어섰어요.

1154 絹を裂くよう 날카로운 비명 소리

시험 ★☆☆
회화 ★★★

• **絹** 비단. 견직물 • **裂く** 찢다 • **よう** 듯 → 비단을 찢는 듯

✎ 意味   비단을 찢으면 날카롭고 높은 소리가 나는 데서, 매우 날카롭고 높은 소리를 비유한 표현. 특히 여자 비명 소리에 주로 씀.

🔍 用例   「きゃ～」と突然、**絹を裂くような声**が聞こえた。

'캬~' 하고 갑자기 날카로운 비명 소리가 들려왔다.

1155 昨日の今日 아직 하루밖에 안 지남

시험 ★☆☆
회화 ★★★

• **昨日** 어제 • **今日** 오늘 → 어제에 이어 오늘

✎ 意味   어떤 일이 있고 아직 하루밖에 지나지 않은 것.

🔍 用例   A **昨日の今日**なのに、体重が2キロも違う！

B だってあんた、**昨日**死ぬほど食べたじゃない。

A 아직 하루밖에 안 지났는데 체중이 2kg이나 늘었어!

B 그거야 네가 어제 배 터지도록 먹어서잖아.

• **死ぬほど** 죽을 만큼 • **だって** (반론으로) 그런데. 하지만

1156 着のみ着のまま 걸친 옷만 입은 채

시험 ★☆☆
회화 ★★☆

• **着の身** 입은 몸 • **着のまま** 옷 그대로 → 몸에 걸친 옷 그대로

✎ 意味   화재 등으로 집에서 나올 때, 걸치고 있는 옷 이외에는 아무것도 들고 나오지 못한 것.

🔍 用例   A 家が火事にあったって聞きましたけど、大丈夫でしたか?

B ええ。**着のみ着のまま**逃げ出したので、怪我はありませんでした

けど…。

A 집에 불이 났다고 들었는데, 괜찮으세요?

B 네에. 걸친 옷만 입은 채 대피해서 다치지는 않았어요….

1157 起爆剤になる 기폭제가 되다. ~한 일의 계기가 되다

시험 ★☆☆
회화 ★★★

• **起爆剤** 기폭제 • **になる** ~이(가) 되다 → 기폭제가 되다

✎ 意味   어떤 사건을 일으키는 계기가 되는 것.

🔍 用例   新しく出た商品がうちの会社の成長の**起爆剤**となるか?

새로 나온 상품이 우리 회사 성장의 기폭제가 될까?

1158 機微に触れる 감성을 자극하다

시험 ★☆☆
회화 ★★★

・**機微** 기미. 낌새 ・**触れる** 닿다. 스치다 → **기미에 닿다**

✎ 意味 표면만으로는 알 수 없는 미묘한 정취나 사정을 건드리는 것.

🔍 用例 **その詩集は人の心の機微に触れる、情感豊かな詩にあふれている。**

그 시집은 사람들 마음의 감성을 자극하는 정감 넘치는 시로 가득하다.

1159 気分にむらがある 변덕이 심하다

시험 ★★☆
회화 ★★★

・**気分** 기분. 마음 ・**むら** ① 얼룩 ② 변덕스러움 ・**ある** 있다 → **마음에 변덕이 있다**

✎ 意味 기분이 일정하지 않은 모양.

🔍 用例 **松坂さんは確かにいい人だけど、気分にむらがあって付き合いにくい。**

마츠자카 씨는 분명 좋은 사람이긴 한데, 변덕스러운 데가 있어서 사귀기 힘들다.

1160 決りが悪い 쑥스럽다. 부끄럽다. 겸연쩍다

시험 ★★☆
회화 ★★★

・**決り** ① 규정. 규칙 ② (일, 행동 등의) 매듭. 결말 ・**悪い** 나쁘다 → **매듭이 나쁘다**

✎ 意味 타인에 대한 면목이 서지 않는 것.

🔍 用例 A **この前、喧嘩しちゃった人が今日のパーティーに来てるんだよね…。**

B **それじゃ、決まりが悪いでしょ？**

A 요전에 싸운 사람이 오늘 파티에 와 있어. B 그거 참 겸연쩍겠다!

A **人違いをしちゃってさ。**

B **それでどうしたの？**

A **きまりが悪そうな顔して、笑ってごまかしたよ。**

A 사람을 착각하고 말았어. B 그래서 어떻게 했어?

A 겸연쩍은 얼굴로 웃으며 어물쩍 넘겼지.

1161 木目が細かい 살결이 보드랍다

시험 ★☆☆
회화 ★★★

・**木目** ① 나무결 ② (물건 표면의) 결. (사람의) 살결. 또는 그 감촉 ・**細かい** 잘다. 작다 → **결이 잘다**

✎ 意味 피부나 표면이 반드러운 것.

🔍 用例 **赤ちゃんの肌は、木目が細かくてツルツルしている。**

아기의 피부는 살결이 부드러워서 매끈매끈하다.

・**つるつるする** 매끈매끈하다. 반들반들하다

1162 脚光を浴びる　각광을 받다. 인기를 끌다

시험 ★★☆
문장 ★★★

・**脚光** 각광　・**浴びる** ① 끼얹다. 뒤집어쓰다 ② 계속해서 받다. 입다　→　**각광을 입다**

✎ **意味**　세간의 이목을 끄는 것.

🔍 **用例**　リバイバルブームにより、８０年代のロックグループだった
X-Japanが最近再び脚光を浴びている。

리메이크 붐에 의해 80년대 록 그룹이었던 X-JAPAN이 최근 다시 각광을 받고 있다.

1163 旧交を温める　옛정을 돈독히 하다

시험 ★☆☆
문장 ★★☆

・**旧交** 오래된 교제　・**温める** ① 따뜻하게 하다 ② 되살리다. 되돌리다　→　**오래된 교제를 되살리다**

✎ **意味**　오래된 교제를 다시 시작하는 것.

🔍 **用例**　旧交を温めるために同窓会が開かれた。

오래된 우정을 다시 돈독히 하려는 동창회가 열렸다.

1164 急所を突く　약점을 찌르다. 핵심을 찌르다

시험 ★☆☆
회화 ★★☆

・**急所** 급소. 사물의 핵심. 요점　・**突く** 찌르다　→　**급소를 찌르다**

✎ **意味**　상대의 급소를 찌르는 것.

🔍 **用例**　相手の急所を突いて勝利を手にした。

상대의 약점을 찔러 승리를 손에 넣었다.

1165 急場をしのぐ　위기를 넘기다

시험 ★☆☆
회화 ★★★

・**急場** 다급한 고비. 절박한 고비　・**しのぐ** ① 견디어 내다 ② 헤치고 나아가다
→　절박한 고비를 헤치고 나아가다

✎ **意味**　절박한 고비를 넘긴 것. 「急場しのぎ 사태가 임박했을 때, 그 장소의 상황을 면하기 위한
임시변통」으로도 씀.

🔍 **用例**　運転しながら眠くなってしまった場合の、急場をしのぐ方法を考えて
おく。(= 急場しのぎの)

운전하면서 졸음이 몰려왔을 때의 대처 방법을 생각해 둔다.

A　課長、人が足りません。
B　仕方ない。他の手の空いてる人を呼んでくれ。これで急場をしのごう。

A 과장님, 사람이 부족합니다.
B 어쩔 수 없지. 다른 바쁘지 않은 사람을 불러와 봐. 그래서 급한 대로 때워 보자고.

1166 灸を据える 뜸을 뜨다. 따끔한 맛을 보이다

시험 ★☆☆
회화 ★★★

・灸 뜸. 뜸질 ・据える ① 자리 잡아 놓다 ② 뜸을 뜨다 → 뜸을 뜨다

✏️ 意味　강하게 주의를 주거나 벌을 주어 혼내 주는 것.

🔍 用例　**テストの点が悪かったため、母に灸を据えられた。**
시험 점수가 좋지 않아 엄마에게 혼났다.

1167 興が醒める 흥이 깨지다. 재미가 없어지다

시험 ★☆☆
회화 ★★★

・興 흥 ・醒める 잠에서 깨다. 눈이 뜨이다 → 흥이 깨다

✏️ 意味　지금까지 품고 있던 흥미나 유쾌한 분위기를 잃어버리는 것.

🔍 用例　**映画の結末を聞いてしまい、興が醒めてしまった。**
영화의 결말을 듣게 되어 흥이 달아났다.

1168 興に入る 재미있어 하다. 흥미로워하다

시험 ★☆☆
문장 ★★☆

・興 흥 ・入る ① 들다. 들어가다 ② (어떤 경지에) 이르다 → 흥에 이르다

✏️ 意味　흥미를 느끼고 열중하는 것.

🔍 用例　**自分の新しいヘアースタイルを見て、大変興に入る。**
자신의 새로운 헤어스타일을 보고 매우 흥미로워한다.

1169 興に乗る 흥이 나서 하다

시험 ★☆☆
문장 ★★☆

・興 흥 ・乗る 타다 → 흥에 타다

✏️ 意味　흥에 겨워 신나게 어떤 것을 하는 것.

🔍 用例　**大学時代は、友達と興に乗り毎日遊び歩いていた。**
대학 시절에는 친구와 신나게 매일매일 놀러 다녔다.

1170 行間を読む 글의 의도를 파악하다

시험 ★☆☆
회화 ★★★

・行間 행간 ・読む 읽다 → 행간을 읽다

✏️ 意味　문장에 직접적으로 나타나 있지 않은 필자의 의도를 헤아리는 것.

🔍 用例　**文章の行間を読むのは本当に難しいことだ。**
글의 의도를 파악하는 것은 매우 어려운 일이다.

1171 教鞭を取る　교편을 잡다

생활 관용어

き
1132
—
1183

시험 ★☆☆
회화 ★★★

· **教鞭** 교편　· **取る** 잡다. 쥐다　→　**교편을 잡다**

✎ 意味　교사가 되어 학생을 가르치는 것.

🔍 用例
A 今のお仕事はなんですか?
B 大学で教鞭を取っております。

A 지금 하시는 일은 무엇입니까?
B 대학에서 교편을 잡고 있습니다.

1172 去就に迷う　거취를 망설이다

시험 ★☆☆
회화 ★★☆

· **去就** 거취　· **迷う** ① 길을 잃고 헤매다 ② 갈피를 못 잡다. 망설이다　→　**거취를 망설이다**

✎ 意味　어떻게 몸을 처신하면 좋을지 고민하는 모양.

🔍 用例
家族のため、会社のため、仕事一筋に生きてきた。
今年定年を迎えるが、今後の身の去就に迷う。

가족과 회사를 위해서 일만 바라보고 살아왔다. 올해 정년 퇴임인데 이후의 거취에 대해 망설이고 있다.

1173 虚勢を張る　허세를 부리다

시험 ★☆☆
회화 ★★★

· **虚勢** 허세　· **張る** 어떤 감정을 강하게 하다. 억지로 밀고 나가다　→　**허세를 억지로 밀고 나가다**

✎ 意味　자신의 약점을 숨기고 겉으로는 있는 척하는 것.

🔍 用例
弱いくせに虚勢を張ってしまう自分が嫌いだ。

약한 주제에 허세를 부리는 내 자신이 싫다.

1174 虚をつく　허를 찌르다

시험 ★★☆
회화 ★★★

· **虚** 허. 허점　· **つく** 찌르다　→　**허점을 찌르다**

✎ 意味　상대가 무방비한 틈을 타서 약점을 공격하는 것.

🔍 用例
相手の出方を良く見て、虚をついて勝利を収めた。

상대의 태도를 잘 보다 허를 찔러 승리를 거뒀다.

· **出方** 나오는 방법이나 모양. 또는 나오는 모양이나 태도
· **収める** ① 넣다. 챙기다 ② (결과를) 얻다. 거두다

1175 清水の舞台から飛び降りるよう <small>큰맘 먹고</small>

<small>きよみず ぶたい と お</small>

시험 ★★★ 회화 ★★★	・清水の舞台 기요미즈의 무대(バルコニー balcony). 교토 시에 있는 절 清水寺의 최고 명소(깎아지른 듯한 벼랑 위에 위치)로 본당 정면에 노송나무로 만들어진 발코니가 있어 교토 시가의 전망을 즐길 수 있게 되어 있음 ・飛び降りる 뛰어내리다 ・よう 듯 → 기요미즈의 무대에서 뛰어내리듯

✎ 意味 기요미즈의 관세음보살을 모신 법당인 관음당의 발코니(벼랑)에서 뛰어내리듯이, 과감하게 큰맘을 먹고 어떤 일을 실행하는 것. 주로 「清水の舞台から飛び降りたつもりで 큰맘 먹고, 清水の舞台から飛び降りる覚悟を持って 죽기 살기라는 각오를 가지고」의 형태로 사용.

🔍 用例 A わ〜 新車じゃん。しかも、高そー。

B だろ? すっごく悩んだんだけど、どうしても欲しくて、
清水の舞台から飛び降りたつもりで買ったよ。

A 乗せて、乗せて。

B じゃ、 ドライブでもしようか。

<small>A 와~ 새 차네. 게다가 비싸 보여~.　　B 그치? 굉장히 고민했는데 꼭 갖고 싶어서 큰맘 먹고 샀어.</small>

<small>A 태워 줘, 태워 줘.　　B 그럼 드라이브 해 볼까?</small>

今の日常、通い慣れた会社を辞め、全く別の新しいことに挑戦するのは簡単ではない。だが、本当にやりたいことなら清水の舞台から飛び降りる覚悟を持ってするべきだと思う。

<small>현재의 일상, 익숙해진 회사를 그만두고 전혀 다른 새로운 것에 도전하는 것은 간단하지 않다.</small>

<small>그렇지만 정말로 하고 싶다면 죽기 아니면 살기라는 각오를 가지고 해야만 한다고 생각한다.</small>

1176 綺羅星の如く <small>쟁쟁한. 내노라하는</small>

<small>き ら ぼし ごと</small>

시험 ★☆☆ 문장 ★★☆	・綺羅星(きらほし・きらぼし) 기라성. 밤하늘에 반짝이는 별 ・〜の如く ~같이. ~처럼 → 기라성같이

✎ 意味 綺羅星는 「きらきら 반짝반짝」에 「星 별」이 합쳐서 만들어진 말로, 밤하늘에 반짝이는 무수한 별이라는 뜻. 어떤 분야에서 능력이 뛰어나거나 위세 있는 사람이 모여 있는 모습을 별들이 모여 있는 것 같다고 비유한 데서 비롯된 표현.

🔍 用例 年末の紅白歌合戦には今年活躍した歌手達が綺羅星のごとく居並んでいた。

<small>연말에 열리는 홍백가합전에는 올해 활약한 내노라하는 가수들이 앉아 있었다.</small>

・居並ぶ 쭉 늘어앉다

1177 切り_きがいい 적당한 선이다. 끊기 좋다

시험 ★☆☆
회화 ★★★

· 切り_き 끊음. 자름 · いい 좋다 → 자름이 좋다

✎ 意味 | 어떤 것을 멈추거나 정리하기에 딱 좋은 시점이라는 것.

🔍 用例

A これ、398円_{さんびゃく(きゅうじゅう)はちえん}じゃなくて、390円_{さんびゃく(きゅう)えん}にしてくださいよ。
切り_きがいいじゃないですか。

B しょうがないな。390円_{さんびゃく(きゅうじゅう)えん}にしますよ。

A 이거 398엔 말고 390엔으로 해 주세요. 딱 끊어져서 좋잖아요.

B 할 수 없네요. 390엔에 드릴게요.

A まだ残_{のこ}って仕事_{しごと}してたの? 切り_きがいいところで帰宅_{きたく}してくださいよ。

B はい。あと少_{すこ}しで終_おわりますから。

A 아직 남아서 일하고 있었어? 적당히 마무리하고 퇴근해.

B 네. 조금만 더 하면 끝납니다.

1178 切り_きがない 끝이 없다

시험 ★☆☆
회화 ★★★

· 切り_き 끊음. 자름 · ない 없다 → 끊음이 없다

✎ 意味 | 언제까지라는 한계가 없어서 어느 정도로 중단하거나 포기해야 하는지 알 수 없는 모양.

🔍 用例

A いつまでテレビ見_みてるつもり?
B 面白_{おもしろ}い番組_{ばんぐみ}が全部_{ぜんぶ}終_おわるまで。
A 切り_きないから、早_{はや}くお風呂_{ふろ}に入_{はい}りなさい。

A 언제까지 텔레비전만 보고 있을 거야?

B 재미있는 프로그램이 전부 끝날 때까지.

A 끝이 없으니까 어서 목욕해라.

> 同義語 切り_きない ★★★

1179 切り貼り_{き は}する 때우다. 짜 맞추다

시험 ★☆☆
회화 ★★★

· 切り貼り_{き は} 오려 붙임. 가위질해서 만듦 · する 하다 → 오리고 붙이는 것을 하다

✎ 意味 | 오려 낸 것을 붙이는 것.

🔍 用例

A この服_{ふく}、素敵_{すてき}じゃない。

B そう? 着_きなくなった古着_{ふるぎ}を切り貼り_{き は}して作_{つく}り直_{なお}したんですよ。

A 이 옷 멋지네.

B 그런가요? 안 입는 낡은 옷을 리폼했어요.

· 作_{つく}り直_{なお}す 고쳐 만들다. 다시 만들다

1180 切り札を出す 비장의 수단을 쓰다

시험 ★★★
회화 ★★★

- 切り札 ① (트럼프에서) 으뜸패 ② 마지막에 내놓을 가장 강력한 수단. 비장의 수단
- 出す 내다. 꺼내다. 내놓다 → 비장의 수단을 내놓다

✎ 意味 일반적으로 「最後の～ 최후의~. 마지막~」의 형태로, 마지막 남은 비장의 수단을 꺼내는 것.

🔍 用例

A 最近、ご主人と仲はどうなの?

B 相変わらずケンカばかりなの。毎日酔っ払って帰ってくるのよ。

A じゃ、最後の切り札を出したら?

B 最後の切り札って?

A 離婚届を突きつけて、サインしろって言ってやるのよ。

B そうね。やってみようかしら。

A 요즘 남편과 사이는 어때?　　B 여전히 싸우기만 하지. 허구한 날 술에 취해서 들어오는 거야.

A 그럼, 마지막 비장의 무기를 써 보면 어때?　　B 마지막 비장의 무기라니?

A 이혼 서류를 들이대면서 사인하라고 하는 거야.　　B 그래. 그렇게 한 번 해 볼까 봐.

- 相変わらず 변함없이. 여전히　• 突きつける 들이대다. 쑥 내밀다

1181 義理を立てる 도리를 지키다. 의리를 지키다

시험 ★☆☆
회화 ★★★

- 義理 의리. 바른 도리　• 立てる 세우다 → 의리를 세우다

✎ 意味 갚아야만 하는 은혜나 의리에 대해 그에 맞는 행위로 보답하는 것.

🔍 用例 お世話になった相手には義理を立てるのが日本人だ。

신세를 진 상대에게는 도리를 지켜 보답하는 것이 일본인이다.　　自動詞 義理が立つ ★★★

1182 岐路に立つ 기로에 서다. 갈림길에 서다

시험 ★☆☆
문장 ★★★

- 岐路 기로. 갈림길　• 立つ 서다 → 기로에 서다

✎ 意味 어느 한쪽을 선택해야 할 상황을 비유적으로 이르는 말.

🔍 用例 私は、今まさに人生の岐路に立っている。

나는 지금 인생의 갈림길에 서 있다.

1183 軌を一にする 생각을 같이하다. 방법을 같이하다

시험 ★☆☆
회화 ★★☆

- 軌 바퀴자국. 선로　• 一 ① 하나 ② 같음. 동일　• にする ~로 하다 → 바퀴자국을 같이하다

✎ 意味 전에 지나간 바퀴자국과 같은 곳을 지난다는 것에서, 같은 방침이나 방법, 생각을 취하는 것.

🔍 用例 政府の方針と私たちの考えは軌を一にする。

정부의 방침과 우리들의 생각은 같은 선상에 있다.

1184 具合が悪い (몸, 기계의) 상태가 안 좋다. 상황이 안 좋다. 거북하다

시험 ★★★
회화 ★★★

• 具合 ① (몸이나 물건의) 상태. 형편 ② (어떤 일의) 형편. 상태 ③ 모양새. 체면 • 悪い 나쁘다

→ 물건, 몸, 일, 모양새가 나쁘다

✎ 意味
① 体の〜, 機械の〜の形態で、人の体や機械などの状態が良くない事.
② ある事の形態や状態が良くない事. ③ 体面が立たない事. 無難な事.

🔍 用例
① 体の具合が悪いから今日は会社を休んだ。 (=体の調子が悪い)
몸 상태가 안 좋아 오늘은 회사를 쉬었다.

② A 今日、仕事の後に一杯どうですか?
B 今日はねえ、ちょっと具合が悪いんだよ。また今度誘ってよ。
A 오늘 회사 끝나고 한잔 어떠세요?　(=都合が悪い)
B 오늘은 상황이 좀 그래. 다음에 같이 가지.

③ A 今週末、鈴木さん達と一緒に食事するんですけど、Bさんも一緒に
どうですか?
B いいねえ。でもちょっとこの前、鈴木さんともめちゃったから
具合が悪いな…。 (=気まずい)
A 이번 주말에 스즈키 씨네랑 밥 먹기로 했는데, B씨도 함께 어떠세요?
B 좋지. 그런데 일전에 스즈키 씨랑 옥신각신해서 좀 거북하네….

• もめる 옥신각신하다. 말썽이 일어나다. 분규가 일어나다
• 気まずい 어색하다. 거북하다. 서먹서먹하다

1185 食い物にする 미끼로 하다. 밥으로 하다

시험 ★★★
문장 ★★★

• 食い物 ① 먹을 것. 음식. 식량 ② (자신의 이익을 위한) 미끼. 이용물 • にする ~로 하다

→ 미끼로 하다

✎ 意味
자신의 이익을 얻기 위해 타인을 이용하는 것.

🔍 用例
A 老人を狙うオレオレ詐欺などの事件に引っかかる人が後をたたない
みたいね。
B ほんと。弱い者を食い物にするなんてひどいよね。
A 私は絶対大丈夫だよ〜。騙されないよう気をつけてるし。
B そう言ってる人が一番危ないらしいよ。
A 노인을 상대로 한 전화 사기 등의 사건에 걸려드는 사람이 끊이질 않는 것 같아.
B 정말. 약자를 이용하다니 심하네.
A 난 문제 없어. 안 속아 넘어가려고 신경 쓰고 있으니까.　B 그렇게 말하는 사람이 가장 위험하다고 하던데.

弱い立場の労働者をコキ使い、長時間働かせておきながら、しかも残業
手当てを払わない会社が問題になっています。このような弱い者を
食い物にする社会を変えていかなければなりません。
약한 처지의 노동자를 혹사하여 장시간 일을 하게 하면서 심지어 수당을 주지 않는 회사가 문제가 되고 있습니다.
이런 약자를 이용하는 사회를 바꿔 나가지 않으면 안 됩니다.

신체 관용어

생활 관용어

속담·격언

고사성어

사자성어

1186 ぐうの音も出ない　아무 말도 못하다. 찍소리도 못하다

| 시험 ★★☆
회화 ★★★ | ・ぐうの音 찍소리. 숨이 막히거나 하여 몹시 괴로울 때 내는 신음
・出ない 나지 않는다　・出る 나가다. 나오다　→　찍소리도 안 나다 |

✎ 意味　아무리 힐책당하거나 추궁당해도 한 마디 반론이나 변명도 못 하는 것.

🔍 用例　A また、痛いところをつかれましたね。
　　　　B 本当ですよ。ぐうの音も出ないとはこのことですね。

　　　　A 또 약점을 찔러 버렸네요!
　　　　B 정말이에요. 찍소리 못한다는 말이 이런 건가 봐요.

1187 釘付けになる　꼼짝 못하게 되다

| 시험 ★★☆
회화 ★★★ | ・釘付け ① 못을 박음 ② 그 자리에서 꼼짝 못하게 함　・になる ~이(가) 되다
→　그 자리에서 꼼짝 못하게 되다 |

✎ 意味　자유를 구속하거나 무언가에 마음을 빼앗기거나 하여 못을 박은 듯 움직일 수 없는 상태가 되는 것.

🔍 用例　綺麗な人を街で見かけ、目が釘付けになってしまった。
　　　　어여쁜 사람을 거리에서 발견하고는 눈을 뗄 수가 없었다.

1188 釘を刺す　못을 박다

| 시험 ★★☆
회화 ★★★ | ・釘 못　・刺す 찌르다　→　못을 찌르다 |

✎ 意味　약속 등을 어기지 않도록 다짐을 받는 것.

🔍 用例　私が秘密を話さないようにと、友達は私に釘を刺した。
　　　　내가 비밀을 말하지 못하도록 친구들은 나에게 못을 박았다.

　　　　彼はいつも遅刻をするから、明日は遅刻しないように釘を刺しておか
　　　　ないと。
　　　　그는 항상 지각을 하니까 내일은 지각을 하지 않도록 못을 박아 놔야 한다.

1189 苦言を呈する　쓴소리하다

| 시험 ★☆☆
문장 ★★★ | ・苦言 고언　・呈する 드리다. 증정하다　→　고언을 드리다 |

✎ 意味　듣기에 거슬리거나 도움이 되는 말을 하는 것.

🔍 用例　大好きな友達だからこそ苦言を呈した。
　　　　가장 좋아하는 친구라서 쓴소리를 했다.

1190 臭い飯を食う
くさ めし く

콩밥을 먹게 되다. 교도소에 복역을 하다

시험 ★☆☆
회화 ★★★

• 臭い 구리다. 역한 냄새가 나다 • 飯を食う 밥을 먹다 → **구린 밥을 먹다**
くさ めし く

✎ 意味　죄인이 되어 형무소 밥을 먹게 되는 것.

🔍 用例　A 何をして、臭い飯を食うようになったのよ?
なに くさ めし く

　　　　B 銀行強盗したんだよね。
ぎんこうごうとう

A 무슨 짓을 해서 교도소까지 오게 된 거야?
B 은행을 털었어.

1191 草の根を分ける
くさ ね わ

온갖 수단을 동원하다

시험 ★☆☆
회화 ★★★

• 草の根 숨겨져서 보이지 않는 풀의 뿌리 • 分ける ① 나누다. 가르다 ② 분류하다. 구분하다
くさ ね わ

→ 숨겨져서 보이지 않는 풀의 뿌리를 나누다

✎ 意味　모든 수단을 다 동원하여 어떤 것을 찾는 것.
「草の根を分けても捜す 온갖 수단을 동원하여 찾다」의 형태로도 자주 사용.
くさ ね わ さが

🔍 用例　草の根を分けるような調査が実り、とうとう犯人を逮捕した。
くさ ね わ ちょうさ みの はんにん たいほ

온갖 수단을 동원한 수사가 결실을 거둬 드디어 범인을 체포했다.

1192 臭味がある
くさみ

독특한 냄새가 있다. 불쾌한 느낌이 있다

시험 ★★☆
회화 ★★★

• 臭味=臭み 사람에게 불쾌감을 주는 냄새 • ある 있다 → **불쾌감을 주는 냄새가 있다**
くさみ くさ

✎ 意味　그것에 접하는 사람에게 특유의 불쾌감을 주는 것.

🔍 用例　レバーには独特の臭みがあります。
どくとく くさ

소간에는 특유의 냄새가 있습니다.

隣の奥さんは、なんだか臭みのある人なので、付き合いづらいです。
となり おく くさ ひと つ あ

옆집 아주머니는 왠지 불쾌감을 주는 사람이라 친해지기 힘들어요.

1193 腐るほどある
くさ

썩어 날 만큼 많이 있다

시험 ★☆☆
문장 ★★★

• 腐る ① 썩다. 상하다 ② ~ほどある의 꼴로, 썩어 날 만큼 많이 있다 → **썩을 만큼 있다**
くさ

✎ 意味　어떤 것이 쓰고 남아돌 정도로 많이 있는 것.

🔍 用例　A あの人って、なんで金遣いが荒いの?
ひと かねづか あら

　　　　B あの人の家には、お金なんて腐るほどあるからでしょ。
ひと いえ かね くさ

A 저 사람은 어째서 돈 씀씀이가 헤픈 걸까?
B 저 사람의 집에는 돈이 썩어 날 만큼 많이 있나 보죠.

신체
관용어

생활
관용어

속담
·
격언

고사
성어

사자
성어

1194 草分け 선구자. 개척자

시험 ★★★ 문장 ★★☆	• **草分け** ① 황무지를 개척함. 또는 개척자 ② 어떤 일을 처음으로 시작함. 또는 그 사람. 창시자 • **草** 풀. 잡초 • **分ける** ① 나누다. 가르다 ② 헤치다
✎ 意味	풀이 무성한 곳을 좌우로 헤집고 가는 것에서, 변하여 처음으로 어떤 일을 시작하는 것. 또는 그런 사람을 말함.
🔍 用例	**この女優は、演劇の草分け的存在です。**（＝先駆者・創始者・パイオニア） 이 여배우는 연극의 선구자적인 존재입니다. • **先駆者** 선구자 • **創始者** 창시자 • **パイオニア(pioneer)** 개척자. 선구자

1195 苦汁を嘗める 쓴 경험을 하다. 고배를 마시다

시험 ★★☆ 회화 ★★★	• **苦汁** ① 쓴 국물 ② 쓴 경험. 괴로움 • **嘗める** ① 핥다 ② 맛보다. 체험하다 → **쓴 경험을 맛보다**
✎ 意味	두 번 다시 경험하고 싶지 않은 쓴 경험을 하는 것. 괴로움을 겪는 것.
🔍 用例	**練習量の割には、試合になかなか勝てず、苦汁を嘗めていた。** 연습량에 비해서는 시합에서 좀처럼 이기지 못하고 쓴맛을 보고 있다. **前回の選挙では苦汁を嘗めたが、今回はリベンジを果たすことができた。** 저번 선거에서는 고배를 마셨지만, 이번에는 설욕할 수 있었다. • **果たす** 완수하다. 달성하다

1196 管を巻く 술주정하다

시험 ★☆☆ 회화 ★★★	• **管** 관. 대롱 • **巻く** ① 말다. 감다 ② 管を~의 꼴로, 술에 취하여 횡설수설하다
✎ 意味	만취가 되어 두서없는 말이나 불평을 지겹도록 늘어놓는 것.
🔍 用例	A **あの人とお酒飲むの嫌なんだよね。** B **なんでなの?** A **お酒を飲むと管を巻くんだもん。** A 저 사람과 술 마시는 건 싫어. B 왜? A 술이 들어가면 술주정이 장난 아니거든.

1197　くちばしが黄色い　머리에 피도 안 마르다

시험 ★★☆
회화 ★☆☆

- **くちばし** 부리. 주둥이 ・ **黄色い** 노랗다　→　주둥이가 노랗다

✎ 意味　병아리의 부리가 노란 것에서, 나이가 어려서 경험이 부족한 것. 미숙한 것.

🔍 用例　私は寿司職人の見習いになってまだ日が浅いので大将に
くちばしが黄色いくせに魚に触るなと言われる。

나는 초밥 장인의 견습생이 된 지 얼마 되지 않았기 때문에, 장인에게 머리에 피도 안 마른 주제에 생선은 손 대지
말라는 소리를 듣는다.

[同義語] ケツが青い ★★★　　青二才 ★★★

- **職人** 직인. 장인 ・ **見習い** 견습. 수습 ・ **日が浅い** 날이 얼마 지나지 않다
- **大将** ① (군대 계급의) 대장 ② (어떤 집안 등의) 두목. 우두머리
- **ケツが青い＝尻が青い** 아기의 엉덩이가 파란 것에서, 미숙하여 자기 몫을 못하다 ・ **青二才** 풋내기

1198　愚痴をこぼす　푸념을 늘어놓다

시험 ★★★
회화 ★★★

- **愚痴** 푸념 ・ **こぼす** ① 흘리다. 엎지르다 ② 투덜거리다. 불평하다　→　푸념하다

✎ 意味　말해도 아무 소용없는 것을 말하면서 한숨짓는 것.

🔍 用例　A 旦那の愚痴でもこぼしてなければやってられないわ。
B 本当ですよね。うちも同じですよ。

A 남편 욕이라도 하지 않으면 어떻게 살까 몰라.
B 정말이에요. 저도 마찬가지예요.　　・ **やってられない** (불쾌해서) 하고 있는 일을 계속 할 수가 없다

1199　苦肉の策　고육지책

시험 ★☆☆
회화 ★★★

- **苦肉** 고육(괴로울 고, 고기 육) ・ **策** 계책. 책략　→　제 몸을 상해 가면서까지 꾸며 내는 방책

✎ 意味　어려운 상태를 벗어나기 위한 수단으로 어쩔 수 없이 하는 계책.

🔍 用例　提出日が迫っている作品の製作がはかどっておらず、苦肉の策として、
学校を欠席してしまった。

제출일이 다가온 작품 제작이 진척이 없어 고육지책으로 학교를 결석했다.

主軸の投手が怪我をしてしまい、苦肉の策として補欠の投手をその
代役として立てた。

주전 투수가 부상을 당해서 고육지책으로 보결 선수를 그의 대역으로 세웠다.

1200 苦にする (く) 걱정하다. 괴로워하다. 싫어하다

시험 ★☆☆
회화 ★★★

• 苦(く) ① 괴로움. 고통 ② 근심. 걱정   • する 하다 → 걱정하다

✎ 意味   극도로 신경을 쓰며 걱정하는 것.

🔍 用例   うちの子供(こども)は、いじめを苦(く)にし自殺(じさつ)を図(はか)りました。
우리 아이는 왕따로 괴로워하다 자살을 시도했습니다.

1201 愚にもつかない (ぐ) 말도 안 되는. 턱없는. 얼토당토않은

시험 ★☆☆
회화 ★☆☆

• 愚(ぐ) 어리석음. 우둔함   • にもつかない・ともつかない (~에) 속하지 않다
→ 어리석음에도 속하지 않다

✎ 意味   바보 같고 말도 안 되는 것. 문젯거리도 안 되는 것.

🔍 用例   A 私(わたし)、芸能人(げいのうじん)と絶対(ぜったい)に結婚(けっこん)してみせるの!
B 本当(ほんとう)に、愚(ぐ)にもつかないことを口(くち)にするのね。
A 난 연예인과 꼭 결혼하고 말 테야!
B 정말 말도 안 되는 소리 좀 하지 마.

1202 愚の骨頂 (ぐ)(こっちょう) 더없이 어리석음. 어리석기 그지없음

시험 ★☆☆
회화 ★★★

• 愚(ぐ) 어리석음. 우둔함   • 骨頂(こっちょう) 정도가 가장 심함. 다시 없음(대개 바람직하지 않은 일에 씀)
→ 우둔함의 다시 없음

✎ 意味   아주 바보스럽게 느껴지는 것.

🔍 用例   人(ひと)の研究(けんきゅう)を真似(まね)ばかりしておいて、私(わたし)より評価(ひょうか)を受(う)けようなんて考(かんが)え
はまさに愚(ぐ)の骨頂(こっちょう)だ。
남의 연구를 베끼기만 해 놓고는 나보다 평가를 잘 받으려고 하다니, 생각하는 게 정말로 어리석기 그지없다.

1203 苦杯を嘗める (く)(はい)(な) 고배를 마시다

시험 ★☆☆
문장 ★★☆

• 苦杯(くはい) 고배   • 嘗(な)める ① 핥다 ② 맛보다. 체험하다 → 고배를 맛보다

✎ 意味   일이 뜻대로 되지 않아 힘든 경험을 하는 것.

🔍 用例   A 今回(こんかい)の選挙(せんきょ)で、私(わたし)たちの党(とう)が苦杯(くはい)を嘗(な)める結果(けっか)になったのはなぜか?
B 民心(みんしん)が何(なに)かをつかめなかったからですよ。
A 이번 선거에서 왜 우리 당이 결과적으로 고배를 마시게 된 걸까?
B 민심이 무엇인지를 알아채지 못해서 그래요.

1204 工夫を凝らす　궁리를 열심히 하다. 머리를 짜다

시험 ★★★
회화 ★★★

• 工夫 궁리함. 생각을 짜냄. 고안　• 凝らす (마음, 생각을) 집중시키다　→ 생각을 집중시키다

✎ 意味　다방면으로 생각을 짜는 것.

🔍 用例　皆さんの作品は、とても工夫が凝らしてあってよいと思います。

여러분의 작품은 매우 골똘히 궁리한 것이라서 좋은 것 같습니다.

1205 蜘蛛の子を散らすよう　새끼 거미들이 사방으로 뿔뿔이 흩어지듯

시험 ★☆☆
문장 ★★☆

• 蜘蛛の子 새끼 거미　• 散らす 흩트리다　• よう 듯　→ 새끼 거미를 흩트리듯

✎ 意味　새끼 거미들이 들어 있는 주머니를 열면 대부분의 새끼 거미들이 사방으로 흩어지듯이,
많은 사람들이 사방으로 뿔뿔이 흩어져 사라지는 모습을 비유한 말.

🔍 用例　お祭りが終わると、たくさんいた人たちも蜘蛛の子を散らすように
家に帰っていく。

축제가 끝나자 많은 사람들이 새끼 거미가 사방으로 뿔뿔이 흩어지듯 집으로 돌아갔다.

1206 雲行きが怪しい　날씨가 수상하다. 형세가 심상치 않다

시험 ★☆☆
회화 ★★★

• 雲行き ① 구름이 움직이는 모양이나 구름의 형세 ② 사물이나 일이 되어 가는 형세나 추세
• 怪しい (좋지 않은 상태로 될 것 같아) 불안하다. 심상치 않다　→ 구름의 형세가 심상치 않다

✎ 意味　① 날씨가 점차 나빠질 것 같은 것. ② 일이나 분쟁 등이 일어날 것 같은 불길한 징조가 보이는 것.

🔍 用例　① 今日は、雲行きが怪しいから、傘を持って出かけたほうがよさそうだ。

오늘은 날씨가 나빠질 것 같으니까 우산을 가지고 외출하는 게 좋을 듯하다.

② 母の話の雲行きが怪しくなり、僕は慌てて自分の部屋に逃げた。

엄마의 대화가 이상한 방향으로 흘러가서 나는 급히 내 방으로 도망쳤다.

1207 雲をつかむよう　뜬구름 잡는

시험 ★★★
회화 ★★☆

• 雲 구름　• つかむ 움켜쥐다. 붙잡다　• よう 듯　→ 구름을 붙잡는 듯

✎ 意味　이야기의 내용이 막연함을 의미. 대개 뒤에 話가 붙어「雲をつかむような話 막연한 이야기」
의 형태로 사용.

🔍 用例　私が歌手デビューできるなんて、雲をつかむような話だ。

내가 가수로 데뷔한다니 뜬구름 같은 이야기다.

100階建てのマンションを建てるだなんて、そんな雲をつかむような
話を誰が信じますか。考え直したほうがいいですよ。

100층짜리 아파트를 짓다니요, 그런 막연한 이야기를 누가 믿겠어요? 다시 생각해 보는 게 좋겠네요.

신체 관용어
생활 관용어
속담·격언
고사성어
사자성어

1208 蔵が建つ　부자가 되다

시험 ★☆☆
회화 ★★★

• 蔵 곳간. 창고　• 建つ 새로 설치되다. 서다　→　곳간이 서다

✎ 意味　성공해서 부자가 되는 것을 비유한 표현.

🔍 用例　**酒を飲まなきゃ蔵が建つと、昔の人はよく言った。**
술을 안 마시면 부자가 된다고 옛날 사람은 곧잘 말했다.

1209 ぐるになる　공모자가 되다. 한통속이 되다

시험 ★☆☆
회화 ★★★

• ぐる (나쁜 짓을 하는) 한패. 공모자. 한통속　• になる ~이(가) 되다　→　한패가 되다

✎ 意味　한패가 되는 것. 대개 나쁜 일에 사용.

🔍 用例　**A みんなでぐるになって私をいじめないでよ。**

B いじめてないよ。からかってるだけ。
A 모두 한패가 되어서 나를 따돌리지 마!
B 따돌리지 않았어. 놀렸을 뿐이야.

1210 暮らしを立てる　생계를 꾸려 나가다

시험 ★★☆
문장 ★★☆

• 暮らし 살림. 생활　• 立てる ① 세우다 ② 유지해 나가게 하다. 꾸려 나가다
→　살림을 꾸려 나가다

✎ 意味　일정한 수입원이 생겨 어떻게든 살아갈 수 있게 되는 것.

🔍 用例　**最近は、ギャンブルで暮らしを立てている人もたくさんいる。**
최근에는 도박으로 생계를 꾸려 나가는 사람도 많다. (= 生計を立てて)

📖 自動詞　**暮らしが立つ** ★★　• 生計を立てる 생계를 꾸려 나가다

1211 黒山のような人だかり　개미 떼처럼 새까맣게 모여든 사람

시험 ★★☆
회화 ★★★

• 黒山 검은 산　• ような 같은　• 人だかり 군중　→　검은 산 같은 군중

✎ 意味　사람이 구름처럼 많이 모인 모양.

🔍 用例　**あの店は開店1時間前から行列ができはじめて、開店後もその行列は途切れることなく、店内はいつも黒山のような人だかりです。**
저 가게는 개점 1시간 전부터 줄이 생기기 시작해서 개점 후에도 줄은 끊이지 않고 가게 안은 항상 개미 떼처럼 사람이 몰려 있어요.

1212 軍配が上がる　승부에서 이기다

시험 ★★★
회화 ★★☆

• 軍配＝軍配団扇 ① 옛날 장수가 전쟁터에서 군을 지휘하기 위하여 쓴 부채 모양의 것
② (스모에서) 심판이 들고 있는 부채 모양의 것 • 上がる 오르다. 올라가다 → 부채가 올라가다

✎ 意味　스모에서 이긴 선수를 지명하기 위해 심판의 부채가 올라가는 것에서, 시합이나 경기 등에서
이겼다고 판정을 받는 것. 단, 승부에서 진 것을 軍配が下がる란 말로는 표현하지 않음.

🔍 用例　**韓国との親善試合では、後半の韓国のオウンゴールで１-１と
引き分けたものの、内容的には完全に韓国に軍配が上がった。**

한국과의 친선 경기에서는 후반 한국의 자살골로 1 대 1 무승부가 되었지만, 내용적으로는 완전한 한국의
판정승이었다.

他動詞　**軍配を上げる★**
• **オウンゴール(own goal)** 자살골
• **引き分ける** 비기다. 무승부가 되다

1213 軍門に降る　항복하다. 손들다

시험 ★☆☆
회화 ★★☆

• **軍門** 군문. 진문. 군대 • **降る** 항복하다 → 군대에 항복하다

✎ 意味　전쟁에 져서 항복하는 것에서, 경쟁이나 시합에 져서 항복하는 것.

🔍 用例　**ディスカウントストアチェーンの大量出店で、各地の名門大型店は
次々と軍門に降った。**

디스카운트 스토어 체인점이 많아지자 각지의 유명 대형점이 차례로 손을 들었다.

1214 群を抜く　발군하다. 매우 뛰어나다

시험 ★☆☆
회화 ★★★

• **群** 무리. 떼 • **抜く** ① 뽑다. 빼다 ② 앞지르다. 지나치다 → 무리를 앞지르다

✎ 意味　많은 사람 중에서도 특출난 것.

🔍 用例　**彼の成績は、我が校でも群を抜いている。**

그의 성적은 우리 학교에서도 발군이었다.

1215 芸が細かい　조그만 일에도 세심하고 면밀하다

시험 ★☆☆
회화 ★★★

• **芸** 기예. 예능. 기능 • **細かい** 상세하다. 자세하다 → 예능이 상세하다

✎ 意味　거문고(琴)나 샤미센(三味線) 같은 예능 등에서 연기가 구석구석까지 미치는 것에서,
조그만 데까지 신경 써서 세심하고 면밀한 것.

🔍 用例　**使い勝手がよくできたキッチンは本当に芸が細かいと思う。**

사용하기 편하게 만들어진 주방은 정말 세심한 곳까지 신경을 쓴 것 같다.

• **使い勝手** 사용하기 편리한 정도 • **使い勝手が良い** 사용하기 편리하다

1216 芸が無い _{げい}_な 평범하다. 특이한 데가 없다

시험 ★☆☆
회화 ★★★

• 芸 기예(예술로 승화될 정도로 갈고닦은 기술이나 재주). 예능. 기능 • 無い 없다 → 기예가 없다

✎ 意味　평범하여 재미가 없는 것.

🔍 用例　A 先週の土曜日に公開された映画見た？

B うん。楽しみにして見たのに、芸がなくてつまらなかったよ。

A 지난주 토요일에 개봉된 영화 봤어?

B 응. 기대하고 봤는데 평범해서 재미없었어.

1217 景気を付ける _{けい}_き_つ 기운을 내다. 기운을 차리다. 파이팅하다

시험 ★☆☆
회화 ★★★

• 景気 ① 경기 ② 기세가 좋음 • 付ける ① 붙이다 ② 북돋우다. 첨가시키다
→ 좋은 기세를 북돋우다. 기세를 올리다

✎ 意味　힘이 빠져 있는 상태에 놓여 있는 것에 자극을 가하여 활기를 불어 넣는 것.

🔍 用例　A 明日の試合の景気をつけるために、とんかつ食べに行こうよ。

B うん。そうしよう。

A 내일 시합을 잘하기 위해서 돈가스 먹으러 가자.

B 응. 그러자.

同義語 | 景気付け★★★

1218 計算に入れる _{けいさん}_い 계산에 넣다. 감안하다

시험 ★☆☆
회화 ★★★

• 計算 ① 계산. 셈 ② 예상. 어림 • 入れる 넣다 → 예상에 넣다

✎ 意味　어떤 것을 할 때 그것을 미리 생각에 넣는 것.

🔍 用例　問題が起きる事を計算に入れて仕事の時間を配分する。

문제가 일어날 것을 감안하여 일하는 시간을 배분한다.

1219 毛色の変わった _{けいろ}_か 색다른

시험 ★☆☆
회화 ★★★

• 毛色 ① 털빛 ② 사물의 종류나 성질 • 変わった 별난 • 変わる ① 변하다. 바뀌다
② ～った・～っている의 꼴로, 색다르다. 별나다. 별스럽다 → 종류나 성질이 별난

✎ 意味　같은 종류의 것 중에서 다른 것과 이질적인 면이 있는 모양.

🔍 用例　この小説は、ちょっと毛色の変わったもので面白かった。

이 소설은 좀 색달라 재미있었다.

1220 毛が生えたよう　다를 바 없는

시험 ★☆☆
회화 ★★☆

・**毛** 털 ・**生えた** 난 ・**生える** 나다. 자라다 ・**よう** 듯한 → 털이 난 듯한

✎ 意味　주로 ~に毛の生えたようなもの의 형태로, ~보다 조금 낫긴 하지만 그다지 차이가 없다는 의미.

🔍 用例　A 今年、社会人になったんだってね。おめでとう。
B 社会人とは言っても、まだ学生に毛が生えたようなもんですから。

A 올해 사회인이 되었다면서. 축하해!
B 사회인이라고 해도 아직 학생과 별로 다를 게 없어요.

A デザイナーなんですってね。
B ええ。でも、デザイナーといっても落書きに毛の生えたような
絵しかかけませんけどね。

A 디자이너라면서요.
B 네. 하지만 디자이너라고 해도 낙서나 다름없는 그림밖에 못 그리지만요.

1221 逆鱗に触れる　노여움을 사다. 비위를 건드리다

시험 ★☆☆
문장 ★★★

・**逆鱗** 천자(임금)의 노여움 ・**触れる** 닿다 → 노여움을 닿다

✎ 意味　용(竜)은 평소에는 순한데 목 밑에 거꾸로 달려 있는 비늘(鱗)을 만지면 노하여 반드시 그 사람을 죽인다는 것에서, 높은 사람이나 상사의 비위를 건드리는 행동을 하는 것.

🔍 用例　不用意な発言が社長の逆鱗に触れ、退職せざるを得なくなった。

부주의한 발언으로 사장의 노여움을 사서 퇴사할 수밖에 없게 되었다.

・**不用意** 부주의. 조심성이 없음 ・**せざるを得ない** 하지 않을 수 없다

1222 檄を飛ばす　격려를 하다. 격문을 띄우다

시험 ★☆☆
회화 ★★★

・**檄** 격문 ・**飛ばす** 날리다. 띄우다 → 격문을 띄우다

✎ 意味　옛날 중국 정부에서 사람들을 불러 모으기 위해 공표하는 나무판 문서를 檄라고 했던 데서, 자신의 생각이나 주장을 널리 사람들에게 알리고 동의를 구하는 것.
기운 없는 사람에게 자극을 주어 활기를 불어 넣어 주는 「激を飛ばす 격려를 하다」는 오용임에도 일본인 사이에서는 자주 쓰이는 말 중 하나.

🔍 用例　彼はアフリカの地に渡り、教育の重要性を訴えて、子供を学校に通わ
せるように村人たちに檄を飛ばした。

그는 아프리카 땅에 건너가 교육의 중요성을 호소하며 아이들을 학교에 다니게 하도록 마을 사람들에게
격문을 띄웠다.

気合の入っていない部員たちに激を飛ばした。

기합이 빠진 부원들을 격려했다.

1223 けじめを付ける　분명히 하다. 구분을 짓다

시험 ★★★
회화 ★★★

・**けじめ** (어떤 것과의) 구별. 구분. 분간　・**付ける** ① 붙이다 ② 구분을 짓다. 차이를 내다

✎ 意味　어떤 것의 구별을 분명하게 짓는 것.

🔍 用例　**彼女との関係にけじめを付けるために、今日彼女に会う約束をした。**

여자친구와의 관계를 분명히 하기 위해 오늘 그녀와 만날 약속을 했다.

楽しい一日なのですが、ムードに流されて自堕落な生活になりがちです。公私のけじめを付けるのを忘れずに。

즐거운 하루가 되겠지만, 분위기에 휩쓸려서 무절제한 생활을 하기 쉬울 것 같습니다.
공사 구별을 확실히 하는 것을 잊지 마시길.

・**ムードに流される** 무드에 휩쓸리다　・**自堕落** 타락함. 무절제함. 무질서함

1224 桁が違う　자릿수가 다르다. 격차가 매우 크다. 차원이 다르다

시험 ★★★
회화 ★★★

・**桁** 수의 자릿수　・**違う** 다르다　→　자릿수가 다르다

✎ 意味　차이가 심하게 나는 모양.「桁違い 단위가 틀림」으로도 자주 사용.

🔍 用例　A **これ、１０００円?**
B **違うよ。桁が違うよ。０が一つ足りないよ。**
A **え〜１、１００００円?!**

A 이거 천 엔?　B 아니야. 자릿수가 달라. 0이 하나 부족하잖아.
A 어? 마, 만 엔?!

・**腕力** 완력. 육체적인 힘
・**向上する** 향상되다

チェ・ホンマンの腕力は桁が違う。

최홍만의 완력은 차원이 다르다.

パソコンを仕事で使うことにより、情報の処理能力が桁違いに向上した。

컴퓨터로 일을 하게 되면서 정보 처리 능력이 현저하게 향상되었다.

1225 桁が外れる　엄청나다. 굉장하다

시험 ★☆☆
회화 ★★★

・**桁** 수의 자릿수　・**外れる** 벗어나다. 빗나가다　→　자릿수가 벗어나다

✎ 意味　가격이나 규모 등이 보통의 척도로 잴 수 없을 만큼 많은 것. 표준에서 크게 넘치는 것.

🔍 用例　A **吉田君、カジノで桁が外れたお金を稼いだんだって。**

B **へー、うらやましい。**

同義語　**桁外れ ★★★**

A 요시다, 카지노에서 굉장한 돈을 벌었다네.　B 어머, 부럽다.

1226 下駄を履かせる （げた・は） 바가지 씌우다

시험 ★☆☆ 문장 ★★★	• 下駄（げた） 왜나막신. 게다 • 履かせる（は） 신게 하다 (사역) • 履く（は） (구두 등을) 신다 → 게다를 신게 하다
✎ 意味	게다를 신으면 키가 커 보이는 것에서, 물건값을 실제보다 비싸게 속이는 것. 또는 물건을 실제보다 크고 좋아 보이게 하는 것.
🔍 用例	旅行者（りょこうしゃ）には下駄（げた）を履（は）かせて物（もの）を売（う）る店（みせ）がある。 여행자에게 바가지를 씌우는 가게가 있다.

1227 下駄を預ける （げた・あず） 떠맡기다. 일임하다

시험 ★★☆ 회화 ★★☆	• 下駄（げた） 왜나막신. 게다 • 預ける（あず） 맡기다. 보관시키다 → 게다를 맡기다
✎ 意味	신발을 맡기고 자신은 움직이지 못하는 것에서, 자신이 저지른 실패나 실수를 무리인 줄 알면서도 그 처리의 방법, 책임 등을 전부 상대에게 일임하는 것.
🔍 用例	上司（じょうし）は自分（じぶん）の失敗（しっぱい）をすべて部下（ぶか）に押（お）し付（つ）け、その下駄（げた）を預（あず）けられた 部下（ぶか）は必死（ひっし）になって上司（じょうし）の尻拭（しりぬぐ）いに追（お）われている。 상사는 자신의 실수를 모두 부하에게 떠맡기고, 그 일을 일임받은 부하는 필사적으로 뒷수습을 하고 있다.

• 押（お）し付（つ）ける ① 밀어붙이다. 내리누르다 ② (일, 책임 등을 억지로) 떠맡기다 • 必死（ひっし）になる 필사적이 되다
• 尻拭（しりぬぐ）いに追（お）われる 남의 실패나 실수의 뒷수습을 하게 되다

1228 ケチが付く （つ） 마가 끼다. 탈이 나다

시험 ★☆☆ 회화 ★★★	• ケチ ① 인색함. 또는 그런 사람. 구두쇠 ② 나쁜 운수. 불길한 조짐. 탈. 마 • 付く（つ） ① 붙다. 달라붙다 ② (신령, 마귀 등이) 들리다. 씌다 → 탈이 씌다
✎ 意味	불길한 기운이 드리우는 것. 또는 좋지 않은 일이 일어나서 일이 잘 되지 않는 것.
🔍 用例	私（わたし）の接客（せっきゃく）に問題（もんだい）があったのか、お客様（きゃくさま）からケチが付（つ）いてしまった。 나의 접객에 문제가 있었는지 손님이 클레임을 제기했다. 　〔自動詞〕 ケチを付（つ）ける ★★★

1229 ケチを付ける （つ） 트집을 잡다

시험 ★★★ 회화 ★★★	• ケチ ① 인색함. 또는 그런 사람. 구두쇠 ② 나쁜 운수. 불길한 조짐. 탈. 마 • 付ける（つ） ① 붙이다 ② 어떤 조건을 달다 → 불길한 말을 달다
✎ 意味	일이나 상품 등에 결점을 잡아내어 말하는 것.
🔍 用例	あのお客（きゃく）さんはうちの商品（しょうひん）にいろいろけちを付（つ）けて、その挙句（あげく）何（なに）も買（か）わ ずに行（い）ってしまった。（＝文句（もんく）を言（い）って） 저 손님은 우리 상품에 여러 가지 트집을 잡고 결국에는 아무것도 사지 않고 가 버렸다.

〔同義語〕 いちゃもんを付（つ）ける ★★★ 　〔自動詞〕 ケチが付（つ）く ★★★

• 挙句（あげく） 끝. 결과. 결국 • 文句（もんく）を言（い）う 불평을 하다 • いちゃもんを付（つ）ける 트집을 잡다. 구실을 잡다

1230　決着を付ける　끝을 내다. 승부를 내다

_{けっちゃく}　_つ

시험 ★★★
회화 ★★★

・決着 결착. 결말이 남　・付ける ① 붙이다 ② 마무르다. 결말짓다　→　결말을 짓다

✎ 意味　일이나 행동 등의 결말을 짓는 것.

🔍 用例

A 今日、いつもの場所で会おう。

B よし、今日こそ決着を付けようじゃないか。(＝勝負を付けよう)

A 오늘 늘 만나던 데서 보자.

B 좋아, 오늘이야말로 끝을 내자!!

| 自動詞 | 決着が付く ★★★ | 同義語 | けりを付ける ★★★　雌雄を決する ★★★ |

・勝負を付ける 승부를 내다　・けり 일의 끝. 결말
・雌雄を決する 싸워서 승패를 가리다. 우열을 가리다　・雌雄 자웅 ① 암컷과 수컷 ② 승부. 우열

1231　決を採る　가부(찬성과 반대)를 결정하다. 의결하다

_{けつ}　_と

시험 ★☆☆
회화 ★★★

・決 의결. 결정　・採る＝取る 세다　→　의결을 세다

✎ 意味　출석자의 찬반의 수를 세서 의안의 가결을 결정하는 것.

🔍 用例　会議で今後どのようにしていくのかの決を採る。

회의에서 이후 어떻게 해 나갈 것인지를 의결한다.

1232　煙に巻く　횡설수설하다. 두서없이 말하다

_{けむ}　_ま

시험 ★★☆
회화 ★★☆

・煙＝煙 연기　・巻く 말다. 감다　→　연기를 말다

✎ 意味　자신의 입장이 나빠지거나 했을 때, 있는 말 없는 말 다 하거나, 갖은 수단을 써서 상대를
현혹시키거나 흐지부지하게 하는 것. 煙가 煙의 뜻이긴 하나 관용적으로 쓸 때는 煙に巻く
라고만 말함.

🔍 用例　彼女にいろいろと聞いても、煙に巻くような言い方しかしない。

그녀에게 여러 가지 물어봤지만 두서없는 말밖에 없다. (＝ごまかす)

難しい政治の話をして、相手を煙に巻くのが、彼の常套手段だ。

어려운 정치 이야기를 해서 상대를 현혹시키는 것이 그의 상투적 수단이다.

・ごまかす ① 속이다 ② 어물어물 넘기다　・常套手段 상투적 수단

1233 けりが付く 결말이 나다. 끝장이 나다

시험 ★★☆
회화 ★★★

・けり＝ケリ 결말. 끝장 ・付く 결말이 나다. 끝나다. 처리되다 → 결말이 나다

✎ 意味
「和歌 일본 고유의 정형시」나 「俳句 일본 고유의 단시」 같은 문어문에서 なりけり와 같이 조동사 けり로 끝나는 경우가 많은 데서, 어떤 일의 결말이 나는 것.

🔍 用例
５年付き合った彼女と別れてまだ３日しかたっていないため、自分の気持ちにけりが付いていない。

5년이나 사귄 여자친구랑 헤어진 지 3일밖에 지나지 않아서인지 내 자신의 마음의 정리가 안 된다.

A 先輩、この間のお客さんとの揉め事どうなりました？

B あ〜あれ、その問題はもうケリがついたよ。

キチンと説明して理解してもらった。

A よかったです。心配してたんですよ。

A 선배, 요전에 손님이랑 티격태격한 거 어떻게 됐어요?

B 아〜 그거, 그 문제는 이미 매듭지었어. 자세히 설명했더니 이해해 주시더라구.

A 잘됐네요. 걱정했어요.

| 同義語 | 決着が付く ★★★ | 他動詞 | けりを付ける ★★★ ・けりを付ける 결말을 내다 |

け 1215 — 1237

1234 喧嘩を売る 싸움을 걸다

시험 ★★★
회화 ★★★

・喧嘩 싸움 ・売る ① 팔다 ② (싸움 등을) 걸다. 청하다. 요청하다 → 싸움을 걸다

✎ 意味
타인에게 싸움을 거는 것. 「売られた喧嘩は買うのが礼儀 걸어온 싸움은 거절하지 않는 것이 예의」의 형태로도 자주 사용.

🔍 用例
A なんで喧嘩なんかしたの？

B 相手から、喧嘩を売られたんだもん。(＝喧嘩を仕掛けられた)

A 왜 싸운 거야?

B 상대가 먼저 시비를 걸잖아.

・仕掛ける 하기 시작하다

1235 喧嘩両成敗 싸움에서 시비를 불문하고 쌍방을 처벌함

시험 ★☆☆
회화 ★★★

・喧嘩 싸움. 다툼. 언쟁 ・両 둘. 쌍 ・成敗 처벌함. 참수함 → 싸움을 하면 둘 다 처벌함

✎ 意味
시시비비를 떠나 싸움을 한 양쪽 모두 똑같이 처벌하는 것.

🔍 用例
喧嘩両成敗なんだから、お互いに謝りなさいと、幼いころ母によく言われた。

싸운 사람은 모두 똑같이 벌받는 것이니까, 서로 사과하라고 어릴 적부터 어머니께서 자주 말씀하셨다.

신체 관용어

생활 관용어

속담 · 격언

고사 성어

사자 성어

1236 見当が付く 짐작이 가다

けんとう　つ

시험 ★★★
회화 ★★★

• 見当 짐작. 예상. 어림　• 付く ① 붙다 ② 판단되다. 예상되다　→ **짐작되다**

けんとう　　　　　　　　　　　　　　　つ

✎ 意味　여러 가지 점에서 대체로 이럴 것이다라고 추측이 가능한 모양.

🔍 用例　**犯人が誰かは大体の見当が付いている。**

はんにん　だれ　　　だいたい　けんとう　つ

범인이 누구인지는 대략 짐작이 간다.

他動詞　**見当を付ける ★★★**

反対語　**見当が付かない ★★★**

1237 けんもほろろ 쌀쌀함. 매몰참

시험 ★☆☆
회화 ★★☆

• けん = けんけん 꿩의 울음소리　• ほろろ 꿩의 울음소리

✎ 意味　옛말에 '퉁명스럽다. 매정하다'란 뜻의 **けんけん**이란 단어가 있었는데 이 발음이 꿩의 울음소리와
비슷한 것에서, 남의 부탁을 매몰차게 거절하는 것을 의미.

🔍 用例　**困っていることを相談したのに、けんもほろろな答えが返ってきた。**

こま　　　　　　　　　　そうだん　　　　　　　　　　　　　　　　　　　　こた　　かえ

골치 아픈 일에 대해 상담해 줬는데 냉담한 대답만 돌아왔다.　　　（＝つっけんどんな）

• **つっけんどん** 퉁명스러운 모양. 무뚝뚝한 모양

1238 甲乙がつけ難い 우열을 가리기 힘들다

こうおつ　　　　がた

시험 ★★☆
회화 ★★☆

• 甲乙を付ける 우열을 가리다　• 難い (동사의 연용형에 붙어) ~하기 어렵다. 좀처럼 ~할 수 없다

こうおつ　つ　　　　　　　　　　　　　　　がた

• 甲乙 ① 갑을. 첫째와 둘째 ② 우열(優劣) ③ 아무개와 아무개　• 付ける ① 붙이다

こうおつ　　　　　　　　　　　　　　　　　　　　　　　　　　　　　　　　　　　　　　つ

② 구별을 짓다. 차이를 내다　→ **좀처럼 우열을 가릴 수 없다**

✎ 意味　「**甲** 갑」은 제1을, 「**乙** 을」은 제2를 의미. 사람이나 물건 사이의 차이가 거의 없어 우열을

こう　　　　　　　　おつ

판단하기 어려운 모양.

🔍 用例　A **どっちの作品が良いと思われますか?**

さくひん　よ　　　おも

B **いや～。どちらとも甲乙が付け難いですね。**

こうおつ　つ　　がた

A 어느 작품이 좋다고 생각하세요?　　B 아~. 어느 것도 우열을 가리기 어렵군요.

1239 強情を張る 고집을 피우다. 고집을 부리다

ごうじょう　は

시험 ★☆☆
회화 ★★★

• 強情 고집이 셈. 완강함　• 張る 어떤 감정을 강하게 하다. 억지로 밀고 나가다

ごうじょう　　　　　　　　　は

→ **완강하게 밀고 나가다**

✎ 意味　억지로 자신의 의견을 관철시키려고 하는 것.

🔍 用例　A **お母さんが、来るなって言ったから私行かない!**

かあ　　　　　く　　　　　　　い　　　　　わたし　い

B **怒ってたから言ったんじゃない。一緒に行こう。**

おこ　　　　　　　　　い　　　　　　　　　　　いっしょ　い

A **嫌! 絶対に行かないから!**

いや　ぜったい　い

B **いつまでも強情張ってるんじゃないの!**

ごうじょう　は

A 엄마가 오지 말라고 했으니까 난 안 가!　　B 화나서 한 말이잖아. 같이 가자.

A 싫어! 절대로 안 갈 테니까!　　B 계속 고집 피울래!

1240 公然の秘密 공공연한 비밀

| 시험 ★★☆
회화 ★★★ | • 公然 공공연함. 버젓함 • 秘密 비밀 → 공공연한 비밀 |

✎ 意味 　비밀로 되어 있는 일이지만 모두에게 알려져 있는 것.

🔍 用例

A 彼女もともと女優だったらしいよ。

B あれ? 知らなかったの? それは公然の秘密よ。

A 그 여자 원래 배우였다나 봐.

B 어머? 몰랐었어? 그건 공공연한 비밀이야.

彼が同性愛者だというのは公然の秘密だ。

그가 동성애자라는 것은 공공연한 비밀이다.

1241 好天に恵まれる 좋은 날씨가 되다. 좋은 날씨를 만나다

| 시험 ★☆☆
회화 ★★★ | • 好天＝好天気 좋은 날씨 • 恵まれる (운수 좋게 좋은 환경, 재능, 기회 등이) 주어지다
→ 좋은 날씨가 주어지다 |

✎ 意味 　날씨가 화창하여 무엇을 하기에 좋은 것.

🔍 用例 昨日、好天に恵まれたことは本当に幸いでした。

어제 날씨가 좋았던 건 정말 행운이었습니다.

• 幸い ① 행복 ② 운이 좋음. 다행임

1242 功成り名遂げる 성공하다

| 시험 ★☆☆
문장 ★★☆ | • 功 공. 공적 • 成り 이루고 • 成る 이루어지다. 이룩하다. 성취하다 • 名 이름
• 遂げる 이루다. 달성하다 → 공을 이루고 이름을 떨치다 |

✎ 意味 　하나의 업적을 달성하고 동시에 명예를 얻는 것.

🔍 用例 故郷を離れはや５年。功成り名遂げるまで決して再び故郷の土を踏まないと心に決めて来たが最近おふくろの味が恋しくなってきた。

고향을 떠난 지 어느덧 5년. 성공할 때까지 결코 두 번 다시 고향 땅을 밟지 않겠다고 맘먹었지만, 요즘 들어 어머니의 맛이 그리워졌다.

• 早 벌써. 이미. 어느덧 • お袋 어머니

1243 甲羅干しをする　일광욕하다

시험 ★☆☆
회화 ★★★

• 甲羅干し 거북 등딱지 말림　• 甲羅 거북 등딱지　• 干す 말리다　• する 하다
→ 거북 등딱지 말림을 하다

✎ 意味　바닷가 모래밭 등에서 엎드려 일광욕을 하는 것.

🔍 用例　池の中にある岩の上で亀が気持ち良さそうに甲羅干しをしている。
연못에 있는 바위 위에서 거북이 기분이 좋게 일광욕을 하고 있다.

プールで遊ぶのも楽しいが、プールから上がって甲羅干しをしながら
ゆっくりするのも気持ちがいい。
수영장에서 노는 것도 즐겁지만 수영장에서 나와 일광욕을 하면서 한가롭게 쉬는 것도 기분 좋다.

同義語　甲羅を干す★★★

1244 功を奏する　성과를 가져오다

시험 ★☆☆
회화 ★★★

• 功 공. 공적　• 奏する ① 천왕께 아뢰다 ② 연주하다 ③ 功を〜의 꼴로, 성과를 가져오다

✎ 意味　공적을 천왕께 아뢰는 것에서, 일이 성공하는 것.

🔍 用例　今の政策で功を奏することが果たしてできるのか?
지금의 정책으로 과연 성과를 가져올 수 있을까?

1245 業を煮やす　속을 태우다. 애를 태우다

시험 ★☆☆
회화 ★★☆

• 業 ① 불교에서 온 업. 업보 ② 이성으로는 다스릴 수 없는 마음의 작용
• 煮やす ①(화가 나서) 부글부글 끓다 ② 삶다. 끓이다　→ 속을 부글부글 끓이다

✎ 意味　일이 뜻대로 되지 않아 속을 태우는 모양.

🔍 用例　なかなか注文した資料が届かず、業を煮やしていた。(=いらいらして)
좀처럼 주문한 자료가 도착하지 않아, 속을 태우고 있다.

話が進まない会議に、業を煮やした社長が、ついに話に介入した。
회의에서 이야기가 진전되지 않자 애태우던 사장님이 결국 이야기에 개입했다.

自動詞　業が煮える★　• いらいらする 안절부절못하다

신체 관용어 / 생활 관용어 / 속담·격언 / 고사성어 / 사자성어

1246 小気味がよい 후련하다. 속 시원하다. 기분이 좋다

시험 ★☆☆
회화 ★★★

- **小気味** 기분 · **小**는 접두사 · **よい=いい** → 기분이 좋다

✎ 意味 일의 진행 방향이 보기 좋고 산뜻하여 보고 있으면서 기분이 좋아지는 것.

🔍 用例 **祭りの当日、太鼓の音が町内に小気味よく響き渡った。**
축제 당일, 북 소리가 온 동네에 기세 좋게 울려퍼졌다.

ドラマの中で悪役がやられる場面は非常に小気味がよい。
드라마 속에서 악역이 당하는 장면을 보면 정말 속 시원하다.

1247 虚仮にする 바보 취급하다. 업신여기다. 무시하다

시험 ★☆☆
회화 ★★☆

- **虚仮** ① 외면과 내면이 일치하지 않음. 진실하지 않음 ② 생각이 모자람. 어리석음. 바보
- **する** 하다 → 모자란 취급을 하다

✎ 意味 사람을 업신여기는 태도를 취하는 모양.

🔍 用例 **彼はとことん人をコケにするのが好きなようだ。**
그는 철저하게 남을 무시하는 것을 즐기는 것 같다. (=馬鹿にする・踏み付けにする・侮る)

- **とことん** 철저히. 끝내 · **馬鹿にする** 업신여기다. 깔보다 · **踏み付けにする** 깔아뭉개다
- **侮る** 깔보다. 얕보다. 업신여기다

1248 ご機嫌斜め 저기압(기분)

시험 ★★★
회화 ★★★

- **機嫌** ① (남의) 생각이나 의향. 안부 ② 기분. 심기. 비위
- **斜め** ① 비스듬함. 기욺. 경사짐 ② 정상이 아님. 나쁜 상태임 → 기분이 나쁜 상태임

✎ 意味 기분이 별로 좋지 않은 모양.

🔍 用例 A **どうしたんですか? 今日は、ご機嫌斜めですね。**

B **うるさい。ほうっておいてよ。**

A 무슨 일 있어요? 오늘은 저기압이네요.

B 시끄러! 신경 꺼(내버려 둬 좀).

同義語 **機嫌が悪い** ★★★
- **ほうっておく=ほっておく** 내버려 두다. 방치하다

1249 沽券にかかわる 체면이 걸리다. 체통이 걸리다

시험 ★☆☆
회화 ★★★

- **沽券** ① (옛날의) 토지매도증서 ② 체통. 체면. 품위 · **関わる** 관계되다 → 체면에 관계되다

✎ 意味 품위나 체면 등에 지장을 주는 것. 가만 내버려 두면 품위나 체면을 유지할 수 없다든가 손상을 입을 경우에 사용.

🔍 用例 **新入社員より仕事ができないんじゃ、私の沽券にかかわるわ!**
신입 사원보다 일을 못해서야, 내 체면이 걸린 문제야!

신체 관용어

생활 관용어

속담·격언

고사성어

사자성어

1250 御託を並べる 긴말을 늘어놓다. 장황하게 말하다

시험 ★☆☆
회화 ★★★

• 御託＝御託宣 ① 신의 계시 ② 자기 본위의 말을 장황하게 늘어놓음 • 並べる 늘어놓다

✎ 意味 자못 그럴싸하게 제멋대로 잘난 듯이 말하는 것. 또는 따분한 것을 지겹게 내세워서 말하는 것.

🔍 用例 **いろいろと御託を並べるよりも、一度行ってみましょうよ。**
이것저것 긴말할 것 없이 한 번 가 봐요.

1251 御多分に洩れず 예외 없이. 예상대로

시험 ★☆☆
회화 ★★★

• 御多分 많은 사람의 의견이나 행동 • 洩れず 누락되지 않고 • 洩れる ① 새다
② 누락되다. 탈락되다 → 많은 사람의 의견이나 행동에 누락되지 않고

✎ 意味 특별한 예외 없이 다른 대부분의 것도 같은 모양. 洩れず는 다른 한자로 漏れず라고도 하는데
원칙적으로는 洩れず가 맞음.

🔍 用例 **当時は喫茶店ブームで、あちこちに喫茶店が見られた。この町も
ご多分に洩れず駅前だけでも15軒を超える喫茶店がひしめいていた。**
당시 찻집이 유행해서 여기저기에 찻집들이 눈에 띄었다. 이 동네도 예외는 아니어서 역 앞만 해도
15개가 넘는 찻집으로 북적거리고 있었다.

• 当時 당시 ① 그때. 그 무렵 ② 현재. 요즈음 • ひしめく 북적거리다. 왁작거리다

1252 事が運ぶ 일이 진전되다

시험 ★★☆
회화 ★★★

• 事 사건. 현상. 일 • 運ぶ 진척되다 → 일이 진척되다

✎ 意味 사태가 다른 단계로 진행되는 것.

🔍 用例 **思い通りに事が運ぶと、気分が良い。**
생각하는 대로 일이 진전되면 기분이 좋다.

1253 事と次第によっては 때에 따라서는

시험 ★☆☆
회화 ★★★

• 事 사건. 현상. 일 • 次第 사정. 유래. 경과 • よっては 따라서는 → 일의 사정에 따라서는

✎ 意味 행동이나 흐름이 사정이나 정황 또는 방법에 따라 결정된다는 것.

🔍 用例 **事と次第によっては、会社を辞めることも視野に入れている。**
때에 따라 회사를 그만두는 것도 염두에 두고 있다.

1254 事無きを得る 무사히 끝나다. 무사히 넘어가다

시험 ★★☆
회화 ★★★

• 事無き 일 없음 • 得る 얻다. 손에 넣다 → 일 없음을 얻다

✏️ 意味 일이 크게 번지지 않고 끝나는 것.

🔍 用例 旦那が交通事故にあったが、幸い事なきを得た。

남편이 교통사고를 당했지만 다행히 무사히 넘겼다.

映画館で上着のポケットに入れておいた携帯電話を落としてしまったが、幸い翌日その映画館のフロアで発見されて事無きを得た。

영화관에서 외투 주머니에 넣어 둔 휴대폰을 떨어뜨렸는데, 다행히도 다음 날 영화관 홀에서 찾아 무사히 넘어갔다.

1255 言葉が過ぎる 말이 지나치다

시험 ★☆☆
회화 ★★★

• 言葉 말. 언어 • 過ぎる ① 지나가다. 통과하다 ② (정도가) 지나치다. 도를 넘다
→ 말이 정도를 지나치다

✏️ 意味 해서는 안 되는 도를 넘어선 말을 하는 것.

🔍 用例 ちょっと! 言葉が過ぎますよ。謝りなさい。

잠깐만요! 말이 너무 심하잖아요. 사과하세요!!!

1256 言葉尻を捕らえる 말꼬리를 잡다

시험 ★★☆
회화 ★★★

• 言葉尻 말끝. 말꼬리 • 捕らえる 잡다. 붙잡다 → 말꼬리를 잡다

✏️ 意味 상대의 말실수를 꼬집어서 따지거나 비꼬는 것.

🔍 用例 人の言葉尻を捕らえるような事ばかり言わないで、自分の意見も述べたらどうだ。

남의 말꼬리를 물고 늘어지지만 말고 네 의견도 말해 보면 어때.

• 述べる 말하다. 진술하다

1257 言葉の綾 그냥 한 말. 말이 그렇다는 것

시험 ★☆☆
회화 ★★★

• 言葉 말. 언어 • 綾＝文 표현상의 기교 → 말의 기교

✏️ 意味 말을 묘하게 돌려서 발뺌을 하는 것. 자기가 한 말이 상대의 기분을 상하게 하거나 오해를 일으켰을 때 변명하는 말.

🔍 用例 A さっきは、来るなって言ってたくせに、今度は来いですって?

B さっきのは言葉の綾だよ。一緒に来てくれるだろ?

A 좀 전에 오지 말라고 해 놓고는 이번엔 오라구요?

B 아깐 그냥 한 말이야. 같이 와 줄 거지?

1258 言葉に絶する　말로 다 할 수 없다. 상상을 초월하다

시험 ★☆☆
회화 ★★★

· 言葉 말　· ～を絶する·～に絶する의 꼴로, 초월하다. 도저히 ~할 수 없다

→ 도저히 말할 수 없다

✎ 意味　도저히 말로 표현할 수 없는 상황이나 정도.

🔍 用例　**悲惨な写真を見て、言葉を絶してしまった。**

비참한 사진을 보고 말을 이을 수 없었다.

1259 言葉の先を折る　말을 끊다. 말을 막다

시험 ★☆☆
회화 ★★★

· 言葉 말　· 先 끝　· 折る 꺾다. 부러뜨리다　→ **말끝을 꺾다**

✎ 意味　말참견을 하여 남의 이야기를 끊는 것.

🔍 用例　**言葉の先を折る人と話をするのは大変だ。**

말을 끊는 사람과 이야기를 하는 것은 힘들다.

1260 言葉を返す　대답하다. 말대답하다. 말대꾸하다

시험 ★★☆
회화 ★★★

· 言葉 말. 언어　· 返す 돌려주다　→ **말을 돌려주다**

✎ 意味　대답하는 것. 또는 상대의 말에 따르지 않고 말대꾸하는 것.

🔍 用例　A **お言葉を返すようですが、私はそんな人間ではありません。**

B **どんな人間かなんて、自分が決めるものではないわ。**

A 말대꾸하는 것 같지만 저는 그런 사람이 아닙니다.

B 어떤 사람인지는 자신이 결정하는 게 아니야.

1261 言葉を尽くす　장황하게 말하다

시험 ★☆☆
회화 ★★★

· 言葉 말. 언어　· 尽くす 다하다　→ **말을 다하다**

✎ 意味　상대에게 더 잘 전하려고 알고 있는 모든 말을 사용하는 것. 온갖 말을 동원하여 말하는 것.

🔍 用例　**どのようなものなのかは、言葉を尽くすよりも、実際見ていただいた**

ほうが分かるかと思います。

어떤 것인지 장황하게 말씀드리기보단 실제로 보시는 게 빠를 것 같습니다.

1262 言葉を濁す 말끝을 흐리다. 말을 얼버무리다

> ことば　にご

시험 ★★★
문장 ★★★

• **言葉** 말. 언어　• **濁す** ① 흐리게 하다. 탁하게 하다 ② (말, 태도, 표정 등을) 애매하게 하다.
ことば　　　　　　　にご

얼버무리다　→　**말을 애매하게 하다**

✎ 意味 확실하게 말하지 않고 애매모호하게 말하는 것.

🔍 用例 私が的をついた質問をした後、彼は言葉を濁した。
わたし まと　　　　しつもん　　　　あと かれ ことば にご

내가 핵심을 찌르는 질문을 하자, 그는 말을 흐렸다.

友達に遅刻の理由を聞かれたが、朝寝坊したとも言えず、言葉を濁して
ともだち ちこく りゆう き　　　　　あさ ねぼう　　　　　　い　　　ことば にご

ごまかした。

친구가 지각한 이유를 물었지만 늦잠 잤다고는 말 못하고 말끝을 흐렸다.

• **的をつく** 핵심을 찌르다. 정곡을 찌르다
まと

1263 寿退社 결혼해서 하는 퇴사

> ことぶきたいしゃ

시험 ★★☆
회화 ★★★

• **寿** 축복. 축하　• **退社** 퇴사　→　**축복 퇴사**
ことぶき　　　　　　たいしゃ

✎ 意味 여성이 결혼을 하게 되면서 회사를 그만두는 것.

🔍 用例 A 美咲さんって、何で会社辞めるの?
み さき　　　　　　なん かいしゃ や

B 寿退社ですって。いいわよね。
ことぶきたいしゃ

A 미사키 씨, 회사 왜 그만둔대?

B 결혼해서래. 좋겠당.

1264 子供扱い 어린아이 취급하다

> こ どもあつか

시험 ★☆☆
회화 ★★★

• **子供** 어린이　• **扱い** 취급　→　**어린이 취급**
こ ども　　　　　あつか

✎ 意味 어른을 어린이 취급하는 것. 사람을 가볍게 다루는 경우에도 사용.

🔍 用例 A 危ないから、お母さん一緒に行こうか?
あぶ　　　　　　　かあ　　　いっしょ い

B お母さん、いい加減に私のこと、子供扱いしないでよ。
かあ　　　　　　か げん わたし　　　　こ どもあつか

A 위험하니까 엄마랑 같이 갈까?

B 엄마, 더 이상 저를 어린아이 취급하지 마세요!!!

1265 事を欠く 부족하다

시험 ★☆☆
회화 ★★★

• 事 사실. 것. 일 • 欠く 필요한 것이 갖추어져 있지 않다. 빠지다. 결여하다 → 일이 결여되다

✎ 意味

필요한 것이 없어서 자유롭지 못한 것. 「事欠く 부족하다」「~には事欠かない ~하기에 부족함이 없다」「言うに事欠いて 좋은 말은 못할 망정」의 형태로 주로 사용.

🔍 用例

自炊しているのだが、先月お金を使い過ぎて、食べるものにも
事欠く始末だ。
자취하고 있는데 저번달 돈을 다 써 버려서 먹을 것도 부족한 꼴이다.

彼女の恋の噂話は事を欠かない。(＝噂話には事欠かない)
그녀의 러브 스토리는 부족함이 없다.

A 今日楽しかったね、皆で集まって。

B それはそうと、お前、言うに事欠いて俺の悪口まで喋ってんじゃねーよ。

A ごめんごめん。つい…。

B ま、いいか。

A 오늘 즐거웠지. 모두 모여서.

B 그건 그렇고 너 좋은 말은 못할 망정 내 험담까지 하는 건 뭐야?!

A 미안, 미안! 나도 모르게 그만….

B 뭐, 됐다.

1266 事を運ぶ 일을 진행시키다. 일을 추진시키다

시험 ★★☆
회화 ★★★

• 事 세상에서 일어나는 사건, 현상, 일 • 運ぶ ① 나르다. 옮기다 ② (일을) 추진시키다

✎ 意味

일을 다음 단계로 잘 진행시키는 것.

🔍 用例

うまく事を運ぶためには、お互い協力することが必要だ。
일을 추진시키기 위해서는 서로 협력하는 것이 필요하다.

1267 子は鎹 자식은 부부의 연결 고리

시험 ★☆☆
회화 ★★☆

• 子 자식 • 鎹 두 개의 물체를 겹쳐 대어 서로 벌어지지 않게 하는 꺾쇠. 문을 거는 걸쇠
→ 자식은 꺾쇠(걸쇠)

✎ 意味

자식에 대한 애정이 꺾쇠나 걸쇠처럼 부부의 사이를 이어 준다는 의미.

🔍 用例

「子は鎹」と言いますが、子供ができてからそのことを実感できました。
'자식은 부부의 꺾쇠'라더니 아이가 생기고 나서 그 말을 실감할 수 있었습니다.

1268　コネを作^{つく}る　연줄을 대다. 연줄을 만들다

시험 ★★☆
회화 ★★★

• コネ(connection) 연줄　• 作^{つく}る 만들다　→　연줄을 만들다

✎ 意味　입학, 취직, 상거래 등에 유용한 연고 관계를 만드는 것.

🔍 用例　**企業^{きぎょう}の人^{ひと}にコネを作^{つく}っておくと、就職^{しゅうしょく}に有利^{ゆうり}だ。**

기업의 사람과 연줄을 대 두면 취직에 유리하다.

[同義語]　**手蔓^{てづる}を作^{つく}る ★★　手掛^{てが}かりを作^{つく}る ★★★**

• **手蔓^{てづる}** 연줄. 줄. 연고　• **手掛^{てが}かり** 손을 잡을 곳. 손을 붙일 곳

1269　御破算^{ごはさん}にする　백지화하다

시험 ★☆☆
회화 ★★★

• **御破算^{ごはさん}** ① 주판에 놓은 알을 털어 버려 제로 상태로 만드는 것 ② 백지 상태로 되돌림
• **する** 하다　→　백지 상태로 되돌리다

✎ 意味　어떤 계획이나 일을 없었던 일로 하는 것. 「御破算^{ごはさん}になる 백지화되다」의 형태로 주로 사용.

🔍 用例　A **彼^{かれ}から結婚^{けっこん}はやめようって言^いわれた。**

B **何^{なに}それ?? 結婚^{けっこん}してくれって言^いった本人^{ほんにん}から、今度^{こんど}はご破算^{はさん}にする**

なんて…。

A **どうしよう。**

B **何弱気^{なによわき}になってんのよ。ちゃんと説明^{せつめい}してもらいなよ。**

A 남자친구가 결혼은 하지 말자고 하네.

B 그게 뭐야?? 자기가 결혼해 달라고 해 놓고 이번에는 백지화라니….

A 어쩌지?

B 왜 약해지고 그래. 제대로 설명해 달라고 해.

婚約^{こんやく}をしていたのに、御破算^{ごはさん}になってしまった。

약혼했지만 백지화 되어 버렸다.

1270　媚^{こび}を売^うる　아양 떨다. 아첨하다

시험 ★☆☆
회화 ★★★

• **媚^{こび}** 아양. 교태　• **売^うる** 팔다　→　아양을 팔다

✎ 意味　상대의 기분을 맞추려고 아양 떠는 것. 또는 술집 여자들이 요염한 태도를 보여 손님의 기분을 맞추는 것.

🔍 用例　A **あの子^こ、いつも先生^{せんせい}に媚^{こび}を売^うってるから嫌^{きら}いよ。**

B **そうそう。いい点数^{てんすう}を取^とろうと思^{おも}って、そうなんだろうけどさ。**

なんか、嫌^{いや}。

A 쟤는 늘 선생님에게 아양을 떨어서 싫다니까.

B 맞아, 맞아! 좋은 점수 받으려고 저러는 거겠지. 정말 밥맛이야.

1271 小回りが利く _{こまわ き} 좁은 곳에서도 방향 전환이 빠르다

시험 ★☆☆
회화 ★★★
・小回り 작게 회전함 ・利く 통하다. 가능하다 → 작게 회전이 가능하다

✎ 意味 자동차 등이 좁은 곳에서 쉽게 방향을 바꿀 수 있는 것. 또는 상황에 따른 재빠른 처리.

🔍 用例 A 日本には小さい車が多いですね。

B 道が狭いですから。小さい車は小回りが利いていいんですよ。

A 일본에는 작은 자동차가 많군요.

B 길이 좁아서요. 작은 차는 좁은 곳에서도 방향 전환이 빨라서 좋아요.

1272 胡麻をする _{ごま} 아부하다

시험 ★★★
회화 ★★★
・胡麻 참깨 ・する 문지르다. 비비다. 갈다 → 참깨를 갈다

✎ 意味 자기 잇속을 생각하고 윗사람 등에게 아첨하는 것.

🔍 用例 A Bちゃん、また綺麗になったんじゃない?

頭もいいし、かわいいし、完璧だね。

B なんで、胡麻をすってるの? ほしいものでもあるんでしょ?

A 本心を言ってるだけだよ～。

A 너, 더 예뻐졌구나! 머리도 좋은 데다 예쁘기까지, 완벽하다 완벽해.

B 왜 또 아부하고 그래? 갖고 싶은 거라도 있어?

A 진심을 말했을 뿐인데~.

同義語 おべっかを使う★★★

・おべっかを使う 아첨을 하다 ・おべっか (속어) 아첨. 알랑거림

1273 これ見よがし _み 여봐란 듯이

시험 ★☆☆
회화 ★★★
・これ 이거 ・見よ=見ろ 봐라. 「見る 보다」의 명령형 ・がし 활용형의 명령형에 붙어, ~란 듯이
→ 이거 봐란 듯이

✎ 意味 이걸 보란 듯이 우쭐거리는 모양. 「聞こえよがし言う 들으란 듯이 말하다」의 형태로도 자주 사용.

🔍 用例 A これ見よがしに、高いアクセサリーをしてる人っているよね。

B そうだよね。似合うとか、似合わないとか関係なしにね。

A 여봐란 듯이 비싼 액세서리를 하는 사람 있지.

B 맞아. 어울리든 안 어울리든 상관없이 말야.

1274 転んでもただでは起きない 넘어져도 그냥은 안 일어난다

| 시험 ★★☆
회화 ★★★ | • 転んでも 넘어져도　• 転ぶ 구르다. 넘어지다　• ただでは 그냥은　• 起きない 안 일어난다
• 起きる 일어나다　→ 넘어져도 그냥은 안 일어난다 |

✎ 意味　욕심이 많아 어떤 상황에서라도 이익을 얻으려는 사람을 가리키는 말. 비록 실패를 한
경우라도 그것에서 무언가를 얻으려고 하는 것.

🔍 用例　A Cさん、階段から落ちて骨折したんだって?

　　　B うん。全治3ヶ月で大変だったらしいよ。

　　　　でもその病院で今の彼女見つけたらしいよ。

　　　A うわ～。運命の出会いね。

　　　B 転んでもただでは起きないってやつだね。

　　　A C씨 계단에서 넘어져서 뼈 부러졌다며?

　　　B 응. 전치 3개월이라 힘들었다고 하대. 하지만 그 병원에서 현재 여자친구를 만나게 됐대.

　　　A 와~ 운명의 만남이네.

　　　B 넘어져도 그냥은 안 일어난다는 뭐 그런 거네.

1275 怖いもの見たさ 무서운 게 더 보고 싶은 마음

| 시험 ★☆☆
회화 ★★★ | • 怖い 무섭다. 겁나다　• もの 것　• 見たさ 보고 싶음.「見たい 보고 싶다」의 명사형
→ 무서운 것 보고 싶음 |

✎ 意味　무서운 것은 호기심을 자극하기 때문에 오히려 보고 싶어진다는 의미.

🔍 用例　怖いもの見たさに谷底を覗き込んで足がすくんでしまった。

　　　무서운 게 더 보고 싶은 마음에 골짜기 밑을 내려다 봤는데 다리가 얼어붙고 말았다.

　　　A よくあんな不気味なところに行けるよね。

　　　B そんなのは、怖いもの見たさでしょ～。

　　　A 잘도 저렇게 섬뜩한 곳에 가는구나.

　　　B 그건 무서운 걸 더 보고 싶은 마음일 거야~.

　　　• 足がすくむ 다리가 얼어붙다

1276 根を詰める 일에 매달리다

| 시험 ★☆☆
회화 ★★★ | • 根 끈기　• 詰める ① 채우다. 담다 ② (그 일만을) 꾸준히 계속하다　→ 끈기 있게 꾸준히 계속하다 |

✎ 意味　육체・정신적인 피로를 견디고 한 가지 일을 집중해서 하는 것.

🔍 用例　A 時間がないからって、そんなに根をつめてやると体を壊しますよ。

　　　B 大丈夫です。私の仕事ですから、体を壊してでも終わらせないと…。

　　　A 시간이 없다고 그렇게 일에 매달리면 몸이 상해요.

　　　B 괜찮습니다. 제 일이니까 몸이 좀 상하더라도 끝내지 않으면….

1277 幸先がいい 징조가 좋다. 조짐이 좋다
さいさき

시험 ★★☆
회화 ★★★

• 幸先 좋은 징조. 길조 • いい = 良い 좋다 → 징조가 좋다
  さいさき   よ

✎ 意味 무엇인가를 하는 데 있어서 좋은 징조가 보이는 것.

🔍 用例 **最初からホームランとは幸先がいい。**
        さいしょ   さいさき

처음부터 홈런이라니 조짐이 좋다.

反対語 **幸先が悪い ★★★**
       さいさき わる

1278 採算がとれる 채산이 맞다
さいさん

시험 ★☆☆
회화 ★★★

• 採算 채산(경제 용어로, 수입과 지출을 맞추어 계산하는 것) • とれる (균형, 조화가) 잡히다
  さいさん
→ 채산이 잡히다

✎ 意味 지출을 계산해 봤을 때 손해가 나지 않는 상태에 있는 것.

🔍 用例 **新しく事業を始めたが、人件費の掛かりすぎで採算がとれず赤字が**
        あたら   じぎょう はじ   じんけんひ か   さいさん   あかじ
        続いている。
        つづ

새로운 사업을 시작했지만, 인건비의 과다한 지출로 채산이 맞지 않아 적자가 계속되고 있다.

1279 細大を漏らさず 모조리. 전부
さいだい も

시험 ★☆☆
회화 ★★☆

• 細大 크고 작은 일 • 漏らさず 빠뜨리지 않다 • 漏らす 빠뜨리다. 누설하다
  さいだい   も   も
→ 크고 작은 일을 빠뜨리지 않다

✎ 意味 어떠한 작은 것도 빼놓지 않는 것.

🔍 用例 **ライバル会社の情報は細大を漏らさず報告してほしい。**(＝全部)
             かいしゃ じょうほう さいだい も   ほうこく   ぜんぶ

라이벌 회사의 정보는 하나도 빠짐없이 모조리 보고하길 바란다.

1280 采配を振る 지휘하다. 지시하다
さいはい ふ

시험 ★☆☆
회화 ★★★

• 采配 ① 옛날 대장들이 싸움터에서 병사를 지휘할 때 썼던 기구 ② 지휘
  さいはい
• 振る 흔들다. 휘두르다 → 지휘를 휘두르다
  ふ

✎ 意味 **采配**가 전쟁 시에 대장이 싸움터에서 병사를 지휘할 때 썼던 기구였던 것에서, 이래라저래라
        さいはい
지휘를 하는 것. **采配を振る**라고 **振る**보다 **振るう**를 더 많이 쓰는데 **振るう**는 오용.
        さいはい ふ   ふ

🔍 用例 **急用で来られなくなった監督に代わり、急遽コーチが采配を振る**
        きゅうよう こ   かんとく か   きゅうきょ   さいはい ふ
        ことになった。

급한 용무로 못 오시게 된 감독님 대신, 급히 코치가 지휘를 하게 되었다.

• 急遽 갑작스럽게. 급히. 서둘러
  きゅうきょ

1281 賽は投げられた _{주사위는 던져졌다}

시험 ★☆☆
회화 ★★★

・**賽**=**さいころ** 주사위 ・**投げられた** 던져졌다 (수동) ・**投げる** 던지다 → 주사위는 던져졌다

✎ 意味 | 시저가 루비콘 강을 건너면서 이 말을 남기고 용감히 군대를 이끌고 가 폼페이우스를 물리쳤다는 고사에서 나온 말로, 운명을 하늘에 맡기고 과감하게 모험을 시도하는 것.

🔍 用例
A いよいよ戦争か…。
B もう賽は投げられましたよ。後戻りはできません。

A 드디어 전쟁인가….
B 이미 주사위는 던져졌습니다. 되돌릴 수 없습니다.

1282 財布の底をはたく _{있는 돈을 다 털어서 쓰다}

시험 ★★☆
회화 ★★★

・**財布** 돈지갑. 돈주머니 ・**底** 밑. 밑바닥 ・**はたく** ① 털다. 떨다 ② (재산이나 가진 돈을) 몽땅 털다
→ 돈지갑 바닥을 몽땅 털다

✎ 意味 | 가진 돈 전부를 써 버리는 것.

🔍 用例 | どうしても欲しいかばんがあったので、財布の底をはたいて買ってしまった。

어떻게든 갖고 싶은 가방이 있어서, 지갑을 털어 사 버렸다.

1283 財布の紐が緩む _{돈을 낭비하다}

시험 ★★★
회화 ★★★

・**財布** 돈지갑. 돈주머니 ・**紐** 끈 ・**緩む** 느슨해지다. 헐렁해지다. 헐거워지다
→ 돈주머니의 끈이 느슨해지다

✎ 意味 | 돈주머니의 끈을 늦춘다는 것에서, 필요 이상으로 돈을 쓰는 것.

🔍 用例
A 韓国に旅行に来るとお金をいっぱい使っちゃうんだよね。
B そうなのよ。なんでも安いから、ついつい財布の紐が緩んでしまうのよね。

A 한국에 여행 오면 돈을 많이 쓰게 돼.
B 맞아. 뭐든 싸다 싶어서 그만 낭비를 하게 된다니까.

1284 財布の紐を締める _{돈을 절약하다}

시험 ★★☆
회화 ★★★

・**財布** 돈지갑. 돈주머니 ・**紐** 끈 ・**締める** 매다. 졸라매다 → 돈주머니의 끈을 졸라매다

✎ 意味 | 쓸데없이 돈을 사용하지 않도록 주의하는 것.

🔍 用例 | 不況続きで消費者達は財布の紐を締めるようになった。

불황이 계속되어 소비자들은 지갑을 닫게 되었다.

1285 財布を握る　경제권을 쥐다. 경제권을 갖다

시험 ★★☆
회화 ★★☆

· 財布 돈지갑　· 握る 쥐다. 잡다　→　돈지갑을 쥐다

✎ 意味　금전 출납을 관리하는 권한을 갖는 것.

🔍 用例　A 私の家は父が財布を握っているのよ。

B へーそう。珍しいわね。

A 우리 집은 아빠가 경제권을 쥐고 있어.
B 어머, 그래? 특이하다.

1286 座が白ける　흥이 깨지다. 분위기가 서먹해지다

시험 ★★☆
회화 ★★☆

· 座 자리. 사람이 모인 장소　· 白ける 흥이 깨져 어색한 분위기가 되다
→　자리의 흥이 깨져 어색한 분위기가 되다

✎ 意味　한창 달아오른 자리가 냉담해지는 것.

🔍 用例　みんなで楽しく飲んでいたのに、彼のとげのある発言で座が白けてし
まった。(＝場がしらけて)

모두가 즐겁게 마시고 있었는데, 그의 가시 돋친 말로 분위기가 서먹해지고 말았다.

［同義語］ 場が白ける ★★★　· とげ 가시　· 場が白ける 분위기가 깨지다

1287 盛りがつく　암내를 풍기다. 발정하다

시험 ★☆☆
회화 ★★★

· 盛り ① 한창 때 ② (짐승이 일정 시기에) 암내를 냄. 발정함　· つく 움직임이 왕성해지다

✎ 意味　짐승이 발정한다는 의미로 성적인 욕망을 억제하기 어렵게 되는 것. 닥치는 대로 남자에게
들이대는 여자를 비유하는 「盛りのついた猫みたいに 발정난 고양이처럼」의 형태로 자주 사용.

🔍 用例　2月の繁殖期になると盛りがついた猫の鳴き声がうるさくて、
夜も眠れない。

2월 번식기 때면 발정난 고양이 울음소리가 시끄러워 밤에 잠을 잘 수가 없다.

あの女は盛りのついた猫みたいに男を漁っている。

저 여자는 발정난 고양이처럼 남자를 찾아 헤맨다.

· 漁る 찾아다니다. 찾아 헤매다

1288　先立つ物　우선 필요한 것. 있어야 할 것

시험 ★☆☆
회화 ★★★

・先立つ 앞장서다. 무엇보다도 먼저 필요하다　・物 것　→　먼저 필요한 것

✎ 意味　무엇인가를 하기 전에 우선 필요한 것. 특히 돈이 필요한 경우에 사용. 돈을 완곡하게 표현하기도 함.

🔍 用例　結婚するにしても子供を育てるにしても、先立つ物は金である。
결혼을 하든 아이를 키우든 우선 필요한 게 돈이다.

そろそろ家を建てたいと思うのだが、先立つ物がないとね〜。難しいね〜。
슬슬 집을 지으려고 생각하는데 있어야 할 게 없으니. 어렵네~.

旅行にでも行きたいが先立つ物がない。
여행이라도 떠나고 싶은데 있어야 할 게 없다.

・〜にしても〜にしても ~하든, ~하든. 같은 장르의 혹은 대립하는 두 가지의 것을 예로 들어 '그 어느 경우에라도'라는 의미를 나타냄

생활 관용어

さ
1277
—
1307

1289　先が見える　앞이 보이다. 뻔하다

시험 ★☆☆
회화 ★★★

・先 앞날. 장래　・見える 보이다　→　앞날이 보이다

✎ 意味　장래의 상황이 예상되는 것. 대개 비관적인 사태가 예상되는 경우에 사용.

🔍 用例　株式相場の動きは予想がつきにくく、先が見えない。
주식 시세의 움직임은 예상하기 어려워 앞이 보이지 않는다.

A あの人と付き合うなんて、彼女も馬鹿よね。プレイボーイって有名なんだから、付き合っても、先が見えるじゃん。
B でも、もしかしたらっていう期待があるから付き合うんでしょ。
A 저 사람과 사귀다니, 여자친구 바보 아냐. 플레이보이로 유명한데 말야, 사귄다고 해도 앞날이 뻔하잖아.
B 그래도 이번에는 다르겠지 하는 기대감이 있으니까 사귀는 거겠죠.

1290　先を争う　앞을 다투다

시험 ★☆☆
회화 ★★★

・先 앞. 선두　・争う 다투다. 우열을 겨루다　→　앞을 다투다

✎ 意味　자기가 먼저라고 서로 경쟁하는 것.

🔍 用例　開店と同時に、客は先を争って特売場へ向かった。
개점과 함께 손님은 앞을 다투어 특판장으로 향했다.

・特売場 특매장. 특판장. 특별히 싸게 파는 곳

1291 酒に飲まれる 술에 먹히다

시험 ★☆☆
회화 ★★★

・酒 술 ・飲まれる 먹히다 ・飲む 마시다. 먹다 → 술에 먹히다

✎ 意味　과음하여 정신을 잃는 것.

🔍 用例　酒を飲んでもいいが、酒に飲まれてはいけない。少し酔ったくらいで
やめておくのが適当だ。

술을 마시는 건 좋은데 술에게 먹혀서는 안 된다. 조금 취한 정도에서 멈추는 것이 적당하다.

1292 探りを入れる 남의 속을 슬쩍 떠보다

시험 ★★☆
회화 ★★★

・探り 정탐함. 남의 속을 떠봄 ・入れる 넣다. 들어가다 → 남의 속을 떠보다

✎ 意味　상대와 대화를 하면서 상대의 생각이나 기분을 넌지시 떠보는 것.

🔍 用例　A 彼女が僕のことをどう思ってるのか知りたいんだけど、自分で聞く
勇気がないよ。彼女にそれとなく聞いてみてほしいんだけど…。
B わかった。僕が彼女に探りを入れてみよう。(＝調査して)

A 저 여자가 날 어떻게 생각하는지 알고 싶은데, 내가 (직접) 물어볼 용기가 안 나. 저 여자에게 넌지시
물어봐 줄 수 있겠어?
B 알았어. 내가 저 여자를 슬쩍 떠볼게.

・それとなく 넌지시. 슬며시 ・調査する 조사하다

1293 刺身のつま 있어도 그만 없어도 그만인 것. 영향력이 없는 것. 곁다리

시험 ★☆☆
회화 ★★☆

・刺身 생선회 ・つま 생선회 등에서 곁들이는 야채나 해초
→ 생선회에 곁들이는 야채나 해초

✎ 意味　생선회에 구색을 갖추기 위해 곁들이는 야채나 해초처럼 있으나 마나 한 것.

🔍 用例　私の好きなアーティストがライブに出るとの情報を得、ライブハウスに
行ったのに、刺身のつま程度しか出演しなかった。

내가 좋아하는 아티스트가 공연에 나온다고 해서 라이브장에 갔는데 정말 존재감 없이 출연했다.

A 昨日の合コン、どうだった?
B みんなは楽しそうだったけど、僕は刺身のつまみたいな存在だから。
A そう。引き立て役なんだ。

A 어제 미팅 어땠어?
B 모두 즐거워 보였는데, 난 곁다리 같은 존재니까.
A 그렇구나. 들러리 역이구나.

신체관용어 / 생활관용어 / 속담·격언 / 고사성어 / 사자성어

1294 匙を投げる 손들다. 가망이 없다고 보고 포기하다

시험 ★☆☆
회화 ★★☆

・匙＝スプーン 숟가락 ・投げる 던지다 → (약 조제용) 스푼을 던지다

✏️ 意味　의사가 더 이상 치료법이 없다고 판단하여 조제용 스푼을 던져버리는 것에서,
가망이 없다고 판단하여 포기하는 것.

🔍 用例　彼の病は医者も匙を投げるほどの難病だ。

그의 병은 의사도 가망이 없다고 포기할 정도로 중병이다.

同義語 手上げ ★★★
・病 병 ・難病 난병. 난치병

ただでさえ大変なのに先生にまで匙を投げられたら私たちはどうすれ
ばいいんですか!!

그냥도 힘든데 선생님까지 가망이 없다고 포기하시면 저희들은 어떻게 하면 좋아요!!

1295 誘い水になる 계기가 되다

시험 ★☆☆
회화 ★★★

・誘い水 ① 마중물 ② 어떤 일을 일으키는 계기(원인) ・になる ~이(가) 되다 → 계기가 되다

✏️ 意味　그 일을 계기로 무슨 일이 일어나는 것.

🔍 用例　2千円札の発行が景気回復の誘い水になるだろうという政府の予想は
大きく外れた。

2천 엔짜리 지폐의 발행이 경기 회복의 계기가 되지 않을까 하는
정부의 예상은 크게 빗나갔다.

同義語 呼び水になる ★★★

1296 茶飯事 다반사. 예삿일. 흔한 일

시험 ★★★
회화 ★★★

・茶飯事 다반사(차 다, 밥 반, 일 사)

✏️ 意味　불교 용어로 차를 마시고 밥을 먹는 일처럼 아주 일반적이고 당연한 일.
주로 「日常茶飯事 일상다반사」의 형태로 사용.

🔍 用例　スポーツ選手として、ちょっとした怪我は日常茶飯事だ。

스포츠 선수로서 약간의 상처를 입는 것은 일상다반사다.　・ちょっとした 대수롭지 않은. 약간의. 사소한

1297 鯖を読む 나이를 속이다

시험 ★★★
회화 ★★★

・鯖 고등어 ・読む ① 읽다 ② 수를 세다 → 고등어를 세다

✏️ 意味　시장에서 고등어를 셀 때 급히 서두르는 체하면서 고등어의 수를 속인 것에서,
적당히 이익을 얻기 위해 수(나이)를 속이는 것.

🔍 用例　そのアイドルは公式プロフィールの年齢を実年齢より8歳も若く
鯖を読んでいた。(＝偽って)

그 아이돌은 공식 프로필 나이를 실제 나이보다 8살이나 어리게 속였다.

・偽る 거짓말을 하다. 속이다

신체 관용어

생활 관용어

속담·격언

고사성어

사자성어

1298 様になる 그럴싸하다

시험 ★☆☆
회화 ★★☆
• 様 (어떤 사물, 사람의) 상태. 모양. 모습 • になる ~이(가) 되다 → 모양이 되다

✎ 意味　그럴듯한 모양새가 되는 것.

🔍 用例
A 君のスーツ姿、初めて見たよ。
B どう? 似合ってるかな?
A うん、よく似合ってる。様になってるよ。

A 너 정장 입은 모습 처음 봤어.
B 어때? 어울려?
A 응, 잘 어울려. 그럴싸해.

1299 様を見ろ 꼴좋다. 쌤통이다

시험 ★★☆
회화 ★★★
• 様 남의 모양을 비웃거나 욕하는 말. 꼴. 꼬락서니 • 見ろ 봐라 (명령) • 見る 보다
→ 꼬락서니를 봐라

✎ 意味　평소 꼴불견이었던 사람이 실패한 모습을 보고 통쾌하다고 느낄 때 쓰는 말.
발음할 때는 ざまぁみろ라고 발음하는 경우가 많음.

🔍 用例
A 山田のやつ、先生にこっぴどく叱られてるぜ。
B 様を見ろ。いつも弱い者いじめばかりしているからそうなるんだ。
いい気味だ。

A 야마다 녀석, 선생님께 된통 혼나고 있어.
B 쌤통이다. 항상 약한 애들만 못살게 구니까 그렇게 된 거야. 속이 후련하다.

• こっぴどい 호되다. 따끔하다 • いい気味 고소함. 후련한 기분. 통쾌함

1300 座右の銘 좌우명

시험 ★★☆
문장 ★★★
• 座右 좌우. 신변. 곁 • 銘 금속이나 돌에 새긴 글. 교훈의 말 → 곁의 교훈의 말

✎ 意味　끊임없이 마음에 담아 두고 스스로 격려하거나 경계하는 말.

🔍 用例
私の座右の銘は「一日一善」です。私はいつもその言葉を心に留めて生きています。

저의 좌우명은 '일일일선(하루에 한 가지씩 착한 일을 하자)'입니다. 저는 늘 이 말을 마음에 새기며 살고 있습니다.

• 心に留める 마음에 두다

1301 晒し者になる 놀림감이 되다

회화 ★★★

• **晒し者** 효수형을 당한 죄인. 에도 시대에 추방되기 전의 죄인을 묶어 놓고 백성들에게 보여 창피를 주던 것 • **になる** ~이(가) 되다 → **죄인이 되다**

✎ 意味　많은 사람들 앞에서 창피를 당하는 것.

🔍 用例　**全校生徒の前で先生に叱られ、晒し者になった気分でとても恥ずかしかった。**

전교생 앞에서 선생님께 혼나 놀림감이 된 것만 같아 정말 창피했다.

1302 座を外す 자리를 뜨다. 자리를 비우다

시험 ★★☆
회화 ★★☆

• **座** 자리. 사람이 모인 장소 • **外す** (자리를) 뜨다. 비우다 → **자리를 뜨다**

✎ 意味　대화 중에 자리를 비우는 것.

🔍 用例　A **これから大事な話をしなければならないので、部外者は座を外してもらえますか?**

B **分かりました。失礼します。**　同義語 **席を外す ★★★**

A 지금부터 중요한 이야기를 해야 하니까, 부서 외 분들은 자리를 피해 주시겠습니까?
B 알겠습니다. 실례하겠습니다.

1303 座を取り持つ 분위기를 띄우다

시험 ★☆☆
회화 ★★☆

• **座** 자리. 좌석 • **取り持つ** 접대하다. 응대하다 → **좌석을 응대하다**

✎ 意味　모임의 분위기가 깨지지 않도록 사람들의 비위 맞추는 말 등을 해서 마음을 편하게 해 주는 것.

🔍 用例　**司会者は討論会の座を取り持つために、話題の変更を試みた。**

사회자는 토론회의 분위기를 띄우기 위해 화제를 바꾸려고 했다.

• **試みる** 시도해 보다. 시험해 보다

1304 3時のおやつ 3시의 간식

시험 ★☆☆
회화 ★★★

• **3時** 3시 • **おやつ** 오후의 간식 → **3시의 간식**

✎ 意味　회사에서 아침 8시부터 오후 5시까지 일하면서 2시간 간격(오전 10시, 오후 3시)으로 휴식 시간을 갖고 차를 마시거나 과자를 먹거나 하는 것에서, 간식 시간을 의미.

🔍 用例　A **さっき、ケーキをいただいたから、3時のおやつにしましょう。**

B **やった! 今日のおやつはケーキだ。**

A 아까 케이크를 받았으니까 오후 간식 시간에 먹자.
B 와!!! 오늘 간식은 케이크닷!

さ
1277
—
1307

신체
관용어

생활
관용어

속담·
격언

고사
성어

사자
성어

1305 算段がつく _{さんだん} 여건이 되다. 여건이 마련되다

| 시험 ★☆☆
회화 ★★☆ | • **算段** 변통수. 돈, 물건을 마련할 대책을 세움 • **つく** 결말나다. 끝나다. 처리되다
→ 변통수가 서다 |

✎ 意味 무언가를 하기에 앞서 그것에 필요한 돈이나 물품이 준비되는 것.

🔍 用例 **私が結婚できる算段がつくまでは、あと2年はかかりそうだ。**
내가 결혼 준비가 되기까지는 앞으로 2년은 더 걸릴 것 같다.

1306 三度目の正直 _{さんどめ　しょうじき} 삼세판. 삼세번

| 시험 ★★☆
회화 ★★★ | • **三度目** 세 번째 • **正直** 정직 → 세 번째의 정직 |

✎ 意味 무언가를 할 때 첫 번째나 두 번째는 실패해도 세 번째는 잘될 거라는 말.

🔍 用例 **これまで日本は韓国に2連敗しているが、次こそは三度目の正直できっと勝てるだろう。**
지금까지 일본은 한국에 2연패했지만, 다음에야말로 삼세번이라고 꼭 이길 것이다.

1307 三拍子揃う _{さんびょうし　そろ} 삼박자를 고루 갖추다

| 시험 ★☆☆
회화 ★★★ | • **三拍子** 삼박자. 세 가지 중요한 조건 • **揃う** 갖춰지다 → 삼박자가 갖춰지다 |

✎ 意味 큰북, 작은북, 피리 등 세 가지 악기로 박자를 맞추는 것에서, 모든 조건이 갖춰져 있는 것.
바람직한 조건, 그렇지 못한 조건 두 가지에 모두 사용.

🔍 用例 **その柔道選手は技術・体力・精神力の三拍子揃った素晴らしい選手だ。**
그 유도 선수는 기술, 체력, 정신력의 삼박자가 골고루 갖춰진 굉장한 선수다.

1308 思案に暮れる _{しあん　く} 고민에 빠지다

| 시험 ★☆☆
회화 ★★★ | • **思案** 궁리. 여러모로 생각함 • **暮れる** ① 해가 지다. 저물다 ② 어찌할 바를 모르다
→ 여러모로 생각하며 어찌할 바를 모르다 |

✎ 意味 아무리 생각해도 좋은 생각이 떠오르지 않아 고민에 빠지는 것.

🔍 用例 **進学するか就職するか思案に暮れていたが、先生の「今の時代、大学ぐらい出てないといい仕事につけない」という一言で進学することに決めた。**
진학할지 취직할지 고민하고 있었는데, '요즘 시대에 대학 정도는 나와야 좋은 직업을 찾을 수 있다'는 선생님의 말씀에 진학하기로 결정했다.

1309 潮時を見る　적당한 때를 보다. 기회를 보다

시험 ★☆☆
회화 ★★★

・潮時 ① 만조와 간조 때 ② 적당한 기회(때)　・見る 보다
→ 적당한 기회를 보다

✎ 意味　어떤 일을 하는 데 있어서 가장 적당한 때를 가늠하는 것.

🔍 用例　賭け事は潮時を見て適当なところでやめなければいけない。
今勝っているからといって欲を出して続けると、後で大きな負けが
来ることがある。

도박은 때를 봐서 적당한 시점에서 그만둬야 한다. 지금 따고 있다고 해서 욕심을 계속 부리면 나중에 크게 질 수 있다.

1310 四角張る　네모나다. 격식 차리다

시험 ★☆☆
회화 ★★★

・四角張る 네모지다. 네모나다

✎ 意味　① 네모난 것. ② 대부분 四角張った의 형태로, 딱딱하여 융통성이 없는것.

🔍 用例　① A 私の顔ってえらが張ってて、四角張ってるから大嫌い。
B でも、自分が思ってるだけじゃない? 目立たないけど。

A 내 얼굴은 아래턱이 벌어진 사각턱이라 정말 싫어.　　　（= 角張って）
B 그건 니가 그렇게 생각해서가 아닐까? 별로 눈에 안 띄는데.

② 四角張った挨拶は抜きましょう。

격식 차린 인사는 생략합시다.

・えらが張った顔 턱 아래 양쪽이 벌어진 얼굴
・えら ① 아가미 ② 하관. 아래턱의 양쪽 부분

1311 死活問題　생사가 걸린 문제

시험 ★★☆
회화 ★★★

・死活 사활. 생사　・問題 문제 → 생사 문제

✎ 意味　사느냐 죽느냐가 걸린 중대한 문제라는 의미.

🔍 用例　生活費に困っている私にとって、今会社をくびになるかどうかは
死活問題だ。（＝死活に関する問題）

생활비에 허덕이는 내게는 지금 회사에서 잘리느냐 마느냐는 사활이 걸린 문제다.

・死活に関する 생사에 관계되다

신체 관용어

생활 관용어

속담·격언

고사성어

사자성어

1312 地が出る 본색이 나오다. 본색이 드러나다

시험 ★☆☆
회화 ★★★

· 地 ① 토지 ② 본성. 본색 · 出る 나오다 → 본색이 나오다

✎ 意味   숨겨 놨던 본성이 드러나는 것.

🔍 用例
A 私、とうとう彼氏の前で地が出て、おばさんみたいな行動
　取っちゃった。
B どんな行動しちゃったの?
A 我先にバーゲンのワゴンの中を見に行っちゃったのよ。

A 나 말야, 결국 남자친구 앞에서 본색을 드러내고 아줌마 같은 행동을 했지 뭐야.
B 어떤 행동을 했길래?　A 헐레벌떡 정신없이 세일품 매대를 보러 갔거든.

· 我先に 남에게 뒤질지라. 너도 나도. 앞다투어 (＝我勝ちに)
· バーゲンのワゴン(bargain+wagon) ＝ ワゴンセール(wagon+sale)
　상품을 쌓아 놓고 싸게 파는 것

1313 地金が出る 금속이 드러나다. 본성이 드러나다

시험 ★☆☆
회화 ★★☆

· 地金 도금 등을 가공하는 기본 바탕이 되는 금속 · 出る 나오다 → 금속이 나오다

✎ 意味   도금 등이 벗겨져 원래 금속이 보이는 것. 또는 '본성이 드러나다'라는 의미로 쓰일 때도 있지만
이 경우에는 化けの皮が剥げる, めっきが剥げる라는 말을 더 자주 사용.

🔍 用例   ネックレスのメッキがはがれて地金が出てきた。
목걸이의 도금이 벗겨져 금속이 보였다.

1314 時間の問題 시간 문제

시험 ★☆☆
회화 ★★★

· 時間 시간 · 問題 문제 → 시간 문제

✎ 意味   가까운 시일에 예측한 대로 되는 것.

🔍 用例   喧嘩ばかりしているあのカップルが別れるのももう時間の問題だ。
싸우기만 하는 저 커플이 헤어지는 것도 이제 시간 문제다.

1315 時間を稼ぐ 시간을 벌다. 시간을 끌다

시험 ★★☆
회화 ★★★

· 時間 시간 · 稼ぐ 벌다 → 시간을 벌다

✎ 意味   유리한 정세가 되기까지 시간을 끄는 것.

🔍 用例   準備が出来るまで、司会者が観客に今日の進行を説明しつつ
時間を稼ぐ。
준비가 되기까지 사회자가 관객에게 오늘 진행을 설명하면서 시간을 끈다.

1316 時間を食う　시간을 잡아먹다

시험 ★☆☆
회화 ★★★

• **時間** 시간　• **食う** 먹다　→　**시간을 먹다**

✎ 意味　목적을 달성하기까지 예상 외의 일로 시간을 소비하는 것.

🔍 用例　**もっと早く着く予定だったが、途中で給油して時間を食ってしまった。**

더 일찍 도착할 예정이었는데 도중에 기름을 넣다가 시간을 잡아먹고 말았다.

• **給油する** 급유하다

1317 時間を割く　시간을 내다. 시간을 쪼개다

시험 ★☆☆
회화 ★★★

• **時間** 시간　• **割く** ① (종이 등을) 찢다 ② (시간 등을) 할애하다　→　**시간을 할애하다**

✎ 意味　여유가 없는 시간을 할애해 어떤 것을 위해 충당하는 것.

🔍 用例　A **今日はお忙しい中、時間を割いて参加していただきありがとうございました。**

B **いいえ、こちらこそよいお話を聞かせていただきました。**

A 오늘은 바쁘신 중에 시간을 내서 참가해 주셔서 감사합니다.

B 별말씀을, 저야말로 좋은 말씀 많이 들었습니다.

1318 時間をつぶす　시간을 보내다. 시간을 때우다

시험 ★★★
회화 ★★★

• **時間** 시간　• **潰す** ① 찌그러뜨리다. 부수다 ② 시간을 보내다. 낭비하다　→　**시간을 보내다**

✎ 意味　남은 시간에 다른 일을 하면서 보내는 것.

🔍 用例　**待ち合わせの時間より早く着いてしまったので、タバコを吸って時間をつぶした。**

약속 시간보다 빨리 도착해서 담배를 피우면서 시간을 때웠다.

1319 敷居が高い　문턱이 높다. 발을 들여놓기 힘들다

시험 ★★☆
회화 ★★★

• **敷居** 문지방. 문턱　• **高い** 높다　→　**문지방이 높다**

✎ 意味　의리상 당연히 해야 할 일을 하지 않거나 상대에게 면목을 잃어 그 집에 찾아가기가 거북한 것. 이와 같은 뜻의 **敷居をまたぎにくい**를 더 자주 사용.

🔍 用例　**２０で家を飛び出して以来、実家の敷居が高く、一度も帰っていない。**

20살에 집을 뛰쳐나온 이후, 집에 발을 들여놓기 어려워 한 번도 돌아가지 못했다.

（＝敷居をまたぎにくく）

• **またぐ** 가랑이를 벌리고 넘다

신
체
관
용
어

생
활
관
용
어

속
담
·
격
언

고
사
성
어

사
자
성
어

1320 姿勢を正す　기강을 바로잡다. 기강을 바로 세우다

시험 ★★★
회화 ★★★

• 姿勢 자세　• 正す (잘못된 것을) 바로잡다. 고치다　→ 자세를 바로잡다

✎ 意味　지금까지의 방법을 반성하고 새로이 마음가짐을 하는 것.

🔍 用例　**社員の姿勢を正す意味で、問題を起こした者だけでなくその上司も 厳しく処分した。**

사원의 기강을 바로잡는다는 뜻에서 문제를 일으킨 사람뿐만 아니라 그 상사까지도 엄중히 처분했다.

1321 下手に出る　저자세로 나오다

시험 ★★☆
회화 ★★★

• 下手 ① 아래쪽 ② 남보다 처지, 능력, 지위가 떨어짐. 낮음　• 出る 나오다　→ 낮게 나오다

✎ 意味　상대에 대해 자기를 낮추는 태도로 나오는 모양.

🔍 用例　**あまり下手に出てばかりいると、彼は調子に乗るから気をつけて。**

너무 저자세만 취하면 그가 우쭐거리니까 조심해(주의해).

| 同義語 下に出る★ | 反対語 上手に出る★ |

• 調子に乗る 우쭐해지다　• 上手に出る 고자세로 나가다(나오다)　• 上手 위압적임. 강압적임

1322 じたばたする　발버둥치다

시험 ★☆☆
회화 ★★★

• じたばた 바둥바둥. 손발을 바둥대며 저항하는 모습.　• する 하다　→ 바둥바둥하다

✎ 意味　어떤 상태에서 빠져나오려고 서두르거나 조바심 내는 것.

🔍 用例　**今さらじたばたしてもしょうがないんだから、どっしりと構えていなさい。**

이제 와서 발버둥 쳐 봐야 소용없으니까 얌전히 준비하고 있어.

• どっしり ① 무거운 모양 ② 듬직한 모양. 묵직한 모양　• 構える 준비하다

1323 地団駄を踏む　몹시 분해하다

시험 ★★★
회화 ★★☆

• 地団駄 발을 동동 구름　• 踏む 밟다. 구르다　→ 발을 동동 구르다

✎ 意味　지면을 몇 번이고 세차게 동동 구르는 것에서, 괴로움, 안타까움, 분노 등으로 몸부림치는 것.

🔍 用例　**選手達は逆転のチャンスを逃し、地団駄を踏んで悔しがった。**

선수들은 역전 찬스를 놓치고 몹시 분해했다.

• 逃す 놓치다　• 悔しがる 분해하다　• 悔しい 분하다. 억울하다　• ～がる ~하게 생각하다(느끼다)

1324 失笑を買う 웃음거리가 되다

회화 ★★★

• 失笑 실소 • 買う 사다 → 실소를 사다

✎ 意味 바보 같은 언동을 해서 웃음거리가 되는 것.

🔍 用例 的外れな発言をして失笑を買い、とても恥ずかしい思いをした。

요점에 빗나간 발언으로 웃음거리가 되어 매우 창피한 경험을 했다.

• 的外れ (화살이 과녁을 빗나가는 것에서) 요점에서 벗어남

1325 失態を演じる 실수를 저지르다

시험 ★☆☆
회화 ★★★

• 失態 실태. 실수. 면목을 잃을 정도의 볼썽사나운 모양 • 演じる 저지르다. 어떤 행동을 하다
→ 실수를 저지르다

✎ 意味 체면을 잃을 만한 행동을 하는 것.

🔍 用例 初めてのデートで彼女の服にジュースをこぼすという失態を演じてしまった。

처음 하는 데이트에서 그녀의 옷에 주스를 엎질러 버리는 실수를 저지르고 말았다.

1326 しっぽを出す 꼬리가 드러나다. 속임수가 드러나다

시험 ★★★
회화 ★★☆

• 尻尾 꼬리 • 出す (안에서 밖으로) 내다. 꺼내다. 내놓다 → 꼬리를 내놓다

✎ 意味 변장한 여우나 너구리가 꼬리를 내놓다 정체를 들키는 것에서, 결점이나 허점이 드러나는 것.

🔍 用例 A 本当に、犯人は見つかりますかね?
B 絶対、しっぽを出すから慌てるな。

A 정말 범인이 나타날까요?
B 반드시 꼬리가 드러날 테니 서두르지 마!

同義語 ぼろを出す ★★★ • 見つかる ① 들키다. 발각되다 ② 찾게 되다. 발견되다

1327 しっぽを掴む 꼬리를 잡다. 단서를 잡다

시험 ★★☆
회화 ★★☆

• 尻尾 꼬리 • 掴む ① 움켜쥐다. 붙잡다 ② (정체, 요점 등을) 파악하다 → 꼬리를 잡다

✎ 意味 타인의 비밀이나 속임수, 증거(단서) 등을 찾아내는 것.

🔍 用例 絶対に犯人のしっぽを掴んでやる! (=探し出して)

반드시 범인의 단서를 찾아내고야 말겠어!

• 探し出す 찾아내다

1328 しっぽを振る 알랑방귀를 뀌다. 알랑거리며 아첨을 떨다

시험 ★★★
회화 ★★☆

• 尻尾 꼬리 • 振る 흔들다 → 꼬리를 흔들다

✎ 意味 개가 먹이를 주는 사람에게 꼬리를 흔드는 것에서, 권력자 등의 마음에 들기 위해서 아첨하는 것.
「尻尾を回す 꼬리를 돌리다」로 착각하지 않도록 주의.

🔍 用例 **彼は自分の利益になる人には、しっぽを振ってついて行く。**

그는 자신의 이익이 되는 사람에게는 알랑방귀를 뀌면서 붙는다.

上司にいつもしっぽを振っているような奴は、いざという時に信頼できない。

상사에게 항상 아첨을 떠는 그런 놈은, 무슨 일이 생겼을 때 신뢰할 수 없다.

• **いざという時** 여차할 때. 만일의 경우. 유사시

1329 しっぽを巻く 꼬리를 내리다. 항복하다. 꽁무니를 빼다

시험 ★★★
회화 ★★☆

• 尻尾 꼬리 • 巻く 말다. 감다 → 꼬리를 말다

✎ 意味 싸움에서 진 개가 꼬리를 말고 얌전해지는 것에서, 싸움 등에서 이길 가망성이 없어 보여 도망가거나 항복하는 것.

🔍 用例 A **ヤンキーと喧嘩したらしいじゃん。 大丈夫だった?**
B **僕は大丈夫だよ。ヤンキーは怖気づいてしっぽを巻いて逃げていったから。**

A 건달들이랑 싸웠다며. 괜찮아?
B 난 괜찮아. 건달 녀석들이 겁을 잔뜩 먹고 도망갔으니까.

• **怖気づく** 겁이 나다. 무서워서 소극적으로 되다

1330 地で行く 원래 성격대로 가다. 실제로 옮겨 놓다

시험 ★☆☆
회화 ★★★

• 地 ① 땅 ② 본성. 본색. 천성 • 行く 가다 → 천성으로 가다

✎ 意味 ① 타고난 성격이나 성질 그대로 행동하는 것.
② 소설이나 옛날이야기와 같은 세계에서나 할 법한 행동을 실제 생활에서 하는 것.

🔍 用例 ① **今回の映画の役は、地で行けそうです。私の性格とそっくりなので演技する必要がないんです。**

이번 영화에서의 역할은 원래 성격대로 가면 될 것 같습니다. 제 성격과 똑같아서 연기할 필요가 없네요.

② **シンデレラストーリーを地で行くような彼女の人生はまさに波乱万丈だ。**

신데렐라 스토리를 실제로 옮겨 놓은 듯한 그녀의 인생은 정말 파란만장하다.

1331 自転車操業 _{じてんしゃそうぎょう} 도산 직전 상태

시험 ★☆☆
회화 ★★★

• **自転車** 자전거 • **操業** 조업. 기계 따위를 움직여 일을 함 → **자전거 조업**

✎ 意味　자전거는 페달을 계속 밟지 않으면 쓰러지는 것에서, 돈을 빌리고 갚기를 반복하면서 겨우 조업을 지속하는 것.

🔍 用例
A 最近商売のほうはどう？
B 銀行に返済するので精一杯で、かろうじて倒産は免れている状態だよ。 まったく自転車操業もいいところだよ。

A 요즘 장사는 어때?
B 은행 빚 갚는 것만으로도 벅차서 겨우 버티는 중이야. 그야말로 도산 직전 상태지.

1332 至難の業 _{しなん わざ} 지극히 어려운 일

시험 ★★★
회화 ★★★

• **至難** 지극히 어려움 • **業** 일 → **지극히 어려운 일**

✎ 意味　더할 나위 없이 어려운 일.

🔍 用例
一年で外国語をマスターするのは至難の業だ。（＝非常に難しい）

1년 만에 외국어를 마스터하는 것은 지극히 어려운 일이다.

• **非常に** 매우. 대단히. 몹시

1333 死に花を咲かせる _{し ばな さ} 죽기 직전에 업적을 남기다

시험 ★☆☆
회화 ★★☆

• **死** 사. 죽음 • **花を咲かせる** ① 뛰어나게 활약하다 ② 이야기꽃을 피우다
→ **죽음에 뛰어나게 활약하다**

✎ 意味　죽기 직전에 사후에 이름을 남길 만한 훌륭한 일을 하는 것.

🔍 用例
戦艦大和は最後に死に花を咲かせるべく出撃し、3000余名の将兵と共に海の藻屑と消えた。

야마토 전함은 최후에 업적을 남길 만한 출격을 해서 3,000여 명의 장병과 함께 바닷속으로 사라졌다.

• **藻屑と消える** 바다에 빠져 죽다. 바다 밑에 가라앉아 버리다

1334 死に水を取る _{し みず と} 임종을 지키다

시험 ★☆☆
회화 ★★★

• **死に水** 임종할 때 입술에 축이는 물 • **取る** 취하다. 먹다 → **임종할 때 입술에 축이는 물을 취하다**

✎ 意味　임종을 앞두고 입술을 축여 준다는 것에서, 누군가의 곁에서 죽을 때까지 돌봐 주는 것.

🔍 用例
親に散々迷惑をかけてきた私でも、親の死に水を取るぐらいの親孝行はしたい。

내가 부모님께 걱정만 잔뜩 끼친 자식이더라도 부모님의 임종을 지킬 정도의 효도는 하고 싶다.

신체 관용어

생활 관용어

속담·격언

고사성어

사자성어

1335 死人に口無し 죽은 자는 말이 없다

시험 ★☆☆
회화 ★★★

・死人 죽은 자 ・口 입 ・無し 없음 → 죽은 자에게 입이 없음

✎ 意味 죽은 사람은 아무 말도 할 수 없다는 것에서, 죽은 사람에게 죄를 뒤집어 씌우거나 죽은 사람으로부터 증거를 얻을 수 없을 때 사용.

🔍 用例 死んでしまったら「死人に口無し」で、被害者なのに保険金をもらえず苦しんでいる被害者家族が多い。

죽고 나면 '죽은 자는 말이 없다'고, 피해자이면서도 보험금도 받지 못하고 괴로워하는 피해자 가족이 많다.

1336 鎬を削る 격전을 벌이다. 심하게 경쟁하다

시험 ★★★
문장 ★★★

・鎬 칼배. 칼날과 칼등 사이의 조금 볼록한 부분 ・削る 깎다 → 칼배를 깎다

✎ 意味 칼배가 깎일 정도로 심하게 겨룬다는 것에서, 상대에게 지지 않으려고 맹렬히 싸우는 것.

🔍 用例 深刻なデフレ不況が続いているので企業は生き残りに鎬を削っている。

심각한 디플레 불황이 이어지고 있어서 기업은 살아 남기 위해 심하게 경쟁하고 있다. (＝激しく競争して)

今回の地方選挙では、自民党と民主党が鎬を削って戦っている。

올해 지방 선거에서는 자민당과 민주당이 격전을 벌이며 싸우고 있다.

・激しく競争する 심하게 경쟁하다

1337 四の五の言う 이러쿵저러쿵 말하다

시험 ★☆☆
회화 ★★☆

・四の五の 귀찮은 일을 가지고 이러니저러니 함. 이러쿵저러쿵 ・言う → 이러쿵저러쿵 말하다

✎ 意味 상대의 행동에 불만을 품고 이래저래 투정을 하는 것.

🔍 用例 A はやく掃除しなさい。

B 今日は友達と約束があるし、勉強もしなきゃいけないし、昼寝もしたいし、見たいテレビもあるし…。

A 四の五の言ってないでさっさとしなさい。

A 빨리 청소해.

B 오늘은 친구와 약속이 있고, 공부도 해야 하고, 낮잠도 자고 싶고, 보고 싶은 텔레비전 프로그램도 있고….

A 잔말 말고 빨리 해.

1338 芝居を打つ 연극을 꾸미다

시험 ★☆☆
회화 ★★★

・芝居 연극. 비유적으로 속임수 ・打つ ① 치다. 두드리다 ② (북을 쳐서 알리어) 연극 등을 공연하다
→ 연극을 공연하다

✎ 意味 사람을 속이려고 계획적으로 거짓말을 하는 것. 주로「一芝居打つ 한바탕 연극을 꾸미다」의 형태로 사용.

🔍 用例 嫌味な山本を懲らしめてやるために僕たちは一芝居打つことにした。
알미운 야마모토를 혼내 주기 위해 우리는 연극을 꾸미기로 했다.

・嫌味 불쾌감을 줌. 혐오감을 줌 ・懲らしめる 벌주다. 혼내 주다. 응징하다

1339 しびれを切らす 다리가 저리다. 기다림에 지치다

시험 ★★★
회화 ★★★

・しびれ 저림. 마비 ・切らす ① (가지고 있던 것을) 바닥내다. 다 없애다 ② 끊어진 상태가 되다
→ 저림이 끊어진 상태가 되다

✎ 意味 ① 오래 앉아서 다리의 감각이 없어지는 것. ② 너무 오래 기다려서 참을 수 없게 되는 것. ①번보다는 ②번 예문으로 자주 사용.

🔍 用例 ① 長いこと正座をしていて、足がしびれを切らしてしまった。
오랫동안 정좌하고 앉아 있었더니 다리가 저렸다.

② 友達が約束した時間になっても来ないので、しびれを切らして帰ってしまった。
친구가 약속 시간이 되어도 오지 않아서 기다리다 지쳐서 집에 와 버렸다.

同義語 しびれが切れる ★★

1340 渋皮が剥ける 세련돼지다. 예뻐지다

시험 ★☆☆
회화 ★☆☆

・渋皮 ① 속껍질 ② 더러운 피부의 비유 ・剥ける 벗겨지다 → 속껍질이 벗겨지다

✎ 意味 더러운 피부가 한 껍질 벗겨진다는 것으로, 여자의 용모 등이 때를 벗어 세련되어지는 것.

🔍 用例 彼女は、5年前に東京に出てきたが、なかなか渋皮が剥けない。
그녀는 5년 전에 도쿄에 왔는데 좀처럼 세련돼지지 않는다.

1341 私腹を肥やす 사리사욕을 채우다

시험 ★★☆
회화 ★★★

・私腹 사리. 사욕 ・肥やす ① 살찌우다 ② 부당한 이득을 취하다 → 사욕을 취하다

✎ 意味 공적인 지위나 직권을 이용해서 부당한 이익을 취하는 것.

🔍 用例 業者の利権争いにつけ込んで私腹を肥やす政治家が多い。
업자의 이권 싸움의 헛점을 이용하여 사리사욕을 채우는 정치인이 많다.

・つけ込む 기회를 놓치지 않고 잘 이용하다. 틈을 타서 헛점을 이용하다

1342 始末に負えない 구제불능이다. 속수무책이다

시험 ★★☆
회화 ★★★

· 始末 ① 처리. 다룸 ② 뒷처리. 뒷수습. 매듭을 지음 · 負えない 감당할 수 없다. 손을 쓸 수 없다
→ 처리를 할 수 없다

✏️ 意味　달리 다룰 방법도 없고 그저 진절머리가 나게 만드는 모양.

🔍 用例　**彼はいつも酒を飲んでは暴れて始末に負えなくなる。**

그는 언제나 술만 마시면 난폭해져서 속수무책이다.

1343 始末を付ける 매듭짓다

시험 ★☆☆
회화 ★☆☆

· 始末 ① 처리. 다룸 ② 뒷처리. 뒷수습. 매듭을 지음 · 付ける 결말짓다 → 뒷수습을 결말짓다

✏️ 意味　일을 확실하게 매듭짓게 최종적인 처리를 하는 것.

🔍 用例　**こんなに事を大きくして、どうやって始末を付けるつもりだ。**

이렇게 일을 벌려 놓고 어떻게 매듭지을 작정인가.

1344 自明の理 자명한 이치

시험 ★☆☆
문장 ★★☆

· 自明 자백. 명백 · 理 이치 → 명백한 이치

✏️ 意味　당연한 일로 여겨지고 있어 설명이나 증명이 필요 없는 것.

🔍 用例　**近頃の子供の学力低下は、自明の理である。**

요즘 아이들의 학력 저하는 자명한 이치다.

1345 示しが付かない 본보기가 못 되다

시험 ★☆☆
회화 ★★★

· 示し 본보기. 모범 · 付かない 가까이 가지 못하다 · 付く 어떤 것에 가까이 가다
→ 본보기에 가까이 가지 못하다

✏️ 意味　아랫사람을 감독하고 지시하는 사람이 스스로 모범을 보이지 못하는 것.

🔍 用例　**先生が遅刻をしては生徒に示しが付かない。**

선생님이 지각을 해서는 학생의 본보기가 못 된다.

1346 紙面をにぎわす 지면을 떠들썩하게 하다

시험 ★★☆
회화 ★★★

· 紙面 지면 · にぎわす 번화하게 하다. 떠들썩하게 하다 → 지면을 떠들썩하게 하다

✏️ 意味　신문이나 잡지 등의 기사로 크게 다뤄져 세간의 화제가 되는 것.

🔍 用例　**大物政治家の不倫騒動が最近紙面をにぎわしている。**

거물 정치인의 불륜 소동이 최근 지면을 떠들썩하게 하고 있다.

1347 社会の窓が開いている 남대문이 열려 있다

시험 ★☆☆ 회화 ★★☆	• 社会 사회 • 窓 창 • 開いている 열려 있다 • 開く 열리다 → 사회의 창이 열려 있다
✎ 意味	남자의 바지 지퍼가 열려 있는 것을 돌려서 말하는 표현.
🔍 用例	A おい、お前、社会の窓、開いてるぞ。(=チャック開いている) B あっ! A 야, 너 남대문 열렸어. B 앗! • チャック開いている 지퍼가 열렸다

1348 釈迦に説法 공자 앞에서 문자 쓰기

시험 ★★☆ 회화 ★★☆	• 釈迦 부처님 • 説法 설법 → 부처님에게 설법
✎ 意味	부처님 앞에서 설법을 논한다는 것에서, 그 방면에 능통한 사람에게 새삼스럽게 무엇을 가르치는 것은 바보 같은 짓이라는 것.
🔍 用例	医者に食事の大切さを教えるのは釈迦に説法というものだ。 의사에게 식사의 중요성을 설명하는 것은 공자 앞에서 문자 쓰는 격이다. 同義語 釈迦に経 ★ • 釈迦に経 부처님께 불경

1349 癪に障る 부아가 나다. 아니꼽다

시험 ★★☆ 회화 ★★★	• 癪 화가 남. 괘씸함 • 障る 감정을 해치다. 거슬리다
✎ 意味	일이 생각대로 되지 않거나 불쾌하게 느끼는 일이 있어 부아가 나는 것.
🔍 用例	彼のふざけた態度は癪に障る。 그의 건들거리는 태도에 화가 난다. • ふざける 농담하다. 장난치다. 까불다

1350 癪の種 화병의 원인. 부아의 원인. 울화의 원인

시험 ★☆☆ 회화 ★★☆	• 癪 화가 남. 괘씸함 • 種 씨. 원인법 → 화의 원인
✎ 意味	화가 나는 원인이 되는 것.
🔍 用例	母の癪の種は父の酒とタバコだ。 엄마의 화병의 원인은 아빠의 술과 담배다.

1351 射程距離に入る 사정거리 안에 들어오다

しゃていきょり　はい

시험 ★☆☆
회화 ★★★

・**射程距離** 사정거리　・**入る** 들어오다　→　**사정거리에 들어오다**

✎ 意味　탄환이 미치는 거리에 목표물이 있다는 것에서, 지금까지 해 오던 어떤 것이 드디어 자신의 힘이
미치는 범위에 도달하는 것.

🔍 用例　**敵の飛行機が射程距離に入ったのでいつでも発射オッケーです。**

적의 비행기가 사정거리 안에 들어왔기 때문에 언제라도 발사 오케이입니다.

科学技術の進歩で、宇宙旅行の実現が射程距離に入った。

과학 기술의 진보로 우주 여행의 실현이 사정거리 안에 들어왔다.

1352 斜に構える 삐딱하다

しゃ　かま

시험 ★☆☆
회화 ★★★

・**斜** 비스듬함. 기울어져 있음　・**構える** 자세를 취하다. 태세를 취하다

→　**비스듬한 자세를 취하다**

✎ 意味　검도에서 양손에 칼을 비스듬히 하고 적과 대하는 것에서, 상대에게 빈틈을 보이지 않는 태세를
취하는 것. 변하여 어떤 일에 삐딱한 태도를 취하는 것.

🔍 用例　**彼は何事にも斜に構える性格だが、根は真っ直ぐでいいやつだ。**

그는 어떤 일에든 삐딱한 성격이지만 근본이 곧고 좋은 사람이다.

1353 蛇の道は蛇 과부 설움은 과부가 알고, 홀아비 사정은 홀아비가 안다

じゃ　みち　へび

시험 ★☆☆
회화 ★★★

・**蛇** 뱀　・**道** 길　・**蛇** 뱀　→　**뱀의 길은 뱀**

✎ 意味　뱀이 지나는 길을 잘 아는 것은 역시 뱀이라는 것에서, 끼리끼리 서로의 사정을 잘 안다는 말.

🔍 用例　A **まあ俺が犯人だったら、検問を警戒して車では逃走しないだろうな。**
近場に隠れていると思うよ。
今はもう足を洗ったが俺も昔はコソ泥稼業をしてたもんでな。

B **なるほどな。蛇の道は蛇というやつか。 もう一度現場付近を洗って**

みるか。

A 음… 내가 범인이었다면 검문을 경계해서 차로는 도주 안 하지. 근처에 숨어 있을 거야. 지금은 이미 손을
씻었지만 나도 왕년에는 좀도둑질 좀 해 봤다구.

B 역시. 과부 설움은 과부가 안다더니. 그럼 다시 한 번 현장 부근을 조사해 볼까.

・**コソ泥稼業** 좀도둑질　・**洗う** ① 씻다. 빨다 ② 숨은 것을 들추어내다. 조사하다

1354 三味線を弾く 적당히 둘러대다

しゃみせん　ひ

시험 ★☆☆
문장 ★☆☆

• 三味線 일본 고유의 현악기인 샤미센 • 弾く 켜다 → 샤미센을 켜다

✎ 意味　상대에 본심을 보이지 않기 위해 적당히 맞장구를 쳐 주거나 적당히 둘러대는 것.

🔍 用例　私の母は、自分に都合の悪いことには、三味線を弾く。

우리 엄마는 자신이 불리한 것에는 적당히 둘러대신다.

1355 しゃれにならない 농담이 아니다. 당치도 않다. 말도 안 된다

시험 ★★★
회화 ★★★

• しゃれ 익살. 재치. 멋 • ならない 되지 않다 → 익살로 되지 않다

✎ 意味　농담 등으로 그냥 지나치기에는 상태가 아주 악화되었거나 절박한 경우에 사용. 농담으로라도 그런 말이나 행동을 하지 말라는 뜻.

🔍 用例　A いたずらで人に怪我を負わせたなんてしゃれにならないよ。

B そうなんだけど、もう実際にけがをさせてしまったんだよ。

A 장난으로 사람에게 상처를 입힌다는 게 말이나 돼?
B 그렇긴 한데, 이미 (실제로) 상처를 입혀 버렸는데….

(＝冗談じゃない・とんでもない)

• 冗談じゃない 당치도 않은 소리다. 웃기지 마라 • とんでもない 당치도 않다. 있을 수 없다

1356 十字架を背負う 십자가를 지다

じゅうじか　せお

시험 ★☆☆
회화 ★★☆

• 十字架 십자가 • 背負う 짊어지다. 등에 업다. 지다 → 십자가를 짊어지다

✎ 意味　평생 씻을 수 없는 죄나 고난을 짊어지고 가는 것.

🔍 用例　私はやむを得なかったとは言え、殺人を犯してしまったので、
重い十字架を背負って生きていかなければならない。

나는 어쩔 수 없었다고는 하나 살인을 저질러 버렸기 때문에 무거운 십자가를 짊어지고 살아갈 수밖에 없다.

• やむを得ない 할 수 없다. 부득이하다 • 犯す (법률, 규칙, 도덕 등을) 범하다. 어기다

1357 終止符を打つ 종지부를 찍다

しゅうしふ　う

시험 ★★★
문장 ★★★

• 終止符 종지부 • 打つ ① 치다. 때리다 ② 써넣다. 찍다. 치다 → 종지부를 찍다

✎ 意味　결론이 나지 않던 것에 결론을 내는 것. 또는 지금까지 이어져 오던 것을 여기서 끝내는 것.

🔍 用例　結婚が決まり、これでやっと長かった独身生活に終止符を打つことができる。(＝終わりにする)

결혼이 결정되어, 이것으로 드디어 긴 독신 생활에 종지부를 찍을 수가 있게 됐다.

1358 醜態を演じる 추태를 부리다

시험 ★☆☆
회화 ★★★

• 醜態 추태 • 演じる＝演ずる 어떤 행동을 하다. 저지르다 → 추태를 저지르다

✎ 意味　사람들 앞에서 망신스러운 짓을 저지르는 것.

🔍 用例　**酔って正気を失い人前で暴れるという醜態を演じてしまった。**

취해서 정신을 잃고 사람들 앞에서 난동을 부리는 추태를 부리고 말았다.

1359 十年一日の如く 십 년을 한결같이

시험 ★☆☆
회화 ★★☆

• 十年 십 년 • 一日 하루 • 如く 같이 → 십 년을 하루같이

✎ 意味　오랜 기간에 걸쳐 같은 상태가 계속되거나 같은 일을 싫증 내지 않고 반복하거나 하는 것.

🔍 用例　**十年一日の如く平凡な人生が続く。**

십 년을 한결같이 평범한 인생이 계속된다.

1360 重箱の隅をつつく 사소한 일까지 문제 삼다

시험 ★★☆
회화 ★★☆

• 重箱 반찬통 • 隅 구석 • つつく＝ほじくる 후비다 → 반찬통의 구석을 후비다

✎ 意味　찬합 구석구석까지 이쑤시개로 후비듯, 지극히 사소한 일까지 문제 삼아 간섭거나
트집 잡음을 비유한 말.

🔍 用例　**政府はこうした国際社会の悩みと無縁なところで、重箱の隅をつつく
ような議論を重ねている。**

정부는 이러한 국제 사회의 고민과 아무 관계없는 사소한 일까지 문제 삼는 의론을 되풀이하고 있다.

| 同義語 | 楊枝で重箱の隅をほじくる★ |

• 無縁 무연. 인연이 없음. 관계가 없음 • 重ねる ① 겹치다 ② 반복하다
• 楊枝で重箱の隅をほじくる 이쑤시개로 반찬통의 구석을 집적거리다

1361 十八番 십팔번

시험 ★☆☆
회화 ★★☆

• 十八番(じゅうはちばん・おはこ) 십팔번 • 十八 18 • 番 번

✎ 意味　여러 장으로 구성되어 있는 가부키(歌舞伎)에서 장이 바뀔 때마다 막간극을 공연했는데
17세기 무렵 이치가와케(市川家)라는 사람이 단만극 중에 크게 성공한 18가지(十八番)의
기예를 정리했다고 하는 데서 나온 말. 가장 잘하는 것. 十八番은 じゅうはちばん 또는
おはこ라고 읽음.

🔍 用例　A **カラオケに行くのなんて、久しぶりよね。**

B **そうだよね。久しぶりに私の十八番歌わなくちゃ。**

A 노래방 가는 것도 오랜만이다! B 그러게. 오랜만에 나도 십팔번 좀 불러 봐야지.

1362 祝杯を上げる 축배를 들다

시험 ★☆☆
회화 ★★★

· **祝杯** 축배 · **上げる＝挙げる** 높은 곳으로 올리다 → 축배를 올리다

✎ 意味 축하 연회를 연다는 것으로, 승부에서 이기거나 해서 마음껏 기쁨을 즐기는 것.

🔍 用例 **彼の勝利を祝って祝杯を上げよう。乾杯!**

그의 승리를 축하하며 축배를 들자. 건배!

1363 趣向を凝らす 취향을 달리하다

시험 ★☆☆
회화 ★★★

· **趣向** 흥취를 돋우기 위한 궁리. 취향 · **凝らす** 궁리하다 → 취향을 궁리하다

✎ 意味 무언가를 행하거나 만들거나 할 때 여러 가지 궁리하여 지금까지의 것에서는 찾아볼 수 없는 신선함이나 재미를 더하는 것.

🔍 用例 **照明一つにも趣向を凝らすことで、明るい雰囲気と広い空間を作り出すことが出来る。**

조명 하나를 달리함으로써 새로운 분위기와 넓은 공간을 만들어 낼 수가 있다.

1364 術中に陥る 계략에 빠지다

시험 ★☆☆
회화 ★★☆

· **術中** 술중. 계략. 꾸며 놓은 함정 · **陥る** 빠지다 → 술중에 빠지다

✎ 意味 상대의 계략에 빠지는 것.

🔍 用例 **ボーとしているうちにまんまと相手の術中に陥ってしまった。**

멍하니 있다가 감쪽같이 상대의 계략에 빠져 버리고 말았다.

同義語 **術中にはまる★★**

1365 小異を捨てて大同につく 소를 버리고 대를 따르다

시험 ★☆☆
회화 ★★★

· **小異** 소이. 약간의 차이 · **捨てて** 버리고 · **捨てる** 버리다 · **大同** 대동. 대체로 같음
· **つく** 붙다 → 소이를 버리고 대동을 따르다

✎ 意味 약간 의견이 다르더라도 여럿이 지지하는 의견에 따르는 것.

🔍 用例 **多少の政策上の相違はあったものの、小異を捨てて大同につくという考えで自由党と民主党は合併した。**

다소 정책상의 차이는 있었지만 소를 버리고 대를 따른다는 생각으로 자유당과 민주당은 합병했다.

신체 관용어

생활 관용어

속담 · 격언

고사성어

사자성어

1366 性が合う ^{しょう} ^あ 마음이 맞다. 죽이 잘 맞다

시험 ★☆☆
회화 ★★★

• 性 성. 타고난 성질. 기질 • 合う 맞다 → 성질이 맞다

✏️ 意味 서로의 성격이 원만하게 잘 맞는 것.

🔍 用例 彼とは性が合うので、まだ知り合って間もないがとても親しい間柄だ。

그와는 맘이 잘 맞아서 아직 안 지 별로 되지 않았는데도 친한 사이이다.

• 間柄 관계. 사이. 혈족이나 친척 관계

同義語 馬が合う ★★★

1367 性に合う ^{しょう} ^あ 성격에 맞다

시험 ★☆☆
회화 ★★★

• 性 성. 타고난 성질. 기질 • 合う 맞다 → 성질에 맞다

✏️ 意味 그 사람의 성격이나 기호에 원만히 잘 맞아 떨어지는 것.

🔍 用例 私は人と協力してする仕事より一人でこつこつこなす仕事のほうが性に合っている。

나는 남과 협력하는 일보다 혼자서 뚝딱뚝딱 해치우는 일이 성격에 맞다.

• こつこつ 꾸준히. 뚝딱뚝딱 • こなす (일 등을) 계획대로 해치우다. 처리하다

1368 情が移る ^{じょう} ^{うつ} 정이 들다

시험 ★☆☆
회화 ★★★

• 情 정 • 移る ① 바뀌다 ② 변하다. 옮아가다 → 정이 옮아가다

✏️ 意味 사람이나 물건에 관계가 깊어짐에 따라 애착감을 갖게 되는 것.

🔍 用例 友人のペットを3日間預かっていた間に情が移り、別れがつらくなった。

친구의 애완동물을 3일간 맡아 준 사이에 정이 들어 헤어지기가 힘들었다.

1369 情にほだされる ^{じょう} 정에 얽매이다

시험 ★☆☆
회화 ★★★

• 情 정 • ほだされる 정에 얽매이다. 정에 끌려 본의 아닌 행동을 하다

✏️ 意味 인정에 이끌려 그렇게 하면 안 된다는 것을 알면서도 그만 물렁한 태도를 취해 버리는 것.

🔍 用例 友人に金を貸して欲しいと頼まれ一度は断ったが、友人の苦労話を聞いて情にほだされ、つい貸してしまった。

친구가 돈을 빌려 달라고 부탁하여 처음엔 거절했지만 친구의 고생담을 듣고 나서 정에 이끌려 결국엔 빌려주고 말았다.

1370 情にもろい 정에 약하다

시험 ★★☆ 회화 ★★★	• 情 정 • 脆い 약하다. 여리다 → 정에 약하다
✎ 意味	정이 많은 성격으로 상대의 입장을 동정해서 엄한 태도를 취하지 못하는 것.
🔍 用例	彼はお人よしで情にもろい性格のため、人に騙されやすい。 그는 사람이 좋고 정에 약해서 남에게 사기당하기 쉽다.

1371 常軌を逸する 상식을 벗어나다

시험 ★☆☆ 회화 ★★☆	• 常軌 상궤. 항상 따라야 할 바른 길 • 逸する 벗어나다. 일탈하다 → 상궤를 벗어나다
✎ 意味	세상의 도리나 상식에 벗어난 행동을 하는 것.
🔍 用例	近頃は新聞を見ても、常軌を逸した凶悪犯罪の記事ばかりが目に付く。 요즘은 신문을 봐도 상식에 벗어난 흉악 범죄 기사만이 눈에 띈다.

1372 性根が腐る 근성이 꼬이다. 꼬일 대로 꼬이다

시험 ★☆☆ 회화 ★★★	• 性根 확실한 마음가짐. 근성 • 腐る 썩다. 부패하다 → 근성이 부패하다
✎ 意味	사람의 마음이 솔직하지 않고 비뚤어진 상태가 되는 것.
🔍 用例	A おい、山田のやつ、また問題起こしたらしいぜ！ B あいつは性根が腐ってるんだよ。どうしようもないさ。 A 야, 야마다 녀석 또 문제를 일으켰다나 봐! B 걔는 꼬일 대로 꼬여서 그래. 속수무책이야.

1373 性根をすえてかかる 마음가짐을 단단히 하고 시작하다

시험 ★☆☆ 회화 ★★★	• 性根 그 사람의 근본적인 마음가짐. 심지. 심성 • すえてかかる 마음을 단단히 가지고 덤벼들다 • 据える ① 자리 잡아 놓다 ② 마음을 단단히 가지다 • 掛かる ① 걸리다 ② 덤벼들다. 공격하다
✎ 意味	어떤 고난도 극복하겠다는 각오로 일에 뛰어드는 것.
🔍 用例	この仕事は性根をすえてかからないと、明日になっても終わらないぞ。 이 일은 마음을 단단히 먹고 하지 않으면 내일이 돼도 끝나지 않을 거다! A 就職、思ったよりも難しいね。 B そうだよ。性根をすえてかからないと、就職浪人になっちゃうよ。 A 취직이 생각보다 어렵네. B 맞아. 마음을 다잡고 덤비지 않으면 취업 재수생이 될 거야.

신
체
관
용
어

생
활
관
용
어

속
담
·
격
언

고
사
성
어

사
자
성
어

1374 正念場 중요한 고비
しょうねん ば

| 시험 ★★★
회화 ★★★ | • 正念場 ① 가부키 등에서 주역이 그 배역의 특징을 발휘하는 가장 중요한 장면
② 진가를 발휘하여야 할 가장 중요한 장면 |

✎ 意味   진가를 발휘해야만 하는 가장 중요한 장면이나 곳. 승부나 일의 흐름에서 그 전개에 중요한 영향을 끼치는 때.

🔍 用例   **年金改革はこれからが正念場だという意識で、制度と財政の安定を目指した手を打たなければならない。**
연금 개혁은 지금부터가 중요한 고비라는 의식으로 제도나 재정의 안정을 목표로 조치를 취해야 한다.

    • **手を打つ** 손을 쓰다. 조치를 취하다. 수단을 강구하다

1375 正面切って 탁 까놓고 정면으로. 서슴없이. 딱 잘라서
しょうめん き

| 시험 ★★☆
회화 ★★★ | • 正面 ① 정면 ② 무슨 일을 피하거나 하지 않고 맞닥뜨림 • 切って 자르고 • 切る 끊다. 자르다
→ 정면을 자르고 |

✎ 意味   정면으로 거리낌 없이 할 말을 확실하게 말하는 모양.

🔍 用例   **いろいろ言いたいことを我慢するのと、正面切ってがつんと言うのはどっちがいいのだろう。**
이래저래 말하고 싶은 것을 참는 것과 탁 까놓고 말하는 것 중에 뭐가 좋을까?

1376 食が進む 식욕이 돋다. 식욕이 왕성해지다
しょく すす

| 시험 ★☆☆
회화 ★★★ | • 食 식. 음식. 식사 • 進む ① 나아가다. 진전되다 ② 왕성해지다 → **식이 왕성해지다** |

✎ 意味   식욕이 생겨서 많이 먹는 것.

🔍 用例   **汗をたくさんかいた後は食が進むので、いつもつい食べ過ぎてしまう。**
땀을 많이 흘린 뒤에는 식욕이 돌아 많이 먹게 되므로 항상 과식하게 된다.

1377 食が細い 소식하다. 적게 먹다. 입이 짧다
しょく ほそ

| 시험 ★☆☆
회화 ★★★ | • 食 식. 음식. 식사 • 細い ① 가늘다 ② (양이) 적다 → **식이 적다** |

✎ 意味   체질적으로 먹는 양이 적은 모양.

🔍 用例   **その母親は、娘の食が細く周りの子供よりやせていることを心配している。**
그 모친은 입 짧은 딸이 또래 아이들보다 말라서 걱정하고 있다.

1378 食指が動く　마음이 내키다

시험 ★☆☆
회화 ★☆☆

• 食指 집게손가락 • 動く 마음이 흔들리다. 움직이다 → 집게손가락이 움직이다

✎ 意味
무엇이 먹고 싶을 때마다 집게손가락이 저절로 움직였다는 중국 고사에서, 식욕이 당기는 것. 변하여 어떤 것에 대한 흥미나 욕망 등이 생기는 것.

🔍 用例
推理小説が読みたくなり本屋に行ったが、食指が動くようなものが無かったので、仕方なく雑誌を買って帰った。（＝関心をそそる）

추리 소설을 읽고 싶어서 서점에 갔지만 맘에 내키는 것이 없어서 어쩔 수 없이 잡지를 사서 돌아왔다.

アルバイトの条件を聞いて食指が動いた。

아르바이트 조건을 듣고 마음이 움직였다.

[同義語] 食指をそそられる ★★

• 関心をそそる 관심을 자아내다 • そそる 돋우다. 자아내다

1379 所在が無い　무료하다. 심심하다. 따분하다

시험 ★☆☆
회화 ★★☆

• 所在 ① 소재. 있는 곳. 거처 ② 할 일. 일. 행위 • 無い 없다 → 할 일 없다

✎ 意味
딱히 할 일이 없어 따분한 모양. 보통 조사를 빼고 所在無い의 형태로 자주 사용.

🔍 用例
いつも外で忙しく働いているため、たまの休みを家で過ごしても所在が無く退屈だ。

항상 밖에서 바쁘게 일하기 때문에 모처럼의 휴일을 집에서 보내도 할 일이 없어 따분할 뿐이다.

[同義語] 所在無い ★★

1380 如才がない　빈틈이 없다. 붙임이 좋다. 싹싹하다

시험 ★☆☆
회화 ★★☆

• 如才 실수. 빈틈. 소홀함 • ない 없다 → 소홀함이 없다

✎ 意味
상대의 기분을 상하게 하지 않기 위해 요령 있게 행동하는 모양.

🔍 用例
課長は根っからの商社マンで、どこへ行っても愛想がよく如才がない。

과장님은 뼛속까지 상사맨이라 어딜 가도 붙임성이 있고 싹싹하다.

• 根っから 본디. 원래부터. 根から를 강조하여 발음한 것 • 愛想がよい 붙임성이 있다

신체 관용어

생활 관용어

속담 · 격언

고사성어

사자성어

1381 所帯を持つ 가정을 만들다. 살림을 차리다

시험 ★☆☆
회화 ★★★

• 所帯 세대. 가구 • 持つ 가지다. 소유하다 → 가구를 가지다

✎ 意味　결혼하여 가정을 꾸리는 것.

🔍 用例　「あなたもそろそろ所帯を持ってもいい年頃だ」と言いつつ、叔母はしきりに私に見合いの話を持ち込んでくる。(＝結婚しても)

"너도 이제 가정을 꾸릴 나이가 되었구나."라고 하시며 숙모는 자꾸 내 혼담을 가져오신다.

> 同義語　身を固める ★★★

• 年頃 적령기　• しきりに 자꾸만. 계속해서　• 持ち込む 의논할 일이나 용건 등을 가져오다
• 身を固める 결혼하여 가정을 이루다

1382 白羽の矢を立てる 후보로 지목하다

시험 ★☆☆
문장 ★★★

• 白羽 흰 살깃. 화살 끝에 달린 흰 깃털　• 矢 화살　• 立てる 꽂다. 세우다 → 흰 살깃의 화살을 꽂다

✎ 意味　살아 있는 인간을 제물로 원하는 신이 그가 원하는 처녀의 집 지붕 위에 남 모르게 흰 깃털 달린 화살을 꽂았다는 속설에서, 많은 사람 중에서 특별히 1차 후보로 지목하는 것.

🔍 用例　社長は次期社長の候補として、側近の加藤氏に白羽の矢を立てた。

사장님은 차기 사장 후보로 측근인 카토 씨를 지목했다.

> 自動詞　白羽の矢が立つ ★★★

1383 白を切る 시치미를 떼다. 잡아떼다

시험 ★★★
회화 ★★★

• 白 ① (태도를) 꾸미지 않음 ② ~を切る의 꼴로, ~을 끊다 → 시치미를 떼다

✎ 意味　일부러 모르는 체하는 것.

🔍 用例　隣の人は私の足を踏んでおきながら、「踏んでいない」と白を切った。

옆 사람은 내 발을 밟아 놓고서 '안 밟았다'고 시치미를 뗐다.　(＝知らない振りをした)

いつまで白を切るつもりか!? ネタはあがってるんだぞ。白状しろ。お前がやったんだろ？

언제까지 시치미를 뗄 작정이야? 증거는 드러났어. 고백해. 니 짓이지?

• 知らない振りをする 모르는 체하다

1384 時流に乗る 시대의 흐름에 따르다. 시대의 흐름에 영합하다

시험 ★☆☆
회화 ★★☆

• **時流** 시류. 그 시대의 풍조, 경향, 유행 • **乗る** 타다 → **시류를 타다**

✎ 意味　그 시대의 움직임을 잘 이용하여 순조롭게 일을 진행하는 것. 기회를 잘 이용하는 것.

🔍 用例　**ビジネスで、時流に乗ることは重要である。変化の激しい時代、流れに逆らっては事業を繁栄させることはできない。**

비즈니스 세계에서 시대의 흐름에 따르는 것은 아주 중요하다. 변화가 급격한 시대에 시대의 흐름에 역행해서는 사업을 번창시킬 수 없다.

1385 知る人ぞ知る 아는 사람만이 안다

시험 ★☆☆
회화 ★★★

• **知る** 알다 • **人** 사람 • **ぞ**~(이)야말로. 윗말을 강조하는 뜻을 나타냄
→ **아는 사람이야말로 안다**

✎ 意味　그 진가를 누구나 다 아는 것이 아니라 알 만한 사람은 알고 있다는 말.
많은 사람들은 알지 못하지만 아는 사람들은 그 진가를 충분히 안다는 의미.

🔍 用例　**ここは、ガイドブックにも載っていない、知る人ぞ知る隠れた名所である。**

이곳은 여행 책자에도 나오지 않는 아는 사람만이 아는 숨겨진 명소다.

1386 白星をあげる 승리를 하다. 승리를 거두다. 승리를 올리다

시험 ★☆☆
회화 ★★★

• **白星** 안에 먹칠을 하지 않은 별표나 동그라미표 • **あげる** 들다 → **흰색 동그라미를 들다**

✎ 意味　스모에서 경기 성적표에 진 쪽은 까만색 동그라미(黒星 ●), 이긴 쪽은 흰색
동그라미(白星 ○)로 표시하는 데서 나온 말.

🔍 用例　**開幕戦から8連敗と白星をあげることができず、苦しいシーズンの幕開けとなった。**

개막전부터 8연패로 승리를 거두지 못하고 어렵게 시즌을 시작했다.

1387 神経が高ぶる 신경이 곤두서다

시험 ★★☆
회화 ★★☆

• **神経** 신경 • **高ぶる** 흥분하다 → **신경이 흥분하다**

✎ 意味　흥분해서 외부로부터의 자극에 예민해지는 것. 일에 대해 지나친 반응을 하는 것.

🔍 用例　**選挙の開票を前にして、神経が高ぶってきた。**

선거의 개표를 앞두고 신경이 곤두서기 시작했다.

1388 神経が尖る 신경이 곤두서다

시험 ★☆☆
회화 ★★☆

- **神経** 신경 · **尖る** ① 뾰족해지다. 날카로워지다 ② 예민해지다 → **신경이 예민해지다**

✎ 意味 신경이 과민해져서 쉽게 화가 나는 것.

🔍 用例 **満員電車に乗っていると、背後の人の気配に神経が尖る。**

만원 전철을 타고 있으면 등 뒤 사람의 기척에 신경이 곤두선다.

1389 神経に触る 신경에 거슬리다

시험 ★★☆
회화 ★★★

- **神経** 신경 · **触る** 닿다. 기분을 상하게 하다

✎ 意味 사람을 화내게 하는 행동을 하는 것.

🔍 用例 **無神経な彼女の言葉が神経に触って、気分を害した。**

무심한 그녀의 말이 신경에 거슬려 기분을 해쳤다.

1390 神経を使う 신경을 쓰다

시험 ★☆☆
회화 ★★★

- **神経** 신경 · **使う** 쓰다 → **신경을 쓰다**

✎ 意味 마음이 해이해지지 않게 신경을 쓰는 것.

🔍 用例 **接待は神経を使う仕事なので本当に肩がこるよ。**

접대는 신경을 써야 하는 일이라서 정말 어깨가 걸린다.

1391 神経を尖らす 신경을 곤두세우다

시험 ★★☆
회화 ★★★

- **神経** 신경 · **尖らす** 뾰족하게 하다. 날카롭게 하다 → **신경을 날카롭게 하다**

✎ 意味 어떤 일에 대해 날카롭게 받아들이는 것.

🔍 用例 **試験が近づいてきて、娘は神経を尖らしている。**

시험이 다가와서 딸은 신경을 곤두세우고 있다.

1392 心血を注ぐ 심혈을 기울이다

시험 ★☆☆
회화 ★★☆

- **心血** 심혈 · **注ぐ** 정신을 쏟다. 집중하다 → **심혈을 쏟다**

✎ 意味 어떤 일에 있는 힘을 다하는 것.

🔍 用例 **何年もの間、彼が心血を注いだ研究が、やっと完成した。**

몇 년의 기간 동안 그가 심혈을 쏟던 연구가 드디어 완성되었다.　　(=ありったけの力を使った)

- **ありったけの力を使う** 있는 힘을 다하다 · **ありったけ** 있는 대로 모두. 죄다. 몽땅

1393 辛酸をなめる 온갖 고생을 겪다

시험 ★☆☆
회화 ★☆☆

• **辛酸** 신산. 쓰라린 경험. 고생 • **なめる** 핥다. 겪다 → **쓰라린 경험을 겪다**

✎ 意味　　수많은 쓰라린 경험을 하는 것.

🔍 用例　　**早くに両親を失って、世の中の辛酸をなめる苦しみを味わってきた。**

일찍 부모를 여의고 세상의 모진 고생을 겪어 왔다.

• **失う** 잃다 • **味わう** 맛보다. 체험하다. 겪다

1394 心証を害する 불쾌감을 주다

시험 ★☆☆
회화 ★★★

• **心証** 남의 언행 등으로 마음에 받는 인상. 사람에게 받는 느낌 • **害する** 해치다. 상하게 하다
→ **사람에게 받는 느낌이 나쁘다**

✎ 意味　　그 사람의 언동이 상대에게 불쾌감을 주는 것. 또는 타인의 언동으로 불쾌감을 느끼는 것.

🔍 用例　　**この掲示板では、心証を害する発言や、中傷するような発言
をした場合、削除及びアクセス規制の対象となります。**

이 게시판에서는 남에게 불쾌감을 주는 발언이나 비방하는 발언을 하는 경우 삭제 및 이용 제한의 대상이 됩니다.

• **中傷** 증거도 없는 말을 퍼트려 타인의 명예를 해치는 것 • **アクセス(access)** 접근. 진입

1395 寝食を忘れる 먹고 자는 것을 잊다

시험 ★☆☆
문장 ★★☆

• **寝食** 침식. 먹고 자는 것 • **忘れる** 잊다. 잊어버리다. 망각하다 → **침식을 잊다**

✎ 意味　　먹고 자는 것도 잊을 정도로 쉴 틈 없이 무엇인가에 열중하는 것.

🔍 用例　　**新しい細菌を発見してからというもの、父は寝食を忘れて研究に
没頭している。**

새로운 세균을 발견한 후 아버지는 식사도 거르시고 잠도 안 주무시며 연구에 몰두하고 계신다.

• **てからというもの** ~한 후. ~하고 나서부터(줄곧) • **没頭する** 몰두하다

1396 進退きわまる 진퇴양난에 빠지다

시험 ★☆☆
문장 ★★★

• **進退** 진퇴. 나아감과 물러섬. 움직임 • **極まる** 꼼짝 못할 상태에 빠지다. 오도 가도 못하다

✎ 意味　　이러지도 저러지도 못하고 꼼짝할 수 없는 궁지에 몰리는 것.

🔍 用例　　**イタチは追い詰められて進退きわまると、尻から一発悪臭を放って、
相手がひるんだ隙に逃げる。**

족제비는 궁지에 몰리면 엉덩이에서 악취를 한 방 뿜어 상대가 기가 꺾인 틈을 타 도망간다.

1397　死んで花実が咲くものか　죽으면 만사가 끝장이다. 죽으면 다 소용없다

시험 ★☆☆　・**死んで** 죽어서　・**花実** ① 꽃과 열매 ② 명예와 실리　・**咲く** 피다　・**ものか** 것인가
회화 ★★★　→　죽어서도 꽃이 피고 열매가 맺을 성싶으냐

✎ 意味　살아 있어야만 좋은 일도 있을 것이니 죽어 버리면 아무것도 안 된다라는 의미.

🔍 用例　A 私、もうすべてが嫌。どうせなら、事故にでもあって
　　　死んでしまいたいわ。
　　　B バカなこと言うなよ。死んで花実が咲くものかって言うだろ。
　　　もうちょっと我慢していたら絶対に良いことあるって。

　　　A 난 다 싫어졌어. 차라리 사고라도 나서 죽어 버렸으면 좋겠어.
　　　B 바보 같은 소리 하지 마. 죽으면 다 소용없다잖아. 좀 더 견디면 반드시 좋은 일이 있을 거야!

1398　彗星の如く　혜성과 같이

시험 ★☆☆　・**彗星** 혜성　・**如く** 같이　→　혜성같이
회화 ★★★

✎ 意味　예고나 조짐도 없이 돌연 나타나 세간의 주목을 끄는 모양.

🔍 用例　プリンスは60年代、ポップミュージック界に彗星の如く現れ、革新的
　　　な音楽で常に米国ミュージックシーンのトップに君臨しつづけた。
　　　프린스는 1960년대 팝뮤직계에 혜성처럼 나타나 혁신적인 음악으로 항상 미국 뮤직계의 톱으로 군림했다.

1399　筋書通り　각본대로

시험 ★☆☆　・**筋書** ① 소설, 영화, 연극 등의 대강의 줄거리 ② 미리 짠 계획　・**~通り** ~대로
회화 ★★★　→　미리 짠 계획대로

✎ 意味　일의 진행이 미리 짜 놓은 계획대로라는 것.

🔍 用例　人生はドラマのように筋書き通りには進まないものだ。
　　　인생은 드라마처럼 각본대로는 움직이지 않는 법이다.

1400　筋が通らない　이치에 맞지 않다

시험 ★☆☆　・**筋** ① 힘. 근육 ② 조리. 도리. 이유. 근거　・**通らない** 통하지 않는다　・**通る** 통하다
회화 ★★★　→　조리가 통하지 않는다

✎ 意味　도리에 맞지 않는 점이 있어 납득이 가지 않는 것.

🔍 用例　他国に核開発を禁止させて、自らは核を開発し、核実験までするとい
　　　うのは、筋が通らない話である。
　　　다른 나라의 핵개발은 금지시키고 자기네 나라에서는 핵을 개발하여 핵실험까지 하는 것은 이치에 맞지 않는 이야기다.

1401 筋を通す　제대로 된 절차를 밟다

すじ　とお

시험 ★☆☆
회화 ★★★

• 筋 ① 힘. 근육 ② 조리. 도리. 이유. 근거　• 通す ① 통하게 하다 ② 조리를 세우다

✎ 意味　무엇인가를 할 때 도리에 맞게 하는 것. 당연히 해야 할 절차나 수속 등을 확실히 밟는 것.

🔍 用例
A 結婚を私の両親が反対しているのよ。
B じゃ、事後承諾っていうのもあるじゃん。
A でも、私も彼も筋を通したいと思っているから。

がんばるしかないんだけどさ。

A 우리 부모님이 결혼을 반대하셔.
B 그럼 사후 승낙이라는 것도 있잖아.
A 그치만 나랑 그이는 제대로 절차를 밟아 결혼하고 싶으니까 노력해 보는 수밖에 없지 뭐.

1402 筋が違う　도리에 어긋나다. 이치에 맞지 않다

すじ　ちが

시험 ★☆☆
회화 ★★☆

• 筋 ① 힘. 근육 ② 조리. 도리. 이유. 근거　• 違う 잘못되다. 틀리다　→　도리가 잘못되다

✎ 意味　도리에 맞지 않는 것. 또는 어떤 절차나 수속 등의 순서가 틀린 것.

🔍 用例
A 失敗したのは彼なのに、私を責めるのは筋が違うんじゃないか?
B それでも、Aさんが一緒にやった仕事じゃないですか。

A 실수한 건 그 사람인데 저를 나무라는 건 이치에 어긋나는 게 아닌가요?
B 그치만 당신도 함께 한 일이 아닌가요!!

1403 筋金入り　확고한 신념

すじがね　い

시험 ★★☆
회화 ★★★

• 筋金 ① 어떤 물건이나 기구 등을 보강하기 위해 내부에 넣는 금속의 심
② 생각이나 행동을 떠받치는 확고한 신념　• 入り 들어감

✎ 意味　금속 심이 속에 들어 있는 것에서, 신념이 확고하여 쉽게 상대에게 굴복당하지 않는 모양.

🔍 用例
彼は、応援し始めてから20年間、今まで試合中継は見逃したことが
ないという筋金入りのジャイアンツファンだ。

그는 응원하기 시작한 지 20년 동안 지금까지 한 번도 TV 중계를 빼먹은 적이 없는 확고부동한 자이언츠 팬이다.

1404 雀の涙　새발의 피. 벼룩의 간

すずめ　なみだ

시험 ★★★
회화 ★★★

• 雀 참새　• 涙 눈물　→　참새의 눈물

✎ 意味　참새의 눈물만큼 아주 적은 것의 비유로, 너무 적어 만족할 수 없는 것을 의미.

🔍 用例
入社したばかりなので、初めてのボーナスは雀の涙ほどの僅かなもの
だった。

입사한 지 별로 안 돼서, 첫 보너스는 벼룩의 간만큼 아주 적었다.

1405 すったもんだ 옥신각신

시험 ★☆☆ 회화 ★★★	・擦った＝擦ったり 문질렀다 ・擦る 문지르다 ・揉んだ＝揉んだり 주물렀다 ・揉む 주무르다

✎ 意味　문지르거나 주무르는 것은 대상이 있는 행위인 데서, 서로의 의견 차이로 옥신각신하는 모양.

🔍 用例　**最前列に誰が座るかで、すったもんだの大騒ぎをした。**
가장 앞줄에 누가 앉을 것인지로 옥신각신 한바탕 소동이 있었다.

1406 砂を噛むよう 밍밍하다. 맛이 없다. 재미없다

시험 ★☆☆ 문장 ★☆☆	・砂 모래 ・噛む 씹다 ・よう 듯 → 모래를 씹듯

✎ 意味　아무 맛을 느낄 수 없거나 무미건조하여 흥미를 느낄 수 없는 것.

🔍 用例　**一人で食べる食事ほど、砂を噛むようなものはない。**
혼자서 먹는 식사만큼 맛없는 것도 없다.

A **私の今までの人生は砂を噛むような面白味のない日々だった。**
B **そんなことないでしょ! 何か楽しいことあったでしょ?**
A **そうだな…。**

A 지금까지의 내 인생은 밍밍한 재미없는 나날이었어.　　B 그렇지 않아! 뭐라도 재미있는 일이 있었겠지?
A 그렇긴 하지.
・面白味 재미. 흥미

1407 図に乗る 우쭐거리다

시험 ★★★ 문장 ★★★	・図 ① 그림. 회화 ② 꼴. 모양. 상태 ・乗る ① (탈것에) 올라타다 ② (기름이) 오르다 → 상태가 오르다

✎ 意味　일이 생각한 대로 되어 우쭐해하는 것.

🔍 用例　**試験で100点を取って喜んでいたら、「たまにいい点を取ったからといって、図に乗るな」と先生に叱られてしまった。**（＝いい気になる）
시험에서 100점을 맞아 기뻐하고 있다가 "간만에 좋은 점수를 맞았다고 우쭐거리지 마라."라고 선생님께 한소리 들었다.

同義語 調子に乗る ★★★	・たまに 일이 드물게 일어나는 모양. 간혹. 이따금. 모처럼 ・からといって ~(이)라고 해서 ・いい気になる 우쭐해지다 ・調子に乗る 우쭐해지다

1408 図星を指す 정곡을 찌르다. 급소를 찌르다

시험 ★★☆ 문장 ★★☆	・図星 ① 과녁 중심의 검은 점 ② 목표. 핵심. 급소 ・指す ① 가리키다 ② 지적하다. 지목하다. 지명하다 → 핵심을 지목하다

✎ 意味　상대의 약점이나 비밀 등을 정확하게 알아맞히는 것.

🔍 用例　**「テストで0点を取っただろ?」と図星を指されてうろたえてしまった。**
"시험에서 빵점 받았지?" 하고 정곡을 찔러 당황했다.　　・うろたえる 당황하다. 갈팡질팡하다. 허둥거리다

1409 隅に置けない　보통내기가 아니다

시험 ★★★
회화 ★★★

・隅 구석　・置けない 둘 수 없다　・置く 두다　→ 구석에 둘 수 없다

✎ 意味　생각지도 못한 재량이나 능력이 있어 얕잡아 볼 수 없는 것.

🔍 用例　女の子には興味なさそうに見えるくせに、あんな可愛い彼女がいるなんて、あいつもなかなか隅に置けないな。(=やる)

여자에게 흥미 없는 것처럼 행동하더니 저렇게 이쁜 여자친구가 있다니 저 녀석도 보통내기가 아니야.

1410 捨てたものではない　아직 희망은 있다. 나쁘지만은 않다

시험 ★☆☆
회화 ★★★

・捨てた 버린　・捨てる 버리다　・もの 것. 물건　・ではない ~은 아니다　→ 버린 물건은 아니다

✎ 意味　도움이 안 된다고 해도 아직은 단념하기에는 이르다는 것.

🔍 用例
A 昨日、横断歩道のところで、若い男の子がおばあさんの重そうな荷物を持ってあげてるのを見たんですよ。
B そうですか? いや〜。日本の若者も捨てたもんじゃないですね。

A 어제 횡단보도 부근에서 젊은 남자가 할머니의 무거운 짐을 들어 주는 것을 보았어요.
B 그래요? 역시, 일본의 젊은이들에게도 아직은 희망이 있군요.

1411 捨て鉢になる　자포자기하다

시험 ★☆☆
회화 ★★★

・捨て鉢 자포자기　・になる ~이(가) 되다　→ 자포자기가 되다

✎ 意味　선종에서는 수행의 하나로 탁발(도를 닦는 중이 경문을 외면서 집집마다 다니며 동냥하는 일)을 하는데, 수행자 중에 이를 견디지 못하고 바리때(鉢)를 버리고(捨て) 도망치는 사람도 있었다는 데서, 일이 생각한 대로 되지 않아 스스로 포기하는 것.

🔍 用例　大学4年も終わろうとしているのに、就職が決まらず、捨て鉢になった。

대학교 4년이 끝나 가는데 취직이 되지 않아 자포자기에 빠졌다.

1412 滑ったの転んだの　쓸데없이 이러쿵저러쿵 떠들다

시험 ★☆☆
회화 ★★☆

・滑った 미끄러졌다　・滑る 미끄러지다　・転んだ 넘어졌다　・転ぶ 넘어지다
・〜の〜の ~느니 ~느니. 이것저것 열거함을 나타냄　→ 미끄러졌느니 넘어졌느니

✎ 意味　아무래도 상관없는 일을 쓸데없이 이러쿵저러쿵 시끄럽게 떠드는 모양.

🔍 用例　近頃の若者は何を話しているのかと、聞き耳を立てて聞いてみると、滑ったの転んだのとたいした話はしていなかった。

요즘 젊은이들이 무슨 이야기를 하는지 주의 깊게 들어 봤더니, 쓸데없이 이러쿵저러쿵 떠들어 댈 뿐별 이렇다 할 이야기는 없었다.

1413 青雲の志 (せいうん こころざし) 청운의 뜻

시험 ★★☆
문장 ★☆☆

• 青雲 (せいうん) 청운. ① 맑은(높은) 하늘 ② 높은 지위. 고관 • 志 (こころざし) 뜻 → 청운의 뜻

✎ 意味   입신출세하여 높은 지위에 오르려고 하는 공명심.

🔍 用例   「天下 (てんか) に名 (な) を知 (し) られる人間 (にんげん) になる」と青雲 (せいうん) の志 (こころざし) を抱 (いだ) いて上京 (じょうきょう) した。

'세상에 이름을 알리는 인간이 되겠다'라는 청운의 뜻을 품고 상경했다.

• 天下 (てんか) 천하. 전 세계. 세상 • 抱 (いだ) く (마음에) 품다

1414 贅を尽くす (ぜい つ) 사치의 극치를 달리다

시험 ★☆☆
문장 ★★★

• 贅 (ぜい) ① 낭비 ② 사치 • 尽 (つ) くす 다하다 → 사치를 다하다

✎ 意味   가능한 한 사치를 한 것.

🔍 用例   その歌手 (かしゅ) は、全身 (ぜんしん) スパンコールのドレスにアクセサリーはすべてダイヤモンドという贅 (ぜい) を尽 (つ) くした衣装 (いしょう) で登場 (とうじょう) した。

그 가수는 전신 반짝이 드레스에 액세서리는 모조리 다이아몬드로, 무척 사치스러운 차림으로 등장했다.

• スパンコール(spangle) 반짝반짝 빛나는 장식용 얇은 금속. 무대 의상이나 드레스 등의 장식

1415 関の山 (せき やま) 고작. 기껏해야

시험 ★☆☆
문장 ★★★

• 関 (せき) 관문 • 山 (やま) 장식한 수레

✎ 意味   관동 지방에서는 축제 때의 수레 장식을 山車 (だし) 라고 하고, 관서 지방에서는 やま라고 한다. 미에현의 세키마치(関町 (せき))에 있는 야사카(八坂 (やさか))신사의 축제 때 거리 행진을 하는 수레 장식(やま)이 대단히 호화스러워서 그 이상의 수레 장식(やま)은 불가능하다라는 평판을 얻게 되었는데, 여기에서 변하여 아무리 해도 그 정도가 한계다라는 의미로 쓰이게 됨.

🔍 用例   私 (わたし) は歩 (ある) くのが遅 (おそ) いので、1時間 (いちじかん) に2キロ歩 (ある) くのが関 (せき) の山 (やま) です。

나는 걸음이 느려서 한 시간에 2km 걷는 게 고작입니다.

1416 堰を切ったよう (せき き) 봇물 터지듯이

시험 ★★☆
문장 ★★☆

• 堰 (せき) 봇둑(보를 둘러싼 둑) • 切 (き) った 자른 • 切 (き) る ① 베다. 자르다 ② 무너뜨리다. 파괴하다
• よう 듯 → 봇둑을 무너뜨린듯

✎ 意味   참고 있던 것이 갑자기 쏟아져 나오는 것.

🔍 用例   今 (いま) まで、ずっと恋人 (こいびと) に会 (あ) えない辛 (つら) さを抑 (おさ) えていたが、会 (あ) った瞬間 (しゅんかん) に堰 (せき) を切 (き) ったように涙 (なみだ) があふれた。 (=抑 (おさ) えていたものがどっと流 (なが) れ出 (だ) すかのように)

지금까지 줄곧 연인과 만나지 못한 고통을 참고 있었는데 만난 순간 봇물이 터지듯 눈물이 흘렀다.

• 抑 (おさ) える 억제하다. 참다 • 抑 (おさ) えていたものがどっと流 (なが) れ出 (だ) すかのように 억눌렸던 것이 왈칵 흘러나오듯이 • どっと 사람이나 사물이 일시에 밀어닥치는 모양. 우르르. 왈칵 • 流 (なが) れ出 (だ) す 흘러나오다

1417 切羽詰る _{せっぱつまる} 막다르다. 궁지에 몰리다. 다급해지다

시험 ★★★
문장 ★★★

• 切羽 최후의 순간. (절망적인) 막다른 장면　• 詰る ① (그릇 등에) 가득 차다
② (몰려서) 꼼짝 못하다. 궁해지다 → **최후의 순간에 몰려 꼼짝 못하다**

✎ 意味　어떤 사태 등이 임박하여 도무지 헤쳐 나갈 방법이 없어지는 것.

🔍 用例　A 俺があげた指輪どこに行ったの?

B あ…。ごめん! お金がなくて切羽詰って売っちゃった。

A 내가 준 반지, 어디 간 거야?

B 아…. 미안! 돈이 떨어져 궁해서 팔았어.

1418 瀬戸際 _{せとぎわ} 승부의 갈림길. 운명의 갈림길

시험 ★★★
문장 ★★★

• 瀬戸際 ① 좁은 해협과 외해와의 경계 ② 운명의 갈림길. 승부의 갈림길

✎ 意味　일의 성공과 실패의 갈림길. 위안, 생사 등이 결정되는 분기점.「瀬戸際外交 벼랑 끝 외교」
「瀬戸際政策 벼랑 끝 정책」「瀬戸際戦術 벼랑 끝 전술」「人生の瀬戸際に立つ 인생의
기로에 서다」등으로 주로 사용.

🔍 用例　山田さんは親会社の倒産という思いもよらぬ事情に直面して、
結局連鎖倒産という瀬戸際に追い込まれたのです。

야마다 씨는 모회사의 도산이라는 생각지도 않은 사태에 직면해서 결국 연쇄 도산이라는 운명의 갈림길에
몰리게 되었습니다.

交通事故にあって、息子は今、生死の瀬戸際に立たされている。

교통사고를 당해 아들은 지금 생사의 기로에 서 있다.

• 親会社 모회사　• 思いもよらぬ＝思いもよらない＝考えも付かない 생각지도 않은. 상상도 못하는
• 連鎖倒産 연쇄 도산　• 追い込む 곤경에 빠뜨리다. 몰아붙이다

1419 狭き門 _{せまきもん} 좁은 문

시험 ★☆☆
회화 ★★★

• 狭き(고어)＝狭い 좁은　• 門 문 → 좁은 문

✎ 意味　기독교에서 천국으로 가는 길의 험난함을 좁은 문에 비교한 것으로, 경쟁이 치열하여
취업이나 입학이 어려운 것.

🔍 用例　倍率５０倍という狭き門を突破して、１０人が見事合格した。

경쟁률 50 대 1이라는 바늘구멍을 돌파하여 10명이 훌륭하게 합격했다.

1420 世話が焼ける
せわ　や
돌보기가 힘들다. 손이 가서 성가시다

시험 ★★★
문장 ★★★

・世話(せわ) ① 도와줌. 보살핌 ② 폐. 신세. 성가심 ・焼ける(やける) 애를 먹이다 → 돌보는 것에 애를 먹이다

✎ 意味 남의 도움을 필요로 하여 손이 많이 가는 것.

🔍 用例
A うちの息子(むすこ)は、私(わたし)がいないと一人(ひとり)じゃトイレにもいけない世話(せわ)が焼(や)ける子(こ)なんですよ。

B でも、今(いま)のうちだけじゃないですか。かわいいですよ。

A 우리 아이는 내가 없으면 혼자서 화장실도 못 가는 정말 손이 많이 가는 아이예요.
B 그래도 지금이 제일 이쁠 때죠. 귀엽네요.

1421 世話をかける
せわ
신세지다. 성기시게 하다

시험 ★★★
문장 ★★★

・世話(せわ) ① 도와줌. 보살핌 ② 폐. 신세. 성가심 ・かける (폐나 영향을) 끼치다 → 폐를 끼치다

✎ 意味 자신의 일로 남을 성가시게 하는 것.

🔍 用例
僕(ぼく)は学校一(がっこういち)の問題児(もんだいじ)だったので、在学中(ざいがくちゅう)はいつも問題(もんだい)を起(お)こしては先生(せんせい)に世話(せわ)をかけていた。

난 학교에서 제일가는 문제아였기 때문에 재학 중에는 언제나 사고를 쳐서 선생님을 귀찮게 했다.

1422 世話を焼かせる
せわ　や
남을 힘들게 하다

시험 ★★☆
문장 ★★★

・世話(せわ) ① 도와줌. 보살핌 ② 폐. 신세. 성가심 ・焼かせる(やかせる) 돌봐 주게 만들다
・焼く(やく) 돌봐 주다. 애먹다

✎ 意味 그 사람의 칠칠치 못함이 타인에게 쓸데없는 부담을 지우는 것. 世話(せわ)を焼(や)かせる는 사역으로 누군가에게 뒤치다꺼리를 시키는 것, 世話(せわ)を焼(や)かされる는 사역수동으로 나에게 누군가가 뒤치다꺼리를 하게 하는 것 등으로도 사용.

🔍 用例
A こんなこともできないなんて、まったくお前(まえ)は人(ひと)に世話(せわ)を焼(や)かせるばかりでなんの役(やく)にも立(た)たないんだから。

B 申(もう)し訳(わけ)ありません。

A 이런 일도 못하다니 정말 너란 녀석은 남을 힘들게만 하고 아무 도움이 안 된다니까.
B 죄송합니다.

A 私(わたし)たち、子供(こども)のころはずいぶん親(おや)に世話(せわ)を焼(や)かせましたからね。

B いつも怒(おこ)られてましたよね。

A そうですね。

A 우리가 어렸을 때는 꽤나 부모님을 힘들게 했잖아요.　B 늘 혼나곤 했어요.
A 그랬죠.

部屋(へや)の掃除(そうじ)や布団(ふとん)の用意(ようい)、彼(かれ)にはいつも世話(せわ)を焼(や)かされて困(こま)ってる。

방 청소와 이불 준비, 항상 그의 뒤치다꺼리를 해야 해서 힘들다.

1423 世話を焼く _{せ わ や} 보살펴 주다. 뒤치다꺼리를 하다

시험 ★★★
문장 ★★★

· 世話 _{せ わ} 도와줌. 보살핌　· 焼く _や 애를 쓰다　→　도와주려고 애를 쓰다

✎ 意味　나서서 다른 사람을 돌봐 주는 것. 「世話焼き _{せ わ や} ① 남을 잘 돌봐 줌 ② 오지랖이 넓음」의
　　　　형태로도 자주 사용.

🔍 用例　A いろいろと私 _{わたし} の回 _{まわ} りのことをしてくれなくていいよ。
　　　　　　私 _{わたし} 、一人 _{ひとり} でできるからさ。
　　　　　B でも、心配 _{しんぱい} だから、世話を焼いちゃうのよ。

　　　　A 이거저것 내 일을 해 주지 않아도 돼. 나 혼자서도 할 수 있으니까!　　B 하지만 걱정이 돼서 도와주게 돼.

　　　　　A うちの嫁 _{よめ} はいい嫁 _{よめ} でかいがいしく世話を焼いて _{せ わ や} くれるんだ。
　　　　　B そう、うらやましいな。

　　　　A 우리 며느리는 심성이 좋고 바지런해서 나를 잘 돌봐 준다우.　　B 아이고, 부러워라.

　　　　隣 _{となり} のおばさんは世話焼き _{せ わ や} で私 _{わたし} の見合 _{み あ} い話 _{ばなし} を持 _も ってきては私 _{わたし} に結婚 _{けっこん} を勧 _{すす}
　　　　めてくる。

　　　　옆집 아줌마는 오지랖이 넓어 내 맞선 이야기를 들고 와서는 나에게 결혼을 부추겼다.

　　　　📖 同義語　世話をする _{せ わ} ★★★　面倒を見る _{めんどう み} ★★★

1424 線が細い _{せん ほそ} 가냘프다

시험 ★★☆
회화 ★★★

· 線 _{せん} 선(윤곽, 인상, 느낌)　· 細い _{ほそ} 가늘다　→　선이 가늘다

✎ 意味　체격적으로 빈약한 것.

🔍 用例　A 引 _ひ っ越 _こ しするなら、山下 _{やました} に手伝 _{て つだ} ってもらうといいよ。
　　　　　B え? 彼 _{かれ} って力 _{ちから} なさそう。
　　　　　A 山下 _{やました} は線が細 _{せん ほそ} くて、か弱 _{よわ} そうに見 _み えるけど、力 _{ちから} は人 _{ひと} の2倍 _{ばい} あるよ。

　　　　A 이사할 거면 야마시타에게 도와 달라고 그래.　　　（＝痩せていて）
　　　　B 뭐? 걔는 힘 없어 보이잖아.
　　　　A 야마시타는 몸이 가냘퍼서 연약해 보이지만 힘은 보통 사람 두 배야.

　　　· か弱い _{よわ} 가냘프다. 연약하다
　　　· 痩せる _や 여위다. 마르다

1425 前後の見境もなく _{ぜん ご み さかい} 앞뒤 구분도 없이. 앞뒤 구분도 못하고

시험 ★☆☆
회화 ★★★

· 前後 _{ぜん ご} 전후　· 見境 _{み さかい} 분별. 분간. 구별　· なく 없이　→　전후의 분별 없이

✎ 意味　전후 사정을 전혀 고려하지도 않고 무슨 일을 행하는 것. 또는 매우 흥분해서 냉정한 판단을
　　　　하기 어려운 모양.

🔍 用例　彼 _{かれ} にお金 _{かね} を持 _も たせると、前後の見境 _{ぜん ご み さかい} もなくあるだけ全部使 _{ぜん ぶ つか} ってしまう
　　　　ので、奥 _{おく} さんは彼 _{かれ} に一円 _{いちえん} もお小遣 _{こ づか} いをあげない。

　　　　그에게 돈을 주면 사리 분별 못하고 다 써 버려서 부인은 그에게 용돈을 땡전 한 푼도 안 준다.

1426 先手を打つ 선수를 치다

시험 ★★☆
회화 ★★★

・先手 선수 ・打つ ① 치다. 때리다 ② (수단, 방법을) 쓰다 → 선수를 쓰다

✎ 意味 기선을 잡아 우위에 서는 것.

🔍 用例 **母に新しい洋服をねだる前に、先手を打って、1週間良い子でいることを決めた。**

엄마에게 새 옷을 조르기 전에 선수를 쳐서 일주일간 얌전히 있기로 했다.

貿易摩擦が深刻化する前に先手を打って米国に工場を建設する計画を立てている。

무역 마찰이 심각해지기 전에 발 빠르게 미국에 공장을 건설할 계획을 세우고 있다.

お金を借りたくて友達に会いに行ったら話す前から「僕、お金ないんだよ」と先手を打たれてしまったので、話もせず帰ってきた。

돈을 빌리고 싶어서 친구를 만나러 갔더니 말도 하기 전에 "나 돈이 없다."라고 선수를 쳐서 말도 못 꺼내고 돌아왔다.

何ボーッとしてるのよ。彼のことが好きなら他の子にとられちゃう前に先手を打って告白しなよ!

뭘 그렇게 멍하니 있어. 그 사람을 좋아한다면 다른 애한테 뺏기기 전에 선수를 쳐서 고백해!

・ねだる 조르다. 보채다 ・良い子 착한 자식

1427 先頭を切る 선두에 서다. 앞서서 하다. 맨 먼저 하다

시험 ★★☆
회화 ★★★

・先頭 선두 ・切る 끊다 → 선두를 끊다

✎ 意味 다른 누구보다도 가장 먼저 무엇인가를 하는 것.

🔍 用例 **体育祭の先頭を切って陸上競技が行われた。**

체육대회의 첫 스타트로 육상 경기가 열렸다.

みんな疲れて動けないでいる中、彼は先頭を切って掃除を始めた。するとみんなも後につづくように掃除を始めた。

모두 피곤해서 움직이지 않고 있던 와중에 그는 선두에 나서서 청소를 시작했다. 그러자 모두 뒤따라 청소를 시작했다.

・後に続く 뒤를 따라하다

1428 前門の虎、後門の狼 산 넘어 산

시험 ★☆☆
회화 ★★☆

• **前門** 앞문 • **虎** 범 • **後門** 뒷문 • **狼** 이리 → 앞문에 범 뒷문에 이리

✎ 意味　하나의 재앙을 피했다고 생각했는데 또 다른 재앙을 만난다는 의미.

🔍 用例
A うちの会社今、大変な事になっているんだ。

B ああ、あの恐喝騒ぎか?

A そうなんだけど、うちの幹部はそのチンピラたちの恐喝を避けるた
めにヤクザを雇ったんだけど、その後またヤクザと色々もめちゃっ
てさ。

B うわあ、「前門の虎、後門の狼」だなあ。

A 우리 회사 지금 큰일 났어.

B 아…, 그 협박 사건?

A 응, 우리 간부가 그 불량배들의 협박을 피하기 위해서 야쿠자를 고용했는데,
그랬더니 이번에는 그 야쿠자와 여러 문제가 생겨서 말야.

B 와~ 정말, '산 넘어 산'이네.

• **恐喝騒ぎ** 공갈 소동. 협박 사건　• **恐喝** 상대의 약점 등을 들어 협박하는 것. 또는 협박하여 금품을 갈취하는 것
• **チンピラ** 건달. 깡패　• **泣き付く** 울며 매달리다. 울며 애원하다　• **もめる** 옥신각신하다

1429 造作も無い 대수롭지 않다. 아주 간단하다. 쉬운 일이다

시험 ★☆☆
회화 ★★★

• **造作** 수고. 귀찮은 일　• **無い** 없다　→ 귀찮은 일도 없다

✎ 意味　수고도 없이 간단하게 되는 모양.

🔍 用例
いつも人の住む家を作っている大工の私にしてみれば、犬小屋を作る
ことなど、造作も無いことだ。(=朝飯前の)

언제나 사람이 살 집을 만드는 목공인 내 입장에서는 개집 만드는 일은 일도 아니다.

1430 総すかんを食う 모두에게 따돌림을 당하다

시험 ★★☆
회화 ★★★

• **総すかん** (속어) 관계자 모두가 싫어함　• **総** 일동. 전원
• **食う=食らう** ① (음식을) 먹다 ② (남에게) 당하다　→ 전원에게 싫어함을 당하다

✎ 意味　모든 사람에게 미움을 받는 것.

🔍 用例
今の部長は、やることなすこと傲慢なので、社員一同に総すかんを
食らっている。(=嫌われて)

지금의 부장은 하는 일마다 거만해서 직원들 모두에게 따돌림을 당하고 있다.

• **やることなすこと=することなすこと** 하는 모든 일　• **傲慢** 오만. 거만

생활
관용어

そ
1429
—
1442

1431 相談に乗る 상담해 주다

そうだん の

시험 ★★☆
회화 ★★★

- 相談 상담. 의논 • 乗る ① 올라타다 ② 참여하다. 응하다 → 상담에 응하다

✎ 意味   상담이나 의논할 상대가 되어 적극적으로 충고나 조언을 하는 것.

🔍 用例   困ったことがあったら何でも言ってね。相談に乗るから!

힘든 일이 있으면 언제든지 말해. 의논 상대가 되어 줄게!

私の友達は何かあればすぐ何でも相談に乗ってくれる。

내 친구는 무슨 일이 있으면 뭐든지 의논 상대가 되어 준다.

A 最近元気ないね。なにかあったの?
B ちょっと悩んでることがあってね。
A 悩んでることってなに? 私でよければ相談に乗るよ。

A 요즘 힘이 없어 보이는데 무슨 일이라도 있어?
B 고민이 좀 있어서.
A 고민이 뭔데? 나라도 괜찮다면 의논 상대가 돼 줄게.

1432 総なめにする 모조리 휩쓸다

そう

시험 ★☆☆
회화 ★★★

- 総なめ ① 몽땅 휩씀 ② 모조리 이김

✎ 意味   재해 등으로 모두 휩쓸어 버리는 것이나 복수의 것을 혼자서 획득하는 것.

🔍 用例   去年の韓国の映画賞を総なめにした話題作が、今年日本でも公開されることになった。

작년에 한국의 영화상을 모두 휩쓴 화제작이 올해 일본에서도 개봉하게 되었다.

1433 そうは問屋がおろさない 그렇게 쉽게는 안 된다

とん や

시험 ★★☆
회화 ★★★

- そうは 그렇게는 • 問屋 도매상 (問屋에서 바뀐 말로, 에도 시대 항구에서 숙박업을 하며 화물 운송이나 중개 매매를 하던 업자) • 卸さない 싸게 해 주지 않는다 • 卸す 도매하다
→ 그렇게는 도매상이 싸게 해 주지 않는다

✎ 意味   손님이 기대한 만큼 싸게 도매상이 해 주지 않는다는 것에서, 엿장수 마음대로 그렇게 자기가 원하는 대로 되지만은 않을 것이라는 의미.

🔍 用例   楽をして就職をしようとしても、そうは問屋がおろさない。

편안하게(쉽게) 취업하려고 해도, 그렇게 맘처럼 쉽지 않다.

(=なかなかそうはできない・そう簡単にはいかない)

- なかなかそうはできない 좀처럼 그렇게는 안 된다
- そう簡単にはいかない 그렇게 간단하게는 안 된다 • にはいかない ~는 안 된다

1434 相場が決まっている 일반적 통념이다. 일반적 평가다

시험 ★★☆ 회화 ★★★	• **相場** ① 시가. 시세 ② (속어) 통념. 사회의 일반적인 평가. 대체적인 짐작 • **決まっている** 정해져 있다 • **決まる** 정해지다. 결정되다 → **시세가 정해지다**

✎ 意味   어떤 것에 대한 평가가 일반적으로 그렇게 여겨지는 것.

🔍 用例   結婚式の祝儀は、新郎新婦との関係が友人ならば、3万円と
相場が決まっている。

결혼식 축의금은 신랑이나 신부의 친구라면 일반적으로 3만 엔이다.

• **祝儀** 축의금. 축하 선물

1435 底が割れる 탄로 나다

시험 ★☆☆ 회화 ★★☆	• **底** ① 밑. 밑바닥 ② (깊은) 속 • **割れる** ① 깨지다 ② (숨긴 것이) 드러나다 → **속이 드러나다**

✎ 意味   본성 등의 바닥이 드러나는 것. 숨긴 것이 드러나는 것.

🔍 用例   すぐに底が割れるうそなどつくな!

바로 탄로 날 거짓말은 하지 마!

1436 底を突く 바닥이 나다

시험 ★★★ 회화 ★★★	• **底** 바닥. 밑바닥 • **突く** 찌르다 → **바닥을 찌르다**

✎ 意味   나중에 쓰기 위해 모아 놓은 것이 없어지는 것.

🔍 用例   私の貯金もとうとう底を突いてきたので、そろそろ仕事を再開
しようかと思う。

내 저축도 드디어 바닥이 나서 슬슬 일을 시작해 볼까 싶다.

• **とうとう** 드디어. 마침내. 끝내

1437 底を割る 최저치를 깨다. 속을 털어놓다

시험 ★☆☆ 회화 ★★☆	• **底** ① 밑. 밑바닥 ② (깊은) 속 • **割る** ① 깨다. 깨트리다 ② 시세가 어느 단위 이하로 떨어지다. 밑돌다 ③ (속 시원히) 털어놓다. 까놓다 → **밑바닥으로 떨어지다. 속을 털어놓다**

✎ 意味   ① 바닥이라고 여긴 시세보다 더 떨어지는 것. ② 감추는 것 없이 속마음을 털어놓는 것.

🔍 用例   ① 先週、底を割った株価も、今週に入ってだいぶ持ち直した。

지난주 바닥을 쳤던 주가도 이번 주에 들어서 꽤 회복했다.

② 昔からの友人とは底を割って話すことが出来る。(＝腹を割って)

오래된 친구와는 속을 털어놓고 얘기할 수가 있다.

• **持ち直す** 본래의 상태로 돌아가다. 회복하다
• **腹を割る** 본심을 털어놓다

1438 卒が無い　빈틈이 없다

시험 ★★☆
회화 ★★☆

・卒＝手落ち＝手抜かり 부주의. 실수. 결함. 빠뜨린 점　・無い 없다　→　실수가 없다

✎ 意味　말과 행동에 실수가 없는 모양.

🔍 用例
A 今日大事なお客さんが来るけど、そのときにしっかり卒が無いように対応してちょうだいね。

B はい、分かりました。気をつけておきます。

A 오늘 중요한 손님이 오시는데, 그때 조금의 실수도 없이 응대해 줘요.
B 네, 알겠습니다. 명심하겠습니다.

1439 そっぽを向く　외면하다. 모른 체하다

시험 ★★☆
회화 ★★★

・外方 (そっぽう에서 변한 말) 다른 쪽. 옆쪽　・向く 향하다. 돌리다　→　다른 쪽으로 돌리다

✎ 意味　무관심한 태도를 보이는 것.

🔍 用例
A ちょっと、いつまでふて腐れてるの？
いつまでもそっぽ向いてないでそろそろ機嫌直してよ。

B じゃ、さっさと謝ったらどうなの!

A 좀, 언제까지 그렇게 뿌로통해 있을 거야? 언제까지고 딴청 피우고 있지 말고 기분 풀어.
B 그럼 어서 당장 사과하시지 그래?

・ふて腐れる 불평, 불만 등으로 반항적인 태도를 보이거나 될 대로 되라는 태도를 보이다
・機嫌を直す 기분을 풀다

1440 袖振り合うも他生の縁　옷깃만 스쳐도 인연

시험 ★★☆
회화 ★★★

・袖 소매　・振り合う 서로 스치다　・他生＝多生 전생. 내세　・縁 연
→　소매만 서로 스쳐도 전생의 연

✎ 意味　길을 가다가 서로 소매만 스치는 것도 전생에 인연이 있었기 때문이라는 의미.
他生를「多生 몇 번이고 다시 태어나는 생」으로 혼동하지 않도록 주의.

🔍 用例
袖振り合うも他生の縁ということで、旅行で出会った人たちと一緒にお酒を飲むことになった。

옷깃만 스쳐도 인연이라고 여행지에서 만난 사람과 함께 술을 마시게 되었다.

袖振り合うも他生の縁というけど、こう何度も会うのは何か深い縁があるのかもしれない。

옷깃만 스쳐도 인연이라고 하던데, 이렇게 몇 번이나 만나는 건 무슨 깊은 인연이 있는 것일지도 모르겠다.

1441　備えあれば憂いなし　유비무환

시험 ★★☆ 회화 ★★★	• 備え (어떤 일이 일어났을 때에 대한) 준비. 대비　• あれば 있으면　• ある 있다
	• 憂い 불안. 걱정. 근심. 우려　• なし 없음. 무 → 준비가 있으면 걱정이 없음

✎ 意味　평소에 준비가 철저하면 근심이 없다는 것.

🔍 用例　**備えあれば憂いなしということで、防災グッズを買うことにした。**

유비무환이라고 방재용품을 사기로 했다.

• **防災グッズ＝非難用具** 방재용품(재난 시 필요한 용품들. 비상식량, 휴대용 라디오, 손전등 등)

1442　反りが合わない　마음이 맞지 않다

시험 ★★☆ 회화 ★★★	• 反り (일본도 등의) 칼의 휨 또는 휜 정도나 모양　• 合わない 맞지 않는다　• 合う 맞다. 일치하다
	→ 칼의 휨(칼의 휜 부분)이 칼집과 맞지 않는다

✎ 意味　두 사람 사이의 뜻이 맞지 않는 것. 反りが合う로는 쓰지 않음.

🔍 用例　A **義理のお母さんと反りが合わなくて…。**

B **どんな感じなの?**

A **お母さん、私のやることすべてが気に入らないみたいで、文句ばっかり言ってくるのよ。**

A 새어머니(또는 장모님)랑 맘이 맞지 않아….

B 어떤데?

A 어머니께서 내가 하는 일이 무조건(전부) 맘에 들지 않으신지 트집만 잡는 거야!

> 同義語　**気が合わない ★★★　馬が合わない ★★**

1443　大黒柱　집안의 가장. 기둥. 중심인물

시험 ★★★ 회화 ★★★	• 大黒柱 ① 일본식 목조 건물에서 집의 중심에 세우는 굵은 기둥
	② 비유적으로 집안, 단체, 국가 등의 기둥이 되는 인물

✎ 意味　집이나 국가의 중심이 되어 그것을 지탱해 주는 인물.

🔍 用例　**お父さんは、うちの大黒柱だと母が言っている。**

아버지는 우리 집안의 기둥이라고 어머니께서 말씀하신다.

ダルビッシュ有はチームの大黒柱で大事な試合ではいつも好投してくれる。

다루빗슈 유는 팀의 중심인물로 중요한 시합에서는 항상 호투를 보여 준다.

신체
관용어

생활
관용어

속담·격언

고사성어

사자성어

1444 太鼓判を押す 장담하다. 절대 틀림없음을 보증하다

たいこばん　お

시험 ★★★
회화 ★★★

・太鼓判 ① 큰 도장 ② 확실한 보증 ・太鼓 북 ・押す 찍다. 누르다 → 큰 도장을 찍다

✎ 意味　북처럼 큰 도장을 눌러 확실한 보증을 하는 것.

🔍 用例　「きみなら絶対やれるさ」と、上司が太鼓判を押してくれた。
"너라면 꼭 할 수 있어." 하고, 상사가 장담을 해 주었다. (= 保障して)

・保障する 보장하다

1445 醍醐味 사물의 참맛. 사물에 대한 깊은 맛. 묘미. 즐거움

だいごみ

시험 ★★★
회화 ★★★

・醍醐味 ① 불교 용어로 석가의 심오한 가르침 ② 사물의 참다운 즐거움. 깊은 맛

✎ 意味　醐味는 우유를 정제한 액즙. 불교에서는 우유를 정제하는 과정인 5단계를
「五味 오미. 다섯 가지 맛」이라고 하며, 그 중 마지막 단계를 醐味라 함.
醐味는 최고의 순수한 맛을 나타내며 이것에서 변하여 醍醐味는 진정한 아름다움이나
가장 중요하고 본질적인 부분이라는 의미를 갖게 됨.

🔍 用例　自己開発は自分の知識が高まっていくのが実感できるのも醍醐味の
一つです。
자신의 지식이 쌓이는 걸 실감할 수 있는 것도 자기 개발의 큰 즐거움 중 하나입니다.

1446 台所を預かる 살림을 맡다

だいどころ　あず

시험 ★☆☆
회화 ★★★

・台所 ① 부엌. 주방 ② 살림. 가계 ・預かる 맡다 → 살림을 맡다

✎ 意味　가정이나 조직 등에서 금전의 출납을 담당하는 것.

🔍 用例　安いスーパーは、台所を預かる主婦の味方です。
물건값이 싼 슈퍼는 살림을 도맡아 하는 주부 편입니다.

・味方 내 편. 우리 편(아군)

1447 大なり小なり 크건 작건 간에

だい　しょう

시험 ★★☆
회화 ★★★

・大 큼. 큰 것 ・小 작음. 작은 것 ・~なり~なり ~든(지) ~든(지). ~나 ~나 → 크든지 작든지

✎ 意味　정도의 차이는 있지만 전반적으로 그러한 경향이 있는 모양.

🔍 用例　大なり小なり、人は悩みを抱えている。(= 多かれ少なかれ)
크건 작건 간에 사람은 고민을 안고 있다.

1448 ダイヤが乱れる 운행 시간이 변경되다. 운행 계획이 바뀌다

시험 ★★☆ 회화 ★★★	• **ダイヤ** ① (보석의) 다이아 ② ダイヤグラム의 준말로, 도표나 철도 등의 운행표 • **乱れる** 흐트러지다. 어지러워지다. 혼란해지다 → **철도 등의 운행표가 흐트러지다**
✎ 意味	열차나 철도 등의 운행 시간이 변경되는 것.
🔍 用例	**交通事情によりダイヤが乱れる恐れがありますので、ご了承ください。** 교통 사정에 의해 운행 시간이 변경되는 우려가 있으므로 양해해 주세요. • **了承** 승낙. 양해. 납득

1449 高が知れている 뻔한 일이다. 대수롭지 않다. 별것 아니다

시험 ★★★ 회화 ★★★	• **高** ① 금액. 액수. 수량 ② (사물의) 정도 • **知れる** ⇒ **自然と知られる** 자연스럽게 알게 된다 • **ている** ~고 있다. 상태를 나타냄 → **자연스럽게 알 정도다**
✎ 意味	어느 정도인지 그 정도를 알 수 있다는 것에서, 별로 대단한 일(것)이 아니라는 의미.
🔍 用例	A **彼の言うことは偉そうに聞こえるよね。** B **でも、高が知れてるじゃん。** (＝大したことはない) A 그가 하는 말은 거창하게 들려. B 하지만 (알고 보면) 별거 아니야! A **今年はKIAが優勝っていう評判だね。** B **いやあ、あの投手陣じゃ、高が知れているよ。** A 올해는 KIA가 우승할 거라는 평가가 있지. B 그럴까? 저 투수진으로는 대단하지 않을 거야. • **大したことはない** 대수롭지 않다. 별거 아니다

1450 高飛車に出る 고압적인 태도로 나오다

시험 ★★☆ 회화 ★★☆	• **高飛車** 위압적인 태도. 고자세 • **高** 접미적으로 높음 • **飛車** 장기에서 차(車)와 비슷한 것 • **出る** 나오다 → **위압적인 태도로 나오다**
✎ 意味	장기에서 차(飛車)로 공격적으로 나간다는 데서, 상대에 대해 고압적인 태도를 취하는 모양.
🔍 用例	**彼女は強がりで、見えっ張りなので、高飛車に出てくることがある。** 그녀는 허세가 심하고 겉치레도 심해서 비싸게 군다(고자세로 나온다). 同義語 **高飛車だ** ★★★ • **強がり** 허세를 부림. 큰소리침. 또는 그런 사람 • **見えっ張り** 남에게 잘 보이려고 겉을 꾸밈. 또는 그런 사람

신체 관용어
생활 관용어
속담·격언
고사성어
사자성어

1451 高をくくる　우습게 보다. 깔보다. 대수롭지 않게 여기다

시험 ★★★
회화 ★★★

• 高 ① 금액. 액수. 수량 ② (사물의) 정도　• 括る ① 묶다. 잡아매다 ② 끝맺다. 결말짓다
→ 정도를 결말짓다

✎ 意味　아무리 해 봤자 그 정도밖에 안 될 거라 지레짐작하며 얕보는 것.

🔍 用例　**試験にこの問題は出ないだろうと、高をくくっていた。**
시험에 이 문제는 나올 리 없어 하고 대수롭지 않게 여겼다.　（＝見くびって）

• 見くびる 얕보다. 깔보다. 업신여기다

1452 竹を割ったよう　대쪽 같은

시험 ★★☆
회화 ★★★

• 竹 대나무　• 割ったよう 쪼갠 듯　• 割る 쪼개다. 빠개다　• よう 듯 → 대나무를 쪼갠 듯

✎ 意味　대나무가 쪼개지듯이 곧바르고 시원한 성격을 의미.

🔍 用例　A **あの人って、すごくさっぱりした性格だよね。**
B **そうだよね。竹を割ったような性格って、きっとあの人みたいなこと言うんだよ。**（＝さっぱりとした）

A 저 사람 말야, 굉장히 시원시원한 성격인 거 같아!
B 그렇지, 대쪽 같은 성격이란 분명 저런 사람을 두고 하는 말일 거야.

1453 多勢に無勢　중과부적(衆寡不敵)

시험 ★★☆
문장 ★★☆

• 多勢＝大勢 많은 사람　• 無勢 (상대에 비해) 사람의 수가 적음. 또는 그 세력
→ 많은 사람에 비해 사람의 수가 적음

✎ 意味　상대편은 인원이 많은데 이쪽은 적다는 것에서, 적은 인원으로 많은 사람을 당할 수 없는 것.

🔍 用例　**いくらがんばっても、多勢に無勢では勝ち目がない。**
아무리 노력해도 중과부적으론 이길 가망이 없다.

• いくら~ても 아무리 ~해도　• 勝ち目がない 승산이 없다

1454 叩けば埃が出る　털어서 먼지 안 나오는 사람 없다

시험 ★★☆
문장 ★★★

• 叩けば 털면　• 叩く ① 때리다. 두드리다 ② 털다　• 埃が出る 먼지가 나다
→ 털면 먼지가 난다

✎ 意味　누구나 자세히 조사하면 결점이나 약점이 있게 마련이라는 것.

🔍 用例　**どんなに善良な人でも、叩けば埃が出るものだ。**
아무리 착한 사람이라도 털면 먼지가 나게 마련이다.

1455 畳の上で死ぬ 집에서 편히 잠들다

시험 ★☆☆
회화 ★★☆

• 畳 다다미 • 上で 위에서 • 死ぬ 죽다 → 다다미 위에서 죽다

✎ 意味
여행지에서 죽거나 사고가 나서 죽거나 하지 않고 자기의 집에서 가족에게 둘러싸여 편안하게 잠드는 것.

🔍 用例
死ぬときは、畳の上で死にたい。
죽을 때는 집에서 편히 눈을 감고 싶다.

1456 駄々をこねる 떼를 쓰다

시험 ★★★
회화 ★★★

• 駄々 응석. 떼. 억지 • こねる ① 이기다. 반죽하다 ② 억지 쓰다. 떼쓰다 → 응석을 쓰다

✎ 意味
아이가 자신의 뜻대로 되지 않을 때 부모에게 울거나 거칠게 몸부림치며(행동하며) 억지를 부리는 것.

🔍 用例
デパートのおもちゃ売り場で駄々をこねてる子を、お父さんが引きずるように連れて行ってしまった。
백화점 장난감 코너에서 떼를 쓰는 아이를 아빠가 질질 끌듯이 데려갔다.

1457 太刀打ちができない 경쟁할 수 없다. 상대가 안 된다

시험 ★★☆
회화 ★★★

• 太刀打ち ① 칼 싸움 ② 맞겨룸. 실력으로 대등하게 겨룸 • できない 할 수 없다
• できる 할 수 있다 → 실력으로 대등하게 겨룰 수 없다

✎ 意味
상대의 실력이 뛰어나서 맞겨뤄서 이길 수가 없는 모양.

🔍 用例
A お前の対戦相手が決まったぞ。隣の学校の主将だ!
B あんなに大きな相手じゃ、太刀打ちできないですよ。

A 너의 대전 상대가 결정됐어. 바로 옆 학교의 주장이다.
B 그렇게 센 상대와는 싸움이 안 돼요!!

同義語 | 歯が立たない ★★★

1458 立ち往生する 오도 가도 못하다. 진퇴양난이다

시험 ★★☆
회화 ★★★

• 立ち往生 선 채로 죽음

✎ 意味
弁慶가 선 채로 죽은 것에서, 도중에 선 채로 이러지도 저러지도 못하는 상황.

🔍 用例
ぬかるみに車がはまり、雪道の中で立ち往生しているらしい。
눈길에서 차가 진창에 빠져 오도 가도 못하고 있다고 한다.

• 泥濘 진창. 수렁. 곤경 • 雪道 눈길

1459 立つ瀬がない <small>た せ</small> 난처하다. 몸 둘 바를 모르다

시험 ★★☆
회화 ★★★

- 立つ瀬 <small>た せ</small> 입장. 체면. 설 자리 ・立つ <small>た</small> 서다 ・瀬 <small>せ</small> ① (걸어서 건널 수 있는) 얕은 내 ② 장소. 처지
- 無い <small>な</small> 없다 → 설 자리가 없다

✎ 意味　체면을 잃거나 난처한 처지에 놓여 몸 둘 곳이 없다는 의미.

🔍 用例

A これは、今日の飲み代です。とっておいてください。 <small>きょう の だい</small>

B いや、駄目ですよ。これでは私の立つ瀬がないです。 <small>だ め わたし た せ</small>

A 이건 오늘 술값이에요. 넣어 두세요.

B 아녜요, 안 됩니다. 이러시면 제가 곤란해요.

同義語　立場が無い ★★★ <small>たち ば な</small>

1460 タッチの差 <small>さ</small> 근소한 차이

시험 ★☆☆
회화 ★★★

- タッチ 수영 경기에서 턴이나 골인할 때 수영장 내벽에 손 등으로 닿는 것 ・差 <small>さ</small> 차. 차이

✎ 意味　아주 적은 차이. 아깝게 무엇인가를 놓치거나 기회를 놓치거나 할 때 사용.

🔍 用例　惜しいことに、タッチの差で 2 位になってしまった。 <small>お さ に い</small>

안타깝게도 근소한 차이로 2위가 되었다.

1461 脱兎の勢い <small>だっ と いきお</small> 쏜살같이

시험 ★☆☆
회화 ★★☆

- 脱兎 <small>だっと</small> 달아나는 토끼 ・勢い <small>いきお</small> 기세 → 토끼 기세

✎ 意味　매우 신속한 모양.

🔍 用例　脱兎の勢いでビルから出て行く人を見かけた。 <small>だっ と いきお で い ひと み</small>

쏜살같이 건물에서 나오는 사람을 보았다.

1462 手綱を締める <small>た づな し</small> 고삐를 조이다

시험 ★☆☆
회화 ★★☆

- 手綱 <small>た づな</small> 말고삐 ・締める <small>し</small> 졸라매다. 죄다 → 말고삐를 졸라매다

✎ 意味　기수가 말고삐를 잡아당겨 말의 속도를 늦추는 데서, 게으름 피우거나 제멋대로 행동하지 못하도록 타인의 행동을 다잡는 것.

🔍 用例　私はクラブの部長として、部員たちの手綱を締めて大会優勝を <small>わたし ぶ ちょう ぶ いん た づな し たいかいゆうしょう</small> 目指します。 <small>め ざ</small>

저는 클럽의 부장으로서 부원들을 잘 통솔하여 대회 우승을 목표로 하겠습니다.

反対語　手綱を緩める ★★ <small>た づな ゆる</small>

1463 立板に水 청산유수. 달변

시험 ★☆☆
회화 ★★★

• 立板 (벽 등 다른 것에) 기대어 세워 놓은 판자 • 水 물 → 기대어 세워 놓은 판자에 물

✎ 意味   기대어 세워 놓은 판자에 물을 떨어뜨리면 잘 흘러내리듯이 말이 거침없음을 말함.

🔍 用例   **結婚式の司会をアナウンサーに依頼したが、さすがにプロは立板に水の話し口でみごとだった。**
결혼식 사회를 아나운서에게 부탁했더니, 과연 프로는 말이 청산유수였다.

• 話し口＝話し口 말할 때의 태도나 내용

1464 盾に取る 구실로 삼다. 트집거리로 삼다

시험 ★☆☆
회화 ★★☆

• 盾 방패 • 取る 집다. 쥐다. 들다 → 방패로 집다

✎ 意味   자신의 언행을 정당화하기 위해 핑계를 대거나 상대의 질문이나 추궁을 피하거나 유리하게 하기 위한 수단으로 그것을 이용하는 것.

🔍 用例   **相手の失敗を盾に取って攻撃するとは卑怯だ。**
상대의 실수를 꼬투리 삼아 공격하다니 비겁해.

1465 盾を突く 대들다. 반항하다. 이의를 제기하다

시험 ★☆☆
회화 ★★★

• 盾 방패 • 突く 찌르다 → 방패를 찌르다

✎ 意味   싸우려고 방패를 땅에 세운다는 것에서, 윗사람이나 권력자에게 복종하지 않고 대항하는 것.

🔍 用例   **もう我慢できず兄に盾を突いてしまった。**
더 이상 참지 못하고 형에게 대들고 말았다.

1466 棚上げにする 보류하다

시험 ★☆☆
회화 ★★★

• 棚上げ ① 출고 정지하다. (수요와 공급을 조절하기 위해) 한동안 상품을 쌓아 두고 시장에 내지 않음 ② 보류 ③ 형식상으로는 경의를 표하면서 은근히 따돌림

✎ 意味   문제의 해결이나 처리를 일시적으로 보류하는 것. 또는 무시하는 것.

🔍 用例   **住民からの要望を棚上げにして、別の仕事を優先した。**
주민의 요청을 보류하고, 다른 일을 우선으로 처리했다.

今の国会は法案を棚上げにして、政治活動にやっきになっている。
지금 국회는 법안은 보류하고 정치 활동에만 열을 올리고 있다.

• やっきになる 기를 쓰다. 애를 쓰다

1467 棚に上げる 제쳐 두다

시험 ★★★
회화 ★★★

・棚 선반. 시렁 ・上げる 올리다 → 선반에 올리다

✎ 意味   자신에게 불리한 것을 모른 체하고 문제 삼지 않는 것.

🔍 用例   A 自分のことを棚にあげて、何で人のことばっかり言うの?

B お前だってそうじゃないか。自分のこと棚にあげて俺のことばかり
言って。 　　　　　　　　　　　(=自分のことには触れないで)

A 니 일은 말도 않고, 왜 남의 일만 말해?

B 너도 마찬가지잖아. 니 일은 제쳐 두고 내 말만 하면서.

・自分のことには触れないで 자신에 대한 것은 건드리지 않고

1468 他人の空似 닮은 사람

시험 ★★☆
회화 ★★★

・他人 타인. 남 ・空似 혈연관계가 전혀 없는데도 어딘지 얼굴 모습이 닮음
→ 타인과 얼굴 모습이 닮음

✎ 意味   혈연관계가 없는데도 생김새가 닮은 것.

🔍 用例   A 一昨日、Bちゃんを見かけたけど、旅行に行ってたんじゃなかった?

B 旅行行ってたよ。他人の空似でしょ。(=ただの似てる人)

A 그저께 널 봤는데, 여행 갔었던 거 아니었어?

B 여행 갔었는데. 닮은 사람을 잘못 봤겠지.

・見かける 눈에 띄다. 언뜻 보다 ・ただの似てる人 그냥 닮은 사람

1469 種を明かす 트릭을 밝히다

시험 ★☆☆
회화 ★★★

・種 ① 종자. 씨. 씨앗 ② (이야기나 소설 등의) 재료. 거리 ③ (요술 등의) 속임수. 비유적으로 일의 사정.
내막 ・明かす 밝히다. 털어놓다 → 속임수를 밝히다

✎ 意味   내막이나 속임수를 밝히는 것. 「種明かし 내막을 밝힘」의 형태로도 자주 사용.

🔍 用例   マジシャンは、手品の種を明かしてはならない。

마술사는 마술의 트릭을 밝혀서는 안 된다.

刑事は今度の事件のからくりを種明かしした。

형사는 이번 사건의 전말을 밝혔다.

・手品 마술. 속임수 ・てはならない ~해서는 안 된다 ・からくり 속임수. 조작. 계략

1470 茶毘に付す 화장(火葬)하다
だび　ふ

시험 ★☆☆
회화 ★★☆

・茶毘 화장 ・に付す＝に付する 그렇게 처리하다. 맡기다 → 화장으로 처리하다
　だび

✎ 意味　죽은 사람을 화장하는 것.

🔍 用例　遺体を茶毘に付す時、涙が滝のように流れた。
　　　　　いたい　だび　ふ　とき　なみだ　たき　　　なが

시신을 화장할 때 눈물이 폭포수처럼 흘러내렸다.

遺体は１７日午前中に渋谷の自宅に移され、１９日茶毘に付されました。
いたい　じゅうしちにち　ごぜんちゅう　しぶや　じたく　うつ　　　じゅうくにち　だび　ふ

시신은 17일 오전 중에 시부야 자택에 옮겨져 19일 화장되었습니다.

・遺体 시체. 유골　・滝 폭포
　いたい　　　　　　　　たき

1471 玉の輿に乗る 부잣집에 시집가다
たま　こし　の

시험 ★★☆
회화 ★★★

・玉の輿 귀인이 타던 가마를 좋게 부른 말　・乗る (탈것 등에) 타다 → 가마에 타다
　たま　こし　　　　　　　　　　　　　　　　の

✎ 意味　귀인이 타는 가마를 타고 시집간다는 것에서, 평범한 여자가 경제력이나 사회적 지위가 있는
　　　　집에 시집가는 것. 반대로 평범한 남자가 부잣집에 장가가는 것은 逆玉に乗る라고 함.
　　　　　　　　　　　　　　　　　　　　　　　　　　　　　　　　　ぎゃくだま　の

🔍 用例　A 先輩が弁護士と結婚したんだって。
　　　　　　せんぱい　べんごし　けっこん

B 玉の輿に乗れて羨ましいよ。(＝お金持ちと結婚できて)
　　たま　こし　の　　　うらや　　　　　　　　かねも　　けっこん

A 선배가 변호사랑 결혼했대.
B 부잣집 며느리라니 부러워 죽겠어.

・お金持ちと結婚できる 부자와 결혼하게 되다
　かねも　　　けっこん

1472 駄目を押す 재차 확인하다. 쐐기를 박다
だめ　お

시험 ★☆☆
회화 ★★☆

・駄目 공배(바둑에서 흑과 백의 집이 아닌 그냥 빈 공간)　・押す ① 밀다 ② 찍다. 누르다
　だめ　　　　　　　　　　　　　　　　　　　　　　　　　お
→ 공배를 메우다

✎ 意味　바둑에서 자신의 집을 확실히 하기 위해 일부러 공배를 메우는 것에서, ① 틀림없다는 것을
　　　　알고 있지만 더욱 확실하게 하기 위해 재차 확인하는 것. ② 시합 등에서 승부가 거의 결정되었음
　　　　에도 불구하고 득점을 하여 승리를 확실시하는 것. 회화에서는 「駄目押し 재차 확인함, 쐐기를
　　　　　　　　　　　　　　　　　　　　　　　　　　　　　　　だめお
　　　　박음」을 주로 사용.

🔍 用例　①「この原稿の締め切りは今週の土曜日までだよ」ともう一度駄目を
　　　　　　　げんこう　し　き　こんしゅう　どようび　　　　　　　　　　いちど　だめ
押した。(＝念のために確信した・駄目押しをした)
お　　　　　　ねん　　　かくしん　　　だめお

"이 원고 마감일은 이번 주 토요일까지다."라고 다시 한 번 확인했다.

② 試合終了間際に駄目を押す追加得点を決めた。(＝駄目押しの)
　しあいしゅうりょうまぎわ　だめ　お　ついかとくてん　き　　　　　だめお

시합 종료 직전에 쐐기를 박는 추가 득점을 했다.

・締め切り 기한의 마감　・間際 어떤 일이 행해지기 직전
　し　き　　　　　　　　まぎわ

신체 관용어

생활 관용어

속담 · 격언

고사 성어

사자 성어

1473 たもとを分かつ(わ) 헤어지다. 이별하다. 인연을 끊다

시험 ★☆☆
문장 ★★☆

• 袂(たもと) 일본 옷의 소맷자락. 소매 • 分かつ(わ) ① 나누다. 자르다 ② 袂を～(たもと)의 꼴로, 메별(袂別)하다. 이별하다. 인연을 끊다

✎ 意味 지금까지 함께했던 사람 혹은 좋은 관계를 유지했던 사람과 관계를 끊는 것.

🔍 用例 若(わか)いころ父(ちち)とは同(おな)じ道(みち)を歩(あゆ)まぬと、たもとを分(わ)かつ決心(けっしん)をした私(わたし)だが、今(いま)は2児(にじ)の父(ちち)となり、当時(とうじ)父(ちち)が考(かんが)えていた事(こと)がなんとなく理解(りかい)できるようになった。

젊었을 때 아버지와 같은 길을 걷지 않겠다고 부자간의 연을 끊겠다는 결심을 했던 나였지만, 지금은 두 아이의 아버지가 되어 당시 아버지의 생각이 무엇이었는지 어렴풋이 알 것만 같다.

• なんとなく (분명한 이유는 없지만) 어쩐지. 어딘지 모르게

1474 丹精をこめる(たんせい) 정성을 다하다. 정성을 들이다

시험 ★☆☆
문장 ★★★

• 丹精(たんせい) 단정. 정성을 들임 • こめる (마음을) 담다. 기울이다 → 정성을 담다

✎ 意味 무엇을 만들거나 기를 때 수고를 마다하지 않고 정성을 기울여 하는 것.

🔍 用例 母(はは)が、丹精(たんせい)をこめて作(つく)った料理(りょうり)が一番(いちばん)おいしい。

엄마가 정성을 들여 만든 요리가 가장 맛있다.

1475 端を発する(たん)(はっ) 계기가 되다. 발단이 되다. 빌미가 되다

시험 ★☆☆
문장 ★★★

• 端(たん) (일이 일어나는) 실마리. 시초. 발단 • 発する(はっ) 일으키다. 시작하다 → 시초를 일으키다

✎ 意味 그것을 계기로 어떤 일이 시작되는 것.

🔍 用例 地球温暖化(ちきゅうおんだんか)の問題(もんだい)に端(たん)を発(はっ)して、今(いま)、新(しん)エネルギーの開発(かいはつ)が進(すす)んでいる。

지구 온난화 문제를 계기로 지금 새로운 에너지 개발이 진행되고 있다.

1476 知恵が回る(ちえ)(まわ) 머리가 잘 돌아가다

시험 ★☆☆
문장 ★★★

• 知恵(ちえ) 지혜. 슬기. 꾀 • 回る(まわ) 잘 움직이다. 잘 돌다 → 꾀가 잘 움직이다

✎ 意味 그 상황에 맞는 판단을 잘 하는 것. 뒤의 명사를 꾸밀 때는 조사 が를 の로 바꿔서 知恵(ちえ)の回(まわ)る로 사용.

🔍 用例 若造(わかぞう)と馬鹿(ばか)にしていたが、なかなか知恵(ちえ)の回(まわ)る奴(やつ)だった。

풋내기라고 바보 취급했었는데 꽤나 머리가 잘 돌아가는 녀석이었다.

彼(かれ)は勉強(べんきょう)はできないくせに、遊(あそ)びとなると本当(ほんとう)によく知恵(ちえ)が回(まわ)るよな。

그 사람은 공부는 못하면서 노는 것이라면 정말로 머리가 잘 돌아가더라.

• 若造(わかぞう) 젊은이. 애송이. 풋내기

1477 力を貸す 힘이 되어 주다. 힘을 빌려주다. 도와주다

시험 ★☆☆
회화 ★★★

・力 힘 ・貸す 빌려주다 → 힘을 빌려주다

✎ 意味　상대가 힘들어 할 때 도움을 주는 것.

🔍 用例
A 何か困っていることがあるんじゃないの?
B 別にないよ…。
A そう? でも、なんか困ったことがあったらいつでも力を貸すから、話してね。

A 뭐 힘든 일 있어?
B 별일 아냐….
A 그래? 그래도 무슨 일이 있으면 언제라도 도와줄 테니까 말해!

同義語　力になる ★★★

1478 力を落とす 낙담하다. 실망하다

시험 ★☆☆
회화 ★★☆

・力 힘 ・落とす 떨어뜨리다 → 힘을 떨어뜨리다

✎ 意味　기운을 잃는 것. 실망하는 것.

🔍 用例
A 受験失敗しちゃった…。
B そうなんだ…。残念だったね。でも、そんなに力を落とさないでよ。

A 시험에 떨어졌어….
B 그랬구나…. 어쩌나, 그렇다고 너무 낙담하지는 마.

（= 落胆しない・がっかりしない）

・受験 입학시험 ・落胆する 낙담하다 ・がっかりする 실망하다

1479 竹馬の友 죽마고우. 소꿉친구

시험 ★★☆
문장 ★★★

・竹馬 죽마 ・友 친구 → 죽마 친구

✎ 意味　어릴 적부터 함께 죽마를 타고 놀던 친구.

🔍 用例
彼とは、幼いころからの竹馬の友だ。（= 幼なじみ）
그와는 어릴 적부터의 죽마고우야.

故郷に帰って一番の楽しみは竹馬の友に会って一杯やることだ。
고향에 돌아와 가장 큰 즐거움은 죽마고우와 만나서 한잔하는 것이다.

신
체
관
용
어

생
활
관
용
어

속
담
·
격
언

고
사
성
어

사
자
성
어

1480 地に落ちる 땅에 떨어지다

시험 ★☆☆
회화 ★★☆

• 地 땅 • 落ちる 떨어지다 → 땅에 떨어지다

✎ 意味 높은 권력이나 위세 등이 단번에 쇠퇴하는 것.

🔍 用例 **その政治家の人気は、汚職問題のために地に落ちてしまった。**

그 정치인의 인기는 자신의 지위를 악용한 문제로 땅에 떨어졌다.

• 汚職 공직에 있는 사람이 지위나 직권을 이용해서 뇌물을 받는 등 부정한 행위를 하는 것

1481 宙に浮く 공중에 뜨다

시험 ★☆☆
회화 ★★☆

• 宙 하늘. 허공. 공중 • 浮く 뜨다 → 공중에 뜨다

✎ 意味 어떤 일이 마무리되지 못하고 어중간하게 되는 것.

🔍 用例 **結婚しようと話していたが突然仕事が忙しくなってしまい、結婚話が宙に浮いてしまった。**(=中途半端になって)

결혼하자는 이야기를 했지만, 갑자기 일이 바빠져서 결혼 이야기가 공중에 떠 버리고 말았다.

• 中途半端 중동무이. 엉거주춤함. 어중간함

1482 茶々を入れる 훼방을 놓다. 방해를 하다

시험 ★☆☆
회화 ★★★

• 茶々 흔히 ~が入る・~を入れる의 꼴로, 훼방을 놓다. 방해를 하다. 찬물을 끼얹다

✎ 意味 다른 사람의 이야기 도중에 끼어들어 방해하는 것. 트집을 잡는 것.

🔍 用例 **私がすることに、いちいち茶々を入れないでよ!**(=水を差さない)

내가 하는 일마다 방해하지 마.

同義語 **水を差す** ★★★

1483 注文をつける 주문을 하다. 조건을 달다

시험 ★☆☆
회화 ★★★

• 注文 주문. 조건. 희망. 요구 • つける 어떤 조건을 달다 → 주문을 달다

✎ 意味 자신이 희망하는 것을 이렇게 해 달라 저렇게 해 달라 상대에게 요구하는 것.

🔍 用例 A **今日疲れてるね。仕事大変だったの?**

B **うん。やたらと、注文をつけてくるお客さんがいてさ、その人の相手で疲れたよ。**

A 오늘은 피곤해 보이네! 일이 힘들었어?

B 응, 굉장히 주문이 많은(까다로운 주문을 하는) 손님이 있어서 말야. 그 손님 상대하느라 지쳤어.

1484 昼夜をおかず　밤낮 가리지 않고. 밤낮없이

시험 ★☆☆
회화 ★★★

・昼夜 밤낮　・おかず＝おかない 그만두지 않다　→ 밤낮 그만두지 않고

✎ 意味　낮에도 밤에도 쉬지 않고 계속해서 하는 모양.

🔍 用例
工事が昼夜をおかず行われた。（＝昼夜を分かたず）
공사가 밤낮없이 실시되었다.

同義語　**昼夜を分かたず** ★★

1485 調子を合わせる　조율하다. 장단을 맞추다

시험 ★★☆
회화 ★★★

・調子 가락. 곡조. 음조. 장단　・合わせる 맞추다　→ 장단을 맞추다

✎ 意味
① 기계 등의 음의 강약, 고저를 맞추는 것.
② 상대의 마음에 들게 하기 위해 말이나 태도를 맞추는 것.

🔍 用例
① **演奏の前に、ギターの調子を合わせる。**
연주 전에 기타를 조율한다.

② **みんなと仲良くなろうと調子を合わせてみたが、なかなかうまくいかない。**
모두 사이좋게 지내 보려고 맘을 맞춰 보았지만 좀처럼 잘 되지 않는다.

1486 調子に乗る　본궤도에 오르다. 우쭐해지다. 신바람이 나다

시험 ★★☆
회화 ★★★

・調子 본궤도. 기세　・乗る 타다　→ 기세를 타다

✎ 意味　치켜세워 주면 의기양양해져서 어떤 일을 하는 것. 우쭐해져서 경솔한 행동을 하는 것.

🔍 用例
彼を調子に乗らせると手がつけられない。
그가 분위기를 타면 아무도 말릴 수 없다.

1487 帳尻が合う　계산이 맞아떨어지다. 계산이 맞다

시험 ★☆☆
회화 ★★★

・帳尻 장부 기재의 끝 부분. 수지의 최종적 계산. 결산 결과　・合う 맞다　→ 최종 계산이 맞다

✎ 意味　① 결산 결과 수입과 지출이 정확히 맞는 것. ② 과부족이 없이 일의 결말을 짓는 것.

🔍 用例
① **毎月、家計簿の帳尻が合わず頭が痛い。**
매달 가계부의 계산이 맞질 않아서 머리가 아프다.

② **人生は帳尻が合うようにできているものだ。**
인생은 계산이 딱 맞아떨어지게 되어 있다.

1488 猪口才 약아빠짐. 시건방짐

・猪口(ちょこ) 작은 사기 술잔　・才(さい) 재능

시험 ★★☆
회화 ★★☆

✎ 意味　ちょこは「ちょこちょこ 종종걸음」「ちょこまか 촐랑촐랑」과 같은 ちょこ로 '약간의 재능'을 의미. 약삭빠르고 시건방진 것. 또는 그런 사람.

🔍 用例
A 話(はなし)の途中(とちゅう)に口出(くちだ)ししたら、おじいちゃんに「子供(こども)の分際(ぶんざい)で
　猪口才(ちょこざい)な！」って怒(おこ)られちゃった。
B へ～ あんたのおじいちゃん、権威主義(けんいしゅぎ)なのね。

A 말하는 도중에 말참견했다가 할아버지에게 "어린 주제에 건방 떨지 마라!"라고 혼났다.
B 어머, 너네 할아버지 권위적이시구나.

・口出(くちだ)しする 말참견하다　・～の分際(ぶんざい)で 그리 대단한 신분도 아닌 주제에

1489 ちょっかいを出(だ)す 간섭을 하다. 참견을 하다

・ちょっかい ① 고양이 등이 한쪽 앞발로 물건을 휙 끌어당기는 동작을 함 ② 쓸데없는 참견. 간섭
・出(だ)す 내밀다　→ 간섭을 내밀다

시험 ★☆☆
회화 ★★★

✎ 意味　쓸데없는 간섭이나 참견을 하는 것. 또는 장난삼아 여자를 건드리는 것.

🔍 用例
A また お兄(にい)ちゃんにいじめられた。
B また、お兄(にい)ちゃんにちょっかい出(だ)したんじゃないの？
A 違(ちが)うもん。

A 자꾸 오빠가 못살게 굴어.
B 또 오빠한테 참견한 거야?
A 아녜요!

1490 つうと言(い)えばかあ 척하면 착

・つう = ということだ ～라고 한다. ～라는 말이다
・言(い)えば 말하면　・言(い)う 말하다　・かあ = そうかあ 그렇구나　→ 쑥하면 착

시험 ★☆☆
회화 ★★★

✎ 意味　에도시대에 쓴 말로「つう ～라고 해」하고 말하면 상대가「かあ 그렇구나」라고 답한다는 것에서, 서로 잘 알아서 한 마디만 해도 바로 그 의도를 알아듣는 것.
줄여서 つうかあ 또는 ツーカー라고도 함.

🔍 用例
A 旦那(だんな)さんとは、つうと言(い)えばかあの関係(かんけい)ですよね。
B そうですか？ まぁ、結婚(けっこん)してもう30年(さんじゅうねん)ですからね。

A 남편과는 척하면 통하는 사이시죠?
B 그렇죠, 뭐. 결혼한 지 30년이나 됐으니까요.

あの二人(ふたり)はつうかあの仲(なか)だ。
저 두 사람은 척하면 착 통하는 사이다.

 同義語　つうかあ(ツーカー) ★★★
阿吽(あうん)の呼吸(こきゅう) ★★

1491 付かず離れず 적당한 거리를 유지하다. 중립적인 태도를 취하다

시험 ★☆☆
회화 ★★☆

- **付かず** 달라붙지 않고 • **付く** 붙다. 달라붙다 • **離れず** 떨어지지 않고
- **離れる** 떨어지다. 멀어지다 → 달라붙지 않고. 떨어지지 않고

✎ 意味 붙지도 떨어지지도 않고 적당한 거리를 두고 관계를 유지하는 것.

🔍 用例 **人との関係は、付かず離れずの距離が一番いいのかもしれない。**

대인 관계는 적당한 거리를 유지하는 게 가장 좋을지도 모른다.

1492 付かぬ事 느닷없는 이야기. 뜬금없는 이야기. 갑작스런 이야기

시험 ★☆☆
회화 ★★★

- **付かぬ** 붙지 않은. 잡히지 않은 • **事** 일. 사실. 것 → 잡히지 않은 일

✎ 意味 지금까지 이야기했던 일과는 아무런 관계가 없는 것. 갑자기 질문을 하거나 화제를 바꿀 때 씀.

🔍 用例 A **付かぬ事をお伺いしますが、ご結婚されてるんですか?**

B **はい、去年結婚いたしました。**

A 갑작스런 질문입니다만, 결혼은 하셨습니까?
B 네, 작년에 했습니다.

1493 掴み所がない 막연하다. 종잡을 수 없다

시험 ★★☆
회화 ★★★

- **掴み所** ① 잡을 데 ② 중점. 요점 • **掴む** 움켜쥐다. 붙잡다 • **所** 곳 • **無い** 없다
- → 요점이 없다

✎ 意味 판단할 만한 증거나 논거가 없는 모양.

🔍 用例 A **あの人って本当に掴み所のない人だと思わない? 何考えてるか分からないし。**

B **そうだよね。でもいい人だよ。**

A 저 사람 말야, 도대체 종잡을 수가 없는 사람 같지 않아? 뭘 생각하고 있는지 알 수가 없어.
B 그렇긴 하지. 그치만 좋은 사람이야.

A **テーマは日本文化と言われても、ちょっと掴み所がないよね。**

B **そうそう。もう少しテーマをしぼって明確にしてほしいよね。**

A 테마가 일본 문화라니, 좀 막연하네.
B 맞아 맞아. 좀 더 테마를 좁혀서 명확하게 해 주면 좋겠어.

同義語 **捕まえ所がない ★★** • **捕まえ所がない** 종잡을 수 없다
  • **捕まえ所** 붙잡을 곳. 종잡을 곳. 요점

1494 月並み 평범함. 진부함

つき な

시험 ★★★
회화 ★★★

· 月 ① 달 ② 한 달 · 並み 보통. 중간
つき　　　　　　　　　　　な

✎ 意味　메이지 시대 중기의 하이쿠(俳句 5·7·5/3구 17음절로 된 일본 고유의 단시) 혁신파들이
　　　　はいく
매월 하이쿠 대회를 열어 아무런 감동도 없는 평범한 하이쿠를 짓고 있는 구파에 대해
「月並み俳句 진부한 하이쿠」라는 말로 비판을 가한 데서, 신선미가 없고 흔하고 평범한 것.
つき な はいく

🔍 用例　A 月並みだけど、僕と結婚してください。
　　　　　　つき な　　　　　　ぼく　けっこん

　　　　　B はい。幸せにしてください。
　　　　　　　　　しあわ

A 평범하지만 저와 결혼해 주세요.

B 네. 그럼 저를 행복하게 해 주세요.

1495 辻褄が合わない 이치에 맞지 않다. 맞지 않다

つじつま　　あ

시험 ★★★
회화 ★★★

· 辻褄 조리. 이치　· 合わない 맞지 않다　· 合う 맞다. 일치하다　→ 조리에 맞지 않다
　つじつま　　　　　　　あ　　　　　　　　　　　あ

✎ 意味　어떤 사람의 말이나 행동이나 일의 앞뒤가 맞지 않은 모양. 또는 맞아야만 하는 것의 앞뒤가
맞지 않는 모양.

🔍 用例　今月使った金額と、残ってる金額の辻褄が合わない。
　　　　　こんげつつか　きんがく　　のこ　　　きんがく　つじつま　あ

이번 달 지출 금액과 잔액 계산이 안 맞는다.

　　　　　自宅でテレビを見ていたというのに、番組の内容を覚えていないとか、
　　　　　じたく　　　　　　み　　　　　　　　　ばんぐみ　ないよう　おぼ
　　　　　友人と電話していたというのに、通話記録が一切無い等、彼の陳述は
　　　　　ゆうじん　でんわ　　　　　　　　　　つうわきろく　いっさいな　など　かれ　ちんじゅつ
　　　　　辻褄が合わない部分が多く、信憑性にかける。
　　　　　つじつま　あ　　　ぶぶん　おお　しんぴょうせい

집에서 텔레비전을 봤다면서 프로그램 내용을 기억하지 못한다거나, 친구와 전화를 했다면서 통화 기록을 전혀
찾아볼 수 없는 등, 그의 진술은 앞뒤가 맞지 않은 부분이 많아서 신빙성이 떨어진다.

· 信憑性にかける 신빙성이 떨어지다
　しんぴょうせい

1496 潰しが利く 쓸모가 있다

つぶ　　き

시험 ★☆☆
회화 ★★★

· 潰し ① 찌그러뜨림 ② (금속 제품을 부수거나 녹여서) 원래의 재료로 만듦 ③ (시간 등을) 때움
　つぶ
· 利く 효력이 있다. 듣다　→ 때움이 듣다
　き

✎ 意味　금속 제품은 녹여서 다른 물건을 만들 수 있으므로 유용하다는 것에서, 본래의 직업을 그만둔다고
해도 다른 일도 잘 해낼 능력이 있는 것. 다른 분야의 일도 해낼 수 있는 힘이 있는 것.

🔍 用例　A 何学部に進学するか決めたの?
　　　　　　なにがくぶ　しんがく　　　き

　　　　　B まだ決めてないけど、将来潰しが利く学部に入ろうと思う。
　　　　　　　　き　　　　　　　　しょうらいつぶ　き　がくぶ　はい　　おも

A 무슨 학부로 진학할지 결정했어?

B 아직 정하진 않았는데 장래에 여러모로 쓸모 있는 학부에 들어가려고 생각해.

1497 壺にはまる 웃음보를 건드리다

시험 ★☆☆
회화 ★★★

• 壺＝壷 ① 항아리. 단지 ② 요점. 급소 • はまる 꼭 맞다. 들어맞다 → 급소에 들어맞다

✎ 意味 여기서 壺는 웃음의 포인트(급소)로, 다른 사람은 웃기지 않는데 자기한테만은 유독 웃기게 느껴지는 그런 경우에 주로 사용.

🔍 用例

A まだあんまり人気はないけど、すごく面白いお笑い芸人がいるのよ。

B え! 誰々? どんな人?

A まぁ、普通にコントをする人たちだけど、その内容が私の壺にはまっちゃって、大爆笑なんだよ。

A 아직 별로 인기는 없는데, 아주 재미있는 코미디언이 있어.

B 그래? 누구, 누구? 어떤 사람?

A 그냥 보통 콘트하는 사람들인데, 내용이 내 웃음보를 건드려서 배꼽 잡았잖아.

同義語 壺に入る★★ • コント 콩트. 장편 소설

1498 壺を心得る 요령을 터득하다. 요령을 습득하다

시험 ★☆☆
회화 ★★★

• 壺＝壷 ① 항아리. 단지 ② 요점. 급소 ③ 예상. 짐작 • 心得る 이해하다. 터득하다
→ 요점을 이해하다

✎ 意味 일이 잘되게 하기 위한 가장 중요한 점을 알고 있는 것.

🔍 用例

教育者は、指導の壺を心得ることが大切である。

교육자는 지도 요령을 터득하는 것이 중요하다.

壺を心得て勉強するのとそうでないのでは、後々明らかな差がつく。

요령을 터득해서 공부하는 것과 그렇지 않은 것은 훗날 분명 차이가 난다.

• 後々 장래. 그 이후

1499 罪がない 순진무구하다

시험 ★☆☆
회화 ★★★

• 罪 죄. 죄악 • ない 없다 → 죄가 없다

✎ 意味 순진한 모양. 악의가 없는 모양.

🔍 用例

子供には罪がないのに、事件に巻き込まれ帰らぬ人になってしまった。

어린아이에게는 아무런 잘못이 없는데, 사건에 휘말려서 돌아올 수 없는 몸이 되었다.

• 巻き込む 말려들다

• 帰らぬ人＝死んだ人 돌아올 수 없는 사람. 죽은 사람

1500 罪を着せる 남에게 죄를 덮어씌우다

시험 ★☆☆
회화 ★★★

• 罪 죄. 죄악 • 着せる 입히다 → 죄를 입히다

✎ 意味 자신의 잘못을 남에게 뒤집어씌우는 것.

🔍 用例
A 私は何もやってないんです。
B 証拠は挙がってるんだぞ。
A 私は罪を着せられているだけなんですよ!

A 저는 아무 짓도 안 했어요.
B 증거가 나왔어.
A 저는 누명을 쓴 거라고요(죄를 뒤집어쓴 것뿐이에요)!

• 挙がる ① (범인이) 잡히다. 검거되다 ② (증거가) 드러나다

1501 梃入れをする 지원 조치를 하다

시험 ★☆☆
문장 ★★☆

• 梃入れ (주가 등) 시세의 하락, 상승을 인위적으로 조정함. 특히 사는 쪽이 하락 기미를 저지하기
위해 대량으로 사들이는 것 • する 하다 → 주식 등을 대량으로 사들이다

✎ 意味 주식에서 주가의 상승과 하락을 막기 위해 인위적으로 간섭하는 것에서, 부진하거나 약한
상태에 있는 것에 외부에서 원조를 가하여 활력을 되찾게 만드는 것.

🔍 用例
観光事業拡大のための梃入れをするため、外部からの協力を受ける。
관광 사업을 확대하기 위한 지원 조치로 외부의 협력을 받다.

1502 出たとこ勝負 닥치는 대로 함. 저질러 놓고 봄

시험 ★☆☆
회화 ★★☆

• 出た 나온 • 出る 나오다 • 所 곳. 점. 참 • 勝負 승부 → 나온 곳이 승부

✎ 意味 도박에서 주사위의 눈으로 승부를 결정한다는 것에서, 사전 준비 없이 그 자리의 상황에 따라
일을 결정하는 것. 그때그때의 형편에 따라 일을 처리하고 결과는 운에 맡기는 것.

🔍 用例
私は何をするときでも計画を立てるということが嫌いなので、
いつも出たとこ勝負だ。
나는 무슨 일을 하든 계획을 세운다는 것 자체가 싫어서 언제나 닥치는 대로 한다.

なんの計画もなしに世界一周したいだなんて出たとこ勝負にも程があ
るよ。
아무 계획도 없이 세계 일주를 하고 싶다니 저지르고 보는 것도 정도가 있지.

同義語 行き当たりばったり★★★ • 行き当たりばったり
아무런 계획도 없이 되어 가는 대로 함. 닥치는 대로 함

1503 出端をくじく 초장에 기선을 제압하다

시험 ★☆☆
회화 ★★★

- **出端＝出鼻(ではな・でばな)** ① 나가는 순간. 나가자마자 ② (일을 시작한) 첫머리. 초장
- **くじく** ① 삐다 ② 기세를 꺾다. 악화시키다. 누르다 → **초장에 누르다**

✎ 意味   상대나 적의 기선을 초반에 꺾어 버리는 것.

🔍 用例   **相手の出端をくじいて、一気に攻め入る作戦だ。**
상대의 기선을 제압하여 단번에 공격하는 작전이다.

**彼の論理的な発言に、反論しようと息巻いていた学生は出端をくじか
れてしまった。**
그의 논리적인 발언에 반론하려고 기세등등 벼르던 학생은 초장에 기선을 제압당하고 말았다.

同義語 **出端を折る** ★★

- **一気に** 단숨에. 단번에   ・**攻め入る** 공격해 들어가다. 쳐들어가다
- **折る** 꺾다. 부러뜨리다   ・**息巻く** 기세가 대단하다

1504 出る所に出る 법에 호소하다. 법적으로 해결하다

시험 ★☆☆
회화 ★★★

- **出る** 나가다. 나오다   ・**所** 곳 → 나갈 곳에 나가다

✎ 意味   경찰서나 법정에 가서 옳고 그름을 결판 짓는 것.

🔍 用例   **あなたがそういう態度を取るなら、私は出るところに出てもいいんで
すよ。**
당신이 그런 태도를 취한다면 나는 법으로 해결하겠습니다.

1505 出る幕ではない 나설 때가 아니다. 참견할 때가 아니다

시험 ★☆☆
회화 ★★★

- **出る** 나오다   ・**幕** 막   ・**ではない＝じゃない** ~이(가) 아니다 → 나올 막이 아니다

✎ 意味   연극에서 그 연기자가 출연할 장면이 아니라는 것에서, 거기에 나와서 활약하거나 말을 섞거나
할 때가 아니라는 의미.

🔍 用例   **私が出る幕ではないのですが、あえて発言をさせていただきたいと
思います。**
제가 끼어들 자리는 아니지만 감히 말씀드리고자 합니다.

- **敢えて** 굳이. 감히. 억지로
- **させていただきたい** ~하고 싶다 (상대에게 허락을 구하고 어떤 행동을 조심조심 하는 것을 의미)

1506 天狗になる 거만해지다. 우쭐거리다. 뽐내다

시험 ★★☆
회화 ★★★

• 天狗 ① 하늘을 자유로이 날고 깊은 산에 살며 신통력이 있다는 얼굴이 붉고 코가 큰 상상의 괴물
② 우쭐대고 뽐냄. 자기 자랑을 함. 또는 그런 사람 • になる ~이(가) 되다 → 텐구가 되다

✎ 意味　상상의 괴물인 텐구가 우쭐거리는 것에서, 능력이나 기량이 뛰어난 것을 뽐내며 사람을
깔보는 듯한 태도를 취하는 것.

🔍 用例
A ちょっと、かわいいからって天狗になってるんじゃないわよ!

B え? そんなことないけど。

A 야, 좀 귀엽다고 우쭐거리지 마.
B 뭐? 그렇지 않아.

同義語 調子に乗る ★★★

• からって＝からと言って＝からとて ~라고 해도 • 調子に乗る 우쭐해지다

1507 天井知らず 천정부지. 하늘 높은 줄 모름

시험 ★☆☆
회화 ★★★

• 天井 천장 • 知らず＝知らない 알지 못하다 • 知る 알다 → 천장을 알지 못한다

✎ 意味　시세가 한없이 오르기만 하는 모양을 비유한 말.

🔍 用例
A 最近、天井知らずの物価高だな。

B ほんとに、どこまで上がるんだろう。いい加減止まってくれないと
生計が立たないよ。

A 요즘 하늘 높은 줄 모르고 물가가 오르네.
B 진짜, 얼마나 오르는 걸까? 이제 슬슬 멈추지 않으면 생활이 안 되는데.

• 物価高 물가고. 높은 물가

1508 点数を稼ぐ 점수를 따다

시험 ★☆☆
회화 ★★★

• 点数 점수 • 稼ぐ 벌다 → 점수를 벌다

✎ 意味　상대에게 좋은 인상을 주는 등 자신의 평가를 올리는 것. 또는 그런 행동을 하는 사람을 경멸할
때 쓰는 말.

🔍 用例
A あいつ、また課長にごますってるぞ。

B ああやって点数を稼ごうとしてるんだよ。
あんなの相手にするなんて、課長も課長だよな。

A 쟤, 또 과장한테 아부한다.
B 저렇게 해서 점수를 따려는 거야. 저런 놈을 상대해 주다니 과장도 과장이다.

• ごまをする 아첨하다

1509 天は二物を与えず
てん に ぶつ あた

하늘은 공평하다

시험 ★☆☆
회화 ★★★

・**天** 하늘 ・**二物** 두 가지 것 ・**与えず=与えない** 주지 않는다 ・**与える** 주다

→ 하늘은 두 가지 것을 주지 않는다

✎ 意味   하늘은 한 사람에게 한꺼번에 여러 가지 재능이나 장점을 주지 않는다는 것.

🔍 用例   A **天は二物を与えず**って言うけど、あれって嘘よね。
てん に ぶつ あた い うそ

B **本当に! 綺麗**で、**頭**よくて、**運動神経抜群**な人っているもん。
ほんとう き れい あたま うんどうしんけいばつぐん ひと

A 하늘은 공평하다고 하지만, 그 말도 다 거짓말인 거 같아.

B 정말이야! 예쁘고 머리 좋고 거기다 운동 신경까지 뛰어난 사람도 있으니까 말야.

1510 どういう風の吹き回し
かぜ ふ まわ

무슨 바람이 불었는지. 무슨 생각이 들었는지

시험 ★☆☆
회화 ★★★

・**どういう** 어떠한. 어떤 ・**風** 바람 ・**吹き回し** ① 바람이 불어오는 상태. 바람이 부는 정도
かぜ ふ まわ

② (변하여) 그때의 형편. 심경의 변화 → **어떤 바람이 불어왔는지**

✎ 意味   일의 되어 가는 모양이 예상 외라는 의미.

🔍 用例   A **昨日誕生日**だったでしょ。これプレゼント。
きのう たんじょう び

B え? **私**にプレゼントくれるの? **今**まで**一度**もくれたことなかった
わたし いま いち ど

のに、**どういう風の吹き回し**?
かぜ ふ まわ

A 어제 생일이었지? 이거 선물이야.

B 어? 나한테 선물 주는 거야? 지금까지 한번도 준 적 없으면서 무슨 바람이 분 거야?

1511 頭角を現す
とうかく あらわ

두각을 드러내다

시험 ★☆☆
회화 ★★★

・**頭角** 두각 ・**現す** 나타내다. 드러내다 → **두각을 드러내다**
とうかく あらわ

✎ 意味   재능이나 기량 등이 주위 사람보다 한 단계 뛰어난 것.

🔍 用例   A **この女優**って、**何**から**出**てきた**人**?
じょゆう なに で ひと

B **朝の連ドラ**に**出**て、**頭角を現**してきたらしいけど…。
あさ れん で とうかく あらわ

A 이 여배우 말야, 도대체 어디서 나왔었지?

B 아침 연속극에 나와 두각을 나타내기 시작했다던데….

A選手は高校・大学と無名だったが、**実業団**に入った**頃**から
せんしゅ こうこう だいがく む めい じつぎょうだん はい ころ

頭角を現してきた。
とうかく あらわ

A선수는 고등학교, 대학까진 무명이었는데 실업 팀에 들어가고 나서부터 두각을 나타냈다.

・**連ドラ** 연속극. 한 주일에 한 번씩 하는 드라마나 15~30분씩 매일 하는 드라마로 나뉨
れん

1512 峠を越す 고비를 넘기다
とうげ こ

시험 ★★☆
회화 ★★★

- **峠** とうげ ① 고개 ② 절정기. 한창 때. 고비 ・ **越す** こ 넘다. 넘기다 → 절정기를 넘기다

✎ 意味 어떤 절정의 시기, 위험한 시기, 긴장 등이 지난 모양.

🔍 用例
A 先生、父の容体はどうなんですか?
せんせい ちち ようだい

B とりあえず、峠は越したようですよ。(=危険は回避した)
とうげ こ きけん かいひ

A 本当ですか? ありがとうございます。
ほんとう

A 의사 선생님, 아버지 상태는 어떠신가요?
B 우선 고비는 넘긴 것 같습니다.
A 정말입니까? 고맙습니다.

- **容体** ようだい 용태 ① 외면상의 모습. 모양 ② 병세. 병상
- **危険は回避したようですよ** きけん かいひ 위험은 넘기신 것 같습니다 ・ **危険** きけん 위험 ・ **回避する** かいひ 회피하다

1513 どうにかこうにか 그럭저럭. 겨우겨우

시험 ★★☆
회화 ★★★

- **どうにかこうにか**「**どうにか** 겨우. 그런대로. 그럭저럭」을 강조한 말

✎ 意味 충분하지는 않았지만 일단 목적을 달성한 것.

🔍 用例
A 昨日12時までに家に帰れた?
きのう じゅうにじ いえ かえ

B うん。どうにかこうにか間に合ったよ。
ま あ

A 어제 12시까지 집에 도착했어?
B 응. 겨우겨우 시간에 맞췄어.

1514 堂に入る 경지에 이르다. 도가 트이다. 숙련되다. 능숙하다
どう い

시험 ★★☆
회화 ★★☆

- **堂** どう 당. 신불을 모신 건물 ・ **入る** い 들어가다 → 당에 들어가다

✎ 意味 학문이나 기예 등이 높은 경지에 이른 모양.

🔍 用例
堂に入った司会ぶりは、やっぱりプロだと感心させられた。
どう い しかい かんしん

숙련된 사회 솜씨는 역시 프로구나 하는 감탄을 자아내게 했다.

ベテラン俳優は堂に入った演技で他の俳優を圧倒した。
はいゆう どう い えんぎ ほか はいゆう あっとう

베테랑 배우는 능숙한 연기로 다른 배우를 압도했다.

- **感心** かんしん 깊이 마음으로 느낌. 칭찬할 만하다고 여김

1515 同病相憐れむ どうびょうあいあわれむ 동병상련을 느끼다

시험 ★☆☆
회화 ★★☆

• **同病** 동병. 같은 병을 앓는 사람 • **相** 서로. 함께 • **憐れむ** 가엾게 여기다. 동정하다
→ 같은 병을 앓는 사람이 서로 동정하다

✎ 意味   같은 병이나 같은 고민, 괴로움을 가진 사람이 서로 격려하며 동정하는 것.

🔍 用例   A 世界人口の20％近くがアトピーなんだって。
B 実は私の子もアトピーなの。だからアトピーの子を見ると同病相憐
れむで何とかしてあげたい気持ちになるの。

A 세계 인구의 20% 가까이가 아토피래.
B 실은 우리 애도 아토피야. 그래서 아토피 걸린 아이들을 보면 동병상련을 느껴서 뭐라도 해 주고 싶은 마음이 들어.

1516 通り一遍 とおいっぺん 표면적임. 형식적임

시험 ★☆☆
회화 ★★★

• **通り** 길. 한길 • **一遍** 명사 뒤에 접미적으로 쓰여서, 표면뿐이고 내실이 없음. 형식적임

✎ 意味   사무적이거나 그냥 의리상 하는 것으로 마음에서 우러나온 것이 아닌 것.

🔍 用例   記者会見まで開くという事で、世間は注目したが、蓋を開けてみたら、
通り一遍の内容に終始していて全く得るものが無かった。

기자회견까지 연다고 해서 세상이 주목했지만, 뚜껑을 열어 보니 그저 형식적인 내용으로 일관할 따름이어서
전혀 건질 것이 없었다.

• **終始する** 시종일관하다

1517 度胸が据わる どきょうがすわる 배짱이 두둑하다

시험 ★★☆
회화 ★★★

• **度胸** 배짱. 담력 • **据わる** 끄떡하지 않다 → **배짱이 끄떡하지 않다**

✎ 意味   어떤 사태나 일에 직면하더라도 동요하지 않고 침착한 것.

🔍 用例   A お化け屋敷が怖くないの?
B ぜんぜん怖くないよ。
A あんた、度胸が据わってるね。

A 도깨비집 무섭지 않았어?
B 전혀 무섭지 않아.
A 너 배짱 한 번 두둑하다!

若いのに度胸の据わったすばらしいスピーチだった。
젊은데도 차분하면서도 훌륭한 연설이었다.

1518 毒にも薬にもならない 이도 저도 아니다

시험 ★☆☆
회화 ★★☆

• 毒독 • 薬약 • ならない 안 된다 → 독도 약도 안 된다

✎ 意味 독도 없지만 그렇다고 약도 안 된다는 것에서, 방해가 되는 것도 아니지만 딱히 도움이 되는 것도 아닌 모양.

🔍 用例 **うちの課の明石君はまったく、毒にも薬にもならない奴だな。**
우리 과 아카이시는 정말, 독도 득도 안 되는 놈이야.

毒にも薬にもならない生き方なんて、つまらないような気がする。
이도 저도 아닌 삶이란 시시한 느낌이 든다.　　　　　　　　　　　（=害でも益でもない）

• 害でも益でもない 해도 이익도 안 된다

1519 とぐろを巻く 똬리를 틀다. 진을 치다

시험 ★☆☆
회화 ★★★

• とぐろ 뱀 등이 몸을 둥글게 감음. 또는 그런 모습 • 巻く 말다

✎ 意味 ① 뱀이 몸을 둥글게 감은 모습. ② 여럿이 한곳에 모여 불온한 모습을 보이는 것.

🔍 用例 ① **大きな蛇が、道の真ん中でとぐろを巻いている。**
큰 뱀이 길 한가운데에서 똬리를 틀고 있다.

② **若者が、コンビニの前で毎晩とぐろを巻いているの。**
젊은애들이 편의점 앞에서 매일 밤 진을 치고 있어.

1520 床に就く 잠자리에 들다. 병상에 눕다

시험 ★★☆
회화 ★★★

• 床 잠자리. 이부자리. 요 • 就く ① 취임하다. 취업하다 ② 잠자리에 들다 ③ (어떤 곳으로) 떠나다

✎ 意味 ① 자기 위해 이부자리에 눕는 것. ② 병으로 드러눕는 것.

🔍 用例 ① **うちの祖父母は、毎晩8時に床に付く。**（=布団に入る）
우리 조부모님은 매일 저녁 8시에 잠자리에 드신다.

② **病気のために半年間、床についていたので仕事をまた一から覚えな
ければならなかった。**（=病床に伏して）
병 때문에 반년간 병상에 누워 있어서 일을 처음부터 다시 배우지 않으면 안 되었다.

• 病床に伏す 병상에 눕다

1521 どこの馬の骨 어디서 굴러먹던 놈

시험 ★☆☆
회화 ★★★

• どこの 어디의 • 馬の 말의 • 骨 뼈 → 어디서 굴러먹던 말 뼈다귀

✎ 意味　내력을 알 수 없는 사람을 비꼬면서 하는 말.

🔍 用例

A お父さん、私この人と結婚します！

B どこの馬の骨とも分からないような奴に、嫁には行かせない！

A 아버지, 저 이 사람과 결혼할래요!

B 어디서 굴러먹던 말 뼈다귀인지도 모르는 녀석에게 널 시집보낼 순 없어!

同義語　どこの牛の骨 ★★★

1522 どこ吹く風 뉘집 개가 짖느냐. 아랑곳하지 않고. 들은 체도 않고

시험 ★★★
회화 ★★☆

• 何処 어디. 어느 곳 • 吹く 불다 • 風 바람 → 어디 부는 바람

✎ 意味　자신과는 전혀 관계없다는 듯이 모른 척하는 것의 비유.

🔍 用例

他人の視線もどこ吹く風といった様子で電車の中で化粧をする女性が
いた。

다른 사람의 시선도 아랑곳하지 않는 모습으로 전철 안에서 화장을 하는 여자가 있었다.

彼はみんなに反対されようが批判されようがどこ吹く風といった顔を
していた。

그는 모두 반대하든 비판하든 뉘집 개가 짖느냐는 듯한 얼굴을 하고 있었다.

同義語　気にしない ★★★　• 気にしない 신경 쓰지 않다

1523 ところてん式 힘 안 들이고. 햇수가 차서

시험 ★☆☆
회화 ★★★

• ところてん 우무(우뭇가사리를 끓여서 차갑게 식혀 만든 것) • 式 식 → 우무식

✎ 意味　우무가 야글야글하여 통 속에 넣고 막대기로 쑤셔 밀면 가늘게 뽑아지는 데서, 힘들이지 않고
저절로 앞으로 나가는 것.

🔍 用例

A 部長、何だか頼りないよね。実力なさそうだし。

B ところてん式に、部長まで上ってきた人だからね。

A 부장님, 왠지 믿음직스럽지 못하. 실력도 없어 보이고.

B 힘들이지 않고 부장까지 올라간 사람이니까 그렇지.

夢中でやっているうちに取得単位が積み上がり４年でところてん式に
卒業した。

열심히 하다 보니 취득학점이 쌓여 4년 만에 힘 안 들이고 졸업을 했다.

1524 どころの騒ぎではない 한가롭게 있을 판국이 아니다

시험 ★☆☆
회화 ★★★

• **騒ぎ** ① 소동. 소란. 혼란 ② ~**どころの騒ぎではない**의 꼴로, 한가롭게 ~할 정도의 일이 아니다

✎ 意味　사태가 심각하여 한가롭게 있을 상황이 아닌 것.

🔍 用例　ビートルズが来日した時は、一目見ようと空港に押し寄せた人々で
見物どころの騒ぎではなかった。

비틀즈가 일본에 왔을 때는 한 번이라도 보려고 공항에 몰린 사람들로 한가롭게 구경할 틈도 없었다.

1525 年甲斐もない 나잇값도 못하다

시험 ★☆☆
회화 ★★★

• **年甲斐** 나잇값　• **甲斐** 값어치. 보람　• **もない** ~도 없다　→ **나잇값도 없다**

✎ 意味　나이에 맞지 않게 주책맞은 일을 하는 것.

🔍 用例　彼は年甲斐もなく若い女の子を追いかける。

그는 나잇값 못하고 젊은 아가씨의 꽁무니만 따라다닌다.

昨日は年甲斐もなく大声で叫んでしまい恥ずかしく思っております。

어제는 나잇값도 못하고 큰 소리를 내서 부끄럽게 생각합니다.

1526 年には勝てぬ 나이에는 장사 없다

시험 ★☆☆
회화 ★★★

• **年** ① 해 ② 나이. 연령　• **勝てぬ ＝ 勝てない** 이길 수 없다　• **勝つ** 이기다. 승리하다
→ **나이에는 이길 수 없다**

✎ 意味　마음이 아무리 젊더라도 나이 들면 젊었을 때와 같지 않다는 말.

🔍 用例　どんなに若作りしても、やっぱり年には勝てぬ。

아무리 젊게 꾸민다 해도 역시 나이에는 장사가 없어.

• **若作り** (화장이나 옷차림으로) 젊어 보이도록 꾸밈

1527 年は争えない 나이는 감출 수 없다. 나이는 속일 수 없다

시험 ★☆☆
회화 ★★★

• **年** ① 해 ② 나이. 연령　• **争えない** (증거가 되는 것이 분명히 나타나 있어서) 부정(부인)할 수 없다.
숨길 수 없다. 속일 수 없다　→ **나이는 숨길 수 없다**

✎ 意味　① 아무리 젊어 보여도 나이를 먹은 것은 감출 수 없다는 것.
② 나이 들면 몸이 늙어서 당해 낼 수 없다는 것.

🔍 用例　① 昭和を知ってるようでは、年は争えないね。

쇼와를 알고 있다는 건 나이를 감출 수 없다는 거지.

② このくらいの階段で息切れするなんて年は争えないな～。

이 정도의 계단 오르내리는 데도 숨이 차다니 나이는 속일 수 없구나.

1528 年端も行かぬ とし は い 나이 어린

시험 ★☆☆
회화 ★★★

• 年端も(の)行かぬ・年端も(の)ゆかない의 꼴로, '나이 어린'의 뜻을 나타냄

✎ 意味　아직 나이 어린 모양.

🔍 用例　年端も行かぬ少年の発言とは思えぬほど、彼はすばらしい言葉を放った。

나이 어린 소년의 발언이라고 생각할 수 없을 만큼 그 아이는 훌륭한 말을 했다.

1529 ドジを踏む ふ 얼빠진 짓을 하다. 실수를 하다

시험 ★☆☆
회화 ★★★

• どじどじ = ドジ 얼빠진 짓. 실수 • 踏む (발로) 밟다 → 실수를 밟다

✎ 意味　에도 시대에 씨름 선수가 씨름판 밖으로 발을 내디뎌서 지는 것을 土地を踏む라고 한 데서, 실수를 하는 것.

🔍 用例　A またドジを踏んじゃった。
B 何したの?
A 掃除していたら、お父さんの大事にしてる壺を割っちゃったの。

A 또 일을 저질러 버렸어.　　B 무슨 일?
A 청소하다가 아버지가 아끼시는 도자기를 깨 버렸어.

1530 土壇場 どたんば 막다른 판국. 마지막 장면

시험 ★★★
회화 ★★★

• 土壇場 ① 옛날의 사형수의 목을 자르던 형장(刑場) ② 마지막 결단을 해야 할 장면. 막바지 판. 막판

✎ 意味　土壇場는 흙이나 돌을 쌓아 올린 자리. 에도 시대에 들어서면서 형벌을 할 때 죄인을 土壇場에 눕힌 것에서 참수형을 집행하는 장소를 의미하게 됨. 여기서 변하여 어쩔 도리가 없는 장면이나 결단을 해야 할 장면을 土壇場라고 말하게 됨.

🔍 用例　A 入試に備えての勉強しないの?
B 私、土壇場にならないと力が出ないタイプなのよ。

A 입시 대비 공부는 안 해?　　B 난 막바지에 다다르지 않으면 힘이 안 나는 타입이라.

• 備える ① 갖추다. 구비하다 ② 대비하다

1531 取って付けたよう と つ 억지 춘향의. 어색한

시험 ★☆☆
회화 ★★★

• 取って 떼다 • 取る 잡다. 따다 • 付けた 붙여 놓은 • 付ける 붙이다 • よう 듯
→ 떼다 붙여 놓은 듯

✎ 意味　말이나 태도 등이 부자연스럽고 의도적인 모양.

🔍 用例　彼は、取って付けたような理由で、私の誘いを断った。

그는 억지스런 이유로 나의 제안을 거절했다.

1532 突拍子もない
とっぴょうし

얼토당토않은. 엉뚱한. 당치도 않은

시험 ★☆☆
회화 ★★★

• 突拍子もない의 꼴로, 엉뚱한. 당치도 않은. 빗나간
とっぴょうし

✎ 意味   상식으로는 생각할 수 없는 이상한 말이나 행동을 하는 것.

🔍 用例   A 進路どうするか決めたの？
しんろ　　　　　　　き

B うん。高校には行かないで歌手になるわ。
こうこう　　い　　　　　　かしゅ

A あんた、また突拍子もないようなこと言うわね。
とっぴょうし　　　　　　　　　　い

A 진로는 어떻게 할지 정했어?

B 응, 고등학교는 안 가고 가수가 되기로 했어.

A 넌 또 말도 안 되는 소릴 하는구나.

1533 とてつもない
터무니없다. 도리에 맞지 않다

시험 ★☆☆
회화 ★★★

• 途轍 사리. 조리. 도리 • もない ~도 없다 → 조리도 없다
とてつ

✎ 意味   전혀 도리에 맞지 않는 것.

🔍 用例   外国人だからと、とてつもない値段をふっかけられた。
がいこくじん　　　　　　　　　　　　　　　ねだん

외국인이라고 말도 안 되는 바가지를 씌웠다.

この岩を持ち上げるなんて、彼はとてつもない力の持ち主だ。
いわ　も　あ　　　　　　　　かれ　　　　　　　ちから　も　ぬし

이 바위를 들어올리다니 그는 엄청난 힘을 가진 장사다.

| 同義語 | 途方もない ★★★   とんでもない ★★★   話にもならない ★★★ |
とほう　　　　　　　　　　　　　　　　　　　はなし

• 吹っ掛ける ① (싸움 등을) 걸다 ② 과장해서 말하다. 가격을 비싸게 부르다
ふ　か

1534 とどのつまり
결국. 필경

시험 ★★★
회화 ★★★

• とど 성장한 숭어 • 詰まり 결국. 요컨대
つ

✎ 意味   숭어(ボラ)는 성장하면서 이름이 바뀌는데, 그 마지막 이름이 とど인 것에서, 여러 가지
과정을 거쳐서 결국 닿는 곳. 대개 좋지 않은 결과에 대해 사용.

🔍 用例   A 今度の企画、色々やってみたんだけど…とどのつまりはやっぱやめよ
こんど　　きかく　　いろいろ

うってことになったのよ。

B え〜、どうして？

A 이번 기획, 여러모로 해 봤는데… 결국은 역시 포기하기로 했어.

B 어머〜, 왜?

1535 止(と)めを刺(さ)す 숨통을 끊다. 결정타를 날리다. 못박다

시험 ★★★
회화 ★★★

• 止(と)め = 留(と)め (사람이나 동물을 죽일 때) 마지막으로 목을 찌르거나 하여 완전히 숨통을 끊음
• 刺(さ)す 찌르다 → 숨통을 찌르다

✎ 意味　① 같은 문제가 발생하지 않도록 깨끗이 사물을 처리하는 것. ② 다시 일어서지 못하도록 결정적인 일격을 가하는 것. ③ 나중에 뒷말이 없도록 한 번 더 다짐을 하는 것.

🔍 用例　① 彼(かれ)は刀(かたな)でその男(おとこ)に止(と)めを刺(さ)した。(=息(いき)の根(ね)を止(と)めた)

그는 검으로 그 남자의 숨통을 끊었다.

② 部長(ぶちょう)の肩叩(かたたた)きは１年前(いちねんまえ)から続(つづ)いていたが、今朝社長(けさしゃちょう)に呼(よ)び出(だ)された。
「よく頑張(がんば)ってくれたが、後進(こうしん)に道(みち)を譲(ゆず)る事(こと)も考(かん)えたらどうだ」
その一言(ひとこと)に止(と)めを刺(さ)される思(おも)いだった。

부장님의 퇴직 권고는 1년 전부터 계속됐지만, 오늘 아침 사장님에게 불려갔다. "열심히 해 주었지만, 후배에게 길을 양보하는 것도 생각해 보면 어떻겠나."라는 사장님의 한 마디에 일격을 당한 기분이 들었다.

③ 期日(きじつ)までに製品(せいひん)が完成(かんせい)しなければ責任(せきにん)を取(と)ってもらうと、止(と)めを刺(さ)された。(=念(ねん)を押(お)された)

기한까지 제품을 완성하지 않으면 책임을 물게 할 거라고 다시 한 번 주의를 들었다.

• 息(いき)の根(ね) 호흡. 목숨 • 止(と)める 멎게 하다
• 肩叩(かたたた)き ① 근육이 뭉친 어깨를 두드리는 것 ② 퇴직이나 전근 등을 부드럽게 의뢰 · 권유하는 일
• 後進(こうしん)に道(みち)を譲(ゆず)る 후배에게 길을 양보하다 • 期日(きじつ) 기일 • 念(ねん)を押(お)される 거듭 주의를 듣다

1536 隣(となり)の芝生(しばふ)は青(あお)い 남의 떡이 더 커 보인다

시험 ★☆☆
회화 ★★☆

• 隣(となり) 옆집 • 芝生(しばふ) 잔디 • 青(あお)い 파랗다 → 옆집 잔디가 더 파릇파릇하다

✎ 意味　자기가 가지고 있는 것보다 다른 사람의 것이 좋아보이는 것을 의미하는 말.

🔍 用例　そんなに愚痴(ぐち)ばかり言(い)うな。隣(となり)の芝生(しばふ)は青(あお)いってよく言(い)うだろ。

그렇게 불평만 늘어놓지 마. 남의 떡이 커보인다는 말도 하잖아.

類似語 隣(となり)の芝生(しばふ)は青(あお)く見(み)える ★★

1537 途方(とほう)に暮(く)れる 어찌할 바를 모르다

시험 ★★★
회화 ★★★

• 途方(とほう) 수단. 방법. 방도 • 暮(く)れる ① 해가 지다. 저물다 ② 어찌할 바를 모르다
→ 방법에 어찌할 바를 모르다

✎ 意味　어떻게 사태를 해결해야 할지 수단이나 방법을 몰라 어쩔 줄 모르는 것.

🔍 用例　財布(さいふ)を落(お)としてしまい、どうしたらよいか分(わ)からずに、途方(とほう)に暮(く)れた。

지갑을 잃어버려 어찌할 줄을 몰라 당황했다.

1538 途方もない 터무니없다. 도리에 맞지 않다

시험 ★★★
회화 ★★★

• 途方 ① 수단. 방법. 방도 ② 조리. 이치 • 無い 없다 → 조리도 없다

✎ 意味 도리에 맞지 않는 것. 상식으로는 생각할 수 없을 정도로 동떨어진 모양.

🔍 用例 **一枚の絵に途方もない値段が付く。** (=とんでもない)
그림 한 장에 터무니없는 가격이 붙다.

1539 取るに足らない 하찮다

시험 ★★☆
회화 ★★★

• 取る 잡다. 들다. 쥐다. 집다 • 足りない = 足らない 불충분하다 • 足りる 충분하다. 족하다
• 足る 족하다. 만족하다 → 잡기에 불충분하다

✎ 意味 문제 삼을 가치도 없다는 것에서, 하찮은 것을 의미.

🔍 用例 **私たちにとっては取るに足らない事件だったとしても、本人や、
家族にとっては重大なことだったりする。** (=別に大したことではない)
우리에게는 하찮은 사건이라 해도 당사자나 가족에게는 중요한 일일 수도 있다.

• だったりする ~이거나 하다 • 別に大したことではない 특별히 중요한 것이 아니다

1540 止め処がなく 끝없이. 한정 없이

시험 ★☆☆
회화 ★★★

• 止め処 한. 끝 • 無い 없다 → 한이 없다

✎ 意味 한 번 시작하면 멈추지 않고 계속해서 이어지는 모양.

🔍 用例 **ラブストーリーの映画がとても切なくて、止め処なく涙が流れた。**
멜로 영화의 내용이 너무 애절하여 끝없이 눈물이 흘렀다.

1541 虎の子 애지중지

시험 ★☆☆
회화 ★★★

• 虎 호랑이 • 子 자식 → 호랑이 자식

✎ 意味 호랑이가 자기 새끼를 지극히 소중하게 키운다는 데서, 늘 소중히 간직하고 있는 것. 비장의 금품.

🔍 用例 **虎の子の貯金を叩いて、家を新築した。**
애지중지하던 적금을 깨서 집을 신축했다.

私の虎の子は、かわいいうちの子供です。
내가 가장 아끼는 것은 귀여운 내 자식입니다.

1542 取り留めがない 두서가 없다. 요점이 없다. 결말이 없다

시험 ★☆☆
회화 ★★★

• 取り留め ① 분명한 결말. 뚜렷한 목표 ② ～が無い・～の無い의 꼴로, 두서가 없다. 종잡을 수 없다

✎ 意味 이렇다 할 목적이 없는 모양. 또는 정리가 되지 않아 산만한 모양.

🔍 用例 日常の取り留めがないことを綴ったエッセイが人気を博している。
일상생활을 두서없이 엮은 에세이가 인기를 얻고 있다.

• 綴る ① 매다. 철하다 ② (문장, 시 등) 글을 엮어 짓다 • 博する (명예나 이익 등을) 얻다. 차지하다. 떨치다

1543 鳥肌が立つ 닭살이 돋다

시험 ★★★
회화 ★★★

• 鳥肌 ① 소름 ② 닭살 • 立つ 서다 → 소름이 서다. 닭살이 서다

✎ 意味 추위나 공포 등 강한 자극에 의해 피부에 닭살이 생기는 것.

🔍 用例 非常に寒くて、鳥肌が立った。
굉장히 추워서 닭살이 돋았다.

ジェットコースターに乗って、恐怖のあまり鳥肌が立った。
제트 코스터를 탔다가 공포를 느낀 나머지 소름이 돋았다.

1544 取る物も取り敢えず 만사 제쳐 두고

시험 ★☆☆
회화 ★★★

• 取る (무엇을) 하다 • 物 것. 일 • 取り敢えず 다른 일은 제쳐 놓고. 먼저. 곧바로. 지체 없이.
부랴부랴 → 하는 것도 제쳐 놓고

✎ 意味 급한 일이나 사건에 직면하여 우선 그것을 서두르는 모습.

🔍 用例 父危篤の電話があり、取る物も取り敢えず急いで病院に向かった。
아버지가 위독하다는 전화를 받고 만사 제쳐 두고 서둘러 병원으로 향했다.

1545 ドン引きする 확 깨다

시험 ★★☆
회화 ★★★

• ドン (동사나 형용사 앞에 붙어) 몹시. 아주 • 引く ① 끌다 ② 몸을 뒤로 빼다 • する 하다
→ 몸을 뒤로 빼는 행동을 하다

✎ 意味 몸을 뒤로 빼는 행동에서, 누군가의 발언이나 행동에 의해 그 장소의 분위기가 나빠지거나 흥이 깨지는 것.

🔍 用例 悪口を言っている彼女の姿にドン引きしてしまいました。
욕을 하는 그녀의 모습에 확 깨 버렸어요.

1546 どんぶり勘定（かんじょう） 주먹구구

시험 ★★☆
회화 ★★☆

• どんぶり ① 덮밥 ② 작업복 앞에 달린 주머니 • 勘定（かんじょう） 셈. 계산 → 주머니식 계산

✎ 意味 장부에 정확하게 기록하지 않고 작업복(앞치마)의 주머니에 돈을 넣어 두고 대충 꺼내서 쓰는 것에서, 무계획적으로 돈을 쓰는 것.

🔍 用例 A 今月の給料日（こんげつ きゅうりょう び）まだなのに、そんなにいろいろ買（か）って大丈夫（だいじょう ぶ）?
B たぶん大丈夫（だいじょう ぶ）でしょ。
A あんた、本当（ほんとう）にどんぶり勘定（かんじょう）よね。

A 이번 달 월급은 아직인데, 그렇게 많이 사도 괜찮아?
B 아마 괜찮을 거야.
A 넌 정말 주먹구구식이야.

1547 内助の功（ないじょ の こう） 내조. 뒷바라지

시험 ★☆☆
회화 ★★★

• 内助（ないじょ） 내조 • 功（こう） 공 → 내조의공

✎ 意味 부인이 앞에 나서지 않고 남편의 성공을 위해 애쓰는 것.

🔍 用例 内助の功（ないじょ こう）で、私（わたし）があなたのことを絶対（ぜったい）に出世（しゅっ せ）させて見（み）せます!

제가 내조를 열심히 해서 당신을 꼭 출세시키겠어요!

1548 泣いても笑っても（ないても わらっても） 울고불고해도

시험 ★☆☆
회화 ★★★

• 泣（な）いても 울어도 • 泣（な）く 울다 • 笑（わら）っても 웃어도 • 笑（わら）う 웃다 → 울어도 웃어도

✎ 意味 아무리 발버둥쳐 봐도 아무 소용없는 모양.

🔍 用例 A もう一度（いち ど）だけチャンスをちょうだい!
B チャンスはあげるけど、これが泣（な）いても笑（わら）っても最後（さい ご）だからな。

A 한 번만 더 기회를 줘!
B 기회는 주겠지만, 이제 울고불고해도 이번이 마지막이야.

1549 長丁場（ながちょうば） 장기전.하나의 일이 길게 이어지는 것

시험 ★★☆
회화 ★★☆

• 長丁場（ながちょう ば） ① 옛날 역참과 역참 사이의 거리가 긺 ② 어떤 일이 일단락되기까지 오랜 시간이 걸림. 또는 그런 일

✎ 意味 역참(역마를 바꿔 타던 곳)과 역참의 거리가 멀었던 것을 長丁場（ながちょう ば）라고 했던 것에서, 일 등으로 시간이 오래 걸리는 것.

🔍 用例 今回（こんかい）の拉致事件（ら ち じ けん）は解決（かいけつ）が難（むずか）しく、長丁場（ながちょう ば）になりそうだ。

이번 납치 사건은 해결이 힘들어 장기전이 될 것 같다.

신체 관용어
생활 관용어
속담·격언
고사성어
사자성어

1550 流れに棹をさす 대세에 편승하다. 대세에 따르다
ながさお

| 시험 ★★☆ 회화 ★☆☆ | • 流れ ① 흐름. 물결 ② 추이. 추세. 흐름 • 棹をさす＝棹さす 시류 등을 잘 타다. 편승하다 |
| | • 棹 장대 • さす 꽂다. 차다 → **흐름에 편승하다** |

✎ 意味   장대를 물 밑바닥에 찔러서 배를 움직이는 것에서, 시대의 흐름을 타서 목적을 향해 순조롭게 나아가는 모양.

🔍 用例   **彼はうまく流れに棹をさして、今日の地位を築き上げた。**

그는 대세에 잘 편승하여 오늘날의 지위에 올랐다.   (＝流れに乗って)

• 築き上げる 쌓아 올리다. 구축하다 • 流れに乗る 흐름을 타다

1551 流れを汲む 그 계통을 이어받다
ながく

| 시험 ★★☆ 회화 ★★★ | • 流れ ① 흐름. 물결 ② 혈통. 계통 • 汲む ① (물 등을) 잇다. 긷다 ② (사상, 계파 등) 이어받다 |
| | → **계통을 잇다** |

✎ 意味   어떤 사상이나 유파에 속하는 것을 이어받는 것.

🔍 用例   **このレストランは、割烹料理の流れを汲む新感覚のイタリアンのお店です。**

이 음식점은 일본식 요리의 맥을 잇는 새로운 감각의 이탈리안 레스토랑입니다.

• 割烹料理 준비가 되는 대로 한 가지씩 내놓는 일본 요리

1552 鳴かず飛ばず 날개를 접고 기다리다. 이렇다 할 활약이 없다
なと

| 시험 ★☆☆ 회화 ★★★ | • 鳴かず＝鳴かない 울지 않고 • 鳴く 울다 • 飛ばず＝飛ばない 날지 않고 • 飛ぶ 날다 |
| | → **울지 않고 날지 않고** |

✎ 意味   긴 시간 동안 울지도 날지도 않고 꿈쩍 않고 있는 것에서, 장래의 활약을 벼르고 긴 시간 기회를 엿보는 상태. 변하여 아무 활약이 없는 것.

🔍 用例   **あの歌手は最初の一曲はヒットしたが、後は泣かず飛ばずだ。**

저 가수는 처음 한 곡은 히트쳤지만 그 후로는 이렇다 할 활약이 없다.

1553 泣き寝入り 울다가 잠듦. 단념함
なねい

| 시험 ★☆☆ 회화 ★★★ | • 泣き 울기 • 泣く 울다 • 寝入り 잠듦 • 寝入る 잠들다 → **울다가 잠듦** |

✎ 意味   ① 울다가 잠드는 것. ② 억울하지만 그대로 단념하는 것.

🔍 用例   ① **いつのまにかあの子は泣き寝入りしてしまった。**

아는 사이엔가 그 아이는 울다가 잠들어 버렸다.

② **泣き寝入りしないで世間に訴えていきたいと思う。**

단념하지 않고 세상에 억울함을 호소해 보려고 한다.

1554 梨のつぶて _{なし} 감감무소식

| 시험 ★★☆ | • 梨 배. 발음이 같은 「無し 없음」에 빗댄 말 • つぶて 던질 수 있는 작은 돌멩이. |
| 회화 ★★★ | 돌멩이 같이 작은 것 → **없는 돌멩이** |

✎ 意味 던진 돌멩이가 돌아오지 않는 것에서, 연락을 취해도 상대방으로부터 아무런 소식(반응)이 없는 것.

🔍 用例 **どんなに連絡をしても、全く連絡が付かず梨のつぶてだった。**

아무리 연락해 봐도 전혀 연락도 안 되고 감감무소식이었다. (=音信不通)

• **音信不通** 소식불통. 방문이 전혀 없거나 연락이 없는 것

1555 雪崩を打って _{なだれ} _う 한꺼번에

| 시험 ★★☆ | • 雪崩 사태. 눈사태 • 打って 일으켜 • 打つ ① 치다. 때리다 ② (어떤 동작이나 상태를) 일으키다 |
| 회화 ★★☆ | → **사태를 일으켜** |

✎ 意味 많은 사람이 일시에 들어닥치는 모양.

🔍 用例 **バーゲンセールの日、デパートの入り口が開くと同時に、主婦たちが 雪崩を打ってのりこんできた。**

바겐세일하는 날, 백화점 문이 열림과 동시에 주부들이 한꺼번에 들이닥쳤다.

• **乗り込む** ① 탈것에 올라타다 ② 기세를 떨치며 들어가다. 몰려가다

1556 七転び八起き _{ななころ} _{や お} 칠전팔기

| 시험 ★★★ | • 七転び 일곱 번 넘어짐 • 転ぶ 쓰러지다. 넘어지다 • 八起き 여덟 번 일어남 |
| 회화 ★★★ | • 起きる 일어나다. 바로 서다 → **일곱 번 넘어지고 여덟 번 일어남** |

✎ 意味 몇 번이나 거듭하는 실패에도 굴하지 않고 일어서서 분투하는 것.

🔍 用例 A **何回やっても、ダイエットに失敗するの。**
B **七転び八起きって言うじゃん。何度失敗してもあきらめちゃ駄目よ。**

A 아무리 해도 다이어트에 실패하는 거 있지!
B 칠전팔기라는 말도 있잖아. 계속 실패하더라도 포기하면 안 돼!

一人で商売を始め、七転び八起きの結果、今日のような成功を収める ことができました。

혼자서 장사를 시작해 실패에 실패를 거듭한 결과, 지금과 같은 성공을 거둘 수 있게 되었습니다.

同義語 **七転八起** ★ _{しちてんはっき}

1557 七つ道具 _{なな どうぐ} 필수 도구 세트. 필수 물품

시험 ★☆☆
회화 ★★★

- **七つ** _{なな} 일곱 개 ・**道具** _{どうぐ} 도구 → 일곱 가지 도구

✎ 意味 헤이안 시대의 장수였던 **弁慶** _{べんけい} 가 항상 소지하고 다녔다는 일곱 가지 무기에서, 어떤 일을 하기 위해 필요한 도구 한 세트.

🔍 用例 **探偵は、七つ道具を持って仕事をしている。** _{たんてい なな どうぐ も しごと}

탐정은 필수 도구 세트를 가지고 일을 한다.

A おじさん、**忘れ物**だよ。 _{わす もの}

B おっと、**忘れ**ちゃいけね～。これは俺の**大事**な**七つ道具**だ!! _{わす おれ だいじ なな どうぐ}

A そんなに**大事**なものなの? _{だい じ}

B そうさ。これがなきゃ**仕事**になんねぇんだな! _{しごと}

A 아저씨, 여기 빠뜨린 거.

B 아, 이건 꼭 가져 가야지. 내게 중요한 필수 물품이니까!!

A 그렇게 중요한 물건이야?

B 그럼. 이게 없으면 일을 할 수가 없어!

1558 生兵法は大怪我の基 _{なまびょうほう おおけ が もと} 선무당이 사람 잡는다

시험 ★☆☆
회화 ★★☆

- **生兵法** _{なまびょうほう} 미숙한 병법. 어설픈 지식. 섣부른 기술 ・**大怪我** _{おおけ が} 큰 부상 ・**基** _{もと} ① 처음. 시작 ② 원인
→ 어설픈 것이 큰 부상의 원인

✎ 意味 미흡한 무술은 몸을 보호해 주기는커녕 큰 상처의 원인이 된다는 것에서, 약한 지식이나 기술은 오히려 해를 끼친다는 의미.

🔍 用例 **ちょっと知っているからと言って、軽々しく手をつけるのは、** _{し い かるがる て}
生兵法は大怪我の基というものだ。 _{なまびょうほう おおけ が もと}

조금 안다고 해서 경솔하게 손을 대는 것은 선무당이 사람 잡는 경우다.

1559 波風が立つ _{なみかぜ た} 풍파가 일다

시험 ★☆☆
회화 ★★★

- **波風** _{なみかぜ} 풍파 ① 바람과 파도 ② 분쟁. 불화 ・**立つ** _た ① 서다. 일어서다
② (안개, 물결 등이) 끼다. 일다 → 풍파가 일다

✎ 意味 강한 바람이 불어서 조용했던 수면에 파도가 이는 것에서, 지금까지 평화로웠던 세상이나 가정에 분쟁 등이 생기는 것. 「**波風の立たない日** _{なみかぜ た ひ} 풍파가 없는 날」처럼 조사 が를 の로 바꿔서 사용.

🔍 用例 **親と子供の間に一度も波風が立たないことなどない。** _{おや こども あいだ いちど なみかぜ た}

부모와 자식 사이에 한 번도 불화가 생기지 않을 리 없다.

せっかく仲良くしているんだから、波風が立つような言動はひかえて _{なか よ なみかぜ た げんどう}
ほしい。

모처럼 사이가 좋아졌으니까 불화가 날 만한 언행은 피했으면 한다.

신체 관용어

생활 관용어

속담·격언

고사성어

사자성어

1560 波に乗る
なみ　の

분위기를 타다. 흐름을 타다. 편승하다

시험 ★★☆
회화 ★★★

・波 파도. 물결　・乗る 타다　→ 물결을 타다

✎ 意味　시대의 흐름에 편승하는 것.

🔍 用例　インターネットの発達という時代の波に乗り、ネット通販の利用者が急増した。

인터넷의 발달이라고 하는 시류에 편승해 온라인으로 물건을 사는 이용자 수가 급증했다.

同義語　時代の流れに乗る ★★★

1561 鳴り物入り
な　もの い

요란한 선전. 대대적인 선전

시험 ★☆☆
회화 ★★★

・鳴り物 ① 악기의 총칭 ② 가부키에서 三味線을 제외한 악기의 총칭
・入り 들어감　・入る 들어가다. 들다　→ 악기가 들어감

✎ 意味　가부키 등에서 악기를 요란하게 연주해서 흥을 돋우는 것에서, 어떤 것을 요란하게 선전하는 것.

🔍 用例　彼は鳴り物入りで入団しただけあってシーズンが始まるとすぐに活躍しみんなの期待に応えた。

그는 요란하게 입단한 선수답게 시즌이 시작하자 바로 활약을 해 모두의 기대에 보답했다.

鳴り物入りでデビューした若手俳優だが、あまり人気が出ずいつの間にか出なくなった。

요란하게 데뷔한 젊은 배우였지만 별로 인기도 못 끌고 어느샌가 나오지 않게 되었다.

1562 鳴りを潜める
な　　ひそ

활동을 정지하다. 잠잠히 있다

시험 ★☆☆
회화 ★★★

・鳴り 울림. 움직이는 소리　・潜める 숨기다. 감추다　→ 울림을 숨기다

✎ 意味　소리를 내지 않고 조용히 있는 것에서, 활동을 멈추고 잠잠하게 있는 것.

🔍 用例　今まで鳴りを潜めていた犯人がとうとう動き出した。

지금까지 잠잠히 있던(잠수 탔던) 범인들이 드디어 움직이기 시작했다.　(=おとなしくして)

1563 名を汚す
な　けが

이름을 더럽히다

시험 ★★★
회화 ★★★

・名 ① 이름 ② 명성. 평판. 명예　・汚す 더럽히다. 모독하다　→ 이름을 더럽히다

✎ 意味　명예를 더럽히는 것.

🔍 用例　お願いだから、お父さんの名を汚すような行動だけは止めなさい。

부탁이니 아버지의 이름을 더럽히는 행동만은 그만두거라.

同義語　面を汚す ★★★

1564 難癖を付ける 트집을 잡다. 책잡다

시험 ★★☆
회화 ★★★

• 難癖 결점. 트집 • 付ける (트집) 잡다 → 결점을 잡다

✎ 意味 작은 결점을 발견하고 그것을 과장되게 비난하는 것.

🔍 用例 人の趣味に難癖を付けるような奴は嫌いだ。

남의 취미에 트집을 잡는 녀석은 싫다.

あいつは俺のことが嫌いなのだろうか？ まるで目の敵みたいに何でも
難癖を付けてくる!

저 녀석은 내가 싫은 걸까? 마치 눈엣가시처럼 뭐든지 트집을 잡아!

• 目の敵 눈엣가시

1565 煮え湯を飲まされる 믿는 도끼에 발등 찍히다

시험 ★★☆
회화 ★☆☆

• 煮え湯 끓는 물. 열탕 • 飲まされる 마시게 함을 당하다. 먹히다 • 飲ます 마시게 하다. 먹이다
→ 끓는 물을 먹이다

✎ 意味 믿고 있는 사람으로부터 배반당하여 골탕을 먹는 것.

🔍 用例 A 信じている人にお金を貸したのに、その人が蒸発したの。

B いくら貸してたの?

A 100万円。本当に、煮え湯を飲まされるってこのことよね。

A 믿는 사람에게 돈을 빌려줬는데 그 사람이 증발해 버렸어.

B 얼마나 빌려줬는데?

A 100만 엔. 정말이지 믿는 도끼에 발등 찍힌 격이라니까.

同義語 飼い犬に手を噛まれる ★★★

• 蒸発する 증발하다 • 飼い犬に手を噛まれる 기르던 개에게 손을 물리다

1566 二階から目薬 효과가 없다. 생각대로 되지 않다

시험 ★☆☆
회화 ★☆☆

• 二階から 이층에서 • 目薬 안약 → 이층에서 안약

✎ 意味 이층에서 아래층에 있는 사람에게 안약을 넣어 주는 것처럼 맘대로 되지 않는 것을 비유한 말.
진전이 느려 갑갑하고 불안한 것. 그다지 효과가 없는 것.

🔍 用例 A 私、英会話の塾に通い始めたの。

B 私なんて、5年前から通ってるけど、二階から目薬よ。

A 나 영어회화 학원에 다니기 시작했어.

B 난 말야, 5년 전부터 다녔지만 아무런 효과도 못 보고 있어.

1567 荷が重い 책임이 크다. 부담이 크다

시험 ★★☆
회화 ★★★

・荷 짐. 부담. 책임. 임무 ・重い 무겁다 → 짐이 무겁다

✎ 意味 책임이나 부담이 커서 곤란함이나 당혹감을 느끼는 모양.

🔍 用例 A 君にこのプロジェクトの責任者を頼みたいんだが。

B こんな大きい仕事の責任者だなんて私には荷が重すぎます。

A 너에게 이 프로젝트의 책임자를 맡겨 볼까 하는데 말야… B 이런 큰일의 책임자라뇨. 저한테는 부담이 너무 커요.

1568 逃がした魚は大きい

시험 ★☆☆
회화 ★★★

・逃がした 놓친 ・逃がす 놓치다 ・魚 물고기 ・大きい 크다 → 놓친 물고기는 크다

✎ 意味 놓친 물고기는 확인할 길이 없으므로 더 크게 보인다는 것에서, 손에 넣을 뻔한 것은 실제보다 좋아 보인다는 의미.

🔍 用例 A 私、パイロットの彼氏と別れちゃった。

B あ～。逃がした魚は大きいぞ。

A 나 파일럿 남자친구랑 헤어졌어. B 아~. 놓친 물고기는 더 크게 느껴질 텐데!

1569 苦虫を噛み潰したよう 벌레라도 씹은 듯

시험 ★☆☆
회화 ★★★

・苦虫 씹으면 쓸 것 같은 벌레 ・噛み潰した 씹은 듯한 ・噛み潰す 씹어 으깨다. 깨물어 바수다
・よう 듯 → 씹으면 쓸 것 같은 벌레를 씹은 듯

✎ 意味 벌레라도 씹은 것처럼, 오만상을 다 찌푸린 불쾌한(못마땅한) 표정을 비유한 말.

🔍 用例 苦虫を噛み潰したような顔をし、不快感をあらわにした。

벌레라도 씹은 듯한 표정을 하고 불쾌감을 노골적으로 드러냈다.

・あらわにする 노골적으로 드러내다

1570 逃げるが勝ち 피하는 것이 상책

시험 ★☆☆
회화 ★★★

・逃げるが＝逃げるのが 도망치는 것이 ・勝ち 이김 → 도망치는 것이 이기는 것

✎ 意味 이길 승산이 없어 보일 때는 도망치는 것이 크게 봐서는 더 좋은 방법이라는 것.
일시적으로 상대방에게 승리를 허용하면 오히려 후에 득이 될 수 있다는 말.

🔍 用例 A 逃げるなんて卑怯な人がやることよ。

B そんなことないよ。逃げるが勝ちって言葉もあるじゃん。

逃げたほうがいい時だってあるよ。

A 도망치다니, 비겁한 사람이나 하는 행동이야.

B 그렇지 않아. 피하는 게 상책이라는 말이 있잖아. 도망치는 게 좋을 때도 있어.

やばい。怒られそう。こんな時は逃げるが勝ちだよ。

큰일났다. 혼나겠어. 이럴 때는 피하는 게 상책이지.

1571 西も東も分からない 어디가 어딘지 모른다. 사리 판단을 못한다

시험 ★☆☆
회화 ★★☆

- **西** 서. 서쪽 • **東** 동. 동쪽 • **分からない**=**知らない** 모른다 • **分かる** 알다
→ 서쪽도 동쪽도 모른다

✎ 意味 그곳에 온 것이 처음이라 동서도 분간하지 못한다는 것에서, ① 그 장소가 생소한 모양.
② 아무것도 익숙하지 않아 해야 할 일을 모르는 상태나 분별할 수 있는 힘이 없는 모양.

🔍 用例 ① 引っ越してきたばかりで、まだ西も東も分からない状態だ。

이사한 지 얼마 안 돼서 아직 어디가 어딘지 모른다. (= 右も左も分からない・不案内な)

② 入社して1ヶ月たったが、まだ西も東も分からないので、
先輩に迷惑を掛けている気がする。 (=何も分からない)

입사한 지 한 달이 지났지만 아직 앞뒤 구분도 못해서 선배들에게 폐를 끼치는 것 같다.

- **右も左も分からない** 오른쪽도 왼쪽도 모른다 • **不案内** 정황, 사정에 어두움. 서투름
- **何も分からない** 아무것도 모른다

1572 似た者夫婦 닮은 꼴 부부

시험 ★☆☆
회화 ★★★

- **似た者** (성격 등이) 서로 닮은 사람 • **夫婦** 부부 → 서로 닮은 부부

✎ 意味 사이가 좋은 부부는 성격이나 취미가 닮아 간다는 의미. 또는 그런 부부를 일컫는 말.

🔍 用例 A お宅は、本当に似た者夫婦ですよね。

B そうですか? 一緒に暮らしていれば、味の好みも趣味も少しずつ
似てくるものですよ。

A 이 댁은 정말 닮은 꼴 부부시네요.

B 그래요? 같이 살다 보면 입맛이나 취향, 취미도 조금씩 닮아 가게 마련이죠.

[同義語] **割れ鍋に綴じ蓋**★★

- **割れ鍋に綴じ蓋** 금이 간 냄비에도 금이 가서 수선한 뚜껑이 있다는 것에서, 어떤 사람에게도 걸맞은
배우자가 있다는 말. 헌 짚신도 짝이 있다

1573 似たり寄ったり 오십보백보

시험 ★★☆
회화 ★★★

- **似たり** 비슷하거나 • **似る** 비슷하다 • **寄ったり** 모이거나 • **寄る** 모이다
→ 비슷하거나 모이거나

✎ 意味 이것저것 내용이나 성질이 비슷하여 특히 눈에 띄는 차이가 없는 모양.

🔍 用例 どれもこれも似たり寄ったりだから、どれがいいのか決められない。

이것저것 다 비슷해서 뭘 골라야 할지 모르겠어.

[同義語] **大同小異**★★★ • **大同小異** 대동소이

신
체
관
용
어

생
활
관
용
어

속
담
·
격
언

고
사
성
어

사
자
성
어

1574 二進も三進も行かない 이러지도 저러지도 못하다

시험 ★★☆
회화 ★★★
- 二進 이진(법) · 三進 삼진(법) · 行かない 가지 않다 → 이진법으로도 삼진법으로도 가지 않다

✎ 意味 주판(算盤)에서 二進은 2로 나누면 올라가고, 三進은 3으로 나누면 올라가 계산이 잘 맞는데
그렇게 되지 않는다는 말로, 어떤 일이 난관에 부딪혀 이러지도 저러지도 못하는 것.
특히 금전적으로 융통이 어려운 모양.

🔍 用例 車のタイヤが深い溝にはまって、二進も三進も行かなくなった。
자동차 타이어가 깊은 도랑에 빠져 오도 가도 못하게 되었다.

1575 煮て食おうと焼いて食おうと 지져 먹든 삶아 먹든. 죽이 되든 밥이 되든

시험 ★☆☆
회화 ★★★
- 煮て 삶아 · 煮る 삶다. 끓이다 · 食おうと 먹든 · 食う 먹다 · 焼いて 구워 · 焼く 굽다
→ 삶아 먹든 구워 먹든 간에

✎ 意味 어떻게 취급하느냐는 그 사람 마음인데 타인에게 이러쿵저러쿵 말을 들을 이유가 없다는 말.

🔍 用例 A 俺のものなんだから煮て食おうと焼いて食おうと俺の勝手だろ?

B それはそうなんですが…。

A なんだよ。まだ文句あんのかよ?

B いえ、別に。ただ…もったいないなと思って。それ高いんですよ。

A 내 건데 지져 먹든 삶아 먹든 내 맘이지. 　　B 그건 그렇지만요….
A 뭐야. 아직도 불만이 있는 건가? 　　B 아뇨, 별로. 그냥 아깝다는 생각이 들어서요. 그거 비싸요.

1576 似て非なる 비슷한 것 같지만 사실은 다르다

시험 ★☆☆
문장 ★★★
- 似て 비슷하지만 · 似る 닮다. 비슷하다 · 非なる 다르다 → 비슷하지만 다르다

✎ 意味 외견으로는 비슷한 것 같지만 그 내용면으로 봤을 때는 다른 것.

🔍 用例 双子は本当に似ているが、実は似て非なるものである。
쌍둥이는 정말 닮았지만, 사실은 비슷하면서도 서로 다르다.

1577 似ても似つかない 아예 다르다. 딴판이다

시험 ★☆☆
회화 ★★★
- 似ても 비슷해도 · 似る 닮다. 비슷하다 · つかない ~에 속하지 않다
→ 비슷해도 비슷함에 속하지 않는다

✎ 意味 닮은 점이 하나도 없는 것.

🔍 用例 A これ、私が高校生の時の写真なの。

B すごい太ってるじゃん。今のあなたとは似ても似つかないよ。

A 이건 내가 고등학교 때 찍은 사진이야.
B 굉장히 뚱뚱한걸! 지금이랑 딴판이야.

1578 煮ても焼いても食えない 감당이 안 되다. 처치 곤란하다

시험 ★☆☆ 회화 ★★★	• **煮ても** 삶아도 • **煮る** 삶다 • **焼いても** 구워도 • **焼く** 굽다 • **食えない** 먹을 수 없다
	• **食う** 먹다 → **삶아도 구워도 먹을 수 없다**
✎ 意味	세파에 닳고 닳거나 너무 교활하거나 하여 감당하기 어려운 것.
🔍 用例	最近、煮ても焼いても食えないようなマナーの無い大人が多い。
	요즘은 전혀 말도 안 통하는 매너 없는 사람들이 많다.

1579 二の次だ 그 다음이다

시험 ★★☆ 회화 ★★★	• **二の次** 두 번째. 그 다음. 뒤로 미룸
✎ 意味	그렇게 중요한 또는 서두를 일이 아니다라는 의미.「二の次にする 다음으로 미루다」의 형태로도 사용.
🔍 用例	A 遊びに行こうよ。宿題なんて二の次だよ。
	B だめ。お母さんに見つかったら怒られちゃうもん。
	A 놀러 가자. 숙제는 나중에 하면 돼.
	B 안 돼. 엄마한테 들키면 혼난단 말야.

1580 二の句が継げない 말문이 막히다

시험 ★★☆ 문장 ★☆☆	• **二の句** 다음 말. 다음 구 • **継げない** 이을 수 없다 • **継ぐ** 잇다. 계속하다
	→ **다음 말을 이을 수 없다**
✎ 意味	시가를 크게 부를 때 제1구 끝 부분에서 다음 구(句)로 넘어갈 때 갑자기 음이 높아져 부르기 어렵다는 것에서 나온 말로, 기가 막히거나 놀라서 다음 말을 잇지 못하는 모양.
🔍 用例	彼女が5ヶ国語が話せるなんて、驚いて二の句が継げない。
	그녀가 5개 국어에 능통하다니 놀라서 말이 안 나온다.

1581 二の舞 전철을 밟음

시험 ★★★ 회화 ★★★	• **二** 두 번째. 다음 • **舞** ① 무용. 춤 ② 일본의 전통적인 舞楽 등의 춤 → **두 번째의 춤**
✎ 意味	舞楽에서 案摩라고 하는 춤 다음에 그것을 흉내 내 연기하는 해학적인 춤을 二の舞라고 한 것에서, 남의 뒤를 따라 그 사람의 실패와 똑같은 실패를 되풀이하는 것. 二の舞を踏む는 원래 二の舞を演じる의 오용이었는데 요즘에는 둘 다 사용.
🔍 用例	あなただけには私の二の舞にしたくないから、忠告しておくわね。
	너만큼은 나와 같은 전철을 밟게 하고 싶지 않으니까 충고해 둘게.
	兄の二の舞を踏んで、私も事業に失敗してしまった。
	형의 전철을 밟아 나도 사업에 실패해 버리고 말았다.

신체 관용어

생활 관용어

속담 · 격언

고사 성어

사자 성어

1582 二番煎じ（にばんせんじ） 재탕. 새로운 맛이 없음. 되풀이함

시험 ★☆☆
회화 ★★★

• 二番（にばん） 두번째 • 煎じ（せん） 달임 • 煎じる（せん）＝煎ずる（せん） (차, 약초 등을) 달이다. 끓이다 → 두 번째 달임

✎ 意味　한 번 달인 약을 다시 한 번 달인다는 것에서, 같은 일을 되풀이한다는 의미로 신선미를 느낄 수 없는 것.

🔍 用例
A この歌手新人（かしゅしんじん）だけど、なんか前（まえ）にも同（おな）じような人（ひと）見（み）たことある。
B どうせ誰（だれ）かの二番煎（にばんせん）じなんでしょ。きっと売（う）れないね。

A 이 가수 신인인데 왠지 전에도 비슷한 가수를 본 것 같아! B 어차피 어떤 가수의 판박이겠지. 분명히 인기 없을 거야.

1583 にべも無い（な） 쌀쌀맞다. 인정머리 없다

시험 ★★☆
회화 ★★★

• にべ 민어 부레로 만든 아교 부레풀 • 無（な）い 없다 → 부레풀도 없다

✎ 意味　아교는 대단히 접착력이 강한 점에서, 타인과의 친밀 관계를 의미하게 됨. 심하게 무뚝뚝한 것.

🔍 用例
A 今度（こんど）の集（あつ）まり、山田君（やまだくん）も誘（さそ）ったのか？
B あ〜、誘（さそ）ったんだけど…にべも無（な）く断（ことわ）られたよ。
A そっか。ま、あいつこういうの好（す）きじゃなさそーだしな。

A 이번 모임, 아마도도 초대했어? B 아, 초대했는데 쌀쌀맞게 거절하더라.
A 그랬구나. 하긴 그런 거 좋아하지 않을 것 같기도 하네.

1584 二枚腰（にまいごし） 끈길김. 끈기

시험 ★★☆
회화 ★★★

• 二枚（にまい） 두 개. 두 쪽. 두 장 • 腰（こし） 허리

✎ 意味　스모나 유도 등에서 대단히 끈기가 있는 허리를 가리키는 말. 변하여 끈질기고 승부에 강한 사람을 의미.

🔍 用例
7-0（ななたいぜろ）でリードされていた9回（かい）、驚異（きょうい）の二枚腰（にまいごし）で7-6（ななたいろく）まで追（お）いついたが、結局（けっきょく）そこまでだった。

7 대 0으로 지고 있던 9회, 놀랄 만한 끈기로 7 대 6까지 추격했지만, 결국 거기까지였다.

1585 二枚目（にまいめ） 잘생긴 사람

시험 ★☆☆
회화 ★★★

• 二枚（にまい） 두 개. 두 쪽. 두 장 • 目（め） 째 → 매수가 두 번째에 해당한다

✎ 意味　가부키(歌舞伎（かぶき))에서 배우 순위표의 두 번째. 주로 아름다운 동작이나 말을 사용하며 애정, 갈등의 남자 주인공을 二枚目（にまいめ）라고 하는 데서, 변하여 미남.

🔍 用例
A 最近（さいきん）デビューした俳優（はいゆう）、結構二枚目（けっこうにまいめ）だから人気（にんき）が出（で）ると思（おも）わない？
B え？ 誰（だれ）のこと？ Aって本当（ほんとう）に芸能界（げいのうかい）の情報（じょうほう）に詳（くわ）しいわよね。

A 요즘 데뷔한 배우, 넘넘 잘생겨서 인기 있을 것 같지 않아? B 어? 누구? 넌 참 연예계 정보도 잘 안다!

1586 　睨みが利く（にらみがきく）　위엄이 서다. 함부로 못하다

시험 ★☆☆
회화 ★★★

- **睨み**（にらみ）① 노려봄. 노려보는 매서운 눈 ②（그 사람의 지위나 권력 등）남을 위압하는 힘. 위엄
- **利く**（きく）가능하다. 통하다　→　**위엄이 통하다**

✎ 意味　상대를 제압하는 힘이 있어 함부로 말하거나 대하지 못하는 것.

🔍 用例　A 彼女（かのじょ）が私（わたし）の部署（ぶしょ）にいればいいのに。

B なんでですか？

A 彼女（かのじょ）、この会社（かいしゃ）に入社（にゅうしゃ）してだいぶ経（た）つから、いろいろな人（ひと）に
睨（にら）みが利（き）くのよね。

A 그녀가 우리 부서에 있으면 좋은데.　　B 왜요?

A 그녀는 이 회사에 오래 근무해서 다른 사람들이 함부로 대하질 못하거든.

1587 　糠味噌が腐る（ぬかみそがくさる）　돼지 멱따는 소리

시험 ★☆☆
문장 ★☆☆

- **糠味噌**（ぬかみそ）쌀겨에 소금과 물을 넣고 뒤섞어서 띄운 것. 통이나 독에 담아 두었다가 채소 등을 절임
- **腐る**（くさる）썩다. 상하다. 부패하다　→　**누카미소가 부패하다**

✎ 意味　음정이나 박자를 틀리게 부르는 것을 비웃는 말.「**音痴**（おんち）음치」라는 의미.

🔍 用例　私（わたし）の父（ちち）が歌（うた）を歌（うた）うと、糠味噌（ぬかみそ）が腐（くさ）ってしまいそうだ。

우리 아버지가 노래를 하면 돼지 멱따는 소리가 난다.

1588 　抜き差しならぬ（ぬきさしならぬ）　빼도 박도 못하다. 꼼짝달싹 못하다

시험 ★★☆
회화 ★★☆

- **抜き差し**（ぬきさし）① 빼냄과 꽂아 놓음 ② 뺌과 보탬 ③ 이리저리 변통함. 처리함
- **抜く**（ぬく）뽑다. 빼내다　• **差す**（さす）꽂다　• **ならぬ＝ならない** 안 되다. 해야 한다　→　**처리가 안 되다**

✎ 意味　피할 수도 물러설 수도 없이 옴짝달싹 못하는 것.

🔍 用例　問題（もんだい）が起（お）きたらすぐに解決（かいけつ）していかねば抜（ぬ）き差（さ）しならぬ状況（じょうきょう）に
陥（おちい）りかねない。（＝のっぴきならない）

문제가 발생했을 때 바로 해결하지 않으면, 이러지도 저러지도 못하는 상황에 빠지기 쉽다.

- **陥りかねない**（おちいりかねない）빠져들지도 모른다　• **陥る**（おちいる）빠지다. 빠져들다　• **かねない** ~할지도 모른다
- **のっぴきならない** 피할 수도 물러설 수도 없다. 어쩔 수 없다

1589 　盗人猛々しい（ぬすっとたけだけしい）　적반하장이다

시험 ★★☆
회화 ★★★

- **盗人**（ぬすびと・ぬすっと）도둑　• **猛々しい**（たけだけしい）매우 용감하다. 뻔뻔하다　→　**도둑이 뻔뻔하다**

✎ 意味　도둑이 큰소리친다는 것에서 나쁜 짓을 하면서도 뻔뻔한 모양.

🔍 用例　デザインを盗（ぬす）んでおいて、いかにも自分（じぶん）がデザインしたように商品（しょうひん）を
作（つく）って売（う）るなんて、盗人猛々（ぬすっとたけだけ）しい。

디자인을 훔쳐 놓고 정말이지 자신의 디자인인 양 상품까지 만들어 팔다니 적반하장이 따로 없다.

1590 ぬるま湯につかる 안주하다

시험 ★☆☆
회화 ★★★

• **ぬるま湯** 미지근한 물. 미온탕 • **つかる** 잠기다 → 미지근한 물에 잠기다

✎ 意味　생활에 의욕이나 패기도 없이 현재에 만족하여 안주하는 모양.

🔍 用例
A 仕事を辞めて3ヶ月くらい経つけど、いつから仕事始めるの?
B まだ就職活動もしてないよ。もう少し家でゆっくりしようと思う。
A あんた、いつまでもぬるま湯につかってると、本当に仕事できなくなるよ。

A 회사 그만둔 지가 3개월이나 지났는데 언제부터 일할 거야?
B 아직 취직 자리도 안 알아봤어. 집에서 좀 더 푹 쉬고 싶어.
A 너, 언제까지고 안일하게 있으면 정말로 일 못한다.

1591 濡衣を着せられる 누명을 쓰다

시험 ★★☆
회화 ★★★

• **濡衣**=濡れ衣 ① 젖은 의복 ② 누명. 무고한 죄 • **着せられる** 뒤집어쓰다 (수동형)
• **着せる** ① (의복 등을) 입히다 ② 뒤집어씌우다. 전가하다 → 누명을 뒤집어쓰다

✎ 意味　자기가 나쁜 짓을 하지도 않았는데 죄를 뒤집어쓰는 것.

🔍 用例
事件現場に居合わせただけで、犯人の濡れ衣を着せられてしまった。
사건 현장에 있었다는 것만으로 범인이라는 누명을 뒤집어쓰고 말았다.
(＝無実の罪を着せられてしまった)

• **居合わせる** 우연히 그 자리에 있다 • **無実** 무실. 억울한 죄. 무고함

1592 値が張る 값이 비싸다. 시세가 높다

시험 ★☆☆
회화 ★★★

• **値** 값. 가격 • **張る** 도가 지나치다. 보통 이상으로 많아지다. 값이 비싸다

✎ 意味　가격이 보통보다 꽤 높다는 의미.

🔍 用例
A プラズマテレビを買ったの?
B うん。値が張るからちょっと迷っていたんだけど、買ってよかったよ。
A 플라스마 TV 샀어?
B 응. 가격이 비싸서 좀 망설이긴 했지만 잘 산 것 같아.

無農薬野菜は値が張るけど、健康のためにお金は惜しまない。
무농약 채소는 가격이 비싸지만 건강을 위해 돈을 아끼지 않는다.

1593 願ったり叶ったり
ねが　　　かな
바로 내가 원하던 바. 더 이상 바랄 것이 없음

시험 ★★★
회화 ★★★

• 願ったり 바라기도 하고　• 願う 원하다. 바라다　• 叶ったり 이뤄지기도 하고
ねが　　　　　　　　　　　　　　ねが　　　　　　　　　　　　　　　　かな
• 叶う 이뤄지다. 성취되다. 뜻대로 되다　→　바라기도 하고 이뤄지기도 하고
かな

✎ 意味　자신의 희망과 정확히 일치해서 진심으로 기뻐하는 모양.

🔍 用例
A チョコレートってダイエットに効果があるんですって。
こう か

B ほんとうに? 私、お菓子大好きだし、願ったり叶ったりのダイエット
わたし　お か し だい す　　　　ねが　　　かな
食品じゃない! いっぱい食べよう!
しょくひん　　　　　　　　　　た

A 食べすぎたら、もちろん、効果はないよ。
た　　　　　　　　　　　　こう か

A 초콜릿이 다이어트에 효과가 있다던데.
B 정말? 난, 과자를 좋아하니까 (그야말로) 딱 내 스타일의 다이어트 식품이닷! 많이 먹어야지!
A 많이 먹으면 당연히 효과는 없어!

1594 猫の手も借りたい
ねこ　て　　か
눈코 뜰 새 없다. 정신없이 바쁘다

시험 ★★★
회화 ★★★

• 猫 고양이　• 手 손　• 借りたい 빌리고 싶다　• 借りる 빌리다　→　고양이 손이라도 빌리고 싶다
ねこ　　　　て　　　か　　　　　　　　　　か

✎ 意味　별 쓸모는 없지만 고양이 손이라도 빌리고 싶을 정도로 바쁘다는 의미.

🔍 用例
当社は10年間で売り上げが約18倍という超高成長を遂げ、これまでず
とうしゃ じゅうねんかん う あ やくじゅうはちばい ちょうこうせいちょう と
っと猫の手も借りたいほどの忙しさでした。
ねこ て か いそが

당사는 10년 동안 매출이 약 18배라고 하는 초고도 성장을 이룩, 지금까지 줄곧 눈코 뜰 새 없을 정도로 바빴습니다.

普段はそうではないけど、週末は猫の手も借りたくなるほど忙しくなる
ふ だん しゅうまつ ねこ て か いそが
んだ。

평소는 그렇지 않은데 주말에는 눈코 뜰 새 없을 정도로 바빠진다.

• 売り上げ 매상. 매출　• 遂げる 이루다. 달성하다
う あ　　　　　　　　　　と

1595 猫の額
ねこ　ひたい
손바닥만 하다. 코딱지만 하다

시험 ★★★
회화 ★★★

• 猫 고양이　• 額 이마　→　고양이의 이마
ねこ　　　　ひたい

✎ 意味　고양이의 이마가 작은 것에서, 토지나 장소가 매우 협소함을 의미.

🔍 用例
A マンションを購入されたんですってね。
こうにゅう

B ええ。でも、買ったといっても猫の額ほどのところですよ。
か　　　　　　　　　ねこ　ひたい

A 아파트 사셨다면서요?　　　　　　　　　　　(＝とても狭い)
せま
B 예~. 그치만 정말 손바닥 만해요.

1596 猫の目のよう 고양이 눈과 같이

시험 ★☆☆
회화 ★★★

・猫 고양이 ・目 눈 ・よう 같이 → 고양이의 눈과 같이

✎ 意味 고양이의 눈동자가 밝고 어두움에 따라 모양이 바뀌는 것에서, 변화가 빠른 것을 의미.
변덕스럽게 변하는 날씨를 말할 때도 猫の目のような天気, 줄여서 猫の目天気라고 자주 사용.

🔍 用例 **猫の目のように変わる上司の言葉に右往左往した。**
고양이 눈처럼 변하는 상사의 말에 우왕좌왕했다.

A 晴れたと思ったら急に雨が降ってきて、今また日が差してきた。
B ほんと、猫の目のような天気だね。

A 맑다고 생각했더니 갑자기 비가 내리고 지금은 또 해가 비치기 시작했어.
B 정말, 고양이 눈과 같이 변덕스러운 날씨네.

1597 猫も杓子も 개나 소나. 누구라도

시험 ★★★
회화 ★★★

・猫 고양이 ・杓子 국자. 주걱 → 고양이도 국자도

✎ 意味 불제자를 釈子라 하며, 신관 장(長)의 바로 밑의 신관을 禰宜, 그 자손을 禰子라 한다.
猫も杓子も는 원래 禰子も釈子로 석가의 제자도 신관 제자의 자식도 모두 같다는
의미였다고 함. 또한 猫も杓子も로 통용된 것은 고양이처럼 흔히 보이는 동물이나
주걱처럼 일상에서 매일 쓰는 도구라는 의미에서도 일맥상통하기 때문이라는 설도 있음.
이 사람 저 사람. 어중이떠중이 모두.

🔍 用例 **最近は猫も杓子もみんな携帯電話を持っている。**(=どんな人でも)
요즘은 개나 소나 다 휴대폰을 가지고 있다.

1598 猫を被る 내숭 떨다. 시치미를 떼다

시험 ★★★
회화 ★★★

・猫 고양이 ・被る 쓰다. 덮어쓰다 → 고양이를 쓰다

✎ 意味 본성을 숨기고 착한 척하는 것.

🔍 用例 A あの子、実は男っぽい性格のくせに、男の子の前だと猫を被るのよ。
B そろそろあの子だって、彼氏の一人ぐらい欲しいんでしょ。

A 쟤는 원래 남자 같은 성격이면서 남자 앞에만 가면 내숭을 떨더라.
B 쟤도 이제 남자친구 하나쯤 있었으면 싶나 봐. (=本性を隠している)

・本性を隠す 본성을 숨기다

1599 寝覚めが悪い 몸이 찌뿌드드하다. 마음이 찜찜하다

시험 ★☆☆
회화 ★★★

• 寝覚め 잠을 잠 • 悪い 나쁘다 → 잠을 잔 게 좋지 않다

✎ 意味
① 잠자고 난 뒤 개운하지 못한 모양.
② 자신이 한 행동 등에 양심의 가책을 느끼거나 하여 마음이 개운치 않은 모양.

🔍 用例
① 低血圧なので、毎朝寝覚めが悪い。(＝寝起きが悪い)

저혈압이라 매일 아침 자고 일어나면 몸이 찌뿌드드하다.

② お金持ちになれたのはうれしいが、友達を騙して得たお金だけにどうも寝覚めが悪い。

부자가 된 것은 기쁘긴 한데, 친구를 속여 번 돈인 만큼 아무래도 마음이 찜찜하다.

• 寝起き 기침. 기상. 막 깨어났을 때의 기분 • だけに ~만큼(당연히 ~하기에 ~하다)

1600 ねじが緩む 나사가 풀리다. 긴장이 풀리다

시험 ★★★
회화 ★★★

• ねじ 나사 • 緩む 느슨해지다. 헐거워지다. 헐렁해지다 → 나사가 헐렁해지다

✎ 意味
정신이나 긴장이 해이해진 모양.

🔍 用例
A 今日宮崎さん病欠なんですよ。珍しいですよね。

B プレゼン終わるまで、気が張ってたからな。終わって緊張のねじが緩んだんだろうな。

A 오늘 미야자키 씨 아파서 결근했대요. 드문 일이죠!

B 프레젠테이션 끝날 때까지 긴장을 늦추지 않았으니까. 끝나고 나서 긴장이 풀렸나 보다.

同義語 たがが緩む ★★

• 気が張る 긴장하다 • たがが緩む 긴장이 풀어지거나 나이가 들어 체력이나 능력이 쇠퇴하다

1601 ねじり鉢巻で 필사적으로

시험 ★☆☆
회화 ★★★

• ねじり鉢巻 천을 꼬아서 머리에 묶은 것 • 捻る 비틀다. 비꼬다 • 鉢巻で 머리띠

✎ 意味
수건을 말아 이마에 묶어 필승의 정신으로 어떤 일에 임하는 것.

🔍 用例
夏休みの終わりには、ねじり鉢巻でお父さんが息子の宿題をする。

여름방학이 끝날 즈음에는 아버지가 필사적으로 아들 방학 과제를 한다.

レポート提出の期限が迫ってきて、朝からねじり鉢巻で書いている。

리포트 제출할 때가 다가와서 아침부터 필사적으로 쓰고 있다.

1602 寝ても覚めても 자나깨나. 항상. 늘
<ruby>寝<rt>ね</rt></ruby>ても <ruby>覚<rt>さ</rt></ruby>めても

시험 ★★★
회화 ★★★

• 寝ても 자도 • 寝る 자다 • 覚めても 깨도 • 覚める 깨다 → 자도 깨도

✎ 意味 　자고 있을 때도 깨어 있을 때도 끊임없이 그것만을 생각하는 것.

🔍 用例 　今は、寝ても覚めても来週の入試のことで頭がいっぱいだ。

지금은 자나깨나 다음 주에 있을 입학시험 생각뿐이야.

1603 根に持つ 꽁하다. 앙심을 품다
<ruby>根<rt>ね</rt></ruby>に<ruby>持<rt>も</rt></ruby>つ

시험 ★★★
회화 ★★★

• 根 ① 뿌리 ② 마음속에 맺힌 응어리 • 持つ 품다 → 마음속에 응어리로 품다

✎ 意味 　언제까지고 마음에 품고 있는 모양.

🔍 用例 　A 前に私の頼みを無視したから、あなたの頼みなんか聞けない!

B まだ、あのことを根に持ってるの? もう1年も前の事じゃん。

A 이전에 내 부탁을 무시했는데, (내가) 네 부탁을 들어줄 것 같아!! 　　　 (=恨みに思って)

B 아직도 그 일로 꽁하고 있었던 거야? 벌써 1년도 더 넘는 일이잖아.

• 恨み 원망. 원한

1604 根掘り葉掘り 꼬치꼬치. 하나에서 열까지. 철저히
<ruby>根<rt>ね</rt></ruby>掘<rt>ほ</rt>り<ruby>葉<rt>は</rt></ruby>掘<rt>ほ</rt>り

시험 ★★★
회화 ★★★

• 根掘り 뿌리를 캠 • 根 뿌리 • 掘る 파다. 캐다 • 葉掘り 어조를 고르기 위해 넣은 말
→ 뿌리를 캐고 잎을 캐고

✎ 意味 　뿌리부터 잎까지 남기지 않고, 사소한 것까지 꼬치꼬치 캐묻는 것.

🔍 用例 　お見合い相手が私のことについて根掘り葉掘り聞いてきた。

맞선 상대가 나에 대해서 하나에서 열까지 철저히 물어봤다. 　 (=いろいろなことをしつこく)

• しつこい 집요하다. 끈덕지다

1605 根回し 사전 교섭
<ruby>根<rt>ね</rt></ruby>回<rt>まわ</rt>し

시험 ★★★
회화 ★★★

• 根 뿌리 • 回し 돌림 → 뿌리를 돌려가면서 함

✎ 意味 　나무를 이식할 때 또는 과수의 결실을 위해 잔뿌리를 쳐내는 것에서, 일이 잘 진전되도록 미리 손을 써 두는 것.

🔍 用例 　物事をうまく進めていくためには、十分な根回しが必要だ。

일을 수월하게 진행시키기 위해서는 충분한 사전 교섭이 필요하다.

1606 根も葉もない 아무런 근거가 없다. 사실무근이다

| 시험 ★★★ 회화 ★★★ | ・根 뿌리 ・葉 잎 ・ない 없다 → **뿌리도 잎도 없다** |

✎ 意味　사실임을 뒷받침할 만한 아무런 근거가 없는 모양.

🔍 用例　A 外資系の会社にヘッドハンティングされたんですってね。

B その話なんですけど、根も葉もない噂なんですよ。(＝根拠がない)

A 외국계 회사에 스카우트 제의를 받았다면서요.

B 그 이야기요, 아무 근거도 없는 소문이에요.

・ヘッドハンティング(headhunting) 헤드헌팅. 타사의 우수한 인재를 뽑음
・根拠がない 근거가 없다

1607 年貢の納め時 청산해야 할 때

| 시험 ★☆☆ 회화 ★★★ | ・年貢 연공. 소작료 ・納め時 납부할 때 ・納める 납부하다. 바치다 → **소작료를 납부할 때** |

✎ 意味　옛날에 영주가 토지를 소유하고 있으면 농민들이 농작물을 수확해 영주에게 소작료를 지불해야 했는데 에도 시대에는 年貢의 징수가 엄해서 체납을 하면 옥살이를 해야 했다고 함.
여기에서 오랫동안 악행을 저지른 자가 붙잡혀 그 죗값을 받을 때가 됐다는 데 사용하거나,
혼기가 늦은 사람이 마침내 결혼할 때 사용.

🔍 用例　いろいろとアルバイトはしたけど、そろそろ年貢の納め時。
就職をしようと思う。

수많은 아르바이트를 해 왔지만 이제 모두 정리할 시기야. 취직하려고 해.

1608 音を上げる 우는소리를 하다. 손을 들다

| 시험 ★★★ 회화 ★★★ | ・音 음. 소리 ・上げる ①(손 등을) 들다. 올리다 ②(소리를) 지르다 → **소리를 지르다** |

✎ 意味　감당하기 힘이 들어 약한 소리를 하거나 의욕을 잃은 모양.

🔍 用例　A 難しくてもう分からない!

B そんなにすぐに音を上げずにがんばりなさい。(＝諦めずに)

A 어려워서 더는 모르겠어!!

B 그렇게 빨리 우는소리 하지 말고 노력해 봐.

選手たちはきびしい練習に耐えられず、全員、音を上げてしまった。

선수들은 혹독한 연습을 견디지 못하고, 전원 우는소리를 내고 말았다.

同義語 **弱音を吐く** ★★★　・諦める 단념하다. 체념하다 ・弱音を吐く 나약한 소리를 하다

신체
관용어

생활
관용어

속담·격언

고사성어

사자성어

1609 年季が入っている 도가 트다. 손때가 묻다

시험 ★☆☆
회화 ★★★

- **年季** ① 옛날의 고용 계약 기간. 고용살이 ② 오랫동안 노력하여 터득한 숙련도
- **入っている** 들어가다 → 오래되어 숙련된 솜씨가 들어가 있다

✎ 意味　여러 해 동안 경험이 쌓여 그 일에 충분히 숙달된 모양. 또는 오랫동안 사용한 물건에도 사용.

🔍 用例　**私の父は30年前からすし職人なので、年季が入っている。**

우리 아버지는 30년이나 초밥 장인을 하고 계셔서 (초밥엔) 도가 트셨다.

A その鞄だいぶ年季が入ってますねえ。

B ああ、学生時代から愛用しているものなんですよ。使いやすくてねえ。

A 그 가방 꽤 손때가 묻었네요.

B 아 네, 학창 시절부터 애용한 것이라서요. 쓰기 편하고….

1610 念頭に置く 염두에 두다

시험 ★☆☆
회화 ★★★

- **念頭** 염두. 마음속　• **置く** 두다　→ 염두에 두다

✎ 意味　항상 생각하고 있는 것.

🔍 用例　**常に5年後の自分の姿を念頭に置き仕事をするようにしている。**

항상 5년 뒤의 자신의 모습을 염두에 두고 일을 하려고 한다.

1611 念を入れる 세심한 주의를 기울이다

시험 ★★★
회화 ★★★

- **念** ① 생각. 심정 ② 주의를 기울임　• **入れる** 들이다. 쏟아 넣다　→ 주의를 들이다

✎ 意味　실수가 없도록 세심한 주의를 기울이는 것. 세세한 데까지 아주 조심스럽게 행한다는
「念には念を入れる 돌다리도 두드려 보고 건너야 한다」의 형태로도 자주 사용.

🔍 用例　**重要な資料のため、念を入れて確認をしている。**

중요한 서류라서 세심한 주의를 기울여 확인을 하고 있다.

A お～い、明日のプレゼンテーションの準備できてるか？

B は～い。OKです。

A 念には念を入れるっていうだろ？もう一度確認しておけよ。

B はい、了解です。

A 이봐, 내일 프레젠테이션 준비 잘 했어?

B 네~. 했습니다.

A 돌다리도 두드려서 건너라고 하잖아? 다시 한 번 확인해 둬.

B 네, 알겠습니다.

1612 念を押す 다짐을 하다. 확인하다

| 시험 ★★★ 회화 ★★★ | • 念 ① 생각. 심정 ② 주의를 기울임　• 押す ① (뒤에서) 밀다 ② (도장 등을) 누르다 |
| | ③ 念を~, 駄目を~의 꼴로, 다짐을 하다. 확인하다 |

✎ 意味　상대에게 충분히 확인하는 것. 재차 확인하는 것.

🔍 用例　A 念を押しておくが、本当に実行するのなら、十分考えた上で実行し
ていただきたい。(=もう一度よく言っておく)

B はい、分かりました。再度よく検討したうえで実行したいと思います。

A 확인 차원에서 말해 두지만, 정말로 실행하려 한다면 충분히 고려한 후에 실행해 주기 바란다.

B 네, 알겠습니다. 다시 잘 검토한 후에 하겠습니다.

• もう一度よく言っておく 다시 한 번 잘 말해 두다　• た上で ~을 한 후에 ~하다

1613 能じゃない 능사가 아니다. 잘하는 일이 아니다

| 시험 ★☆☆ 회화 ★★★ | • 能 ① 재능. 능력. 지혜 ② 자랑. 능사　• じゃない ~이(가) 아니다 → 능력을 발휘할 때가 아니다 |

✎ 意味　좀 더 큰 목적이 있으니까 그 일만을 열중하거나 만족해하거나 해서는 안 된다는 것.

🔍 用例　何も、毎日勉強するばかりが能じゃない。たまには息抜きしなきゃ。

뭐라 해도 매일 공부만 하는 게 능사가 아니야. 가끔 쉬기도 해야지.

1614 脳味噌が足りない 어디가 모자라다. 돌대가리다. 바보다

| 시험 ★☆☆ 회화 ★★★ | • 脳味噌 뇌. 뇌수. 골　• 足りない 모자라다　• 足りる 충분하다. 족하다 → 뇌수가 모자라다 |

✎ 意味　지혜가 부족한 모양. 아주 바보 취급할 때 사용. 줄여서 ノータリン이라고도 하는데, 아주 친한
사이나 윗사람이 사용.

🔍 用例　A 吉田さん、半年も働いてるのに、要領が悪くて何度言っても同じミ
スばかり。本当、こっちがいらいらするわ。

B 本当よね。脳味噌が足りないのよ。

A 요시다 씨는 벌써 반년이니 일했는데도 요령이 없어서 몇 번 얘기해도 같은 실수만 반복해. 정말로 내가 다 짜증 나 죽겠어.

B 정말이지, 어디가 모자라나 봐.

A おい、お前、ここの計算また間違ってるぞ。

B あ、すみません。

A ホントに、何度言ったらわかるんだよ? このノータリンが!!

C 部長、それはちょっと言い過ぎじゃないんですか?

A あ、すまん。つい。

A 어이~, 이 계산 또 틀렸잖아.　B 아, 죄송합니다.

A 정말, 몇 번 말해야 알아듣겠냐? 돌대가리 아냐?!　C 부장님, 그건 좀 지나치신 것 같습니다.

A 아, 미안하군. 나도 모르게 그만.

1615 軒を並べる 집이 늘어서다
のき なら

시험 ★★☆
회화 ★★★

• 軒 처마 • 並べる 줄지어 놓다. 죽 늘어놓다 → **처마를 죽 늘어놓다**
  のき   なら

✎ 意味 처마를 맞대고 많은 집이 빽빽하게 늘어선 모양.

🔍 用例 **京都に行くと、まだまだ趣のある家がたくさん軒を並べている。**
         きょう と い   おもむき   いえ   のき なら

교토에 가면 아직도 옛 풍취가 남아 있는 집들이 즐비하게 늘어서 있다.

同義語 **軒を連ねる** ★★★
       のき つら

1616 熨斗を付ける 기꺼이 선물을 보내다. 이자를 붙여서 돌려주다
のし つ

시험 ★☆☆
회화 ★★★

• 熨斗 선물 위에 붙이는 육각형의 종이 • 付ける 붙이다 → **노시를 붙이다**
  のし   つ

✎ 意味 일본에서 서로 주고받는 물건이나 축하 선물에 붙이는 육각형의 종이를 熨斗라고
                                                        のし
하는 것에서, ① 축하 장식인 熨斗를 붙이는 것. 기쁜 마음으로 주는 것.
              のし
② 변하여 분하고 화가 난 마음에 받은 것 이상으로 되돌려주겠다고 할 때나 비아냥거리며
말할 때 사용.

🔍 用例 ① **出産祝いの熨斗をつけて娘に子供の服を送った。**
          しゅっさんいわ のし   むすめ こ ども ふく おく

출산 축하 장식을 붙여 딸에게 아기 옷을 보냈다.

② A **お前、すぐ怒るからみんなに嫌われるんだよ。**
       まえ   おこ   きら

B **その言葉キッチリ熨斗をつけて君に返すよ!**
      ことば   のし   きみ かえ

A 넌 금방 화를 내니까 모두가 싫어하는 거야.

B 그 말 이자까지 붙여서 기꺼이 너에게 돌려주겠어!

• **キッチリ** 꼭 들어맞는 모양. 빈틈이 없는 모양

1617 退っ引きならない 어쩔 도리가 없는. 빼도 박도 못하는
のっ ぴ

시험 ★★☆
회화 ★★★

• 退っ引き＝退き引き 뒤로 물러섬 • ならない 되지 않다 → **뒤로 물러설 수 없다**
  のっ ぴ   のき ひ

✎ 意味 피할 수도 물러날 수도 없는 것. 자신이 뭔가 하지 않으면 안 되는 입장에 놓여 있는 것.

🔍 用例 **本日退っ引きならない用事により、お休みいたします。**
         ほんじつの ぴ   ようじ   やす

오늘은 중요한 일이 있어 휴무합니다.

山道で急に雪が降り始めて退っ引きならない状況に陥ってしまった。
やまみち きゅう ゆき ふ はじ の ぴ   じょうきょう おちい

산길에서 갑자기 눈이 내리기 시작해서 빼도 박도 못하는 상황에 빠지고 말았다.

1618 のべつ幕なし 끊임없이. 쉴 새 없이

시험 ★☆☆
회화 ★★★

• **のべつ** 끊임없이 계속되는 모양. 줄곧. 계속. 쉴 새 없이　• **幕** 막. 연극의 일단락　• **無し** 무. 없음

→ 계속 막 없이

✎ 意味　연극에서 막을 내리지 않고 계속 극을 진행시킨다는 것에서, 끊임없이 계속되는 모양.

🔍 用例
A 今日、お宅にお邪魔しても大丈夫ですか?

B 今日は、駄目なんですよ。のべつ幕なしお客様が来るので。

A 오늘 댁에 가도 괜찮을까요?

B 오늘은 안 돼요. 계속 손님이 오시거든요.

彼はよほどうれしかったのか、ほとんど一人でのべつ幕なしにしゃべり
続けた。私はずっとだまって聞いていた。

그는 꽤나 기뻤는지, 거의 혼자 쉴 새 없이 말을 이어 갔다. 나는 계속 잠잠히 듣고 있었다.

同義語　ひっきりなし ★★★　• ひっきりなし 쉴 새 없음. 끊임없음

1619 蚤の夫婦 부인이 남편보다 몸집이 큰 부부

시험 ★☆☆
회화 ★★☆

• **蚤** 벼룩　• **夫婦** 부부　→ 벼룩 부부

✎ 意味　벼룩은 수컷보다 암컷이 큰 것에서, 남편보다 부인의 몸집이 큰 부부를 의미.

🔍 用例
A お宅の旦那さん背が高くてうらやましいわ。

B そうですか? Aさんの旦那さんは小柄なんですか?

A 小柄というか、うちは蚤の夫婦なんですよ。

A 댁의 남편은 키가 커서 부러워요.　　B 그래요? 그 댁 남편은 덩치가 작은가요?

A 남편 덩치가 작다기보다 제 덩치가 더 크답니다.

1620 伸るか反るか 이기느냐 지느냐. 모 아니면 도. 좌우지간

시험 ★★☆
회화 ★★☆

• **伸る**＝**長く伸びる** 길게 늘이다　• **反る** 몸이 뒤로 젖혀지다　→ 길게 늘이든 뒤로 젖혀지든

✎ 意味　성공하느냐 망하느냐를 하늘에 맡기고 일을 단행하는 것.

🔍 用例
A カジノでいくら賭けるつもりなの?

B 伸るか反るかで100万円賭けてみることにするよ。

A 카지노에서 얼마나 걸 생각이야?　　B 모 아니면 도라는 생각으로 100만 엔 정도 걸려고 해.

A いつまで悩んでいても仕方ないし、この計画通り進めましょう。

B 伸るか反るかの大勝負、ってとこね。

A 언제까지고 고민해도 소용없으니까 이 계획 대로 진행하죠.　　B 모 아니면 도가 걸린 한판 승부라는 말이네.

同義語　一か八か ★★★　• 一か八か 되든 안 되든

1621 のれんを<ruby>下<rt>お</rt></ruby>ろす 문 닫다. 폐업하다

시험 ★★☆
회화 ★★★

· **のれん** 포렴. 상점 입구에 옥호를 써서 드리운 천 · **<ruby>下<rt>お</rt></ruby>ろす** 내리다. 내려놓다 → **포렴을 내리다**

✎ 意味　① 그날의 장사를 마치고 문을 닫는 것. ② 장사를 그만두는 것.

🔍 用例

① A <ruby>一杯<rt>いっぱい</rt></ruby><ruby>飲<rt>の</rt></ruby>もうと<ruby>思<rt>おも</rt></ruby>って<ruby>来<rt>き</rt></ruby>たんですけど…。

B ごめんなさい。<ruby>今日<rt>きょう</rt></ruby>はもうのれんを<ruby>下<rt>お</rt></ruby>ろしてしまったんですよ。

A 한잔하려고 왔는데요…。　　B 죄송합니다. 오늘은 영업 끝났습니다.

② <ruby>不景気<rt>ふけいき</rt></ruby>の<ruby>煽<rt>あお</rt></ruby>りを<ruby>受<rt>う</rt></ruby>けて、<ruby>店<rt>みせ</rt></ruby>ののれんを<ruby>下<rt>お</rt></ruby>ろすことになってしまった。

불경기의 여파를 받아 가게 문을 닫게 되었다.

同義語 <ruby>店<rt>みせ</rt></ruby>を<ruby>閉<rt>し</rt></ruby>める ★★★

· **<ruby>閉店<rt>へいてん</rt></ruby>する** 그날의 가게 일을 마치다 · **<ruby>煽<rt>あお</rt></ruby>りを<ruby>受<rt>う</rt></ruby>ける** 충격을 받다. 여파를 받다

1622 のれんを<ruby>分<rt>わ</rt></ruby>ける 분점을 차리게 하다

시험 ★★☆
문장 ★★☆

· **のれん** 상점 출입구에 옥호를 써넣어 드리운 천. 포렴 · **<ruby>分<rt>わ</rt></ruby>ける** 나누다 → **포렴을 나누다**

✎ 意味　오랫동안 근무한 점원을 독립시켜 같은 상호를 쓰게 해 주는 것. 명사형인 **のれん<ruby>分<rt>わ</rt></ruby>け**의 형태로도 사용.

🔍 用例

<ruby>200<rt>にひゃく</rt></ruby><ruby>年<rt>ねん</rt></ruby><ruby>続<rt>つづ</rt></ruby>くそば<ruby>屋<rt>や</rt></ruby>で<ruby>修行<rt>しゅぎょう</rt></ruby>をし、のれんを<ruby>分<rt>わ</rt></ruby>けてもらった。

200년 전통의 국숫집에서 수련을 하여 분점까지 받게 되었다.

A お<ruby>前<rt>まえ</rt></ruby>もうちの<ruby>店<rt>みせ</rt></ruby>で<ruby>働<rt>はたら</rt></ruby>いてもう<ruby>10<rt>じゅう</rt></ruby><ruby>年<rt>ねん</rt></ruby>だな～。そろそろのれん<ruby>分<rt>わ</rt></ruby>けしないとな。

B はい、ありがとうございます。

A 자네도 우리 가게에서 일한 지 이제 10년이군. 슬슬 분점을 내야지.　　B 네, 고맙습니다.

1623 <ruby>敗軍<rt>はいぐん</rt></ruby>の<ruby>将<rt>しょう</rt></ruby>は<ruby>兵<rt>へい</rt></ruby>を<ruby>語<rt>かた</rt></ruby>らず 패장은 말이 없다

시험 ★★☆
회화 ★★★

· **<ruby>敗軍<rt>はいぐん</rt></ruby>** 패군 · **<ruby>将<rt>しょう</rt></ruby>** 장수 · **<ruby>兵<rt>へい</rt></ruby>** 병사 · **<ruby>語<rt>かた</rt></ruby>らず** 논하지 않는다 → **패한 장군은 병사를 논하지 않는다**

✎ 意味　패배한 사람은 그것에 대해 변명하지 않는다는 말.

🔍 用例

<ruby>今回<rt>こんかい</rt></ruby>のプロジェクトの<ruby>失敗<rt>しっぱい</rt></ruby>については<ruby>言<rt>い</rt></ruby>い<ruby>訳<rt>わけ</rt></ruby>せずに<ruby>謝<rt>あやま</rt></ruby>ろう。

<ruby>敗軍<rt>はいぐん</rt></ruby>の<ruby>将<rt>しょう</rt></ruby>は<ruby>兵<rt>へい</rt></ruby>を<ruby>語<rt>かた</rt></ruby>らずというものだ。

이번 프로젝트 실패에 대해서는 변명하지 않고 사과하지. 패장은 말이 없다라고 하니까.

1624 <ruby>掃<rt>は</rt></ruby>いて<ruby>捨<rt>す</rt></ruby>てる<ruby>程<rt>ほど</rt></ruby> 지천으로. 많이. 쌔고 쌜 만큼

시험 ★★☆
회화 ★★★

· **<ruby>掃<rt>は</rt></ruby>いて** 쓸어서 · **<ruby>掃<rt>は</rt></ruby>く** 쓸다. 비질하다 · **<ruby>捨<rt>す</rt></ruby>てる** 버리다. (불필요한 것을) 내다 버리다
· **<ruby>程<rt>ほど</rt></ruby>** 정도. 쯤. 만큼 → **쓸어서 버릴 정도로**

✎ 意味　빗자루로 쓸어서 버릴 정도로 많다는 것에서, 어떤 것이 아주 많이 널려 있는 모양.

🔍 用例

<ruby>2<rt>に</rt></ruby>ヶ<ruby>国語<rt>こくご</rt></ruby><ruby>話<rt>はな</rt></ruby>せる<ruby>人<rt>ひと</rt></ruby>など、<ruby>掃<rt>は</rt></ruby>いて<ruby>捨<rt>す</rt></ruby>てるほどいる。 （＝<ruby>本当<rt>ほんとう</rt></ruby>にたくさん）

2개 국어를 말할 수 있는 사람은 쌔고 쌨다.

1625 場数を踏む 경험을 쌓다
ばかずをふむ

시험 ★☆☆
회화 ★★★

- 場数 ① 장소. 장면의 수 ② 경험의 횟수 • 踏む ① 밟다 ② 실제로 경험하다
ばかず   ふ

✎ 意味　실제로 많은 경험을 쌓아 익숙해지는 것.

🔍 用例
A なんでそんなに上手に司会が出来るんですか?
　　　　　　じょうず しかい でき
B 練習もたくさんするけど、場数を踏んでるってことが一番大きいかな。
　れんしゅう　　　　　　　　ばかず　ふ　　　　　　　　　　いちばんおお

A 어떻게 그렇게 능숙하게 사회를 볼 수 있죠?　　B 연습도 많이 하지만 경험을 쌓은 게 가장 주요했지.

医者も最初は素人なんだよ。場数を踏んで立派な医者になるんだよ!
いしゃ さいしょ しろうと　　　　ばかず ふ　　りっぱ　いしゃ
의사도 처음에는 아마추어야. 경험을 쌓아 훌륭한 의사가 되는 거지.

1626 馬鹿の一つ覚え 팔푼이
ばかのひとつおぼえ

시험 ★☆☆
회화 ★★★

- 馬鹿 바보 • 一つ 하나 • 覚え 기억. 이해 → 바보가 한 가지 얻어 배운 지식
ばか　　　　ひと　　　　おぼ

✎ 意味　어떤 말을 아무 때나 신이 나서 내세우는 것. 같은 말을 반복하는 것을 조롱하는 말.

🔍 用例
A 俺、今の彼女すごく好きなんだよ。
　おれ いま かのじょ　　す
B 何回もおなじこと聞いたよ。馬鹿の一つ覚えみたいにそれしか
　なんかい　　　　　き　　　　ばか ひと おぼ
　言えないんだから。
　い

A 난 지금의 여자친구가 너무 좋아.　B 몇 번이나 같은 말을 하는 거야. 팔푼이처럼 그 말밖에 할 줄 모른다니까.

1627 馬鹿も休み休み言え 바보 같은 소리 작작해라
ばかもやすやすいえ

시험 ★☆☆
회화 ★★★

- 馬鹿 바보 • 休み休み ① 계속하지 않고 사이를 두는 모양. 쉬엄쉬엄 ② 잘 생각해서 무슨 일을
ばか　　　　やすやす
하는 모양. 작작 • 言え 말하라 • 言う 말하다 → 바보도 잘 생각하고 말해
　　　　　い　　　　い

✎ 意味　바보도 잘 생각하고 말한다는 것에서, 쓸데없는 말이나 무책임한 말은 적당히 하라는 뜻.

🔍 用例
A お母さん、私学校を辞めて女優になるわ!
　かあ　　わたしがっこう や　じょゆう
B あんた馬鹿も休み休み言いなさい。学校を辞めるなんて許しません。
　　　ばか やす やす い　　　　がっこう や　　ゆる

A 엄마 나 학교 그만두고 배우가 될래요!
B 너 바보 같은 소리 작작해라. 학교를 그만두겠다니 절대 안 돼!

1628 馬鹿を言え 말도 안 되는 소리 마
ばかをいえ

시험 ★☆☆
회화 ★★★

- 馬鹿 바보. 어리석음 • 言え 말해 • 言う 말하다 → 바보를 말하다
ばか　　　　　　い　　　　い

✎ 意味　말도 안 되는 소리를 하지 말라는 의미로, 상대의 말을 강하게 부정하는 말.

🔍 用例
A お父さん、私結婚するわ。
　とう　　わたしけっこん
B 馬鹿を言え! お前はまだ18歳じゃないか! (=馬鹿を言うな)
　ばか い　　まえ　　　 じゅうはっさい　　　　 ばか い

A 아빠, 저 결혼할래요!　B 말도 안 되는 소리 하지 마! 너는 아직 미성년자잖아!

1629 掃き溜めに鶴 (は だ つる) 쓰레기통에 장미

시험 ★☆☆
문장 ★★★

• 掃き溜め (は だ) 쓰레기장. 쓰레기통 • 鶴 (つる) 학. 두루미 → 쓰레기장에 학

✎ 意味 쓰레기장과 같은 지저분한 곳에 깨끗함의 상징인 학이 있다는 것에서, 초라한 곳에 전혀 어울리지도 않는 물건이나 아름다운 것이 있다는 것을 비유한 말.

🔍 用例 掃き溜めに鶴とでも言わんばかりに美しい女性が、何もない道に一人 たたずんでいた。

개천에 핀 연꽃처럼 아름다운 여자가 아무도 없는 길 위에 혼자 우두커니 서 있다.

• んばかりに ~하는 것 같이 • たたずむ ① 잠시 멈춰 서 있다. 우두커니 서 있다 ② 서성거리다

1630 はくが付く (つ) 관록이 붙다

시험 ★★☆
회화 ★★★

• 箔 (はく) 금속을 얇게 늘린 박. 금박, 은박과 같은 박 • 付く (つ) → 박이 붙다

✎ 意味 금이나 은을 두드려서 얇게 편 금박이나 은박을 사원 등의 건축물이나 도구에 붙여 표면을 아름답게 장식하던 것에서, 가치가 높아지는 것.

🔍 用例 有名な会社で働いていたというだけではくが付くものです。

유명한 회사에서 일하는 것만으로 관록이 붙는 법이에요.

1631 白紙に戻す (はくし もど) 백지로 돌리다. 없었던 일로 하다

시험 ★★☆
회화 ★★★

• 白紙 (はくし) 백지 • 戻す (もど) 되돌리다. 돌려주다 → 백지로 되돌리다

✎ 意味 지금까지의 사정을 없던 것으로 하고 원래로 되돌리는 것.

🔍 用例 A こんなに喧嘩ばかりするようじゃ、結婚しても私たちうまくいかないわ。
B 僕もそう思うよ。だから、僕たちの結婚は白紙に戻そう。

A 이렇게 싸움만 할 것 같으면 결혼해도 우리 힘들 거야.　(＝無かったことにしよう)
B 나도 그렇게 생각해. 그러니까 결혼은 없었던 일로 하자.

同義語 白紙に返す (はくし かえ) ★★

1632 拍車をかける (はくしゃ) 박차를 가하다

시험 ★★★
문장 ★★★

• 拍車 (はくしゃ) 박차. 말을 빨리 달리게 하기 위하여 승마용 구두에 부착하는 쇠로 만든 톱니 모양의 물건
• 掛ける (か) ① (높은 곳에) 걸다. 늘어뜨리다 ② (작용 등을) 가하다. 동작을 취하다. 작용시키다
→ 박차를 가하다

✎ 意味 말의 배에 박차를 가하여 말을 빨리 달리게 하는 것에서, 일의 진행을 한층 빠르게 하는 것.

🔍 用例 子供一人当たりの教育費の増加でさらに少子化に拍車をかけることとなった。

아이 한 명당 교육비의 증가로 한층 저출산율에 박차를 가하는 꼴이 되었다.

同義語 拍車を加える (はくしゃ くわ) ★★★ • 少子化 (しょうしか) 저출산으로 아이의 수가 줄어드는 것

1633 薄氷を踏む (はくひょうをふむ) 살얼음판을 걷다. 아슬아슬하다

시험 ★☆☆ 문장 ★★☆	• 薄氷 = 薄氷 (はくひょう・うすごおり) 박빙. 살얼음 • 踏む (ふむ) (발로) 밟다 → **살얼음을 밟다**
✎ 意味	얇아서 깨질 것 같은 얼음 위를 걷는다는 것에서, 몹시 위태위태한 상황에 처한 모양. 특히 아슬아슬한 경기를 표현할 때 주로 사용.
🔍 用例	**薄氷を踏む思いで優勝を手にすることが出来た。** (はくひょう・ふ・おも・ゆうしょう・て・でき) 아슬아슬하게 우승을 손에 넣을 수 있었다.

1634 化けの皮が剥がれる (ばけのかわがはがれる) 본성이 드러나다. 정체가 드러나다

시험 ★☆☆ 회화 ★★★	• 化けの皮 (ばけのかわ) 본성을 숨기고 다른 것으로 가장하고 있던 겉모양. 가면 • 剥がれる (はがれる) 벗겨지다 → 박이 붙다
✎ 意味	숨기고 있던 원래 모습이 나타나는 것.
🔍 用例	A **サクラさんって、すごいおとなしくて純粋そうだよね。** (じゅんすい) B **いや。お酒を飲むと化けの皮が剥がれるんだよ。** (さけ・の・ばけ・かわ・は) A 사쿠라는 말이야, 굉장히 얌전하고 순수한 것 같아. B 아니야, 술 마시면 본성이 드러나.

1635 梯子酒 (はしござけ) 술집 순방. 술집 순례

시험 ★★☆ 회화 ★★★	• 梯子酒 (はしござけ) 연달아 장소를 바꿔 술을 마시는 것 • 梯子 (はしご) 사다리 • 酒 (さけ) 술
✎ 意味	2차, 3차로 술집을 옮겨 다니며 술을 마시는 것.
🔍 用例	A **もう一軒飲みに行こう！** (いっけん・の・い) B **先輩これで４軒目ですよ。そろそろ帰りましょうよ。** (せんぱい・よんけん・め・かえ) 　**梯子酒は良くないですって。** (=梯子をするの) (はしござけ・よ) (はしご) A 한잔 더 하러 가자! B 선배 여기가 4차예요. 그만 돌아가요. 과음은 좋지 않다니까요. **会社帰りにお酒を飲んで気づいたら５軒梯子酒!!** (かいしゃがえ・さけ・の・き・ごけんはしござけ) 퇴근 길에 술을 마시다 정신을 차리고 보니 5차!!

1636 恥の上塗り (はじのうわぬり) 창피를 거듭함

시험 ★☆☆ 회화 ★★★	• 恥 (はじ) 창피. 수치. 부끄러움 • 上塗り (うわぬり) ① (벽칠, 옻칠 등의) 덧칠. 마무리칠 ② 좋지 않은 일을 거듭함 • 上 (うわ) '위에 씌우는 것'의 의미 • 塗る (ぬる) 칠하다. 바르다 → **창피의 거듭**
✎ 意味	창피를 당한 후에 또 창피를 당한다는 것에서, 거듭 창피당한다는 의미.
🔍 用例	**恥の上塗りになるような恥ずかしいことはやめなさい。** (=恥の恥) (はじ・うわぬり・は) (はじ・はじ) 얼굴에 똥칠하는 것과 같은 부끄러운 짓은 그만둬!

신체 관용어

생활 관용어

속담·격언

고사성어

사자성어

1637 恥も外聞もない
はじ　がいぶん

체면이고 뭐고 (따질 것) 없다

시험 ★☆☆
회화 ★★★

• 恥(はじ) 창피. 수치. 부끄러움　• 外聞(がいぶん) ① 외문. 소문. 평판 ② 체면　• 無(な)い 없다

→ 창피도 체면도 없다

✎ 意味　어떤 목적을 위해 체면 등을 전혀 신경 쓰지 않는 모양. 부끄럽다느니 꼴사납다느니 따위 생각하지 않는 모양.

🔍 用例　彼女(かのじょ)は、恥(はじ)も外聞(がいぶん)もなくお金(かね)のためなら何(なん)でもやる人(ひと)だった。

그녀는 돈을 위해서라면 부끄러움이나 체면 따위는 전혀 신경 쓰지 않고 뭐든 하는 사람이었다.

A 大学(だいがく)の説明会(せつめいかい)で、いい場所(ばしょ)を取(と)ろうとお母(かあ)さんたちが殺到(さっとう)するみたいね。

B そうなのよ。お母(かあ)さんって子供(こども)のためなら恥(はじ)も外聞(がいぶん)もないのよ。

A 대학 설명회에서 좋은 장소를 잡으려고 엄마들이 밀려드는 것 같아.

B 그러게. 엄마는 아이를 위해서라면 체면이고 뭐고 없다니까.

• 殺到(さっとう)する 쇄도하다. 밀려들다

1638 馬車馬のよう
ば　しゃうま

한눈팔지 않는

시험 ★☆☆
회화 ★★★

• 馬車(ばしゃ) 마차　• 馬(うま) 말　• よう 처럼　→ 마차를 끄는 말처럼

✎ 意味　마차를 끄는 말에는 한눈팔지 못하도록 눈 양쪽에 덮개가 씌여 있는 것에서, 다른 것에는 일체 신경 쓰지 않고 그저 죽을 둥 살 둥 그것만을 하는 것.

🔍 用例　医大(いだい)の合格(ごうかく)を目指(めざ)して、馬車馬(ばしゃうま)のように朝(あさ)も昼(ひる)も夜(よる)もひたすら勉強(べんきょう)した。

의대 합격을 목표로 한눈팔지 않고 불철주야로 줄곧 공부만 했다.

1639 恥を曝す
はじ　さら

창피를 당하다. 망신을 당하다

시험 ★★★
회화 ★★★

• 恥(はじ) 창피　• 曝(さら)す 널리 사람들의 눈에 띄게 하다　→ 창피를 당하다

✎ 意味　많은 사람 앞에서 창피를 당하는 것.

🔍 用例　今(いま)のグローバル社会(しゃかい)で自分(じぶん)の国(くに)のことしか知(し)らないようでは、後(あと)で恥(はじ)を曝(さら)すことになるぞ。

지금과 같은 국제 사회에서 자기 나라밖에 몰라서는 나중에 망신을 당하게 될 거야!

1640　畑が違う <small>전문 분야(영역)가 다르다</small>

はたけ　ちが

시험 ★★☆
회화 ★★☆

• 畑 ① 밭 ② (전문) 영역. 분야　• 違う 다르다. 상이하다　→ 전문 분야가 다르다

✎ 意味　자신이 전문으로 하는 분야(영역)와 다른 것. 명사형으로 畑違い로도 자주 사용.

🔍 用例　A うちの会社、教育関連の会社なんですが、あなたの大学の専攻とは
　　　　　畑が違いますね。(=畑違いです)
　　　B 大学の専攻とは全く違いますが、教育関係に関心がありますので。
　　　A 저희 회사는 교육 관련 회사입니다만, 당신의 대학 전공과는 차이가 있군요.
　　　B 대학 전공은 전혀 다르지만 교육 쪽에 관심이 있어서요.

私は転職したのですが畑違いの職種に転職したせいか、なかなか慣れ
ずミスばかりだ。
전직했는데 분야가 다른 직종으로 바꾼 탓인지 좀처럼 일에 익숙해지지 않아 실수투성이다.

私は週一で英語サークルに通っているのですが、そこでは
畑違いの人と知り合えるのでとても楽しいです。
저는 주 1회 영어 동호회에 다니고 있는데 거기에서는 분야가 다른 사람과 만날 수 있어서 아주 즐겁습니다.

同義語　畑違い ★★★

1641　罰が当たる <small>벌을 받다</small>

ばち　あ

시험 ★★★
회화 ★★★

• 罰 벌. 천벌　• 当たる 맞다. 받다　→ 벌을 받다

✎ 意味　신이 인간의 죄를 벌하여 고통을 주는 것.

🔍 用例　A ご飯を粗末にすると罰が当たりますよ。ちゃんと食べなさい。
　　　B はい。でも、おなかがいっぱいだよ。(=天罰が下ります)
　　　A 밥을 남기면(함부로 하면) 벌을 받아. 깨끗이 먹어.
　　　B 네. 그치만 배가 불러요!

　　　A 私、昔、二股かけてたことあってさ〜。そしたら私、
　　　　今の彼に二股かけられてたの…。バチが当たったのかなぁ〜?
　　　B そんなことないよ。出会いが悪かっただけだよ!!
　　　A 나, 예전에 양다리 걸친 일이 있었거든. 근데, 지금 내 남자친구가 양다리를 걸친 거 있지. 벌 받은 걸까?
　　　B 그런 거 아냐. 만남이 잘못됐던 것뿐이야!!

• 粗末にする 함부로 하다. 막 하다　• 天罰が下る 천벌이 내리다

신
체
관
용
어

생
활
관
용
어

속
담
·
격
언

고
사
성
어

사
자
성
어

1642 破竹の勢い 파죽지세
は ちく いきお

| 시험 ★★☆
문장 ★★★ | • **破竹** ① 대나무를 쪼갬 ② 기세가 대단함 • **勢い** 기세 → **대나무를 쪼갬의 기세** |

✎ 意味 | 대나무는 처음 한 마디만 쪼개면 나중에는 결에 따라 그냥 쪼개지는 것에서, 무서운 기세로 진행되는 모양.

🔍 用例 | **破竹の勢いでいろいろな会社から新しい携帯電話が発売される。**
は ちく いきお かいしゃ あたら けいたいでん わ はつばい
엄청난 기세로 여러 회사로부터 새로운 휴대폰이 발매된다. (=ものすごい勢い)
いきお

• **ものすごい勢い** 엄청난 기세
いきお

1643 蜂の巣をつついたよう 벌집을 쑤신듯
はち す

| 시험 ★★★
회화 ★★☆ | • **蜂** 벌 • **巣** (새, 벌레, 물고기 등의) 집 • **突いた** 찌른 • **突く** 몇 번 찌르다. 가볍게 찌르다
• **よう** 듯 → **벌의 집을 찌른듯** |

✎ 意味 | 벌집을 건드린 것처럼, 큰 소동이 일어나 수습할 수 없는 모양.

🔍 用例 | **大物歌手が、突然ゲリラライブを敢行したため、**
おおものか しゅ とつぜん かんこう
道が蜂の巣をつついたような大騒ぎになってしまった。
みち はち す おおさわ
인기 가수가 돌연 게릴라 콘서트를 감행하여 도로가 벌집 쑤신듯 난장판이 되었다.

• **大物** 거물. 큰 인물 • **ゲリラライブ** 게릴라 콘서트 • **敢行する** 감행하다
おおもの かんこう

1644 ばつが悪い 겸연쩍다
わる

| 시험 ★☆☆
회화 ★★★ | • **ばつ** ① 이야기의 사리. 앞뒤 ② 그 자리의 형편. 분위기. 남에 대한 체면 • **悪い** 나쁘다
→ **남에 대한 체면이 나쁘다** |
わる

✎ 意味 | 뒤가 켕기는 일이 있거나 해서 그 장소에 있는 것이 껄끄러운 모양.

🔍 用例 | **問いつめると、その人はちょっとばつが悪そうな顔をした。**
と ひと わる かお
추궁하자 그 사람은 겸연쩍은 얼굴을 했다.

• **問いつめる** 추궁하다. 몰아세우다
と

1645 はったりをかける 허세를 부리다

| 시험 ★☆☆
회화 ★★★ | • **はったり** 허세 • **かける** (작용 등을) 가하다. 작용시키다. 동작을 취하다 → **허세를 가하다** |

✎ 意味 | 사실도 아닌 일을 진짜처럼 말하거나 사실보다 과장되게 말해서 상대에게 공포감을 주어 어떤 일을 자신에게 유리하게 하는 것.

🔍 用例 | **たまにはあること無いこと、はったりをかけて相手を驚かすのも面白い。**
な あい て おどろ おもしろ
때론 사실이든 거짓이든 허세를 부려 상대를 놀라게 하는 것도 재미있다.

• **あること無いこと** 있는 일 없는 일. 사실과 거짓
な

1646 八方塞がり （はっぽうふさがり）
사방팔방 다 막힘. 어찌할 도리가 없음

시험 ★☆☆
회화 ★★★

- **八方**（はっぽう） ① 팔방 ② 모든 방향. 모든 방면 ・ **塞がり**（ふさがり） 막힘 ・ **塞がる**（ふさがる） 막히다. 메다
→ **모든 방향이 막힘**

✎ 意味 어느 방향이나 장애가 있어 달리 손쓸 방법이 없는 것.

🔍 用例 **試せる方法はすべて試してみたが、これ以上は出来ない八方塞がりだ。**
시도할 수 있는 방법은 모두 해 봤지만, 이 이상은 어떻게 할 수 없이 꽉 막혔다.

[同義語] **成す術もない**（なすすべもない） ★★★
- **試せる方法**（ためせるほうほう） 시험하여 볼 수 있는 방법 ・ **試す**（ためす） 시험하여 보다
- **成す術もない**（なすすべもない） 대처할 수단, 방법이 없다

1647 話が合う （はなしがあう）
대화가 잘되다. 대화가 잘 통하다

시험 ★☆☆
회화 ★★★

- **話**（はなし） 이야기. 말 ・ **合う**（あう） 맞다. 일치하다 → **이야기가 맞다**

✎ 意味 서로 화제나 취미, 기호 등이 일치하여 대화가 잘 통하는 모양.

🔍 用例 A **お見合いどうだったの?**
B **相手の人と話が合ってね、うまくいってるよ。**
A 맞선은 어땠어?　　B 상대랑 얘기가 잘 통해서 잘돼 가고 있어.

1648 話がうま過ぎる （はなしがうますぎる）
너무 달콤하다. 조건이 너무 좋다

시험 ★☆☆
회화 ★★★

- **話**（はなし） 이야기. 말 ・ **うま過ぎる**（うますぎる） 너무 좋다 ・ **うまい** ① 맛있다 ② (자기에게) 편하다. 바람직하다
- **過ぎる**（すぎる） 동사의 ます형에 붙어, 지나치다 → **말이 너무 좋다**

✎ 意味 조건 등이 너무 좋아서 오히려 믿기 힘들다는 의미.

🔍 用例 A **1日5万円もくれるアルバイトなんて、絶対無いよ。話がうま過ぎるよ。**
B **私もそう思って、応募しなかったよ。**
A 하루에 5만 엔이나 주는 알바라니 말도 안 돼(절대로 있을 수 없어). 조건이 좋아도 너무 좋다.
B 나도 그런 생각이 들어서 응모 안 했어.

1649 話が違う （はなしがちがう）
말이 틀리다. 약속이 틀리다

시험 ★☆☆
회화 ★★★

- **話**（はなし） 이야기. 말 ・ **違う**（ちがう） 다르다. 상이하다 → **말이 다르다**

✎ 意味 사전에 결정된 약속이나 조건이 지켜지지 않아 무례하게 생각하는 것.

🔍 用例 A **離婚したら、子供の親権は僕が持つから!**
B **離婚の条件は、私が子供を育てることだったでしょ。**
なぜあなたに親権があるわけ? 話が違うわ!
A 이혼하면 내가 아이 친권을 가지겠어!
B 내가 아이를 키우는 게 이혼 조건이었잖아. 어째서 당신에게 친권이 있다는 거야? 말이 다르잖아!

1650 話が付く 결말이 나다. 매듭지어지다

시험 ★★★ · 話 ① 이야기 ② 의논. 상담. 교섭 · 付く ① 붙다 ② 결말나다. 끝나다. 처리되다
회화 ★★★ → 의논이 끝나다

✎ 意味 상담이나 의논, 교섭이 성립되는 것.

🔍 用例 **今回のプロジェクトは、全体資金の30%を我が社で負担することで、先方と話が付いた。**
이번 프로젝트 전체 자금의 30%를 우리 회사가 부담하기로 클라이언트와 이야기가 끝났다. · **先方** 상대편. 상대방

1651 話が分かる 이해심이 깊다. 말이 통하다

시험 ★☆☆ · 話 말 · 分かる 알다. ① 이해할 수 있다 ② (세상 물정에 밝고 남의 처지, 사정에 대한) 이해심이 있다
회화 ★★★ → 말을 알다

✎ 意味 사리에 밝고 상대의 기분이나 입장을 잘 이해해 주는 모양.

🔍 用例 A **うちのお父さん、私が料理の研究のためにイタリアに留学に行きたいといったら、すぐにOKしてくれたの。**
B **いいな。話の分かるお父さんが居てくれて。**
A 우리 아버지 말야, 내가 요리 연구를 위해 이탈리아로 유학 가고 싶다고 했더니 바로 승낙해 주섰어.
B 좋겠다. 말이 잘 통하는 아버지가 계서서.

1652 話に乗る 말에 응하다

시험 ★★☆ · 話 ① 이야기 ② 의논. 상담. 교섭 · 乗る ① (탈것에) 타다 ② 참여하다. 한몫 끼다. 응하다
회화 ★★★ → 이야기에 응하다

✎ 意味 상대가 들고 온 어떤 상담이나 의논, 제안 등에 응하는 것.

🔍 用例 A **ハワイ旅行に行こうと思うんだけど、一緒に行かない?**
B **うん! その話乗るよ。**
A 하와이 여행 가려고 하는데 같이 안 갈래?　　B 응! 같이 갈래.

1653 話にならない 말도 안 된다. 대화가 안 된다

시험 ★☆☆ · 話 이야기. 말. 담화. 대화. 화제 · ならない 안 되다 → 말이 안 되다
회화 ★★★

✎ 意味 ① 어이가 없어 말이 안 나오는 것. 말할 가치도 없다는 것. ② 진지하게 대화가 되지 않는 것.

🔍 用例 ① **汚職をした人間がもう一度同じポジションに座るというのでは話にならない。**
(직위 남용과 같은) 부정 행위를 한 인간이 다시 한 번 같은 지위에 있다는 것은 말도 안 된다.

② **そう興奮していては話にならないじゃない。**
그렇게 흥분해 있으면 대화가 안 되잖아.

1654 　話に花が咲く　이야기꽃이 피다

시험 ★☆☆ 회화 ★★★	• **話** 말. 이야기 • **花** 꽃 • **咲く** 피다 → 말에 꽃이 피다

🖎 **意味**　이야기에 활기를 띄어 대화가 끊이질 않는 모양.

🔍 **用例**　**久しぶりに高校のときの同級生と会って話に花が咲いた。**

오랜만에 고등학교 동창들이랑 만나서 이야기꽃을 피웠다.

同義語　**話が弾む** ★★★　　• **同級生** 동급생. 동창생

1655 　話を合わせる　말을 맞추다

시험 ★☆☆ 회화 ★★★	• **話** 이야기. 말 • **合わせる** 맞추다 → 말을 맞추다

🖎 **意味**　상대가 말하는 내용에 동조하는 것.

🔍 **用例**　A **今日、好きな歌手のコンサートがあって休むんだけど、**

会社には病気で休むって言ってあるから話を合わせておいてね。

B **OK。こっちは任せて!! 楽しんでおいで〜。**

A 오늘 좋아하는 가수 콘서트가 있어서 쉬거든, 회사에는 몸이 안 좋다고 해 뒀으니까 말 좀 맞춰 줘.

B 알았어. 이쪽은 맡겨 둬!! 즐감~.

1656 　話を付ける　이야기를 매듭짓다

시험 ★☆☆ 회화 ★★★	• **話** 이야기. 말 • **付ける** ① 붙이다 ② 끝을 내다. 매듭을 짓다 → 말을 매듭짓다

🖎 **意味**　교섭을 그런대로 납득할 수 있는 내용으로 이끌어 내는 모양.

🔍 **用例**　**君は今から取引先に向かってくれ。話は付けておいたから、**

行って商品を受け取って来てくれればいいから。

자네는 지금부터 거래처로 가게나. 이야기는 끝내 놨으니 가서 상품을 받아 오면 돼.

1657 　花道を飾る　(은퇴하는) 마지막을 장식하다

시험 ★★★ 회화 ★★★	• **花道** ① 가부키(**歌舞伎**) 등에서 무대 왼편에 배우가 출입하는 데 사용하는 통로 ② 화려하게 활약하는 마지막 시기(장면) • **飾る** ① 장식하다. 꾸미다 ② 빛내다. 영광되게 하다 → 마지막 시기를 영광되게 하다

🖎 **意味**　은퇴하기 직전에 훌륭한 성적을 올려 사람들이 아쉬워하는 상황 속에서 떠나는 것.

🔍 **用例**　**長年プロとして活躍してきた野球選手が、大きなサヨナラホームラン**

で引退の花道を飾った。

오랜 세월 동안 프로로 활약해 온 야구 선수가 대형 끝내기 홈런으로 은퇴 마지막을 화려하게 장식했다.

• **サヨナラホームラン** 끝내기 홈런

1658 花も恥らう 꽃도 시샘하는

시험 ★☆☆
회화 ★★★

・花 꽃 ・恥らう 부끄러워하다. 수줍어하다 → 꽃도 수줍어하다

✎ 意味 여성이 꽃도 무색할 만큼 아름답다는 것에서, 젊은 여성의 아름다움을 형용하는 말.

🔍 用例
A 年を聞いてもいいですか?
B 花も恥らう16歳です!

A 나이를 물어봐도 될까요?
B 방년 16세예요!

1659 花を添える 화려함을 더해 주다

시험 ★★☆
회화 ★★★

・花 꽃 ・添える ① 첨부하다. 곁들이다 ② 더하다 → 꽃을 더하다

✎ 意味 좋은 일에 더 좋은 일이 더해지는 모양. 화려함이 더해지는 모양.

🔍 用例 映画祭に花を添えるべく多くの有名なスターたちが続々と集まってくる。

영화제에 화려함을 더해 주는 수많은 스타들이 속속 모여들고 있다.

同義語 錦上に花を添える★

・続々と 속속. 잇달아. 연이어 ・錦上に花を添える 금상첨화. 훌륭한 것이 더욱 훌륭해짐

1660 花を持たせる 영광을 돌리다. 양보하다

시험 ★★☆
문장 ★★★

・花 ① 꽃 ② 명예. 영광. 영예 ・持たせる 가지게 하다. 들게 하다 (수동) ・持つ 가지다
→ 꽃을 가지게 하다

✎ 意味 승리나 공을 상대에게 양보하는 것. 상대를 세워 주는 것.

🔍 用例 優勝カップをもらうとき、主将は、一番年下の選手に花を持たせた。

우승컵을 받을 때 주장은 가장 어린 선수에게 그 영광을 돌렸다.

1661 羽を伸ばす 느긋하게 보내다

시험 ★★★
회화 ★★★

・羽 날개 ・伸ばす ① 늘이다 ② 곧게 펴다 → 날개를 펴다

✎ 意味 걱정거리가 없어져 여유롭게 행동하는 것.

🔍 用例 お父さんは久しぶりの休みだといって、温泉に羽を伸ばしに行くらしい。

아버지는 오랜만의 휴일이라며 온천을 즐기러 가시는 것 같다.

1662 幅がきく (はば) 영향력이 있다. 말발이 서다

시험 ★★☆
회화 ★★★

• 幅 ① 폭. 너비 ② 세력. 위세 • 利く ① 효력이 있다. 듣다 ② 가능하다. 통하다 → 세력이 통하다

✎ 意味　그 방면에서 인정을 받아 상당한 영향력이 있는 것.

🔍 用例　**いろいろな人に幅がきく先輩を尊敬している。**

많은 사람들에게 영향력이 있는 선배를 존경한다.

同義語 **羽振りが利く** ★★

• 羽振りが利く (はぶ)(き) 세력이 먹히다 • 羽振り (はぶ) ① 새의 날개 모양 ② 사회적인 지위, 세력, 인망 등의 정도

1663 幅を利かせる (はば)(き) 위세를 떨치다

시험 ★★☆
회화 ★★★

• 幅 ① 폭. 너비 ② 세력. 위세 • 利かせる＝利かす 특성을 살리다. 발휘시키다

• 利く ① 효력이 있다. 듣다 ② 가능하다. 통하다 → 세력을 발휘시키다

✎ 意味　그 사회에서 실력자로 인정받아 위세를 떨치는 모양.

🔍 用例　**最近は、政治家の2世3世が幅を利かせるようになってきた。**

요즘은 정치인 2, 3세가 위세를 떨치고 있다.

同義語 **羽振りを利かせる** ★★

1664 羽振りがいい (はぶ) 위세가 좋다. 떵떵거리다. 돈 씀씀이가 크다

시험 ★☆☆
회화 ★★★

• 羽振り ① 새가 날개를 치는 일. 날개의 모양 ② (남에 대한) 세력이나 인망 • いい 좋다

→ 세력이 좋다

✎ 意味　사회에서 지위, 위력, 덕망이 있는 것. 주로 돈을 아낌없이 쓸 때 사용.

🔍 用例　A **最近やけに羽振りがいいけど何かあったの?**

B **実はさ、前に買っておいた株が上がって大金が転がりこんだんだよ。**

A 요즘 무척 돈 씀씀이가 크던데 무슨 좋은 일 있어?

B 실은 전에 사 뒀던 주식이 올라서 거금이 손에 들어왔어.

1665 羽目を外す (はめ)(はず) 도를 지나치다

시험 ★★★
회화 ★★★

• 羽目 ① 널빤지로 만든 벽. 판벽 ② (곤란한) 처지. 궁지 • 外す 떼다. 떼어 내다

→ 판벽을 떼어 내다

✎ 意味　흥에 겨워 도를 넘는 모양. '떨어지다. 멀어지다'의 뜻을 가진 離れる로 착각하여
羽目を離れる (はめ)(はな)로 잘못 쓰지 않도록 주의.

🔍 用例　**あの人は、おだてに乗りやすいので、つい調子に乗って、**

羽目を外してしまうタイプだ。

저 사람은 쉽게 우쭐하는 편이라, 금세 분위기를 타다 도를 지나쳐 버리는 타입이다.

• おだて ① 치켜세움. 치살림 ② 부추김. 선동

1666 波紋を投じる 파문을 던지다. 파문을 일으키다

は もん とう

시험 ★☆☆
회화 ★★★

• 波紋 파문 • 投じる 던지다 → 파문을 던지다
は もん　　　　　　 とう

✎ 意味　세상에 영향을 미칠 만한 어떤 문제를 제기하는 것.

🔍 用例　**今回週刊紙に出た暴露記事が、政界に大きな波紋を投じる結果となった。**
こん かいしゅうかん し　で　 ばくろ き じ　　　　 せいかい　 おお　　 は もん　 とう　　 けっ か

이번 주간지에 나온 폭로 기사는 정계에 큰 파장을 불러일으키는 결과를 나았다.

1667 波紋を広げる 파문을 일으키다. 문제를 크게 하다

は もん ひろ

시험 ★★☆
회화 ★★★

• 波紋 파문. 수면에 이는 물결 무늬 • 広げる 넓히다. 확장하다. 확대하다
は もん　　　　　　　　　　　　　　　 ひろ
→ 파문을 넓히다

✎ 意味　수면에 파문을 일으키는 것에서, 어떤 일에 영향을 끼쳐 널리 퍼지게 하는 모양.

🔍 用例　**一人の女性ライターの書いた記事が波紋を広げているらしい。**
ひとり　 じょせい　　　　　　 か　　　 き じ　 は もん　 ひろ

한 여성 기자가 쓴 기사가 파문을 일으키고 있는 모양이다.

同義語 **波紋を呼ぶ** ★★★　• ライター 작가. 기자
は もん　 よ

1668 早い話が 쉽게 말해서. 간단히 말해서. 요컨대

はや はなし

시험 ★☆☆
회화 ★★★

• 早い 빠른 • 話が 말이
はや　　　　 はなし

✎ 意味　요점을 빠르게 말하면이라는 의미로 이야기를 짤막하게 끝내고 싶을 때 사용하는 말.

🔍 用例　A **君と付き合うことについて考えてみたんだけど、付き合いたいんだ**
きみ　 つ　 あ　　　　　　　　　　 かんが　　　　　　　　　　 つ　 あ
けど、友達として付き合いたいなって思うんだけど…。
ともだち　　　　 つ　 あ　　　　　　　 おも
B **早い話が、私の恋人にはなれないってことね。**
はや はなし　　 わたし こいびと

A 너랑 사귀는 거 생각해 봤는데, 사귀고 싶긴 한데 그냥 친구로 사귀고 싶어….
B 쉽게 말해 내 애인은 될 수 없단 말이잖아.

1669 張り合いが無い 의욕이 없다. 보람이 없다. 맥이 풀리다

は あ な

시험 ★☆☆
회화 ★★★

• 張り合い＝張合い＝やりがい 보람. 의욕 • 無い 없다 → 의욕이 없다
は あ　　 はりあ　　　　　　　　　　　　　　　　　 な

✎ 意味　노력을 다해도 반응이 없어 만족하지 못하는 모양.

🔍 用例　**一人で食べるためのご飯を作るのは、作る張り合いが無い。**
ひとり　 た　　　　　　　 はん　 つく　　　　　 つく　 は あ　　 な

혼자 먹으려고 밥하는 건 정말 맥이 빠진다.

1670 馬力を掛ける 총력을 다하다. 마력을 내다
ばりき　か

시험 ★☆☆
회화 ★★★

• **馬力** 일을 해내는 힘. 마력. 정력　• **掛ける** (작용 등을) 가하다. 작용시키다. 동작을 취하다
→　마력을 가하다

✎ 意味　한층 힘을 내서 일에 임하는 것.

🔍 用例　**新しい会社に入ったら、1ヶ月間は馬力をかけて早く仕事を覚えるべきだ。**

새로운 회사에 들어가면 처음 한 달간은 전력을 다해 일을 빨리 배워야 한다.

1671 針の筵 바늘방석
はり　むしろ

시험 ★★★
회화 ★★★

• **針** 바늘. 침. 가시　• **筵** ① 돗자리 ② 멍석　→　바늘 돗자리

✎ 意味　바늘을 꽂아 놓은 돗자리 같다는 것에서, 한시도 마음 편히 쉴 수 없는 괴로운 장소나 경우를 비유한 말. '방석'이란 뜻을 가진 **座布団**으로 착각하여 **針座布団**으로 잘못 쓰지 않도록 주의.

🔍 用例　**仕事を辞めてから半年経つが、未だに再就職先が見つからず針の筵だ。**

일을 그만둔 지 반년이 지났지만 아직까지 재취직 자리가 나지 않아 바늘방석이다.　(＝苦しい状況)

今日の野球の試合、オレのエラーで逆転負けしちゃってさ～、試合の後、皆からいろいろ言われて、まるで針の筵に座っている思いだったよ。

오늘 야구 시합에서 내 실수로 역전패를 당했는데 말야, 시합 후에 다들 어찌나 나한테 뭐라고 하는지 꼭 바늘방석에 앉아 있는 기분이었어.

• **経つ** (시간, 세월이) 지나다. 경과하다　• **未だに** 아직껏. 아직까지도　• **苦しい状況だ** 힘든 상황이다

1672 晴れの舞台 영광스러운 자리. 영광스러운 무대
は　ぶたい

시험 ★☆☆
회화 ★★★

• **晴れ** ① 갬. 맑음 ② ～の의 꼴로, 명예롭고 영광스러움　• **舞台** 무대　→　**영광스러운 무대**

✎ 意味　연극의 영광스러운 무대. 변하여 화려하고 중요한 장소.

🔍 用例　A **まさか、あなたが表彰されるとはね。**
B **一生に一度しかないかもしれない晴れの舞台なんだから、写真忘れずに撮ってよね。**

A 설마, 네가 표창을 다 받다니.
B 평생 한 번 있을까 말까 한 영광스러운 자리니까 잊지 말고 사진 찍어 줘.

結婚式はオレにとって人生で一番の晴れの舞台だ。

결혼식은 내 인생에서 가장 영광스러운 무대다.

1673 腫れ物に触るよう 깨지기 쉬운 도자기 다루듯

시험 ★★★
회화 ★★★

• 腫れ物 ① 종기. 부스럼 ② 대하기 까다로운 사람 또는 거북한 사람 • 触る 만지다 • よう 듯
→ 종기 건드리듯

✎ 意味　비위 등을 거슬리지 않게 조심조심 대하는 모양.

🔍 用例　みんなが私のことを腫れ物にでも触るように接するのが嫌だ。
ただの事故の被害者だけだというのに…。

모두 나를 조심조심 대하는 것이 싫다. 그냥 사고 피해자일 뿐인데….

腫れ物に触るような扱い方をされるのが嫌だ！みんなに笑われるのも
嫌だ！だから学校に行きたくない。

깨지기 쉬운 도자기 다루듯 취급하는 게 싫어! 모두에게 웃음거리가 되는 것도 싫어! 그래서 학교에 가고 싶지 않아.

1674 反感を買う 반감을 사다

시험 ★★☆
회화 ★★★

• 反感 반감 • 買う 사다 → 반감을 사다

✎ 意味　반감을 사는 것.

🔍 用例　嫌みばかり言っていると、まわりの反感を買うことになる。

불쾌감을 주는 말만 늘어놓으면 주위의 반감을 사게 된다.

1675 叛旗を翻す 반기를 들다. 반역하다

시험 ★★☆
문장 ★★★

• 叛旗 반기 • 翻す 날리게 하다. 휘날리다 → 반기를 휘날리다

✎ 意味　모반을 일으키는 것. 주군을 배반하고 반란을 일으키는 것.

🔍 用例　現在の政権に真っ向から反旗を翻すものはいるのか?

현재 정권에 정면으로 반기를 들 사람이 있을까?

1676 万事休す 만사휴의. 모든 것이 끝나다

시험 ★★★
문장 ★★★

• 万事 만사. 온갖 일 • 休す ① 쉬다. 휴식하다 ② 끝나다. 끝장나다
→ 만사가 끝장나다

✎ 意味　모든 것이 끝나서 이제 어쩔 수 없다는 것.

🔍 用例　度重なる不祥事により、政治家生命も万事休すか?

거듭되는 불상사로 인해 정치 생명도 끝장인가?

同義語	万策尽きる ★★★	• 度重なる 거듭되다 • 不祥事 불상사
		• 万策尽きる 온갖 방법이 끝이 나다 • 万策 만책. 온갖 수단. 온갖 방법

1677 判で押したよう
판에 박은 듯한. 천편일률적인

시험 ★☆☆
회화 ★★★

• **判で** 도장으로　• **押したよう** 찍은 듯　→　**도장으로 찍은 듯**

✎ 意味　도장에 찍듯이 똑같은 데서, 조금도 변화가 없는 모양.

🔍 用例
A 御社に入社できた際には、何でも一生懸命にします。
B 判で押したような言葉だな。

A 귀사에 입사하게 된다면 어떤 일이라도 열심히 하겠습니다.
B 천편일률적인 대답이군.

うちの主人は毎日判で押したように、6時には家に帰ってくる。

우리 남편은 매일 도장 찍듯이 6시에는 집에 들어온다.

A 毎日、学校に行って勉強して、家に戻って宿題をして寝る。
こんな判で押したような生活、もううんざりだ!!
B バカなこと言ってないで! ちゃんと宿題しなさい!!

A 매일 학교에 가서 공부하고, 집에 돌아와서 숙제하고 자고…. 이런 판에 박은 듯한 생활, 이제 진절머리 나!!
B 바보 같은 소리 말고 똑바로 숙제나 해!!

• **御社** 상대방 회사를 높이는 말. 귀사　• **際** 때. 즈음. 기회

1678 筆舌に尽くしがたい
말로 다 할 수 없다

시험 ★★☆
회화 ★★★

• **筆舌** 필설. 말과 글　• **尽くす** 다하다　• **〜がたい** 동사의 **ます**형에 붙어, ~하기 어렵다. 힘들다
→　**필설로 다하기 어렵다**

✎ 意味　말과 글(필설)로 충분하게 표현하기 힘들다는 것에서, 정도가 심함을 의미.

🔍 用例　戦争中の生活は、筆舌に尽くしがたいものでした。

전쟁 중의 생활은 말로 다 표현할 수 없을 지경이었습니다.

1679 引っ込み思案
내성적인 성격. 소극적인 성격

시험 ★★☆
회화 ★★★

• **引っ込み** (집 등에) 틀어박힘　• **引っ込む** 틀어박히다　• **思案** ① 궁리. 여러모로 생각함
② 근심. 걱정　→　**틀어박혀 여러모로 생각함**

✎ 意味　생각만 있고 적극적으로 사람 앞에 나서거나 하지 못하는 그런 성격이나 모양.

🔍 用例
A 私、人前でスピーチとかすると緊張しちゃって声が出なくなるよ。
B 引っ込み思案だったっけ? 勇気を持てば何とかなるよ。

A 난 사람들 앞에서 발표를 하면 긴장해서 말이 안 나와!
B 내성적인 성격이었나? 자신감(용기)을 가지면 괜찮을 거야.

• **スピーチ** 연설. 발표. 말　• **何とかなる** 어떻게든 된다

497

신체 관용어

생활 관용어

속담 · 격언

고사성어

사자성어

1680 引っ張り凧 _{ひ ぱ だこ} 아주 인기 있는 물건(사람)

시험 ★★☆
회화 ★★★

- 引っ張り _{ひ ぱ} 잡아당김 · 引っ張る _{ひ ぱ} 끌다. 끌어당기다. 잡아끌다 · 凧 _{たこ} 연 → 잡아당기는 연

✎ 意味 원래는 문어(蛸)를 말릴 때, 다리를 사방팔방 넓혀서 말리는 것에서 유래되어 발음이 같은 연(凧)으로 변했다고 전해짐. 많은 사람에게 인기가 있는 물건이나 사람을 얻기 위해 사방팔방에서 경쟁하는 모양.

🔍 用例

A 最近、この歌手いろんな番組に引っ張り凧ね。

B 歌手の中で一番人気があるらしいよ。

A 요즘 이 가수 여러 방송에서 서로 출연시키려고 하던데.

B 가수 중에서 가장 인기가 있는 것 같더라.

A Bさんって、本当に宴会の時期になると引っ張り凧ですね。

B そうなんだよね。宴会シーズンには、いろんな人から声がかかっちゃってさ。

A B씨는 정말 연말이 되면 몸이 몇 개라도 모자라겠네요.

B 네, 맞아요. 연말에는 여러 군데서 오라고 해서 말예요.

- 宴会 _{えんかい} 회식보다 약간 큰 연회 · 宴会シーズン _{えんかい} 연회 시즌. 「忘年会 _{ぼうねんかい} 망년회」 등을 지칭

1681 人並み _{ひと な} 보통 수준. 평범함

시험 ★★☆
회화 ★★★

- 人並み _{ひと な} 보통 사람과 같은 정도임

✎ 意味 일반 사람과 같은 정도인 성질이나 상태.

🔍 用例

A アルバイトだと、生活するのに大変じゃない?

B そんなことはないですよ。
贅沢は出来ませんけど、まぁ、人並みには生活できます。

A 아르바이트만으로는 생활하기 힘들지 않아?

B 그렇지는 않아요. 사치를 부릴 정도는 아니어도, 보통 수준의 생활은 돼요.

人並みでいいから幸せになりたい。

보통 수준이라도 좋으니까 행복해지고 싶다.

欲は言いません。人並みでいいから結婚したい～。

큰 욕심 없어요. 평범해도 좋으니 결혼하고 싶어요~.

- 贅沢 _{ぜいたく} 사치. 사치스러움. 분에 넘침

1682 人並み外れる 뛰어나다

ひと な　はず

시험 ★★☆
회화 ★★★

• 人並み 보통 사람과 같은 정도임　• 外れる ① 빠지다. 벗겨지다 ② 벗어나다

ひと な　　　　　　　　　　　　　　　　　　はず

→ 보통 사람과 같은 정도에서 벗어나다

✎ 意味　일반 사람과 동떨어진 성질이나 상태.

🔍 用例

A すごい、人並み外れた筋肉ですよね。

ひと な　はず　きんにく

B そうですか? まぁ、毎日筋トレがんばってますからね。

まいにちきん

A 굉장해요, 보통 근육이 아니네요.

B 그래요? 날마다 근육 트레이닝을 열심히 하고 있거든요.

圭吾は人並み外れた才能の持ち主だ。

けい ご　ひと な　はず　さいのう　　も　ぬし

게이고는 뛰어난 재능의 소유자다.

• 筋トレ=筋肉トレーニング 근육 트레이닝

きん　　　きんにく

• 持ち主 소유자. 임자

も　ぬし

1683 独りよがり 독선. 독선적

ひと

시험 ★★☆
회화 ★★★

• 独り ① 한 사람 ② 혼자　• よがり 좋다고 여김　• 善がる ① 좋다고 여기다

ひと　　　　　　　　　　　　　　　　　　　　　　　　　　　よ

② 기뻐하다. 만족하다. 득의양양해하다　→ 혼자 좋다고 여김

✎ 意味　자기 혼자 좋아한다고 믿고 남의 말에 귀 기울이지 않는 것.

🔍 用例

自分だけよければいいなんて、独りよがりの考えはやめなさい。

じ ぶん　　　　　　　　　　　　　　　　　　ひと　　　　　　　かんが

자신만 괜찮으면 된다는 독선적인 생각은 버려.　(=独善・自家撞着)

どくぜん　じ か どうちゃく

演奏する時は観客の雰囲気にも注意しなければならない。

えんそう　とき　かんきゃく　ふんいき　　ちゅうい

独りよがりの演奏になってしまってはだめだからね。

ひと　　　　　　　えんそう

연주할 때는 관객의 분위기에도 주의해야만 해. 독선적으로 연주하면 안 되니까.

• 独善 독선　• 自我撞着 자가당착

どくぜん　　　　じ が どうちゃく

1684 人を食う 남을 우습게 여기다. 업신여기다

ひと　く

시험 ★☆☆
회화 ★★★

• 人 사람　• 食う ① (음식을) 먹다. 씹어 삼키다 ② 人を~의 꼴로, 사람을 깔보다. 무시하다

ひと　　　く　　　　　　　　　　　　　　　　　　　　　　　　ひと

✎ 意味　사람을 사람으로 여기지 않는 뻔뻔스러운 태도나 언행.

🔍 用例

人を食ったような態度の彼が、結局はトップまで上り詰めた。

ひと　く　　　　　　たい ど　かれ　けっきょく　　　　　　　のぼ つ

남을 업신여기는 듯한 태도를 보이던 그가 결국 최고의 자리에 올라갔다.　(=人を馬鹿にする)

ひと　ば か

• 上り詰める 올라갈 수 있을 만큼 올라가다　• 人を馬鹿にする 사람을 바보 취급하다

のぼ つ　　　　　　　　　　　　　　　　　ひと　ば か

신
체
관
용
어

생
활
관
용
어

속
담
·
격
언

고
사
성
어

사
자
성
어

1685 火に油を注ぐ 불난 데 기름을 붓다. 불난 집에 부채질하다

시험 ★★★
회화 ★★★

• 火 불 • 油 기름 • 注ぐ (물 등을) 붓다. 따르다 → **불에 기름을 붓다**

✎ 意味 화난 사람을 더 화나게 하거나, 심한 상황을 더 악화시키는 것.

🔍 用例 A 私の両親、今大喧嘩中でお互い話もしないのよ。

B ちょっと心配じゃないの? Aちゃんが何かできることとかないの?

A 私が何かしたところで、すべて火に油を注ぐようなことにしかなら

ないから、そっとしておこうと思って。

A 우리 부모님, 지금 심하게 냉전 중이라 서로 말도 안 하신다.
B 좀 걱정되겠다. 니가 뭐 할 수 있는 일은 없어?
A 내가 뭘 한다 한들 모두 불난 데 기름 붓는 격밖에 안 돼서 가만히 있으려고.

• そっとしておく (상대편의 기분을 거슬리지 않게) 가만히 그대로 두다

1686 火が付いたよう 갑자기. 급작스럽게

시험 ★☆☆
회화 ★★★

• 火 불 • 付いたよう 붙은 듯 • 付く 붙다 → **불이 붙은 듯**

✎ 意味 어린아이 등이 갑자기 심하게 울기 시작해서 쉽게 그치지 않는 모양.

🔍 用例 妻が少しの間外出をしたら、子供が火がついたように泣いて困った。

아내가 잠깐 외출했는데 아이가 급작스럽게 울어서 곤란했다.

1687 引金になる 계기가 되다. 빌미가 되다

시험 ★☆☆
회화 ★★★

• 引金 방아쇠 • になる ~이(가) 되다 → **방아쇠가 되다**

✎ 意味 어떤 일을 일으키는 직접적인 원인이 되는 것.

🔍 用例 ちょっとした口論が大きな喧嘩の引金となることがある。

작은 언쟁이 큰 싸움의 빌미가 되는 경우가 있다.

1688 引く手あまた 손짓하는 사람이 많음

시험 ★☆☆
회화 ★★★

• 引く手 자기 쪽으로 끄는 사람. 오라고 권유하는 사람 • 数多 많음. 허다함
→ 오라고 권유하는 사람이 많음

✎ 意味 취직이나 혼담 등으로 많은 곳에서 유혹의 손길이 뻗치는 모양.

🔍 用例 彼は大学時代、女性にモテモテで引く手あまただった。

대학 시절 그는 여성에게 인기가 많아 데이트 신청이 끊이질 않았다.

1689 引くに引けない 뺄래야 뺄 수 없다. 피치 못하다

시험 ★☆☆
회화 ★★★

- **引くに** 빼려고 해도　• **引く** 빼다. 감하다　• **引けない** 뺄 수 없다　→　**빼려고 해도 뺄 수 없다**

✎ 意味　빠지려고 생각해도 지금에 와서 빠질 수가 없는 상황이 된 것.

🔍 用例
A あのパーティー行くことにしたの？
B うん。本当は行きたくなかったんだけど、なんだか、
引くに引けない状況になっちゃって。

A 그 파티 가기로 했어?
B 응. 실은 안 가고 싶은데, 피치 못할 상황이 돼 버려서 말야.

1690 左団扇 안락한 생활. 편안한 생활

시험 ★☆☆
회화 ★★★

- **左** 왼쪽. 왼편. 좌　• **団扇** 부채

✎ 意味　왼손으로 부채를 부친다는 것에서, 일하지 않고 편하게 지내는 것을 의미.

🔍 用例
A 稼ぎが少ないから、生活が苦しくて…。
B 私もよ。一度で良いから、左団扇の生活がしてみたいわ。

A 벌이가 적어서 생활이 힘들어.
B 나도 그래. 한 번이라도 좋으니 놀고먹으면서 살아 보고 싶다.

1691 一筋縄ではいかない 일반적인 방법으로는 안 되다

시험 ★☆☆
회화 ★★★

- **一筋縄** ① 한 줄기. 외줄기 ② 오직 그것에만 마음을 기울이는 모양. 외곬
- **いかない** 가지 않는다　→　**한 줄기로는 가지 않는다**

✎ 意味　보통 방법으로는 처리할 수 없는 것.

🔍 用例
私の父を説得させることは一筋縄ではいかないことだ。
우리 아버지를 설득시키려면 여느 방법으로는 안 된다.

1692 一たまりもない 잠시도 버티지 못하다. 잠시도 지탱하지 못하다

시험 ★☆☆
회화 ★★★

- **一たまり** 잠시 지탱함　• **ない** 없다　→　**잠시 지탱함도 없다**

✎ 意味　어떤 것이 주는 강한 힘에 대해 간단하게 무너져 버리는 것.

🔍 用例
A あの大きな岩が落ちてきたら怖いね。
B あんなのが落ちてきたら、一たまりもないだろうな。

A 저 큰 바위가 굴러오면 무서울 거야.
B 저런 바위가 떨어지면 바로 끽이야.

생활 관용어

ひ
1678
―
1717

신체
관용어

생활
관용어

속담·격언

고사성어

사자성어

1693 　ひとつぶだね
一粒種 外동아들. 외동딸

시험 ★☆☆
회화 ★★☆

- **一粒** 한 알 ・ **種** ① 종자. 씨앗 ② 혈통. 아이. 자식

✎ 意味　단 한 명뿐인 소중한 자식.

🔍 用例　A 見てくださいよ。うちの一粒種なんです。
B あら、すごくかわいい。旦那さん似ですね。

A 보세요. 저희 집 외동아들이에요.
B 어머 굉장히 귀엽네요. 남편분이랑 닮았어요.

- **旦那さん似** 남편과 닮았음 ・ **旦那さん** 남편 ・ **似** 닮음

1694 　ひと　ふんどし　すもう　　と
人の褌で相撲を取る 남의 팔매에 밤 줍는다. 남의 떡에 설 쇤다

시험 ★☆☆
회화 ★★★

- **人の** 남의 ・ **褌** 훈도시. 샅바의 구실을 하는 것 ・ **相撲を取る** 씨름을 하다

✎ 意味　남의 샅바를 차고 씨름을 하는 것에서, 남의 것을 이용해서 자신의 이익을 얻는 것.

🔍 用例　どんなに窮地に追い込まれても、人の褌で相撲を取るような
汚いまねはしたくない。

아무리 궁지에 몰려도 남의 샅바로 씨름을 하는 더러운 짓은 하고 싶지 않다.

人の褌で相撲をとって利益を得ることばかり考えているような
会社では働きたくない。

남의 샅바로 스모를 하듯이 이익만을 추구하는 회사에서는 일하고 싶지 않다.

- **追い込む** 곤경에 빠뜨리다. 몰아붙이다 ・ **真似** 행동. 짓

1695 　ひとはた　あ
一旗揚げる 새로 사업을 시작하다. 새로운 운명을 열다

시험 ★☆☆
회화 ★★★

- **一旗** 하나의 깃발 ・ **揚げる** 올리다 → 하나의 깃발을 올리다

✎ 意味　옛날에는 싸울 때 깃발을 들어 전투 개시의 신호를 했던 데서, 새로운 사업 등을 시작해서 사회적으로 지위나 재력을 얻는 것.

🔍 用例　A 大学卒業したらどうするか考えてるの?
B もちろん考えてるよ。将来は、ミュージシャンとして
一旗上げようと思ってる。

A 대학 졸업하면 어떻게 할지 생각해 봤어?
B 물론 생각해 뒀지. 장래에는 음악가로서 새로운 길을 가려고 해.

1696 人前を憚る 남의 이목을 꺼리다
ひとまえ　　はばか

시험 ★☆☆
회화 ★★★

• 人前 남의 앞. 많은 사람의 면전　• 憚る 꺼리다. 거리끼다　→ **남의 앞을 꺼리다**
ひとまえ　　　　　　　　　　　　　　　　　　　　　はばか

✎ 意味　많은 사람이 보고 있는 장소에 나오는 것을 사양하는 것. 보통 부정 형태인「**人前を憚らず**
ひとまえ　はばか
=**人目を憚らず** 남 앞인데도 꺼리지 않고」로 자주 사용.
ひとめ　はばか

🔍 用例　**一人の女性が人前を憚ることなく駅で泣いていた。**
ひとり　　じょせい　　ひとまえ　はばか　　　　　　えき　な

한 여인이 남의 시선에 거리낌 없이 역에서 울고 있었다.

デパートのベンチに座り、人前も憚らず大あくびをしたりゴロンと
すわ　　ひとまえ　はばか　おお
横になったりする男を皆白い目で見て通る。
よこ　　　　　　　　　　おとこ　みんなしろ　め　み　とお

백화점 벤치에 앉아 남의 시선은 아랑곳 않고 입을 크게 벌리고 하품하거나 벌러덩 눕기도 하는 남자에게
다들 눈을 흘기며 지나간다.

最近の若者は街中でも、人前を憚らずイチャイチャしている。
さいきん　わかもの　まちなか　　　　ひとまえ　はばか

요즘 젊은이들은 길거리에서도 남의 시선은 신경 쓰지 않고 애정 행각을 벌인다.

1697 一役買う 한몫을 맡다. 역할 하나를 맡다
ひとやく か

시험 ★☆☆
회화 ★★★

• 一役 한 역할. 한 구실　• 買う 자진해서 받아들이다
ひとやく　　　　　　　　　か

✎ 意味　하나의 일에서 어떤 역할을 자진하여 맡는 것.

🔍 用例　**どうやらこの事件には、女も一役買っていそうだ。**
じ けん　　　　おんな　ひとやく か

아무래도 이 사건에는 여자도 한몫하는 것 같아.

政治の正常化のために一役買いたいと思って立候補しました。
せい じ　せいじょう か　　　　ひとやく か　　　　　おも　　りっこう ほ

정치의 정상화를 위해 한몫하고 싶은 생각에 입후보했습니다.

1698 一山当てる 한밑천 잡다. 한밑천 벌다
ひとやま あ

시험 ★☆☆
회화 ★★★

• 一山 ① 하나의 산 ② 한 번의 투기. 모험　• 当てる 기대나 노림수대로 되다
ひとやま　　　　　　　　　　　　　　　　　　あ
→ **한 번의 투기가 성공하다**

✎ 意味　광산을 파서 광맥을 찾아낸다는 것에서, 투기 등이 잘 되어 한밑천 잡는 것.

🔍 用例　A **今月も、お金が無くて大変だよ。**
こんげつ　　かね　な　たいへん

B **俺も無いから、この際競馬でもやって一山当てようかなって。**
おれ　な　　　　　　さいけいば　　　　　ひとやま あ

A 이번 달도 돈이 없어서(모자라서) 큰일이야.

B 나도 없어서 이번에 경마라도 해서 한밑천 잡아 볼까 해.

1699 一人相撲を取る _{ひとり ずもう と} 혼자 씨름하다. 혼자서 용쓰다

시험 ★☆☆
회화 ★★★

・一人 혼자 ・相撲を取る 씨름을 하다 → 혼자 씨름하다

✎ 意味　상대가 없는데, 또는 전혀 문제될 것 없는 일에 혼자만 기를 쓰고 하는 것. 또 그 결과,
아무런 결과를 얻지 못하는 것.

🔍 用例　一大事だと思い、一人でああでもない、こうでもないとあたふたして
いたのに、結局は一人相撲を取ってしまった形で終わった。

매우 중요한 일이라 여기고 혼자서 이것도 아니야 저것도 아니야 하며 허둥대다가 결국엔 혼자서 용쓰는
꼬라지(꼴)로 끝났다.

会社のためにとがんばっていたつもりだったのだが、
一人相撲を取っていただけだということに気がついた。

회사를 위해서 노력하고 있다고 생각했는데 그저 혼자서 용쓰고 있었다는 것을 깨달았다.

・あたふた 허둥지둥

1700 非の打ち所が無い _{ひ う どころ な} 나무랄 데가 없다

시험 ★☆☆
회화 ★★★

・非 ① 나쁨. 잘못 ② 비난함 ・打ち所 흠잡을 데 ・無い 없다
→ 나쁨의 흠잡을 데가 없다

✎ 意味　완벽해서 비난할 만한 곳이 없는 모양.

🔍 用例　A 彼のお母さんってどんな人だったの?

B それがね、すごく優しいし気が利くし、私たちの気持ちをよく
理解してくれるし、非の打ち所が無いような人だったのよ。

A 그의 어머니는 어떤 분이셨어?

B 그게 말야, 굉장히 친절하신 데다 잘 챙겨 주시고, 우리 마음도 너무 잘 이해해 주시는 정말 나무랄 데가 없는
분이셨어.

1701 火の車 _{ひ くるま} 경제적으로 쪼들림. 재정 상태가 좋지 않음

시험 ★★★
회화 ★★★

・火 불 ・車 차. 수레 → 불 수레

✎ 意味　火の車는 불교 용어로 지옥에 있는 불타는 마차를 말하며 죄가 있는 사람을 태워 지옥으로
끌고 갈 때 쓰였다고 함. 생계가 매우 좋지 않은 모양, 빈곤에 쪼들리는 모양, 경제 상태가
몹시 궁한 모양을 나타냄.

🔍 用例　A お母さん、新しい洋服買ってよ。

B だめよ。今は家計が火の車なんだから。(=苦しいんだから)

A 엄마, 옷 좀 사 줘.　　B 안 돼. 지금 살림살이가 말이 아니야.

・家計 살림살이. 가계부. 생계

1702 火の粉が降りかかる 불똥이 떨어지다

시험 ★☆☆
회화 ★★★

· 火の粉 불똥. 불티 · 火 불 · 粉 가루. 분말 · 降りかかる (비나 눈 등이 와서) 그 위에 떨어지다
→ 불똥이 떨어지다

✎ 意味　자신과 직접 관련되지 않은 사건에 말려드는 것.

🔍 用例

彼は火の粉が降りかかるのも気にせず、火事の被害者を助け出した。

그는 자기에게 불똥이 튀는 것도 신경 쓰지 않고 화재의 피해자를 구했다.

遠くで何か事件がおきても、まさか自分の身に火の粉が降りかかる
とは思っていなかった。（＝自分がとばっちりを食らう）

멀찌감치 있으면서 무슨 사건이 일어나더라도 설마 나한테 불똥이 떨어지리라고는 생각지도 않았다.

労使紛争の火の粉が利用者に降りかかる。

노사 분쟁의 불똥이 이용자에게 튀었다.

まさか事件の火の粉が自分に降りかかってくるとは思ってもみなかった。

설마 사건의 불똥이 자신에게 될 것이라고는 생각지 못했다.

· 自分がとばっちりを食らう 자신이 튀기는 물방울을 맞다
· とばっちり ① 튀기는 물방울 ②〜食う, 〜食らう의 꼴로, 옆에 있다 공연히 재난을 당하는 것

1703 火花を散らす 불꽃을 튀기다

시험 ★★★
문장 ★★★

· 火花＝スパーク ① 불티. 불똥. 불꽃 ② 스파크 · 散らす ① 흩뜨리다 ②(불꽃 등을) 튀기다
→ 스파크를 튀기다

✎ 意味　칼이 서로 부딪치면서 불꽃을 낸다는 것에서, 서로 격렬하게 대립하거나 싸우는 것.

🔍 用例

優勝を目の前に、両チーム激しく火花を散らすことになった。（＝争う）

우승을 목전에 두고 두 팀이 격렬하게 불꽃 튀는 싸움을 하게 되었다.

1704 暇を出す 내보내다. 해고시키다. 부인과 인연을 끊다(이혼하다)

시험 ★☆☆
회화 ★★★

· 暇 휴가 · 出す 내보내다 → 휴가를 내보내다

✎ 意味　휴가를 준다는 것에서, ① 경영인이 고용인 등을 해고시키는 것. 경영인의 입장.
② 예전에 남편이 아내와 이혼하자고 하는 말을 에둘러 표현한 말.

🔍 用例

① 会社の経営が行き詰まったために、我が家のお手伝いさんに
暇を出した。

회사 경영이 안 좋아져서 우리 집 도우미를 해고시켰다.

② うちの娘は嫁ぎ先に暇を出されて実家に戻っています。

우리 딸은 시집간 곳에서 이혼당하고 친정에 돌아왔어요.

1705 暇を取る
ひま と

휴가를 얻다. 그만두다. 남편과 인연을 끊다(이혼하다)

시험 ★☆☆
회화 ★★★

• 暇 휴가 • 取る 받다 → 휴가를 받다
ひま と

✎ 意味 ① 휴가를 얻는 것. ② 고용인 등을 해고시키는 것. 또는「暇をいただく 그만두다」의 형태로,
일하는 사람 입장에서 그만두겠다는 말을 할 때 사용. ③「暇を取らせてください 이혼하게 해
주세요」「暇を取らせていただく 이혼하게 해 줌을 받다」의 형태로, 예전에 아내가 남편에게
에둘러서 이혼하자고 말할 때 사용.

🔍 用例 ① 非常に忙しく、お昼を食べる暇を取ることも出来なかった。
ひ じょう いそが ひる た ひま と でき

굉장히 바빠서 점심 먹을 시간조차 낼 수 없었다.

② A 部長申し訳ありません。暇をいただきたいのですが…。
ぶ ちょうもう わけ ひま

B どうした? 突然。
とつぜん

A 僕にはこの仕事を続けていく自信がありません。
ぼく し ごと つづ じ しん

B いったい何があったんだ? 詳しく話してみろ。
なに くわ はな

A 부장님 죄송합니다. 그만두고 싶은데요.

B 갑자기 왜 그래?

A 저는 이 일을 계속해 나갈 자신이 없어요.

B 대체 무슨 일이 있었어? 자세하게 말해 봐.

③ あなたには、愛想が付きました! お暇を取らせていただきます。
あい そ つ ひま と

당신한테는 정나미가 떨어졌어요! 이혼해 주세요.

A お母さん、すみませんが、暇を取らせてください。
かあ ひま と

B なんだい? 藪から棒に…。
やぶ ぼう

A 私にはこの家の嫁は務まりません。
わたし いえ よめ つと

B そんなことないよ。よくやってくれてるよ。
もう一度考え直しておくれよ。
いち ど かんが なお

A 어머님, 죄송하지만 이혼할 수 있게 해 주세요.

B 뜬금없이 이게 무슨 소리냐?   • 務まる 잘 수행할 수 있다. 감당해 내다
つと

A 저로서는 이 집안의 며느리 자리를 감당해 낼 수가 없어요.

B 그렇지 않아. 아주 잘 해 주고 있단다. 다시 잘 생각해 봐.

1706 百聞は一見に如かず
ひゃくぶん いっけん し

백문이 불여일견

시험 ★★★
회화 ★★★

• 百聞 백문 • 一見 일견. 한 번 봄 • 如かず 미치지 못하다. ~하는 것이 낫다
ひゃくぶん いっけん し

→ 백문은 한 번 보는 것에 미치지못한다

✎ 意味 백 번 듣는 것보다 한 번 보는 것이 낫다는 말.

🔍 用例 A ヨーロッパは話に聞くと、すごく景色が良いらしいじゃない。
はなし き け しき い

B 百聞は一見に如かずよ。一度旅行してくると良いわ。
ひゃくぶん いっけん し いち ど りょこう い

A 듣자 하니 유럽은 경치가 정말 좋은 모양이야.

B 백문이 불여일견이라잖아. 한 번 여행 갔다 오는 게 좋을걸.

1707 百も承知だ 백 번 알다

_{ひゃく} _{しょう} _ち

시험 ★★☆ 회화 ★★★	• **百** 백 • **承知** (사정 등을) 알고 있음 → **백번 알다**

✎ 意味 백 번도 이백 번도 알고 있다는 것으로, 충분히 알고 있는 모양.

🔍 用例 A お願いだから10万円貸してくれよ。
_{ねが} _{じゅうまんえん か}

B 嫌よ。私もお金ないんだから。
_{いや} _{わたし} _{かね}

A お前が、お金ないのなんか百も承知だけど、そこを何とか頼むよ。
_{まえ} _{かね} _{ひゃく} _{しょう ち} _{なん} _{たの}

A 부탁이니까 10만 엔만 빌려주라.
B 싫어. 나도 돈 없단 말야.
A 네가 돈이 없다는 것은 백 번 알고 있지만 그래도 어떻게 안 될까?

1708 冷や飯を食う 냉대받다. 푸대접하다

_ひ _{めし} _く

시험 ★☆☆ 회화 ★★★	• **冷や飯** 찬밥 • **食う** 먹다 → **찬밥을 먹다**

✎ 意味 직장 등에서 부당한 대우를 받는 것.

🔍 用例 会社で長い間冷や飯を食わされてきた。
_{かいしゃ} _{なが あいだ ひ めし く}

회사에서 오랫동안 부당한 대우를 받아 왔다.

1709 氷山の一角 빙산의 일각

_{ひょうざん} _{いっかく}

시험 ★★★ 문장 ★★★	• **氷山** 빙산 • **一角** 일각. 한 각. 한 모서리 → **빙산의 일각**

✎ 意味 빙산은 극히 일부분만 드러나 있는 것으로 대부분은 해면 속에 숨어 있다는 것에서, 외부로 나타나 있는 것은 일부분이고 나머지는 숨겨져 있음을 비유한 말.

🔍 用例 明るみに出る虐待は、ほんの氷山の一角にしか過ぎない。(=少しの部分)
_{あか} _{で ぎゃくたい} _{ひょうざん いっかく} _す _{すこ ぶぶん}

세상에 알려진 학대는 그저 빙산의 일각에 지나지 않는다.

• **虐待** 학대 • **ほんの** 그저 명색뿐인. 단지 그 정도에 불과한
_{ぎゃくたい}

1710 拾い読み 훑어 읽음

_{ひろ} _よ

시험 ★★☆ 회화 ★★★	• **拾い** 줍기. 주움 • **読み** 읽음 → **주워 읽음**

✎ 意味 정독하지 않고 필요한 부분만 골라서 읽는 것.

🔍 用例 私はどんなに忙しくても新聞の見出しの拾い読みは毎日している。
_{わたし} _{いそが} _{しんぶん み だ} _{ひろ よ} _{まいにち}

나는 아무리 바쁘더라도 날마다 신문 제목을 훑어보기는 한다.

1711 火を通す 익히다. 데우다

시험 ★☆☆
회화 ★★★

• 火 불 • 通す (빛이나 액체 등을) 통과시키다 → 불을 통과시키다

✎ 意味 익히거나 굽는 등 음식에 열을 가하는 것.

🔍 用例
A この肉もう食べられるかな?
B それは豚肉だから、もう少し火を通さないと駄目よ。

A 이 고기 이제 먹어도 될까? B 그건 돼지고기니까 좀 더 익혀야 돼.

1712 ピリオドを打つ 종지부를 찍다. 끝을 내다

시험 ★★★
회화 ★★★

• ピリオド 종지부. 끝을 맺음 • 打つ 박다. 찌르다 → 종지부를 박다

✎ 意味 문장 끝에 점을 찍는다는 것에서, 지금까지 진행해 오던 일에 단락을 짓는 것.
하나의 일을 종료하는 것.

🔍 用例
大学を卒業してから、10年間記者として働いたが、ここでピリオドを
打つことにした。(=終わりにする)

대학을 졸업하고 나서 10년간 기자로서 일했지만 여기서 끝내기로 했다.

同義語 終止符を打つ ★★★

1713 ピンからキリまで 최고부터 최하까지

시험 ★★★
회화 ★★★

• ピン ① 카드나 주사위 눈의 1 ② 첫째. 시초. 최상급(의 것) • キリ 십자가(cruz=クルス)에서
변한 말로, 十(십)이 되었고 다시 최후, 최저라는 의미로 변함 → 첫째부터 최후까지

✎ 意味 ピン은 포루투칼어로 pinta(점), キリ는 cruz(십자가)로, 첫 번째부터 열 번째까지라는 것에서,
처음부터 끝까지. 변하여 최상급부터 최하급까지의 의미로 사용.

🔍 用例
A 新しくスーツを買いたいんだよね。高いかな?
B スーツもピンからキリまであるから、安いのだったら1万円くらい
で買えると思うよ。(=安いのから高いのまで)

A 새로 정장을 사고 싶은데. 비쌀까?
B 정장도 최고급품에서 싸구려까지 있으니까 싼 거라면 만 엔이면 살 수 있을 거야.

1714 ひんしゅくを買う 빈축을 사다

시험 ★☆☆
회화 ★★★

• ひんしゅく 빈축 • 買う 사다 → 빈축을 사다

✎ 意味 불쾌감을 주는 행동을 하여 미움받거나 경멸당하는 것.

🔍 用例
年末セールで、人を肘で押しのけて買ってる人がいて、
周りにひんしゅくを買ってたよ。

연말 세일에서 다른 사람을 팔꿈치로 밀어제치고 사는 사람이 있어 주위의 빈축을 샀어.

• 肘で押しのける 팔꿈치로 밀어제치다

1715 貧すれば鈍する　가난해지면 사리 판단도 흐려진다

^{ひん}　^{どん}

시험 ★☆☆
회화 ★★☆

• **貧すれば** 가난해지면　• **貧する** 가난해지다　• **鈍する** 둔해지다. 멍청해지다
→ 가난해지면 머리가 둔해진다

✎ 意味　가난해지면 생활에 쫓겨 제아무리 교양 있는 사람이라도 치사한 마음을 갖게 된다는 것.

🔍 用例　**貧すれば鈍するとはよく言ったもので、お金がないとただ生活に
追われ、その日のことしか考えられなくなる。**

가난해지면 사리 판단도 흐려진다더니, 돈이 없으니 생활에 쫓겨 그날 하루밖에 생각할 수 없게 된다.

1716 ピンと来る　감이 오다. 탁 떠오르다

^く

시험 ★☆☆
회화 ★★★

• **ピン** (상대편의 태도나 말씨 등에서) 직감적으로 알아차리는 모양　• **来る** 오다
→ 직감적으로 오다

✎ 意味　일의 진상을 조리에 맞게 생각하는 것이 아니라 직감적으로 느끼는 것.

🔍 用例
A **料理の味見してくれる?**

B **うん。え、これで作り終わったの? なんか、この味ピンと来ない
けど…。**

A 이 음식 맛 좀 봐 줄래?　　B 응. 엥? 이걸로 다 된 거야? 뭐랄까, 이 맛은 감이 안 오는데….

A **お見合いどうだった?**

B **うん。なんか、ぴんと来るものがなかったから断ったの。**

A 맞선 어땠어?　　B 응. 왠지 느낌이 팍 안 와서 거절했어.

1717 貧乏暇なし　가난한 사람은 여유가 없음

^{びんぼうひま}

시험 ★☆☆
회화 ★★★

• **貧乏** 가난. 빈궁　• **暇** 여유　• **なし** 없음　→ 가난하면 여유 없음

✎ 意味　가난한 사람은 삶에 쫓겨 시간적인 여유가 없다는 의미.

🔍 用例
A **いつも忙しそうですね。**

B **ええ。貧乏暇なしですからね。**

A 늘 바쁘시네요!　　B 네. 가난한 사람은 여유가 없다잖아요.

1718 風前の灯　풍전등화

^{ふうぜん}　^{ともしび}

시험 ★★☆
회화 ★★★

• **風前** 풍전. 바람 앞　• **灯 = 灯火** 등불　→ 바람 앞의 등불

✎ 意味　바람이 불고 있는 가운데 켜져 있는 등불이란 것에서, 존망이 달린 매우 위태로운 처지를 의미.

🔍 用例　**伝統工芸の中には後継者が居らず、風前の灯と言えるものがいくつ
かある。**

전통 공예 중에서는 후계자가 없어 풍전등화 지경에 놓인 것이 몇 가지 있다.　• **居る** (사람이) 존재하다. 있다

1719 袋叩きにあう 뭇매를 맞다

ふくろだた

시험 ★☆☆
회화 ★★★

・袋叩き 뭇매질 ・あう 당하다 → 뭇매질을 당하다
ふくろだた

✎ 意味 많은 사람들로 둘러싸여 호되게 맞는다는 것에서, 많은 사람으로부터 한꺼번에 비난이나
공격을 당하는 것.

🔍 用例 社会的に認められていないようなことを公然と言ってしまえば、
しゃかいてき　みと　　　　　　　　　　　　　　　　　　　　　こうぜん　い
袋叩きにあいかねない。
ふくろだた

사회적으로 인정받을 수 없는 것을 공공연히 떠벌리고 다니면 뭇매를 맞을지도 모른다.

・かねない ~할지도 모른다. ~않는다고 말할 수 없다

1720 袋の鼠 독 안에 든 쥐

ふくろ　　ねずみ

시험 ★★★
회화 ★★★

・袋 (종이, 천, 가죽의) 주머니. 자루. 봉지 ・鼠 쥐 → 주머니의 쥐
ふくろ　　　　　　　　　　　　　　　　　　　　　　　　　　ねずみ

✎ 意味 아무리 몸부림쳐도 도망갈 수 없는 상태.

🔍 用例 A 殺人犯捕まりますかね?
さつじんはんつか

B もうそろそろ捕まるだろ。袋の鼠になってるはずだから。
つか　　　　　　　　　ふくろ　ねずみ

A 살인범이 잡힐까요?
B 이제 곧 잡히겠지. 독 안에 든 쥐나 다름없을 테니.

どこにも逃げられないぞ!! お前はもう袋の鼠だ! 諦めて出てこい!
に　　　　　　　　　まえ　　　　　ふくろ　ねずみ　　　あきら　　で

어디에도 도망치지 못해!! 너는 이제 독 안에 든 쥐야!! 포기하고 나와!

同義語 袋の中の鼠 ★★
ふくろ　なか　ねずみ

1721 不幸中の幸い 불행 중 다행

ふ こうちゅう　さいわ

시험 ★★☆
회화 ★★★

・不幸中 불행 중 ・幸い ① 행복 ② 운이 좋음. 다행임 → 불행 중 다행임
ふ こうちゅう　　　　　　さいわ

✎ 意味 불행한 사건 중에서 그나마 위안이 되는 일.

🔍 用例 A 娘が交通事故に遭ったんですけど、とりあえず軽症ですんだんですよ。
むすめ　こうつうじ こ　あ　　　　　　　　　　　　　　けいしょう

B それは、不幸中の幸いでしたね。
ふ こうちゅう　さいわ

A 딸아이가 교통사고를 당했지만 일단 경상에 그쳤어요.
B 그건 불행 중 다행이군요.

1722 不祥事 불상사

시험 ★★★
문장 ★★★

• **不祥事** 불상사(아니 불, 상서로울 상, 일 사). 상서롭지 못한 일

✎ 意味　관계자에게 있어 불미스러운 사건이나 일.

🔍 用例　**公金不正による不祥事が明るみに出て、市長が有権者から強い非難を受けた。**

공금을 부정하게 사용한 불상사가 밝혀져 시장이 유권자에게 강한 비난을 받았다.

野球部の部員が不祥事を起こしてしまい、大事な大会に参加できなくなってしまった。

야구부 부원이 불상사를 일으켜서 중요한 대회에 참가할 수 없게 되었다.

1723 二つ返事で 두말 않고. 망설임 없이 바로

시험 ★★★
회화 ★★★

• **二つ** 둘. 두 가지　• **返事** 대답　→　두 번 대답으로

✎ 意味　「はい、はい。네,네~」라고 선선히 대답하는 말에서, 주저하지 않고 흔쾌히 승낙하는 모양.

🔍 用例　**彼はいくら厄介なことであっても、二つ返事で引き受けてくれるので、本当に心強い。**

그는 아무리 귀찮은 일이라도, 두말 않고 맡아 주어 정말 든든하다.

• **厄介** 귀찮음. 번거로움. 성가심　• **引き受ける** 책임지고 떠맡다. 부담(담당)하다

1724 蓋を開ける 뚜껑을 열다. 결과를 확인하다

시험 ★★☆
회화 ★★★

• **蓋** 뚜껑. 덮개　• **開ける** 열다. 펴다　→　뚜껑을 열다

✎ 意味　어떤 일이나 무언가가 시작하는 것. 또 어떤 일을 시작해서 그 결과 등을 알게 되는 것.

🔍 用例　**超大型ショッピングセンターができると、工事が始まる前から注目を浴びていたが、蓋を開けてみると、施設に問題だらけでお客さんは全く集まらなかった。**

초대형 쇼핑 센터가 생긴다고 공사 시작 전부터 주목을 끌었지만, 뚜껑을 열어 보니 시설이 문제투성이라 손님은 전혀 모이지 않았다.

新しいプログラムを立ち上げてみたが、効果のほどは蓋を開けてみなければわからない。

새로운 프로그램을 가동시켰는데 효과의 여부는 뚜껑을 열어 보지 않으면 알 수 없다.

• **注目を浴びる** 주목을 받다　• **立ち上げる** 필요한 조작을 하여 기계가 가동할 수 있게 하다
• **ほど** ① 한계. 한도 ② 정도. 쯤 ③ 모양. 상태. 여부

1725 筆が立つ 필력이 있다. 글을 잘 쓰다

시험 ★★★
회화 ★★★
- 筆 ① 붓 ② 글씨나 문장 등 ・立つ 서다 → 글씨나 문장 등이 서다

✎ 意味 뛰어난 문장을 쓰는 능력이 있는 모양.

🔍 用例 A やっぱりプロの方は筆が立ちますね。(=文章を書くのが上手です)
B そんなことはないですよ。ただ物を書くのが好きなだけです。

A 역시 프로는 글이 다르네요.
B 그렇지 않아요. 단지 글을 쓰는 걸 좋아할 뿐이에요.

1726 筆を入れる 첨삭하다. 글을 고치다

시험 ★★☆
회화 ★★☆
- 筆 ① 붓 ② 문장이나 그림 ・入れる ① 넣다. 들어가게 하다 ② 손질하다. 수정하다
→ 문장을 손질하다

✎ 意味 문장을 첨삭하여 고치는 것.

🔍 用例 学生が提出したレポートの間違っている部分に筆を入れた。(= 添削した)
학생이 제출한 리포트의 잘못된 부분을 고쳤다.

- 添削する 첨삭하다

1727 筆を執る 붓을 들다. 글을 쓰다. 집필하다

시험 ★★★
회화 ★★★
- 筆 붓 ・執る 집다. 쥐다 → 붓을 쥐다

✎ 意味 붓을 손에 드는 것에서, 그림이나 문장을 쓰는 것.

🔍 用例 頭にいい詩が浮かび筆を執った。
머리에 좋은 시상이 떠올라 붓을 들었다.

同義語 ペンを握る ★★★ ・ペンを握る 펜을 쥐다

1728 物議をかもす 물의를 일으키다. 물의를 빚다

시험 ★☆☆
회화 ★★★
- 物議 물의. 뭇사람의 평판이나 논의 ・かもす ① (술이나 간장 따위를) 빚다. 양조하다
② (분위기나 상태 등을) 빚어내다. 조성하다 → 물의를 빚다

✎ 意味 세상 사람들의 논의나 소동 등을 일으키는 것.

🔍 用例 何かと物議をかもすような発言は避ける。
어떤 물의를 일으킬 듯한 발언은 피한다.

大臣の障害者に対する差別的な発言が物議をかもしている。
장관의 장애인에 대한 차별적인 발언이 물의를 일으키고 있다.

1729 不徳の致す所 부덕의 소치

시험 ★☆☆
회화 ★★★

• **不徳** 부덕. 덕이 모자람 • **致す** (좋지 않은 결과를) 가져오다. 야기하다 • **所** 곳
→ 부덕이 야기한 곳

✎ 意味 　어떤 일이 잘되지 않았을 때에 자신이 부족해서 그렇게 되었다고 사죄할 때 쓰는 말.

🔍 用例 　皆様のご声援に応えることができず、誠に私の不徳の致す所です。

여러분의 성원에 보답하지 못하는 건 제가 다 부덕한 탓입니다.

1730 太く短く 짧고 굵게

시험 ★☆☆
회화 ★★★

• **太く** 굵고 • **短く** 짧게 → 굵고 짧게

✎ 意味 　하고 싶은 일을 하고 즐겁게 지낼 수 있다면 오래 살지 않아도 된다는 인생관.

🔍 用例 　人生どうせ一回きりなんだから、やりたいことをやって、太く短く
生きたい。

인생은 어차피 한 번뿐이니까 하고 싶은 걸 하고 짧고 굵게 살고 싶다.

反対語 細く長く ★★★

1731 懐が暖かい 주머니 사정이 좋다. 주머니가 두둑하다

시험 ★☆☆
회화 ★★★

• **懐** ① 품 ② 품속에 지닌 돈. 가진 돈 • **暖かい** = 暖かい 따뜻하다. 따스하다. 훈훈하다
→ 품이 따뜻하다

✎ 意味 　금전적으로 여유가 있는 모양.

🔍 用例 　A 腹減った。なんかおごってくれよ。
B うん、いいよ。昨日臨時で小遣いもらって、いま懐が暖かいんだ。

A 배고파, 뭐 좀 사 줘!
B 그래, 좋아. 어제 뜻하지 않게 용돈을 받아서 주머니가 두둑해.
　　　　　　　　　　　　　　　　　　　　　(=お金をたくさん持っている)

反対語 懐が寒い ★★★

• **臨時** 임시. 일시적
• **懐が寒い** 주머니 사정이 좋지 않다. 금전적인 여유가 없다

1732 踏み台にする 발판으로 하다. 발판으로 삼다

시험 ★☆☆
회화 ★★★

• **踏み台** 발판 • **にする** ~으로 하다 → 발판으로 하다

✎ 意味 　자신의 목적 달성 등을 위해 일시적으로 이용하는 것.

🔍 用例 　失敗してもいいんですよ。失敗を踏み台にして飛躍するのです。

실패를 해도 괜찮아요. 실패를 발판으로 삼아 비약하는 거예요.

1733 フォローをする
보조하다. 도와주다. 받쳐 주다

시험 ★★☆
회화 ★★★
• **フォロー**(follow) (일 등을) 실패하지 않도록 원조함. 지원 • **する** 하다 → **지원하다**

✎ 意味
부족한 부분이나 일의 그르친 부분을 뒤에서 보충해 주는 것. 참고로 농구에서 자기 편 선수가 슛한 공이 들어가지 않았을 때 뛰어올라서 그 공을 잡는 것도 **フォロー＝フォローアップ**라고 함.

🔍 用例
A まだ仕事に慣れていないので、失敗することもあると思いますが、
よろしくお願いします。
B 心配しないで大丈夫よ。私たちがフォローしてあげるから。

A 아직 일이 익숙지 않아 실수할 때도 있으리라 생각되지만 잘 부탁드립니다.　　B 걱정 마요! 우리가 도와줄 테니까.

1734 篩にかける
체로 치다. 선발하다. 가려내다

시험 ★★★
회화 ★★★
• **篩** 체 • **かける** ① 걸다. 늘어뜨리다 ② (체로) 치다 → **체질하다**

✎ 意味
많은 것 중에서 좋은 것을 선발하는 것.

🔍 用例
良い人材がたくさん集まっても、その中でふるいにかけられ残る人は、
ほんの数人しかいない。(＝選別され)

좋은 인재가 많이 모였더라도 그 중에서 또 선발하므로 남은 사람은 불과 몇 명밖에 안 된다.

予選を通過した10人からさらにふるいにかけられ、残った一人が
100万円の賞金を手にする。 • **選別する** 선별하다

예선을 통과한 10명에서 다시 추려진 남은 한 사람이 100만 엔의 상금을 손에 넣을 것이다.

1735 踏ん切りがつかない
결심이 서지 않다. 결단을 내릴 수 없다

시험 ★★★
회화 ★★★
• **踏ん切り** 결심을 함. 결정을 함. 踏み切り에서 변한 말 • **踏ん切る** 결행하다. 결단을 내려 실행하다
• **つかない** 서지 않는다 • **付く** (결심 등이) 서다 → **결심이 서지 않는다**

✎ 意味
큰맘 먹고 어떤 일을 하려고 하는 결심이 서지 않는 모양. 반대인 「**踏ん切りがつく** 결심이 서다」 의 형태로도 사용.

🔍 用例
A まだどうしようか迷ってるの?
B 迷ってるというよりは、欲しいけど高いから踏ん切りがつかないのよ。

A 아직 어떻게 할지 망설이는 거야?　　(＝決心がつかない・思い切りがつかない)
B 망설이고 있다기보다 갖고 싶은데 비싸서 결심이 서질 않아.

A 彼とはどうなったの?
B うん。やっと踏ん切りがついて別れることにしたの。

A 남자친구와는 어떻게 됐어?　B 응. 드디어 결심이 서서 헤어지기로 했어.

• **決心がつかない** 결심이 서지 않다 • **思い切りがつかない** 단념이 서지 않다

1736 踏んだり蹴ったり 엎친 데 덮친 격

시험 ★★★
회화 ★★★

- **踏んだり** 밟기도 하고 ・ **踏む** (발로) 밟다 ・ **蹴ったり** 차기도 하고 ・ **蹴る** (발로) 차다
- **~たり~たり** ~하기도 하고 ~하기도 하고 → **밟기도 하고 차기도 하고**

✎ 意味　발에 밟히고 차이듯이, 불운과 재난을 연이어 당하거나 심한 일을 연달아 당하는 것.

🔍 用例

A この前行ったピクニックどうだった？

B それがさ、行くまでの道は混んでるし、着いたら雨は降るし、
お弁当は忘れるし、踏んだり蹴ったりだったの。

A 요전에 갔던 피크닉은 어땠어?

B 그게 말야, 가는 길은 막히지, 도착하니 비는 내리지, 도시락은 안 가져왔지, 정말 악재의 연속이었어!!

> 同義語 　泣きっ面に蜂 ★★

1737 褌を締めてかかる 굳은 각오로 덤비다. 마음을 다잡고 일에 착수하다

시험 ★☆☆
회화 ★★★

- **褌** 훈도시. 샅바의 구실을 하는 것 ・ **締めて** 졸라매고 ・ **締める** (끈 등으로) 매다. 졸라매다
- **かかる** 덤벼들다. 공격하다 → **훈도시를 졸라매고 덤벼들다**

✎ 意味　마음을 다잡고 일에 임하는 것. 굳은 각오로 일에 착수하는 것.

🔍 用例

新しい事業をするにあたって、褌を締めてかかって行きたいと思う。

새로운 사업을 시작함에 있어서 굳은 각오로 해 나가려고 합니다.

1738 べそをかく 울상을 하다. 울상을 짓다

시험 ★★★
회화 ★★★

- **べそをかく**의 꼴로, 아이 등이 지금이라도 울 것 같이 일그러진 표정을 짓는 것. 또는 그런 얼굴

✎ 意味　지금이라도 당장 울 것 같은 아이의 얼굴.

🔍 用例

A おにいちゃんが、私のケーキ食べちゃった…。
ケーキ食べちゃった…。

B いつまでもべそをかいてないの。また買ってあげるから。

A 오빠가 내 케이크 먹어 버렸어…. 케이크 먹어 버렸어….

（＝泣いているんじゃない）

B 언제까지 우는소리 할래! 또 사 줄게.

後でべそをかかないように、今のうちに宿題しちゃいなさい。

나중에 울상 짓지 말고 지금 숙제해 버려.

> 同義語 　吠面をかく ★★★

- べそをかいてないの＝べそをかいて(い)るんじゃないの 울지 마
- 吠面をかく 울상을 짓다

1739 下手をすると 자칫 잘못하면. 섣불리 하다가는. 상황이 잘못 되면

시험 ★★★
회화 ★★★

・下手 ① (솜씨, 기술 등이) 서투름 ② 어설픔. 섣부름 ・すると 하면 → 어설프게 하면

✎ 意味 어설프게 일을 하다가는. 또는 나쁜 쪽으로 일이 전개되면.

🔍 用例 A 最近いろいろなところで会社の倒産という話をよく聞きますね。
やっぱり不景気なんですね。

B そうですね。私たちも下手をすると職場がなくなるなんてことになりかねませんよね。(=最悪の場合)

A 요즘 여러 곳에서 회사 도산 얘기가 들리네요. 역시 경기가 안 좋은 한가 봐요.

B 그렇죠. 우리도 자칫 잘못하면 직장을 잃게 될지도 모른다니까요.

・かねない ~하지 않는다고 말할 수 없다. ~할지도 모른다. ~할 법도 하다
・最悪の場合 최악의 경우

1740 下手の横好き 그냥 제가 좋아서 함

시험 ★★★
회화 ★★★

・下手 서툼. 잘못함 ・横好き 잘하지는 못하지만 좋아하는 것

✎ 意味 서투른 주제에 그 일을 무척이나 좋아해서 열심히 하는 것.

🔍 用例 A お庭のお手入れきれいにされていますよね。

B いえいえ。下手の横好きなだけですよ。

A 정원 손질이 잘 되어 있네요!

B 천만에요. 그냥 제가 좋아서 하는 것뿐인데요.

1741 屁理屈を言う 억지를 부리다

시험 ★★★
회화 ★★★

・屁理屈 이치에 닿지 않는 핑계. 이유 ・言う 말하다 → 핑계를 말하다

✎ 意味 이치에 맞지 않는 억지 핑계를 대는 것.

🔍 用例 A 部屋の掃除しても、また汚れるから、掃除はしないほうがいいんだよ。

B あんた、そんな屁理屈ばっかり言わないで、ちゃんと掃除しなさい。

A 방 청소는 해도 다시 더러워지니까 안 하는 편이 나아.

B 너, 그런 당치도 않은 핑계 대지 말고 깨끗이 청소해라.

同義語 減らず口を叩く ★★★   屁理屈をこねる ★★★

・減らず口を叩く 억지소리를 지껄이다

1742 弁慶の泣き所 정강이. 유일한 약점

べんけい　　　な　　どころ

시험 ★☆☆
회화 ★★★

• **弁慶** 가마쿠라(鎌倉) 시대 초기의 스님으로, **武蔵坊**라고 칭하여 **源義経**의 심복 부하로 활약, 호걸로 이름을 떨침 • **泣き所** 약점. 급소 → **벤케이의 급소**

✎ 意味　아무리 강한 **弁慶** 같은 무사도 차이면 아파서 운다고 하는 곳.
① 정강이. ② 강한 사람의 유일한 약점.

🔍 用例

① A 昨日、弁慶の泣き所を強くぶつけちゃったの。(=すね)
　　B え～。大丈夫? すごい痛かったでしょ?

　　A 어제 정강이를 세게 부딪쳤어.
　　B 으아~ 괜찮아? 굉장히 아팠겠다!

② どんな時でも強い彼女だが唯一「雷」だけは彼女にとって
　弁慶の泣き所だ。

　그녀는 언제나 강하지만, '천둥'만큼은 유일한 약점이다.

• **唯一** 유일 • **雷** 천둥. 우뢰

1743 ベンチを暖める　벤치 신세다. 벤치에서 대기하다

あたた

시험 ★☆☆
회화 ★★★

• **ベンチ** 벤치 • **暖める** 따스하게 하다 → **벤치를 따스하게 하다**

✎ 意味　여기에서 벤치는 야구장에서 선수나 감독이 대기하고 있는 곳을 말하는 것으로, 운동 선수가 경기에 출전하지 못하고 대기 상태에 있는 것.

🔍 用例　後輩にレギュラーポジションを奪われ、最近ではいつも
ベンチを暖めている。

후배에게 선발 선수 자격을 빼앗겨 요즘은 항상 벤치 신세다.

• **レギュラーポジション**(regular position) 정선수 자격. 지위

1744 這這の体　허둥지둥. 헐레벌떡

ほうほう　　てい

시험 ★☆☆
회화 ★☆☆

• **這這** 당황하여 간신히 도망치는 모양. 허둥지둥. 헐레벌떡. 가까스로
• **体** 겉모양. 모습. 태도. 상태 → **헐레벌떡 상태**

✎ 意味　這는 「這う 기다」와 같은 의미로 엉금엉금 기어서 가듯 도망친다는 뜻에서, 겨우 도망치는 모양. 這う這うの体로 쓰기도 함.

🔍 用例　警察に見つかりそうになった犯人は、這這の体でその場から逃げ
去った。

경찰에 들킬 것 같아지자 범인은 허둥지둥 그 자리에서 도망쳤다.

신체 관용어

생활 관용어

속담 · 격언

고사성어

사자성어

1745 棒に振る 허사가 되다
ぼう ふ

시험 ★★★
회화 ★★★

• 棒 몽둥이. 막대기 • 振る ① 움직이다. 흔들다 ② 잡고 흔들다. 휘두르다 → 몽둥이를 휘두르다
ぼう　　　　　　　　　　　　　　　　　　ふ

✎ 意味　지금까지의 노력이나 고생의 결과가 거의 없어지는 것.

🔍 用例　**風邪を引いて、せっかくの夏休みを棒に振ってしまった。**
かぜ ひ　　　　　　　　　　なつやす　　　　　　　ぼう ふ

감기에 걸려 모처럼의 여름 휴가가 허사가 되어 버렸다.　(＝無駄にして)
むだ

同義語　ふいにする ★★

• ふいにする 허사가 되다 • ふい (지금까지 한 일이나 얻은 것이) 몽땅 없어짐. 허사가 됨. 허탕

1746 矛先を転じる 화살을 돌리다. 방향을 돌리다
ほこさき てん

시험 ★★★
회화 ★★☆

• 矛先 ① 창 끝 ② (논쟁, 비난 등의) 공격 방향 • 転じる＝転ずる (방향, 상태가) 변하다. 바뀌다.
ほこさき　　　　　　　　　　　　　　　　　　　　てん　　　　　　　てん

돌다. 돌리다 → 창 끝을 돌리다

✎ 意味　논의 등에서 비난이나 공격의 대상을 상대나 다른 방향으로 돌리는 것.

🔍 用例　**都合が悪い話題がでたので、話の矛先を転じて切り抜けた。**
つごう わる わだい　　　　　　はなし ほこさき てん き ぬ

불리한 화제가 나와서 이야기를 돌려 모면했다.

同義語　矛先を変える ★★★
ほこさき か

• 話題 화제. 이야깃거리
わだい
• 切り抜ける ① 돌파하다 ② 극복하다. 헤치고 나가다
き ぬ

1747 矛先を向ける 비난의 화살을 돌리다
ほこさき む

시험 ★★★
문장 ★★☆

• 矛先 ① 창 끝 ② (논쟁, 비난 등의) 공격 방향 • 向ける 향하게 하다 → 창 끝을 향하게 하다
ほこさき　　　　　　　　　　　　　　　　　　　　む

✎ 意味　논의 등의 공격의 대상으로 삼는 것.

🔍 用例　**「教育」という言葉が出るとすぐに学校に話の矛先を向ける人がいる。**
きょういく　　　　　　ことば で　　　　　　　がっこう はなし ほこさき む ひと

'교육'이라는 말만 나오면 바로 학교를 공격하는 사람이 있다.

同義語　矛を向ける ★
ほこ む

1748 反故にする 소용이 없어지다. 없었던 일로 하다. 파기하다. 무효화하다
ほ ご

시험 ★☆☆
문장 ★★★

• 反故 ① 못 쓰게 된 종이. 휴지 ② 쓸모없게 된 것. 휴지화 • にする ～로 하다 → 휴지화하다
ほ ご

✎ 意味　잘못 써서 버리게 된 종이라는 것에서, 이전에 정한 일을 무시하고 행동하는 것.

🔍 用例　**取引先の会社が約束をまったく守らないので、仕方なく契約を**
とりひきさき かいしゃ やくそく　　　　　　　まも　　　　　　　しかた　　けいやく

反故にした。
ほ ご

거래처 회사가 약속을 전혀 지키지 않아 할 수 없이 계약을 파기했다.

1749 星が割れる 범인을 찾아내다

시험 ★☆☆ 회화 ★★★	• 星 ① 별 ② 범죄 용의자. 범인 • 割れる ① 깨지다. 부서지다 ② 탄로 나다. 판명되다. 드러나다 → 범인이 드러나다
✎ 意味	어떤 것이 증거가 되어 범인이 드러나는 것.
🔍 用例	A とうとう星が割れましたよ！ B そうか。それで誰だったんだ？ A 드디어 범인을 찾아냈어요!　　B 그래. 그게 누구야?

1750 星を挙げる 범인을 검거하다

시험 ★☆☆ 회화 ★★★	• 星 ① 별 ② 범죄 용의자. 범인 • 挙げる ① (손 등을) 들다 ② 잡다. 검거하다. 체포하다 → 범인을 체포하다
✎ 意味	범인 또는 범죄 용의자를 검거하는 것. 범인을 검거했는지를 물을 때는 타동사「星を挙げた 범인을 검거했다」를, 범인이 검거되었는지를 물을 때는 자동사「星が挙がった 범인이 검거됐다」를 씀.
🔍 用例	新米刑事が執念で星を挙げた。 신참 형사가 집념으로 범인을 검거했다. A もう星は挙がったのか？ B それが、目撃情報が少なくてまだ挙がっていないんです。 A 이제 범인은 잡은 거야? B 그게 목격 정보가 적어서 아직 못 잡았습니다. 自動詞　星が挙がる ★★★

1751 星を稼ぐ 승리를 하다. 승수를 올리다

시험 ★☆☆ 회화 ★★★	• 星 ① 별 ② 승패의 성적 • 稼ぐ ① (돈벌이를 위해) 부지런히 일하다 ② (운동 경기 등에서) 득점하다. 점수를 올리다 → 성적을 올리다
✎ 意味	스모의 승패를 표시하는 동그란 표시에서(진 쪽은 까만색 동그라미(黒星●), 이긴 쪽은 흰색 동그라미(白星○), 승부에서 이기는 것. 또는 이겨서 승률을 높이는 것.
🔍 用例	今年の試合では、どれだけ星を稼ぐことができるか。 올해 시합에서는 얼마나 승수를 올릴 수 있을까?

1752 星を分ける 무승부가 되다

시험 ★☆☆ 회화 ★★★	• 星 ① 별 ② 승패의 성적 • 分ける 나누다 → 승패의 성적을 나누다
✎ 意味	스모의 승패를 표시하는 동그란 표시에서, 대전했던 쌍방의 승패가 같은 것.
🔍 用例	対戦成績が一勝一敗と星を分けることになった。 대전 성적이 1승 1패로 무승부가 되었다.

신체 관용어

생활 관용어

속담·격언

고사성어

사자성어

1753 細く長く 가늘고 길게

ほそ なが

시험 ★☆☆
회화 ★★★

• 細く 가늘고 • 長く 길게 → 가늘고 길게

✎ 意味 　화려하게 주목을 받지 않아도 안정적인 삶을 사는 것이 더 좋다는 의미.

🔍 用例 　私は他の人より優れたことがなくても構わない。とにかく細く長く生きたい。

나는 다른 사람보다 뛰어나지 않아도 상관없다. 어쨌든 평범하게 오래 살고 싶다.

反対語　太く短く ★★★

1754 法螺を吹く 허풍을 떨다

ほら ふ

시험 ★★★
회화 ★★★

• 法螺 ① 소라고둥. 소라(=ほら貝) ② 허풍. 과장된 이야기 • 吹く 큰소리를 치다. 허풍을 떨다

→ 열이 식다

✎ 意味 　法螺는 옛날 싸움터에서 신호용으로 사용됐던 것으로 이 法螺의 소리가 보기보다 큰 데서, 실제로는 있을 수 없는 듯한 일을 자못 정말인 듯 또는 과장되게 말하는 것.

🔍 用例 　A みんな～。狼が来るぞ～。
B 法螺を吹くのもいい加減にしなさい。

A 여러분! 늑대가 와요~.
B 허풍 떠는 것도 적당히 해.

法螺ばっかり吹いていると、誰にも信じてもらえなくなるよ!!

허풍만을 떨어 대면 아무도 안 믿을 거야!!

• 法螺吹き=うそつき 허풍선이. 거짓말쟁이

1755 掘り出し物 횡재

ほ だ もの

시험 ★☆☆
회화 ★★★

• 掘り出す ① 파내다 ② 우연히 진귀한 물건을 찾아내다. 뜻밖에 싸게 물건을 손에 넣다
• 物 물건. 것

✎ 意味 　우연히 얻은 귀한 것이나 싸게 산 좋은 물건이란 의미.

🔍 用例 　A 奥さん、そのカーディガンどこで買ったんですか? すごく素敵。
B これ、近所のお店で1000円だったんですよ。
A 1000円! 掘り出し物ですね。

A 아주머니, 이 카디건 어디서 사셨어요? 굉장히 멋진데요.
B 이건 동네 가게에서 1000엔 주고 샀어요.
A 1000엔!! 횡재하셨네요.

1756 襤褸が出る 들통나다. 탄로 나다. 밑천이 드러나다

시험 ★★★
회화 ★★★

· 襤褸＝ボロ 넝마. 누더기 · 出る ① 나가다 ② 나타내다 → 넝마가 나타나다

✎ 意味 숨기고 있던 결점이나 단점이 드러나는 것.

🔍 用例 **いくらかっこうつけていても、いつかはボロが出るものよ。**

아무리 폼을 잡아도 언젠가는 탄로가 날 거야.

**面接でかっこよく英語をしゃべってみたのだが、質問されて
ボロが出てしまった。**

면접에서 멋지게 영어를 말해 봤는데, 질문을 받고는 밑천이 드러나 버렸다.

1757 襤褸を出す 결점을 드러내다. 단점을 드러내다

시험 ★★★
회화 ★★★

· 襤褸＝ボロ 넝마. 누더기 · 出す ① 내다. 꺼내다 ② 나타내다. 드러내다 → 넝마를 드러내다

✎ 意味 숨기고 있던 결점이나 단점을 드러내는 것.

🔍 用例 A **私、おしゃべりなところが欠点でさ。**

B **おしゃべりなのはいいんだけど、お前はボロを出すことが多いんだよ。**

A 난 말이 많은 게 흠이야.

B 말이 많은 건 괜찮은데, 넌 단점을 너무 쉽게 드러내는 게 탈이야.

A **私今日、お見合いなの。**

B **最初からボロを出さないように気をつけなよ。**

A 나 오늘 맞선 봐.

B 처음부터 허점이 드러나지 않게 조심해.

同義語 **尾を出す ★★**

1758 盆と正月が一緒に来たよう 추석과 설이 함께 온 듯

시험 ★☆☆
회화 ★★★

· 盆 추석 · 正月 정월. 설 · 一緒に 함께 · 来た 온 · 来る 오다 · よう 듯

→ 추석과 설이 함께 온 듯

✎ 意味 추석과 설이 같이 온 듯 매우 바쁘다는 의미. 또는 매우 경사롭다는 의미.

🔍 用例 **盆と正月が一緒に来たような忙しい一日だった。**

추석과 설이 함께 온 것처럼 바쁜 하루였다.

今日は、盆と正月が一緒に来たように、いい話が舞い込んだ。

오늘은 추석과 설이 함께 온 것처럼 좋은 소식이 들어왔다.

1759 間がいい 운이 좋다. 기회가 좋다

시험 ★★☆
회화 ★★☆

• 間 ① 사이. 틈. 간격 ② (적당한) 기회. 시기. 시간. 때　• いい 좋다　→ 기회가 좋다

✎ 意味　무엇인가를 하기에 딱 좋은 시기.

🔍 用例

A 最近売れてるお笑いコンビいるじゃん。すごく面白いよね。

B うん。なんか、他のコンビより間がいいんだよね。

A 요즘 인기 있는 개그 콤비 있잖아. 굉장히 웃기더라!

B 그래. 뭐랄까 다른 콤비보다 운이 좋다랄까!!

反対語 間が悪い ★★★　• 売れる ① 팔리다 ② 널리 알려지다. 인기가 있다

1760 魔が差す 마가 끼다. 뭐에 씌다

시험 ★☆☆
회화 ★★★

• 魔 악령. 귀신　• 差す ① 비치다 ② 씌다. 들리다　→ 귀신이 씌다

✎ 意味　악마가 마음속에 들어온 것처럼 평소에 생각할 수 없는 나쁜 마음이 갑자기 생기는 것.

🔍 用例

A おい、お前、万引きしただろ！こっちこい。

B すみません。許してください。魔が差しただけなんです。

A 야, 너, 도둑질 했지? 이쪽으로 와!

B 죄송합니다. 용서해 주세요. 그냥 뭐에 씌었어요.

• 万引き 손님을 가장하여 상점 등에서 물건을 훔치는 행위 또는 그러한 사람

1761 間が抜ける 음정(박자)이 안 맞다. 이상하다. 얼빠지다. 떨떠름하다

시험 ★★☆
회화 ★★★

• 間 ① 사이. 틈. 간격 ② (적당한) 기회. 시기. 시간. 때 ③ 리듬감　• 抜ける ① 빠지다 ② 빠져 있다

→ 리듬감이 빠져 있다

✎ 意味　음악에서 음정이나 박자가 맞지 않는 것에서, 미련하고 이상해 보이는 모양. 중요한 부분이 빠져 있는 것. 명사를 꾸밀 때는 間の抜けた의 형태로도 자주 사용.

🔍 用例

A この服装どう思う？

B なんか、その色を組み合わせるのは、間が抜けて見えるけど…。

A 이 옷 어때?

B 뭐랄까, 옷 색깔 매치가 좀 이상해 보이는데….

友達に「俺結婚するんだ」と話したのに「ふ～ん」と間の抜けた返事しか
かえってこない。

친구들에게 '나 결혼해'라고 말했는데 '응~'이라고 떨떠름한 답장밖에 안 돌아왔다.

「俺たち付き合ってるんだ」と言った時のあいつの間の抜けた顔とき
たら… 今思い出しても笑いが出るよ。

'우리 둘 사귄다!'라고 말했을 때 그 녀석의 얼빠진 얼굴 꼬락서니라니… 지금 생각해도 웃음이 나와.

1762 間が悪い 운이 나쁘다
ま わる

시험 ★★★
회화 ★★★

• 間 ① 사이. 틈. 간격 ② (적당한) 기회. 시기. 시간. 때　• 悪い 나쁘다　→ 기회가 나쁘다
ま　　　　　　　　　　　　　　　　　　　　　　わる

✎ 意味　① 운이 나쁜 것. ② 어쩐지 부끄럽고 겸연쩍고 쑥스러운 모양.

🔍 用例　① 美容院に行こうとしたが、間が悪いことに今日は定休日だった。
びょういん　い　　　　　　　　　ま　わる　　　　　　きょう　ていきゅうび

　　　　　미용실에 가려고 했더니 운 나쁘게 오늘이 정기휴일이었다.　(=運が悪い)
　　　　　　　　　　　　　　　　　　　　　　　　　　　　　　　　うん　わる

「私の不幸は間が悪かっただけなのだ」と言い聞かせる。
わたし　ふこう　ま　わる　　　　　　　　　　　い　き

‘나의 불행은 운이 나빴던 것뿐이야’라고 스스로 타일렀다.

② うわさの彼女が突然部屋に入ってきて、間が悪い思いをした。
かのじょ　とつぜんへや　はい　　　　　　ま　わる　おも

소문의 그녀가 갑자기 들어와서 어색했다.　　　(= ばつが悪い・決まりが悪い)
　　　　　　　　　　　　　　　　　　　　　　　　　　わる　き　　　　　　わる

彼はアンラッキーなのかいつも間の悪いときに間の悪い場所にいる。
かれ　　　　　　　　　　　　　　ま　わる　　　　　ま　わる　ばしょ

今もけんかに巻き込まれ怪我したらしい。
いま　　　　　　　ま　こ　　　けが

그는 운이 없는 건지 항상 상황이 안 좋을 때 상황이 안 좋은 장소에 있다. 지금도 싸움에 휘말려 다쳤다고 한다.

反対語　間がいい★★　・ばつが悪い 재수 없다 ・決まりが悪い 겸연쩍다. 쑥스럽다
ま　　　　　　　　　わる　　　　　　　　き　　　　わる

1763 巻き添えを食う 말려들다
ま ぞ く

시험 ★★☆
회화 ★★★

• 巻き添え (남의 죄나 사건에) 말려들어 손해를 입음　• 食う=食らう ① (음식을) 먹다
ま　ぞ　　　　　　　　　　　　　　　　　　　　　　く　　く

② (남에게) 당하다. (공격, 피해 등을) 입다. 받다　→ 남의 일에 말려들어 손해를 입다

✎ 意味　남이 벌여 놓은 사건(범죄)에 연루되어 피해를 입는 것.

🔍 用例　喧嘩の巻き添えを食って大怪我をした。
けんか　ま　ぞ　　く　　おおけが

　　　　　싸움에 휘말려서 큰 부상을 입었다.

同義語　巻き添えを食らう★★★
ま　ぞ　く

1764 紛れもない 명백하다. 분명하다
まぎ

시험 ★★☆
회화 ★★★

• 紛れ 헷갈림. 뒤범벅　• ない 없다　→ 헷갈림도 없다
まぎ

✎ 意味　혼동되거나 헷갈리는 일 없이 명백한 모양.

🔍 用例　病院で目を覚ましたときは驚いたが、私が事故にあったというのは
びょういん　め　さ　　　　　　　おどろ　　　わたし　じこ

紛れもない事実なのだった。
まぎ　　　　じじつ

병원에서 눈을 떴을 때는 놀랐지만, 내가 사고를 당했다는 것은 명백한 사실이었다.

今の私は年収が低いです。それは紛れもない事実です。でも見てい
いま　わたし　ねんしゅう　ひく　　　　　　　まぎ　　　じじつ　　　　　　み

てください。いつか成功して見せますから。
せいこう　　　み

지금 저는 수입이 적어요. 그것은 명백한 사실입니다. 하지만 지켜봐 주세요. 언젠가 성공해서 보일 테니까요.

신체 관용어

생활 관용어

속담·격언

고사성어

사자성어

1765 幕があく (まく) 막이 오르다

시험 ★★☆
문장 ★★★

· 幕 막 · 開く ① 열리다 ② (막이) 오르다 ③ (가게) 문을 열다. 개점하다 → **막이 오르다**

✎ 意味
무대의 막이 열리고 연극이 시작되는 것에서, ① 연극이 시작되는 것. ② 회합, 행사, 일 등이 시작되는 것. 명사형인 「幕開け 막이 오름. 시작함」의 형태로 자주 사용.
반대는 「幕切れ 막이 내림. 끝남」.

🔍 用例
① 今まで一生懸命に練習してきた舞台がついに明日幕があきます。
지금까지 열심히 연습해 왔던 무대가 드디어 내일 시작됩니다. (＝幕あけだ)

② 今日から私たちの新生活の幕があく。
오늘부터 우리들의 새로운 생활의 막이 열린다.

いよいよ、新たな戦いの幕開けだ!!
드디어 새로운 싸움의 막이 오른다.

勝ったと思った試合だったが、最後の最後に逆転されあっけない幕切れとなってしまった。
(幕あけ↔幕切れ)
이겼다고 생각한 시합이었는데 맨 마지막에 역전당해 어이없게 끝나고 말았다.

同義語 幕が上がる ★★★   · あっけない 싱겁다. 어이없다

1766 幕を切って落す (まく・き・おと) 화려하게 시작하다

시험 ★★☆
문장 ★★★

· 幕を切って 일을 시작해서 · 幕を切る 막이 열리고 연극이 시작되는 것. 변하여 일이 시작되다
· 落す＝落とす 내리다. 닫다 → 일을 시작해서 내리다

✎ 意味
가부키를 처음 시작할 때 막의 상단을 떼고 한꺼번에 툭 내리는 것에서, 어떤 것을 화려하게 시작하는 것. 또는 처음으로 공개하는 것. 대개 「幕が切って落とされる 막이 열리다」의 형태로 수동형으로 사용.

🔍 用例
待ちに待ったワールドカップの幕がついに切って落とされた。
드디어 기다리고 기다리던 월드컵의 막이 열렸다.

1767 間口を広げる (まぐち・ひろ) 폭(영역)을 넓히다

시험 ★☆☆
회화 ★★★

· 間口 사업, 활동이나 지식의 영역의 넓이 · 広げる 넓히다. 확장하다 → **영역을 넓히다**

✎ 意味
사업이나 연구 등을 다방면으로 넓히는 것.

🔍 用例
お客さんの入りが良いので、店の間口を広げることにした。
손님이 많아서 가게를 넓히기로 했다.

· お客さんの入りが良い 손님의 출입이 좋다 (＝店が繁盛している 가게가 번창하고 있다)

1768 枕を高くする 안심하다

시험 ★★★
회화 ★★☆

· 枕 베개 · 高くする 높게 하다 → 베개를 높게 하다

✎ 意味   안심하고 잔다는 것으로, 아무런 불안도 없는 모양.

🔍 用例   **何の心配もせず、早く枕を高くして寝られる生活がしたい。**
아무런 걱정 없이 어서 안심하고 잘 수 있는 생활을 하고 싶다. (=安心して)

1769 負けず嫌い 지기 싫어함

시험 ★☆☆
회화 ★★★

· 負けず 지지 않다 · 嫌い 싫어하다

✎ 意味   원래는 지기 싫어하다란 의미로 負け嫌い라고 해야 되는 것을 심리적으로 지지 않으려는
뉘앙스를 더 크게 하기 위해 負けず라는 부정 표현을 사용한 것. 유난히 타인에게 지는 것을
싫어하는 모양.

🔍 用例   A **私、絶対に負けたくないの。誰にも負けたくないの。**

B **すごい負けず嫌いなんだね。**

A 나 절대로 지고 싶지 않아. 그 누구에게도 말야.

B 굉장히 지기 싫어하는 성격이구나!!

友達が英語を習い始めたというのを聞き、負けず嫌いな私はさっそく
英会話教室に登録した。
친구가 영어를 배우기 시작했다는 소리를 듣고 지기 싫어하는 성격인 나는 재빨리 영어 학원에 등록했다.

友達が英語を習ってると聞き、私の負けず嫌いが発動し私も
英会話教室に登録したのだった。
친구가 영어를 배운다는 소리를 듣고, 지기 싫어하는 내 오기가 발동해서 나도 영어 학원에 등록했던 것이다.

1770 股に掛ける 돌아다니다. 뛰어다니다

시험 ★☆☆
회화 ★★★

· 股 다리 가랑이 · 掛ける 걸다. 늘어뜨리다 → 다리 가랑이를 걸다

✎ 意味   여기저기 돌아다니며 활약하는 모습.

🔍 用例   A **Bさんは将来何になりたいの?**

B **将来は、世界を股に掛けて働く人になりたいと思ってるわ。**

A 너는 장래에 뭐가 되고 싶어?

B 장래에는 세계를 무대로 해서 일하는 사람이 되고 싶어.

1771 末席を汚す 자리를 맡다

まっせき　けが

시험 ★★☆
문장 ★★☆

• 末席 말석. 낮은 자리　• 汚す 더럽히다. 모독하다　→　말석을 더럽히다

✎ 意味　「列席する 참석하다」를 '자리를 더럽히다'라는 식의 표현을 써서 겸손하게 하는 말.
모임에 참석하거나 단체의 일원이 되었을 때 겸손하게 쓰는 표현.

🔍 用例　**私が、役員選考委員会の末席を汚すこととなりました。**
제가 임원선발위원회의 자리를 맡게 되었습니다.

• 役員 ① (회사나 단체 등의) 간부. 임원. 중역 ② (회합이나 행사 때의) 임원　• 選考 선고(선발). 전형
• 委員会 위원회

1772 待ったなし 무르기 없기. 조금의 유예도 할 수 없음. 한시도 멈출 수 없음

ま

시험 ★☆☆
회화 ★★★

• 待った ① 장기, 바둑, 스모 등에서 상대의 공격이나 수를 놓으며 잠시 기다리게 할 때
말하는 소리 ② 일의 진행을 잠시 중지함　• なし 없음

✎ 意味　잠시 기다리라고 말할 수 없다는 것에서, 더 이상 늦추거나 기다릴 수 없는 것.

🔍 用例　(将棋をしてて…)
A これでどうだ!
B えっ? 待った!! ちょっと待った…。
A だめだよ。待ったなしだよ。
B う～。ちくしょ～ 手がねえ～。

(장기를 두다가…)
A 이거 어때!
B 어? 기다려 봐! 좀 기다려!
A 안 돼! 더 이상 무를 수 없어.
B 으~응. 제기랄! 수가 없네~.

地球温暖化待ったなし!
지구 온난화는 더 이상 유예할 수 없다!

1773 待ったをかける 중지를 하다. 제동을 걸다

ま

시험 ★☆☆
회화 ★★★

• 待った ① 장기, 바둑, 스모 등에서 상대의 공격이나 수를 놓으려 할 때 잠시 기다리게 할 때
말하는 소리 ② 일의 진행을 잠시 중지함　• かける 걸다

✎ 意味　상대가 하는 일에 대해 잠시 중단을 요구하는 것.

🔍 用例　**不具合が生じ、新商品の発売に待ったをかけるかたちとなった。**
결함이 발생하여 신상품 발매에 제동이 걸리게 되었다.

• 不具合 형편이 좋지 않음. 상황이 좋지 않음

1774 的が外れる 예상이 빗나가다. 의외다. 요점이 빗나가다

시험 ★★☆
회화 ★★★

- 的 ① 과녁. 표적 ② 대상. 목표. 초점 • 外れる ① 빠지다. 벗겨지다 ② 빗나가다. 빗맞다
→ 목표가 빗나가다

✎ 意味 짐작이나 판단이 빗나가는 것. 엉뚱한 결과가 빚어지는 것. 的外れ의 형태로 사용.

🔍 用例 A 昨日の飲み会おごりだったんでしょ？

B それがさ、課長のおごりかと思ったら、的が外れて割り勘だったんだよ。
(＝当てが外れて)

A 어제 술자리, 누가 사는 자리였지？

B 그게 말야, 과장님이 한턱 쏘는 줄 알았는데 예상과 달리 각자 부담이었어.

私は真剣に聞いているのに彼は的外れな返答ばかり繰り返す。

나는 신중하게 묻고 있는데 그는 요점이 빗나간 답변만 반복한다. (＝当を得ない)

- 飲み会 술자리 • おごり 한턱냄 • 当を得る 적절하다. 타당하다

1775 的を射る 과녁을 맞히다. 핵심을 찌르다

시험 ★★☆
회화 ★★☆

- 的 ① 과녁. 표적 ② 대상. 목표. 초점 • 射る 쏘다. 맞추다 → 과녁을 맞추다

✎ 意味 ① 정확히 과녁을 맞추는 것. ② 정확히 요점을 포착하는 것.

🔍 用例 ① 流鏑馬とは、馬に乗りながら的を射る、伝統的な行事です。

아부사메는 말을 탄 채로 과녁을 쏘는 전통 행사입니다.

② 質疑応答時に、非常に的を射った質問があった。 (＝当を得た)

질의응답할 때 매우 핵심을 찌른 질문이 나왔다.

- 流鏑馬 말을 타고 활을 쏘는 기사(騎射)의 한 가지로, 말을 탄 채로 활을 빨리 쏘는 연습으로 헤이안(平安) 시대에서 가마쿠라(鎌倉)시대의 무사들 사이에서 행해짐. 현재는 신사의 행사로 행해짐

1776 真に受ける 곧이듣다. 진실로 믿다

시험 ★★☆
회화 ★★★

- 真 정말. 진실 • 受ける ① 받다 ② 인정하다. 승낙하다. 믿다 → 진실로 믿다

✎ 意味 말 그대로 믿고 받아들이는 것.

🔍 用例 彼女は、人の言うことを何でも真に受けてしまう。

그녀는 남이 하는 말은 어떤 것이든 곧이곧대로 믿어 버린다.

彼の言うことを真に受けちゃだめよ。彼ってプレイボーイなんだから。

그가 하는 말을 곧이곧대로 믿으면 안 돼. 그 사람 바람둥이니까.

신체
관용어

생활
관용어

속담
·
격언

고사
성어

사자
성어

1777 まな板の鯉 도마 위의 생선

시험 ★★☆
회화 ★★★

· **まな板** 도마 · **鯉** 잉어 → 도마의 잉어

✎ 意味 도마 위의 생선처럼 상대의 뜻대로밖에 할 수 없는 절망적인 상태에 놓인 것.

🔍 用例 **手術台の上に上ればもうまな板の鯉です。**

수술대 위에 올라가면 이제 도마 위의 생선입니다.

1778 真綿で首を締める 목을 조이다. 피를 말리다

시험 ★☆☆
문장 ★★☆

· **真綿** 풀솜 · **首** 목 · **締める** 조르다 → 풀솜으로 목을 조르다

✎ 意味 풀솜은 가늘고 부드럽지만 잘 끊어지지 않는 것에서, 간접적으로 공격해서 서서히 고통을 주는 모양.

🔍 用例 **毎日部長の小言が、真綿で首を絞めるようにじっくりと私の心を痛めつけた。**

매일 부장의 잔소리가 피를 말리듯이 마음에 상처가 됐다.

1779 満更でもない 그다지 나쁘지 않다

시험 ★★☆
회화 ★★★

· **満更** ① 완전한. 정작의 ② (부정어가 따르며) 반드시 ~인 것만은 아니다. 꼭 ~이라고만 할 수 없다
· **でもない** 것도 아니다 → 반드시 ~인 것만도 아니다

✎ 意味 반드시 싫은 것만은 아니다란 의미. 또는 매우 마음에 드는 것을 완곡하게 표현하는 것.

🔍 用例 **A タクミ君がBちゃんのこと好きらしいよ。**

B え…。私、なんとも思ってないよ…。

A そんなこと言って、本当は満更でもないくせに。

A 타쿠미가 널 좋아하는 것 같아!　　B 뭐~. 난 아무 감정 없는데….

A 말은 그렇게 하면서 사실은 싫지 않으면서.

1780 満を持す 때를 기다리다. 만반의 준비를 갖추다

시험 ★☆☆
문장 ★★★

· **満** 충분함. 가득 참 · **持す＝持する** 지니다. 유지하다 → 충분함을 지니다

✎ 意味 활을 힘껏 당겨 쏠 채비를 하는 것에서, 충분한 준비를 갖추고 때를 기다리는 것.

🔍 用例 **練習をたくさんしたから、後は満を持して本番に挑むのみだ。**

연습은 충분히 했으니 남은 건 때를 기다려서 실전에 도전하는 것뿐이다.

2対2で迎えた団体戦の試合の最後に主将が満を持して登場した。

2 대 2로 맞서 싸우던 단체전 시합 마지막에 주장이 만반의 준비를 하고 등장했다.

· **本番** (영화, 텔레비전, 라디오 등에서) 연습 없이 곧바로 하는 촬영이나 방송. 또는 일반적으로 연습이 아니고 실제로 하는 것. 실전 · **挑む** 도전하다

1781 見栄を切る 자신을 과시하다. 큰소리치다

| 시험 ★★★ 회화 ★★★ | • 見栄 = 見得 ① 외관. 외양 ② 겉치레. 허영. 허세 • 切る ① 베다. 자르다 ② 두드러진 행동을 하다 → 허영을 부리다 |

🖊 意味   상담이나 대화를 나눌 때 자신을 과시하기 위해 필요 이상으로 과장된 태도를 취하는 모양.

🔍 用例   **「あなたの借金をすべて私が返す」と、大きな見栄を切ってしまった。**

"네 빚은 모두 내가 갚아 줄게."라고 큰소리치고 말았다.

1782 見栄を張る 겉치레하다. 겉만 치장하다. 허세를 부리다

| 시험 ★★★ 회화 ★★★ | • 見栄 = 見得 ① 외관. 외양 ② 겉치레. 허영. 허세 • 張る ① 뻗다 ② 도가 지나치다 → 겉치레가 지나치다 |

🖊 意味   자신을 잘 보이기 위해 일부러 외관을 꾸미는 것.

🔍 用例   A **10万円のブランドバッグ買っちゃった。**

B **お金も無いくせに、そんな見栄張って…。**

A 10만 엔짜리 브랜드 가방을 사 버렸어.

B 돈도 없는 주제에 겉멋만 들어가지고….

1783 見かけ倒し 빛 좋은 개살구

| 시험 ★☆☆ 회화 ★★★ | • 見かけ 외관. 겉보기 • 倒し 쓰러뜨리기 → 외관 쓰러뜨리기 |

🖊 意味   외관은 근사하지만 실질은 뒤떨어지는 것. 겉만 근사한 것. 허울만 좋은 것.

🔍 用例   A **これ、包装は立派なのに、中身が安っぽいね。**

B **ホント、見掛け倒しでがっかりだね。**

A 이거 포장은 훌륭한데 내용물이 싼티가 나네.

B 정말이지 빛 좋은 개살구라 실망이야.

1784 右から左 받은 즉시 다

| 시험 ★★★ 회화 ★★★ | • 右 우. 오른쪽 • 左 좌. 왼쪽 → 오른쪽에서 왼쪽 |

🖊 意味   돈 등을 받고 나서 곧바로 남에게 넘겨서 자기의 수중에 두지 않는 것.

🔍 用例   A **給料をもらっても、あんまり残らないのよね。**

B **本当ですよ。いろいろと使うところが多くて、右から左に消えてい**

くんですよ。

A 월급을 받아도 별로 남질 않아!

B 정말이에요. 여기저기 쓸 곳이 많아서 받자마자 다 없어진다니까요.

신
체
관
용
어

생
활
관
용
어

속
담
·
격
언

고
사
성
어

사
자
성
어

1785 右といえば左 정반대로

시험 ★☆☆
회화 ★☆☆

• **右** 우. 오른쪽 • **といえば** ~라고 하면 • **左** 좌. 왼쪽 → **오른쪽이라고 말하면 왼쪽**

✎ **意味** 남의 의견이나 일에 모두 반대하는 것.

🔍 **用例** **反抗期なのか、親が言うことすべてに右といえば左と言う。**
사춘기인지 부모가 하는 말마다 모두 반대로 말한다.

同義語 **ああ言えばこう言う** ★★★

1786 右に出る者がない 제일인자다

시험 ★★★
회화 ★★★

• **右** ① 오른쪽 ② (비교하여) 더 나은 쪽 • **出る** 나오다. 나서다 • **者** 사람 • **ない＝いない** 없다
→ **오른쪽에 나올 사람이 없다**

✎ **意味** 중국 전국 시대에 오른쪽을 윗자리로 한 데서, 그 사람보다 뛰어난 사람이 없는 것.
그 일에 관해서 더 나은 사람이 없는 것.

🔍 **用例** **柔道では彼の右に出る者がいない。**
유도에서 그를 당할 자는 없다.

同義語 **並ぶ者がない** ★★★ • **並ぶ者がない** 당할 자가 없다. 어깨를 겨룰 자가 없다

1787 右へ倣え 우로 나란히. 남을 따라 함

시험 ★☆☆
회화 ★★★

• **右へ倣え** 대열 등에서 오른쪽 열 맨 끝의 사람을 기준으로 뒤로 차례로 줄을 서는 것 또는
그렇게 할 때의 구령

✎ **意味** 다른 사람의 의견이나 행동에 무조건 동조하거나 따라 하는 것.

🔍 **用例** **すべて右へ倣えでは、個性が出ない。**
모두 따라 하면 개성이 나오지 않는다.

1788 見切り発車 떠밀리다시피 넘어감. 얼렁뚱땅 넘어감

시험 ★☆☆
회화 ★★★

• **見切り** 가망이 없다고 단념함 • **発車** 발차 → **가망이 없다고 단념하고 발차함**

✎ **意味** 전철이나 버스가 만원이 되거나 발차 시각이 되어 손님이 다 타기 전에 발차하는 것에서,
논의나 검토 등이 충분히 이뤄지지 않은 채 다음 단계로 넘어가거나 일이 진행되는 것.

🔍 **用例** **後先考えず、見切り発車で始めた事業だが何とかうまくいっている。**
뒷일을 고려하지 않고 시작해 버린 사업이지만 그럭저럭 잘 되어 간다.

1789 御輿を担ぐ 가마를 메다. 남을 부추기다

시험 ★☆☆
회화 ★★★

• 御輿 가마 • 担ぐ ① 메다. 지다. 짊어지다 ② 추대하다. 받들다 → 가마를 받들다

✎ 意味　① 가마를 짊어지는 것. ② 다른 사람을 치켜세우는 것.

🔍 用例
① 今日、お祭で僕も御輿を担ぐんだ!!

오늘 축제에서 나도 가마를 짊어져!!

② 御輿を担がれるのは、なんだか馬鹿にされているようで嫌いだ。

남에게 부추김을 당하는 것은 왠지 바보 취급 당하는 것 같아서 싫다.

1790 微塵もない 추호도 없다. 조금도 없다. 전혀 없다

시험 ★☆☆
회화 ★★★

• 微塵 ① 미진. 아주 자잘한 먼지. 티끌 ② 뒤에 부정어가 따라, 아주. 조금. 추호 • ない 없다
→ 조금도 없다

✎ 意味　그러한 기분이나 생각 등이 아주 조금도 없다는 말을 강조한 말.

🔍 用例
私は彼と結婚したいという気持ちは微塵もない。

나는 그와 결혼하고 싶은 마음이 추호도 없다.

1791 水入らず 집안 식구끼리

시험 ★★☆
회화 ★★★

• 水 물 • 入らず 들어 있지 않다 • 入る 들어가다. 들다 → 물이 들어 있지 않다

✎ 意味　친척이나 가족 같은 친한 사람들뿐이라는 것으로, 남이 끼지 않은 것.
「親子水入らず 가족끼리만」「夫婦水入らず 부부끼리만」 등으로 자주 사용.

🔍 用例
今度は家族水入らずで温泉旅行をするつもりだ。

이번에는 가족끼리 온천 여행을 갈 참이다.

1792 水が合わない 적응을 못하다

시험 ★☆☆
회화 ★★★

• 水 물 • 合わない＝合わず(문어) 맞지 않다 • 合う 맞다. 일치하다 → 물이 맞지 않다

✎ 意味　그 지역이나 환경에 익숙해지지 못하는 것에서, 변하여 직장 등에서 적응을 못하는 것.

🔍 用例
新しい職場と水が合わず、半年で会社を退社した。

새로운 직장에 적응을 못하고 반년 만에 회사를 그만뒀다.

私はどうしても都会生活とは水が合わないようだ。

나는 아무래도 도시 생활과는 맞지 않는 것 같다.

신체 관용어

생활 관용어

속담·격언

고사성어

사자성어

1793 水際立つ (みずぎわだ) 눈에 띄게 뛰어나다. 두드러지게 빼어나다

시험 ★☆☆
회화 ★☆☆

• 水際(みずぎわ) 물가 • 立つ(た) (안개, 물결 등이) 일다 → 물가가 일다

✎ 意味 다른 것과 비교했을 때 기량이 한층 뛰어난 모양.

🔍 用例
A やっぱり、大物女優(おおものじょゆう)の演技(えんぎ)は違(ちが)うよね。
B ホント、たくさんの俳優(はいゆう)さんの中(なか)でも水際立(みずぎわだ)ってたよね。

A 역시 유명 여배우 연기는 다르네.
B 정말, 많은 배우 중에서도 두드러지네.

• 大物(おおもの) 대물. 세력가. 크거나 매우 가치 있는 것.
그쪽 계통에서 세력이나 능력 등을 가지고 있는 사람

1794 水かけ論 (みず ろん) 결말이 나지 않는 논쟁

시험 ★★★
문장 ★★★

• 水かけ(みず) 물을 끼얹음 • 水をかける(みず) 찬물을 끼얹다 • 論(ろん) 논. 논쟁 → 찬물을 끼얹는 논쟁

✎ 意味 서로 자기 논에 물을 대려고 싸우는 것처럼, 서로 자기가 유리한 주장이나 의견을 고집하거나 하여 계속 논쟁하는 일.

🔍 用例
言(い)った、言(い)わなかったの水(みず)かけ論(ろん)では埒(らち)が明(あ)かない。

말을 했느니 안 했느니 자기 말만 고집하면 결말이 나지 않는다.

• 埒(らち)が明(あ)かない 결말이 나지 않다

1795 水に流す (みず なが) 씻어 버리다. 잊어버리다

시험 ★★★
회화 ★★★

• 水(みず) 물 • 流す(なが) 흘리다. 흐르게 하다 → 물에 흘리다

✎ 意味 이전에 있었던 다툼이나 미움 등의 감정에 연연해 하지 말고 깨끗이 잊어버리자고 말할 때 사용.

🔍 用例
キミにはだいぶ迷惑(めいわく)をかけられたが、昔(むかし)のことだから水(みず)に流(なが)そう。

너한테 피해를 많이 입긴 했지만, 지나간 일이니 잊어버리자.
(= 忘(わす)れよう)

• 迷惑(めいわく)をかける 폐를 끼치다

1796 水の泡になる (みず あわ) 물거품이 되다. 수포로 돌아가다

시험 ★★★
회화 ★★★

• 水の泡(みずあわ) 물거품 • 水(みず) 물 • 泡(あわ) 거품 • なる 되다 → 물거품이 되다

✎ 意味 물거품처럼 사라지기 쉽다는 것에서, 노력한 것이 허사가 된다는 뜻.

🔍 用例
A ダイエットしてたのに、昨日(きのう)お酒(さけ)もいっぱい飲(の)んだし、おつまみも
いっぱい食(た)べちゃった。
B そんなことしてると、今(いま)までの努力(どりょく)が水(みず)の泡(あわ)になるよ。

A 다이어트 하고 있는데, 어제 술도 많이 마시고 안주도 많이 먹어 버렸어.
B 그렇게 하면 지금까지의 노력이 수포로 돌아가잖아.
(= 台無(だいな)しになる)

同義語
水(みず)の泡(あわ)となる ★★★ • 台無(だいな)しになる 엉망이 되다
水泡(すいほう)に帰(き)する ★★★ • 水泡(すいほう)に帰(き)する 수포로 돌아가다

1797 水も滴る 매력이 넘치다

시험 ★☆☆
회화 ★★★

・水 물 ・滴る ① 방울져 떨어지다. 듣다 ② (싱싱함이) 철철 넘치다 → 물도 방울져 떨어지다

✎ 意味 　물방울이 뚝뚝 떨어질 듯, 젊고 빼어나게 아름다운 모양. 주로 상큼하고 싱그러운 매력을 가진 남자나 여자를 「水も滴るいい男 매력이 뚝뚝 떨어지는 남자」「水も滴るいい女 매력이 뚝뚝 떨어지는 여자」처럼 풀잎에 물방울이 또르르 떨어지는 느낌으로 표현.

🔍 用例
A どうしたの？ びしょ濡れじゃない？
B にわか雨に降られて… どうだ？ 水も滴るいい男だろ？
A はいはい。早くお風呂入って来て。風邪ひいちゃうよ。

A 어떻게 된 거야? 흠뻑 젖었잖아?
B 소나기가 내려서… 어때? 매력이 철철 넘치지?
A 어~ 그러네. 빨리 목욕하고 와. 감기 걸리겠어.

同義語 水の滴る ★★★

1798 水も漏らさぬ 물샐틈없이

시험 ★☆☆
회화 ★★☆

・水 물 ・漏らさぬ(문어)＝漏らさない 새게 하지 않다 ・漏らす 새게 하다. 흘러나오게 하다 → 물도 새게 하지 않다

✎ 意味 　경계가 엄중해서 약간의 빈틈도 없는 모양.

🔍 用例 　お客様の情報管理は、水も漏らさぬ徹底管理を心がける。
고객 정보 관리는 물샐틈없는 철통 관리를 목표로 한다.
・心がける 마음을 쓰다. 유의하다

1799 水をあける 큰 차이를 내다

시험 ★☆☆
회화 ★★★

・水 물 ・開ける ① 열다. 펴다 ② (공간, 염색, 틈새기를) 만들다. 내다 ③ 떼어 놓다. 간격을 두다 → 물을 내다

✎ 意味 　보트 경주나 수영에서 몸의 길이나 배의 길이만큼 차이를 내는 것에서, 경쟁하는 상대를 큰 차이로 앞서는 것.

🔍 用例 　今回の試合では、2位以下に大きく水をあける完全勝利だった。
이번 시합에서는 2위 이하와 큰 차이를 벌린 완벽한 승리였다.

1800 水を打ったように 쥐 죽은 듯이

시험 ★☆☆
문장 ★★★

・水 물 ・打った 뿌린 ・打つ ① 치다. 때리다 ② 뿌리다. 던지다 ・ように 듯이 → 물을 뿌린 듯이

✎ 意味 　많은 사람이 아무도 말을 하지 않고 조용한 모습. 우리말의 「水を差す 찬물을 끼얹다」와 혼동하지 않도록 주의.

🔍 用例 　映画が始まると、会場は水を打ったように静まり返った。
영화가 시작되자 극장은 쥐 죽은 듯이 조용해졌다.

생활 관용어
み
1781
|
1812

533

1801 水をさす 찬물을 끼얹다

_{みず}

시험 ★★★
회화 ★★★

· 水 물 · さす 부어 넣다 → 물을 부어 넣다

✎ 意味 친한 사람의 사이나 순조로운 일의 진행을 방해하는 것.

🔍 用例 楽しい雰囲気に水をさすように、隣の部屋から口論が聞こえてきた。

즐거운 분위기에 찬물을 끼얹듯이 옆방에서 언쟁이 들려왔다.

· 口論 언쟁. 말다툼

1802 水を向ける 유도하다

_{みず} _む

시험 ★☆☆
회화 ★☆☆

· 水 물 · 向ける 향하게 하다. 돌리다 → 물을 돌리다

✎ 意味 무녀가 죽은 혼령의 말을 전할 때 물을 올리는 것에서, 변하여 자신이 원하는 바를 상대가
말하도록 분위기를 잘 조성하는 것. 또는 상대의 관심이 자신이 생각하는 방향으로 향하도록
유도하는 것.

🔍 用例 彼女から事情を聞きだそうと水を向けてみる。

그녀에게 사정을 들으려고 유도해 본다.

私が水を向けると老人は自分の身の上話を話し始めた。

내가 말할 수 있는 분위기를 조성하자 노인은 자신의 신상 이야기를 말하기 시작했다.

彼女は、水の向け方が上手なので、いつも感心させられる。

그녀는 상대의 마음을 유도하는 기술이 뛰어나서 늘 감탄한다.

同義語 気を引く ★★★ · 気を引く 상대의 관심을 이쪽으로 향하도록 하다.
넌지시 상대의 마음을 살피다

1803 未曾有 미증유

_{み ぞ う}

시험 ★☆☆
회화 ★★★

· 未曾有 미증유(아닐 미, 일찍 증, 있을 유) ＝いまだ(未) ＋ かって(曾=曽) ＋ あらず(有)

✎ 意味 일찍이 없었던 일이란 뜻으로 처음 벌어진 일이라 유례를 찾을 수 없는 놀라운 사건이나 일.

🔍 用例 未曾有の高齢化社会に向けて、対策が急がれている。

미증유의 고령화 사회에 대한 대책이 시급하다.

1804 溝が出来る 골이 생기다

_{みぞ} _{で き}

시험 ★☆☆
회화 ★★★

· 溝 골. 틈. 장벽 · 出来る 생기다

✎ 意味 사람 사이의 의견이나 감정에 틈이 생기는 것.

🔍 用例 ちょっとした意見の食い違いで、夫婦間に溝が出来た。

작은 의견 차이로 부부간의 틈이 생겼다.

1805 溝が深まる 골이 깊어지다

시험 ★☆☆ 회화 ★★★	• 溝 골. 틈. 장벽 • 深まる 깊어지다 → **골이 깊어지다**

✎ **意味**　인간관계에서 감정적 대립이나 인식의 차이가 한층 강해지는 모양을 나타내는 말.

🔍 **用例**　彼女と些細な事でケンカして、対話がないままどんどん
溝が深まってしまった。

그녀와 사사로운 일로 싸운 뒤 대화는 사라지고 점점 골이 깊어지고 말았다.

1806 味噌も糞も一緒にする 똥인지 된장인지 모른다

시험 ★☆☆ 회화 ★★★	• 味噌も 된장도 • 糞も 똥도 • 一緒にする 같은 것으로 하다 → **된장도 똥도 같은 것으로 하다**

✎ **意味**　먹는 된장과 더러운 똥을 같은 것으로 취급한다는 것에서, 선악이나 우열을 가리지 않고
동일시하는 것. 특히 둘 다 낮게 평가하는 것.

🔍 **用例**　一部のITベンチャー企業で問題が起きたからといって、ITが悪い
とかベンチャーが悪いなどと言うのはそれこそ味噌も糞も一緒にする
意見だ。

일부 IT 벤처 기업에서 문제를 일으켰다고 해서 IT가 나쁘다는 둥 벤처가 나쁘다는 둥 말하는 것이야말로
똥인지 된장인지 구별도 못하는 의견이다.

A これ、かわいいね。
B でしょ? 気に入って買っちゃった。
A そういえば、学校の前の店で売ってるの見た。
B 違うよ。これは~。 高級品なんだよ。味噌もクソも一緒にしないでよ。

A 이거 귀엽네.　　B 그치? 마음에 들어서 사 버렸어.
A 그리고 보니 학교 앞 가게에서 팔고 있는 거 봤다.　　B 아냐. 이건~ 비싼 거야. 둘이 같은 물건 취급하지 마.

同義語	糞味噌 ★★★　　玉石混淆 ★★★　• 玉石混淆 옥석혼효. 질 좋은 것과 나쁜 것이 뒤섞여 있음

1807 道草を食う 샛길로 빠지다

시험 ★★★ 회화 ★★★	• 道草 길가의 풀 • 食う 먹다 → **길가의 풀을 먹다**

✎ **意味**　말이 길가의 풀을 뜯느라고 좀처럼 가지 않는다는 것에서, 도중에 옆길로 빠져 시간을
허비하는 것.

🔍 **用例**　家へ帰る途中、本屋で道草を食っていたら、日が暮れてしまった。
집에 돌아가다가 서점에서 시간을 보냈더니 날이 저물어 버렸다.　　　(=寄り道をして)

うちの子遅いわねえ~! どこで道草食ってんのかしら?
우리 애 늦네~! 어디서 샛길로 빠진 걸까?

1808 三日にあげず (みっか) 하루가 멀다 하고. 자주. 늘

시험 ★☆☆
회화 ★★☆

• 三日 (みっか) 3일. 아주 짧은 간격을 의미 • ~にあげず=間を置かないで (ま お) 간격을 두지 않고
→ 3일 간격을 두지 않고

✎ 意味 3일이란 간격도 두지 않고 매일같이 무언가를 하는 모양.

🔍 用例 大学の後輩が保険の勧誘に三日にあげず訪ねてきて、本当に迷惑している。(だいがく こうはい ほけん かんゆう みっか たず ほんとう めいわく)

대학 후배가 보험 권유하러 하루가 멀다 하고 와서 정말 불편해 죽겠다.

1809 脈がある (みゃく) 가망이 있다. 관심이 있다

시험 ★★☆
회화 ★★★

• 脈 (みゃく) 맥박. 가망성. 희망 • ある 있다 → 맥박이 있다

✎ 意味 맥박이 끊기지 않고 살아 있다는 것에서, 아직 희망이 남아 있다는 것.

🔍 用例 A 好きな子をデートに誘ったら、ＯＫだってさ。(す こ さそ オッケー)

B それって、脈があるじゃん!(みゃく)

A 좋아하는 아이에게 데이트를 신청했더니 허락했어!
B 너한테 관심 있나 보다!

1810 見るかげもない (み) 옛 모습을 찾아볼 수 없다

시험 ★☆☆
회화 ★★★

• 見る (み) 보다. 눈으로 인식하다 • 影 (かげ) ① 그림자 ② 모습. 형체 • ない 없다
→ 눈으로 인식하는 모습도 없다

✎ 意味 이전의 모습은 온데간데없고 몰라볼 정도로 초췌해진 모양.

🔍 用例 昔は大変美しかったが、今では見るかげもない。(むかし たいへんうつく いま み)

예전엔 매우 아름다웠는데 지금은 옛 모습을 찾아볼 수 없다.

1811 見るに見かねる (み み) 보다 못하다. 차마 볼 수 없다

시험 ★★★
회화 ★★★

• 見る (み) 보다 • 見かねる (み) 차마 볼 수 없다 • 兼ねる (か) 동사의 ます형에 붙어, ~하기 어렵다.
~할 수 없다 → 보기에 차마 볼 수 없다

✎ 意味 다른 사람 일처럼 그대로 지나칠 수가 없는 모양.

🔍 用例 A 中学生がタバコを吸ってるのを見ちゃって、見るに見かねて注意したよ。(ちゅうがくせい す み み み ちゅうい)(=見てられなくて)(み)

B えらい! よく注意できたね。(ちゅうい)

A 중학생이 담배를 피우는 걸 보고 보다 못해 주의를 줬어.
B 잘했어! 용기가 가상하다.

1812 実を結ぶ 결실을 거두다

시험 ★★☆
회화 ★★★

・**実** 열매. 씨앗 ・**結ぶ** ① 매다. 묶다 ② 결과가 나오다. 열매를 맺다 → **열매를 맺다**

✎ 意味 노력 끝에 좋은 결과를 얻는 것.

🔍 用例 **長年の苦労がついに実を結び、大学教授になることが出来た。**（＝実り）

오랜 노력이 결국 결실을 거둬 대학교수가 될 수 있었다.

・**実り** 결실. 수확. 성과

1813 昔取った杵柄 예전에 하던 가락. 과거에 닦은 실력

시험 ★★★
회화 ★★★

・**昔** 옛날. 예전 ・**取った** 잡은 ・**取る** 잡다. 쥐다. 들다 ・**杵柄** 절굿공이
→ 예전에 잡은 절굿공이

✎ 意味 **杵柄**는 떡 등을 빻거나 찧거나 할 때 쓰는 절구(臼)의 잡는 부분인 절굿공이(杵)를 말하며, 떡을 치는 실력을 의미. 변하여 예전에 익힌 기술 등이 유용하게 쓰이거나 도움이 될 때 쓰이게 됨.

🔍 用例 A **若いときは、確か野球選手でしたよね。今は、何をされてるんですか?**

B **昔取った杵柄で、子供たちに野球教えてるんですよ。**

A 젊었을 때는 음… 야구 선수였다고 했지요. 지금은 뭘하고 계세요?

B 예전에 하던 가락으로 아이들에게 야구를 가르치고 있어요.

・**確か** (절대적이지는 않으나) 분명히. 확실히. 틀림없이. 아마

1814 無冠の帝王 무관의 제왕. 언론인. 신문 기자

시험 ★☆☆
회화 ★★★

・**無冠** 무관. 왕관이 없는 왕. 특별한 지위가 없음 ・**帝王** 제왕 → **무관의 제왕**

✎ 意味 높은 지위에 있지 않지만 커다란 영향력을 갖고 있는 사람. 보통 언론을 통해 영향력을 행사할 수 있는 언론인을 이르는 말. 스포츠에서 팀 내에서는 뛰어난 실력을 가졌음에도 불구하고 우승을 차지하지 못한 선수나 실력과 인기 면에서는 챔피언에 견줄 만하나 챔피언에 오른 적 없는 선수를 말하기도 함.

🔍 用例 A **去年会社を辞めた吉田さん、無冠の帝王なんだってよ。**

B **え? それってなに?**

A **新聞記者ってことだよ。**

A 작년에 회사 그만둔 요시다 씨, 무관의 제왕이었대. B 엉? 그게 뭐야? A 신문 기자라는 말이야.

A **現役選手の無冠の帝王といえば、誰の名前が浮かぶ?**

B **そうね～。野球だったら清原さんかな?!**

A 현역 선수 중 무관의 제왕이라고 한다면 누구 이름이 떠올라? B 글쎄~. 야구라면 기요하라 씨!

A **わが高の無冠の帝王といえば、俺だな!**

B **なに言ってるんだよ。お前のどこが?**

A **試合にも出れないのに、野球部を支えてきたじゃないか!**

B **それは単に実力がないだけだろ?**

A 우리 고등학교에서 무관의 제왕이라면 (바로) 나지! B 무슨 말이야. 니가 어딜 봐서?

A 시합에도 나가지 못하면서 야구부를 지켜왔잖아! B 그건 그저 실력이 없는 것뿐이겠지.

1815 向^むきになる 정색하며 화내다

시험 ★★★ 회화 ★★★	• 向^むき ① 방향 ② (な형용사로) 사소한 일에도 정색을 하고 대듦(화냄) • になる ~이(가) 되다 → 사소한 일에도 정색을 하고 화내게 되다

✎ 意味　별일도 아닌 일에 정색을 하고 화를 내는 것.

🔍 用例

A たいしたことじゃないんだから、そんなことで<u>ムキになる</u>なよ。

B あなたには、たいしたことじゃなくても、私^{わたし}には違^{ちが}うんです！

A 별일 아니니까 너무 정색하고 화내지 마.

B 당신한테는 별일 아닐지 몰라도 나한테는 특별하다구요!

彼^{かれ}はちょっとした事^{こと}でもすぐに<u>ムキになって</u>怒^{おこ}り出^だす。

그는 별일 아닌 일에도 바로 정색하고 화를 낸다.

생활 관용어 ≫ 虫^{むし} 벌레

1. 벌레

虫^{むし}の音^ね 벌레 소리　虫^{むし}がなく 벌레가 울다　飛^とんで火^ひに入^いる夏^{なつ}の虫^{むし} 죽는 줄도 모르고 불에 날아드는 여름철 벌레

一寸^{いっすん}の虫^{むし}にも五分^{ごぶ}の魂^{たましい} 지렁이도 밟으면 꿈틀한다

だて食^くう虫^{むし}も好^すき好^ずき 매운 여뀌 잎을 즐겨 먹는 벌레도 제 좋아서 먹는 것

2. 기분. 생각. 예감. 비위

悪^{わる}い虫^{むし}が頭^{あたま}をもたげる 좋지 않은 생각이 고개를 들다

3. 그 일에만 열중하는 사람

本^{ほん}の虫^{むし} 책벌레　学問^{がくもん}の虫^{むし} 학문밖에 모르는 사람

4. 걸핏하면 ~하는 사람

泣^なき虫^{むし} 울보　怒^{おこ}り虫^{むし} 화를 잘 내는 사람　弱虫^{よわむし} 겁보

1816 虫^{むし}がいい 염치없다. 제멋대로다. 뻔뻔하다

시험 ★★★ 회화 ★★★	• 虫^{むし} ① 벌레 ② 기분. 생각. 예감. 비위 • いい 좋다 → 비위가 좋다

✎ 意味　자신의 사성(입장)만을 생각하며 다른 것에 신경 쓰지 않는 것, 뒤에는 대개 「～話^{はなし} 이야기」가 오지만 해석은 따로 하지 않아도 됨.

🔍 用例

いつもお金^{かね}がないと言^いって、おごってもらってばかりいるというのは、
本当^{ほんとう}に虫^{むし}のいい話^{はなし}だ。(=ずうずうしい)

항상 돈이 없다며 얻어먹기만 하는 것은, 정말 뻔뻔하다.

A お母^{かあ}さん、マッサージしてあげるから、1万円頂戴^{いちまんえんちょうだい}。

B どこの誰^{だれ}が、マッサージしてもらっただけで1万円^{いちまんえん}もあげるのよ。
そんな虫^{むし}がいい話^{はなし}はないわよ。(=おいしい)

A 엄마, 마사지해 줄 테니까 만 엔만 줘!　B 누가 마사지 한 번 받은 걸로 만 엔이나 준다니? 정말 뻔뻔하기도 해라.

同義語 虫^{むし}のいい ★★★

1817 虫が知らせる 불길한 예감이 들다

시험 ★★☆
회화 ★★☆

• 虫 ① 벌레 ② 기분. 생각. 예감. 비위 • 知らせる 알리다. 통지하다 → **예감이 들다**

✎ 意味　아무런 근거는 없지만 뭔가 나쁜 일이 일어날 것 같은 불길함을 느끼는 것.

🔍 用例　**何か悪いことが起きる前は、どういうわけか虫が知らせる。**

뭔가 나쁜 일이 일어나기 전에는 왠지 불길한 예감이 든다.

1818 虫が好かない 왠지 싫다

시험 ★★★
회화 ★★★

• 虫 벌레 • 好かない 싫다 • 好く 마음에 들다. 좋아하다 → **기분이 싫다**

✎ 意味　확실한 이유도 없이 왠지 마음에 들지 않는 모양.

🔍 用例　**悪い人でもなんでもないのに、なぜか虫が好かない人がいる。**

나쁜 사람도 아닌데 왠지 싫은 사람이 있다.

1819 虫が付く 나쁜 남자가 생기다

시험 ★☆☆
회화 ★★★

• 虫 ① 벌레 ② 기분. 생각. 예감. 비위 • 付く 붙다 → **벌레가 붙다**

✎ 意味　벌레가 옷이나 그림, 곡물 등을 상하게 하는 것에서, 질이 좋지 않은 남자가 여성에게 들러붙는 것.
특히 아버지가 딸에게 애인이 생긴 것을 분해하며 말할 때 사용.

🔍 用例　**かわいいうちの娘に、悪い虫が付いては困る。**

예쁜 내 딸에게 나쁜 남자가 생기면 곤란하다.

1820 虫の息 다 죽어 가는 숨. 아슬아슬한 목숨

시험 ★★☆
회화 ★★☆

• 虫 벌레 • 息 숨. 호흡 → **벌레의 숨**

✎ 意味　지금이라도 끊어질 듯한 호흡이나 그러한 상태. 겨우 숨이 붙어 있는 것을 비유.

🔍 用例　**作業員は救出された時はすでに虫の息で、病院に運ばれる途中で息を引き取った。**

작업자가 구출되었을 때는 겨우 숨이 붙어 있는 상태여서, 병원에 옮기는 도중에 목숨을 잃었다.

A この俳優、昔は人気があったのにね。

B でも、今ではもう虫の息ってところだよね。

A 이 배우 예전엔 인기 있었는데.

B 하지만 지금은 거의 아슬아슬한 목숨이야.

📖 同義語 **風前の灯** ★★★ • 風前の灯 풍전등화

1821 虫の居所が悪い 심기가 불편하다. 저기압이다

시험 ★★★
회화 ★★★

• **虫** ① 벌레 ② 기분. 생각. 예감. 비위　• **居所** 있는 곳. 거처　• **悪い** 나쁘다
→ **기분의 거처가 나쁘다**

✎ 意味　평소에는 전혀 신경 쓰이지 않던 사소한 일 등에 기분이 상하여 화를 내게 되는 것.

🔍 用例　A 昨日から、家内の虫の居所が悪いみたいなんですよ。(= 機嫌が悪い)

B 奥さん、なんかあったんですか?

A 理由は分からないんですけどね。

A 어제부터 마누라의 심기가 안 좋은 것 같아요.　　B 부인께 무슨 일이라도 있나요?

A 이유를 모르겠거든요.

1822 虫の知らせ 좋지 않은 예감. 불길한 예감

시험 ★★☆
회화 ★★★

• **虫** ① 벌레 ② 기분. 생각. 예감. 비위　• **知らせ** 알림　→ **벌레의 알림**

✎ 意味　무엇인가 좋지 않은 일이 일어날 것 같은 생각이 드는 것.

🔍 用例　虫の知らせなのか、いつもと違う電車に乗ったおかげで事故にあわ
なかった。

불길한 예감이 들어서(벌레가 알려 준 것인지), 평소와 다른 전철을 탄 덕분에 사고를 면했다.

同義語　虫が知らせる★　　胸騒ぎ★★★

1823 虫も殺さぬ 순하다

시험 ★★★
회화 ★★★

• **虫** 벌레　• **殺さぬ**(문어) = **殺さない** 죽이지 못하다　• **殺す** 죽이다　→ **벌레도 못 죽이다**

✎ 意味　벌레도 못 죽일 만큼, 성품이 매우 부드럽고 온화한 모양.

🔍 用例　虫も殺さぬ顔をして、心ではとんでもないことを考えている。

벌레도 죽이지 못할 것 같은 순한 얼굴을 하고, 속으로는 말도 안 되는 일을 생각하고 있다.

• **とんでもない** 뜻밖이다. 터무니없다. 당치도 않다. 있을 수 없다

1824 無頓着 무관심함. 개의치 않음

시험 ★★☆
회화 ★★★

• **無** 무　• **頓着** 개의함. 신경을 씀

✎ 意味　조금도 신경 쓰지 않는 것.

🔍 用例　私の彼は服装に無頓着すぎるから、いっしょにいるのがちょっと恥
ずかしい。(＝むとんじゃく)

내 남자친구는 옷에 너무 신경을 안 써서 같이 있으면 좀 창피하다.

1825 　無用の長物 　무용지물

<small>む よう</small> <small>ちょうぶつ</small>

시험 ★★☆ 문장 ★★★	• **無用** 무용. 쓸모없음　• **長物** ① 긴 것 ② 길기만 하고 방해가 되는 것. 쓸모없는 것 → **무용의 장물**

✎ **意味** 　있어도 도리어 방해가 되는 것. 있어도 이익이 없는 것.

🔍 **用例** 　**かつては最新技術だったのに、今では無用の長物となってしまった。**

예전에는 최신 기술이었는데 지금은 무용지물이 되어 버렸다.

無人島ではコンピューターは無用の長物だ。

무인도에서 컴퓨터는 무용지물이다.

1826 　迷宮に入る 　미궁에 빠지다

<small>めいきゅう</small> <small>はい</small>

시험 ★☆☆ 회화 ★☆☆	• **迷宮** 미궁　• **入る** ① 들다. 들어가다 ② (어떤 시각, 시기에) 접어들다　→ **미궁에 접어들다**

✎ **意味** 　사건이 진상을 알 수 없는 상황에 빠지는 것.

🔍 **用例** 　**この事件は時効になり、迷宮に入ってしまった。**

이 사건은 시효가 되어 미궁에 빠져 버렸다.

同義語 **迷宮入りする★★★** 　• **時効になる** 시효가 되다

1827 　名実相伴う 　명실상부하다

<small>めいじつあいともな</small>

시험 ★☆☆ 문장 ★☆☆	• **名実** 명실. 겉에 드러난 이름과 속에 있는 실상　• **相伴う** 아울러 가지다. 일치하다 → **명실이 일치하다**

✎ **意味** 　평판과 실제가 일치하는 모양.「**名実ともに～** 명실공히~」의 형태로 주로 사용.

🔍 **用例** 　**春樹は名実相伴う世界的な作家だ。**

하루키는 명실상부한 세계적 작가다.

1828 　名実共に 　명실공히. 명실상부하게

<small>めいじつとも</small>

시험 ★★☆ 회화 ★★★	• **名実** 명실. 겉에 드러난 이름과 속에 있는 실상　• **共に** 함께. 같이

✎ **意味** 　세간의 평가대로 실질도 충분히 갖추어져 있는 모양.

🔍 **用例** 　**彼は、名実共に偉大な医者になることが出来た。**

그는 명실상부하게 위대한 의사가 될 수 있었다.

コンクールで入賞し、彼は名実ともに一流のピアニストになった。

콩쿠르에서 입상하고 그는 명실공히 일류 피아니스트가 되었다.

신체 관용어

생활 관용어

속담·격언

고사성어

사자성어

1829 飯の種 밥줄. 생계 수단. 생업

시험 ★☆☆
회화 ★★★

• 飯 밥 ・種 종자. 씨 → 밥의 씨

✎ 意味　생활을 유지하기 위해 하는 일.

🔍 用例　**コンピュータープログラミングが私の飯の種だ。**

컴퓨터 프로그래밍은 나의 밥줄이다.

1830 目白押し 줄지어 선보임. 떼지어 늘어섬

시험 ★★☆
회화 ★★★

• 目白 (나뭇가지에 떼지어 앉은 동박새처럼) 많은 사람이 떼지어 늘어섬 ・押し 밈

✎ 意味　많은 사람이나 물건이 떼지어 늘어서 있는 것.

🔍 用例　**デパートに春の新製品が目白押しです。**

백화점에 봄 신상품이 줄지어 선보이고 있습니다.

今年は洋画の話題作が目白押しで、どれを見ようか迷っちゃうよ。

올해는 서양화 화제작들이 줄지어 선보이고 있어 어떤 것을 봐야 할지 모르겠어.

1831 メスを入れる 칼을 대다. 비판을 가하다

시험 ★★☆
문장 ★★★

• メス 메스 ・入れる 넣다. 들어가게 하다 → 메스를 넣다

✎ 意味　수술 등에서 메스를 댄다는 것에서, 근본적인 문제 해결을 위해 과감한 조치(수단)를 취하는 것. 사태를 철저하게 분석하여 비판을 가하는 것.

🔍 用例　**これは現代医療に鋭くメスを入れるドキュメンタリー番組だ。**

이것은 현대 의학에 날카롭게 비판을 가하는 다큐멘터리 방송이다.

1832 めっきが剥げる 실체가 드러나다

시험 ★★☆
문장 ★★☆

• めっき＝ときん ① 도금 ② 겉으로만 그럴싸하게 꾸며 보이는 것 ・剥げる＝剥がれる 벗겨지다 → 도금이 벗겨지다

✎ 意味　실제는 그렇지 않은데 겉을 꾸며 그럴듯하게 보이던 것의 대수롭지 않은 실체가 드러나는 것.

🔍 用例　**今回の騒動で、能力があるように見られていた人のメッキがはげた。**

이번 소동으로 능력 있어 보이던 사람의 실체가 드러났다.

（＝本性が現れた）

• 本性が現れる 본성이 드러나다

1833 目処が付く 전망이 보이다. 전망이 서다

시험 ★★★ 회화 ★★★	• **目処** 목표. 전망. 목적 • **付く** 서다 → **목표가 서다**
✎ 意味	실현되거나 해결될 전망이나 목표가 서는 것.
🔍 用例	とりあえず、仕事の目処が付いたので安心した。　同義語 **目処が立つ** ★★★ 우선 일의 전망이 보여 마음이 놓였다.

1834 目安が付く 일의 기준이 서다

시험 ★☆☆ 회화 ★★★	• **目安** 목표. 기준 • **付く** 서다 → **목표가 서다**
✎ 意味	보통 어느 정도의 결과를 얻을 수 있을 것이라는 대체적인 짐작이 가는 모양.
🔍 用例	A 今度の集会は何人ぐらい参加なんですか? 大体の目安が付くといいんですけど。 B 大体30人くらいだと思って、会場予約しておきましたよ。 A 이번 집회는 몇 명 정도 참가하나요? 대충 짐작을 할 수 있으면 좋겠는데요. B 대략 30명 정도로 보고, 집회장에 예약해 뒀어요.　同義語 **目安を付ける** ★★

1835 申し分がない 나무랄 데가 없다

시험 ★★★ 회화 ★★★	• **申し分** 할 말. 주장. **言い分**의 겸사말 • **申す** 말하다. **言う**의 겸사말 • **ない** 없다 → **할 말이 없다**
✎ 意味	결점이 없고 흠잡을 데가 없는 것.
🔍 用例	A このマンション、駅からも近いし、スーパーもすぐ下にあるし、 　眺めもいいし、いい所だね。 B そうなんだよ。条件的にはまったく申し分がないんだ。 A 이 아파트는 역에서도 가깝지, 슈퍼가 바로 아래에 있지, 전망도 좋지, 딱이야. B 맞아. 조건으로 봤을 때는 나무랄 데가 없어. (= 文句の付け所がない) • **眺めがいい** 전망이 좋다 • **文句の付け所がない** 트집을 잡을 데가 없다

1836 餅は餅屋 떡은 떡집. 역시 전문가는 다름

시험 ★☆☆ 회화 ★★★	• **餅** 떡 • **餅屋** 떡집 → **떡은 떡집**
✎ 意味	떡은 떡집에서 만든 것이 가장 맛있듯이, 모든 일은 그 분야의 전문가에게 맡기는 것이 상책이라는 의미. 또는 비전문가가 아무리 노력해도 따라잡을 수 없다는 의미.
🔍 用例	A 換気扇の掃除してみたんだけど、やっぱりあんまり綺麗にならなかった。 B 餅は餅屋って言うじゃん。専門の人に頼んだほうがいいよ。 A 환풍기 청소했는데 말야, 역시 깨끗하게 되질 않네!!!　B 떡은 떡집이란 말이 있잖아. 전문가에게 맡기는 게 좋아.

1837 元の鞘に収まる 화해하다

| 시험 ★☆☆
회화 ★★★ | ・元の 원래의 ・鞘に 칼집에 ・収まる 들어가다 → 칼이 원래의 칼집에 들어가다 |

✎ 意味　원래의 자리로 돌아가는 것. 특히 싸우고 절교한 사람이 원래대로 사이좋게 지내는 것이나 이혼한 부부가 관계를 되돌리는 것.

🔍 用例　A 彼女と別れたって聞いたけど…。本当?

B うん、一度別れたんだけど、またすぐに元の鞘に収まっちゃった。

A 여자친구랑 헤어졌다던데…. 정말이야?　　B 응, 한 번 헤어졌다가 또 바로 화해했어.

1838 元も子も無い 아무 소용없다. 이도 저도 아니다

| 시험 ★★★
회화 ★★★ | ・元=元金 원금. 자본. 밑천 ・子=利息 이자 ・無い 없다 → 원금도 이자도 없다 |

✎ 意味　이자는 고사하고 밑천까지 깡그리 잃는 것에서, 모처럼 지금까지 한 노력이 모두 헛되게 되는 것.

🔍 用例　A まだ寝ないの?

B うん、もう少ししてから寝るよ。

A 体をこわしてしまったら元も子も無いから、そんなに無理をしないで少しは休みなさい。

A 아직 안 자?　　B 응, 조금 더 하고 나서 잘게.

A 몸이 상하면 아무 소용없으니까 그렇게 무리하지 말고 좀 쉬어라.

1839 物心が付く 철이 들다

| 시험 ★★★
회화 ★★★ | ・物心 인정이나 세상 물정을 이해하는 마음. 철. 분별력 ・付く 붙다. 생기다 → 철이 생기다 |

✎ 意味　유아기를 지나서 세상 물정을 좀 알기 시작하는 것.

🔍 用例　A ピアノはいつから習っているんですか?

B 物心が付いた頃にはもう習っていました。

A 피아노는 언제부터 배우셨어요?

B 뭘 좀 알 때부터(어릴 적부터) 이미 배우고 있었어요.

1840 物にする 자신의 것으로 하다

| 시험 ★★☆
회화 ★★★ | ・物 것 ・する 하다 → 것으로 하다 |

✎ 意味　자기 생각대로의 결과나 상태로 만드는 것.

🔍 用例　英語を自分の物にするのに一番早い方法は、英語を話す国で暮らすことだ。

영어를 내 것으로 만드는 데 가장 빠른 방법은 영어를 말하는 나라에서 사는 것이다.

1841 物の見事に　매우 훌륭하게. 정말 멋지게. 매우 깨끗하게

시험 ★★★
회화 ★★★

・物 그 일. 그것 ・見事 ① 훌륭함. 아름다움. 멋짐 ② 멋지고 능란함 → 그 일을 멋지게

✎ 意味　見事를 강조한 표현으로, 하는 방법이나 태도가 아주 훌륭하게 느껴지는 모양. 원래는 좋은 의미였으나 현재는 예문처럼 '정말 깨끗하게 졌다. 완전히 잃었다'는 식으로 반어적으로 사용.

🔍 用例　A パチンコ勝ったの？
B 物の見事に負けちゃったよ。今、お財布の中にお金が入ってないもん。

A 파칭코에서 땄어?
B 깨끗하게 졌어. 지금 지갑엔 돈 한 푼 없어.

1842 物を言う　말하다. 도움이 되다

시험 ★★★
회화 ★★★

・物 ① 말. 언어 ② 무엇. 그것 ・言う 말하다 → 말을 하다

✎ 意味　① 입을 여는 것. ② 어떤 것을 할 때 효과를 발휘해서 도움이 되는 모양.

🔍 用例　① 思いつきで物を言う人には振り回されることが多い。（＝話す）

즉흥적인 생각으로 말하는 사람에게는 휘둘리기 십상이다.

② 結局最後は経験が物を言うわけだ。（＝役に立つ）

결국 마지막에는 경험이 도움이 된다.

・思いつき 문득 떠오른 생각. 착상 ・振り回す 휘두르다

1843 物を言わせる　힘을 발휘하다. 힘을 쓰다

시험 ★★★
회화 ★★★

・物 ① 물건(것) ② 무엇. 그것 ・言わせる＝言わす ① 말하게 하다. 말을 시키다
② ~의 말에 의하다. ~의 말에 따르다 → 그것의 말에 따르다

✎ 意味　그것의 힘을 충분히 발휘시키는 모양. 위력을 발휘하는 모양.

🔍 用例　お金に物を言わせてすべてを解決しようとする人の根性が嫌いだ。

돈의 힘으로 모든 것을 해결하려고 하는 사람의 사고방식이 싫다.　（＝お金の力で）

権力に物を言わせて、会社を乗っ取ろうとしている。

권력의 힘으로 회사를 빼앗으려고 한다.

・根性 근성
・乗っ取る ① 납치하다 ② 점령하다. 빼앗다. 탈취하다

신체 관용어

생활 관용어

속담 · 격언

고사성어

사자성어

1844 門前払いを食う 문전박대를 당하다

시험 ★★☆ 회화 ★★	• 門前払い 에도 시대의 추방형 처벌 중에서 가장 가벼운 형벌로 관아 문 밖으로 쫓아내는 것
	• 門前 문전. 문 앞 • 払う ① 없애다. 제거하다 ② 물러나게 하다. 몰아내다
	• 食う＝食らう ① 먹다. 마시다 ② (좋지 않은 일을) 입다. 받다. 당하다 → **문 앞에서 추방당하다**

✎ 意味 　문간에서 쫓겨나는 것.

🔍 用例
A 今回書いた小説は、出版社の人に受け取ってもらえた？

B いつもと一緒だよ…。門前払いを食らったよ。

A 이번에 쓴 소설은 출판사 사람이 받아 줬어?

B 평소와 똑같아…. 문전박대 당했어.

• 受け取る 받다. 수취하다

1845 焼き餅を焼く 질투하다. 시샘하다

시험 ★★★ 회화 ★★★	• 焼き餅＝嫉妬＝ジェラシー 질투. 시기 • 焼く ① 굽다 ② (妬く로도 써서) 질투하다. 시기하다

✎ 意味 　질투하거나 시샘하는 것. 특히 남녀 사이의 질투.

🔍 用例
A 男がいる飲み会なんて行くなよ。

B クラスの男の子たちよ。そんな焼き餅を焼かないで。(＝嫉妬しないで)

A 남자가 있는 술자리엔 가지 마.

B 같은 반 남학생들이야! 그런 억지가 어딨어. (그런 질투는 하지 마.)

1846 野次馬 구경꾼

시험 ★★★ 회화 ★★★	• 野次馬 늙은 말을 의미하는 親父馬가 변하여 野次馬가 됨

✎ 意味 　늙은 말은 일을 시킬 수도 없고 아무 도움이 안 된다는 것에서, 자신과 관계없는 곳에서 무책임하게 떠드는 사람. 벼하여 자기와는 상관없는 일에 그냥 구경 삼아 재미 삼아 모여드는 사람.

🔍 用例
A また火事だって、しかも放火らしいよ。

B 怖いね~。

A もしかして、この野次馬の中に放火犯がいるかもよ。

B あんた、推理ドラマの見すぎだよ。

A 또 화재래, 게다가 방화라네.

B 무섭다~.

A 혹시 구경꾼 안에 방화범이 있을지도.

B 너, 추리 드라마 너무 많이 봤어.

1847 安かろう悪かろう 싼 게 비지떡

시험 ★☆☆
회화 ★★★

• 安かろう 싸겠지 • 安い 싸다 • 悪かろう 나쁘겠지 • 悪い 나쁘다 → **싸든지 나쁘든지**

✎ 意味 　가격이 싸면 그 가격만큼이나 품질도 좋지 않다는 것.

🔍 用例
A とりあえず、一番安い包丁買っておけば?
B だめよ。長く使うのだから、安かろう悪かろうでは困るのよ。

A 일단 가장 싼 부엌칼을 사는 게 어때?
B 안 돼. 오래 쓸 거니까 싼 게 비지떡이면 곤란해.

1848 山が当たる 예상이 적중하다

시험 ★☆☆
회화 ★★★

• 山 ① 산 ② (우연이나 요행을 노리는) 예상. 도박 • 当たる 맞다 → **예상이 맞다**

✎ 意味 　어느 정도 예상을 하고 한 일이 예상대로 잘되는 모양.

🔍 用例
A 今回の試験どうだったの?
B 山が当たったから、結構良く出来たよ。

A 이번 시험 어땠어?
B 예상이 적중해서 꽤 잘 봤어!

反対語 山が外れる ★★★

1849 山場を迎える 절정에 다다르다. 고비에 이르다

시험 ★★☆
회화 ★★★

• 山場 가장 중대한 장면 • 迎える 맞이하다. 직면하다 → **가장 중대한 장면에 직면하다**

✎ 意味 　일의 나중을 결정할 가장 중요한 고비가 되는 것.

🔍 用例
受験生にとっては、とうとう山場を迎える季節になってきた。

수험생에게는 드디어 고비를 맞이할 시기가(계절이) 돌아왔다.

1850 山を掛ける 요행수를 노리다. 요행을 바라다

시험 ★★★
회화 ★★★

• 山 ① 산 ② (우연이나 요행을 노리는) 예상. 도박 • 掛ける 걸다 → **도박을 걸다**

✎ 意味 　요행을 바라며 모험을 하는 것. 그럴 것이라고 짐작하고 준비하는 것. 특히 시험을 볼 때 수험자가 시험에 나올 만한 부분만을 찍어서 공부하는 것.

🔍 用例
試験の前は山を掛けておいたところしか勉強しないことにしている。

시험 전에는 미리 예상해 두었던 부분만 공부하고 있다.

反対語 山を張る ★★

• ことにしている 습관적으로, ~하고 있다 (자신의 습관이나 규칙 등을 나타냄)

신체 관용어

생활 관용어

속담·격언

고사성어

사자성어

1851 矢も盾もたまらず 애간장이 타다. 좀이 쑤셔 견딜 수 없다

시험 ★☆☆ 회화 ★★★	・矢 화살 ・盾 방패 ・堪らず＝堪らない 견딜 수 없다. 참을 수 없다. 감당할 재간이 없다 → 화살도 방패도 감당할 재간이 없다

✎ 意味 　어떤 일을 하고자 하는 마음을 억누를 수 없는 모양.

🔍 用例 　**遠距離恋愛中の彼女が病気だと聞いて、矢も盾もたまらず新幹線に乗り込んだ。**

원거리 연애 중인 여자친구가 아프다는 말에 애가 탄 나머지 고속 전철에 올라탔다.

同義語 居ても立っても居られない ★★★　・居ても立っても居られない

안절부절못하다. 어찌할 바를 모르다

1852 やり玉に挙げる 공격의 대상으로 삼다

시험 ★★☆ 문장 ★★★	・やり玉 창을 자유자재로 다룸. 또는 사람을 창끝으로 찌름 ・挙げる ① (손 등을) 들다 ② 잡다. 체포하다 → 창으로 찔러 잡다

✎ 意味 　창으로 사람을 찔러 죽이는 것에서, 비난이나 공격의 대상으로 삼는 것.

🔍 用例 　**禁煙ブームの中、愛煙家たちはやり玉に挙げられる羽目になった。**

금연 붐 속에서 애연가들은 비난의 대상이 되었다.

1853 有終の美を飾る 유종의 미를 거두다

시험 ★★☆ 회화 ★★★	・有終の美 유종의 미 ・飾る 장식하다 → 유종의 미를 장식하다

✎ 意味 　어떤 일을 끝까지 해내어 좋은 결과를 내는 것.

🔍 用例 　**コンテストで優勝し、有終の美を飾ることが出来た。**

콘테스트에 우승하여 유종의 미를 거둘 수 있었다.

1854 融通が利く 융통성이 있다

시험 ★★★ 회화 ★★★	・融通(ゆうづう・ゆうずう) 융통성 ・利く ① 효력이 있다. 듣다 ② 가능하다. 통하다 → 융통성이 통하다

✎ 意味 　그 상황에 적절한 처리를 할 수 있는 것. 임기응변이 뛰어나 처리를 잘하는 것.

🔍 用例 　**A 本当に、お役所の人って堅いのよね。**

B そうよね。もう少し融通が利けばいいのにっていつも思うわ。

A 정말이지, 관공서 사람들은 고지식하다니까.

B 그래 맞아. 항상 느끼는 건데 좀 더 융통성 있게 했으면 좋겠어.

反対語 融通が利かない ★★★

1855 油断も隙もない 방심하면 안 된다. 방심할 수 없다

시험 ★★☆
회화 ★★★

• 油断 방심. 부주의 • 隙 ① 빈틈. 틈새기 ② 허점. 방심 • ない 없다 → **방심도 빈틈도 없다**

✎ 意味 　조금이라도 방심해서도 빈틈을 보여서도 안 된다는 것.

🔍 用例
A ここにあったお饅頭、だれが食べちゃったの?
B え? 食べていいと思って食べちゃったよ。
A ほんとうに、油断も隙もないんだから。

A 여기에 있던 만주 누가 먹었어?
B 엉? 먹어도 되는 줄 알고 먹어 버렸어.
A 정말, 잠시도 방심하면 안 된다니까!!

1856 茹蛸のよう 뻘건 낙지 같이

시험 ★☆☆
회화 ★★☆

• 茹蛸 데쳐서 빨개진 낙지 • 茹でる 데치다. 삶다 • 蛸 낙지 • よう 같이 → **뻘건 낙지 같이**

✎ 意味 　술에 취하거나 목욕탕 등에 오래 있어 얼굴이 빨개진 모습을 낙지에 비유한 말.

🔍 用例
私は酒に弱いので、コップ一杯のビールで茹蛸のような顔になってしまう。(＝顔が真っ赤に)

난 술이 약해서 맥주 한 잔에 얼굴이 뻘건 낙지처럼 돼 버린다.

• 顔が真っ赤になってしまう 얼굴이 빨갛게 되어 버린다

1857 湯水のように使う 물 쓰듯 쓰다. 흥청망청 쓰다

시험 ★☆☆
회화 ★★★

• 湯水 ① 더운물 또는 물 ② 매우 흔한 것 • ように 처럼 • 使う 쓰다 → **물 쓰듯 쓰다**

✎ 意味 　돈을 아깝지 않은 듯 낭비하여 쓰는 것.

🔍 用例
家はお金に余裕があるわけではないのに、妻がお金を
湯水のように使うので、貯金もできない。

집에 금전적인 여유가 있을 리가 없는데 아내가 돈을 물 쓰듯 써서 저축을 할 수 없다.

1858 用心棒 경호원. 보디가드

시험 ★★☆
회화 ★★★

• 用心 주의함. 주의, 경계함 • 棒 방망이 → **경계 방망이**

✎ 意味 　도둑을 막기 위해 준비해 두는 방망이에서, 호위를 위하여 가까이 두는 사람.

🔍 用例
A 旦那さん、すごく大きな方ですよね。
B ええ。うちの用心棒なんですよ。

A 남편분이 체격이 좋으시네요.　B 네, 우리 집 보디가드죠!

신체 관용어

생활 관용어

속담·격언

고사성어

사자성어

1859 用を足す よう た 볼일을 보다. 용무를 마치다. 용변을 보다

시험 ★☆☆
회화 ★★★

• 用 ① 용무. 볼일. 일 ② 대소변. 용변 • 用を足す의 꼴로, 볼일을 보다. 용변을 보다

✎ 意味　① 용무를 마치는 것. ② 대소변을 보는 것을 완곡하게 표현한 말.

🔍 用例　① 会社の帰りにちょっと、用を足してくるから、帰りは9時ごろになると思う。

회사에서 돌아올 때 볼일 보고 오니까 귀가 시간은 9시쯤 될 것이다.

② どうしても我慢できず、用を足しにコンビニに駆け込んだ。

도저히 참을 수 없어서 용변을 보러 편의점으로 뛰어들어 갔다.

1860 横槍を入れる よこやり い 참견하다. 트집 잡다

시험 ★★☆
회화 ★★★

• 横槍 ① 옆에서 갑자기 찌르는 창 ② 말참견. 간섭 • 入れる 넣다 → 말참견을 하다

✎ 意味　두 사람이 싸우는 중에 옆에서 창으로 찌르는 것에서, 타인의 말이나 일에 옆에서 제삼자가 참견을 하거나 트집을 잡는 것.

🔍 用例　私が一生懸命やっているダイエットに、無理だと兄が横槍を入れた。

내가 열심히 다이어트를 하고 있는데, 무리라며 오빠가 트집을 잡았다.

| 同義語 | 差し出口をする ★★ | • 差し出口をする 주제넘은 말을 하다 |
| | | • 差し出口 주제넘은 말. 말참견 |

1861 余念がない よ ねん 여념이 없다. 그 생각밖에 없다

시험 ★★★
회화 ★★★

• 余念 여념 • 無い 없다 → 여념이 없다

✎ 意味　마음에 오직 하나의 일만 생각하고 다른 일에는 신경을 쓰지 않는 모양.

🔍 用例　もう少しで娘の結婚式だ。娘の嫁入りの準備に余念のない妻は、私のことなどほったらかしだ。

좀 있으면 딸 결혼식이다. 딸 결혼 준비에 여념이 없는 아내는 나 같은 건 안중에도 없다.

• ほったらかし 내버려 둠. 방치함

1862 世の習い よ なら 세상의 이치

시험 ★☆☆
회화 ★★★

• 世 세상. 사회. 세간 • 習い ① 습관. 풍습. 관습 ② 세상사. 흔히 있는 일. 상사 → 세상의 흔히 있는 일

✎ 意味　누구라도 그렇게 될 것이라고 여기는 세상에 보통 있는 일.

🔍 用例　栄えている者もいつか滅びるのが世の習いだ。

잘나가는 사람도 언젠가 망하는 것이 세상의 이치다.

1863 　夜も日も明けない 　잠시도 살 수 없다
<small>よ　ひ　あ</small>

시험 ★☆☆ 문장 ★☆☆	・夜 밤 ・日 낮 ・明けない＝明けず (문어) 새지 않다 ・明ける (날이) 새다. (날이) 밝다 → 밤도 낮도 새지 않다
✎ 意味	그것이 없으면 잠시도 살아갈 수 없을 정도로 그것을 애지중지하는 모양.
🔍 用例	地方都市では、自分の車がなければ、夜も日も明けない。 <small>ちほうとし　　　じぶん　くるま</small> 지방 도시에서는 자가용이 없으면 잠시도 살 수 없을 정도다.

1864 　よりによって 　하필이면

시험 ★☆☆ 회화 ★★★	・選りに選る 고르고 골라 ・選る＝選ぶ 고르다. 뽑다
✎ 意味	다른 더 좋은 방법이 있었을 텐데 굳이 그것을 선택했냐고 불만을 품을 때 쓰는 말.
🔍 用例	A 今日、抜き打ちのテストなんだって。 <small>きょう　ぬ　う</small> B え？ なんでよりによって今日なのよ。昨日まで、風邪引いて <small>きょう　　　　　きのう　　　かぜひ</small> 　寝てたのに…。 <small>ね</small> A 오늘 불시에 테스트가 있다!　　B 정말? 왜 하필이면 오늘이야. 어제까지 감기 걸려서 잠만 잤는데…. ・抜き打ち ① 칼을 뺌과 동시에 내리침 ② 예고 없이 갑자기 실시함 <small>ぬ　う</small>

1865 　よりを戻す 　되돌아가다. 다시 사귀다
<small>もど</small>

시험 ★★★ 회화 ★★★	・縒り 꼼. 꼬임 ・戻す 되돌리다 → 꼬임을 되돌리다 <small>よ　　　　　　もど</small>
✎ 意味	꼰 것을 다시 푸는 것에서, 원래의 관계로 되돌아가는 것. 특히 헤어진 남녀가 다시 만날 때 사용.
🔍 用例	A なんか、彼氏と別れたって聞いたけど、ほんと？ <small>かれし　わか　　　　き</small> B うん。別れたんだけど、またよりを戻したの。 <small>わか　　　　　　　　　　　もど</small> A 근데 남자친구랑 헤어졌다고 들었는데 정말이야?　　B 응, 헤어졌다가 다시 사귀기로 했어.

1866 　弱音を吐く 　우는소리 하다
<small>よわ ね　は</small>

시험 ★★★ 회화 ★★★	・弱音 힘없는 소리. 약한 소리. 나약한 소리 ・吐く 뱉다. 토하다. 내쉬다 → 힘없는 소리를 내쉬다 <small>よわ ね　　　　　　　　　　　　　は</small>
✎ 意味	고난이나 고통을 견디다 못해 약한 소리를 하는 것.
🔍 用例	A 私、やっぱり就職できないかもしれない。 <small>わたし　　　　しゅうしょく</small> B なんだよ。弱音を吐かないで、がんばっていこうよ。 <small>よわ ね　は</small> A 나 말야, 역시 취업을 못할지도 몰라.　　(＝弱気にならないで) <small>よわ き</small> B 뭐야. 우는소리 하지 말고 열심히 하자! ・弱気になる 마음이 약해지다 <small>よわ き</small>

신
체
관
용
어

생
활
관
용
어

속
담
·
격
언

고
사
성
어

사
자
성
어

1867 夜を徹する 밤새우다. 철야하다

시험 ★★☆
회화 ★★★

· 夜 밤 · 徹する 처음부터 끝까지 일관하다. (밤을) 지새우다 → **밤을 지새우다**

✎ 意味　밤을 새우며 어떤 일을 하는 것.

🔍 用例　**国家試験の前は、夜を徹して勉強をしたものだ。**(＝徹夜して)

국가시험 전에는 밤을 새워 공부했었다.　　　　　· **徹夜する** 철야하다

久しぶりに会った友達と夜を徹して昔話をした。

오랜만에 만난 친구와 밤새우며 옛날 이야기를 했다.

1868 世を去る 세상을 떠나다. 돌아가시다. 고인이 되다

시험 ★☆☆
문장 ★★★

· 世 세상. 세간. 사회 · 去る 떠나다. 가다 → **세상을 떠나다**

✎ 意味　죽는다는 말을 완곡하게 표현한 말.

🔍 用例　**大作曲家の先生がこの世を去った。100歳だった。**

유명 작곡가인 선생님이 이 세상을 떠나셨다. 그의 나이 100세였다.

1869 夜を日に継ぐ 밤낮 구별 없이 계속하다. 쉴 새 없이 계속하다

시험 ★☆☆
문장 ★☆☆

· 夜 밤 · 日 낮 · 継ぐ 지속하다 → **밤을 낮에 지속하다**

✎ 意味　밤에도 낮에도 쉬지 않고 어떤 일을 계속하는 모양.

🔍 用例　**納品日に間に合わせるために、夜を日に継いで働き続けた。**

납품일을 맞추기 위해서 밤낮 없이 일을 계속했다.

同義語　**昼夜をおかず ★★**　· **昼夜をおかず** 낮도 밤도 쉬지 않고

1870 よんどころない 부득이하다. 어쩔 수 없다

시험 ★☆☆
회화 ★★☆

· よりどころない에서 변한 말 · よりどころ 기댈 곳. 의지할 곳 · ない 없다 → **기댈 곳이 없다**

✎ 意味　그렇게 할 수밖에 없는 모양.

🔍 用例　**よんどころない事情があって会合に出られなかった。**

부득이한 사정이 있어 모임(회합)에 나갈 수 없었다.

同義語　**やむをえない ★★★**　· **やむを得ない＝やむを得ず** 할 수 없다. 어쩔 수 없다. 부득이하다

1871 烙印を押される　낙인이 찍히다. 지울 수 없는 오명을 쓰다

시험 ★☆☆
회화 ★★★

• 烙印 옛날 형벌로 죄인에게 찍은 불도장　• 押される 찍히다　• 押す 찍다　→ 불도장이 찍히다

✎ 意味　주위로부터 씻을 수 없는 불명예적인 평가를 얻는 것.

🔍 用例　口が災いして、会社の人にダメ社員の烙印を押された。

입이 화근이 되어 회사 사람에게 형편없는 사원이라는 낙인이 찍혔다.

同義語　極印を押される ★★★

1872 らちが明かない　끝이 나지 않다. 매듭지어지지 않다

시험 ★★★
회화 ★★★

• らち 마장의 울타리　• 明かない 열리지 않는다　• 明く 열리다　→ 마장의 울타리가 열리지 않는다

✎ 意味　마장의 울타리가 열리는 것을 기다리다 지친 관객이 한 말에서 연유되었다는 데서,
어떤 사정으로 일에 결말이 나지 않는 것.

🔍 用例　A 電話で話してもらちが明かないから、会って話そう。
B 私は、もう会いたくもないけど！(=決まらない)

A 전화로 말해도 끝이 안 나니까 만나서 얘기하자.
B 나는 더 이상 만나고 싶지 않은데!

同義語　片が付かない ★★★

• 片が付かない 결말이 나지 않다

反対語　らちが明く ★★　片が付く ★★★

1873 理屈を捏ねる　핑계를 꾸미다

시험 ★☆☆
회화 ★★★

• 理屈 ① 이치. 도리 ② 억지 이론. 구실. 핑계　• 捏ねる ① 반죽하다 ② 억지 쓰다. 떼쓰다

✎ 意味　자신의 주장을 합리화하는 것.

🔍 用例　彼はなんとかかんとか理屈を捏ねて、自分の過ちを認めようとしない。

그는 이리저리 핑계를 대며 자신의 잘못을 인정하려고 하지 않는다.

• なんとかかんとか 이것저것. 이렇게 저렇게. 이럭저럭

1874 理屈を付ける　구실을 대다

시험 ★★★
회화 ★★★

• 理屈 ① 이치. 도리. 사리 ② 억지 이론. 구실. 핑계　• 付ける 붙이다　→ 핑계를 붙이다

✎ 意味　자신의 주장을 정당화하기 위해서 그럴싸한 이유를 대는 것.

🔍 用例　今日はなんとか理屈を付けて無事に済んだが、明日はきっとばれるだ
ろうなあ。(=理由をつけて)

오늘은 어떻게든 구실을 대서 무사히 지났지만 내일은 분명 들키겠지.

1875 利に走る 이익을 쫓다

시험 ★☆☆
회화 ★★★

- **利** 이익. 벌이 · **走る** ① 달리다. 뛰다 ② (갑자기 어떤 방향으로) 기울다. 치우치다
→ 이익으로 치우치다

✏️ 意味 이익을 추구하는 데만 열중인 것.

🔍 用例 **目先の利に走るばかりでは成長できないと分かっていても、**
なかなか先のことまで考えられない。

눈앞의 이익만을 쫓으면 쉽사리 성장할 수 없다는 것을 알면서도 좀처럼 앞일까지는 생각하지 못한다.

1876 理不尽 불합리

시험 ★☆☆
회화 ★★★

- **理** ① 원리. 이치 ② 도리. 사리 · **不尽** 다하지 못함 → 도리를 다하지 못함

✏️ 意味 도리에 맞지 않는 것. 도리에 어긋난 것.

🔍 用例 **私が女だからって、職場で差別されるのは理不尽でならない。**

내가 여자라서 직장에서 차별을 받는 것은 불합리하지 않을 수 없다.

1877 溜飲が下がる 가슴이 후련해지다

시험 ★☆☆
문장 ★★★

- **溜飲** 유음. 소화불량으로 신물이 넘어오거나 가슴이 쓰린 증상 · **下がる** 내리다. 내려가다
→ 소화불량 증상이 내려가다

✏️ 意味 체증이 내려가는 것처럼 쌓였던 불평불만이 싹 가셔 가슴이 후련해지는 모양.

🔍 用例 **今まで悩んできたことすべてが母の一言で溜飲が下がる思いがした。**

지금까지 고민한 모든 것이 엄마의 말 한마디로 후련해지는 느낌이 들었다.

1878 良心に恥じる 양심에 부끄러워하다

시험 ★☆☆
회화 ★★☆

- **良心** 양심 · **恥じる** 자신의 죄, 잘못, 미숙함, 결점을 부끄러이 여기다 → 양심에 부끄러이 여기다

✏️ 意味 자신의 죄, 잘못, 미숙함, 결점을 부끄러이 여기는 것.「**良心に恥じる**ところなく 양심에 한 점
부끄럼 없이」나「**良心に恥じる**ことをする 양심에 부끄러운 일을 하다」의 형태로 자주 사용.
반대는「**良心に恥じない** 양심에 부끄럽지 않다」, 비슷한 말로는「**良心にさいなまれる** 양심에
가책을 받다」가 있음.

🔍 用例 A **いい加減に自白したらどうなんだ？**
B **私は自分の良心に恥じるようなことはしていません。信じてください。**

A 이제 적당히 자백하는 게 어때?   B 저는 제 양심에 부끄러운 일은 하지 않았습니다. 믿어 주세요.

暮らしは豊かではないが、良心に恥じることなく暮らしている。

풍족한 생활은 아니지만 양심에 한 점 부끄럼 없이 살고 있다.

· **さいなむ** 꾸짖다. 책망하다

1879 レッテルを貼<ruby>貼<rt>は</rt></ruby>る 딱지를 붙이다

시험 ★★☆
문장 ★★★

• **レッテル** 라벨. 상표. 딱지 • <ruby>貼<rt>は</rt></ruby>る 붙이다 → **딱지를 붙이다**

✎ 意味　어떤 사람에 대해 일반적인, 단정적인 해석을 다는 것.

🔍 用例　<ruby>毎回<rt>まいかい</rt></ruby>テストで<ruby>悪<rt>わる</rt></ruby>い<ruby>点数<rt>てんすう</rt></ruby>を<ruby>取<rt>と</rt></ruby>ってしまって、<ruby>落<rt>お</rt></ruby>ちこぼれのレッテルを
<ruby>貼<rt>は</rt></ruby>られてしまった。(=<ruby>落<rt>お</rt></ruby>ちこぼれだと<ruby>決<rt>き</rt></ruby>めつけられて)

매번 시험 볼 때마다 점수가 형편없어 학업부진아란 애란 딱지가 붙고 말았다.

• <ruby>落<rt>お</rt></ruby>ちこぼれ 학교 수업에 못 따라가는 아동

1880 <ruby>六十<rt>ろくじゅう</rt></ruby>の<ruby>手習<rt>てなら</rt></ruby>い 만학

시험 ★☆☆
회화 ★★★

• <ruby>六十<rt>ろくじゅう</rt></ruby> 60살 • <ruby>手習<rt>てなら</rt></ruby>い 습자. 수업. 연습 → **예순 살에 시작하는 습자**

✎ 意味　60살이 다 되어 글을 배우기 시작한다는 것에서 나이가 들어 학문이나 요리, 꽃꽂이, 서예, 다도,
춤 등을 배우기 시작하는 것.

🔍 用例　<ruby>六十<rt>ろくじゅう</rt></ruby>の<ruby>手習<rt>てなら</rt></ruby>いと<ruby>笑<rt>わら</rt></ruby>われそうだが、<ruby>定年<rt>ていねん</rt></ruby>を<ruby>機<rt>き</rt></ruby>に<ruby>生<rt>い</rt></ruby>け<ruby>花<rt>ばな</rt></ruby>を<ruby>習<rt>なら</rt></ruby>うことにした。

만학이라고 비웃을지 모르겠지만 정년을 계기로 꽃꽂이를 배우기로 했다.

• <ruby>機<rt>き</rt></ruby> ① 계기 ② 시기. 기회

1881 <ruby>路頭<rt>ろとう</rt></ruby>に<ruby>迷<rt>まよ</rt></ruby>う 생활에 어려움을 겪다

시험 ★★☆
회화 ★★★

• <ruby>路頭<rt>ろとう</rt></ruby> 노두. 길가. 길거리 • <ruby>迷<rt>まよ</rt></ruby>う 헤매다. 방황하다 → **길거리를 방황하다**

✎ 意味　생활 수단을 잃고 몹시 곤란을 겪는 것.

🔍 用例　<ruby>会社<rt>かいしゃ</rt></ruby>を<ruby>辞<rt>や</rt></ruby>めてはみたものの、<ruby>再就職先<rt>さいしゅうしょくさき</rt></ruby>が<ruby>決<rt>き</rt></ruby>まらず<ruby>路頭<rt>ろとう</rt></ruby>に<ruby>迷<rt>まよ</rt></ruby>ってしま
った。

회사를 그만두긴 했지만, 재취업 자리가 정해지지 않아 거지 신세가 되어 버렸다.

1882 <ruby>露命<rt>ろめい</rt></ruby>をつなぐ 겨우 목숨을 부지하다. 근근이 살아가다

시험 ★☆☆
문장 ★☆☆

• <ruby>露命<rt>ろめい</rt></ruby> 이슬 같은 덧없는 목숨 • **つなぐ** 이어 나가다. 지속하다 → **이슬 같은 덧없는 목숨을 이어가다**

✎ 意味　가난하고 고생스러운 생활을 이어 가는 것.

🔍 用例　<ruby>貧困<rt>ひんこん</rt></ruby>にあえぎ、まともに<ruby>食<rt>た</rt></ruby>べることも<ruby>出来<rt>でき</rt></ruby>ず、<ruby>水<rt>みず</rt></ruby>と<ruby>少<rt>すこ</rt></ruby>しのご<ruby>飯<rt>はん</rt></ruby>で
<ruby>露命<rt>ろめい</rt></ruby>をつないでいる<ruby>人々<rt>ひとびと</rt></ruby>が<ruby>世界<rt>せかい</rt></ruby>にはたくさんいる。

빈곤에 허덕이며 제대로 먹지도 못하고 물과 약간의 밥으로 겨우 목숨을 부지하고 있는 사람들이 세상에는 많이 있다.

• **あえぐ** 허덕이다. 괴로워하다

1883 呂律が回らない 혀가 꼬이다. 말(발음)을 제대로 할 수 없다

시험 ★☆☆
회화 ★★★

• 呂律 말투. 말씨 • 回らない 잘 움직이지 않다 • 回る 잘 움직이다. 잘 돌다
→ 말투가 잘 움직이지 않다

✎ 意味 취한 사람이나 어린아이가 말하는 모양이 명확하지 않은 것. 혀가 잘 돌아가지 않는 것.

🔍 用例
A Bちゃん、呂律が回ってないよ。もう、お酒飲むのやめな。
B まだ大丈夫だよ〜。

A 너 혀가 꼬인다. 이제 그만 마셔라.
B 아직 괜찮아~.

1884 若気の至り 젊은 혈기에 저지른 일

시험 ★☆☆
회화 ★★★

• 若気 젊은 혈기 • 至り ~의 결과. ~의 소치 → 젊은 혈기의 소치

✎ 意味 젊은 혈기로 그런 사려 깊지 못한 일을 저질러 버렸다며 반성할 때 쓰는 말.

🔍 用例
あの時家出をしたのは若気の至りで、今思うと恥ずかしいです。

그때 가출한 것은 젊은 혈기에 저지른 일로, 지금 생각하면 부끄럽습니다.

1885 我が世の春 전성기

시험 ★★☆
회화 ★★★

• 我が 나의 • 世 ① 세상 ② 생. 일생 • 春 ① 봄 ② 절정. 전성기 → 인생의 전성기

✎ 意味 모든 일이 순조롭던 절정의 시기.

🔍 用例
今にして思えば、あの頃がまさに我が世の春だった。

지금 생각해 보면 그때가 바로 내 인생의 전성기였다.

1886 脇目も振らず 한눈도 팔지 않고. 매우 열심히

시험 ★★★
회화 ★★★

• 脇目 곁눈질 • 振らず(문어)=振らない 방향을 틀지 않고
• 振る 움직이다. 방향을 돌리다. 틀다 → 곁눈질도 하지 않고

✎ 意味 한눈을 팔지 않고 하나의 일에 마음을 집중하는 모양.

🔍 用例
朝から脇目も振らず仕事していて、気が付いたら帰る時間になっていた。

아침부터 열심히 일했더니 어느새 퇴근할 시간이 되었다.

仕事一筋で脇目も振らず暮らしてきて婚期を逃してしまった。

일밖에 몰라서 한눈도 팔지 않고 사느라 혼기를 놓치고 말았다.

| 同義語 一心不乱 ★★★ | • 一心不乱 일심불란(하나 일, 마음 심, 아니 불, 어지러울 난(란)). 한 가지 일에만 골몰함 |

1887 渡りをつける　교섭하다. 관계를 트다

시험 ★☆☆
문장 ★☆☆
- **渡り** ① 건넘 ② 나루터. 다리 ③ 교섭. 협상　· **つける** ① 접촉시키다 ② 마무르다. 결말짓다
→　다리를 놓다. 교섭을 벌이다

✎ 意味　사람이나 조직 등과 관계를 맺어 두는 것.

🔍 用例　**今やどうやってリーダー役と渡りをつけるかが問題だ。**
지금은 어떻게 리더와 접촉할지가 문제야.

1888 罠に掛かる　덫에 걸리다

시험 ★★☆
회화 ★★★
- **罠** 덫. 올가미. 함정　· **掛かる** 걸리다　→　덫에 걸리다

✎ 意味　타인을 덫이나 계략, 술책에 빠지게 하는 것.

🔍 用例　A **甘い言葉につられて投資したんだけど、大損しちゃったよ。**
B **まんまと詐欺師の罠にかかっちゃったね。**
A 달달한 말에 넘어가 투자를 했는데 큰 손실을 입어 버렸어.　　B 감쪽같이 사기꾼에게 걸려들어 갔구나.

同義語　**罠にはまる** ★★★　· **まんまと** 감쪽같이. 보기 좋게

1889 詫びを入れる　사죄하다. 사과하다

시험 ★★☆
회화 ★★★
- **詫び** 사죄. 사과　· **入れる** ① 넣다. 들어가게 하다 ② 그렇게 해서 받아들이도록 부탁하다
→　사과를 하다

✎ 意味　자신의 잘못을 인정하고 상대에게 사과하는 것.

🔍 用例　**先方が詫びを入れてくるまでは、絶対に会わないつもりだ。**(=謝って)
상대방이 사과하러 올 때까지는 절대로 안 만날 것이다.

· **先方** 전방. 앞쪽. 상대방

1890 藁にも縋る　지푸라기라도 잡는 심정이다

시험 ★★☆
회화 ★★★
- **藁** 짚. 지푸라기　· **縋る** 매달리다, 의지하다　→　지푸라기라도 매달리다

✎ 意味　매우 절박한 상황이라 지푸라기라도 잡고 싶은 심정이란 의미. 상황이 절박할 때는 평소에 의지가 안 되는 것조차 의지하고 싶어짐의 비유.

🔍 用例　**症状は悪くなる一方で、藁にも縋る思いで試してみたのが催眠療法だった。**
점점 증상이 악화되기만 해서 지푸라기라도 잡는 심정으로 시도한 것이 최면 요법이었다.

· **一方だ** ~만 하다. ~할 뿐이다(한 가지 일만 하거나 어느 한 방향으로만 상태가 진행됨을 나타냄)

신체 관용어

생활 관용어

속담·격언

고사성어

사자성어

1891 割が悪い ^{わり わる} 수지가 적다. 이문이 적다

시험 ★☆☆
회화 ★★★

• 割 ^{わり} 다른 것과 비교했을 때의 손해나 이익(수지) • 悪い ^{わる} 나쁘다 → **손익이 나쁘다**

✎ 意味 다른 것과 비교했을 때 손해가 되는 모양.

🔍 用例 **1時間重労働^{いち じ かんじゅうろうどう}をして、たった800円^{はっぴゃくえん}じゃ、こんな割が悪い^{わり わる}アルバイト はないよ。** (=割^{わり}に合^あわない)

1시간 중노동을 해서 고작 800엔이라니, 이렇게 손해나는 아르바이트가 어딨어.

1892 我に返る ^{われ かえ} 제정신을 차리다. 정신이 들다

시험 ★★★
회화 ★★★

• 我 ^{われ} 자기 • 返る ^{かえ} (원상태로) 돌아오다. 돌아가다 → **자기로 돌아오다**

✎ 意味 문득 정신이 드는 것. 제정신으로 돌아오는 것.

🔍 用例 **友達^{ともだち}と喧嘩^{けんか}をした後^{あと}に、我^{われ}に返^{かえ}ってみると自分^{じぶん}が悪^{わる}かったと気^きづいた。**

친구와 싸운 뒤에 이성을 찾고 보니, 내 잘못이었다는 걸 알게 됐다. (=我^{われ}に戻^{もど}る)

1893 我を忘れる ^{われ わす} 제정신을 잃다. 정신을 빼앗기다. 넋을 잃다

시험 ★★★
회화 ★★★

• 我 ^{われ} 1인칭의 나 • 忘れる ^{わす} (넋을) 잃다 → **자신을 잃다**

✎ 意味 ① 완전히 마음을 빼앗겨 이성을 잃은 상태. 흥분으로 제정신을 잃는 것.
② 너무 열중한 나머지 다른 것에는 신경을 쓰지 못하고 시간을 보내는 모양. 시간 가는 줄도 모르는 것.

🔍 用例 ① **ロックコンサートに行^いって、我^{われ}を忘^{わす}れて歌^{うた}い踊^{おど}った。**

록 콘서트에 가서 무아지경이 되어 춤추며 노래했다.

② **忙^{いそが}しさのあまり、我^{われ}を忘^{わす}れて仕事^{しごと}に没頭^{ぼっとう}していた。**(=無我夢中^{む が む ちゅう}で)

너무 바쁜 나머지 정신없이 일에 몰두했다.

• 無我夢中^{む が む ちゅう}で 정신없이 • 無我夢中^{む が む ちゅう} 무엇이든 열심히 하는 모양. 제 정신이 아님

1894 輪をかける ^わ 한술 더 뜨다

시험 ★★★
문장 ★★★

• 輪 ^わ ① 원형. 고리 ② 테. 테두리 • かける 치다 → **윤곽을 더 크게 하다**

✎ 意味 주로「〜に輪をかけた ~보다 한 수 위인, ~보다 더 ~한」의 형태로, 한층 심한 상태인 것. 한 수 더 위인 것.

🔍 用例 **弟^{おとうと}は父親^{ちちおや}に輪^わをかけたお人^{ひと}よしで、いつも人^{ひと}に利用^{りよう}されてしまう。**

남동생은 아버지보다 한술 더 뜨게 사람이 좋아서, 항상 다른 사람들에게 이용당하고 만다.

済州島^{チェジュトウ}の春^{はる}は、他^{ほか}の季節^{きせつ}に輪^わをかけたように美^{うつく}しい。

제주도의 봄은 다른 계절보다 더 아름답다.

• お人^{ひと}よし 너무 착해서 어수룩한 사람. 선량한(좋은) 사람

1895 会うは別れの始め 회자정리(會者定離)

시험 ★☆☆ 회화 ★★★	• **会う** 만나다 • **別れ** 헤어짐 • **始め** 시작 → 만남은 헤어짐의 시작
✎ 意味	불교 용어로 만난 사람은 반드시 헤어진다는 것으로, 모든 것이 무상함을 나타냄.
🔍 用例	A なんでそんなに淋しい顔してるの? B 仲良しの友達が外国に引っ越してしまったのよ。 A そうだったんだ… 悲しいだろうけど、会うは別れの始めって言うように仕方のないことよ。きっとまたいい友達に会えるよ。 A 왜 그렇게 슬픈 얼굴을 하고 있어?　B 친한 친구가 외국으로 이민 가 버렸어. A 그렇구나. 슬프겠지만 만난 사람은 언젠가 헤어진다고 하듯이 어쩔 수 없는 일이야. 　다시 꼭 좋은 친구를 만나게 될 거야.

同義語 **出会いは別れの始め** ★★★

1896 悪事千里を走る 악사천리. 나쁜 소문은 빨리 퍼진다

시험 ★★☆ 문장 ★☆☆	• **悪事** 악행 • **千里** 천리 • **走る** 달리다. 가다 → 악행은 천리를 간다
✎ 意味	나쁜 일일수록 숨기려고 해도 세상에 널리 퍼지므로 말을 삼가야 한다는 말.
🔍 用例	A あんた、離婚したんだって?! B 悪事千里を走るとはよく言ったもので、悪いうわさほどすぐ広まるのね。 A 너 이혼했다며?!　B 악사천리라더니, 나쁜 소문일수록 바로 퍼지네. **悪事千里を走ると言うから、社会に出たら、些細な事でも気をつけてやるんですよ!** 악사천리잖아, 사회에 나가면 사사로운 일이라도 조심하면서 해야 해!

1897 朝飯前 식은 죽 먹기. 누워서 떡 먹기

시험 ★★★ 회화 ★★★	• **朝飯** 아침밥 • **前** 전 → 아침밥 먹기 전
✎ 意味	일어나서 아침밥 먹기 전까지의 짧은 시간으로, 식전에 빨리 해치울 수 있을 만큼 아주 쉬운 일의 예.
🔍 用例	A ちょっと、この仕事やってもらってもかまいませんか? B いいですよ。そのくらいのことでしたら朝飯前です。(= 簡単) A 잠시 이 일을 해 주시면 안 될까요?　B 좋아요. 그 정도 일이라면 식은 죽 먹기예요.

同義語 **屁の河童＝河童の屁** ★★　　**お茶の子さいさい** ★★　　**赤子の手を捻るよう** ★★

1898 雨降って地固まる 비 온 뒤에 땅이 굳어진다
_{あめ ふ} _{じ かた}

시험 ★★☆
회화 ★★★

• 雨 비 • 降って 내리고 • 降る (비, 눈 등이) 오다. 내리다 • 地 땅 • 固まる 굳다. 굳어지다
→ 비 내리고 땅 굳어지다

✎ 意味　어떤 시련을 겪은 후에 오히려 전보다 더 좋은 상태가 되거나 강해지는 것을 나타냄.

🔍 用例　A すごい大喧嘩したのに、前より彼氏との仲が良くなったよ。

　　　　B まぁ、雨降って地固まるってやつでしょ。仲良くなって良かったじゃん。

A 엄청 크게 싸웠는데, 전보다 남자친구랑 사이가 더 좋아졌어.
B 뭐, 비 온 뒤에 땅이 굳어진다고 하더니. 사이가 좋아졌다니 잘됐네.

1899 案ずるより産むが易し 걱정도 팔자다
_{あん} _う _{やす}

시험 ★★☆
회화 ★★☆

• 案ずる 걱정하다 • より 보다 • 産む 낳다 • 易し(문어)=易い 쉽다
→ 걱정하는 것보다 낳는 것이 쉽다

✎ 意味　낳기 전에 걱정하는 것보다 낳아 보는 게 쉽다는 것으로, 뭔가를 하기 전에는 많은 걱정을 하지만 실제로 해 보면 의외로 간단히 할 수 있음을 의미.

🔍 用例　A アメリカに留学に行きたいと思ってるけど、お金のことも心配だし、
　　　　　私が、向こうの生活に適応できるかも心配だし…。

　　　　B いろいろ心配しても始まらないよ。案ずるより産むが易し、
　　　　　何も考えずに行っておいでよ。

A 미국에 유학 갈까 했는데, 돈도 걱정이고, 내가 유학 생활에 잘 적응할 수 있을까도 걱정이고….
B 이것저것 걱정한다고 무슨 소용 있겠어. 걱정도 팔자다, 아무 생각 말고 갔다 와.

1900 生き馬の目を抜く 눈 감으면 코 베어 간다
_{い うま め ぬ}

시험 ★☆☆
회화 ★☆☆

• 生き馬 살아 있는 말 • 目 눈 • 抜く 빼다 → 살아 있는 말의 눈을 빼다

✎ 意味　살아 있는 말의 눈알을 빼어 갈 만큼, 잽싸고 약아서 방심할 수 없음을 의미.

🔍 用例　東京は生き馬の目を抜くような場所なので、怖いところだと、
　　　　田舎に住んでいる母がいつも言っている。

도쿄는 눈 감으면 코 베어 가는 그런 무서운 곳이라고 시골에 살고 계신 어머니께서 늘 말씀하신다.

　　　　A 会社の中には生き馬の目を抜くような人たちがいるので、
　　　　　油断できないですよ。(=ずるがしこい)

　　　　B 確かに、いろいろな人がいますからね。

A 회사 안에 눈 감으면 코 베어 갈 듯한 인간들이 있어 방심할 수가 없어요.
B 확실히 여러 부류의 사람이 있으니까요.

1901 石の上にも三年　고생스럽더라도 3년만 참고 노력해라

시험 ★★★
회화 ★★★
・石 돌　・上 위　・三年 3년　→　돌 위에도 3년

✎ 意味　차가운 돌 위에서도 3년간 앉아 있으면 따뜻해진다는 것으로, 비록 어렵고 힘들더라도 참고 견디면 결국은 성공한다는 의미.

🔍 用例　A お母さん、私ピアノやめたい。

B まだピアノを習いだしてから6ヶ月しか経っていないじゃない。
何でも、石の上にも三年よ。がんばりなさい。

A 엄마, 나 피아노 그만두고 싶어요.

B 아직 피아노 배운 지 6개월밖에 안 됐잖아. 뭐든 3년만 참고 해 보라고 하잖아. 열심히 해 봐.

1902 石橋を叩いて渡る　돌다리도 두들겨 보고 건너라. 아는 길도 물어가라

시험 ★★★
회화 ★★☆
・石橋 돌다리　・叩いて 두드려서　・叩く 두드리다. 때리다. 치다　・渡る 건너다
→　돌다리를 두드려서 건너다

✎ 意味　아무리 튼튼한 돌다리로 보여도 일단 두들겨 보고 확인한 후에 건너라는 것에서, 매사에 항상 조심하고 신중하라는 의미.

🔍 用例　私は、石橋を叩いて渡る性格なので、まわりからは小心者と言われることも多い。(=用心深い・非常に気を付ける)

나는 돌다리도 두들겨 보고 건너는 성격이라, 주위 사람들로부터 소심한 사람이란 소리를 듣는 경우가 많다.

私は何事も大胆そうに見えても、実は石橋を叩いて渡るような一面もあるのよ。

나는 무슨 일이든 대담한 것처럼 보여도 실은 돌다리도 두들겨 보고 건너는 그런 의외의 면도 있어.

1903 医者の不養生　의사가 제 병 못 고친다. 중이 제 머리를 못 깎는다

시험 ★☆☆
문장 ★☆☆
・医者 의사　・不養生 자기 건강에 조심하지 않음　→　의사는 자기 건강에 조심하지 않음

✎ 意味　의사는 남의 병은 고쳐 주면서 정작 자기 몸을 돌보지 못하는 것에서, 앞뒤가 맞지 않는다고 생각하면서 실행하지 못하는 것.

🔍 用例　患者には、酒・タバコは体に良くないと言っている私だが、医者の不養生というのか、酒・タバコが大好きで、やめられない。

환자에게는 술과 담배는 몸에 해롭다고 말하지만(말하는 나지만), 의사가 제 병 못 고친다고,

술과 담배를 너무 좋아해서 끊지를 못한다.

同義語　坊主の不信心 ★★

신체 관용어
생활 관용어
속담·격언
고사성어
사자성어

1904 衣食足りて礼節を知る 의식이 풍족한 다음에야 예절을 차리게 된다

시험 ★☆☆ 문장 ★☆☆	• **衣食** 의식 ・ **足りて** 충분해야 ・ **足りる** (수량, 힘 등이) 충분하다. 족하다 ・ **礼節** 예절 • **知る** 알다 → 의식주가 해결돼야 예의를 차릴 수 있다
✎ 意味	먹고 입는 것이 충족되어야 예의를 차릴 수 있다는 것에서, 생활의 여유가 생겨야 비로소 예의를 차릴 수 있다는 말.
🔍 用例	昔は、衣食足りて礼節を知ると言われていた。最近では、衣食に困る ことがなくなったが、礼儀が足りないのではないだろうか。 옛날에는 먹고 입는 것이 해결돼야 예의를 차릴 수 있다고 했다. 요즘에는 먹고 입는 것에 곤란해 하진 않지만, 예의가 부족해진 것은 아닐까.

1905 一寸の虫にも五分の魂 지렁이도 밟으면 꿈틀한다

시험 ★☆☆ 회화 ★☆☆	• **一寸** 한 치(약 3.03센티미터). 사소한 것 ・ **虫** 벌레 ・ **五分** 5푼 ・ **魂** 영혼. 혼 → 한 치의 벌레에도 5푼의 혼
✎ 意味	보기에는 작고 약해 보여도(보잘것없어도) 나름대로 의지와 사고를 가지고 있으므로 무시해서는 안 된다는 말.
🔍 用例	自分より立場の低い人がいても、一寸の虫にも五分の魂と言われるよ うに、決して馬鹿にしてはならない。 자신보다 처지가 못한 사람이 있어도, 지렁이도 밟으면 꿈틀한다는 말도 있듯이, 결코 바보 취급해서는 안 된다.

1906 犬も歩けば棒に当たる 뜻하지 않은 재난(행운)을 만나다

시험 ★★★ 회화 ★★★	• **犬** 개 ・ **歩けば** 거닐면 ・ **歩く** 걷다. 걸어가다. 거닐다 ・ **棒** 봉 ・ **当たる** 맞는다 → 개도 거닐면 봉에 맞는다
✎ 意味	① 가만히 있으면 아무 일도 일어나지 않는데 나서서 뭔가를 하려 하여 만나지 않아도 될 재난을 맞게 된다는 말. 주제넘게 참견하다 혼이 난다는 말을 비유한 말. ② 나다니다 보면 뜻하지 않게 행운을 만나는 수도 있다는 말.
🔍 用例	① 人のことにやたらと世話を焼いていると、犬も歩けば棒に当たると いうような状況になりかねない。 남의 일에 끼어들다 보면 재수 없이 피해를 보는 상황에 처할 수도 있게 된다. ② A 犬も歩けば棒に当たるものね。芸能人に会えるかと思って、 テレビ局の前のカフェでお茶してたら、私の大好きな芸能人が お茶を飲みに入ってきたのよ。 B え! 本当!! 私も、今度やってみようかな? A 나다니다 보면 뜻하지 않게 행운을 만날 수도 있다더니…. 연예인을 만날 수 있을까 싶어 방송국 앞 카페에서 차를 마시고 있었더니, 내가 제일 좋아하는 연예인이 차 마시러 들어왔지 뭐야. B 어! 정말!! 나도 다음 번에 해 볼까? • やたらと 몹시. 마구 ・ 世話を焼く 보살피다. 돌보아 주다

1907 井の中の蛙大海を知らず 우물 안 개구리

시험 ★★★
문장 ★★★

・井 우물 ・蛙 ＝ カエル 개구리 ・大海 대해 ・知らず(문어)＝知らない 모른다 ・知る 알다
→ 우물 안 개구리는 바다를 모른다

✏️ 意味 자신의 미약한 지식이나 좁은 견해에 사로잡혀 그것이 전부라고 치부해 버리는 시야가 좁은
사람을 경멸하여 하는 말. 줄여서 井の中の蛙라고도 함.

🔍 用例 専門知識も大切だけど「井の中の蛙大海を知らず」ってことにならな
いように大局的な批判も大切だよ。

전문 지식도 중요하지만 '우물 안 개구리'가 되지 않게 대국적인 비판도 중요해.

世界の人と戦ってみて初めて自分の力のなさを実感した。
今までの僕は井の中の蛙だったな。

세계 여러 나라 사람들과 겨뤄 본 후 처음으로 내가 힘이 약하다는 것을 실감했다. 지금까지 나는 우물 안
개구리였던 것이다.

| 同義語 | 井の中の蛙 ★★★ |

1908 いわしの頭も信心から 멸치 대가리도 믿기 나름

시험 ★☆☆
문장 ★★☆

・いわし 멸치 ・頭(あたま・かしら) 머리 ・信心 믿는 마음. 믿음 → 멸치 대가리도 믿음으로부터

✏️ 意味 멸치 대가리와 같이 보잘것없는 것도 귀신을 피할 수 있는 부적이라고 믿는 사람에게는 고마운
물건이라고 생각된다는 것에서, 다른 사람이 보면 하찮지만 믿음을 가진 입장에서는 귀하게
느껴지는 것을 비유한 말.

🔍 用例 いわしの頭も信心からと言うように、信じていれば救われる
時があるはずだ。

멸치 대가리도 믿기 나름이라고 하듯이, 믿고 있으면 구원받을 때가 있을 것이다.

1909 言わぬが花 말하지 않는 것이 낫다

시험 ★★★
문장 ★★☆

・言わぬ(문어)＝言わない 말하지 않다・言う 말하다・花 꽃 → 말하지 않는 것이 꽃

✏️ 意味 진실이라 해도 정직하게 말하면 지장이 생길 수 있으니 차라리 말하지 않는 편이 낫다는 말.
정확하게 말하지 않는 것이 오히려 이익이 되는 경우에 사용.

🔍 用例 A 私、これでも昔はモデルをしてたのよ。
B 今さらそんなこと… 言わぬが花だと思うよ。

A 나, 이래 봬도 왕년에 모델이었어.
B 이제 와서 그런 걸… 말하지 않는 것이 낫다고 봐.

1910 魚心あれば水心 _{오는 정이 있어야 가는 정이 있다}

うおごころ みずごころ

시험 ★☆☆
회화 ★☆☆

• 魚心(うおこころ→うおごころ) 물고기가 물을 생각해 주는 마음(상대방에 대한 호의)
• あれば 있으면 • ある 있다. 존재하다 • 水心(みずこころ→みずごころ) 물이 물고기를 생각해 주는 마음(상대방에 대한 호의) → 물고기가 물을 생각해 주는 마음이 있으면 물이 물고기를 생각해 주는 마음이 생긴다

✎ 意味　魚、心あれば、水、心ありに서 변천된 말로, 자신이 상대에게 호의를 보이면 상대도 그만큼 보답하려는 마음을 가지게 된다는 말. 변하여 요즘에는 어떤 이점이 없으면 다른 사람을 도와주지 않거나, 상대가 먼저 호의를 보이지 않으면 자신도 움직이지 않는 등의 기브 앤 테이크 정신을 의미하는 경우가 많음.

🔍 用例

A 数学の先生、私に対してすごく厳しい気がするのよね。

B それじゃ、授業中に積極的に発言するとか、「先生の授業大好きです」みたいな態度を取ってみれば? 魚心あれば水心って言うじゃない。

A 수학 선생님, 나를 대하는 태도가 아주 깐깐한 것 같단 말야.

B 그럼 수업 시간에 적극적으로 발표를 해 보든가, "선생님 수업 정말 좋아해요!"라고 어필해 보면 어때? 오는 정이 있어야 가는 정이 있다고 하잖아.

A ねえ、これやってくれない?

B 魚心あれば水心って言うでしょ?! あなたの方から誠意を見せてほしいわ。

A えっ〜、これくらいちょっとやってくれてもいいだろ?

B わかったわよ。今回だけだよ!!

A 야, 이거 좀 해 줄래?

B 오는 정이 있어야 가는 정이 있다는 말 몰라? 네가 먼저 성의를 보여 줘 봐.

A 뭐? 이 정도는 좀 해 줘도 되지 않아?

B 알겠어. 이번만이다!!

1911 氏より育ち _{가문보다 교육 환경}

うじ そだ

시험 ★★☆
회화 ★☆☆

• 氏 ① 씨. 성씨 ② 가문. 집안 • 育ち 가정 교육(환경) → 가문보다는 가정 교육이 중요

✎ 意味　사람의 됨됨이는 태어난 가문이나 신분보다 자라난 환경이나 교육에 의해 결정된다는 말.

🔍 用例

A あの子の家、昔からある有名なお家だから家柄は良いはずなのに、本人ときたら問題児もいいところよね。

B ほんと、あの子を見るたびに氏より育ちだなって思うよ。

A 쟤네 집, 전통 명문가라 집안은 좋은데 정작 본인은 문제아에 가깝지.

B 맞아, 쟤를 볼 때마다 사람은 가문보다는 교육 환경이 중요하구나 하는 생각을 해.

1912　うそから出_でたまこと　말이 씨가 된다

시험 ★★☆
회화 ★★☆

・**うそ** 거짓말　・**出_でた** 나온　・**出_でる** 나가다. 나오다　・**まこと** 진실　→　**거짓말에서 나온 진실**

✎ 意味　처음에는 거짓말이나 농담으로 한 말(행동)이 어느새 현실로 되는 것을 의미.

🔍 用例　A 私冗談_{わたしじょうだん}のつもりで、アナウンサー試験受_{しけんう}けたのに、受_うかっちゃった。
　　　　B うそから出_でたまことってやつね。

A 내가 밑져야 본전이라는 생각에 아나운서 시험을 봤는데, 합격해 버렸어.　B 말이 씨가 된다는 그 말처럼 말이지.

1913　牛_{うし}に引_ひかれて前光寺詣_{ぜんこうじま}り　친구 따라 강남 간다

시험 ★☆☆
회화 ★☆☆

・**牛_{うし}** 소　・**引_ひかれる** 끌리다　・**引_ひく** 끌다　・**前光寺_{ぜんこうじ}** 젠코지. 나가노현에 위치한 일본 3대 사찰 중 하나　・**詣_{まい}り＝参_{まい}り** 참배　→　**소에 이끌려 젠코지에 참배**

✎ 意味　소의 뒤를 따라가다가 젠코지에 가서 참배한다는 것에서, 아무런 생각 없이 한 일도 뜻밖의 행운을 가져올 수 있다는 것. 우리나라의 속담 '친구 따라 강남 간다'처럼 단순히 따라 가는 것에 그치지 않고 뜻밖의 행운을 만난다는 의미까지 내포.

🔍 用例　A 友達_{ともだち}に無理_{むり}に誘_{さそ}われてヨガ教室_{きょうしつ}に行_いったんだけどさ。ヨガ始_{はじ}めたら体_{からだ}の調子_{ちょうし}がホントにいいの。今_{いま}じゃ毎日通_{まいにちかよ}ってるよ。
　　　　B へ～、牛_{うし}に引_ひかれて前光寺詣_{ぜんこうじま}りね。

A 친구가 억지로 요가 학원에 가자고 해서 갔는데 말야. 요가를 시작하고 몸 상태가 정말 좋은 거야.
　해서 지금은 매일 다니고 있지.　B 어머~, 친구 따라 강남 간다더니.

1914　馬_{うま}の耳_{みみ}に念仏_{ねんぶつ}　소 귀에 경 읽기

시험 ★★★
회화 ★★☆

・**馬_{うま}** 말　・**耳_{みみ}** 귀　・**念仏_{ねんぶつ}** 염불　→　**말 귀에 염불**

✎ 意味　아무리 주의를 주어도 들으려 하지 않거나 소용이 없는 것을 의미. 우리나라의 속담 「소 귀에 경 읽기 牛_{うし}の耳_{みみ}に念仏_{ねんぶつ}」로 착각하지 않도록 주의!

🔍 用例　大学院_{だいがくいん}に行_いきたいと何度_{なんど}も母_{はは}に言_いってきたが、馬_{うま}の耳_{みみ}に念仏_{ねんぶつ}だ。

대학원에 가고 싶다고 몇 번이나 엄마에게 말을 했지만, 소 귀에 경 읽기였다.　(＝聞_きき入_いれてくれない)

1915　産_うみの苦_{くる}しみ　출산의 고통. 산고. 진통

시험 ★☆☆
회화 ★★★

・**産_うみ** 낳음　・**苦_{くる}しみ** 괴로움. 고통　→　**애를 낳는 고통**

✎ 意味　새로운 작품을 낼 때 느끼는 예술가들의 고통이나 회사의 사활이 걸린 신제품을 낼 때의 고통 등을 출산의 고통으로 비유한 말.

🔍 用例　締_しめ切_きりが迫_{せま}っているのに、いいアイデアが思_{おも}い浮_うかばなくって、本当_{ほんとう}に産_うみの苦_{くる}しみを味_{あじ}わった。

마감이 임박했는데 좋은 아이디어가 떠오르지 않아서 정말 출산의 고통을 맛봤다.

신체 관용어

생활 관용어

속담 · 격언

고사성어

사자성어

1916 瓜のつるになすびはならぬ

콩 심은 데 콩 나고
팥 심은 데 팥 난다

시험 ★★☆
회화 ★☆☆

• 瓜 오이 • つる 덩굴 • なすび = なす 가지 • ならぬ (문어) = ならない 열리지 않는다
• 生る (열매가) 열리다. 맺히다 → 오이 넝쿨에 가지는 안 열린다

✎ 意味   평범한 부모로부터는 훌륭한 자식은 태어나지 않는다는 의미.

🔍 用例   A なんで、私にはこれといった才能がないのかしら…。

B 昔から、瓜のつるになすびはならないって言うじゃない。
親を恨むしかないね。

A 왜 나에게는 이렇다 할 재능이 없는 걸까….

B 예부터 콩 심은 데 콩 나고 팥 심은 데 팥 난다고 하잖아. 부모를 원망하는 수밖에 없지.

1917 噂をすれば影がさす

호랑이도 제 말 하면 온다

시험 ★★★
회화 ★★★

• 噂をすれば (그 자리에 없는 사람의) 말을 하면 • 噂をする (그 자리에 없는 사람의) 말을 하다
• 影 그림자 • さす 드리우다 → 소문을 내면 그림자가 드리운다

✎ 意味   남의 말을 하면 그 당사자가 때마침 나타나는 것을 의미.

🔍 用例   A なんかね、崇くん、浮気がばれて彼女と別れたらしいよ。

B そうなの? しらなかったよ。それで相手が誰なの?

A ミサキちゃんらしいよ。

B へ～、そうなんだ。あ、あそこにいるの崇くんじゃない?

A 本当だ! 噂をすれば影がさすものね。

A 있지, 다카시 말야, 바람피운 거 들켜서 여자친구랑 헤어졌대.

B 정말? 몰랐어. 그래서 상대가 누구야?

A 미사키래.

B 어머~ 그랬구나. 아, 저기 있는 거 다카시 아냐?

A 정말이다! 호랑이도 제 말 하면 온다더니.

同義語   噂をすれば影 ★★★

1918 江戸の敵を長崎で討つ

에도의 원수를 나가사키에서 갚아 주다

시험 ★★☆
문장 ★☆☆

• 江戸 일본의 옛 수도 이름 • 敵 적. 원수. 경쟁 상대 • 長崎 나가사키(지방 이름)
• 討つ 보복하다 → 에도의 적을 나가사키에서 보복하다

✎ 意味   의외의 장소에서 엉뚱한 일로 옛날 원한을 대갚음한다는 의미. 이 말은 원래 장사꾼의 경쟁에서
나온 말로, 「江戸の敵を長崎が討つ 에도의 경쟁 상대를 나가사키가 갚아 주다」라는 말이
옳다라는 설이 있다. 에도 시대인 분세이 시대에 오사카의 상인이 에도(수도)에서 큰 성공을
거두는데 에도인들은 오사카 상인에게 대처도 못하고 속수무책이었다. 그런데 뜻하지 않게
나가사키의 상인이 오사카 상인을 제치고 에도에서 대박을 터트린 것에서, 오사카에 진 에도의
원수를 나가사키가 갚았다란 말이 나왔다고 한다. 엉뚱한 데서 화 푼다의 뜻을 가진 '한강에서 뺨
맞고 종로에서 화 푼다'로 잘못 쓰지 않도록 주의!

🔍 用例   江戸の敵を長崎で討つではないが、競馬の負けは、パチンコで取る。

'에도의 원수를 나가사키에서 갚아 준다' 라고 하면 어불성설이겠지만, 경마에서 잃은 돈을 파칭코에서 딴다.

1919 絵に描いたもち （え）（か） 그림의 떡

시험 ★★★
회화 ★☆☆

・絵 그림 ・描いた 그린 ・描く 그리다 ・もち 떡 → 그림에 그린 떡

✎ 意味　아무 도움이 안 되는 것의 예. 계획 등이 실현 가능성이 없는 것.
우리나라의 속담「그림의 떡 絵のもち」로 착각하지 않도록 주의!

🔍 用例　いくらいいシステムを製作・導入しても、使いこなせなければ
（せいさく）（どうにゅう）　　　　　　　（つか）
絵に描いたもちとなる。（=画餅）
（え）（か）　　　　　　　　　（が べい）

同義語　高嶺の花 ★★★
（たか ね）（はな）

아무리 시스템을 제작, 도입해도 완전히 소화할 수 없으면 그림의 떡이다.

1920 海老で鯛を釣る （え び）（たい）（つ） 되로 주고 말로 받는다

시험 ★☆☆
회화 ★★★

・海老 새우 ・鯛 도미 ・釣る 낚다 → 새우로 도미를 낚다

✎ 意味　새우 같은 작은 것으로 도미 같은 큰 것을 낚는 것으로, 적은 돈이나 조그만 선물로 큰 답례나
이익을 얻는다는 의미.

🔍 用例　A 人からもらった遊園地のチケットを友達にあげたら、お礼だって言
（ひと）　　　　　（ゆうえん ち）　　　　　　　（ともだち）　　　　　　（れい）（い）
って、自分が使わなくなったブランド品のバッグをくれたんだ。
（じ ぶん）（つか）　　　　　　　　　　（ひん）
B 本当に？ すごい！ 海老で鯛を釣っちゃったね。
（ほんとう）　　　　　　　（え び）（たい）（つ）

類義語　海老で鯛 ★★★
（え び）（たい）

A 다른 사람한테 받은 놀이공원 티켓을 친구한테 줬더니, 답례라고 하면서 자기가 안 쓰는 브랜드 가방을 줬어.
B 와~ 정말? 멋지다! 되로 주고 말로 받은 격이네.

1921 縁の下の力持ち （えん）（した）（ちから も） 숨은 조력자. 숨은 공로자. 튼튼한 버팀목

시험 ★★☆
문장 ★★★

・縁 툇마루 ・下 밑. 아래 ・力持ち 힘쓰는 장사 → 툇마루 아래의 힘쓰는 장사

✎ 意味　툇마루 아래에 있는 토대는 밖에서는 보이지 않지만 튼튼하게 집을 지탱하고 있는 것에서,
남이 모르는 곳에서 궂은일하거나 노력하는 사람을 의미.

🔍 用例　家族の大黒柱は父だが、縁の下の力持ちは母だ。
（か ぞく）（だいこくばしら）（ちち）　　（えん）（した）（ちから も）（はは）

・大黒柱 가장
（だいこくばしら）

가족의 가장은 아빠지만, 숨은 조력자는 엄마다.

1922 お先棒を担ぐ （さいぼう）（かつ） 남의 앞잡이 노릇을 하다

시험 ★☆☆
회화 ★☆☆

・お先棒 남의 앞잡이 ・担ぐ 메다, 짊어지다 → 남의 앞잡이를 짊어지다

✎ 意味　어떤 계획이나 일에 가담하여 협력하는 것. 대부분 나쁜 행위를 돕는 경우에 사용.

🔍 用例　A 新しい上司の顔色をうかがって、すぐにお先棒を担ぐ人、出てきそうね。
（あたら）（じょうし）（かおいろ）　　　　　　　（さいぼう）（かつ）（ひと）（で）
B そうそう、権力者の手先となる人、必ずいるからね。
（けんりょくしゃ）（て さき）（ひと）（かなら）

A 새로운 상사의 눈치를 살펴 바로 앞잡이 노릇을 하는 사람 나오겠지?
B 맞아, 권력자의 앞잡이가 되는 사람, 꼭 있으니까.

・手先 앞잡이. 부하
（て さき）

신체 관용어
생활 관용어
속담 · 격언
고사성어
사자성어

1923 同じ穴のむじな 한통속. 같은 과

おな あな

시험 ★★☆
회화 ★★☆

・同じ穴 같은 구멍(굴)　・むじな＝穴熊 오소리. 흔히 「たぬき 너구리」로 잘못 씀

おな あな　　　　　　　　　　　　　あなぐま

→ 같은 동굴 안에 있는 오소리

✎ 意味　언뜻 보기엔 다른 것 같아도 잘 보면 금새 같은 부류임을 알 수 있다는 말. 대부분 나쁜 사람을 비유. 같은 패거리.

🔍 用例　いくら地位の高い人間だからって、一度悪いことに手を出してしまえば、犯罪者と同じ穴のむじなだ。

ちい たか にんげん　　　　いち ど わる　　　　　て だ
はんざいしゃ おな あな

아무리 지위가 높은 사람일지라도 한 번 나쁜 일에 손을 대면 범죄자와 한통속이다.

A お前があんなことするなんて…。

まえ

B ほんの出来心だったのに… 万引きして見つかるなんて…。

で きごころ　　　　　　　まん び　　　み

A お前は優等生だと思ってたのに…。所詮俺もお前も同じ穴のムジナなんだよ。

まえ ゆうとうせい　　　おも　　　　　　しょせんおれ　まえ　おな あな

A 네가 그런 짓을 하다니….

B 그저 우발적인 행동이었는데… 도둑질을 하다가 들키다니….

A 너는 우등생인줄 알았는데…. 어차피 너도 나도 같은 과야.

・ほんの 그저 명색뿐인　・出来心 우발적인 충동　・万引き 물건을 사는 체하고 훔침
・所詮 결국. 어차피. 아무래도

1924 鬼が出るか蛇が出るか 어떤 일이 벌어질지 모른다

おに　で　　じゃ　で

시험 ★★☆
문장 ★☆☆

・鬼 도깨비　・出る 나오다　・蛇 큰 뱀　→ 도깨비가 나올지 뱀이 나올지

おに　　　で　　　じゃ

✎ 意味　옛날에 괴뢰사(꼭두각시를 놀리는 사람)가 가슴에 매단 상자에서 인형을 꺼내기 전에 한 말에서, 상자에서 무엇이 나올지 모른다는 의미에서 장차 어떤 일이 일어날지 아무도 모른다는 말.

🔍 用例　会社を興してみたものの、この先鬼が出るか蛇が出るか誰にも分からない。（＝どうなるか）

かいしゃ おこ　　　　　　　　　さきおに で じゃ で だれ
わ

회사를 만들긴 했지만 앞으로 무슨 일이 벌어질지 아무도 모른다.　・興す (사업 등을) 시작하다. 벌이다

おこ

1925 鬼に金棒 범에 날개가 돋친 격. 물 만난 물고기

おに　かなぼう

시험 ★★★
회화 ★★★

・鬼 도깨비　・金棒 금 방망이　→ 도깨비에 금 방망이

おに　　　かなぼう

✎ 意味　그냥 있어도 강한 도깨비에 금 방망이를 쥐어 주면 더욱 강해진다는 것에서, 강한 것이 더욱 강해진다는 것을 의미.

🔍 用例　A 去年の優勝チームの監督が、今度うちのチームに来てくれることになったんだって。

きょねん ゆうしょう　　　かんとく　　こん ど　　　　　　　　　き

B やった〜、彼が監督をしてくれれば僕らのチームは鬼に金棒だよ。

かれ かんとく　　　　　　　　　ぼく　　　　　　　　おに かなぼう

A 작년 우승 팀 감독이 이번에 우리 팀에 오게 됐대.

B 우와~ 그 분이 감독으로 오시면 우리 팀은 범에 날개 돋친 격이지.

1926 帯に短したすきに長し 어정쩡하다

시험 ★★★ 회화 ★★☆	・帯 허리띠 ・短し(문어)=短い 짧다 ・たすき 어깨 끈 ・長し(문어)=長い 길다
	→ 허리띠로 쓰기에는 짧고 어깨끈으로 쓰기에는 길다

✎ 意味　어중간해서 쓸모가 없고 아무런 도움이 안 되는 것을 의미.

🔍 用例
A 友達の結婚式にドレス着てっても大丈夫だと思う?

B ドレスはちょっと結婚式に合わないんじゃない?

A それじゃ、スーツで行ってもいいのかな?

B それもちょっとね…。なんか、どれも帯に短したすきに長しって感じね。

A 친구 결혼식에 드레스를 입고 가도 괜찮을까?　　B 드레스는 좀 결혼식에 안 맞지 않아?

A 그럼 정장 입고 가면 될까?　　B 그것도 좀 그래…. 왠지 둘 다 어정쩡한 느낌이 드네.

1927 おぼれる者はわらをもつかむ
물에 빠지면 지푸라기라도 잡는다

시험 ★★☆ 회화 ★★☆	・溺れる 물에 빠지다 ・者 사람 ・わら 지푸라기 ・をも 라도 ・つかむ 잡다
	→ 물에 빠진 사람은 지푸라기라도 움켜쥔다

✎ 意味　위급할 때에는 미덥지 못한 사람이라도 의지하고 싶어진다는 의미.

🔍 用例
A 私にはお金も力もないの分かってるのに、どうして経済的な助けを求めてくるのかな?

B そこまで行き詰まっちゃってるってことでしょ。おぼれる者はわらをもつかむって本当ね。

A 내게는 돈도 힘도 없다는 것을 알고 있을 텐데, 왜 경제적으로 도와 달라는 걸까?

B 그만큼 다급해진 거겠지. 물에 빠지면 지푸라기라도 잡는다더니 정말이구나.

・行き詰まる (긴장, 압박감으로) 숨이 막히다

1928 親の心、子知らず 부모 속 자식이 알 리 없다

시험 ★☆☆ 회화 ★★☆	・親の心 부모 마음 ・子 자식 ・知らず(문어)=知らない 모른다 → 부모 마음을 자식은 모른다

✎ 意味　부모의 마음을 헤아리지 못하고 제멋대로 구는 철부지 같은 자식을 의미.

🔍 用例
A また会社を辞めちゃったの?

B 若いときしかやりたいようにできないからいいのよ。

A せっかく良い職場に就職できたのに。親の心、子知らずね。

A 또 회사 그만둔 거야?

B 젊을 때가 아니면 하고 싶은 대로 하지 못하니까 괜찮아.

A 모처럼 좋은 직장에 취직된 건데. 어찌 부모 속을 자식이 알겠어.

1929　飼い犬に手をかまれる　믿는 도끼에 발등 찍히다

시험 ★★★
회화 ★★☆

• 飼い犬 기르던 개　• 飼う 기르다　• 犬 개　• 手をかまれる 손을 물리다　• 手 손　• 噛む 물다
→ 기르는 개에게 손을 물리다

✎ 意味　귀여워하며 돌봐 주던 사람에게 배신당해 생각지도 못한 험한 꼴을 당한다는 의미.

🔍 用例　**かわいがっていた弟子が、勝手に店を辞めて自分の店を持ちやがった。**
飼い犬に手をかまれるとは、まさにこのことだと思い知らされた。

아끼던 제자가 제멋대로 가게를 그만두고 자기 가게를 차려 버렸다. 믿는 도끼에 발등 찍힌다는 게 바로
이런 말이었구나 하고 뼈저리게 느꼈다.

• 持ちやがる 해먹다　• 持つ 갖다　• やがる 동사의 **ます**형에 붙어, 밉거나 멸시하는 자의 동작을 막된
말로 하거나 경멸의 뜻을 나타내는 데 씀　• 食べやがる 처먹다　• 思い知る 뼈저리게 느끼다. 절감하다

1930　蛙の子は蛙　그 아버지에 그 아들

시험 ★★★
회화 ★★★

• 蛙 개구리　• 子 새끼　→ 개구리의 새끼는 개구리

✎ 意味　평범한 부모의 자식은 평범하다는 것에서, 자식의 재능과 성격은 부모를 닮는다는 의미.
부전자전(父傳子傳).

🔍 用例　A **蛙の子は蛙なのわかってるじゃない。女優になりたいだなんて、**
無理なことは早く諦めなさい。

B **でも、もしかしたらっていうことがあるかもしれないから、**
挑戦してみたいのよ。

A 그 아버지에 그 아들이란 말 알잖아! 여배우가 되고 싶다니, 아서라, 무리야. (무리야, 얼른 포기해.)
B 그래도 만약이란 게 있을지도 모르니까 도전해 보고 싶은 거죠.

1931　蛙のつらに水　눈도 깜짝 안 하다

시험 ★★☆
문장 ★☆☆

• 蛙 개구리　• つら 얼굴　• 水 물　→ 개구리 얼굴에 물 붓기

✎ 意味　개구리의 얼굴에 물을 끼얹어도 아무 이상 없는 것에서, 무슨 일을 당해도 어떤 말을 들어도
신경 쓰지 않고 태연한 것을 의미.

🔍 用例　**私は、どんなに大変な目にあっても、蛙のつらに水の精神でがんばっ**
ていこうと思っている。

나는 아무리 힘든 일을 당해도 눈 하나 꿈쩍 안 하겠다는 정신으로 열심히 하려고 한다.

1932 　勝ってかぶとの緒を締めよ　방심은 금물이다

시험 ★★☆
회화 ★☆☆

- **勝って** 이겨서 ・ **勝つ** 이기다. 승리하다 ・ **かぶと** 투구 ・ **緒** 줄. 끈
- **締めよ**(문어)=**締めろ** 조여라 ・ **締める** (끈 등으로) 매다. 조이다 → **이겨서도 투구의 끈을 조이자**

✎ 意味　이긴 뒤에도 긴장을 늦추지 말고 끝까지 최선을 다하라는 의미.

🔍 用例　**試合で優勝したからといって、勝ってかぶとの緒を締めよというよう に、これからいっそう力を入れて練習していかなければならないと、 監督は言った。**

시합에 우승했다고 해도 방심은 금물이라고 하듯이, 지금부터 더욱 열심히 연습해야 한다고 감독님이 말씀하셨다.

同義語 **油断は禁物** ★★★　　**油断大敵** ★★★

1933 　河童の川流れ　원숭이도 나무에서 떨어진다

시험 ★☆☆
문장 ★☆☆

- **河童** 물에 사는 요괴(갓파) ・ **川** 강 ・ **流れ** 떠내려감. **流れる**의 명사형
→ **갓파도 강에 쓸려 내려감**

✎ 意味　물에서 날고 기는 갓파라도 물에 빠질 수 있다는 것에서, 아무리 숙련된 사람이라 해도 실수할 때가 있다는 의미.

🔍 用例　**何回も優勝した経験のある彼が予選も通過できないとは。 河童の川流れだな。**（=たまには失敗もするもの）

몇 번이나 우승한 경험이 있는 그가 예선도 통과 못하다니. 원숭이도 나무에서 떨어질 때가 있구나.

同義語 **猿も木から落ちる** ★★★　　**弘法も筆の誤り** ★★★

1934 　壁に耳あり障子に目あり　낮말은 새가 듣고 밤말은 쥐가 듣는다

시험 ★★★
문장 ★★☆

- **壁** 벽 ・ **耳** 귀 ・ **あり**(문어)=**ある** 있다 ・ **障子** 장지(미닫이와 비슷) ・ **目** 눈
→ **벽에는 귀가 있고 장지에는 눈이 있다**

✎ 意味　남의 말이나 비밀은 언제 어디서 누가 듣고 있을지 모른다. 즉 새어 나가기 쉽다는 의미.

🔍 用例　A **これは二人だけの秘密よ。絶対人にもらしちゃだめよ。**

B **わかってるよ。**

A **壁に耳あり障子に目ありなんだからね。気をつけてね。**

A 이건 둘만의 비밀이야. 절대 다른 사람에게 말하면 안 돼.
B 알겠어.
A 낮말은 새가 듣고 밤말은 쥐가 듣는다고 하잖아. 조심해.

1935 果報(かほう)は寝(ね)て待(ま)て 행운은 누워서 기다려라

시험 ★★☆
회화 ★★☆

• 果報(かほう) ① 인과응보＝報(むく)い ② 행운 • 寝(ね)て待(ま)て 자면서 기다려라 • 寝(ね)る 자다 • 待(ま)つ 기다리다
→ 행운은 누워서 기다려라

✎ 意味　행운은 운명 같아서 조급하게 서두른다고 오는 것이 아니니, 가만히 앉아서 기다리라는 의미.

🔍 用例　A どんなにがんばっても、なかなか良(い)い人(ひと)って見(み)つからないよね。

B かえって、がんばったらいけないのよ。果報(かほう)は寝(ね)て待(ま)てって
言(い)うじゃない。

A 아무리 노력해도 좀처럼 좋은 사람을 찾을 수가 없어요.

B 오히려 노력하면 안 된다니까요. 행운은 누워서 기다리라고 하잖아요.

1936 亀(かめ)の甲(こう)より年(とし)の功(こう) 오랜 경험이 무엇보다 소중하다

시험 ★★☆
문장 ★☆☆

• 亀(かめ) 거북 • 甲(こう) 거북 따위의 등딱지 • 年(とし)の功(こう) 나이를 먹어 경험이 풍부해짐. 그러한 경험이나 연공
• 年(とし) 해. 나이. 연령 • 功(こう)＝劫(こう) 오랜 시간. 오랜 세월 → 거북의 등껍질보다 나이를 먹어 생기는 경험

✎ 意味　거북 등껍질도 가치는 있지만 긴 세월 동안 습득한 경험이 더 중요하다는 의미.
나이 든 사람의 의견과 경험을 소중히 여기는 것이 좋다는 말. 줄여서 年(とし)の功(こう)라고도 함.

🔍 用例　悩(なや)みのあるときは、亀(かめ)の甲(こう)より年(とし)の功(こう)を信(しん)じ、祖父(そふ)に相談(そうだん)することに
決(き)めている。

고민이 있을 때는 오래된 경험이 소중하다는 말에 따라서 할아버지께 의논드리기로 한다.

A お母(かあ)さん、この意味(いみ)わかる?
B 簡単(かんたん)よ。これはね〜〜〜。
A さすが! 年(とし)の功(こう)ね。
B そりゃそうよ。だてに年(とし)食(く)ってないわよ!

A 엄마, 이 의미 알아?　　B 간단하지. 그건 말야〜〜.

A 역시! 연공이 대단하네.　　B 그야 당연하지. 허투루 나이 먹은 건 아니지!　　同義語 年(とし)の功(こう) ★★

• だてに〜してない 허투루 ~한 것은 아니다. 허접하게 ~한 것은 아니다 • だて 겉멋 듦. 멋 부림

1937 枯(か)れ木(き)も山(やま)の賑(にぎ)わい 없는 것보다 있는 게 낫다

시험 ★★☆
회화 ★☆☆

• 枯(か)れ木(き) 마른 고목 • 山(やま) 산 • 賑(にぎ)わい 번창. 풍성 → 마른 고목이라도 산의 풍성

✎ 意味　마른 고목이라도 수가 많아지면 산이 풍성해진다는 것에서, 시시한 것이라도 없는 것보다는
있는 게 낫다라는 의미.

🔍 用例　A 年(とし)を取(と)って、私(わたし)など何(なん)のお役(やく)にも立(た)てませんが、枯(か)れ木(き)も山(やま)の賑(にぎ)わい
でやってきました。

B とんでもないです。いてくださるだけで力(ちから)になります。

A 나이를 먹어 나 같은 건 아무 도움도 못 되겠지만, 없는 것보다 있는 게 낫다 싶어서 왔어요.

B 별말씀을요. 계셔 주시는 것으로 힘이 됩니다.

1938 かわいい子には旅をさせよ

사랑하는 자식에겐 여행을 시켜라. 귀한 자식 매로 키워라. 사랑하는 자식일수록 매로 다스려라

시험 ★★☆ 회화 ★★★	• **かわいい子** 귀여운 자식. 사랑스러운 자식 • **には** 에게는 • **旅** 여행
	• **させよ**(문어)=**させろ** 시켜라 • **させる** 사역의 뜻. ~하게 하다 → **귀여운 자식에게는 여행을 시켜라**

🖉 **意味** 자식이 귀하면 귀할수록 응석만 받아 주지 말고 오히려 세상의 가혹함을 경험시키라는 의미.

🔍 **用例**
A 子供が一人で、1ヶ月海外に旅行に行きたいというんですよ。
B かわいい子には旅をさせろって言いますし、いいんじゃないですか?
A そうなんですけど、やっぱり心配ですよ。

A 아이 혼자서 한 달간 해외여행을 가겠다고 하네요.
B 사랑하는 자식일수록 여행을 시키라고 하잖아요, 괜찮지 않을까요?
A 그렇긴 하지만, 역시 걱정되네요.

1939 かわいさ余って憎さ百倍 사랑이 강할수록 미움도 강하다

시험 ★☆☆ 문장 ★★☆	• **かわいさ** 귀여움. 사랑스러움 • **余って** 남아서 • **余る** 남다. 과분하다 • **憎さ** 미움. 증오
	• **憎い** 밉다. 얄밉다 • **百倍** 백 배 → **사랑이 지나쳐 미움이 백 배**

🖉 **意味** 귀여워하는 마음이 강한 만큼 한 번 미워지면 그 미움이 훨씬 더할 수가 있다는 의미.

🔍 **用例**
ストーカーは、かわいさ余って憎さ百倍で、相手を傷つけることもあるそうだ。
스토커는 지나치게 사랑한 나머지 그 미움이 배가 되어, 상대를 상처 주는 일도 있다고 한다.

1940 川向こうの火事 강 건너 불구경. 불 난 집 구경하기

시험 ★★☆ 문장 ★☆☆	• **川** 강 • **向こう** 건너편 • **火事** 화재 → **강 건너편 화재**

🖉 **意味** 강을 사이에 두고 맞은편에 난 화재라면 이쪽이 탈 염려가 없다는 것에서, 자신에겐 전혀 관계없다는 말을 빗댄 말.

🔍 **用例**
私が風邪を引いて寝ているときに、川向こうの火事とでも言うように、
薬を飲んで寝てれば治ると言い切る彼氏を憎らしく思った。
내가 감기에 걸려 자고 있을 때 강 건너 불구경하듯이 약 먹고 자면   (＝自分には関係ない)
나을 거야 하고 잘라 말하는 남자친구가 얄밉게 생각됐다.

中東問題を川向こうの火事と思わずに、みんなで考えるべきだと思う。
중동 문제를 강 건너 불구경하듯 여기지 말고 모두 함께 생각해 봐야 할 것 같다.

同義語 **対岸の火事★ 川向こうのけんか★★★**

신체 관용어

생활 관용어

속담 · 격언

고사 성어

사자 성어

1941 聞いて極楽見て地獄 듣는 것과 보는 것은 다르다

시험 ★★☆
문장 ★☆☆

・聞いて＝聞いたら 들을 때 ・聞く 듣다 ・極楽 극락. 천국 ・見て＝見たら 보면
・見る 보다 ・地獄 지옥 → 들었을 때는 천국, 실제로 봤을 땐 지옥

✎ 意味 남에게 듣기만 하는 것과 실제로 보는 것과는 크게 차이가 있다는 것을 의미.

🔍 用例 南の島は暖かくていいと聞いていたので、冬の休暇に南の島に旅行に
出かけたが、聞いて極楽見て地獄、風が冷たくてずっとホテルの
中で過ごした。

남쪽 섬은 따뜻해서 좋다고 해서 겨울 휴가로 남쪽 섬으로 여행을 떠났는데, 듣는 것과 보는 것은 다르다고,
바람이 차가워서 계속 호텔 안에서 지냈다.

1942 聞くは一時の恥聞かぬは末代の恥
묻는 것은 한때의 수치, 묻지 않으면 평생 수치

시험 ★☆☆
문장 ★★☆

・聞くは(문어)＝聞くのは 묻는 것은 ・一時 일시. 잠시 ・恥 수치 ・聞かぬは(문어)＝聞かなかっ
たら 묻지 않으면 ・末代の恥 후세의 부끄러움＝一生の恥 일생의 부끄러움 ・末代 후세
(죽은 다음 세상이나 세대) → 묻는 것은 한순간의 수치, 묻지 않으면 죽은 다음 세상까지 수치

✎ 意味 모르는 것을 남에게 묻는 바로 그때는 창피하겠지만, 묻지 않고 모른 채로 지나가면 평생
창피를 당하게 된다는 의미.

🔍 用例 分からないことを、この年になって尋ねるのは恥ずかしいことだが、
聞くは一時の恥聞かぬは末代の恥というので、勇気を振り絞って、
知らないことは何でも尋ねることにしている。

알지 못하는 것을 이 나이에 물어보는 게 부끄러운 일이긴 하지만, 묻는 것은 한때의 수치, 묻지 않으면 평생
수치라고 하니까 용기를 내어 모르는 것은 무엇이든지 물어보려고 한다.

同義語 聞くは一時の恥聞かぬは一生の恥 ★★★ ・振り絞る (힘, 소리 지혜 등을) 쥐어짜내다

1943 疑心暗鬼を生ず 의심은 의심(을 낳는다)

시험 ★★☆
회화 ★☆☆

・疑心暗鬼 의심하면 귀신이 보인다 ・生ず(문어)＝生じる 생기다
→ 의심은 귀신을 만든다

✎ 意味 마음에 의심을 품게 되면 한밤중에 있지도 않은 귀신까지 보이기도 한다는 것에서,
한 번 의심을 품게 되면 걷잡을 수 없이 의심을 갖게 된다는 의미. 줄여서 疑心暗鬼라고도 함.

🔍 用例 A そんなに相手を疑ってかかるのは良くないよ。悪いことしてないか
も知れないじゃん。

B うん。でも、「疑心暗鬼を生ず」というか、前にも同じような経験が
あるから。

A 그렇게 상대를 의심하는 건 옳지 않아. 나쁜 짓을 하지 않았을지도 모르잖아.

B 응. 하지만 의심은 의심을 낳아서 그런가, 전에도 비슷한 경험이 있어서 말야.

同義語 疑心暗鬼 ★

1944 窮すれば通ず 궁하면 통한다

시험 ★★☆
회화 ★☆☆

- 窮すれば 궁하면 • 窮する 곤란해지다. 가난에 쪼들리다
- 通ず(문어)=通ずる=通じる 통하다. 트이다 → 궁하면 통한다

✎ 意味
최악의 상황까지 가고 나면 오히려 빠져나갈 구멍이 보이게 된다는 의미.
막다른 골목이 되면 돌아선다는 말.

🔍 用例
A これ以上悩んでも良い解決策が見つからないような気がする。
B 今が一番苦しいときなのよ。窮すれば通ずって言うじゃない。
もう少しの辛抱だと思うよ。

A 더 이상 고민한다고 해도 좋은 해결책은 안 나올 거 같아.
B 지금이 가장 힘들 때라 그래. 궁하면 통한다고 하잖아. 조금만 참으면 될 거 같아.

- 辛抱 참음. 참고 견딤

1945 窮鼠猫を噛む 궁지에 몰린 쥐가 고양이를 문다

시험 ★☆☆
문장 ★☆☆

- 窮鼠 궁지에 몰린 쥐 • 猫 고양이 • 噛む 물다 → 궁지에 몰린 쥐가 고양이를 문다

✎ 意味
힘이 없는 자라도 궁지에 몰리면 필사적으로 싸우므로 상대가 제아무리 강해도 이길 때가
있다는 말을 빗댄 말. 궁서설묘(窮鼠齧猫).

🔍 用例
窮鼠猫を噛むというように、追い詰められたときこそが力を150%出す
ことができる。

궁지에 몰린 쥐가 고양이를 문다고 하듯이 궁지에 몰렸을 때야말로 150%의 힘을 발휘하게 된다.

おい、あんまりいじめるなよ。窮鼠猫を噛むってこともあるからね。

야, 너무 못살게 굴지 마. 궁지에 몰린 쥐가 고양이를 문다고 하잖아.

1946 苦あれば楽あり 고생 끝에 낙이 온다

시험 ★★☆
회화 ★★★

- 苦 고생. 괴로움 • あれば 있으면 • ある 있다 • 楽 즐거움. 행복 • あり(문어)=ある 있다
→ 괴로움 있으면 즐거움 있음

✎ 意味
괴로운 일이 있으면 그 후에는 반드시 즐거운 일이 있다는 의미.

🔍 用例
A 毎日残業で、体がしんどいよ。
B 苦あれば楽ありよ。がんばって乗り切れば楽が待ってるはずよ。

A 매일 잔업하고 몸이 힘들어 죽겠어.
B 고생 끝에 낙이 온다잖아. 힘내서 이겨 내면 좋은 일이 기다리고 있을 거야.

同義語 楽あれば苦あり ★★★ • 乗り切る 헤쳐 나가다. 이겨 내다. 극복하다

신체 관용어

생활 관용어

속담·격언

고사성어

사자성어

1947 臭^{くさ}いものにふたをする 적당히 쉬쉬하고 덮어 두다

| 시험 ★★☆
문장 ★★★ | ・臭^{くさ}い 고약한 냄새가 나다 ・もの 것 ・ふたをする 뚜껑을 덮다 → 악취가 나는 것에 뚜껑을 덮는다 |

✎ 意味 　내부의 좋지 않은 일을 해결하려고 하지 않고 모르는 척 적당히 외부에 은폐하려고 드는 것을 의미.

🔍 用例 　政治家^{せいじか}たちの臭^{くさ}いものにはふたをしろという精神^{せいしん}が気^きに食^くわない。

정치인들의 적당히 쉬쉬하고 덮어 두려는 정신이(정신 상태가) 마음에 들지 않는다.

1948 腐^{くさ}っても鯛^{たい} 썩어도 준치

| 시험 ★★★
회화 ★★☆ | ・腐^{くさ}っても 썩어도 ・腐^{くさ}る 썩다 ・鯛^{たい} 도미 → 썩어도 도미 |

✎ 意味 　생선 중에서 맛이 좋다는 도미는 썩어도 그 맛이 남아 있다는 것에서, 정말로 좋은 물건은
오래되어도 가치가 있다는 의미.

🔍 用例 　A デビューして30年^{さんじゅうねん}経^たつ歌手^{かしゅ}なのに、いまだに絶大^{ぜつだい}な人気^{にんき}を誇^{ほこ}って
るね。

B そうよ。腐^{くさ}っても鯛^{たい}って言^いうでしょ。

A 데뷔 이래 30년이 지난 가수인데 아직까지도 큰 인기를 자랑하고 있지.

B 맞아. 썩어도 준치라고 하잖아.

・絶大^{ぜつだい} 절대. 지대함. 더 없이 큼

1949 口^{くち}はわざわいの元^{もと} 입이 화근

| 시험 ★★☆
회화 ★★★ | ・口^{くち} 입 ・災^{わざわ}い 화. 재앙 ・元^{もと} 근본 → 입은 화의 근원 |

✎ 意味 　심사숙고해서 말했더라도 그 말이 화를 불러일으킬 수 있으니 말할 때에는 항시 조심해야
한다는 의미.

🔍 用例 　A この前^{まえ}、先生^{せんせい}が授業中^{じゅぎょうちゅう}に間違^{まちが}えたところを「先生^{せんせい}、そこ間違^{まちが}ってます。
先生^{せんせい}ももっと勉強^{べんきょう}してください」って言^いっちゃったんだよね。

B え!! そんなこと言^いっちゃったの? 口^{くち}はわざわいの元^{もと}なんだからもう
ちょっと考^{かんが}えてから言葉^{ことば}にしなよ。

A 요전 날 선생님이 수업 중에 틀리시길래 "선생님, 거기 틀렸습니다. 선생님도 더 공부하세요." 하고 말해
버렸지 뭐야.

B 세상에!! 그런 말을 해 버렸어? 입이 화근이라잖아, 더 좀 생각하고 말하지.

昔^{むかし}の恋人^{こいびと}の話^{はなし}をしたばかりに夫婦^{ふうふ}の仲^{なか}がこじれるなんて口^{くち}はわざわい
の元^{もと}だね。

오래 전 연애 얘기를 하자마자 부부 관계가 악화되다니 입이 화근이네.

・こじれる 뒤틀리다. 악화되다

1950 苦は楽の種 （く　らく　たね） 고생 끝에 누리는 기쁨

시험 ★☆☆
회화 ★☆☆

• 苦（く） 고생 • 楽（らく） 행복 • 種（たね） 씨앗 → 고생은 행복의 씨앗

✎ 意味　현재의 고생은 미래의 행복의 바탕이 된다는 의미.

🔍 用例
A 最近（さいきん）、いろいろと忙（いそが）しいし、嫌（いや）なこともたくさんあるし、本当（ほんとう）に大変（たいへん）だよ。
B そうなんだ。でも、苦（く）は楽（らく）の種（たね）って言（い）う言葉（ことば）もあるから、
未来（みらい）に目（め）を向（む）けてみなよ。

A 요즘 여러 가지로 바쁘고 이상한 일도 많아서 정말 힘들어.
B 그렇구나. 그래도 고생 끝에 누리는 기쁨이란 말도 있으니까, 앞날을 기대해 봐.

1951 苦しいときの神頼み （くる　かみだの） 급하면 관세음보살

시험 ★☆☆
회화 ★★★

• 苦（くる）しい 힘들다. 고통스럽다 • 神（かみ） 신 • 頼（たの）み 부탁 • 頼（たの）む 부탁하다. 기대다
→ 곤경에 처했을 때만 신에게 부탁한다

✎ 意味　평소엔 신을 믿지 않다가 곤경에 처했을 때만 도움을 청하는 것을 의미.

🔍 用例
A あと1週間（いっしゅうかん）で入試（にゅうし）だね。ドキドキするよ。
B うん。苦（くる）しいときの神頼（かみだの）みってことで神社（じんじゃ）にお参（まい）りに行（い）ってきたよ。

A 이제 1주일 후면 입시네. 떨린다.　B 응. 급하면 관세음보살이라고 신사에 가서 빌고 왔어.

1952 君子危うきに近寄らず （くんし　あや　ちか　よ） 길이 아니거든 가지 말라

시험 ★☆☆
문장 ★☆☆

• 君子（くんし） 군자 • 危（あや）うき(문어)＝危（あや）うい 위험하거나 위험한 곳 • 近寄（ちかよ）らず(문어)＝近寄（ちかよ）らない
가까이 가지 않는다 • 近寄（ちかよ）る 가까이 가다. 접근하다 → 군자는 위험한 곳에 접근하지 않는다

✎ 意味　군자(훌륭한 사람)는 항상 모든 것을 깊게 생각하고 행동하므로 처음부터 위험한 곳에 아예
가까이 가지 않는다는 말.

🔍 用例
君子危（くんしあや）うきに近寄（ちかよ）らずとは言（い）いますが、私（わたし）は好奇心（こうきしん）が強（つよ）く、どんなこと
でも自（みずか）ら近寄（ちかよ）って行（い）きます。

길이 아니거든 가지 말라고 하지만, 나는 호기심이 강해서 어떤 일이라도 스스로 (먼저) 접근합니다.

1953 けがの功名 （こうみょう） 전화위복(轉禍爲福)

시험 ★☆☆
회화 ★★☆

• けが 부상 • 功名（こうみょう） 공명(공을 세워 이름을 떨치거나 그러한 공) → 부상의 공명

✎ 意味　부상(나쁜 일)을 얻어 오히려 공(좋은 결과)을 세우게 됐다는 것에서, 실수나 잘못이 뜻하지 않은
좋은 결과를 가져온다는 의미.

🔍 用例
大発明家（だいはつめいか）と呼（よ）ばれるような人々（ひとびと）の発明（はつめい）にはけがの功名（こうみょう）といわれるよう
なものが多々（たた）含（ふく）まれている。

대발명가라고 불리는 듯한 사람들의 발명에는 전화위복이라고 말할 수 있는 것이 수두룩하게 포함되어 있다.

• 多々（たた） 다다. 많이

신체
관용어

생활
관용어

속담
·
격언

고사
성어

사자
성어

1954 芸は身を助ける 배운 게 도둑질

시험 ★☆☆
회화 ★★☆

· 芸 ① 예능 ② 재주. 일 · 身 몸 · 助ける 살리다 → 재주가 몸을 살리다

✎ 意味 취미로 익혀둔 재주가 궁할 때 생활에 도움을 준다는 말.

🔍 用例 A 彼、リストラで会社首になってから何やってんだ。
B 風の噂では歌を教えて生計を立てているみたいですよ。
A そうか、歌、上手かったもんな。芸は身を助けるだね。

A 그 사람 정리해고로 회사 잘리고 나서 뭐 하더라?
B 풍문에 의하면 노래를 가르쳐서 생계를 유지한다는 것 같아.
A 그렇구나. 노래 잘했었지. 배운 게 도둑질이라더니만.

1955 光陰矢のごとし 세월은 화살처럼 빨리 지나간다

시험 ★★★
문장 ★★☆

· 光陰 세월 · 光=日 해 · 陰=月 달 · 矢 화살 · ごとし(문어)=ようだ ~같다
→ 세월은 화살과 같다

✎ 意味 세월은 화살이 날아가듯이 빠른 속도로 지나가 버린다는 의미.

🔍 用例 光陰矢のごとしとは言いますが、もう今年もクリスマスの季節がやって
きました。(=月・日が経つのは早い)

세월 참 빠르다더니, 올해도 벌써 크리스마스 시즌이 되었습니다.

光陰矢のごとしっていうけど早いものね～。私がもう60になったな
んて!

세월이 화살처럼 빨리 지나간다더니 정말 빠르네~. 내가 벌써 60이 되다니!

1956 後悔先に立たず 후회막급이다

시험 ★★☆
회화 ★★★

· 後悔 후회 · 先 앞날. 장래 · 立たず(문어)=立たない 도움이 되지 않는다 · 立つ ① 서다
② 일이 성립되다. 도움이 되다 → 후회는 장래에 도움이 되지 않는다

✎ 意味 일단 무슨 일이 벌어지고 나서는 아무리 후회해도 소용없으므로 미리 신중하게 행동하라는 말.

🔍 用例 A やっぱり、こんなことになるんなら、ちゃんと貯金しておけばよかった。
B 私がずっと言ってたじゃん。お給料もらったら何で全部使っちゃうのよ。
A ほんとだよ。なんに使ったのかも覚えてないよ。後悔先に立たずっ
てこういうこと言うんだな。

A 역시 이렇게 될 줄 알았으면, 차근차근 적금 들어 놓을걸.
B 내가 계속 말했잖아. 월급 받으면 왜 전부 써 버리는 거야.
A 정말 그래. 어디에 썼는지 기억도 안 나. 후회막급이란 말, 이런 걸 두고 하는 말이구나.

同義語 後の祭 ★★★

1957 郷（ごう）に入（い）っては郷（ごう）に従（したが）え　로마에 가면 로마법에 따르라

시험 ★★★
회화 ★★★

- **郷（ごう）** 촌. 고장. 시골 ・ **入（い）って** 들어가면 ・ **入（い）る** 들어가다. 들다 ・ **従（したが）え** 따르라
- **従（したが）う** 따르다. 복종하다 → 그 고장에 들어가면 그 고장의 규칙을 따르라

✎ **意味**　어떤 곳이든 그곳에 살게 되었다면 그곳의 규칙이나 풍속을 따르라는 의미.

🔍 **用例**
A シンガポールでは道（みち）でガムを噛（か）んだらいけないのよ。

B え？ そんなのうそでしょ？ わたし毎日（まいにち）ガム噛（か）まないと気（き）がすまないの。

A 仕方（しかた）ないの。郷（ごう）に入（い）っては郷（ごう）に従（したが）えってこと。

A 싱가포르에서는 길에서 껌을 씹으면 안 돼.

B 정말? 에이 설마! 난 매일 껌을 안 씹으면 안 되는데(개운하지 않은데)….

A 어쩔 수 없어. 로마에 오면 로마법을 따르라잖아.

1958 弘法（こうぼう）も筆（ふで）の誤（あやま）り　원숭이도 나무에서 떨어진다

시험 ★★★
문장 ★★★

- **弘法（こうぼう）** 홍법대사 ・ **筆（ふで）** 붓 ・ **誤（あやま）り** 실수. 잘못 → 홍법대사도 붓을 잘못 다룰 때가 있다

✎ **意味**　제아무리 서도에 뛰어난 홍법대사라도 가끔 실수를 할 수 있다는 말에서, 굉장한 명인(달인)이라 해도 실수할 수 있다는 의미. 윗사람의 실수에 위로의 말을 전할 때 주로 사용.

🔍 **用例**
剣道（けんどう）の師匠（ししょう）が弟子（でし）とした試合（しあい）で負（ま）けてしまった。弘法（こうぼう）も筆（ふで）の誤（あやま）り

といったところか。（＝たまには失敗（しっぱい）する）

검도 선생님이 제자와 시합해서 지고 말았다. 원숭이도 나무에서 떨어진다더니.

同義語　猿（さる）も木（き）から落（お）ちる★★★　　河童（かっぱ）の川流（かわなが）れ★

1959 故郷（こきょう）へ錦（にしき）を飾（かざ）る　금의환향(錦衣還郷)하다

시험 ★★☆
문장 ★★☆

- **故郷（こきょう）** 고향 ・ **錦（にしき）** 비단 ・ **飾（かざ）る** 장식하다 → 고향에 비단을 장식한다

✎ **意味**　출세하여 비단옷을 입고 고향에 돌아온다는 것으로 사회에서 성공하여 화려하게 귀향하는 것을 의미.

🔍 **用例**
秋場所（あきばしょ）で優勝（ゆうしょう）した力士（りきし）が故郷（こきょう）へ錦（にしき）を飾（かざ）ることができるとインタビュー

で言（い）っていた。

아키바쇼에서 우승한 스모 선수가 고향에 화려하게 귀향할 수 있게 되었다고 인터뷰에서 말했다.

オリンピックで金（きん）メダルをとって故郷（こきょう）へ錦（にしき）を飾（かざ）った。

올림픽에서 금메달을 따서 금의환향했다.

- **秋場所（あきばしょ）** 9월 도쿄에서 열리는 일본 씨름 대회의 하나. 한 해에 여섯 번 열림
- **力士（りきし）** 스모 선수를 부르는 말

1960 転ばぬ先の杖 유비무환(有備無患)

시험 ★★★
문장 ★★☆

- **転ばぬ**(문어) = **転ばない** 넘어지지 않다 ・ **転ぶ** 넘어지다. 구르다 ・ **先** 앞. 전 ・ **杖** 지팡이
→ 넘어지기 전의 지팡이

✎ **意味**　일이 터지기 전에 준비해 두는 편이 좋다는 의미.

🔍 **用例**　私の家系は代々病気がちなので、転ばぬ先の杖として幼いころから
食事に気を使っています。

우리 집안은 대대로 병이 잘 걸려서 유비무환으로 어렸을 때부터 식사에 주의하고 있습니다.

1961 先んずれば制す 먼저 공격해서 기선을 제압하다

시험 ★★☆
문장 ★☆☆

- **先んずれば** 남보다 앞서 하면 ・ **先んずる** 남보다 먼저 가다. 앞서가다
- **制す** 획득하다. 차지하다. (상대를) 제압하다 → 남보다 앞서 하면 제압할 수 있다

✎ **意味**　남보다 먼저 하면 유리한 위치에 설 수 있다는 의미. 선수필승(先手必勝).

🔍 **用例**　先んずれば制すということで、就職活動を人より早く始めた。

먼저 하면 유리하다고 구직 활동을 다른 사람보다 먼저 시작했다.

| 同義語 | 早い者勝ち ★★★ | 反対語 | 早いばかりが能ではない ★★★ |

- **早い者勝ち** 먼저 한 사람이 이김 ・ **早いばかりが能ではない** 빠른 것만이 능사가 아니다

1962 猿も木から落ちる 원숭이도 나무에서 떨어진다

시험 ★★★
회화 ★★★

- **猿** 원숭이 ・ **木** 나무 ・ **落ちる** 떨어지다 → 원숭이도 나무에서 떨어진다

✎ **意味**　아무리 숙련된 사람도 실수는 한다는 의미.

🔍 **用例**　A いつも作ってくれる料理おいしいのに、今日のどうしたの？
B ごめん。まあ、猿も木から落ちるってことで勘弁して。

A 만들어 준 요리마다 항상 맛있었는데, 오늘 건 왜 이래?　　(=たまには失敗する)
B 미안. 뭐 원숭이도 나무에서 떨어진다고 하잖아, 좀 봐줘.

| 同義語 | 弘法も筆の誤り ★★★ | 河童の川流れ ★ |

1963 去る者は追わず 떠나는 사람은 붙잡지 않는다

시험 ★☆☆
회화 ★★☆

- **去る者** 떠나는 사람 ・ **追わず**(문어) = **追わない** 쫓지 않는다 ・ **追う** 따르다. 뒤쫓아가다

✎ **意味**　떠나는 사람은 일부러 붙잡지 않고 가도록 내버려 둔다는 의미. 거자막추(去者莫追).

🔍 **用例**　A 彼氏と別れたんだって？大丈夫？
B 私、去る者は追わないタイプだから。大丈夫よ。

A 남자친구랑 헤어졌다고? 괜찮아?　　B 난, 떠나는 사람은 붙잡지 않는다라는 주의라서. 괜찮아.

1964 去る者は日々にうとし
死んだ(헤어진) 사람은 날이 갈수록 잊혀진다
몸이 멀어지면 마음이 멀어진다

시험 ★☆☆
회화 ★☆☆

• 去る者 떠나는 사람 • 日々 날들 • うとし＝疎い 소원하다. 멀어지다
→ 떠난 사람은 날이 갈수록 멀어진다

✎ 意味 친하게 지내던 사람이 떨어지면 점차 친분이 엷어진다는 의미. 죽은 사람이 세월의 흐름에 따라 점차 잊혀질 때도 사용. 거자일소(去者日疏).

🔍 用例 A お子さんと離れて暮らしていて寂しくありませんか?

B そうですね、去る者は日々にうとしとでも言いましょうか。
もう3年も離れて暮らしていますから、寂しさはないですね。

A 자식과 떨어져 지내면서 외롭지 않으십니까?
B 그렇지요, 몸이 멀어지면 마음도 멀어진다고나 할까요. 벌써 3년이나 떨어져 살고 있어서 외롭지는 않아요.

去る者は日々にうとしで、あれほど一緒に遊び歩いていた友達も離れ
てしまうと、めったに会うことも思い出すこともなくなった。

몸이 멀어지면 마음이 멀어진다더니 그렇게 함께 놀러 다녔던 친구도 떨어지고 나니 좀처럼 만날 일도 생각나는 일도 없게 됐다.

1965 触らぬ神にたたりなし
공연히 긁어 부스럼을 만들지 말라

시험 ★★☆
회화 ★★☆

• 触らぬ(문어)＝触らない 만지지 않다 • 触る 접촉하다. 만지다 • 神 신 • たたり ① 재앙
② 응보. 뒤탈 • なし(문어)＝ない 없다 → 귀신도 건드리지 않으면 탈이 나지 않는다

✎ 意味 힘을 가진 신이라도 관계없는 사람을 벌주지 않는다는 말에서, 일이나 사건에 관계하지 않으면 피해를 입지 않는다는 의미. 즉 자신과 관계없는 일에는 간섭하지 않는 게 안전하다는 말.

🔍 用例 A いま、お母さん気が立ってるから、話しかけないほうが良いよ。

B え! ほんと? それじゃ、触らぬ神にたたりなしだな。

A 지금 엄마 신경이 예민해 있으니까 말 걸지 않는 편이 좋아.
B 어! 정말? 그럼 괜히 긁어 부스럼 만들지 말아야겠다.

• 気が立つ 흥분하다. 좋지 않은 일로 흥분되어 있는 모양

1966 山椒は小粒でもぴりりと辛い
작은 고추가 더 맵다

시험 ★★★
문장 ★★★

• 山椒 산초나무 열매 • 小粒 작은 알갱이 • ぴりりと 얼얼하게 • 辛い 맵다
→ 산초나무 열매는 크지 않고 작지만 매우 맵다

✎ 意味 몸집은 작지만 타고난 재주와 지혜가 뛰어나 얕볼 수 없음을 의미.

🔍 用例 この俳優は、目立つような俳優ではないが、山椒は小粒でもぴりりと
辛いというようになんとも存在感のある人物だ。

이 배우는 눈에 띄는 배우는 아니지만 작은 고추가 더 맵다고 하듯이 정말로 존재감 있는 인물이다.

1967 三人寄れば文殊の知恵 구두장이 셋이 모이면 제갈량보다 낫다

さんにん よ　　　　もんじゅ　　ち え

시험 ★★☆
문장 ★★☆

• **三人** 세 사람　• **寄れば** 모이면　• **寄る** 모이다　• **文殊** 문수보살(지혜를 관장하는 보살)의 줄임말
• **知恵** 지혜　→　세 사람 모이면 문수보살의 지혜

✎ 意味　평범한 사람이라도 셋이 모여 지혜를 짜내면 지혜를 맡은 문수보살 못지않은 지혜가 나온다는 의미.

🔍 用例　**どんなに困ったことがあっても、三人寄れば文殊の知恵というように、なんとか抜け出る道が見つかるものだ。**

아무리 힘든 일이 있어도 셋이 모이면 좋은 지혜가 나온다고 하듯이 어떻게든 빠져나갈 길이 생기는 법이다.

1968 地獄で仏に会う 지옥에서 부처님을 만나다

じごく　　ほとけ　　あ

시험 ★★★
문장 ★★★

• **地獄** 지옥　• **仏** 부처님　• **会う** 만나다　→　무서운 지옥에서 자비심 많은 부처님을 만나다

✎ 意味　위험한 상황이나 곤란한 상황에 처했을 때에 뜻하지 않은 도움을 받는 반가움을 비유한 말.

🔍 用例　**言葉の通じない外国で、一人道に迷い困っているところに、韓国人がたまたま通りかかった時には、地獄で仏に会ったような感じを受けた。**

말이 통하지 않는 외국에서 혼자 거리를 헤매며 당황해하고 있을 때, 한국인이 때마침 그곳을 지나갔을 때에는 지옥에서 부처님을 만난 것 같은 느낌을 받았다.

1969 地獄の沙汰も金次第 돈만 있으면 귀신도 부린다

じごく　　さ た　　かねしだい

시험 ★★☆
회화 ★★☆

• **地獄** 지옥　• **沙汰** 재판　• **金次第** 돈 내는 순　→　지옥 재판도 돈 내는 순

✎ 意味　지옥에 가는 것도 돈으로 좌우된다는 것으로, 지옥의 재판에서조차 돈이 행세를 할 정도인데 하물며 이생에 돈의 힘으로 못할 것이 있겠느냐는 의미.

🔍 用例　A **友人が喧嘩をして、警察に連行されちゃったんだ。**
B **大丈夫だよ。ちょっと金を積めば、すぐに出られるさ。**
A **やっぱり地獄の沙汰も金次第だね。**

A 친구가 싸움을 해서 경찰에 연행돼 버렸어.　　B 괜찮아. 돈 좀 넣으면 바로 나올 수 있어.
A 역시 돈만 있으면 다 되는군.

1970 死人に口なし 죽은 자는 말이 없다

し にん　　くち

시험 ★★☆
문장 ★★☆

• **死人** 죽은 사람　• **口** 입. 말　• **無し** 없음　→　죽은 사람에게는 입이 없다

✎ 意味　죽은 사람이 말을 못한다는 것을 이용해 무고한 죄를 뒤집어씌울 때 사용하거나, 죽은 사람을 증인으로 내세울 수 없음으로 사건의 진상을 규명할 방법이 없을 때 사용.

🔍 用例　**死人に口なしと言わんばかりに、死んだ人にすべての責任を押し付け、自分は何も知らないと、容疑者は言い張っている。**

죽은 자는 말이 없다고 하듯이, 죽은 사람에게 모든 책임을 뒤집어씌우고 자신은 아무것도 모른다고 용의자는 주장하고 있다.

1971 朱に交われば赤くなる 먹을 가까이 하면 자기도 검어진다

시험 ★★☆
문장 ★★★

- 朱 주홍색 • 交われば 섞이면 • 交わる 뒤섞이다 • 赤くなる 붉게 된다
→ 주홍을 가까이 하면 붉어진다

✏️ 意味 나쁜 사람을 가까이 하면 자기도 나빠지고, 좋은 사람을 가까이 하면 자기도 좋아지기 쉽다. 즉 사람도 주위 환경에 의해 변할 수 있다는 의미. 근묵자흑(近墨者黒).

🔍 用例 **朱に交われば赤くなると言うように、酒・タバコに手を出すきっかけは、周りの友達の影響によるものが大きい。**

먹을 가까이 하면 검어진다고 하듯이 술과 담배를 손에 대는 계기는 주위 친구 영향인 경우가 많다.

1972 知らぬが仏 모르는 게 약이다

시험 ★★★
문장 ★☆☆

- 知らぬ(문어)＝知らない 모른다 • 知る 알다 • 仏 부처 → 모르는 것이 부처

✏️ 意味 알고 있으면 화가 날 일이지만, 모르고 있으면 부처님처럼 마음 평안하게 있을 수 있는 것을 의미. 또한 사건의 진상을 모르고 태평하게 지내는 사람을 비웃을 때도 사용.

🔍 用例 A **私、旦那が外で何してるのか詮索しないようにしてるの。**
B **ほんと? でも、浮気してたら…って心配にならないの?**
A **そんなの知ったら、自分が悲しくなるだけじゃない。**
  知らぬが仏なのよ。 • 詮索 탐색. 세세한 점까지 파고듦

A 난 남편이 밖에서 뭐 하는지 되도록 신경을 안 써. B 정말? 그래도 바람피우면 어떡하지… 하는 걱정 안 들어?
A 그런 거 알게 되면 나만 힘들어질 뿐이잖아. 모르는 게 약이니까.

1973 人事を尽くして天命を待つ 진인사대천명(盡人事待天命)

시험 ★★☆
문장 ★★☆

- 人事 인사. 사람의 힘으로 할 수 있는 일 • 尽くして 다하고 • 尽くす 다하다
- 天命 천명. 하늘의 뜻 • 待つ 기다리다 → 사람으로서 할 수 있는 일을 다하고 하늘의 뜻을 기다린다

✏️ 意味 최선을 다하고 그 결과는 하늘의 뜻에 맡긴다는 의미.

🔍 用例 **自分にできる限りのことはやったので、後は人事を尽くして天命を待つのみだ。**

내가 할 수 있는 일은 다 했으므로, 이제는 모든 일을 하늘에 맡길 뿐이다.

1974 水魚の交わり 수어지교(水魚之交)

시험 ★☆☆
문장 ★☆☆

- 水魚 물과 물고기 • 交わり 교제. 사귐 • 交わる 교제하다. 사귀다
→ 물이 있어야 물고기가 살 수 있다

✏️ 意味 물과 물고기는 떼려야 뗄 수 없는 관계라는 것에서, 친밀한 관계 또는 금실 좋은 부부를 의미.

🔍 用例 **日本・韓国・中国は水魚の交わりをして、今後も交流を深めていかなければならない。**（＝親しい付き合い）

한중일은 수어지교로 앞으로도 교류를 활발하게 해야 한다.

신
체
관
용
어

생
활
관
용
어

속
담
·
격
언

고
사
성
어

사
자
성
어

1975 好きこそ物の上手なれ 좋아해야 빨리 는다

시험 ★★☆ 회화 ★★★	・好き 좋아함 ・こそ ~말로 ・物 ~것 ・上手 숙달. 능숙 ・なれ=だ・である ~다

→ 좋아하는 것은 자연히 열심히 하게 되어 능숙해진다

✎ 意味　무엇이든 좋아하고 즐기는 것이 고수로 가는 지름길이라는 의미.

🔍 用例
A お菓子作りが本当に上手ですね。いつ食べてもおいしいですよ。
B ありがとうございます。好きこそ物の上手なれで、ここまできたん
ですよ。

A 과자 정말 잘 만드시네요. 언제 먹어도 맛있어요.　B 감사합니다. 좋아해야 빨리 는다고 여기까지 왔습니다.

1976 雀百まで踊りを忘れず 세 살 적 버릇 여든까지 간다

시험 ★★☆ 문장 ★☆☆	・雀 참새 ・百まで 백 살까지 ・踊り 춤 ・忘れず (문어)=忘れない 잊지 않는다

・忘れる 잊다　→　참새 백 살까지 춤을 잊지 않는다

✎ 意味　어릴 때의 습관은 나이가 들어도 쉽게 잊혀지지 않는다는 의미.

🔍 用例
雀百まで踊りを忘れずって言うけど、うちの旦那、今でもギャンブル
やめられないの。

세 살 적 버릇 여든까지 간다더니, 우리 남편은 지금까지도 도박을 못 끊어.

同義語 三つ子の魂百まで ★★★

1977 住めば都 정들면 고향

시험 ★★★ 회화 ★★★	・住めば 살면 ・住む 살다. 거주하다 ・都 수도　→　살면 도시

✎ 意味　아무리 촌이라도 익숙해지면 살기 좋은 곳이라고 생각하게 된다는 의미.

🔍 用例
A よく、こんな車も人も通らないような山の中に住んでるよね。
B 住めば都よ。不便でも、自然がいっぱいでいいところよ。

A 용케도 이런, 차도 사람도 안 다닐 것 같은 산골짜기에서 살고 있네.
B 정들면 고향이야. 불편해도 자연이 살아 있어 좋은 곳이야.

1978 清濁合わせのむ 도량이 넓어서 누구나 받아들이다

시험 ★☆☆ 문장 ★☆☆	・清濁 맑고 흐림. 선과 악 ・合わせのむ 모두 수용하다　→　선과 악을 모두 수용하다

✎ 意味　대해(大海)가 맑은 해류와 탁한 해류를 모두 받아들이는 것처럼 도량이 넓어 선과 악을
구분하지 않고 모두 포용하는 것을 의미. 청탁병탄(清濁竝呑).

🔍 用例
私は、父の清濁合わせのむことのできる心の広さを尊敬している。

나는 선과 악을 모두 수용하시는 아버지의 넓은 마음을 존경한다.

1979 せいては事をし損ずる 급할수록 돌아가라

| 시험 ★☆☆ | ・急いては 서둘러서는 ・急く 조급하게 굴다. 서두르다 ・事 일 ・し損ずる＝し損じる 그르치다 |
| 문장 ★★☆ | ・する 하다 ・損ずる 동사의 ます형에 붙어, 잘못 ~하다. 실수하다 |

✎ 意味   일을 조급히 서두르면 오히려 실수하기 쉽다는 의미. 서둘러서는 일을 그르친다는 말.

🔍 用例   **そんなにいろいろと一度にしようとしても、**
結局はせいては事をし損ずるんだからゆっくりやりなさい。

그렇게 여러 가지 일을 한 번에 하려고 하면서 결국 서두르다 보면 일을 그르칠 수 있으니까 천천히 해.

同義語   **急がば回れ★★★**   **短気は損気★★★**

1980 是が非でも 어떻게 해서라도. 무슨 일이 있어도. 꼭

| 시험 ★★☆ | ・是 도리에 맞음. 옳음 ・非 좋지 않음. 나쁨. 부정 ・でも 이라도 → **도리에 맞지 않아도** |
| 회화 ★★★ | |

✎ 意味   선과 악에 상관없이. 사정이 좋아도 나빠도.

🔍 用例   A **来週、ライバル校との練習試合があるんだ。**

B **そっか。前回は負けているから、今回は負けられないな。がんばれよ。**

A **うん。是が非でも勝って借りを返さなきゃ。**

A 다음 주 라이벌 학교와 연습시합이 있어.

B 맞아. 저번에 졌으니까 이번에는 질 순 없지. 열심히 해.

A 응. 어떻게 해서든 이겨서 빚을 갚아야지.

1981 船頭多くして船山に登る 사공이 많으면 배가 산으로 간다

| 시험 ★☆☆ | ・船頭 뱃사공 ・多くして(문어)＝多くて 많아서 ・多い (수량, 횟수, 물건 등이) 많다 ・船 배 |
| 회화 ★★☆ | ・山に上る 산에 오르다 → **사공이 많으면 배가 산으로 간다** |

✎ 意味   시키는 사람이 많으면 의견이 통일되지 않아 일이 엉뚱한 방향으로 가 버리는 것을 의미.

🔍 用例   **船頭多くして船山に登るっていうから、今回の件については松本さん**
の意見でやってみてはいかがでしょうか。

사공이 많으면 배가 산으로 간다고 하죠, 이번 일에 대해서는 마츠모토 씨의 의견으로 해 보면 어떨까요?

1982 善は急げ 쇠뿔도 단김에 빼라

| 시험 ★☆☆ | ・善 좋은 일 ・急げ 서둘러라 ・急ぐ 서두르다 → **좋은 일은 서둘러라** |
| 회화 ★★★ | |

✎ 意味   좋은 일은 생각났을 때 재빨리 하는 것이 좋다는 의미. 소의 뿔을 뽑으려면 불로 달구어 놓은 김에 해치워야 한다는 뜻으로 어떤 일이든 하려고 했으면 한창 열이 올랐을 때 망설이지 말고 곧 행동으로 옮겨야 함을 비유적으로 이르는 말.

🔍 用例   **善は急げって言うだろう。正しいと思ったのならすぐに行動に移すべ**
きだよ。

쇠뿔도 단김에 빼라고 하잖아. 옳다고 생각한 것이라면 바로 행동에 옮겨야 해.

1983 損して得取れ　큰 이익을 위해 작은 손해는 감수하라

시험 ★☆☆
회화 ★★★

・**損して** 손해 보고　・**損する** 손해 보다　・**得取れ** 이득을 취해라　・**得** 이익. 이득
・**取る** 취하다　→　**손해 보고 이득을 취해라**

✎ 意味　손해를 보지 않으려는 생각만 해서는 별로 이득을 볼 수가 없다는 것. 당장은 좀 손해를 본다고
해도 그 손해를 바탕으로 더 큰 이익을 얻을 수 있게 하라는 말.

🔍 用例　A こんなに安く売っちゃ、元が取れないよ。
　　　　B 損して得取れ、お客さんが増えれば、後で大きな儲けになるから。

A 이렇게 싸게 팔면 본전도 못 찾아.

B 큰 이익을 위해 작은 손해는 감수하라, 손님이 늘면 나중에는 크게 이득을 보게 될 거라고.

・**元が取れる** 본전을 찾다. 본전을 건지다

1984 対岸の火事　강 건너 불구경

시험 ★★☆
회화 ★☆☆

・**対岸** 건너편 기슭　・**火事** 화재　→　**건너편 기슭의 화재**

✎ 意味　자신과는 관계없는 일의 비유.

🔍 用例　A また日本で地震があったんだって。
　　　　B そう。韓国でも対岸の火事と思わずに十分準備しておいた方がいいよ。

A 일본에 또 지진 났대.　B 맞아. 한국도 강 건너 불구경이라는 생각을 버리고 철저하게 준비해 두는 것이 좋아.

同義語 **川向こうの火事**★

1985 大は小をかねる　큰 것은 작은 것을 대신할 수 있다

시험 ★☆☆
회화 ★★★

・**大** 대　・**小** 소　・**兼ねる** 겸하다　→　**대는 소를 겸한다**

✎ 意味　큰 것은 작은 것의 대용품으로도 사용 할 수 있다. 즉 광범위하게 사용할 수 있다는 의미.

🔍 用例　A 大きい車と、小さい車どっちを買おうかな。
　　　　B なんでも、大は小をかねるから、大きいのがいいんじゃない?

A 큰 차와 작은 차 중 어떤 걸 살까?　　　B 뭐든 큰 것은 작은 것을 겸할 수 있으니까 큰 것이 좋지 않아?

1986 高嶺の花　그림의 떡

시험 ★★★
회화 ★★★

・**高嶺** 높은 봉우리　・**花** 꽃　→　**높은 봉우리의 꽃**

✎ 意味　멀리서 바라만 볼 뿐 소유할 수 없는 것의 비유.

🔍 用例　A 高嶺の花だと思っていた先輩と付き合うことになったの。
　　　　B 本当に? 何でもチャレンジしてみないと分からないものね。

A 그림의 떡으로만 여겼던 선배와 사귀게 되었어.

B 정말? (정말로) 뭐든 해 보지 않으면 모르는 거네.

同義語 **絵に描いた餅**★★★

1987 高みの見物 수수방관

문장 ★★☆

• **高み** 높은 곳　• **見物** 구경　→　높은 곳에서 하는 구경

✎ **意味**　일을 제삼자의 입장에서 속 편하게 바라보는 것을 의미.

🔍 **用例**　子供同士の喧嘩など、大人が口を挟むよりも、高みの見物ぐらいの
気持ちで、むやみに関わらないほうが良い。

어린애들끼리 하는 싸움에 어른이 끼어들기보단 구경하는 기분으로(자세로) 지나치게 관여하지 않는 게 좋다.

• **むやみに** 무모하게. 함부로

1988 宝の持ち腐れ 아깝게 썩히다

시험 ★★☆

회화 ★★★

• **宝** 보물　• **持ち腐れ** 쓰지 않고 썩히는 것　→　보물을 가지고도 이용하지 않음

✎ **意味**　훌륭한 것(뛰어난 재능)을 가지고 있으면서 쓰지 않고 썩히는 것을 의미.

🔍 **用例**　A なんでこの前買った10万円のバッグ使わないの?

B すごく高かったから、使うのがもったいなくてさ。

A え! それじゃ、宝の持ち腐れじゃない。

A 왜 저번에 샀던 10만 엔짜리 가방 안 들어?　　B 너무 고가라 쓰기 좀 아까워서.

A 엥! 그럼 아깝게 썩히는 거잖아.

1989 立つ鳥跡を濁さず 떠나는 사람은 뒷마무리를 깨끗이 해야 한다

시험 ★★☆

문장 ★☆☆

• **立つ** 날아가다　• **鳥** 새　• **跡** 흔적　• **濁さず** (문어)=濁さない 흐리지 않는다

• **濁す** 흐리게 하다. 탁하게 하다　→　물새가 수면에서 날아오를 때에는 물을 흐리지 않고 날아간다

✎ **意味**　떠나는 사람은 뒤에 올 사람에게 폐가 되지 않도록 깨끗하게 정리해야 한다는 의미.

🔍 **用例**　引っ越しをする時は、立つ鳥跡を濁さずで、きれいに掃除をしなけ
ればならない。

이사할 때 떠나는 사람은 뒷마무리를 깨끗이 해야 한다고 하듯이, 깨끗하게 청소해야 된다.

1990 たで食う虫も好き好き 저마다 기호가 다르다

시험 ★★☆

회화 ★★☆

• **たで** 쓴 여뀌　• **食う**=食べる 먹다　• **虫** 벌레　• **好き好き** 각자의 기호

→　쓴 여뀌 잎을 먹는 벌레도 저마다

✎ **意味**　여뀌의 잎은 아주 쓰다. 그런데 그 쓴 여뀌 잎을 즐겨 먹는 벌레도 있다는 것에서,
사람은 저마다 기호가 다르다는 의미.

🔍 **用例**　A なんで、若いのに演歌しか聞かないの?

B 小さい頃から聞くのも歌うのも演歌が好きなのよ。

A へえ。珍しいね。まぁ、たで食う虫も好き好きって言うから。

A 왜 젊은데 엔카(트로트)만 들어?　　B 어렸을 때부터 좋아해서 듣고 부르던 게 엔카였어.

A 그렇구나. 특이하네. 뭐 사람은 저마다 기호가 다르다고들 하니까.

속
담
·
격
언

た
~
と
1984
—
2011

1991 棚から牡丹餅 굴러 들어온 호박

시험 ★★★
회화 ★★★

・棚 선반 ・牡丹餅 찹쌀과 멥쌀을 섞어 만든 경단(떡) → 선반에서 경단

✎ 意味 선반에서 떡이 떨어지듯 아무것도 하지 않았는데 생각지도 못한 행복이 굴러 들어오는 것을 의미.

🔍 用例 A 昨日お父さんに1万円もらっちゃった。お小遣いなんてくれたことないのにさ。

B やったじゃん。棚から牡丹餅だね。

A 어제 아빠에게 만 엔 받았어. 용돈 같은 거 주시는 분이 아닌데 말야.
B 잘됐다. 웬 떡이냐.

たまたま買った宝くじが当たっちゃってさ。本当に棚から牡丹餅だよ。

우연히 산 복권이 당첨되어서 말야. 정말로 굴러 들어온 호박이야.

1992 旅の恥はかきすて 떠나면 그만

시험 ★★★
회화 ★★★

・旅 여행(여행지) ・恥 수치 ・かきすて 창피를 당하거나 실패를 해도 조금도 개의치 않고
태연하게 있는 일 → 여행지의 수치는 떠나면 그만

✎ 意味 여행지에서는 아는 사람이 없으므로 평소라면 창피해서 할 수 없는 망신스러운 일도 태연하게
하는 것.

🔍 用例 A 旅行中に、テレビの撮影をしてて出演を頼まれたのよ。

B テレビに出演したの?

A 恥ずかしいから、お断りしたわよ。

B なんで〜。旅の恥はかきすてなんだから、出演すればよかったのに。

A 여행하고 있는데, TV 촬영을 하던 곳에서 출연을 해 달라는 거야.
B TV에 출연한 거야?
A 부끄러워서 거절했지.
B 왜〜〜. 떠나면 그만인데 출연하지 그랬어.

1993 旅は道連れ世は情 여행은 길동무 세상은 정

시험 ★★☆
문장 ★★☆

・旅 여행(여행지) ・道連れ 길동무 ・世 세상 ・情 인정. 동정. 자비 → 여행은 길동무 세상은 정

✎ 意味 여행할 때에는 길동무가 있어야 맘이 든든하듯이 세상을 살아가는 데에 있어서는 서로 의지가
되는 사람 간의 정이 소중하다는 의미.

🔍 用例 旅は道づれ世は情って言うけど、助け合って生きていくのが一番だよ。

여행은 길동무 세상은 정이라고 말하듯이 서로 돕고 살아가는 것이 제일이다.

1994 玉にきず 옥에 티

시험 ★★★
회화 ★★★

• 玉 구슬 • きず 상처. 흠 → 구슬에 흠

✎ 意味　본바탕은 훌륭하지만 안타깝게도 조그만 결점(흠)이 있는 것.

🔍 用例　私の先輩は非常に思いやりがあり、ユーモア感覚もある人なので、
人間的に尊敬できるが、身なりに気を使わず、常にジャージしか着ない
ところが玉にきずだ。

우리 선배는 배려심이 아주 많고 유머 감각도 있는 사람이라 인간적으로 존경하긴 하는데, 옷차림에는
아랑곳하지 않고 항상 트레이닝복만 입는 것이 옥에 티다.

1995 短気は損気 성질 급해 봐야 자기만 손해

시험 ★☆☆
회화 ★★☆

• 短気 급한 성미 • 損気 손해 → 급한 성미는 손해

✎ 意味　성급하게 일을 하면 결국 실패하게 되어 자신만 손해라는 의미.

🔍 用例　A Bちゃんは、短気なところが災いして運を逃してるところがあるよね。
B やっぱりそう思う? 私も短気なところを直したいと思ってるのよ。
A そうね。昔から短気は損気って言うもんね。

A 넌 성질머리가 급한 게 탈이라서 운을 놓칠 때가 있지.
B 역시 그렇지? 나도 급한 성격을 고쳐야겠다고 생각하고 있어.
A 그래. 예로부터 성질 급해 봐야 자기만 손해라고 하니깐.

• 災いする 그것이 원인이 되어 나쁜 결과가 되다

1996 近しき仲に(も)礼儀あり 친한 사이일수록 예의를 지켜라

시험 ★☆☆
회화 ★★★

• 近しき(문어)＝近しい 가깝게 지내다. 친하다 • 仲 사이 • 礼儀 예의
→ 친한 사이에도 예의 있게

✎ 意味　너무 친해서 격 없이 지내는 것은 오히려 불화의 씨가 된다는 말로 친한 사이라도 예의를
지키는 것이 중요하다는 의미.

🔍 用例　A 私が嫌だと言っていることはやらないのが礼儀でしょ!
B だって、そんなに怒るとは思ってなかったから、冗談のつもりだっ
たんだよ。
A 近しき仲にも礼儀ありって言葉知らないの? いくら仲が良くたって、
やっていいことと悪いことがあるじゃん。

A 내가 싫다고 하는 건 하지 않는 게 예의 아냐!
B 이렇게까지 화낼 줄 몰랐어. 그냥 장난 좀 친 거야.
A 친한 사이일수록 예의를 지키라는 말 몰라? 아무리 사이가 좋다고 해도, 해서 되는 일과 안 되는 일이 있잖아.

1997 塵も積もれば山となる 티끌 모아 태산

| 시험 ★★★ | ・塵 티끌 ・積もれば 쌓이면 ・積もる (높이) 쌓이다. 모이다 ・山となる 산이 된다 |
| 문장 ★★★ | → 티끌도 쌓이면 산이 된다 |

✎ 意味 매우 사소한 것이라도 계속 쌓이면 큰 것이 된다는 의미.

🔍 用例 給料の少ない私だが、塵も積もれば山となるで、長年ためた貯金が
一千万円を超えた。

나는 월급은 적지만 티끌 모아 태산이라고, 오랜 세월 모은 적금이 천만 엔이 넘는다.

英単語、毎日3個ずつでも覚えていけば、いつか塵も積もれば山となる
だろう。

영어 단어는 매일 3개씩이라도 외우면 언젠가 티끌 모아 태산이 될 것이다.

1998 月とすっぽん 하늘과 땅 차이

| 시험 ★★★ | ・月 달 ・すっぽん(鼈) 자라 → 달과 자라 |
| 회화 ★★★ | |

✎ 意味 둥근달과 둥근 자라의 등은 둘 다 둥근 형태를 하고 있지만, 그 가치에는 현격한 차이가 있음을
비유한 말. 여기서 뛰어난 사람은 달에, 뒤떨어지는 사람을 자라에 비유. 천양지차(天壤之差).

🔍 用例 私の姉は、頭も良くスタイルも良い。私とは月とすっぽんなので、
姉だと人に紹介するのが嫌だ。

우리 언니는 머리도 좋고 스타일도 좋다. 나와는 하늘과 땅 차이로, 언니라고 아는 사람에게 소개하는 것이 싫다.

A この女優、やっぱきれいだな〜。お前とは月とスッポンだな。

B わるかったね〜。お兄ちゃんだってそうじゃん!

A 이 여배우 역시 예쁘다〜. 너와는 천지차이다.

B 안 예뻐서 미안하게 됐네. 오빠도 뭐 비슷한 처지 아닌가?

1999 鶴の一声 권위자의 한마디

| 시험 ★★☆ | ・鶴 학 ・一声 한마디 → 학의 한마디 |
| 문장 ★★☆ | |

✎ 意味 다른 새와 달리 고고하고 수려한 자태의 학이 울음소리가 커서 멀리까지 들린다는 것에서,
여러 사람이 이야기해도 좀처럼 결정되지 않는 것이 실력 있는 사람이나 지위가 높은 사람의
말 한마디로 결정된다는 의미.

🔍 用例 二次会をどこに行くかで意見が分かれたが、リーダーが発した
鶴の一声で、カラオケに決定した。

2차를 어디로 갈 것인가로 의견이 분분했지만, 리더의 한마디로 노래방으로 정했다.

2000 出る杭は打たれる 모난 돌이 정 맞는다

시험 ★★☆	・出る 나오다 ・杭 말뚝 ・打たれる 맞는다 ・打つ 치다. 때리다. 두드리다 (수동형)
회화 ★★☆	→ 나온 말뚝은 맞는다

✎ 意味 학문이나 재능이 뛰어난 사람은 이러쿵저러쿵 남에게 미움을 받는다는 의미.
또는 주제넘은 짓을 하면 제재를 받게 된다는 말.

🔍 用例 私にどんなに才能があったとしても、今の世の中出るくいは打たれてし
まうので、なかなか上に上っていけない。

나에게 아무리 재능이 있다 해도 요즘은 모난 돌이 정 맞는 세상이라서 고속으로 승진해서는 안 된다.

2001 天は自ら助くる者を助く 하늘은 스스로 돕는 자를 돕는다

시험 ★☆☆	・天 하늘 ・自ら 스스로 ・助くる(문어)=助ける 돕다. 돕는 ・者 사람 ・助く 돕는다
문장 ★☆☆	→ 하늘은 스스로 돕는 자를 돕는다

✎ 意味 서양의 속담인 'God(Heaven) helps those who help themselves'를 번역한 말로, 벤자민
프랭클린의 『富に至る道 부자가 되는 길』에 나왔던 것이 나카무라 마사나오의 『西国立志編
서국입지편』에 인용되어 널리 퍼졌다고 전해짐.

🔍 用例 「天は自ら助くる者を助く」という言葉があるように、幸せになりたけ
れば自分で努力を惜しんではならない。

'하늘은 스스로 돕는 자를 돕는다'라는 말이 있듯이 행복하고 싶다면 자신이 노력을 아끼지 않으면 안 된다.

2002 燈台下暗し 등잔 밑이 어둡다

시험 ★★★	・燈台 등잔 받침대. 촛대 ・下 밑 ・暗し(문어)=暗い 어둡다 → 등잔 받침대 밑이 어둡다
회화 ★★★	

✎ 意味 신변에서 생기는 일은 오히려 알기 어렵다는 의미.

🔍 用例 A 女の子紹介してよ。

B いつもそんな事言ってるけどさ、自分の周りを見てみなよ。
案外灯台下暗しって事があるかもよ。

A 여자 좀 소개시켜 줘. B 맨날 그런 말만 하지 말고, 네 주변을 좀 봐 봐. 의외로 등잔 밑이 어두울 수가 있어.

2003 遠くの親戚よりも近くの他人 먼 친척보다 가까운 이웃이 좋다

시험 ★☆☆	・遠くの 먼 ・遠い 멀다 ・親戚=親類 친척. 집안. 사촌뻘 ・近くの 가까운 ・近い 가깝다
회화 ★★★	・他人 타인. 남 → 먼 친척보다 가까운 남

✎ 意味 이웃사촌이라고 뭔가 곤란한 일이 생겼을 때는 멀리 사는 친척보다 가까이에 사는 남(이웃)이
의지가 된다는 말.

🔍 用例 いつもお世話になるのは、やっぱり遠くの親戚よりも近くの他人だ。

항상 신세를 지게 되는 사람은 역시 먼 친척보다 가까운 이웃이다.

신체 관용어

생활 관용어

속담 · 격언

고사성어

사자성어

2004 時は金なり　시간은 금이다

시험 ★★★
회화 ★★★

・時 시간　・金 돈　・なり(문어)＝だ ~이다. 격조사 に에 명사 あり가 융합되어 생긴 말.
활용어의 연체형 또는 체언 등에 붙어 사용　→ 시간은 돈이다

✎ 意味　시간은 돈과 같이 귀중하므로 헛되이 낭비해서는 안 된다는 의미.

🔍 用例
A 若いときに、何もせずに家にだけいるなんて、信じられない。

B だって、何もやりたくないんだもん。

A 時は金なりだよ。若いときは二度と戻ってこないんだから、
何でもやってみたほうが良いって。

A 젊은데 아무것도 하지 않고 집에만 있다니 말도 안 돼.
B 뭐, 아무것도 하기 싫단 말야.
A 시간은 금이야. 젊은 시절은 다시 돌아오지 않아, 뭐라도 해 보는 게 좋다니까.

2005 所変われば品変わる　고장이 다르면 풍속도 다르다

시험 ★☆☆
회화 ★★☆

・所 곳. 장소. 고장　・変われば 바뀌면　・変わる 바뀌다. 변하다　・品 물건. 종류. 품종
→ 장소가 바뀌면 물건이 바뀐다

✎ 意味　고장이 다르면 풍속, 습관, 언어도 다르다는 의미.

🔍 用例
A お正月のお雑煮は何味？

B 私の実家は関西だから白味噌だよ。

A そうなんだ。うちの母は東京出身だからおすましなの。

B 所変われば品変わるってよく言ったものよね。

A 설날 떡국은 무슨 맛이야?　　B 우리 친정은 간사이 지방이라서 된장국으로 끓여.
A 그렇구나. 우리 엄마는 도쿄 출신이시라 오스마시(맑은 장국)야.
B 고장이 다르면 풍속도 다 다르다고 하더니만.

・白味噌 황백색의 된장. 껍질을 벗긴 흰 콩과 누룩으로 담근 염분이 적고 달짝지근한 된장
・赤味噌 적갈색의 된장. 보리 메주를 섞어 담근 된장으로 숙성 기간이 길고 염분 농도가 높아 색상도 진함
・おすまし 맑은 장국

2006 年寄りの冷や水　늙은 노인이 주책맞다

시험 ★★☆
회화 ★★★

・年寄り＝年寄 노인. 늙은이　・冷や水＝冷水 찬물. 냉수　→ 늙은이의 냉수욕

✎ 意味　노인이 젊은 사람을 따라 냉수를 마시거나 뒤집어쓰는 등 노인답지 않은 행위를 하는 것으로, 노인이 자신에게 맞지 않는 위험한 일이나 주제넘은 행동을 할 때 주의를 주거나 조롱할 때 쓰는 말.

🔍 用例　娘夫婦は、私が韓国にヨン様に会いに一人で行くことを年寄りの冷や水だという。

딸 부부는 내가 배용준을 만나기 위해 한국에 혼자 가는 것을 늙은 노인의 주책이라고 한다.

2007 捕らぬ狸の皮算用 떡 줄 사람은 생각도 않는데 김칫국부터 마신다

시험 ★★★
문장 ★★☆

- 捕らぬ(문어)=捕らない 잡지 않다 · 捕る 붙잡다 · 狸 너구리 · 皮算用 가죽의 셈
- 皮 가죽 · 算用 셈. 견적 → 잡지 않은 너구리 가죽의 견적

✎ 意味　너구리를 잡지도 못했는데 가죽을 팔아 돈 벌 계산을 한다는 것에서, 아직 손에 들어올지
어떨지도 모르는 것을 기대하여 이것저것 계획을 세우는 것.

🔍 用例

A 私がこの会社に就職したら、月に25万円はもらえるし、それプラス
アルバイトもするから、月の収入がざっと35万円くらいになるな。

B まだ就職もしてないのに、そんなことまで考えて…。
捕らぬ狸の皮算用だよ。

A 내가 이 회사에 취직을 한다면 월 25만 엔은 받을 수 있고, 거기에 플러스로 아르바이트도 할 거니까 월수입이
대강 35만 엔 정도 되겠다.

B 아직 취직도 안 했으면서 그런 것까지 생각하다니…. 떡 줄 사람은 생각도 않는데 너무 김칫국부터 마시는 거 아냐?

- ざっと 대강. 대충

2008 泥棒を捕らえて縄をなう 소 잃고 외양간 고친다

시험 ★☆☆
회화 ★☆☆

- 泥棒=盗人(ぬすびと·ぬすっと) 도둑 · 捕らえて 잡고. 붙잡고 · 捕らえる 잡다. 붙잡다
- 縄 새끼 · なう (새끼 등을) 꼬다 → 도둑을 보고 새끼를 꼰다

✎ 意味　일이 벌어진 다음 서둘러 대책을 마련하는 것에서, 미리 준비하지 않으면 위급할 때 대처할
수 없는 것.

🔍 用例　泥棒を捕らえて縄をなうという言葉もあるように、前もって
準備を怠ってはいけませんよ。

소 잃고 외양간 고친다라는 말이 있듯이 사전에 준비를 게을리해서는 안 돼요.

| 同義語 | 盗人を捕らえて縄をなう ★★★ |

2009 どんぐりの背比べ 도토리 키 재기

시험 ★★★
회화 ★★★

- どんぐり 도토리 · 背 키 · 比べ 비교 → 도토리의 키 재기

✎ 意味　도토리는 다 크기나 모양이 비슷하기 때문에 비교해도 그다지 차이가 없는 것에서,
다 대동소이하여 딱히 뛰어난 것이 없다는 의미.

🔍 用例

A 私の彼氏のほうが、美穂ちゃんの彼氏よりカッコイイと思わない?

B え? 私にとっては、どんぐりの背比べでしかないけど…。

A 내 남자친구가 미호 남자친구보다 멋있다고 생각하지 않아?

B 어? 내가 보기엔 도토리 키 재기 같은데….

(=似たり寄ったり·ほぼ同じ)

신체
관용어

생활
관용어

속담·격언

고사성어

사자성어

2010 飛んで火に入る夏の虫 불에 뛰어드는 불나방

시험 ★★☆
회화 ★★☆

・飛んで 날아서 ・飛ぶ 날다 ・火に入る 불에 들어가다 ・夏 여름 ・虫 벌레
→ 날아서 불에 들어가는 여름 벌레

✏️ 意味 여름날 밤 등불을 향해 날아드는 날벌레가 그 불에 타서 목숨을 잃는 것에서, 스스로 화를 자초하는 무모한 행동을 비웃는 말.

🔍 用例 **一人で敵の会社に乗り込んでくるとは、飛んで火に入る夏の虫だね。**

혼자 경쟁사에 쳐들어오다니 불 무서운 줄 모르고 뛰어드는 불나방 같군.

・乗り込む ① 탈것에 올라타다 ② 기세를 떨치며 들어가다. 몰려가다

2011 とんびが鷹を生む 개천에서 용 난다

시험 ★☆☆
문장 ★★☆

・とんび 솔개 ・鷹 매 ・生む＝産む 낳다 → 솔개가 매를 낳다

✏️ 意味 어디에나 있는 솔개가 힘센 매를 낳는 것에서, 평범한 부모가 뛰어난 자식을 낳는 것을 의미.

🔍 用例 **私たちの息子が医者になったので、周りからはとんびが鷹を生んだと言われている。**

우리 아들이 의사가 돼서 주위에서는 개천에서 용 났다고 한다.

2012 無い袖はふれない (주고 싶어도) 없어서 못 준다

시험 ★★☆
문장 ★☆☆

・無い 없다 ・袖 소매 ・振れない 흔들리지 않는다 (가능형 振れる의 부정) ・振る 흔들다
→ 없는 소매는 흔들리지 않는다

✏️ 意味 흔들고 싶어도 소매가 없으면 흔들 수 없다는 말에서, 돈이 없어서 주고 싶어도 줄 수 없다는 것을 의미.

🔍 用例 **友達にお金を貸してくれと頼まれたが、無い袖はふれないと断った。**

친구에게 돈을 빌려 달라는 부탁을 받았지만 주고 싶어도 없어서 못 준다며 거절했다.

(＝無い物は出せない)

2013 長いものには巻かれろ 강한 자에게는 무릎을 꿇어라

시험 ★☆☆
회화 ★★☆

・長い 길다 ・巻かれろ 감겨라 (수동형 巻かれる의 명령) ・巻く 말다. 감다 → 긴 것에는 감겨 주어라

✏️ 意味 권력(세력)을 가진 사람이 하는 말에는 설령 그 말이 도리에 어긋난다고 해도 거역하기보다는 고분고분하게 따르는 것이 득이 된다는 말.

🔍 用例 **世の中、楽に渡っていきたければ、長いものには巻かれろって先輩に言われた。**

세상을 편하게 살기 위해서는 강한 자에게는 무릎을 꿇으라고 선배가 말했다.

2014 無くて七癖 ななななくせ 누구에게나 약간의 버릇이 있다

시험 ★★☆
회화 ★★★

・**無くて** 없어도 ・**無い** 없다 ・**七癖** 7가지 버릇 → 없어도 7가지 버릇

✎ 意味　인간은 많든 적든 약간의 버릇을 가지고 있다는 말. 버릇 없는 사람도 자세히 보면 약간의 버릇이 존재한다는 말.

🔍 用例　**無くて七癖**というように、**自分**では**分**からなくても**誰**でも**癖**を**持**っているものだ。

아무리 버릇이 없는 것처럼 보여도 자신도 모르는 버릇을 누구나 다 가지고 있는 법이다.

同義語　**無くて七癖、あって四十八癖**★

2015 情けが仇になる なさあだ 호의가 역효과를 불러일으키다

시험 ★☆☆
회화 ★☆☆

・**情け** 인정 ・**仇になる** 적(원수)이 된다 → 인정이 적이 된다

✎ 意味　호의로 선의를 베푼 것이 오히려 상대에게 해를 끼치는 결과를 초래한다는 말.

🔍 用例　**情けがあだになる**ことも**多**いので、**頼**まれない**限**りいろいろと**手伝**わないことにしている。

호의로 한 일이 오히려 폐를 줄 때가 많아서 부탁받지 않으면 되도록 안 하려고 한다.

同義語　**恩があだ**★

2016 情けは人の為ならず なさひとため 남에게 인정을 베풀면 언젠가 자신에게로 돌아온다

시험 ★☆☆
회화 ★★☆

・**情け** 인정. 자비 ・**人** ① 사람 ② 타인 ・**為** 이익이나 득이 되는 일
・**ならず**(문어)=じゃない 아니다 → 인정은 타인의 이익이 되지 않는다

✎ 意味　남에게 인정을 베푸는 것은 남을 위한 것이 아니라 자신을 위한 것도 된다는 것으로, 남에게 잘해 주면 결국 돌고 돌아 언젠가는 자신에게로 보답이 돌아온다는 의미.

🔍 用例　A **友達**が**困**っているとついあれこれしてあげたくなるんだよ。

B でも、それっていいことだと**思**うよ。**情けは人の為ならず**って**言葉**もあるじゃない。

A 친구가 힘들어 하고 있으면 나도 모르게 이것저것 해 주고 싶어져.

B 그래도 그렇게 하는 게 좋은 거 같아. 남에게 잘해 주면 결국 자신에게로 돌아온다는 말도 있잖아.

学生達をボランティアで**教**えていたら、より**理解**が**深**まって**結局**、**自分**の**成績**が**伸**びたんだ。**情けは人の為ならず**ってこのことだったんだね。

학생들을 가르치는 봉사를 하다 보니 이해가 더 잘 돼 결국 내 성적이 올라갔어. 남에게 인정을 베풀면 언젠가 자신에게로 돌아온다는 게 이런 건가 봐.

2017 習うよりは慣れよ 배우기보다 익숙해져라

시험 ★☆☆
회화 ★☆☆

- **習う** 배우다(여기서는 공부하다, 학습하다의 의미) · **慣れよ**(문어)=**慣れろ** 익숙해져라
- **慣れる** (자주 경험하여) 익숙해지다. 습관이 되다. 길들다 → **학습하는 것보단 익숙해져라**

✎ 意味　학습 이론에 따라 체계적으로 공부하는 것보다 실제로 경험하여 익히는 것이 무슨 일을
터득하는 지름길이라는 의미.

🔍 用例　**学生の頃、先生によく言われた言葉は、「習うより慣れろ」だった。**
実際に、経験して身につけたことのほうが今でも頭の中に残っている
ので、先生は正しいことをおっしゃったと思っている。

학창 시절 선생님께서 자주 해 주신 말씀이 '배우기보단 익숙해져라'였다. 실제로 경험해서 몸에 익히는 것이
지금도 머릿속에 남아 있는 걸 보면, 선생님께서 옳은 말씀을 하셨다는 생각이 든다.

2018 憎まれっ子世にはばかる 미움받는 자식이 밖에서는 활개 친다

시험 ★☆☆
회화 ★★★

- **憎まれっ子** 미움받는 사람(아이). 짓궂은 사람(아이) · **世** 세상
- **はばかる** 판을 치다. 위세를 떨치다 → **짓궂은 사람이 세상에 판친다**

✎ 意味　타인에게 미움받는 사람이 오히려 눈에 띄거나 힘을 가지고 있어 위세를 떨치는 경우가 많다는 말.

🔍 用例　**憎まれっ子世にはばかるとはよく言ったもので、言いたいことを思う**
存分言ってる人のほうが、出世してる気がする。

못된 놈이 득세한다더니, 하고 싶은 말을 마음대로 하고 사는 사람 쪽이 출세한다는 느낌이 든다.

2019 二兎を追うものは一兎をも得ず 두 마리의 토끼를 쫓다 둘 다 놓친다

시험 ★★☆
회화 ★★☆

- **二兎** 두 마리 토끼 · **追う** 쫓다 · **ものは** 사람은 · **一兎** 한 마리 토끼 · **得ず**(문어)=**得ない**
얻지 못한다 · **得る** 얻다 → **두 마리 토끼를 쫓는 사람은 한 마리의 토끼도 얻지 못한다**

✎ 意味　두 마리 토끼를 동시에 잡으려 하면 오히려 한 마리의 토끼도 잡을 수 없는 것에서,
욕심을 내어 두 가지 일을 동시에 이루려 하면 두 가지 다 이룰 수 없다는 의미.

🔍 用例　A **私、学校に行きながら仕事をしてるから、時間がなくて勉強が全く**
できないの。

B **それじゃ、すごく忙しいでしょ。**

A **うん。だから、二兎を追うものは一兎をも得ずにならないように**
必死なのよ。

A 나 있지, 학교에 다니면서 일을 하고 있으니까 시간이 없어서 공부가 제대로 안 돼.
B 그럼 정말 바쁘겠다.
A 응. 그래서 두 마리의 토끼를 쫓다 둘 다 놓치지 않으려고 죽어라 노력하고 있어.

2020 ぬかに釘（くぎ） 호박에 침 박기

시험 ★★★
회화 ★★★

・ぬか 겨 ・釘（くぎ） 못 → 겨에 못질

✎ 意味 | 겨와 같이 부드러운 것에 못을 쳐 봤자 아무런 소용이 없다는 것에서, 아무리 노력해도 아무런 반응(효과)이 없다는 말.

🔍 用例 | **うちの子（こ）にいくら勉強（べんきょう）しろといってもぬかに釘（くぎ）だ。**

우리 애는 아무리 공부하라고 해도 아무런 반응이 없다.

（=意味（いみ）がない・張（は）り合（あ）いがない・手（て）ごたえがない）

同義語 | のれんに腕押（うでお）し★★★   豆腐（とうふ）にかすがい★

2021 猫に小判（ねこ こばん） 돼지 목에 진주 목걸이

시험 ★★★
회화 ★★★

・猫（ねこ） 고양이 ・小判（こばん） 에도 시대의 통화로 쓰이던 금화 → 고양이에 금화

✎ 意味 | 돈의 가치를 모르는 고양이에게 금화를 걸어 놓아 봤자 아무 소용없다는 것에서, 아무리 가치가 높아도 그 가치를 모르는 사람에게 있어서는 아무런 도움도 안 된다는 의미.

🔍 用例 | A **子供（こども）のうちからブランド品（ひん）を持（も）ってるのをどう思（おも）いますか？**
B **私（わたし）は、猫（ねこ）に小判（こばん）だと思（おも）うので反対（はんたい）なんです。**（=無駄（むだ））

A 어릴 때부터 브랜드 제품을 가지고 있는 것을 어떻게 생각하세요?

B 나는 돼지 목에 진주 목걸이라고 생각해서 반대합니다.

同義語 | 豚（ぶた）に真珠（しんじゅ）★★★

2022 寝耳に水（ねみみ みず） 아닌 밤중에 홍두깨

시험 ★★★
회화 ★★★

・寝耳（ねみみ） 잠귀. 잠결 ・水（みず） 물 → 잠결에 물

✎ 意味 | 갑작스런 사건을 겪어 당황하거나 갑작스런 소식을 듣고 놀라는 것을 의미. 청천벽력(青天霹靂).

🔍 用例 | A **え？ 私（わたし）がモデルになる？**
B **私（わたし）が、あなたの履歴書（りれきしょ）内緒（ないしょ）で送（おく）ったら、合格（ごうかく）しちゃった。**
A **ちょっと待（ま）ってよ。寝耳（ねみみ）に水（みず）なんだけど…。**（=聞（き）いてない）

A 어? 내가 모델이 된다구?

B 내가 니 이력서(를) 몰래 보내 봤는데 합격했어.

A 잠깐만. 아닌 밤중에 홍두깨도 유분수지….

同義語 | 青天（せいてん）の霹靂（へきれき）★★★

2023 念力岩も通す 강한 정신력은 바위도 뚫는다

ねんりきいわ　とお

시험 ★★★
회화 ★☆☆

• **念力** 염력. 정신력. 강한 일념 • **岩** 바위 • **通す** 꿰뚫다 → **강한 일념은 바위도 뚫는다**

✎ 意味　어떤 일이라도 정신을 집중하여 하면 못할 것이 없다는 말.

🔍 用例　**念力岩も通すの言葉を信じて、私が大企業に就職できると信じて**
就職活動をしている。

강한 정신력은 바위도 뚫는다는 말을 믿고, 나도 대기업에 취직할 수 있다는 신념으로 구직 활동을 하고 있다.

2024 能ある鷹は爪を隠す 벼는 익을수록 고개를 숙인다

のう　　　たか　　つめ　　かく

시험 ★☆☆
회화 ★★★

• **能ある** 능력 있다. 사냥을 잘한다 • **鷹** 매 • **爪** 손톱. 발톱 • **隠す** 숨기다
→ **능력 있는 매는 발톱을 숨긴다**

✎ 意味　뛰어난 능력과 지혜를 겸비한 사람은 평소에는 그것을 숨기고 남에게 과시하지 않는다는 의미.

🔍 用例　A **あの人、英語と中国語がペラペラらしいよ。**

B **え～そんなふうにはぜんぜん見えないのに。**

A **能ある鷹は爪を隠すって言うじゃない。きっとそれね。**

A 저 사람 영어랑 중국어가 유창하대.
B 진짜~ 전혀 그렇게 안 보이는데.
A 벼는 익을수록 고개를 숙인다고 하잖아. 바로 그거네.

2025 囊中の錐 낭중지추. 뛰어나면 저절로 드러남

のうちゅう　　きり

시험 ★☆☆
문장 ★☆☆

• **囊中** 낭중. 주머니 속 • **錐** 송곳 → **주머니 속 송곳**

✎ 意味　주머니 속의 송곳이라는 뜻으로, 뾰족한 송곳은 가만히 있어도 반드시 뚫고 비어져 나오듯이
뛰어난 재능을 가진 사람은 그것을 감추어도 반드시 드러난다는 말.

🔍 用例　**入社当時から、「囊中の錐」と評されていたA君は、評判通り、**
あっという間に部長に昇進した。

입사 당시부터 '낭중지추'라고 평가 받았던 A군은 평판대로 눈깜짝할 사이에 부장으로 승진했다.

お前は「囊中の錐」なんだから、今は認められなくても、
きっとすぐに活躍できるようになるさ。

너는 '낭중지추'니까 지금은 인정받지 못해도 머지않아 반드시 활약하게 될 거야.

• **評される** 평가 받다 • **評す** 평하다. 평가하다 • **認められる** 인정받다 • **認める** 인정하다

2026 乗（の）りかかった船（ふね） 이미 한배를 타다

속담 · 격언

は
~
ほ
2028
|
2039

시험 ★★★
회화 ★★☆

• 乗（の）りかかる 탈것에 막 타려고 하다　• 船（ふね） 배　→ 이미 올라탄 배

✎ 意味　일단 강기슭을 떠나 버린 배에서는 쉽게 내릴 수 없듯이, 일단 착수한 이상은 도중에
그만두거나 손을 뗄 수 없다는 의미.

🔍 用例
A B君（くん）、ここまで手伝（てつだ）ってくれてありがとう。後（あと）は、僕（ぼく）が何（なん）とかするよ。

B 何（なに）言（い）ってるんだよ。どうせ乗（の）りかかった船（ふね）だから僕（ぼく）も最後（さいご）まで一緒（いっしょ）
に手伝（てつだ）うよ。

A ほんと? そう言（い）ってもらえるとうれしいよ。

A 야, 이렇게까지 도와줘서 고마워. 이제부터는 내가 죽이 되든 밥이 되든 해 볼게.
B 무슨 말이야. 어차피 한배를 탔으니 나도 끝까지 함께 도울게.
A 정말? 그렇게까지 말해 주면 (나야) 고맙지.

2027 のれんに腕押（うでお）し 호박에 침 주기

시험 ★★★
회화 ★☆☆

• 暖簾（のれん） 가게 입구에 드리워 놓은 상호를 쓴 천　• 腕押（うでお）し 손으로 밀다. 손으로 밀고 들어가다
→ 가게 입구의 천을 손으로 밀고 들어가다

✎ 意味　천을 손으로 밀고 들어가는 데는 힘을 쓸 필요가 없다는 것에서, 어떤 일이나 싸움 등을 할 때
아무런 감흥이나 보람을 느낄 수 없는 것을 의미.

🔍 用例
うちの父（ちち）には何（なに）を言（い）ってものれんに腕押（うでお）しでしかないと母（はは）がぶつぶつ
文句（もんく）を言（い）っている。(＝意味（いみ）がない)

우리 아빠는 무슨 말을 해도 들은 척 만 척이라 힘이 빠진다며 엄마가 투덜투덜 불만을 말씀하신다.

同義語　張（は）り合（あ）いがない★★★　ぬかに釘（くぎ）★★★

2028 馬脚（ばきゃく）をあらわす 마각이 드러나다. 정체가 탄로 나다

시험 ★★☆
회화 ★☆☆

• 馬脚（ばきゃく） ① 말의 다리 ② 말의 다리 역을 하는 배우　• あらわす 드러내다　→ 마각을 드러내다

✎ 意味　말의 다리 역을 하던 배우가 잘못하여 자신의 모습을 보이는 것에서, 숨기고 있던 정체나 나쁜
행동이 겉으로 나타나는것.

🔍 用例
もし、犯人（はんにん）がこの辺（へん）に潜（ひそ）んでいるとすれば、遅（おそ）かれ早（はや）かれ馬脚（ばきゃく）をあら
わすことは目（め）に見（み）えている。

혹시 범인이 이 근처에 숨어 있다고 한다면, 빠르든 늦든 간에 정체가 탄로 나는 것은 시간 문제다.

신체 관용어

생활 관용어

속담 · 격언

고사성어

사자성어

2029 箸_{はし}にも棒_{ぼう}にもかからない　아무짝에도 쓸모가 없다

시험 ★★☆
회화 ★★☆

・箸_{はし} 젓가락　・棒_{ぼう} 막대기. 봉　・かからない 관계가 없다　・かかる 관계하다

→ 젓가락도 막대기도 관계가 없다

✎ 意味　작은 젓가락으로도 커다란 막대기로도 쓸 수 없다는 것에서, 능력이나 정도가 미치지 못해 어찌할 수 없다는 의미.

🔍 用例　何_{なに}をしているんだ。こんな箸_{はし}にも棒_{ぼう}にもかからない資料_{しりょう}を探_{さが}すのに丸一日_{まるいちにち}かかったというのか。

뭘 하고 있는 거야. 이런 아무짝에도 쓸모없는 자료를 찾는 데 꼬박 하루가 걸렸다는 말이야?

A 杉田_{すぎた}くんの日本語_{にほんご}の翻訳_{ほんやく}どうだった？
B 箸_{はし}にも棒_{ぼう}にもかからない、ひどいものだったよ。

A 스기타가 일본어 번역한 거 어땠어?
B 아무짝에도 쓸모없을 정도로 형편없었어.

2030 話半分腹八分_{はなしはんぶんはらはちぶ}　말은 반만 하고 배는 팔 부만 채우랬다

시험 ★☆☆
회화 ★☆☆

・話_{はなし} 이야기　・半分_{はんぶん} 반　・腹_{はら} 배　・八分_{はちぶ} 10분의 8. 팔 부　→ 말은 절반 배는 팔 부

✎ 意味　사람들이 하는 말은 과장이나 겉치레가 많으므로 반 정도만 믿는 것이 좋고, 배도 팔 부 (더 먹을 수 있을 정도의 여유가 있는) 정도 차면 그만 먹는 게 좋다는 말.

🔍 用例　私_{わたし}は、人_{ひと}の話_{はな}すことは話半分腹八分_{はなしはんぶんはらはちぶ}で聞_きき、自分_{じぶん}の目_めで見_みたものだけを信_{しん}じるようにしている。

나는 남의 이야기는 반만 믿고 반은 흘려들으라고, 내 눈으로 본 것만을 믿으려고 한다.

2031 花_{はな}より団子_{だんご}　금강산도 식후경

시험 ★★★
회화 ★★★

・花_{はな} 꽃　・より 보다　・団子_{だんご} 경단　→ 꽃보다 경단

✎ 意味　벚꽃을 구경하는 것보다는 경단을 먹고 배를 채우는 것이 좋다는 것에서, 풍류보다 실리, 외관보다는 질을 중히 여기라는 말.

🔍 用例　A 桜_{さくら}が、すごくきれいに咲_さいてるね。
B うん。桜_{さくら}もきれいだけど、早_{はや}くご飯_{はん}食_たべよう。
A 本当_{ほんとう}に、あなたは花_{はな}より団子_{だんご}よね。

A 벚꽃이 정말 예쁘게 피었다~.
B 응. 벚꽃도 예쁘긴 한데, 빨리 밥부터 먹는 게 어때.
A 정말 넌 금강산도 식후경이구나.

2032 　早起きは三文の徳　일찍 일어나는 새가 벌레를 잡는다
はや お　　　 さんもん　　とく

시험 ★★★
회화 ★★★

• **早起き＝朝起き** 아침 일찍 일어나거나 그러한 사람　• **三文** 文은 화폐 단위. 서푼. 아주 싼 값
• **徳＝得** 이익　→　아침에 일어나면 서푼의 이익

✎ 意味 일찍 일어나면 건강에 좋으며 또한 일찍 일어난 만큼 좋은 일이 있다라는 말.

🔍 用例 A 今日いつもより早く学校にいったら、大好きな先輩に会ったの。

B へ～、よかったね。早起きは三文の徳っていうもんね。

A 오늘 평소보다 일찍 학교에 갔더니 제일 좋아하는 선배를 만났지 뭐야.

B 와~, 잘됐다. 일찍 일어나는 새가 벌레를 잡는다더니.

2033 　人の噂も七十五日　소문은 오래가지 않는다
ひと　うわさ　 しちじゅう ご にち

시험 ★★☆
회화 ★★★

• **人** 사람　• **噂** 소문　• **七十五日** 75일　→　사람의 소문도 75일

✎ 意味 사람의 소문이나 평판은 좋든 싫든 75일이 지나면 잊혀진다는 것에서, 소문은 오래가지
않는다는 의미. 75일은 중국의 오행사상(五行思想)에서 비롯된 것으로,
이 오행사상에서는 계절을 5개로 나누고 있다. 75란 숫자는 1년을 5로 나눈 숫자(365÷5=73)
73에 가깝다. 때문에 나쁜 소문이 퍼져 참기 힘들더라도 75일(한 계절)만 참으라는 의미.

🔍 用例 A なんか、私について、良くない噂が流れてるみたい。

B 噂なんか気にしてたらきりがないわよ。人の噂も七十五日。

すぐに消えるから少しの間辛抱しなさい。

A 왠지 나에 대한 좋지 않은 소문이 있는 것 같아.

B 소문 같은 거 신경 쓰면 끝이 없어. 소문은 오래가지 않는다고 하잖아. 곧 사라질 테니까 조금만 참아.

• **きりがない** 끝이 없다. 한이 없다

2034 　人のふり見てわがふり直せ　타산지석(他山之石)
ひと　　　 み　　　 　なお

시험 ★★☆
회화 ★★★

• **人の振り** 남의 모습(행동, 태도)　• **見て** 보고　• **見る** 보다　• **我が振り** 자신의 모습(행동, 태도)
• **直せ** 고쳐라　• **直す** 고치다. 바로잡다　→　남 하는 걸 보고 나를 고친다

✎ 意味 자신의 행동보다 타인의 결점은 눈에 잘 띄는 것에서, 남의 행동(장단점)을 보고 자신의 행동을
반성하며 고치라는 의미.

🔍 用例 人の悪口を言う友達を見るたびに、人のふり見てわがふり直せと言い
聞かせている。

남의 흉을 보는 친구를 볼 때마다 타산지석이란 말을 되씹고 있다.

2035 火の無いところに煙は立たない
아니 땐 굴뚝에 연기 나랴

시험 ★★★
회화 ★★★

・火 불 ・無い 없다 ・ところ 곳 ・煙 연기 ・立たない=立たぬ 나지 않는다
・立つ 서다. (공중에) 오르다. 솟다. 나다. 일다 → 불 없는 곳에 연기 나지 않는다

✎ 意味 연기가 나는 이상 반드시 불(원인)이 있는 것에서, 소문이 나는 것은 무슨 원인이 있기
때문이라는 의미.

🔍 用例
A 真佐子さん、実は結婚してるらしいよ。

B まさか! だって、まだ20歳だし、会社に入社したばかりじゃない。

A でも、火の無いところに煙は立たないとも言うでしょ。

A 마사코 씨 사실은 결혼했다나 봐.

B 설마! 아니, 아직 20살이고 회사에 막 입사했잖아.

A 그래도 아니 땐 굴뚝에 연기 나겠냐고 하잖아.

2036 ひょうたんから駒が出る
아닌 밤중에 홍두깨

시험 ★★☆
회화 ★★☆

・瓢箪 조롱박. 호리병박 ・駒=馬 말. 망아지 ・出る 나오다 → 조롱박에서 말이 나오다

✎ 意味 조롱박과 같이 작은 것에서 말이 나올 리가 없다는 것에서, 생각지도 않은 곳에서 예상하지도
못한 것이 나올 때, 또는 농담으로 한 말이 현실로 될 때 사용.

🔍 用例
冗談で、車を買ってくれと言ったのに、一台あまってる車があるからと
車をもらえることになって、こんなひょうたんから駒が出るような
話があるのかと耳を疑ってしまった。

농담으로 차 사 달라고 했는데, 한 대 남아도는 차가 있으니까… 하며 차를 받게 되어, 이런 아닌 밤중에 홍두깨
같은 일이 있을 수 있을까 싶어 (내) 귀를 의심했다.

同義語 ひょうたんから駒 ★★ 棚から牡丹餅 ★★★

2037 武士は食わねど高ようじ
양반은 얼어 죽어도 짚불은 안 쬔다

시험 ★☆☆
회화 ★☆☆

・武士 무사 ・食わねど(문어)=食わなくても 먹지 않아도 ・高ようじ 비싼 이쑤시개(여기서는
「高ようじを使う 비싼 이쑤시개를 쓰다」를 간략화한 말) → 무사는 먹지 않아도 비싼 이쑤시개를 쓴다

✎ 意味 명예를 중요시하는 무사(사무라이)는 설령 가난하여 식사를 못 할 때라도 태연히 이를 쑤시며
배가 부른 체한다는 것에서, 무사는 아무리 궁하고 다급한 경우라도 체면을 깎는 짓은 하지
않는다는 의미.

🔍 用例
日本では「武士は食わねど高ようじ」の精神が美徳とされている。

일본에서는 '무사는 아무리 궁해도 체면을 깎는 짓은 하지 않는다'라는 정신을 미덕으로 삼고 있다.

武士は食わねど高ようじと澄ましていられるのも限度があり、
三日も食べられないと我慢できない。

무사는 아무리 궁해도 체면을 깎는 짓은 하지 않는다지만 태연한 척 있는 것도 한계가 있는 법, 사흘 굶으면
참지 못한다.

2038 仏作って魂入れず 중요한 부분이 빠져 있다

시험 ★☆☆
회화 ★☆☆

- **仏** 부처. 불상 • **作って** 만들고 • **作る** 만들다 • **魂** 혼. 정신. 기백
- **入れず＝入れない** 넣지 않다 • **入れる** 넣다. 들어가게 하다 → **불상을 만들고 혼을 불어넣지 않다**

✎ 意味 　애써 한 일에 가장 중요한 일이 빠져 있어 아무런 쓸모가 없는 것을 의미.

🔍 用例 　我が国の英語教育はまだまだ「仏作って魂入れず」、すなわちカタチば
かりを追っているだけである。

우리나라 영어 교육은 아직 '불상을 만들고 혼을 불어넣지 않는다', 즉 (그저) 모양만 좇고 있을 뿐이다.

同義語 仏作って眼入れず ★

2039 仏の顔も三度 부처님 얼굴도 세 번 어루만지면 화를 낸다

시험 ★☆☆
회화 ★★☆

- **仏** 부처. 불상 • **顔** 얼굴 • **三度** 세 번 → **부처님의 얼굴도 세 번**

✎ 意味 　모든 것을 용서하는 부처님이라도 얼굴을 세 번 만지면 화를 낸다는 것에서, 아무리 어진
성품의 사람(착한 사람)이라도 여러 번 무시당하거나 무례한 일을 당하면 결국에는 화를 내고
만다는 의미.

🔍 用例 　先生がいくら優しいからといっても、仏の顔も三度までと言うように、
毎回いたずらをしていては怒られますよ。

선생님이 아무리 상냥하시다고 해도, 부처님 얼굴도 세 번 어루만지면 화를 낸다고 말하듯이 매번 장난을 치면
화를 내실 거예요.

仏の顔も三度というが、今度という今度は堪忍袋の緒が切れた。
もう許さん。

부처님 얼굴도 세 번 만지면 화를 낸다고 하지, 이번에는 정말 인내심이 바닥났다. 더 이상 용서 못해!

類似語 仏の顔も三度まで ★★

2040 枚挙に暇がない 너무 많아서 일일이 셀 수 없다

시험 ★☆☆
회화 ★★☆

- **枚挙** 매거. 하나하나 셈 • **暇** 틈. 짬 • **無い** 없다 → **하나하나 셀 짬이 없다**

✎ 意味 　하나하나 열거하면 끝이 없는 것. 셀 수 없을 정도로 많다는 것.

🔍 用例 　A 最近になって、オレオレ詐欺で被害にあう人、多いね。
B ホントだね。こうした事件、枚挙に暇がないよね。
A 注意していないと、いつ騙されるかわからない物騒な世の中になっ
たもんだ。

A 요즘 들어 보이스피싱 피해를 당하는 사람이 많지?
B 정말 그래. 그런 사건은 하나하나 열거하기가 힘들 정도지.
A 주의하지 않으면 언제 당할지 모르는 흉흉한 세상이 된 거지.

• **物騒** 세상이 뒤숭숭하고 위험한 상태

2041 まかぬ種は生えぬ 뿌린 대로 거둔다

시험 ★★☆
회화 ★☆☆

• **まかぬ**(문어)=**蒔かない** 뿌리지 않다 • **蒔く** 파종하다. 씨를 뿌리다 • **種** 씨
• **生えぬ**(문어)=**生えない** 나지 않다 • **生える** 나다. 자라나다. 싹트다 → **뿌리지 않은 씨는 싹트지 않는다**

✎ **意味**   노력하지 않으면 좋은 결과를 얻을 수 없다는 말.

🔍 **用例**   **まかぬ種は生えぬというが、努力しなければ何の成果も得られない。**

뿌린 대로 거둔다고, 노력하지 않으면 아무런 성과도 얻을 수 없다.

まかぬ種は生えぬというでしょう。まずはできることから始めてみましょう。

노력한 만큼 얻는다고 하잖아요. 우선 할 수 있는 것부터 시작해 보자구요.

2042 負けるが勝ち 지는 것이 이기는 것

시험 ★☆☆
회화 ★★★

• **負ける** 지다 • **勝ち** 승리 → **지는 것이 승리**

✎ **意味**   서로 싸우면 끝이 없고 또 끝까지 버틴들 좋지 못한 일만 생기니 빨리 지는 척하고 그만두는 것이 결국에는 자신에게 유리한 결과를 가져다준다는 의미.

🔍 **用例**   A **どうしたんだい。**
B **夫婦喧嘩したんだけど、また妻にやり込められちゃって。**
A **負けるが勝ちって言葉があるだろう。花を持たせてやりなよ。**

A 왜 그래?
B 부부싸움 했는데, 또 마누라한테 된통 당해서.
A 지는 것이 이기는 거라고 하잖나. 지는 척해 줘.

• **やり込める** (논쟁하여 상대편을) 꼼짝 못하게 하다. 찍소리 못하게 하다
• **花を持たせる** 상대를 기쁘게 해 주기 위해 상대편을 치켜세우다

2043 馬子にも衣装 옷이 날개

시험 ★★★
회화 ★★★

• **馬子** 마부 • **衣装** 의상. 복장. 옷 → **마부에게도 의상**

✎ **意味**   마부처럼 신분이 낮은 사람도 정장을 입히면 몰라보게 변한다는 것에서, 어떤 사람이라도 겉모습을 꾸미면 달라 보인다는 의미. 평소에 꾸미지 않는 사람이 화려하게 꾸미면 몰라본다는 것을 표현할 때 사용.

🔍 **用例**   A **そのドレスけっこう似合ってるじゃん。馬子にも衣装だね。**
B **なにその言い方! ほめてるのかなんだか分からないじゃん。**

A 그 드레스 꽤 잘 아울린다. 옷이 날개라더니.
B 뭐야 그 말투! 칭찬인지 아닌지 헷갈린다.

2044 待てば海路の日和あり 쥐구멍에도 볕 들 날이 있다

시험 ★★★
회화 ★★☆

- **待てば**(문어)=**待っていれば** 기다리면 ・**待つ** 기다리다 ・**海路** 뱃길. 배를 띄울 수 있음
- **日和** 날씨 ・**あり**(문어)=**ある** 있다 → **기다리면 배를 띄울 수 있는 날이 온다**

✎ **意味**　부둣가에서 배를 세워 놓고 있으면, 출항할 수 있는 좋은 날이 온다는 것에서, 초초하지 말고 기다리면 반드시 운 좋은 일이 생긴다는 의미.

🔍 **用例**　**待てば海路の日和あり！ ついに妊娠しました。**

쥐구멍에도 볕 들 날이 있다고! 드디어 임신했어요.

長い不況が続きましたが、やっと景気が回復してきました。
「待てば海路の日和あり」ですね。

오랫동안 불경기가 계속되고 있었는데, 겨우 경기가 회복되었습니다. '쥐구멍에도 볕 들 날이 있다'네요.

2045 ミイラ取りがミイラになる 미라 도굴꾼이 미라가 되다

시험 ★★☆
회화 ★★☆

- **ミイラ** 미라 ・**取り** 사냥꾼. ~를 찾는 사람 ・**になる** ~이 되다 → **미라 도굴꾼이 미라가 되다**

✎ **意味**　사람을 찾으러 간 사람이 그대로 돌아오지 않거나 사람을 납득시키러 갔던 사람이 납득되어 버리는 것.

🔍 **用例**　A **え？ バーゲンに行ったお母さんを迎えに行ったんじゃなかったの？**
B **最初はそうだったんだけど…。 私もバーゲン好きだし…。**
A **ミイラ取りがミイラになって帰ってきてどうするんだよ。**

A 뭐라고? 바겐세일 한다고 쇼핑 간 엄마를 배웅 나간 거 아니었어?
B 처음엔 그랬는데…. 나도 세일 좋아하는 데다….
A 미라 도굴꾼이 미라가 되면 어떡해.

2046 身から出たさび 자업자득

시험 ★★★
회화 ★★★

- **身** 몸 ・**出た** 나온 ・**出る** 나가다. 나오다 ・**さび** 녹 → **몸에서 나온 녹**

✎ **意味**　칼 그 자체에서 녹이 생겨 칼의 몸을 삭게 한다는 것에서, 자업자득의 악행을 검 자체의 날 부분에 생기는 녹에 비유한 말. 누구 탓도 아니고 제 잘못으로 고생하는 것.

🔍 **用例**　A **知らないうちに1ヶ月に50万円も使っちゃってた。**
B **いくら後悔しても遅いよ。 身から出たさびじゃん。**

A 나도 모르는 새에 한 달에 50만 엔이나 써 버렸지 뭐야.
B 아무리 후회한들 무슨 소용 있어. 자업자득이지 뭐.

同義語　**自業自得**★★★

신체 관용어

생활 관용어

속담·격언

고사성어

사자성어

2047 水清ければ魚住まず 물이 너무 맑으면 고기가 아니 모인다

시험 ★☆☆
회화 ★☆☆

・水 물 ・清ければ 깨끗하면 ・清い 깨끗하다 ・魚 물고기 ・住まず (문어)＝住まない 살지 않는다 ・住む 살다. 거주하다 → 물이 깨끗하면 물고기가 살지 않는다

✏️ 意味 　너무 차고 깨끗한 물에는 고기의 먹이인 플랑크톤이 부족함은 물론 몸을 숨길 곳이 없어서 물고기가 살지 않는다는 것에서, 지나치게 결백하면 오히려 남이 꺼려하여 고립된다는 의미.

🔍 用例 　そんなに潔癖だと、友達づきあいが悪くなるよ。水清ければ魚住まず

っていうじゃん。もうちょっと世間の荒波にもまれてみなよ。

그렇게 결벽이 심하면 친구와 사귀기 어려워져. 물이 너무 맑으면 물고기가 못 산다잖아. 좀 더 세상 풍파를 겪어 봐.

2048 水と油 물과 기름

시험 ★★★
회화 ★★☆

・水 물 ・油 기름 → 물과 기름

✏️ 意味 　물과 기름은 같이 섞어도 섞이지 않는 것에서, 잘 조화되지 않거나 서로 사이가 좋지 않은 것의 비유. 같은 뜻인 견원지간(犬猿之間)은 아주 나쁜 사이를 나타내는 말로 사람에게만 사용.

🔍 用例 　A 本当に、あの二人は喧嘩ばっかりしてるよね。

B 仕方ないよ。あの二人は水と油なんだから。

A 정말로, 저 두 사람은 (만나기만 하면) 싸움질이야.

B 어쩌겠어. 저 두 사람은 물과 기름 사이(견원지간)인걸.

📖 同義語 　油と水 ★★★　水に油 ★★
犬猿の仲 ★★★

2049 三つ子の魂百まで 세 살 버릇 여든까지 간다

시험 ★★★
회화 ★★☆

・三つ子 세 살 난 아이 ・魂 정신. 근성. 성격 ・百 백살 ・まで 까지
→ 세 살 난 아이의 성격 백 살까지

✏️ 意味 　어릴 때 형성된 성격은 노년이 되어도 바뀌지 않는다는 의미.

🔍 用例 　三つ子の魂百までと言うから、私のおっちょこちょいなところは

一生変わらないのだろう。

세 살 버릇 여든까지 간다는 말대로라면 내 덜렁대는 성격(면)은 평생 변하지 않을 것이다.

A 三つ子の魂百までっていうじゃない!? だからこの子の今の子育てが

大事なのよ。

B うん。わかるよ。それで？

A だからあなたももっと子育てに協力してくれない？

B わかったよ。

A 세 살 버릇 여든까지 간다잖아! 그래서 지금 이 아이의 교육이 중요해.

B 응. 알아. 그래서?

A 그러니까 당신도 좀 더 육아에 협조해 주면 안 될까?

B 알겠어.

📖 同義語 　雀百まで踊りを忘れず ★　・おっちょこちょい 촐랑댐. 덜렁댐. 또는 그런 사람

2050 目と鼻の先 <ruby>目<rt>め</rt></ruby>と<ruby>鼻<rt>はな</rt></ruby>の<ruby>先<rt>さき</rt></ruby> 엎어지면 코 닿을 데

시험 ★★★
회화 ★★★

• **目** 눈 • **鼻** 코 • **先** 앞 → 눈과 코끝 사이

✏️ 意味   눈과 코끝 사이처럼 아주 가까운 거리.

🔍 用例
A <ruby>引越<rt>ひっこ</rt></ruby>しをされるって<ruby>聞<rt>き</rt></ruby>きましたけど。

B <ruby>引越<rt>ひっこ</rt></ruby>しするって<ruby>言<rt>い</rt></ruby>っても、<ruby>今<rt>いま</rt></ruby><ruby>住<rt>す</rt></ruby>んでいるところと<ruby>目<rt>め</rt></ruby>と<ruby>鼻<rt>はな</rt></ruby>の<ruby>先<rt>さき</rt></ruby>なんですよ。(=すぐ<ruby>近<rt>ちか</rt></ruby>く・<ruby>近所<rt>きんじょ</rt></ruby>)

A 이사 가신다고 들었는데요.

B 가긴 가는데 지금 살고 있는 곳과는 엎어지면 코 닿을 데예요.

2051 もとのもくあみ 도로아미타불

시험 ★★☆
회화 ★★☆

• **元** 원래 • **木阿弥** 모쿠아미(사람 이름) → 원래의 모쿠아미

✏️ 意味   전국 시대의 영주 츠츠이 준쇼(筒井順昭)가 병으로 죽자 후계자인 준케이(順慶)가 아직 어린 관계로 준쇼 대신 준쇼와 목소리가 닮은 신분이 낮은 모쿠아미(木阿弥)를 잠시 침실에 뉘여 준쇼의 죽음을 숨겼다고 한다. 이윽고 준케이가 성인이 되자 준쇼의 죽음은 공표되고 모쿠아미는 원래의 낮은 신분으로 되돌아갔다. 이 고사에서 **もとのもくあみ**는 잠시 좋았다 이전의 나쁜 상태로 되돌아가는 것. 즉 모처럼의 고생과 노력이 물거품이 되어 원래 상태로 되돌아가는 것을 의미하게 됨.

🔍 用例
A また<ruby>同<rt>おな</rt></ruby>じ<ruby>所<rt>ところ</rt></ruby><ruby>怪我<rt>けが</rt></ruby>しちゃった。

B え? またなの? せっかく<ruby>治<rt>なお</rt></ruby>ってきたところだったのに、それじゃ、**もとのもくあみ**じゃない。

A 또 같은 데를 다쳤어.

B 뭐, 또? 어렵게 나은 건데, 그럼 도로아미타불이잖아.

2052 ものも言いようで角が立つ ものも<ruby>言<rt>い</rt></ruby>いようで<ruby>角<rt>かど</rt></ruby>が<ruby>立<rt>た</rt></ruby>つ 같은 말도 하기 나름

시험 ★☆☆
회화 ★☆☆

• **もの** 말 • **言いよう** 말투. 어조 • **角が立つ** 모가 나다 → 말도 말투로 모가 난다

✏️ 意味   같은 말도 말하기에 따라 상대의 감정을 불쾌하게도 할 수 있다는 것에서, 매사 말투에 조심하라는 말.

🔍 用例
ものも<ruby>言<rt>い</rt></ruby>いようで<ruby>角<rt>かど</rt></ruby>が<ruby>立<rt>た</rt></ruby>つから、<ruby>同<rt>おな</rt></ruby>じことを<ruby>言<rt>い</rt></ruby>うのでも<ruby>感情的<rt>かんじょうてき</rt></ruby>になったらだめよ。

같은 말도 하기 나름이라고, 같은 말이라도 감정적이 되면 안 돼.

📖 同義語   ものも<ruby>言<rt>い</rt></ruby>いよう★★   <ruby>丸<rt>まる</rt></ruby>い<ruby>卵<rt>たまご</rt></ruby>も<ruby>切<rt>き</rt></ruby>りようで<ruby>四角<rt>しかく</rt></ruby>★

2053 焼け石に水 언 발에 오줌 누기

시험 ★★☆
회화 ★★★

・焼け石 달궈진 돌 ・水 물 → 달궈진 돌에 물

✎ 意味　노력으로는 아무런 효과를 볼 수 없다는 의미.

🔍 用例　新製品が売り上げ予測の30倍という大人気で売り切れ寸前だ。
あわてて生産量を2倍に増やしたがこれでは焼け石に水だ。

신제품이 예상 매출의 30배가 넘는 인기 폭발로 품절 직전이다. 급히 생산량을 2배 늘렸지만 이것으로는 언 발에 오줌 누기다.

2054 焼け木杭に火が付く 다시 불붙다. 꺼진 불씨가 다시 살아나다

시험 ★☆☆
회화 ★★★

・焼け木杭 불에 탄 말뚝. 타다 남은 그루터기 ・火が付く 불이 붙다 → 타다 남은 말뚝에 불이 붙다

✎ 意味　타다 남은 말뚝에 다시 불이 붙는 것에서, 과거에 사귀다 헤어졌던 남녀가 다시 만나는 것.

🔍 用例　A ねえ、佐藤くんと山田さん、別れたんじゃなかったの?
B 知らなかった? 二人また付き合いだしたんだよ。
A へ～～、焼け木杭に火が付いたってやつね。

A 있지, 사토랑 야마다 씨, 헤어진 거 아니었어?　　B 몰랐어? 둘이 다시 사귀기로 했대.
A 그랬구나, 꺼진 불씨가 다시 살아났구나.

2055 安物買いの銭失い 싼 것이 비지떡

시험 ★★★
회화 ★★★

・安物 싸구려 물건 ・買い 삼 ・買う 사다 ・銭 돈 ・失い 잃음 ・失う 잃다
→ 싸구려 물건 구입은 돈 낭비

✎ 意味　싼 물건은 품질이 나쁘기 때문에 결과적으로 손해라는 뜻.

🔍 用例　A 見て、これすごい安かったから買っちゃったのよ。
B Aちゃん、この前も、すごい似てるの買ってたよ。いくら安くても、
それじゃ安物買いの銭失いよ。

A 이것 봐, 이거 되게 싸길래 샀어.　　B 너 저번에도 되게 비슷한 물건 샀었잖아. 아무리 싸도 그렇지, 싼 게 비지떡이라구.

2056 藪をつついて蛇を出す 긁어 부스럼

시험 ★★☆
회화 ★★☆

・藪 덤불. 대나무 숲 ・つついて 쿡쿡 찔러 ・つつく 가볍게 쿡쿡 찌르다 ・蛇 뱀
・出す (안에서 밖으로) 꺼내다. 나오게 하다 → 덤불을 들쑤셔서 뱀을 나오게 하다

✎ 意味　덤불을 막대기로 위협하면 괜히 가만히 있던 뱀이 나와서 물 수도 있는 것에서, 쓸데없는 참견을 하여 혼나는 것을 의미.

🔍 用例　問題を解決したというよりも藪をつついて蛇を出したような感じです
けどね。

문제를 해결하려고 한다기보다 긁어 부스럼을 만드는 듯한 느낌인데요.

2057 油断大敵 _{ゆだんたいてき} 방심은 금물

| 시험 ★★★
회화 ★★★ | • 油断 _{ゆだん} 방심. 부주의 • 大敵 _{たいてき} 대적. 큰 적 → 유단대적. 방심은 큰 적 |

✎ 意味   방심하면 반드시 실패의 원인이 되니 방심하지 말라는 의미.

🔍 用例   A 父の容体はどうなんでしょうか? _{ちち ようだい}

B 今のところは落ち着いていますが、まだ油断大敵です。 _{いま お つ ゆだんたいてき}

A 아버님 병세는 어떠세요?

B 지금은 안정되었습니다만, 방심은 금물인 것만은 변함없습니다.　• 容態 _{ようたい} ① 외면상의 모습 ② 병세. 병상

2058 弱り目に祟り目 _{よわ め たた め} 엎친 데 덮친 격

| 시험 ★★☆
회화 ★☆☆ | • 弱り目 _{よわ め} 약해진 상태. 곤란한 경우 • 祟り目 _{たた め} 재난을 당할 때 → 곤란한 경우에 재난을 당함 |

✎ 意味   곤란할 때에 되려 재난을 겪는다는 것으로, 불행한 일을 연달아 겪는 것. 설상가상(雪上加霜).

🔍 用例   部長にも怒られ、その上運悪く社長にも怒られ、弱り目に祟り目って _{ぶ ちょう おこ うえうんわる しゃちょう おこ よわ め たた め}

いうやつだなって思った。(=不運が重なる・それに加えて・その上に) _{おも ふうん かさ うえ}

부장에게도 혼나고 더구나 운 나쁘게 사장에게도 혼나고 엎친 데 덮친 격이다.

空き巣に入られたので、家のカギを新しくしたのに、そのカギもなく _{あ す はい いえ あたら}

しちゃってさ。ほんとに弱り目に祟り目だよ。 _{よわ め たた め}

집이 비었을 때 도둑을 맞아서 집 열쇠를 새로 만들었는데, 그 열쇠도 잃어버렸지 뭐야. 정말 엎친 데 덮친 격이야.

| 同義語 | 泣きっ面に蜂★★★ _{な つら はち}　痛む上に塩を塗る★ _{いた うえ しお ぬ} |

2059 良薬口に苦し _{りょうやくくち にが} 양약은 입에 쓰다

| 시험 ★★★
회화 ★★★ | • 良薬 _{りょうやく} 좋은 약 • 口 _{くち} 입 • 苦し _{にが}(문어)=苦い _{にが} 쓰다 → 좋은 약 입에 쓰다 |

✎ 意味   좋은 약이 입에 쓰듯이, 좋은 충고는 듣기 거북하다라는 의미.

🔍 用例   A この薬苦いから飲みたくない! _{くすりにが の}

B 良薬口に苦しだから、苦いに決まってるでしょ。 _{りょうやくくち にが にが き}

早く飲んじゃいなさい。 _{はや の}

A 이 약은 써서 먹고 싶지 않아!

B 양약은 원래 입에 쓴 법이야, 쓴 게 당연하지. 빨리 먹기나 해.

2060 ローマは一日にして成らず
ろーまは いちにち ならず

로마는 하루 아침에 이루어지지 않았다

시험 ★★☆
회화 ★★☆

• **ローマ** 로마 • **一日** 하루 • **にして** ~로서는 • **成らず**(문어)= 成らない 이루어지지 않는다. 만들어지지 않는다 • **成る** 이루어지다 → 로마는 하루 가지고 이루어지지 않는다

✎ 意味 모든 길은 로마로 통한다라고 일컬어지는 로마 제국도 작은 소도시 국가에서 부흥하여 대로마 제국에 이르기까지는 장장 700년에 이르는 긴 고난의 역사가 있었다는 것에서, 큰일은 오랜 세월에 걸친 노력 없이는 이룰 수 없다는 의미.

🔍 用例 **私の会社はまだ小さな力のない会社だが、ローマは一日にして成らず という言葉もあるので、がんばって大きな会社にしたいと思っている。**

우리 회사는 아직 작고 힘도 없는 회사지만, 로마가 하루 아침에 이뤄진 게 아니라는 말도 있듯이, 열심히 노력해서 큰 회사로 만들고 싶다.

2061 論より証拠
ろん しょうこ

말보다는 증거

시험 ★☆☆
회화 ★★☆

• **論** 논의 • **より** 보다 • **証拠** 증거 → 논의보다 증거

✎ 意味 무슨 일을 해결하기 위해서는 백 번 말로 따지는 것보단 증거를 내세우는 것이 훨씬 빠르다는 말.

🔍 用例 **話して分かってもらえないのなら論より証拠ということで、目の前で実験をして見せます。**

말로 이해를 못하시겠다면 말보다는 증거라고, 눈앞에서 실험을 해 보이겠습니다.

2062 わが身をつねって人の痛さを知れ
み ひと いた し

자기가 아파 봐야 남의 아픔을 안다

시험 ★☆☆
회화 ★★☆

• **わが身** 자신의 몸 • **つねって** 꼬집어 • **つねる** 꼬집다 • **痛さ** 고통 • **知れ** 알아라 • **知る** 알다 → 자기 몸을 꼬집어 보고 남의 고통을 알라

✎ 意味 자신이 직접 고통을 함께 겪어 보고 나서야 비로소 타인의 고통을 감싸 안아 줄 수 있게 된다는 의미.

🔍 用例 **わが身をつねって人の痛さを知ることで、こんなことがあったからこそ自分以外の人の気持ちを知ることができる。**

자기가 아파 봐야 남의 아픔을 안다고, 이런 일이 있고 나서야 자신 이외의 사람의 기분을 알 수 있게 된다.

2063 渡りに船
わた ふね

술 익자 체 장수 간다

시험 ★★☆
회화 ★★☆

• **渡り** 건넘. 나루터. 도선장 • **渡る** 건너다 • **船** 배 → 나루터에 배

✎ 意味 강을 건너려는데 마침 나루터에 배가 있다는 것에서, 뭔가로 곤란해 하고 있을 때 운 좋게 필요한 것이나 조건이 구비되는 것. 운 좋게 일이 맞아 떨어지는 경우에 사용.

🔍 用例 **渡りに船とばかりに、帰国したばかりの私に仕事が待っていた。**

운 좋게도 귀국한 지 얼마 안 된 내게 일이 기다리고 있었다.

2064 渡る世間に鬼はない　세상에는 무정한 사람만 있는 것이 아니다

시험 ★☆☆ 회화 ★★★	・渡る ① 건너다 ② 살아가다　・世間 세상　・鬼 귀신　・ない 없다 → 살아가는 세상에 귀신만 있는 것이 아니다

✎ 意味　세상은 무정한 사람 있는 게 아니라 힘들 때 도와주는 인정 많은 사람도 있다는 것에서,
원수가 있으면 은인도 있는 것이 세상의 이치란 말.

🔍 用例　渡る世間に鬼はないって言うから、どこに行っても必ず助けてくれる
人がいるはずだ。

세상에는 무정한 사람만 있는 게 아니라고 하니까, 어딜 가든 반드시 도와주는 사람이 있을 것이다.

2065 笑う門には福来る　웃으면 복이 온다

시험 ★☆☆ 회화 ★★★	・笑う 웃다　・門 문.집　・福 복이　・来る＝来る 오다　→ 웃는 집에 복이 온다

✎ 意味　언제나 싱글벙글 웃으며 사는 사람의 집에는 자연히 복이 찾아온다는 말.

🔍 用例　A Bちゃんって、いつもニコニコ笑っているよね。だから、Bちゃんを
見てると幸せな気分になれる。

B ありがとう。おばあちゃんに、「笑うかどには福来るだから、
いつも笑顔でいなさい」って小さい頃から言われてるの。

A 너는 항상 웃는 얼굴이야. 그래서 너를 보고 있으면 행복한 기분이 들어.
B 고마워. 할머니한테 "웃으면 복이 오니까 항상 웃어라." 하고 어릴 때부터 들었거든.

고사성어 >> 故事成語

2066 杞憂　기우

시험 ★★★ 문장 ★☆☆	・杞憂 기우(구기자나무 기, 근심할 우)

✎ 意味　『열자(列子)』에 나온 말로, 중국의 기(杞)나라에 살던 사람들이 하늘이 무너지면 어디로 피해야
좋을 것인가 걱정하였다는 데서 유래. 앞일에 대한 쓸데없는 걱정.

🔍 用例　テストが終わったのにあれこれ悩んでも仕方ない。杞憂だよ。

시험이 끝났는데 이것저것 고민해 봐도 아무 소용없다. 기우다.　　　（＝取り越し苦労）

2067 牛耳る _{ぎゅう じ} 주도권을 잡고 지배하다. 좌지우지하다

시험 ★★☆
문장 ★★☆
• 牛耳る 소의 귀를 잡다. 우두머리가 되어 어떤 집단 등을 자기 마음대로 움직이다

✎ 意味
단체나 조직을 지배하여 뜻대로 움직이는 것. 옛날 중국에서 제후가 모여 맹세를 할 때 소의 귀를 잘라 그 피를 마셨던 것에서 유래.

🔍 用例
社長は能無しで実際牛耳っているのは副社長だ。
사장님은 무능해서 실제 주도권을 잡는 것은 부사장이다.

この町の一帯を牛耳っているのは山口組のヤクザだ。
이 마을 일대를 좌지우지하는 것은 야마구치 폭련단이다.

同義語 牛耳を取る★

2068 漁夫の利 _{ぎょ ふ   り} 어부지리

시험 ★★★
회화 ★☆☆
• 漁夫 어부(고기 잡을 어, 남편 부) • 利 이익 → 어부의 이익

✎ 意味
두 사람이 이해관계로 서로 싸우는 사이에 엉뚱한 사람이 애쓰지 않고 가로챈 이익을 이르는 말. 『전국책(戦国策)』에서 나온 말로, 도요새(しぎ)가 무명조개(はまぐり)의 속살을 먹으려고 부리를 조가비 안에 넣는 순간, 무명조개가 껍데기를 꼭 다물고 부리를 안 놔주자, 서로 다투는 틈을 타서 어부가 둘 다 잡은 것에서 유래. 「漁夫の利を占める 어부지리를 얻다」를 줄인 말.

🔍 用例
A T社とS社がもめている間に、結局C社が利権を持って行っちゃったんだって。
B なんだ、結局C社が漁夫の利を占めちゃったんだね。
A T사와 S사가 옥신각신 싸우고 있는 사이에 결국 C사가 이권을 가저가 버렸대.
B 뭐야, 결국 C사가 어부지리를 얻은 꼴이네.

2069 鶏口となるも牛後となるなかれ
닭대가리가 될지언정 소 궁둥이는 되지 말라

시험 ★☆☆
회화 ★☆☆
• 鶏口 계구(닭 계, 입 구). 닭의 입. 작은 단체의 우두머리 • となる ~이(가) 되다 • 牛後 우후. 소 궁둥이. 강자를 따라다니며 부림을 당하는 사람 • なかれ(문어)＝な 말라. 말지어다
→ 닭의 입이 되어도 소 궁둥이는 되지 말지어다

✎ 意味
『사기(史記)』에서 나온 말로, 작은 단체의 우두머리가 될지언정 큰 단체의 꽁무니에는 붙지 말라는 의미. 계구우후(鶏口牛後).

🔍 用例
私は鶏口となるも牛後となるなかれの精神で新しい会社を作りました。
나는 닭대가리가 될지언정 소 궁둥이는 되지 않겠다는 정신으로 새로운 회사를 만들었습니다.

2070　蛍雪の功　형설지공(蛍雪之功)
けいせつ　こう

시험 ★★☆
문장 ★★☆

• 蛍雪 형설(개똥벌레 형, 눈 설)　• 功 공(공 공)

✎ 意味　어려운 처지에 공부하는 것. 중국 진서의 자윤과 손강이 가난하여 기름을 살 돈이 없어, 반딧불(蛍の光)과 눈빛(雪の光)에 비추어 글을 읽었다는 고사에서 유래. 힘들게 공부하여 성공하는 것.「蛍雪の功を積む 형설의 공을 쌓다」의 형태로도 사용.

🔍 用例　私の蛍雪の功が実って東京大学に合格することができた。
나의 형설지공과 같은 노력이 결실을 거둬 도쿄대에 합격할 수 있었다.

社長は孤児として育ち、蛍雪の功を積んだ苦労人だ。
사장님은 고아로 자라 힘들게 공부한 세상의 쓴맛 단맛을 다 겪은 사람이다.

• 実る ① 열매를 맺다. 결실을 거두다 ② 노력한 보람이 나타나다
• 苦労人 많은 고생을 겪어 세상 물정을 잘 아는 사람. 세상의 쓴맛 단맛을 다 겪은 사람

2071　紅一点　홍일점
こういってん

시험 ★★★
문장 ★★★

• 紅一点 홍일점(붉은 홍, 한 일, 점 점)

✎ 意味　왕안석(王安石)의 시에서, 많은 남자 사이에 끼어 있는 한 사람의 여자를 비유적으로 이르는 말. 또 많은 사람 중에 뛰어난 단 한 사람의 예.

🔍 用例　私はクラスで紅一点なので、みんなに優しくされている。
나는 반에서 (유일한) 홍일점이라 모두가 상냥하게 대해 준다.

彼女は紅一点で南極探検隊の一員として参加した。
그녀는 홍일점으로 남극 탐험대의 일원으로 참가했다.

2072　古希　고희
こ　き

시험 ★★☆
문장 ★★★

• 古希 고희(옛 고, 바랄 희)

✎ 意味　나이 70세를 이르는 말. 두보의 시「人生七十、古来稀 인생칠십고래희」에서 온 말.

🔍 用例　私の祖母は、来月で古希を迎える。
우리 할머니는 다음 달에 고희를 맞으신다.

2073 虎穴に入らずんば虎児を得ず
こけつ に い らずんば こじ え ず

호랑이를 잡으려면 호랑이 굴로 들어가야 한다

시험 ★★☆
문장 ★★★

- **虎穴** こけつ 호랑이 굴 ・ **入らずんば** い (문어)= 入らないなら い 들어가지 않으면 ・ **入る** い 들어가다. 들다
- **ずんば**(ずば를 강조해서 발음)= (し)ないなら (하)지 않으면 ・ **虎児** こじ 호랑이 새끼 ・ **得ず** え (문어)=
得ない え 얻지 못한다 ・ **得る** え 얻다 → 범의 굴에 들어가지 않고서는 범의 새끼를 얻을 수 없다

✎ 意味 『후한서(後漢書)』에서 온 말로, 위험을 무릅쓰지 않고서는 성공할 수 없음의 비유.

🔍 用例 いい話だと思ったら失敗を恐れずやってみろ! あつ しっぱい おそ
「虎穴にいらずんば虎児を得ず」というじゃないか! こけつ こじ え

좋은 이야기라고 생각하면 실패를 두려워하지 말고 해 봐! 호랑이를 잡으려면 호랑이 굴로 들어가야 한다라고 하잖아!

2074 五十歩百歩 오십보백보
ごじゅっぽ ひゃっぽ

시험 ★★☆
회화 ★★★

- **五十歩** ごじゅっぽ 오십 보 ・ **百歩** ひゃっぽ 백 보

✎ 意味 『맹자(孟子)』에 나온 말로, 적에게 쫓긴 병사가 도망갈 경우, 오십 보 도망친 병사가 백 보 도망친 もうし
병사를 비웃었지만, 도망간 사실은 같다. 즉, 다소 차이는 있지만 본질적으로는 같다는 의미.

🔍 用例 アニメのフィギュアを集めるのも、ブランド品のバッグを集めるのも、 あつ ひん あつ
五十歩百歩じゃないの? (=どっちもどっち) ごじゅっぽ ひゃっぽ

애니메이션 피규어를 모으는 거나 브랜드 가방을 모으는 거나 오십보백보 아닌가?

同義語 **大同小異** ★★ だいどうしょうい

2075 塞翁が馬 새옹지마(塞翁之馬)
さいおう うま

시험 ★★☆
문장 ★★☆

- **塞翁が馬** さいおう うま 새옹의 말(변방 새, 늙은이 옹, 말 마)

✎ 意味 인생에 있어서 길흉(吉凶)・화복(禍福)은 항상 바뀌어 미리 헤아릴 수가 없다는 의미. 중국 きっきょう かふく
변방에 사는 늙은 노인(老翁)이 기르던 말이 도망갔지만, 몇 달 후에 준마(駿馬)를 데리고 ろうおう しゅんめ
들어와 재난이 행운이 되었다. 그런데 말 타기를 즐기던 노인의 아들이 그 말을 타다 낙마하여
골절을 당한다. 하지만 그 때문에 오히려 군대에 가지 않아도 되어 목숨을 부지하게 되었다는
것에서 유래.

🔍 用例 人間万事塞翁が馬。何が幸せで何が不幸かわからない。 にんげんばんじ さいおう うま なに しあわ なに ふこう

인간 만사는 새옹지마라고, 무엇이 행복하고 무엇이 불행한지 모르겠다.

同義語 **塞翁の馬** ★★ さいおう うま

2076 左遷 좌천
させん

시험 ★★★
회화 ★★★

- **左遷** させん 좌천(왼쪽 좌, 옮길 천)

✎ 意味 낮은 관직이나 지위로 떨어지거나 외직으로 전근됨을 이르는 말. 중국에서 오른쪽을 숭상하고
왼쪽을 멸시했던 데서 유래.

🔍 用例 私の大失態によって、私は会社を解雇され、上司は左遷されてしま わたし だいしったい わたし かいしゃ かいこ じょうし させん
った。(=飛ばされる) と

나의 엄청난 실수로, 나는 회사에서 해고당하고, 상사는 좌천당해 버렸다.

・ **失態** しったい 실태. 실수

2077 三遷の教 _{さんせん} _{おしえ} 삼천지교

시험 ★☆☆
문장 ★★☆

• 三遷 삼천. 세 번 옮김 • 教 가르침

✎ 意味　중국 맹자의 어머니가 자식을 위해 세 번 이사했다는 뜻으로 인간의 성장에 있어서 그 환경이
중요함을 가리키는 말. 맹모삼천지교(孟母三遷之教).

🔍 用例　三遷の教で幼い頃から私立の学校に通っている。

同義語　孟母三遷

맹모삼천지교로 어렸을 때부터 사립 학교에 다니고 있다.

2078 出藍の誉 _{しゅつらん} _{ほまれ} 청출어람(靑出於藍)

시험 ★☆☆
문장 ★☆☆

• 出藍 출람. 제자가 스승보다 나음 • 誉 명예. 좋은 평판

✎ 意味　제자가 스승보다 뛰어나다는 명성.

🔍 用例　私の師匠でも達成できなかったことを成し遂げた。出藍の誉れである。

우리 스승도 달성하지 못했던 일을 이뤄냈다. 청출어람이 아닐 수 없다.

同義語　青は藍より出でて藍より青し★★

2079 人口に膾炙する _{じんこう} _{かいしゃ} 유명해지다

시험 ★☆☆
문장 ★☆☆

• 人口 인구 • 膾炙する 회자하다. 입에 오르내리다(회칠 회, 구울 자)

✎ 意味　膾는 육회(肉나무ます), 炙는 불고기(あぶり肉). 육회나 불고기가 모든 사람의 입맛을
사로잡듯이 많은 사람들의 입에 오르내리는 것.

🔍 用例　「汝自身を知れ」はどの国にでも人口に膾炙したソクラテスの名言である。

'너 자신을 알라'라는 말은 어느 나라에서든 유명한 소크라테스의 명언이다.

2080 推敲 _{すいこう} 퇴고

시험 ★★★
문장 ★★★

• 推敲 퇴고(밀 퇴, 두드릴 고)

✎ 意味　시문을 지을 때 여러 번 생각하여 고치는 일. 문장을 다듬고 어휘가 적절한가를 살피는 일.
중국의 당나라 시인 가도(賈島)가「鳥は宿る地辺の樹、僧は敲く月下の門 새는 연못가
나무에 자고 중은 달 아래 문을 민다」란 말을 생각했는데, 뒷부분을「僧は敲く 문을 두드린
다」로 할지「僧は推す 문을 민다」로 할지를 고민하고 있다가 그만 한유의 행차 길을 방해해 버렸
다. 한유 앞으로 끌려간 가도가 방해한 이유를 사실대로 이야기하자 한유는 노여운 기색도
없이 한참을 생각하더니 "역시 민다는 '퇴(推)'보다는 두드리다라는 '고(敲)'가 좋겠군." 하고
말했다는 고사에서 유래.

🔍 用例　一日中、本の推敲作業をしている。

하루 종일 책의 퇴고 작업을 하고 있다.

2081 過ぎたるはなお及ばざるが如し
지나침은 미치지 못함과 같다

시험 ★★☆
문장 ★★★

- 過ぎたるは(문어)=過ぎることは 너무 지나친 것은 ・たる たり의 연체형
- なお(猶)=やはり 역시. 결국 ・及ばざる=及ばない 미치지 못하다
- ざる 부정 표현 ず=ない의 연체형 ・如し(문어)=同じだ 같다

✎ 意味 『논어(論語)』에서 온 말로, 지나침은 미치지 못함과 같다란 의미. 과유불급(過猶不及).

🔍 用例 彼は勉強ばかりして他のことは何もできない。過ぎたるは及ばざるが如しと両親は心配している。

그는 공부만 해서 다른 일은 아무것도 못한다. 지나침은 미치지 못함과 같다고 부모는 걱정한다.

お酒は百薬の長だといって、飲みすぎたら意味ないでしょ？
過ぎたるはなお及ばざるが如しですよ！

술이 백약지장이라고 지나치게 마시면 무슨 의미가 있겠어요. 지나침은 미치지 못함과 같다고 하잖아요!

| 同義語 | 過ぎたるは及ばざるが如し ★★★ ・百薬の長 백약지장. 술의 미칭 |

2082 杜撰 허술함

시험 ★★☆
문장 ★★★

- 杜撰 두찬 ① 틀린 데가 많은 저술 ② 엉터리. 날림

✎ 意味 두묵(杜黙)이라는 사람이 시를 만들 때 항상 율(律)에 벗어난 것에서, 일이 틀에서 벗어난 것을 의미.

🔍 用例 あまりにも杜撰な管理体制に呆れてしまった。

너무나도 허술한 관리 체계에 질리고 말았다.

今の会社の安全管理は杜撰だと言わざるを得ない。

지금의 회사 안전 관리는 너무 허술하다. (허술하다고 말하지 않을 수 없다.)

2083 精神一到何事か成らざらん
정신일도 하사불성(精神一到何事不成)

시험 ★★☆
문장 ★★★

- 精神一到 정신일도 ・何事 무슨 일 ・成らざらん(문어)=成り立たないか 이루어지지 않겠는가
- 成ら 成る의 미연형. 이루어지다. 성취되다 ・ざら 부정 표현 ず=ない의 미연형
- ん=む=であろう 동사의 미연형에 접속하여 추량, 예상의 뜻을 나타냄. ~일 것이다. ~이겠지

✎ 意味 온 정신을 기울여 한 가지 일에 몰두한다면, 아무리 어려운 일이라도 해낼 수 있다는 말.

🔍 用例 「精神一到何事か成らざらん」というだろう。だめだと諦めず努力すれば必ず希望がみえてくるさ。だからがんばれ。

'정신일도 하사불성'이라고 하잖아. 안 된다고 포기하지 말고, 노력하면 반드시 희망이 보일 거야. 그러니까 힘내!

2084 他山の石 타산지석

시험 ★★☆
문장 ★★☆

• 他山 타산. 다른 산 • 石 돌 → 다른 산의 돌

✎ 意味

『시경(詩経)』에서 나온 말로, 다른 산의 못생긴 돌멩이라도 구슬 가는 숫돌이 된다는 의미.
자기 수양에 도움이 되는 남의 언행을 가리키는 말.

🔍 用例

ライバル会社の失敗を他山の石としなさい。

라이벌 회사의 실패를 타산지석으로 삼아라.

2085 蛇足 사족

だ そく

시험 ★★★
문장 ★★★

• 蛇足 사족(뱀 사, 발 족). 군더더기.

✎ 意味

『전국책(戦国策)』에서 나온 말로, 옛날 초나라에서 뱀을 빨리 그리는 사람에게 왕이 내린 술을
마실 기회를 주기로 했는데, 뱀을 제일 먼저 그린 사람이 쓸데없는 뱀의 발가지 그린 탓에
우승을 다른 사람에게 빼앗기게 되었다는 데서 유래. 하지 않아도 될 쓸데없는 일을 하다가
도리어 일을 그르침을 이르는 말.

🔍 用例

やせているのに、ダイエットしようなんて蛇足よ!

말랐으면서 다이어트를 하다니 부질없는 짓이야!

なかなかいい文章だが、この一言だけは蛇足だなあ。

꽤 좋은 문장이지만 이 한 마디는 사족이군.

2086 登竜門 등용문

とうりゅうもん

시험 ★★★
문장 ★★★

• 登竜門 등용문(오를 등, 용 용, 문 문)

✎ 意味

『후한서(後漢書)』에 있는 말. 황하 상류에 용문이라는 계곡에는 흐름이 매우 빠른 폭포가 있었다.
폭포 밑에는 수많은 고기들이 모여들었으나 오르기는 쉽지 않았다. 그러나 일단 오르기만 하면
용이 된다고 전해진 것에서, 등용문은 이 용문을 오른다는 의미로 입신출세의 관문을 일컫는 말.

🔍 用例

このミュージックコンテストは、私が歌手になるための登竜門だ。

이 뮤직 콘테스트는 내가 가수가 되기 위한 등용문이다.

2087 虎の威を借る狐 호가호위(狐假虎威)

とら い か きつね

시험 ★★★
문장 ★★★

• 虎 호랑이 • 威 위력 • 借る＝借りる 빌리다 • 狐 여우 → 여우가 범의 권세를 빌다

✎ 意味

『전국책(戦国策)』에서 나온 말로 남의 권세를 빌려 위세를 부림의 비유.

🔍 用例

社長の知り合いというけれど、あんなに偉そうにして、まるであいつは
虎の威を借る狐だよ。

사장님의 지인이라는 것만으로 그렇게 잘난 체하다니, 정말이지 저 사람은 호가호위하는 것 같아.

신체 관용어

생활 관용어

속담·격언

고사성어

사자성어

2088 背水の陣 _{はいすい} _{じん} 배수진

시험 ★★★
회화 ★★★

- 背水 배수(등 배, 물 수) · 陣 진(진칠 진) → 강이나 바다를 등지고 치는 진

✎ 意味 중국 한나라의 한신이 강을 등지고 진을 쳐서 병사들이 물러서지 못하고 힘을 다하여 싸우도록 하여 조나라의 군사를 물리쳤다는 데서 유래. 어떤 일에 결사적인 각오로 임한다는 말. 「背水の陣を敷く 배수진을 치다」의 줄임말.

🔍 用例 A 俺、3浪だろ。今度の入試は絶対失敗できないんだ。

B そうだね。背水の陣を敷いてやるしかないね。

A 나 삼수잖아. 이번 입시는 절대 실패하면 안 된다구.　　B 맞아. 결사적인 각오로 싸울 수밖에 없지.

2089 白眼 _{はくがん} 백안

시험 ★★☆
문장 ★★☆

- 白眼 백안. 흰자위. 흘기는 눈. 차가운 눈초리

✎ 意味 『완적전(阮籍傳)』에서 나온 말로 진나라 때 죽림칠현의 한 사람인 완적(阮籍)이 반갑지 않은 손님은 백안(白眼)으로 대하고, 반가운 손님은 청안(青眼)으로 대한 데서 유래. 「白眼視する 백안시하다」의 형태로 사용.

🔍 用例 犯人の家族だと世間から白眼視されるのが耐えられない。

범인의 가족이라고 세상 사람들에게 차가운 눈초리를 받는 것이 견디기 힘들다.

2090 白眉 _{はくび} 백미

시험 ★★☆
문장 ★☆☆

- 白眉 백미. 흰 눈썹. 가장 뛰어난 것. 또는 그런 사람

✎ 意味 여럿 가운데 가장 뛰어난 것을 가리키는 말. 『삼국지(三国志)』에서 나온 말로 촉나라의 마량(馬良)이라고 하는 사람은 오형제였는데, 그 중에서 마량이 가장 뛰어났다. 백미는 마량의 눈썹이 하얀 것에서 유래.

🔍 用例 これは出品作中の白眉だ。 이것은 출품 작품 중에서 백미다.

2091 覆水盆に返らず _{ふくすいぼん} _{かえ} 엎질러진 물은 다시 담을 수 없다

시험 ★★★
문장 ★★☆

- 覆水 복수. 엎지른 물 · 盆 쟁반 · 返らず(문어)＝返らない 원상태로 되돌릴 수 없다
- 返る(원상태로) 돌아가다. 돌아오다

✎ 意味 주나라 때 강태공의 부인 마씨가 가난한 것이 너무 싫어 남편을 버리고 떠났다가 남편이 나라에 공을 세워 제나라 임금에게 관직을 받자, 태공에게 찾아와 다시 거둬 주기를 간청했다. 그러자 태공이 물 한 동이를 땅에 붓고 그 여인에게 다시 주워 담으면 거둬 주겠다고 했던 고사에서 비롯.

🔍 用例 いくら嘆いても終わってしまったことはしょうがない。
覆水盆に返らずである。

아무리 슬퍼해 봐도 끝난 일은 끝난 일이다. 엎질러진 물은 다시 담을 수 없다.

2092 矛盾 모순
むじゅん

시험 ★★★
문장 ★★★

- 矛盾 모순(창 모, 방패 순)
  むじゅん

✎ 意味 　어떤 사실의 앞뒤, 또는 두 사실이 이치상 어긋나서 서로 맞지 않음을 이르는 말. 중국 초나라의 상인이 창(ほこ)과 방패(盾)를 팔면서 창은 어떤 방패로도 막지 못하는 창이라고 하고 방패는 어떤 창으로도 뚫지 못하는 방패라 하여, 앞뒤가 맞지 않은 말을 하였다는 데서 유래.

🔍 用例 　本当にやりたいことは他にあるのに、ずっと会社で働いてる自分自身に矛盾を感じる。
ほんとう　　　　　　　　　　　　　ほか　　　　　　　　　　かいしゃ　　はたら　　　　　じぶんじしん
むじゅん　かん

정말로 하고 싶은 것은 따로 있으면서 계속 회사에서 일하고 있는 나 자신에게 모순을 느낀다.

사자성어 >> 四字熟語
よじじゅくご

2093 悪戦苦闘 악전고투
あくせんくとう

시험 ★★☆
문장 ★★★

- 悪戦苦闘 악전고투(악할 악, 싸움 전, 쓸 고, 싸움 투)
  あくせんくとう

✎ 意味 　강한 상대와의 힘든 싸움이나 곤란한 상황 가운데 노력을 거듭하는 것.

🔍 用例 　広大な四字熟語の世界を前に悪戦苦闘する。
こうだい　よじじゅくご　せかい　まえ　あくせんくとう

광대한 사자성어의 세계를 앞에 두고 악전고투한다.

2094 阿鼻叫喚 아비규환
あびきょうかん

시험 ★★☆
문장 ★☆☆

- 阿鼻叫喚 아비규환(언덕 아, 코 비, 울부짖을 규, 부를 환)
  あびきょうかん

✎ 意味 　차마 눈뜨고 보지 못할 참상.

🔍 用例 　列車事故の現場は阿鼻叫喚の巷と化した。
れっしゃじこ　げんば　あびきょうかん　ちまた　か

열차 사고의 현장은 아비규환의 난장판으로 변했다.

- 巷 ① 갈림길. 기로 ② (많은 사람들에 의해 어떤 일이 진행되고 있는) 장소. 터. 가. 장
  ちまた

2095 暗中模索 암중모색
あんちゅうもさく

시험 ★★☆
문장 ★★★

- 暗中模索 암중모색(어두울 암, 가운데 중, 더듬을 모, 찾을 색)
  あんちゅうもさく

✎ 意味 　어둠 속에서 손을 더듬어 찾는다는 의미로 짐작이 가지 않는 것을 여러모로 찾아보려고 하는 모양.

🔍 用例 　A このまえのプロジェクトはどうなった？
　　　　B 今は暗中模索の状態です。急いで解決策を考えております。
いま　あんちゅうもさく　じょうたい　いそ　かいけつさく　かんが

A 요전 프로젝트 어떻게 됐어?　　B 지금은 암중모색 상태예요. 급하게 해결책을 생각하고 있습니다.

고사성어

は
～
ほ
2088
│
2091

む
2092

사자성어

あ
～
お
2093
│
2109

2096 意気消沈 (いきしょうちん) 의기소침

시험 ★★☆
문장 ★★★

• 意気消沈 (いきしょうちん) 의기소침(뜻 의, 기운 기, 사라질 소, 잠길 침)

✎ 意味　기운이 없어지고 풀이 죽음. 우리나라에서는 의기소침(意氣銷沈)으로 銷(녹일 소)를 씀.

🔍 用例　彼は大学受験に失敗したことを知ると、意気消沈してしまった。

그는 대입 시험에 떨어졌다는 사실을 알고는 의기소침해했다.

反対語 意気軒昂 (いきけんこう) ★★★

2097 意気投合 (いきとうごう) 의기투합

시험 ★★☆
문장 ★★★

• 意気投合 (いきとうごう) 의기투합(뜻 의, 기운 기, 던질 투, 합할 합)

✎ 意味　서로의 마음이 맞음.

🔍 用例　たまたま飲み屋で知り合った人と意気投合し、今では大親友だ。

어쩌다 술자리에서 알게 된 사람과 뜻이 맞아 지금은 아주 친한 친구가 되었다.

2098 意気揚々 (いきようよう) 의기양양

시험 ★★★
문장 ★★★

• 意気揚々 (いきようよう) 의기양양(뜻 의, 기운 기, 날릴 양)

✎ 意味　뜻을 이루어 자랑스러워하는 태도.

🔍 用例　テストで100点を取った日は、意気揚々と家に帰れる。

시험에서 100점을 받은 날은 의기양양하게 집에 돌아갈 수 있다.

日本代表の選手たちは優勝のメダルをかけて、意気揚々と会場に現れた。

일본 대표 선수들은 우승 메달을 걸고 의기양양하게 회장에 나타났다.

2099 一言居士 (いちげんこじ) 일언거사

시험 ★★☆
문장 ★☆☆

• 一言居士 (いちげんこじ) 일언거사(하나 일, 말씀 언, 살 거(어조사 기), 선비 사)

✎ 意味　어떤 일에든 말참견 안 하고는 못 배기는 사람.

🔍 用例　彼はどんなことについても何か自分の意見を言わないと気がすまない一言居士だ。

그는 어떤 일에 대해서든 무언가 자신의 의견을 말하지 않으면 마음이 내키지 않는 일언거사다.

2100 一期一会 (いちごいちえ) 일생의 단 한 번뿐인 만남

시험 ★★☆ 문장 ★★★	• 一期 (いちご) 태어나서부터 죽기까지. 일생. 생애 • 一会 (いちえ) 한 번 만남
✎ 意味	다과회에 임할 때에는 일생에 한 번의 기회라고 생각하고 주객 모두 서로 성심성의를 다해야 한다는 것에서, 일생의 단 한 번뿐인 만남.
🔍 用例	私 (わたし) の人生 (じんせい) のモットーは「人生 (じんせい) の一期一会 (いちごいちえ) を大切 (たいせつ) に生 (い) きる」です。 제 인생의 모토는 '일생의 단 한 번뿐인 만남을 소중히 여기며 산다'입니다.

2101 一部始終 (いちぶしじゅう) 자초지종. 전부

시험 ★★★ 문장 ★★★	• 一部 (いちぶ) 일부(한 일, 거느릴 부). 일부분 • 始終 (しじゅう) 시종(처음 시, 끝날 종). 처음과 끝. 전부
✎ 意味	원래는 책의 처음부터 끝까지로 전부라는 것에서, 일의 처음부터 끝까지의 과정.
🔍 用例	防犯 (ぼうはん) カメラが事件 (じけん) の一部始終 (いちぶしじゅう) をとらえていて、犯人 (はんにん) を特定 (とくてい) することができた。 방범 카메라에 사건의 전부가 찍혀 있어, 범인을 특정할 수 있었다. 同義語 一伍一什 (いちごいちじゅう) ★ • 捕 (と) らえる ① 붙잡다 ② 파악하다 • 特定 (とくてい) する 특별히 그것을 단정하다

2102 一網打尽 (いちもうだじん) 일망타진

시험 ★★☆ 문장 ★★★	• 一網打尽 (いちもうだじん) 일망타진(한 일, 그물 망, 칠 타, 다할 진)
✎ 意味	어떤 무리를 한꺼번에 모조리 다 잡는다는 의미.
🔍 用例	我 (わ) が社 (しゃ) で開発 (かいはつ) した殺虫剤 (さっちゅうざい) で、どんな虫 (むし) でも一網打尽 (いちもうだじん) です。 우리 회사에서 개발한 살충제는 어떤 벌레라도 모조리 잡아 줍니다. 緻密 (ちみつ) な捜査 (そうさ) の末 (すえ) 、オレオレ詐欺 (さぎ) を一網打尽 (いちもうだじん) にした。 치밀한 조사 끝에 보이스피싱을 일망타진했다.

2103 一蓮托生 (いちれんたくしょう) 일연탁생

시험 ★☆☆ 문장 ★☆☆	• 一蓮托生 (いちれんたくしょう) 일연탁생(한 일, 연밥 연(련), 받칠 탁, 날 생)
✎ 意味	죽은 뒤 극락정토에서 같은 연꽃 위에 태어남. 끝까지 행동이나 운명을 함께 하는 것. 특히 나쁜 일을 함께하는 경우에 사용.
🔍 用例	君 (きみ) と仲間 (なかま) になったからには一蓮托生 (いちれんたくしょう) だ。 너와 한패(같은 팀)가 된 이상에는 평생 운명을 함께한다.

사자성어

あ
~
お
2093
—
2109

2104 一触即発 _{いっしょくそくはつ} 일촉즉발

시험 ★★☆
문장 ★★★

• **一触即発** 일촉즉발(한 일, 닿을 촉, 곧 즉, 필 발)

✎ 意味 　한 번 건드리기만 해도 폭발할 것 같이 몹시 위급한 상태.

🔍 用例 　**国際情勢が一変して、中東は一触即発の緊張した状態にある。**

국제 정세가 일변해서 중동은 일촉즉발의 긴장 상태에 있다.

2105 一世一代 _{いっ せ いちだい} 일생일대

시험 ★☆☆
문장 ★★★

• **一世** 일세. 일생. 일대 　• **一代** 일대. 한평생. 일생

✎ 意味 　은퇴하는 가부키, 노 등의 배우가 생애 마지막으로 연기하는 영광의 무대.
　　　　일생에 한 번뿐인 것. 특히 일생에 한 번인 영광스러운 것.

🔍 用例 　**彼は引退を前にして、一世一代の熱演を披露した。**

그는 은퇴를 앞두고 일생일대의 열연을 펼쳤다.

2106 一石二鳥 _{いっせき に ちょう} 일석이조

시험 ★★★
회화 ★★★

• **一石二鳥** 일석이조(한 일, 돌 석, 두 이, 새 조)

✎ 意味 　동시에 두 가지 이득을 봄.

🔍 用例 　**最近のパソコンは、インターネットもできるし、テレビも見られるの**
　　　　で、一石二鳥だ。

요즘 컴퓨터는 인터넷도 되고 텔레비전도 볼 수 있어서 일석이조다.

2107 因果応報 _{いん が おうほう} 인과응보

시험 ★★☆
문장 ★★☆

• **因果応報** 인과응보(인할 인, 열매 과, 응할 응, 갚을 보)

✎ 意味 　전생에 지은 선악의 결과에 따라 내세에서 행과 불행이 있는 일. 스스럼없는 표현으로는
　　　　「**因果は巡る業報は戻ってくる**」가 있음.

🔍 用例 　**そんなに人を邪険に扱うと因果は巡り巡ってあんたに返ってくるよ。**
　　　　因果応報っていうでしょ?

그렇게 사람을 매몰차게 대하면 언젠가는 돌고 돌아 너한테 돌아오게 돼. 인과응보라고 하잖아.

• **巡る** 돌다. 회전하다 　• **邪険** 매몰참. (남을 대하는 태도 따위가) 매정하고 악의에 찬 모양

2108 海千山千 _{うみせんやません} 교활한 사람. 산전수전 다 겪은 사람

시험 ★☆☆
문장 ★★☆

• 海千山千 _{うみせんやません} 해천산천(바다 해, 일천 천, 산 산)

✎ 意味　「海に千年、山に千年 바다에서 천 년, 산에서 천 년(묵은 뱀이 용이 된다)」의 약자.
산전수전(山戦水戦)을 다 겪어 온갖 세상 물정에 환해진 사람.

🔍 用例　A 貿易交渉がなかなか進まないんだ。
　　　　 B 相手は海千山千のしたたか者だから簡単じゃないよ。

A 무역 교섭이 좀처럼 진전되지 않아.　　B 상대는 산전수전 다 겪은 다루기 힘든 사람이기 때문에 간단하지 않아.

• したたか者 만만찮은 사람. 다루기 힘든 사람

2109 温故知新 _{おんこちしん} 온고지신

시험 ★★☆
회화 ★☆☆

• 温故知新 온고지신(익힐 온, 옛 고, 알 지, 새 신)

✎ 意味　『논어(論語)』에 나오는 말로, 옛것을 익혀 새것을 안다는 의미.

🔍 用例　温故知新というが、私の場合、骨董品を眺めていると斬新なアイデア
が浮かぶことがある。

온고지신이라고 하는데 내 경우는 골동품을 보고 있으면 참신한 아이디어가 떠오를 때가 있다.

同義語　故きを温ねて新しき知る★

2110 花鳥風月 _{かちょうふうげつ} 화조풍월

시험 ★★☆
문장 ★★☆

• 花鳥風月 화조풍월(꽃 화, 새 조, 바람 풍, 달 월)

✎ 意味　아름다운 자연의 경치를 이르는 말.

🔍 用例　日本の昔の歌人は花鳥風月を友とした。

옛날 일본의 가인은 아름다운 자연의 풍물을 벗삼았다.

2111 我田引水 _{がでんいんすい} 아전인수

시험 ★☆☆
문장 ★★☆

• 我田引水 아전인수(나 아, 밭 전, 끌 인, 물 수)

✎ 意味　제 논에 물대기란 것에서, 자기에게 이롭게 말하거나 행동하거나 하는 일.

🔍 用例　君のその理屈は我田引水に過ぎるよ。

너의 그 구실은 아전인수에 지나지 않아.

• 理屈 (자기 생각을 합리화하려는) 억지 이론. 구실. 핑계

2112 勧善懲悪 권선징악
かんぜんちょうあく

시험 ★★★
문장 ★★★ • 勧善懲悪 권선징악(권할 권, 착할 선, 혼낼 징, 악할 악)
かんぜんちょうあく

✎ 意味 선을 권하고 악을 나무람.

🔍 用例 **時代劇は勧善懲悪がテーマとなっている場合が多い。**
じだいげき　　かんぜんちょうあく　　　　　　　　　　　　ばあい　おお

시대극은 권선징악을 테마로 하는 경우가 많다.

2113 危機一髪 위기일발
き　き　いっぱつ

시험 ★★★
회화 ★★★ • 危機 위기 • 一髪 머리카락 한 개
き　き　　　　　　いっぱつ

✎ 意味 머리카락 하나 정도의 극히 작은 차로 위기에 빠질 것 같은 위험한 갈림길.

🔍 用例 **交通事故にあいそうになったが、危機一髪で危ないところを切り抜け**
こうつうじこ　　　　　　　　　　　　　　き　き　いっぱつ　　あぶ　　　　　　　　き　ぬ

ることができた。

교통사고를 당할 뻔했지만 위기일발로 위험한 상황을 벗어날 수 있었다.

• 切り抜ける 타개하다. 극복하다. 헤치고 나가다
き　ぬ

2114 起死回生 기사회생
き　し　かいせい

시험 ★☆☆
문장 ★★★ • 起死回生 기사회생(일어날 기, 죽을 사, 돌아올 회, 날 생)
き　し　かいせい

✎ 意味 거의 죽을 뻔하다 도로 살아남.

🔍 用例 **起死回生の逆転満塁ホームラン！**
き　し　かいせい　　ぎゃくてんまんるい

기사회생의 역전 만루 홈런!

2115 起承転結 기승전결
き　しょうてんけつ

시험 ★★☆
문장 ★★★ • 起承転結 기승전결(일어날 기, 이을 승, 구를 전, 맺을 결)
き　しょうてんけつ

✎ 意味 시문(詩文)을 짓는 형식의 한 가지. 글의 첫머리를 기(起), 그 뜻을 이어받아 쓰는 것을 승(承),
뜻을 한번 부연시키는 것을 전(轉), 전체를 맺는 것을 결(結)이라 함.

🔍 用例 **文章にストーリー性を持たせる基本は起承転結です。**
ぶんしょう　　　　　　　　せい　も　　　　　　きほん　　きしょうてんけつ

문장에 스토리성을 가지게 하는 기본은 기승전결입니다.

2116 奇想天外 기상천외
き そう てん がい

시험 ★☆☆
문장 ★★★

• **奇想天外** 기상천외(기이할 기, 생각 상, 하늘 천, 바깥 외)

✎ 意味　착상이나 생각 등이 쉽게 짐작할 수 없을 정도로 기발한 것.

🔍 用例　アーティストは、**奇想天外**なことをやってのけることが多い。

아티스트는 기상천외한 것을 이뤄 내는 경우가 많다.

• **やってのける** 해내다. 잘 처리하다

2117 喜怒哀楽 희로애락
き ど あい らく

시험 ★★★
문장 ★★★

• **喜怒哀楽** 희로애락(기쁠 희, 성낼 노(로), 슬플 애, 즐길 락(낙))

✎ 意味　기쁨과 노여움과 슬픔과 즐거움. 인간의 다양한 감정.

🔍 用例　あの人は、笑ったり泣いたりと**喜怒哀楽**が激しい人だ。

저 사람은 웃다 울다 희로애락(감정)이 심한 사람이다.

2118 九死一生 구사일생
きゅう し いっ しょう

시험 ★★★
문장 ★★★

• **九死** 구사(아홉 구, 죽을 사). 거의 죽게 된 상태　• **一生** 일생(한 일, 날 생). 평생. 한평생

✎ 意味　아홉 번 죽을 뻔하다 한 번 살아난다는 것에서, 죽을 고비를 여러 차례 넘기고 겨우 살아남.
「**九死一生を得る＝九死に一生を得る** 구사일생하다. 겨우 살아나다」의 형태로 자주 사용.

🔍 用例　数々の危ない目にあったが、**九死一生**を得て生還した。

여러 차례의 위험한 상황에 놓였지만, 구사일생으로 살아났다.

• **目に遭う** 꼴을 당하다　• **生還** 생환 ① 살아서 돌아옴 ② (야구에서) 주자가 홈인함

2119 旧態依然 구태의연
きゅう たい い ぜん

시험 ★☆☆
문장 ★★★

• **旧態依然** 구태의연(옛 구, 모양 태, 의지할 의, 그럴 연)

✎ 意味　예전 모습 그대로 변화나 진보가 없는 모양.

🔍 用例　何年も前から政治改革とは言うが、**旧態依然**である。

몇 년 전부터 정치 개혁이라고는 하지만 구태의연하다.

父の考え方は**旧態依然**としていて、いまだに**男尊女卑**の傾向があるん
です。

아버지의 사고방식은 구태의연해서 아직까지도 남존여비 경향이 있어요.

2120 金科玉条 きんかぎょくじょう 금과옥조

시험 ★★☆
문장 ★☆☆
· **金科玉条** 금과옥조(쇠 금, 품등 과, 구슬 옥, 가지 조)

✎ 意味　금이나 옥처럼 귀중히 여겨 꼭 지켜야 할 법률이나 규칙.

🔍 用例　**先生の教えを金科玉条として生活している。**
선생님의 가르침을 금과옥조로 삼고 생활하고 있다.

2121 群雄割拠 ぐんゆうかっきょ 군웅할거

시험 ★★☆
문장 ★☆☆
· **群雄割拠** 군웅할거(무리 군, 수컷 웅, 나눌 할, 의거할 거)

✎ 意味　여러 영웅이 각지에서 세력을 떨치며 서로 대립하는 것.

🔍 用例　**今の芸能界は、まさに群雄割拠の時代が訪れたといっても過言ではない。**
지금의 예능계는 바로 군웅할거의 시대가 찾아왔다고 해도 과언이 아니다.

· **まさに** 틀림없이. 확실히. 바로. 정말로

2122 公明正大 こうめいせいだい 공명정대

시험 ★★☆
문장 ★★★
· **公明正大** 공명정대(공변될 공(관청), 밝을 명, 바를 정, 큰 대)

✎ 意味　하는 일이나 태도가 양심에 부끄럽지 않고 아주 정당한 것.

🔍 用例　**国民は、公明正大な政治を求めます。**
국민은 공명정대한 정치를 바랍니다.

· **求める** 구하다. 청하다. 바라다

2123 虎視眈々 こしたんたん 호시탐탐

시험 ★★☆
문장 ★★★
· **虎視眈々** 호시탐탐(범 호, 볼 시, 노려볼 탐)

✎ 意味　범이 눈을 부릅뜨고 먹이를 노려본다는 것에서, 가만히 기회를 엿보는 모양.

🔍 用例　**部長は自分の昇進を虎視眈々と狙っている。**
부장님은 자신의 승진을 호시탐탐 노리고 있다.

2124 言語道断 언어도단

ごんごどうだん

시험 ★★★
회화 ★★★

• 言語道断 언어도단(말씀 언, 말씀 어, 길 도, 끊을 단)

✎ 意味　말할 길이 끊어졌다는 것에서, 어이가 없어서 말이 안 나오는 모양. 말이 안 됨.

🔍 用例　**親の悪口を言うとは、言語道断である。**

부모님의 악담을 하다니, 언어도단이다.

2125 三寒四温 삼한사온

さんかんしおん

시험 ★★☆
문장 ★★★

• 三寒四温 삼한사온(석 삼, 찰 한, 넉 사, 따뜻할 온)

✎ 意味　3일간 춥고 4일간 따뜻하다는 의미. 본래는 겨울이지만 일본에서는 초봄의 변덕스러운 날씨를 표현하는 경우가 많음.

🔍 用例　**三寒四温と徐々に暖かくなる春、今日この頃いかがお過ごしですか?**

삼한사온으로 점점 따뜻해지는 봄, 요즘 어떻게 지내고 계신가요?

三寒四温の季節、皆様におかれましてはお元気でお過ごしのことと存じます。

삼한사온의 계절, 여러분께서는 잘 지내시리라 믿습니다.

• **におかれましては** ~께서는

2126 自業自得 자업자득

じごうじとく

시험 ★★★
회화 ★★★

• 自業自得 자업자득(스스로 자, 업 업, 얻을 득)

✎ 意味　자기가 저지른 일의 결과를 자기가 받은 것.

🔍 用例　**テストで0点を取ったのは自業自得だと母に言われた。**

시험에서 빵점을 받은 것은 자업자득이라고 엄마가 그러셨다.

2127 自縄自縛 자승자박

じじょうじばく

시험 ★☆☆
문장 ★★☆

• 自縄自縛 자승자박(스스로 자, 줄 승, 묶을 박)

✎ 意味　(자기의 줄로 스스로를 묶는다는 뜻으로) 자기가 한 말이나 행동 때문에 자신이 구속되어 괴로움을 당하는 것.

🔍 用例　**自分の発した言葉で、私は自縄自縛に陥ってしまった。**

내가 시작한 말로 나는 자승자박에 빠져 버렸다.

• **発する** 발하다. 일으키다. 시작하다　• **陥る** 빠지다. 걸려들다

2128 時代錯誤 시대착오
じだいさくご

신체 관용어
생활 관용어
속담·격언
고사성어
사자성어

시험 ★★★
회화 ★★★

• **時代** 시대 • **錯誤** 착오(섞일 착, 그르칠 오). ① 착각에 의한 잘못 ② 인식과 잘못의 불일치

✎ 意味　변화된 새로운 시대의 풍조에 낡고 뒤떨어진 생각이나 생활 방식으로 대처하는 일. 사람의 언행이나 생각 등이 그 시대의 경향에 맞지 않는 것.

🔍 用例　**女性が家事を全てしなければならないという考えは、**
じょせい　かじ　すべ　　　　　　　　　　　　　　　　　　　　かんが

時代錯誤もはなはだしい。
じだいさくご

여성이 집안일을 모두 하지 않으면 안 된다고 하는 것은 매우 심한 시대착오적 발상이다.

• **甚だしい** 매우 심하다. 대단하다. 격심하다
はなは

2129 七転八起 칠전팔기
しちてんはっき

시험 ★☆☆
문장 ★★★

• **七転八起** 칠전팔기(일곱 칠, 구를 전, 여덟 팔, 일어날 기)
しちてんはっき

✎ 意味　7번 넘어지고 8번째 일어난다는 것에서, 몇 번 실패하고도 꺾이지 않고 다시 일어서서 어디까지나 헤쳐 나가는 것. 우리나라에서는 「**七顚八起 칠전팔기**(일곱 칠, 머리 전, 여덟 팔, 일어날 기)」로 머리 전(顚)을 사용.

🔍 用例　**七転八起して、会社を大きくしてきた。**
しちてんはっき　　　かいしゃ　おお

칠전팔기해서 회사를 키워 왔다.

同義語 **七転び八起き** ★★★
ななころ　や お

2130 七転八倒 칠전팔도. 아파서 마구 뒹굶
しちてんばっとう

시험 ★☆☆
문장 ★★★

• **七転八倒**(しちてんばっとう=しちてんはっとう) 칠전팔도(일곱 칠, 구를 전, 여덟 팔, 넘어질 도)
• **七顚八倒**(しちてんばっとう=しちてんはっとう) 칠전팔도(일곱 칠, 엎드릴 전 / 이마 전, 여덟 팔, 넘어질 도)

✎ 意味　참기 힘든 고통으로 심하게 괴로워 이리저리 뒹구는 것.

🔍 用例　**食中毒で七転八倒の苦しみを味わった。**
しょくちゅうどく　しちてんばっとう　くる　　　　　あじ

식중독으로 이리 뒹굴 저리 뒹굴 괴로움을 맛보았다.

友達が盲腸で入院した。昨夜、あまりに痛くて七転八倒して苦しんだ
ともだち　もうちょう　にゅういん　　　さくや　　　　　　いた　　しちてんばっとう　　　くる

そうだ。

친구가 맹장으로 입원했다. 어젯밤에 너무 아파서 이리 뒹굴고 저리 뒹굴고 힘들어 했다고 한다.

2131 自暴自棄 자포자기
じぼうじき

시험 ★★★
문장 ★★★

• **自暴** 자포. 스스로의 몸을 함부로 함 • **自棄** 자기. 스스로 실망해서 자포자기하게 되는 것
じぼう　　　　　　　　　　　　　　　　　　　じき

✎ 意味　절망에 빠져 자신을 스스로 포기하고 돌보지 않는 모양.

🔍 用例　**何もかもうまくいかないと言って、彼女は自暴自棄に陥っていた。**
なに　　　　　　　　　　　い　　　　　かのじょ　じぼうじき　　おちい

이것도 저것도 다 엉망이라면서 그녀는 자포자기 상태에 빠져 있다.

2132 四面楚歌 <ruby>四<rt>し</rt>面<rt>めん</rt>楚<rt>そ</rt>歌<rt>か</rt></ruby> 사면초가

시험 ★★☆ 문장 ★★★	• **四面楚歌** <ruby>し<rt></rt></ruby> 사면초가(넉 사, 낯 면, 가시나무 초, 노래 가)
✎ 意味	초나라 항우가 사면을 둘러싼 한나라 군사 쪽에서 들려오는 초나라의 노랫소리를 듣고 초나라 군사가 이미 항복한 줄 알고 놀랐다는 데서, 아무에게도 도움을 받지 못하는 외롭고 곤란한 지경에 빠진 형편을 이르는 말.
🔍 用例	<ruby>新<rt>あたら</rt></ruby>しいプロジェクトを<ruby>始<rt>はじ</rt></ruby>めようとしたが、<ruby>誰<rt>だれ</rt></ruby>からも<ruby>認<rt>みと</rt></ruby>められず<ruby>四<rt>し</rt>面<rt>めん</rt>楚<rt>そ</rt>歌<rt>か</rt></ruby>に<ruby>陥<rt>おちい</rt></ruby>ってしまった。 새로운 프로젝트를 시작하려고 했지만 아무에게도 인정받지 못하고 사면초가에 빠져버리고 말았다.

2133 縦横無尽 <ruby>縦<rt>じゅう</rt>横<rt>おう</rt>無<rt>む</rt>尽<rt>じん</rt></ruby> 종횡무진

시험 ★☆☆ 문장 ★★★	• **縦横** 종횡 ① 가로와 세로. 지도상의 동서와 남북 ② 마음대로임. 자유자재 • **無尽** 무진. 없어지지 않음. 끝이 없음
✎ 意味	어떤 일을 자유자재로 마음껏 하는 모양.
🔍 用例	<ruby>昼<rt>ひる</rt>休<rt>やす</rt></ruby>みなのか<ruby>子<rt>こ</rt>供<rt>ども</rt></ruby>たちが<ruby>運<rt>うん</rt>動<rt>どう</rt>場<rt>じょう</rt></ruby>を<ruby>縦<rt>じゅう</rt>横<rt>おう</rt>無<rt>む</rt>尽<rt>じん</rt></ruby>に<ruby>駆<rt>か</rt></ruby>け<ruby>巡<rt>めぐ</rt></ruby>って<ruby>遊<rt>あそ</rt></ruby>んでいる。 점심시간인지 아이들이 운동장을 종횡무진 뛰어다니며 놀고 있다.
	• <ruby>駆<rt>か</rt></ruby>け<ruby>巡<rt>めぐ</rt></ruby>る 뛰어다니다

2134 支離滅裂 <ruby>支<rt>し</rt>離<rt>り</rt>滅<rt>めつ</rt>裂<rt>れつ</rt></ruby> 지리멸렬

시험 ★★☆ 문장 ★★★	• **支離滅裂** 지리멸렬(지탱할 지, 떠날 리, 멸망할 멸, 찢을 렬(열))
✎ 意味	일에 일관성이 없이 제각각이라서 정리가 안 되는 것.
🔍 用例	<ruby>彼<rt>かの</rt>女<rt>じょ</rt></ruby>の<ruby>言<rt>い</rt></ruby>うことはいつも<ruby>支<rt>し</rt>離<rt>り</rt>滅<rt>めつ</rt>裂<rt>れつ</rt></ruby>で<ruby>僕<rt>ぼく</rt></ruby>には<ruby>理<rt>り</rt>解<rt>かい</rt></ruby>できない。 그녀의 말은 항상 갈피를 잡을 수 없어서 나는 이해가 안 된다.

2135 心機一転 <ruby>心<rt>しん</rt>機<rt>き</rt>一<rt>いっ</rt>転<rt>てん</rt></ruby> 심기일전

시험 ★★★ 회화 ★★★	• **心機** 심기. 마음의 움직임 • **一転** 일전. ① 1회전 ② 일변. 완전히 바뀜
✎ 意味	어떤 계기로 해서 마음이 완전히 변하는 것.
🔍 用例	<ruby>心<rt>しん</rt>機<rt>き</rt>一<rt>いっ</rt>転<rt>てん</rt></ruby>しようと<ruby>思<rt>おも</rt></ruby>い、<ruby>転<rt>てん</rt>職<rt>しょく</rt></ruby>に<ruby>踏<rt>ふ</rt></ruby>み<ruby>切<rt>き</rt></ruby>った。 심기일전할 생각에 전직을 단행했다.
	• <ruby>踏<rt>ふ</rt></ruby>み<ruby>切<rt>き</rt></ruby>る ① 땅을 힘차게 차고 뛰어오르다 ② 결단하다. 단행하다

2136 森羅万象 <small>しんらばんしょう</small> 삼라만상

시험 ★☆☆
문장 ★★★
- **森羅** <small>しんら</small> 삼라. 수없이 많이 늘어서 있음 • **万象** <small>ばんしょう</small> 우주의 온갖 사물과 현상

✎ 意味 우주에 존재하는 온갖 사물과 현상.

🔍 用例 **この壁画は森羅万象を表現した物だそうだ。** <small>へきが しんらばんしょう ひょうげん もの</small>
이 벽화는 삼라만상을 표현한 것이라고 한다.

2137 青天の霹靂 <small>せいてん へきれき</small> 청천병력. 맑게 갠 하늘에 날벼락

시험 ★★★
문장 ★★★
- **青天** <small>せいてん</small> 청천. 맑은 하늘 • **霹靂** <small>へきれき</small> 벽력(벼락 벽, 벼락 력(역))

✎ 意味 뜻밖에 일어난 큰 변고나 사건을 비유적으로 이르는 말.

🔍 用例 **奥さんが交通事故にあったという知らせは彼にとって青天の霹靂だった。** <small>おく こうつうじこ し かれ せいてん へきれき</small>
부인이 교통사고를 당했다는 소식은 그에게 청천벽력 같은 소리였다.

2138 千載一遇 <small>せんざいいちぐう</small> 천재일우

시험 ★☆☆
문장 ★★☆
- **千載一遇** <small>せんざいいちぐう</small> 천재일우(일천 천, 심을 재, 하나 일, 만날 우)

✎ 意味 천 년 동안 단 한 번 만난다는 것에서, 좀처럼 얻기 어려운 좋은 기회를 일컫는 말.

🔍 用例 **千載一遇のチャンスを逃してはいけない。** <small>せんざいいちぐう のが</small>   • **逃す** <small>のが</small> 놓치다
천재일우의 찬스는 놓쳐서는 안 된다.

2139 千差万別 <small>せんさばんべつ</small> 천차만별

시험 ★★★
회화 ★★★
- **千差万別** <small>せんさばんべつ</small> 천차만별(일천 천, 어긋날 차, 일만 만, 다를 별)

✎ 意味 여러 가지 사물이 모두 차이가 있고 구별이 있는 것.

🔍 用例 **人の考え方は千差万別である。** <small>ひと かんが かた せんさばんべつ</small>
사람의 생각하는 방식은 천차만별이다.

2140 前代未聞 <small>ぜんだいみもん</small> 전대미문

시험 ★★★
회화 ★★★
- **前代未聞** <small>ぜんだいみもん</small> 전대미문(앞 전, 대신할 대, 아닐 미, 들을 문)

✎ 意味 이제까지 들어 본 적이 없는 일.

🔍 用例 **こんな不祥事が学校で起きるとは前代未聞だ。** <small>ふしょうじ がっこう お ぜんだいみもん</small>   • **不祥事** <small>ふしょうじ</small> 불상사
이런 불상사가 학교에서 일어나다니 전대미문이다.

2141 大義名分 _{대의명분}

_{たいぎめいぶん}

시험 ★★☆
문장 ★★★

• **大義名分** 대의명분(큰 대, 옳을 의, 이름 명, 나눌 분)

✎ 意味　사람으로서 마땅히 지키고 행하여야 할 도리나 본분. 또는 어떤 일을 꾀하는데 내세우는 합당한 구실이나 이유.

🔍 用例　**植民地の安全確保を大義名分に戦争を始めた。**

식민지의 안전 확보를 이유로 전쟁을 시작했다.

2142 単刀直入 _{단도직입}

_{たんとうちょくにゅう}

시험 ★★★
회화 ★★★

• **単刀直入** 단도직입(홑 단, 칼 도, 곧을 직, 들 입)

✎ 意味　혼자서 칼 한 자루를 들고 적진으로 곧장 쳐들어가는 것에서, 여러 말을 늘어놓지 아니하고 직접 요점으로 들어감.

🔍 用例　**単刀直入に聞くけど、彼女いるの？**

단도직입적으로 묻겠는데 여자친구 있어?

2143 東奔西走 _{동분서주}

_{とうほんせいそう}

시험 ★★★
문장 ★★★

• **東奔西走** 동분서주(동쪽 동, 달아날 분, 서녘 서, 달릴 주)

✎ 意味　동쪽으로 뛰고 서쪽으로 뛴다는 것에서, 사방으로 이리저리 몹시 바쁘게 돌아다님을 이르는 말.

🔍 用例　**仕事に必要な材料がなかなかなくて東奔西走してやっと見つけた。**

일에 필요한 재료가 좀처럼 없어서 이리 뛰고 저리 뛰다가 겨우 찾았다.

2144 馬耳東風 _{마이동풍}

_{ばじとうふう}

시험 ★★★
문장 ★★★

• **馬耳東風** 마이동풍(말 마, 귀 이, 동녘 동, 바람 풍)

✎ 意味　말의 귀에 동풍이 불어도 아랑곳하지 않는다는 말로, 남의 말을 귀담아 듣지 않고 지나쳐 흘려버리는 것. 이백의 시에서 유래.

🔍 用例　**彼女にいくら説教しても馬耳東風だ。**

그녀에게 아무리 설교해 봤자 마이동풍이다.

テストでいい点がとれないのは先生の話を馬耳東風と聞き流してるからだよ。

시험에서 좋은 점수를 받을 수 없는 것은 선생님의 말을 한 귀로 듣고 한 귀로 흘려버리기 때문이야.

2145 八方美人 (はっぽう び じん) 사람 좋은 사람. 우유부단한 사람

시험 ★★★
문장 ★★★

• 八方 (はっぽう) 팔방 ・ 美人 (び じん) 미인

✎ 意味   어디에서 봐도 결점이 없는 미인이라는 데서, 누구에게나 잘해 주는 사람. 변하여 누구에게나
건성건성이고 우유부단한 사람. 반면 우리나라에서는 팔방미인의 뜻을 '어느 모로 보나
아름다움' '여러 방면에 능통한 사람'으로 씀.

🔍 用例   全(すべ)ての人(ひと)にいい顔(かお)をしすぎて、結局(けっきょく)八方美人(はっぽう び じん)と呼(よ)ばれるようになって
しまった。

모든 사람에게 호의적인 얼굴을 보이다 못해, 결국 우유부단한 사람으로 불리게 되었다.

2146 半信半疑 (はんしんはん ぎ) 반신반의

시험 ★★☆
회화 ★★★

• 半信半疑 (はんしんはん ぎ) 반신반의(반 반, 믿을 신, 의심할 의)

✎ 意味   얼마쯤 믿으면서도 한편으로는 의심함.

🔍 用例   ダイエットに効(き)くと、ヨガを半信半疑(はんしんはん ぎ)で始(はじ)めてみた。

다이어트가 된다고 해서 요가를 반신반의로 시작했다.

2147 付和雷同 (ふ わ らいどう) 부화뇌동

시험 ★☆☆
문장 ★★☆

• 付和 (ふ わ) 부화 ・ 雷同 (らいどう) 뇌동. 몹시 흔들려 움직임

✎ 意味   뚜렷한 자신의 주장이 없으며 남의 의견이나 행동에 쉽게 동조하는 것.

🔍 用例   何(なん)でもかんでも付和雷同(ふ わ らいどう)する人(ひと)は面白(おもしろ)みがない。

무슨 일이든 부화뇌동하는 사람은 재미없다.

• 何(なん)でもかんでも 무엇이든지. 모두

2148 優柔不断 (ゆうじゅう ふ だん) 우유부단

시험 ★★★
회화 ★★★

• 優柔不断 (ゆうじゅう ふ だん) 우유부단(넉넉할 우, 부드러울 유, 아닐 불, 끊을 단)

✎ 意味   우물쭈물하며 결단을 내리지 못함.

🔍 用例   優柔不断(ゆうじゅう ふ だん)なので、レストランでのメニューがなかなか決(き)められない。

우유부단해서 레스토랑의 메뉴를 좀처럼 정할 수 없다.

2149 羊頭狗肉 <ruby>羊<rt>よう</rt>頭<rt>とう</rt>狗<rt>く</rt>肉<rt>にく</rt></ruby> 양두구육

시험 ★☆☆ 문장 ★★☆	• 羊頭狗肉 양두구육(양 양, 머리 두, 개 구, 고기 육)

✎ 意味　　양의 머리를 걸어 놓고 개고기를 판다는 뜻으로, 겉보기만 그럴듯하게 보이고 속은 변변하지 못함을 이르는 말.

🔍 用例　　店構えが大きい割にはたいした品がなく、羊頭狗肉もはなはだしい。

가게의 규모가 큰 것에 비해서는 이렇다 할 물건도 없고 선전에 비해 참 심하게 보잘것없다.

• 店構え 가게의 규모. 구조　• たいした ① 대단한. 엄청난 ② (뒤에 부정을 동반하여) 별. 이렇다 할. 큰
• 品 물건. 물품. 상품　• はなはだしい 매우 심하다

2150 悠々自適 <ruby>悠<rt>ゆう</rt>々<rt>ゆう</rt>自<rt>じ</rt>適<rt>てき</rt></ruby> 유유자적

시험 ★★☆ 문장 ★★☆	• 悠々自適 유유자적(멀 유, 스스로 자, 갈 적)

✎ 意味　　속세를 떠나 아무 속박 없이 조용하고 편안하게 삶.

🔍 用例　　定年になったら、田舎に帰って悠々自適の生活がしたい。

정년이 되면 시골로 내려가 유유자적한 생활을 하고 싶다.

2151 竜頭蛇尾 <ruby>竜<rt>りゅう</rt>頭<rt>とう</rt>蛇<rt>だ</rt>尾<rt>び</rt></ruby> 용두사미

시험 ★☆☆ 회화 ★★☆	• 竜頭蛇尾 용두사미(용 용, 머리 두, 뱀 사, 꼬리 미)

✎ 意味　　용 머리에 뱀의 꼬리란 말로, 시작은 거창하게 하다가 마무리에서 흐지부지함을 이르는 말.

🔍 用例　　君のマラソンの走りは最初は速いが、終わりは遅くなる。
つまり竜頭蛇尾だ。

네 마라톤 주법은 처음엔 빠른데 끝에 가서 느려져. 결국 용두사미란 말이다.

2152 老若男女 <ruby>老<rt>ろう</rt>若<rt>にゃく</rt>男<rt>なん</rt>女<rt>にょ</rt></ruby> 남녀노소

시험 ★★☆ 회화 ★★★	• 老若 노소　• 男女 남녀　→ 노소남녀

✎ 意味　　남자와 여자, 늙은이와 젊은이를 포함한 모든 사람.

🔍 用例　　老若男女を問わず、誰もが一年に一度の祭りを楽しみにしている。

남녀노소를 불문하고 누구나 1년에 한 번 있는 축제에 기대감을 가지고 있다.

2,500개 관용어를 예문으로 알아보는 관용어 활용 사전

백퍼일본어
관용어사전

2쇄 발행 2020년 04월 14일

지 은 이 오쿠무라 유지, 임단비
펴 낸 이 임형경
펴 낸 곳 라즈베리
마 케 팅 김민석
내지 디자인 김선희
표지 디자인 홍수미
한글 캘리 제이캘리(이지우) smjyloves@naver.com, instagram@jcalli.kr
편 집 장원희, 김범철, 구라모토 타에코
등 록 제2014-33호
주 소 (우 01364) 서울 도봉구 해등로 286-5, 101-905
대표전화 02-955-2165
팩 스 0504-088-9913
홈 페 이 지 www.raspberrybooks.co.kr

ISBN 979-11-87152-16-3 (13730)

聞くは一時の恥
聞かぬは一生の恥

묻는 것은 한때의 수치
묻지 않으면 평생 수치

備えあれば憂いなし
そな　　　　　　　　うれ

유비무환

そん　とく と
損して得取れ

큰 이익을 위해 작은 손해는 감수하라

ドッキ〜〜ン

<ruby>一<rt>いち</rt>期<rt>ご</rt>一<rt>いち</rt>会<rt>え</rt></ruby>

일생의 단 한 번뿐인 만남